增訂漢魏叢書

漢魏遺書鈔

第六册

漢魏遺書鈔

序

嘉慶戊午新鐫

漢魏遺書鈔

西齋藏板

金谿王仁圃先生既舉明人所爲漢魏叢書重付剞劂復於漢魏以來有錄無書諸集見傳注類部中者分條纂集得四百餘種一依叢書之例名之曰漢魏遺書其經翼一門前已授梓版忽不戒於火先生之志未已也將謀諸同志盡取四百

餘種者壽以行世而問敘于余蓋自科舉之學盛而士之知讀古書者少即古書之得傳于世者亦少其閒雖有通人傑士慨往籍之淪沒网羅散佚集以篇帙然不過一二種而止耳其中又不無踈略待後人之補苴者未有按錄搜討不遺不漏如是

其多且備者也先生博極羣書自少至老以古人為性命通籍後弃吏職就教授於建昌晚且並此而去之授徒自給勤勤懇懇日事箸錄凡館穀所入無不一用之於書故其所成就如此然則古人之全今雖不獲見矣而奇文奧義嘉言善行往往在焉則先

生之惠及前人而嘉予來學者其功豈淺鮮哉敦學殖荒落于先生無能為役因樂觀此書之成或得枕藉其中文固陋焉故不辭而為之叙嘉慶庚申重九日年愚弟陽城張敦仁

張敦 古愚

漢魏遺書鈔序

天下事物莫不有聚有散顧由聚而之散也易散而復聚也則難而書籍尤甚自結繩以後書契日增一經秦火遂幾泯絕漢始除挾書之律復遺使求遺書以迄魏晉分爲四部目錄具載隋唐二志其聚其散權在朝廷非草野儒生之力所能補苴也吾所據以言聚散者在叢書類書二家以二家皆合四部爲一書而相為聚散者也類書之法在以天地人物等目分爲門類

而采取經史諸子百家傳記書中凡言天者入天文言地者入地理言人物者入人物每一書而割裂篇章摘撦句字至數十百種利用散叢書之法多不及正經史而雜取百家傳記稗官小說諸成書或全本或節畧隨意編纂亦各有門類多者數百種少亦數十種叢集爲一書利用聚類書起魏皇覽六朝修文御覽皆已亡至唐則有歐陽氏藝文類聚虞氏北堂書鈔徐氏初學記書皆盛行要莫備於宋之太平御覽引

用書目至一千六百九十件叢書起於近代其著者有方氏之百川學海商氏之稗海毛氏之津逮秘書何氏之漢魏叢書而莫多於陶氏說郛所采輯書亦至一千四五百種此兩家書蒐羅之博校勘之勤其聚其散難易畧相等而吾乃以爲由聚而散則易散而復聚則難者何也則以不佞今所鈔漢魏遺書驗之也夫是遺書皆亡書也考隋唐二志所載四部書目有專本行世者不過數百種其巳消沉磨滅化爲烏有

者不可勝數若其書雖亡而尚有零篇斷簡單辭隻句散見他書者正賴有好事采而輯之猶可存什一於千百謨不揣愚陋竊按隋唐二志門類分別蒐討經部則以孔氏賈氏正義陸氏釋文爲主史部則以裴氏集解顔監劉昭章懷各註爲主不足則參之四大類書又不足則求之漢魏以來各古書注及宋元以來諸說部書有引用某氏經者卽以還某經引用某氏史者卽以還某史引用某子某傳記者卽以還某子

某傳記日鈔月纂銖累寸積始得四五百種一以何氏漢魏叢書體例爲之編次而不敢冒名叢書者以叢書各有原本此則堇堇從諸類書鈔輯功倍事半心勞日拙夫是故有慨於散而復聚之難也然此亦謨好爲苟難巳耳伏惟我
朝
聖聖相承稽古右文化成天下自開館纂修四庫全書凾巳盡發天府金匱之藏名山石室之秘懸諸國門頒行海內以會書文一統而集百王大成

至矣盡矣此豈復有遺闕其有遺闕皆其所不必拾補者也而猶欲以窮鄉曲學寡聞淺見爲此數百十種書補苴罅漏張皇幽眇猶炳燭於日月之下而抱甕於時雨之餘不且勞而無功乎惟是天下事物消長莫不有數顯晦莫不有時識大識小則存乎人謨旣幸際
聖世文教昌明經籍道廣如類書叢書皆得任草野儒生裒輯編次竊不自量亦思有所鈔輯以整百家之不齊苟能舉諸遺書散者復聚雖不敢

謂有功古人區區志尚庶幾得託以自見雖好
為其難亦不遑恤云爾因勉卒業敘其大意如
此
旹
皇清嘉慶三年歲在戊午春二月金谿王謨書於建
昌郡學西齋

參閱名氏

南昌萬廷蘭芝堂　　金谿蔡上翔東墅
浮梁鄧夔琴貨山　　新建裘元復酉園
樂平汪士誥石松　　宜黃應自程幼度
新城黃奕瑞輯甸　　新建阮　湖懷浦
宜黃洪星煥北垣　　安福黃挺玉恭揩
金谿朱嗣韓仰山　　星子于朝樞啓之
宜黃洪占銓鑑亭　　南昌黃中模範亭
宜黃黃錫禐仲佩　　萬載郭大經

廣豐葉應榴仁昭　　新淦周世焯晴川
都昌吳紹泰可亭　　瀘溪鄧江城雙美
金谿楊　詵少晦　　宜黃黃　旭東塢
萬年王朝渠達淦　　鄱陽王定遠石樵
安遠何欲升廉齋　　靖安舒以健醇甫
義寧胡秉銓芳杜　　樂平汪　鈵樂涯
崇仁黃一夔南皋　　新昌劉倌與亦軒
南城曾廷枚香墅　　南城胡　森香海
南城吳　照白厂　　金谿詹　佩裁堂

南城黃夔麟天石　臨川李宗瀚晴雪
宜黃黃錫祺右喈　浮梁鄧傳安鹿耕
萬載辛炳喬月臺　南城王聘珍實齋
南城廖崇聖東壁　南城廖崇善懷本
南昌黃中植雲門　寧都邱元銓素行
金谿李學容富英　泰和羅秉膺
新城楊勲紀常　南豐周慶雲
南豐周　圭　新城潘梧生吉士
寧都彭育芾小城　萬安張映宿

金谿王賢喈鳳岡　金谿江紉光實甫
族姪欽典華　韶殷華
璥完璞　璧晉番
鉉夔奏　光晉潤輝
鎬京奏　馴年上達
子壻羅嗣忠頡雲　曾　煒震叔
姪壻傅寶南鍇金　孫壻饒　冀瑞階
戊午校刊建昌府屬門生
胡文俊南城　楊以滢新城

郭廷芸新城　趙品金南豐
王際雲南城　梅照斗南城
石　齡瀘溪　廖徵聘南城
涂　錡新城　傅　瑚瀘溪
梅品純南城　章文載南城
鄧　壇廣昌　彭壽齡瀘溪
陶元熙南城　楊　霖新城
廖繼善南城　徐　洪南豐
胡梯雲新城　吳　彬新城

廖　琦南城　彭　彬瀘溪
黃元吉南豐　吳雲丹南城
涂雲虬新城　賴叶蘭廣昌
盧思孝瀘溪　廖舉善南城
吳　猷新城　黃桂芬南城
江瑞人新城　丁　澄南城
李　煐南豐　廖　英南城
陳維新南城　饒學海南城
楊世光新城　胥　鈞瀘溪

周宗濂南城　　蘇　瑚南城

丙寅校刊盱江書院門生

梅　椿春木　　李　墉崇儒

曾　煌景圖　　鄧存讃守怡

劉德堂時修　　甯　瑋卿五

曾　焯華岡　　鄧存詠永言

李　圻鄉五　　曾　炳朗夫

梅　樟章木　　劉之桂[illegible]

曾　烒式如　　鄧熾昌[illegible]

胡學海六鼇　　鄧存譽章有

張日新樸木　　李家燮召棠

鄧熾祥[illegible]　　鄢世勳蔚人

蔡夢熊應侯　　程　杰逢源

鄭作梅[illegible]　　蔡夢松耆伯

劉光閣宜九　　胡　楷[illegible]

陶紹元　　劉　觀[illegible]　上皆南城

饒蔚鸞軿矣　　璇日成偉臣

黃鳳翥寧宇　　江雜城壽三　上皆新城

經翼鈔序

經翼鈔者鈔錄漢魏以來說經諸書以拾註疏之遺而補其闕也當日註疏原奉詔刊定折衷羣言至當歸一以正天下學術而昭一代同風之治於是易主王弼書主孔安國詩主毛鄭春秋左傳主杜預三禮同主鄭康成以及公羊穀梁孝經論語孟子爾雅各主一家註解又因其章句以爲之疏謂之正義外此雖有大師講授專門名家之學非其說與本註合不得採入正義故雖有其書而以非功令所遵科舉所尙往往束之高閣倚席不講毋怪乎漢魏以來說經諸書日就散佚以至於磨滅雖有好學深思之士欲從而參互考訂而墜緒茫茫要不過等什一於千百而已讀嘗竊謂聖人之道大而能博原非一家之言所能究竟況自秦火而後去全經已遠微言大義究未知孰得其眞則於凡經說之純且精者固當遵而奉之以厠於聖經賢傳之末卽其說之不必純且精者亦何妨並載於冊牒若指掌俾讀者得以攷其純駁精觕異同離合之致每覽陸氏經典序錄注解傳

述源流門戶未嘗不慨然想見當日羣書具在孔氏賈氏乃不能多所網羅而後之學者又一以正義去取爲斷任諸書自爲存亡而莫肯爲之收拾豈不重可惜哉謨於註疏之學用功本淺不敢妄下雌黃惟因鈔輯漢魏遺書得從諸經正義採出十餘種又徧蒐羣藉凡有涉於經學者若東京以下賈逵許愼服虔穎容馬融盧植蔡邕荀爽王肅韋昭諸家撰述靡不甄綜又泝而上之西漢孟氏京氏之易伏氏歐陽氏之書韓氏申氏之詩戴氏聞人氏之禮董氏嚴氏之

春秋而於李斯之蒼頡篇叔孫通之禮器制度河間獻王之樂元語劉歆之鐘律書揚雄之琴清英諸亡書皆班班可攷其他贗書如歸藏百兩篇雜書如易飛候洞林皆從經義攷例采入以訖石經讖緯小學諸書凡經傳支流餘裔可與註疏相爲羽翼者竝鈔而錄之凡百八種又五十四種嘉慶三年戊午孟夏

金谿王謨

漢魏遺書鈔

經翼第一冊目次

序錄

隋志歸藏十三卷晉大尉參軍薛貞注 唐志同

周禮大卜掌三易之法一曰連山二曰歸藏三曰周易其經卦皆八其別皆六十有四　又簭人掌三易以辨九簭之名一曰連山二曰歸藏

周禮疏曰杜子春云連山宓戲歸藏黃帝鄭志答趙商云非無明文改之無據且從子春說近師皆以爲夏殷故鄭易贊云夏曰連山殷曰歸藏又註禮運云其書存者有歸藏按今歸藏坤啓筮云帝堯降二女爲舜妃又節卦云殷王其國常毋谷若依子春說歸藏黃帝安得有帝堯及殷王之事蓋子春之意宓戲黃帝造其名夏殷因名以作易

又曰殷人因黃帝曰歸藏其易以純坤爲首坤爲地萬物莫不歸而藏於其中殷以十二月爲正地統故以坤爲首

易叢說曰歸藏初經者伏羲初畫八卦因而重之者也八卦旣重爻在其中　又歸藏小畜曰其丈人乃知丈人之言三代有之

通志藝文畧曰連山亡矣歸藏所存者初經齊母本著三篇而已言占筮事其辭質其義古後學謂爲不文疑而棄之獨不知後之人能爲此文乎

路史注曰歸藏初經卦皆六位初㚘初乾初離初犖初兊初艮初釐初奭其卦又有明㚘營惑耆老大明之類昔啓筮明㚘鯀治洪水枚占大明桀筮營惑武王伐紂枚占耆老曰不吉是也

丹鉛錄曰按古歸藏易今亡惟存六十四卦而又闕其四與周易不同需作溽小畜作小毒畜大畜作大毒畜艮作很震作釐升作稱剥作僕損作員咸作諴坎作犖謙作兼遯作遂蠱作蜀解作荔无妄作毋亡家人作散家人渙作奐又有瞿欽規夜分五卦岑䨟林禍馬徒三複卦名不知當周易何卦也

經義攷曰按歸藏隋時尚存至宋猶有初經齊母本著三篇其見於傳注所引者辭皆古奥而孔氏正義謂歸藏僞妄之書亦未盡然若三墳書以歸藏易爲氣墳其爻卦大象曰天氣歸地氣藏木氣

生風氣動火氣長水氣育山氣止金氣殺各爲之傳則較傳注所引大不倫矣　又按歸藏之書有本著篇亦有啓筮篇有齊母經亦有鄭母經今見於郭景純山海經註隋志謂歸藏漢初已亡故班固藝文志不載又謂晉中經簿有之斯景純得援之以釋山經也　又按歸藏六十四卦其名或異然亦皆依反對爲序以謙作兼而分次之則分爲豫也以蠱作蜀而馬徒次之則馬徒爲隨也以損作員而諴次之則諴爲益也林禍在觀之前則臨也欽在恒之前則咸也瞿在散家人之前則睽也（睽字疑誤當作明夷）岑䨟在未濟之前則既濟也唯規夜二名不審當何卦非夬姤則噬嗑賁當之矣

謨案歸藏本末諸說言之詳矣故不復云今共鈔出周禮疏二條爾雅疏一條山海經注十條穆天子傳注一條莊子釋文一條楚辭補注一條文選注三條類聚四條初學記二條書鈔一條御覽十條路史注二條經義考五條

歸藏

晉　薛貞注　　南昌喻祥麟校

瞻彼上天一明一晦有夫羲和之子出於暘谷

空桑之蒼蒼八極之既張乃有夫羲和是主日月職出入以爲晦明

共工人面蛇身朱髮

麗山之子青羽人面馬身按山海經云鍾山其子曰鼓其狀如人面而龍身郭注此亦神名名之爲鍾山之子耳其類皆見歸藏啓筮文無可考下又引啓筮麗山之子云云本爲二事而路史後紀引作麗山氏之子鼓非也

羽民之狀鳥喙赤目而白首

滔滔洪水無所止極伯鯀乃以息石息壤以填洪水

鯀死三歲不腐剖之以吳刀化爲黃能初學記引作大副之吳刀下有是用出禹句路史後紀誤作啓

昔彼九冥是與帝辨同宮之序是爲九歌

不得竊辨與九歌以國於下並山海經注

帝堯降二女爲舜妃周禮大卜疏

昔夏后啓筮享神于晉之虛爲作璿臺于水之陽文選注○案初學記引歸藏啓筮作饗神於晉之靈臺

蚩尤出自羊水八肱八趾疏首登九淖以伐空桑黃帝殺之於青丘初學記引啓筮止此下從繹史鈔補作桐鼓之曲十章

一曰雷震驚二曰猛虎駭三曰鷙鳥擊四曰龍媒蹀五曰靈夔吼六曰鵰鶚爭七曰壯士奪志八曰熊羆哮哳九曰石壘崖十曰波蕩壑

昔者河伯筮與洛戰而枚占昆吾占之不吉並初學記

昔女媧筮張雲幕而枚占之曰吉初學記作枚占神明昭昭九州日月代極平均土地和合四國

昔黃帝與炎帝爭鬬涿鹿之野將戰筮于巫咸巫咸曰果哉而有咎

金水之子其名曰羽蒙乃之羽民是生百鳥文選注引作殷筮無乃之羽民句

昔夏后啓筮饗神于大陵而上鈞臺枚占皋陶曰不吉

昔桀筮伐有唐而枚占于營惑曰不吉不利出征唯利安處彼爲貍我爲鼠勿用作事恐傷其父並御覽

武王伐紂枚占耆老曰不吉路史注

昔穆王天子筮西征不吉曰龍降于天道里修遠飛

而冲天蒼蒼其羽

穆王獵于戈之壄並御覽

穆王筮卦于禺強莊子釋文

蒼帝起青雲扶日赤帝起黃雲扶日有白雲出自蒼梧入于大梁類聚○上皆啓筮篇

蓍末大于本爲上吉蒿末大于本次吉荆末大于本次吉箭末大于本次吉竹末大于本次吉蓍一五神蒿二四神荆三三神箭四二神竹五一神筮五犯皆藏五筮之神明皆聚焉御覽○經義考云此當屬本蓍篇

昔者羿善射畢十日果畢之山海經注○書正義引作羿彈十日

昔嫦娥以御覽作盜西王母不死之藥服之遂奔月爲月精文選注○案張衡靈憲云羿請無死之藥於西王母姮娥竊之以奔月將往枚筮之于有黃有黃占之曰吉翩翩歸妹獨將西行逢天晦芒毋驚毋恐後且大昌姮娥遂託身於月是爲蟾蠩此文當出歸藏

昔夏后啓筮乘龍飛以登于天睪陶占之曰吉御覽○按山海經注引鄭母經曰夏后啓筮御飛龍登于天台下有明啓亦仙也句疑是郭注或即薛貞注要非本文而路史後紀引此作鄭母經明夷也

啓母在嵩高山化爲石子啓亦登仙故其上有啓石穆天子傳注○按穆傳云天子南遊于黃大室之丘以觀夏后啓之所居乃入于啓室天子筮獵苹澤其卦遇訟逢公占之曰訟之繇藪澤蒼蒼其中宜其正公戎事則從祭事則憙畋獵則獲此亦當屬歸藏繇辭○上俱鄭母經

瞿有瞿有鰏宵梁爲酒尊于兩壺兩羭飲之三日然後穌士有澤我取其魚爾雅疏○按郭注引歸藏兩壺兩羭疏云此齊母經瞿有之文也

殷王其國常毋谷周禮太卜疏○按羅苹路史注云歸藏黃帝之書而坤啓筮乃有堯降二女以舜妃之語節卦云殷王其國常毋谷月之類其卦是也其文非也蓋歸藏之文湯代之作

君子戒車小人戒徒文選注

鼎有黃耳利得鱣鯉御覽引作利取鮔鯉

有鳧鴛鴦有雁鸕鷀

有人將來遺我貨貝以至則徹以求則得有喜將至並類聚

雖有豐隆荃得雲氣而結核書鈔

上有高臺下有雝池以此事君其貴若化若以賈市其富如河漢御覽

乾爲天爲君爲父爲大赤爲辟爲卿爲馬爲禾爲血卦路史注

乾者積石風穴之翏翏楚辭補注

剝良人得其玉小人一作君子得其粟

熒熒之華徼徼鳴狐

離監監燀若雷之聲

有鳥將至而垂翼

舊言之擇新言之念並經義考

附錄連山易

有崇國鯀伏于羽山之野水經注

有馮羿者得不死之藥于西王母姮娥竊之以奔月將往枚筮于有黃有黃占之曰吉翩翩歸妹獨將西

行逢天晦芒无恐无驚後且大昌姮娥遂託身于月李淳風乙巳占

案唐志有連山十卷司馬膺注經義考云度郎劉焜僞本而復引水經注乙巳占二條內姮娥竊藥奔月已見歸藏愚故引張衡靈憲入注此引李淳風占又以爲出連山未詳孰是

序錄

隋志周易荀爽九家注十卷唐志荀氏九家集解十卷

三國志注虞翻奏曰經之大者莫過於易自漢初以來海內英才其讀易者解之率少至孝靈之際潁川荀諝號爲知易荀諝荀爽之別名也

經典序錄曰荀爽九家集注十卷不知何人所集稱荀爽者以爲主故也其序有荀爽京房馬融鄭元宋衷虞翻陸績姚信翟子元子元不詳何人爲易義注內又有張氏朱氏竝不詳何人

文獻通考陳氏曰九家者漢淮南王所聘明易者九人荀爽嘗爲之集解陸氏釋文所載說卦逸象本於九家易

案李鼎祚周易集解凡三十餘家而於京房馬融荀爽鄭康成虞翻陸績姚信宋衷翟元九家外又有九家易若如陸氏釋文云卽京房等九家以荀爽爲主則李氏集解不當於諸家外又列九家易也此九家易恐當如陳氏說漢淮南王所聘明易者九人文中子所謂九師興而易道微者也然本

書久亡無與爲質姑仍舊目從集解鈔出一百二
十九條又釋文十五條又附錄九師道訓三條

九家易解

漢　潁川荀爽撰　　南城曾　煌校

大哉乾元

陽稱大六爻純陽故曰大乾者純陽衆卦所生天之象也觀乾之始以知天德惟天爲大惟乾則之故曰大哉元者氣之始也

乃統天

乾之爲德乃統繼天道與天合化也

亢龍有悔盈不可久也

陽當居五今乃居上故曰盈也亢極失位當下之坤三故曰盈不可久下之坤三屈爲諸侯故曰悔者也

元者善之長也

乾者君卦也六爻皆當爲君始而大通君德會合故元爲善之長也

亨者嘉之會也

通者謂陽合而爲乾衆善相繼故曰嘉之會也

庸行之謹

以陽居陰位故曰謹也庸常也謂言常以信行常
以謹矣
善世而不伐
陽升居五處中居上始以美德利天下不言所利
卽是不伐故老子曰上德不德是以有德此之謂
也
時乘六龍
謂時之元氣以王而行履涉衆爻是乘六龍也
彖曰至哉坤元

謂乾氣至坤萬物資受而以生也坤者純陰配乾
生物亦善之始地之象也故又歎言至美
柔順利貞君子攸行
謂坤爻本在柔順陰位則利正之乾則陽爻來據
之故曰君子攸行
履霜堅冰陰始凝也馴致其道至堅冰也
霜者乾之命也堅冰者陰功成也謂坤初六之乾
四履乾命令而成堅冰也此卦本乾陰始消陽起
于此爻故履霜也馴猶順也言陽順陰之性成堅

冰矣初六始姤姤爲五月盛夏而言堅冰五月陰
氣始生地中言始于微霜終至堅冰以明漸順至
也
六二之動直以方也
謂陽下動應之則直而行布陽氣於四方也
其血元黃
實本坤體未離其類故稱血焉血以喻陰也元黃
天地之雜言乾坤合居也
而動也剛

坤一變而成震陰動生陽故動也剛
發於事業
天地交而萬物生也謂陽德潛藏變則發見若五
動爲比乃事業之盛
爲其兼于陽也故稱龍焉
陰陽合居故曰兼陽謂上六坤行至亥下有伏乾
陽者變化以喻龍焉
雲雷屯
雷雨者興養萬物今言屯者十二月雷伏藏地中

未得動出雖有雲雨非時長育故言屯也

十年乃字反常也

陰出於坤今還爲坤故曰反常也陰出於坤謂乾再索而得坎今變成震中有坤體故言陰出於坤謂二從初卽逆應五順也去逆就順陰陽道正乃能長養故曰十年乃字

泣血漣如

上六乘陽故班如也下二四爻雖亦乘陽皆更得承五憂解難除今上无所復承憂難不解故泣血

漣如也體坎爲血伏离爲目互艮爲手掩目爲血泣之象也

六四需于血出自穴

雲從地出上升于天自地出者莫不由穴故曰需于血出自穴也

需于血順以聽也

雲欲升天須時當降順以聽五五爲天也

酒食貞吉以中正也

謂乾二當升五正位者也

以訟受服亦不足敬也

初二三四皆不正以不正相訟而得其服故不足敬也

初六師出以律否臧凶象曰師出以律失律凶也

坎爲法律也

九二在師中吉无咎王三錫命象曰在師中吉承天寵也

雖當爲王尚在師中爲天所寵事克功成故吉无咎二非其位蓋謂武王受命而未卽位也受命爲

王定天下以師故曰在師中吉

風行天下小畜

風者天之命令也今行天上則是令未下行畜而未下小畜之義也

夫妻反目不能正室也

四互體离离爲目也离旣不正五引而上三引而下故反目也輿以輪成車夫以妻成室今以妻乘夫其道逆故不能正室

有孚攣如不獨富也

有信下三爻也體巽故攣如如謂連接其鄰鄰謂四也五以四陰作財與下三陽共之故曰不獨富也

說而應乎乾

動來爲兌而應上故曰說而應乎乾也以喻一國之君應天子命以臨下承上以巽據下以說其正應天故虎爲之不咥人也

是以履虎尾不咥人亨

虎尾謂三也三以說道履五之應上順於天故不

咥人亨也能巽說之道順應於五故雖踐虎不見咥噬也太平之代虎不食人亨謂於五也

君子道長小人道消也

謂陽息而升陰消而降也陽稱息者長也起復成巽萬物盛長也陰言消者起姤終乾萬物成熟成熟則給用給用則分散故陰用特言消也

不戒以孚中心願也

乾升坤降各得其正陰得承陽皆陰心之所願也

六五帝乙歸妹以祉元吉

五者帝位震象稱乙是爲帝乙六五以陰處尊位帝者之姊妹五在震後明其爲妹也五應於二當下嫁二婦人謂嫁曰歸故言帝乙歸妹謂下居二以中和相承故元吉也

以祉元吉中以行願也

五下於二而得中正故言中以行願也

城復于隍其命亂也

乾當來上不可用師而拒之也自邑者謂從坤性而降也告命者謂下爲巽宣布君之命令也三陰

自相告語俱下服順承乾也城復于隍國政崩也坤爲亂否巽爲命交在泰上故其命亂也

拔茅貞吉志在君也

陰志在下欲承君也

九四有命无咎疇離祉

巽爲命謂受五之命以據三陰故无咎无命而據則有咎也疇者類也謂四應初據三與二同功故陰類皆離祉也離附祉福也陰皆附之故曰有福謂下三陰離受五四之福也

九五休否大人吉
否者消卦陰欲消陽故五處和居正以否絶之乾坤異體升降殊隔卑不犯尊故大人吉也
象曰同人
謂乾舍於离同而爲日天日同明以照于下君子則之上下同心故曰同人
大有上吉自天右也
上九說五以柔處尊而自謙損尙賢奉巳上下應之爲乾所右故吉且和也

彖曰謙亨
艮山坤地山至高地至卑以至高下至卑故曰謙也謙者兌世艮與兌合故亨
謙謙君子卑以自牧也
承陽卑謙以陽自牧養也
无不利撝謙不違則
陰撝上陽不違法則
鳴謙志未得也可用行師征邑國也
陰陽相應故鳴謙也雖應不承故志未得謂下九三可行師來上坤爲邑國也三應上上呼三征來居五位故曰利用行師征邑國也
而況建侯行師乎
震爲建侯坤爲行師建侯所以興利行師所以除害利興害除民所豫樂也天地有生殺萬物有始終王者盛衰亦有迭更猶武王承亂而應天地建侯行師奉亂除害民得豫說君得安樂也
澤中有雷隨
兌澤震雷八月之時雷藏於澤則天下隨時之象也

初九官有渝貞吉出門交有功
渝變也謂陽來居初得正爲震震爲子得土之位故曰官也陰陽出門相與交通陰往之上亦不失正故曰貞吉而交有功
利涉大川往有事也
陽往據陰陰來乘陽故有事也此卦泰乾天有河坤地有水二爻升降出入乾坤利涉大川也陽往求五陰來求二未得正位戎事不息故有事

敦臨之吉志在內也

志在升二也陰以陽爲主故志在內也

風行地上觀先王以省方觀民設教

先王謂五應天順民受命之王也風行地上草木必偃枯槁朽腐獨不從風謂應外之爻天地氣絕陰陽所去象不化之民五刑所加故以省察四方觀視民俗而設其教也言先王德化光被四表有不賓之民不從法令以五刑加之以齊德教也

何校滅耳聰不明也

當據离坎以爲聰明坎既不正今欲滅之故曰聰不明也

天下雷行物與无妄

天下雷行陽氣普徧無物不與故曰物與也物受之以生无有災妄故曰物與无妄也

過涉之凶不可咎也

君子以禮義爲法小人以畏慎爲宜至於大過之世不復遵常故君子犯義小人犯刑而家家有誅絕之罪不可咎也大過之世君子遯逝不行禮義

謂當不義則爭之若比干諫而死是也桀紂之民可比屋而誅上化致然亦不可咎曾子曰上失其道民散久矣如得其情則哀矜而勿喜是其義也

上六失道凶三歲也

坎爲叢棘又爲法律案周禮王之外朝左九棘右九棘面三槐司寇公卿議獄于其下害人者加明刑任之以事上罪三年舍中罪二年而舍下罪一年而舍也

不鼓缶而歌則大耋之嗟凶

鼓缶者以目下視离爲大腹瓦缶之象謂不取二也歌者口仰向上謂兊爲口而向上取五也日昃者向下也今不取二而上取五則上九耋之陽稱大也嗟者謂上被三奪五憂嗟窮凶也火性炎上故三欲取五也

日昃之离何可久也

日昃當降何可久長三當據二以爲鼓缶而今與四同取於五故曰不鼓缶而歌也

㐬如其來如无所容也（今本㐬訛突）

在五見奪在四見乘故无所容也

六五之吉離王公也

戚嗟順陽附麗於五故曰離王公也陽當居五陰退還四五當爲王三則三公也四處其中附上下矣

剛柔皆應恒

初四二五雖不正而剛柔皆應故通无咎矣

不恒其德无所容也

言三取初隔一應上見乘是无所容无居自容故

貞吝

受茲介福以中正也

五動得正中故二受大福矣大福謂馬與蕃庶之物是也

晉如碩鼠貞厲

碩鼠喻貪謂四也體離欲升體坎欲降游不度瀆不出坎也飛不上屋不至上也緣不極木不出離也穴不掩身五坤薄也走不先足外震在下也五伎皆劣四爻當之故曰晉如碩鼠也

有攸往主人有言

四者初應衆陰在上爲主人也初欲上居五則衆陰有言言謂震也四五體震爲雷聲故曰有攸往主人有言也

六二明夷于左股用拯馬壯吉

左股謂初爲二所夷也離爲飛鳥蓋取小過之義鳥飛舒翼而行夷者傷也今初傷垂翼在下故曰明夷于左股矣九三體坎坎爲馬也二應與五三與五同功二以中和應天應天合衆欲升上三以

壯於五故曰用拯馬壯吉

六二之吉順以則也

二欲上三居五爲天子坎爲法律君有法則衆陰當順從之矣

九三明夷于南狩得其大首不可疾貞

歲終田獵名曰狩也南者九五大陽之位故稱南也暗昧道終三可升上而獵於五得據大陽首位故曰明夷于南狩得其大首自暗復明當以漸次不可卒正故曰不可疾貞也

入于左腹獲心意也

四欲上三居五爲坎坎爲心四以坤爻爲腹故曰

入于左腹獲心意也

六二之吉順以巽也

謂二居中順於五則吉矣

家人嗃嗃未失也婦子嘻嘻失家節也

別體異家陰陽相據喜樂過節也別體異家謂三

五也陰陽相據三五各相據陰故言婦子也

睽之時用大矣哉

乖离之卦於義不大而天地事同共生萬物故曰

用大

公用射隼以解悖也

隼鷙鳥也今捕食雀者其性疾害喻暴君也陰盜

陽位萬事悖亂命射去之故曰以解悖也

六三中行告公用圭

天子以尺二寸元圭事天以九寸事地也上公執

桓圭九寸諸侯執信圭七寸諸伯執躬圭七寸諸

子執穀璧五寸諸男執蒲璧五寸五等諸侯各執

之以朝見天子也

天地相遇品物咸章也

謂陽起子運行至四月六爻成乾巽位在巳故言

乾成於巽既成轉舍於離萬物皆盛大坤從離出

與乾相遇故言天地遇也

有攸往見凶

繇繫於柅猶女繫於男故以喻初宜繫二也若能

專心順二則吉故曰貞吉今既爲二所據不可往

應四往則有凶故曰有攸往見凶也

利貞

五以正聚陽故曰利貞

允升大吉上合志也

謂初失正乃與二陽允然合志俱升五位上合志

也

初六臀困于株木

臀謂四株木三也三體爲木澤中无水兌金傷木

故枯爲株也初者四應欲進之四四困於三故曰

臀困于株木

入于幽谷三歲不覿
幽谷二也此本否卦謂陽來入坎與初同體故曰入幽谷三者陽數謂陽陷險中爲陰所弇終不得見故曰三歲不覿也
入于其宮不見其妻不詳也
此本否卦二四同功爲艮艮爲門闕宮之象也六三居困而位不正上困於民内无仁恩親戚叛逆誅將加身入宮无妻非常之困故曰不詳也
象曰鼎象也以木巽火亨飪也

鼎言象者卦也木火互有乾兌乾金兌澤澤者水也爨以木火是鼎鑊亨飪之象亦象三公之位上則調和陰陽下而撫綏百姓鼎能熟物養人故云象也牛鼎受一斛天子飾以黃金諸侯白金三足以象三台足上皆作鼻目爲飾也羊鼎五斗天子飾以黃金諸侯白金大夫以銅豕鼎三斗天子飾以黃金諸侯白金大夫銅士鐵三鼎形同亨飪煮肉上離陰爻爲肉也
九四鼎折足覆公餗其刑渥凶（今本刑作形）
鼎者三足一體猶三公承天子也三公謂調五味足折餗覆猶三公不勝其任傾敗天子之美故曰覆餗也
覆公餗信如何也
渥者厚大言辠重也既覆公餗信有大辠刑罰當加无可如何也
勿憂宜日中
震動而上故勿憂也日者君中者五君宜居五也謂陰處五日中之位當傾昃矣

有孚發若信以發志也
信者孚五然後乃可發其順志
九三豐其沛日中見沬
大暗謂之沛沬斗杓後小星也
六二旅即次懷其資得僮僕貞
即就次舍資財也以陰居二即就其舍故旅即次承陽有實故懷其資初者卑賤二得履之故得僮僕處和得位正居是故曰得僮僕貞矣
上九巽在牀下

上爲宗廟禮封賞出軍皆先告廟然後受行三軍之命將之所專故曰巽在牀下也

九五渙汗其大號

謂五建二爲諸侯使下君國故宣布號令百姓被澤若汗之出身不還反也此本否卦體乾爲首來下處二成坎水汗之象也陽稱大故曰渙汗其大號也

安節之亨承上道也

言四得正奉五上通於君故曰承上道也

九四无咎弗過遇之

以陽居陰行過乎恭今雖失位進則遇五故无咎也四體震動位既不正當動上居五不復過五故曰弗過遇之矣

方以類聚

謂姤卦陽爻聚於午也方道也謂陽道施生萬物各聚其所也

物以羣分

謂復卦陰爻羣於子也陰主成物故曰物也至於萬物一成分散天下也以周人用故曰物以羣分也

乾知大始

始謂乾稟元氣萬物資始也

原始及終故知死生之說（今本及作反）

陰陽交合物之始也陰陽分離物之終也合則生離則死故原始及終故知死生之說矣交泰時春也分離否時秋也

而道濟天下故不過

言乾坤道濟成天下而不過也

旁行而不流

旁行周合六十四卦月主五卦爻主一日歲既周而復始也

範圍天地之化而不過

範者法也圍者周也言乾坤消息周法天地而不過於十二辰也辰日月所會之宿謂諏訾降婁大梁實沈鶉首鶉火鶉尾壽星大火析木星紀元枵之屬是也

是故可與酬酢可與右神矣

陽往爲酬陰往爲酢陰陽相配謂之右神也孔子言大衍以下至於能事畢矣此足以顯明易道又神易德行可與經義相斟酌也故喻以賓主酬酢之禮所以助前聖發見於神秘矣禮飲酒主人酌賓爲獻賓酌主人爲酢主人飲之又酌賓爲酬也先舉爲酢答報爲酬酬取其報以象陽唱陰和變化相配是助天地明其鬼神者也

是故聖人以通天下之志

先言是故者承上之辭也謂以動者尚其變變而通之以通天下之志也

以定天下之業

謂以制器者尚其象也凡事業之未立以易道決之故言以定天下之業

以斷天下之疑

謂卜筮者尚其占也占事知來故定天下之疑

舉而措之天下之民謂之事業

謂聖人畫卦爲萬民事業之象故天下之民尊之得爲事業矣

默而成不言而信存乎德行（今本默而成之）

默而成謂陰陽相處也不言而信謂陰陽相應也德者有實行者相應也

俯則觀法於地

艮兌爲山澤也地有水火五行八卦之形者也

與地之宜

謂四方四維八卦之位山澤高卑五土之宜也

以類萬物之情

六十四卦凡有萬一千五百二十冊冊類一物故曰類萬物之情以此庖犧重爲六十四卦明矣

黃帝堯舜垂衣裳而天下治蓋取諸乾坤

黃帝以上羽皮革木以禦寒暑至乎黃帝始制衣裳垂示天下衣取象乾居上覆物裳取象坤在下含物也

挎木爲舟挾木爲楫舟楫之利以濟不通致遠以利天下蓋取諸渙

木在水上流行若風舟楫之象也此本否卦九四

之二挎除也巽爲長爲木艮爲手乾爲金艮手持
金故挎木爲舟掞木爲楫也乾爲遠天故濟不通
致遠以利天下矣法渙而作舟楫蓋取斯義也
蓋取諸豫
下有艮象從外示之震復爲艮兩艮對合重門之
象也榛者兩木相擊以行夜也艮爲手爲小人又
爲上持震爲足又爲木爲行坤爲夜即手持二木
夜行擊榛之象也坎爲盜水虣長无常故以待虣
客既有不虞之備故取諸豫矣

上古結繩而治後世聖人易之以書契百官以治萬
民以察蓋取諸夬
古者无文字其有約誓之事事大大其繩事小小
其繩結之多少隨物衆寡各執以相考亦足以相
治也夬本坤世下有伏坤書之象也上又見乾契
之象也以乾照坤察之象也夬者決也取百官以
書治職萬民以契明其事契刻也人壯進而成
金決竹木爲書契象故法夬而作書契矣
利用安身以崇德也

利用陰道用也謂姤時也陰升上究則乾伏坤中
詘以求信陽當復升安身嘿處也時既潛藏故利
用安身以崇其德崇德體卑而德高也
易曰屨校滅趾无咎此之謂也
噬嗑六五本先在初處非其位小人者也故歷說
小人所以爲罪終以致害雖欲爲惡能止不行則
无咎
易曰何校滅耳凶
噬嗑上九爻辭也陰自初升五所在失正積惡而

罪大故爲上所滅善不積斥五陰爻也聰不明者
聞善不聽聞戒不改故凶也
以體天地之撰
撰數也萬物形體皆受天地之數也謂九天數六
地數也剛柔得以爲體矣
以通神明之德
隱藏謂之神著見謂之明陰陽交通乃謂之德
其稱名也雜而不越
陰陽雜也名謂卦名陰陽雖錯而卦象各有次序

不相踰越

巽以行權

巽象號令乂爲近利人君政教進退釋利而爲權也春秋傳曰權者反於經然後有善者也此所以說九卦者聖人履憂濟民之所急行也故先陳其德中言其性後敘其用以詳之也西伯勞謙殷紂驕暴臣子之禮有常故創易道以輔濟君父者也然其意義廣遠幽微孔子指撮解此九卦之德合三復之道明西伯之於紂不失上下

坤以藏之

謂建申之月坤在乾下包藏萬物也乾坤交索既生六子各任其才往生物也又雷與風雨變化不常而日月相推迭有來往是以四卦以義言之天地山澤恒在者也故直說名矣

巽爲雞

應八風也風應節而變變不失時雞時至而鳴與風相應也二九十八主風精爲雞故雞十八日剖而成雞二九順陽歷故雞知時而鳴也

坎爲豕

汚辱卑下也六九五十四主時精爲豕坎豕懷胎四月而生宜時理節是其義也

艮爲狗

艮止主守禦也艮數三七九六十三三主斗斗爲犬故犬懷胎三月而生斗運行十三時日出故犬十三日而開目斗屈故犬卧屈也斗運行四帀犬亦夜繞室也火之精畏水不敢飲但舌舐水耳犬鬭以水灌之則解也犬近奎星故犬淫當路不避人者也

乾爲老馬

言氣衰也息至巳必當復消故爲老馬也

坤爲子母牛

土能生育牛亦含養故爲子母牛也

爲文

萬物相雜故爲文也

震爲蒼筤竹爲萑葦

蒼筤青也震陽在下根長堅剛陰爻在中使外蒼

篔也萑葦蒹葭也根莖叢生蔓衍相連有似雷行也

坎爲薄蹄

薄蹄者在下水又趨下趨下則流散流散則薄故爲薄蹄也

訟必有衆起故受之以師師者衆也

坤爲衆物坎爲衆水上下皆衆故曰師也凡制軍萬有二千五百人爲軍天子六軍大國三軍次國二軍小國一軍軍有將皆命卿也二千五百人爲

師師帥皆中大夫五百人爲旅旅帥皆下大夫也

以喜隨人者必有事故受之以蠱蠱者事也

子行父事備物致用而天下治也備物致用立成器以爲天下利莫大於聖人子脩聖道行父之事以臨天下無爲而治

進必有所傷故受之以明夷夷者傷也

日在坤下其明傷也言晉極當降復入于地故曰明夷也

无妄悔 下並釋文引九家易

意耳之告

險且玷

乘口說也

聖人有以見天下之冊

言天下之至冊而不可亂也

探冊索隱

乾爲龍爲直爲衣爲言

巛爲牝爲迷爲方爲囊爲裳爲黃爲帛爲漿

震爲玉爲鵠爲鼓

巽爲楊爲鸛

坎爲宮爲律爲可爲棟爲叢棘爲狐爲蒺藜爲桎梏

離爲牝牛

艮爲鼻爲虎爲狐

兌爲常爲輔頰 注云常西方神也

附錄淮南九師道訓

遯而能飛吉孰大焉 案後漢書張衡傳思玄賦利飛遯以保名章懷大子注引周易遯卦上九曰肥遯無不利淮南九師道訓曰遯而能飛吉孰甚焉似周易本作肥遯衡從九師道訓改作飛遯而文選載思玄賦云利肥遯以保名李善注引九師道訓遯而能肥吉孰大焉比並得遯之咸其遯

卦艮下乾上上九爻辭云肥遯最在卦上居無位之
地不爲物所累矰繳所不及遯之最美故名肥遯處
陰長之時而獨如此故曰利肥遯而保名則本賦及
注引道訓又俱從周易作肥遯與後漢書注異而加
詳蓋道訓篇文秖二句此並以下
則又李善訓釋文辭也今故不錄

剝之不可遂盡也故受之以復解鴻烈

案經義攷言陸氏釋文於需蠱遯損諸卦其所引
稱師者當即九師本而鴻烈解引易曰剝之不可
遂盡也故受之以復此則道訓之序卦傳文矣而
於後漢書注文選注所引九師道訓釋文俱闕不
載似屬遺漏今特采補

序錄

隋志漢曲臺長孟喜周易章句八卷殘缺

漢藝文志曰孟喜字長卿東海蘭陵人也父號孟
卿善爲禮春秋授后蒼疏廣世所稱后氏禮疏氏
春秋皆出孟卿以禮經多春秋煩雜乃使喜從
田王孫受易喜好自稱譽得易家陰陽災變書詐
言師田生且死時枕喜鄰獨傳喜諸儒以此耀之
同門梁丘賀疏通證明之曰田生絕於施讎手中
時喜歸東海安得此事又蜀人趙賓好小數書後
爲易飾易文以爲箕子明夷陰陽氣亡箕子箕子
者萬物方荄茲也賓持論巧慧易家不能難皆曰
非古法也云受孟喜喜爲名之後賓死莫能持其
說喜因不肯仞以此不見信喜舉孝廉爲郎曲臺
署長病免爲丞相掾博士缺眾人薦喜上聞喜改
師法遂不用喜喜授同郡白光少子沛翟牧子兄
皆爲博士繇是有翟孟白之學京房受易梁人焦延壽延壽云從孟
喜問易會喜死房以延壽易即孟氏學翟牧白生不肯曰非也

隋經籍志曰孟氏京氏有書無師

經典序錄曰孟易章句無上繫又下經無旅至節無上繫

釋一行曰十二月卦出于孟氏章句其說易本於氣而後以人事明之

謨案朱氏經義考云許氏說文解字序言易稱孟氏則所引皆孟氏易也而其字多與今文異今並鈔出二十五條又釋文十一條周易集解二條詩正義一條禮記疏二條

周易章句

漢　東海孟喜撰　　宜黃黃錫禧校

夕惕若夤　夤敬惕也

泣涕漣如　漣泣下也

再三瀆　瀆握持垢也

以往遴　遴行難也

履虎尾虩虩恐懼終吉

百穀草木麗乎地

日𢈋之離　𢈋日在西方時側也

有孚裕無咎

其牛觢　觢一角仰也

其人天且劓

君子豹變其文斐也　斐分別文也

抍馬壯吉　抍上升也

需有衣絮　絮緼也

夫乾寉然示人易矣　寉高至也

犕牛乘馬

重門擊欜

天地壹壺

雜而不越

燥萬物者莫熯乎離

爲駒顙

爲黔喙 無之屬字

執飪 此下三條經義考云今本無是文不知當日何所屬也

槷𣂈

地可觀者莫可觀于木

顨 巽也 按說文此二條亦當屬孟氏易而經義考遺之

楷恒凶 楷柱砥古用木今以石

利之足以和義 下十五條並見釋文

咸其輔俠舌

齊卦 齊子西反進也 晉卦卽

君子以懲忿恎浴

徧辭也 徧周匝也

日中則稷

日中見主

窒其無人

我有好爵吾與爾靡之 好小也靡共也

繫辭焉而明之

夫坤退然示人簡矣

伏戲氏之王天下也

耒耨之利 耨耘除草也

象也者象也

雜卦也 雜亂也

陰疑于陽必戰 陰乃上薄疑似于陽必與陽戰也 李鼎祚周易集解

象曰豐其屋天降祥也 天降下惡祥也 同上

時乘六龍以御天故知天子駕六馬 毛詩疏引異義易孟京說

易有周人五號帝天稱一也王美稱二也天子爵號三也大君者與盛行異四也大人者聖人德備五也 曲禮疏引異義易孟京說

年二十行役三十受兵六十還兵 王制疏引異義易孟氏說

序錄
隋志漢魏郡大守京房周易章句十卷飛候九卷
漢書本傳曰京房字君明東郡頓丘人也治易事
梁人焦延壽延壽字贛贛常曰得我道以亡身者
必京生也其說長於災變分六十四卦更直日用
事以風雨寒溫爲候各有占驗房用之尤精
文獻通考晁氏曰漢藝文志易京氏凡三種八十
九篇隋經籍志有京氏章句十卷又有占候十種
七十三卷唐藝文志有京氏章句十卷而占候存

者五種二十三卷今其章句亡矣乃畧見於僧一
行及李鼎祚之書今傳者曰京氏積算易傳三卷
雜占條例法一卷或共題易傳四卷而名與古不
同所謂積算易傳疑隋唐志之錯卦是也雜占條
例法者疑隋唐志之逆刺占災異是也今以當時
之書驗之葢有孟氏京房十一篇災異孟氏京房
六十六篇同爲一家之學則其源委孰可誣哉
經義考曰案京氏易傳君子體仁作體信利物作
利之福謙作富謙不惑作不貸般薦作隱薦盱豫

作汙豫朋盍簪作撍剝床以膚作簠君子得輿作
德輿朋來作所來朶頤作瑞頤水洊至洊作臻祗
既平祗作禔大耋作經憧憧作憧憧夷于左股夷
作胰先張之弧後說之弧弧作壺赦過宥罪作尤
罪劓刖作劓劊吾與爾靡之作劘之月幾望作近
望繻有衣袽作絮旁行而不流作留天下之賾作
嘖行其典禮作等禮再扐而後掛作卦可與酬酢
作醋易以貢作工洗心作先心包犧作伏戲坎爲
豕作彘爲瘠馬作柴馬爲吝作遴爲馵足作朱足

爲矯輮作柔豫怠也怠作治皆與今易異辭見陸
氏釋文（案釋文所引易傳當屬章句本文）
謨案京房易傳已刊入何氏叢書葢即晁氏所謂
積算易傳三卷也而諸經註疏及史志所引易傳
文尤多又皆不類意即所謂雜占條例法或共題
易傳者是也大抵京氏說易長于災異凡風角占
候諸書皆可通爲易傳今故仍從各書採補凡鈔
出尚書疏一條周禮疏一條春秋疏一條公羊傳
注一條穀梁傳注三條史記天官書注二條前漢

書五行志六十三條後漢書五行志三條三國志
注一條宋書志五條南齊書志二條隋書志一條
水經注一條類聚二條書鈔二條續博物志一條
御覽十條而以史記索隱所引京氏章句冠列篇
首明章句文體本當如此且以存隋唐二志舊目
也其五星占別對災異諸條仍附入飛候別自為
卷

京房易傳

漢東郡京房撰　　豐城呂林育校

可用汲王明竝受其福言我之道可汲而用上有明王汲我道而用之天下竝受其福故曰王明竝受其福（史記索隱）

成湯嫁妹之辭曰無以天子之尊而乘諸侯無以天子之富而驕諸侯陰之從陽女之順夫本天地之義也往事爾夫必以禮義（此從困學紀聞鈔出未詳原本）

陽感天不旋日陽謂天子也天子行善以感天不廻

旋經日（尚書疏）

鳳凰麟前鹿後蛇頸龜背魚尾雞喙燕翼五采高二尺漢世鳳凰數出五色（周禮疏○史記正義引此云鳳凰鴈前麟後雞喙燕頷蛇頸龜背魚尾駢翼高丈二尺）

麟麕身牛尾狼額馬蹄有五采腹下黃高丈二（春秋疏）

旱異者旱久而不害物也斯祿去公室禍由下作故陽雖不施而陰道獨行以成萬物也（公羊傳注）

日者陽之精人君之象驕溢專明爲陰所侵則有日食之災不救必有篡臣之萌其救也君懷謙虛下賢

受諫任德日食之災爲消也
君假與臣權隕霜不殺草前漢志引此云臣有緩茲謂不順厥異霜不殺也
從叛者茲謂不明厥妖木冬實並穀梁傳注
日赤黃爲薄或曰不交而食曰薄前漢志引此云凡日食不以晦朔者名曰薄人君誅將不以禮或賊臣將暴起日月雖不同宿陰氣盛薄日光也說郛又引飛候云凡日食皆於晦朔不以晦朔食者名曰薄主人民有災患也
天攙爲員赤地千里枯骨藉藉並史記天官書注
顓事有知誅罰絕理厥災水其水也雨後漢志作而殺人
以隕霜大風天黃飢而不損茲謂泰厥災水水殺人

辟遏有德茲謂狂厥災水水流殺人已水則地生蟲
歸獄不解茲謂追非厥水寒殺人追誅不解茲謂不
理厥水五穀不收大敗不解茲謂皆陰解舍也王者
於大敗誅首惡赦其衆不則皆函陰氣厥水流入國
邑隕霜殺穀
欲德不用茲謂張厥災荒荒旱也其旱陰雲不雨變
而赤因而除師後漢志作因四陰衆宋志又作煙四際衆出過時茲謂廣
其旱不生上下皆蔽茲謂隔其旱天赤三月時有雹
殺飛禽上緣求妃茲謂僭其旱三月大溫亡雲居高
臺府茲謂犯陰侵陽其旱萬物根死數有火災庚位
踰節茲謂僭其旱澤物枯爲火所傷
祿不遂行茲謂欺厥咎奧雨雪四至而溫臣安祿樂
逸茲謂亂奧而生蟲知罪不誅茲謂舒其奧夏則暑
殺人冬則物華實重過不誅茲謂亡徵其咎當寒而
奧六日
有德遭險茲謂逆命厥異寒誅過深當奧而寒盡六
日亦爲雹害正不誅茲謂養賊寒七十二日殺蜚禽
道人始去茲謂傷其寒物無霜而死涌水出戰不量

敵茲謂辱命其寒雖雨物不茂聞善不予厥咎聾
興兵妄誅茲謂亡法厥災霜夏殺五穀冬殺麥誅不
原情茲謂不仁其霜夏先大雷風冬先雨廼隕霜有
芒角賢聖遭害其霜附木不下地佞人依刑茲謂私
賊其霜在草根土隙間不教而誅茲謂虐其霜反在
草下
潛龍勿用衆逆同志至德廼潛厥異風其風也行不
解物不長雨小而傷政悖德隱茲謂亂厥風先風不
雨大風暴起發屋折木守義不進茲謂耄宋志作眊厥風

與雲俱起折五穀莖臣易上政茲謂不順厥風大猋宋志作飈發屋賦歛不理茲謂禍厥風絕經緯宋志作紀止即溫溫即蟲矦專封茲謂不統厥風疾而樹不搖穀不成辟不思道利茲謂無澤厥風不搖木旱無雲傷禾公常於利茲謂亂厥風微而溫生蝗蟲害五穀棄正作淫茲謂惑厥風溫螟蟲起害有益人之物矦不朝茲謂叛厥風無恒地變赤而宋志作雨殺人

臣安祿茲謂貪厥災蟲食根德亡常茲謂煩蟲食葉不絀亡德蟲食本與東作爭茲謂不時蟲食節蔽惡生孽蟲食心類聚引此云變惡生孽蟲食苗心妖害忠孝蟲食苗根王者與諸侯爭蟲食苗節莖德無節蟲食葉

臣事雖正顓必正其震於水則波於木則搖於屋則死落大經在辟而易臣茲謂陰動厥震搖政宮大經搖政茲謂不陰厥震搖山山出涌水嗣子無德專祿茲謂不順厥震動丘陵涌水出

有蜺蒙霧霧上下合也蒙如塵雲蜺日旁氣也初學記引此文云蜺日旁氣其占云妻乘夫則見之陰勝陽之表也其占曰后妃有專蜺再重赤而專至衝旱妻不壹順黑蜺四背又白蜺雙出日中妻以貴高夫茲謂擅陽蜺四方日光不揚解而溫內取茲謂禽蜺如禽在日旁以尊降妃茲謂薄嗣蜺直而塞六辰廼除夜星見而赤女不變始茲謂乘夫蜺白在日側黑蜺果之氣正直妻不順正茲謂擅陽蜺中窺貫而外顓夫妻不嚴茲謂媟蜺與日會婦人擅國茲謂頊蜺白貫日中赤蜺四背適不答茲謂不次蜺直在左蜺交在右取於不顓茲謂危嗣蜺抱日兩未及君淫外茲謂亡蜺氣左日交於外取不達茲謂不知蜺白奪明而大溫溫而雨尊卑不別茲謂媟蜺三出三已三辰除除則日出且雨臣私祿及親茲謂罔辟厥異蒙其蒙先大溫已蒙起日不見行善不請於上茲謂作福蒙一日五起五解辟不下謀臣辟異道茲謂不見上蒙下霧風三變而俱解立嗣子疑茲謂動欲蒙赤日不明德不序茲謂不聽蒙日不明溫而民病德不試空言祿茲謂主窳臣夭蒙起而白君樂逸人茲謂放蒙日青黑雲夾日左右前後行過日公不任職茲謂怙祿蒙三日又大風五日蒙不解利邪以食茲謂閉上蒙大起白雲如山行蔽日公

懼不言道茲謂蔽下蒙大起日不見若雨不雨至十
二日解而有大雲蔽日祿生於下茲謂誣君蒙微而
小雨已乃大雨下相攘善茲謂盜明蒙黃濁下陳功
求於上茲謂不知蒙微而赤風鳴條解復蒙下專刑
茲謂分威蒙而日不得明大臣厭小臣茲謂蔽蒙微
日不明若解不解大風發赤雲起而蔽日衆不惡惡
茲謂蔽蒙尊卦用事三日而起日不見漏言亡喜茲
謂下厝用蒙微日無光有雨雲雨不降廢忠惑佞茲
謂亡蒙天先清而暴蒙微而日不明有逸民茲謂不

明蒙濁奪日光公不任職茲謂不絀蒙白三辰止則
日青青而寒寒必雨忠臣進善君不試茲謂遏蒙先
小雨雨已蒙起微而日不明惑衆在位茲謂覆國蒙
微而日不明一溫一寒風揚塵知佞厚之茲謂庳蒙
甚而溫君臣故弼茲謂悖厥災風雨霧風拔木亂五
穀已而大霧庶正蔽惡茲謂生孽災厥異霧
忠臣進善君不試厥異國生蜮（穀梁傳注試作識異作咎）
衆心不安厥妖龍鬭
有德遭害厥妖龍見井中行刑暴惡黑龍從井出

亡師茲謂不御厥異日食其食也既並食不一處誅
衆失理茲謂生叛厥食既光散縱畔茲謂不明厥食
先大雨三日雨除而寒寒即食竊祿不封茲謂不安
厥食既先日出而黑光反外燭君臣不通茲謂亡厥
食三既同姓上侵茲謂誣君厥食四方有雲中央無
雲其日大寒公欲弱主位茲謂不知厥食中白青四
方赤已食地震諸侯相侵茲謂不承厥食三毀三復
君疾善下謀上茲謂亂厥食既先雨雹殺走獸弒君
于位茲謂逆厥食既先風雨折木日赤內臣外鄉茲

謂背厥食食且兩地中鳴冢宰顓政茲謂因厥食先
大風食時日居雲中四方亡雲伯正越職茲謂分威
厥食日中分諸侯爭美於上茲謂泰厥食日傷月食
半天營而鳴賦不得茲謂竭厥食星隨而下受命之
臣顓征云試厥食雖侵光猶明若文王臣獨誅紂矣
小人順受命者征其君云殺厥食五色至大寒隕霜
若紂臣順武王而誅紂矣諸侯更制茲謂叛厥食三
復三食食已而風地動適讓庶茲謂生欲厥食日失
位光晻晻月形見酒亡節茲謂荒厥食乍青乍黑乍

赤明日大雨發霧而寒
美不上人茲謂上弱厥異日白七日不溫順亡所制
茲謂弱日白六十日物亡霜而死天子親伐茲謂不
知日白體動而寒弱而有任茲謂不亡日白不溫明
不動辟僭公行茲謂不伸厥異日黑大風起天亡雲
日光晻不難上政茲謂見過日黑居仄大如彈丸
辟不聞道茲謂亡厥異日赤
祭天不順茲謂逆厥異日赤其中黑聞善不予茲謂
失知厥異日黃夫大人者與天地合其德與日月合

其明故聖王在上總命羣賢以亮天功則日之光明
五色備具燭燿亡主有主則爲異應行而變也色不
虛改形不虛毀觀日之五變足以監矣故曰縣象著
明莫大乎日月此之謂也
日食從旁右者君失臣從旁左者亦君失臣從上者
臣失君從下者君失民
經稱觀其生言大臣之義當觀賢人知其性行推而
貢之不則爲聞善不予茲謂不知厥異黃厥咎聾厥
災不嗣黃者日上黃光不散如火然有黃濁氣四塞

天下蔽賢絕道故災異至絕世也
經曰良馬逐逐進也言大臣得賢者謀當顯進其人
不則爲下相攘善茲謂盜明厥咎亦不嗣至於身僇
家絕
幹父之蠱有子考无咎子三年不改父道思慕不皇
亦重見先人之非不則爲私厥妖人死復生
睽孤見豕負塗厥妖人生兩頭下相攘善妖亦同人
若六畜首目在下茲謂亡上正將變更凡妖之作以
譴失正各象其類二首下不壹也足多所任邪也足

少下不勝任或不任下也凡下體生於上不敬也上
體生於下媟瀆也生非其類淫亂也人生而大上速
成也生而能言好虛也羣妖推此類不改乃成凶也
婦貞厲月幾望君子征凶言君弱而婦彊爲陰所乘
則月並出晦而月見西方謂之朓朔而月見東方謂
之仄慝仄慝則侯王其肅朓則侯王其舒
夏雨雪戒臣爲亂
君不任賢厥妖天雨星
君吝於祿信衰賢去厥妖天雨草

前樂後憂厥妖天雨羽
邪人進賢人逃天雨毛
佞人祿功臣僇天雨血
復崩來无咎自上下者爲崩厥應泰山之石顛而下
小人剝廬厥妖山崩玆謂陰乘陽弱勝彊
天子弱諸侯力政厥異水鬬
君湎於酒淫於色賢人潛國家危厥異流水赤
君臣相背厥異名水絶
尊卑不別厥妖女生赤毛

男化爲女宮刑濫也女化爲男婦政行也
冢宰專政厥妖人生角
妖言動衆玆謂不信路將亾人司馬死
棄正作淫厥妖木斷自屬妃后有顓木仆反立斷枯
復生天辟惡之
令不修本下不安金無故自動若有音
興繇役奪民時厥妖牛生五足
臣易上政不順厥妖馬生角玆謂賢士不足
天子親伐馬生角

衆心不安君政厥妖豕入居室
廢正作淫大不明國多麋穀梁傳注引此云爲火不明則國多麋
震遂泥厥咎國多麋
執政失下將害之厥妖狗生角
君子苟免小人陷之厥妖狗生角
夫婦不嚴厥妖狗與豕交玆謂反德
有始無終厥妖雄雞自齧斷其尾
賢者居明夷之世知時而傷或衆在位厥妖雞生角
婦人顓政國不靜牝雞雄鳴主不榮

逆親親厥妖白黑烏鬬於國
專征刼殺厥妖烏鵲鬬
辟退有德厥咎狂厥妖水鳥集於國中
距諫自彊玆謂郤行厥異鶂退飛又曰適當黜則鶂退飛
賊臣在國厥咎燕生爵諸侯銷
衆逆同志厥妖河魚逆流上
海數見巨魚邪人進賢人疏
立嗣子疑厥妖蛇居國門鬬
祭天不慎厥妖鼷鼠齧郊牛角

子不子鼠食其郊牛
誅不原情厥妖鼠舞門
臣私祿罔辟衆妖鼠巢（並前漢書五行志）
小人在位上下咸悖厥妖城門內崩
大作不時天降災厥咎蝗蟲來
蜺之比無德以色親也（並後漢書五行志）
凡爲王者惡者去之弱者奪之易姓改代天命有常
人謀鬼謀百姓與能（魏志紀注）
聖人清靜行乎中正賢人至民從命厥應麒麟來

聖人受命厥應鳳凰下
上下流通聖賢昌厥應帝德鳳凰翔萬民喜樂無咎
殃（並宋書符瑞志）
殺無辜則牛生妖
君用婦人言則雞生妖（並宋書五行志）
冬雨天下飢春雨有小兵
野獸羣鳴邑中且空虛野獸入室及上官府門有大
害（並南齊書五行志○案隋志引此作易飛候）
震擊貴臣門及屋者不出三年佞臣被誅（隋志）

河水清天下平（水經注○文選注引此作黃河清）
日月大光天下和平上下俱昌延年益壽長世無極
也
木同本異枝其君有慶鄰邑來附者吉木生於屋上
及朝廷其君生聖子木王而有實其國有慶木生於
城脊一圍巳上長數丈此謂城殭其君大昌（並類聚）
青白赤黑雲在東西南北名曰四塞之雲見即有雨
漢川有黑雲大如席不過五日必雨名曰海雲
赤雲如兔蜀國當富（並書鈔）

雉將風則踊躍欲雨則鳴（續博物志）
日者衆陽之精內外宣黃五色無主以象人君精精
似青翼翼似黑宣宣似赤縞縞似白煌煌似黃光照
無主不可以一色名也
月與星至陰也有形無光日照之乃有光喻如鏡照
日即有影見月初光見西方巳後望光見東方皆日
所照也
地動陰有餘天裂陽不足此臣下盛强之變也
當雷不雷陽德弱也

飛雹不盡樹木枝害五穀者君賦斂刻民也

内淫亂百姓勞苦則天雨土

伯勞聚邑中歲災伯勞鳴軍中師分而水且至

人君無惠澤於下則小旱

后頟拜厥風疾而樹不搖不循道厥風不搖草

火失其性則草妖並御覽

易飛候

漢 東郡京房撰 餘干張文煌校

正月有偃月必有嘉主

青雲潤澤蔽日在西北爲舉賢良黃雲如覆車大豐也並類聚○說郛引此文云視四方常有青雲主豐雲在西南爲舉士

何以知聖人隱風清明其來長久不動搖物此有龍德在下也何以知賢人隱四方常有火雲五色具而不巳其下賢人隱

夏至後有雲大如車蓋十餘丈此陽火之氣必暑有暍死者並御覽

霜成就萬物書鈔

凡候雨以晦朔弦望雲漢四塞者皆當雨東風曰雷雨暴有黑雲氣如船覆於日下當雨有黑雲氣如斗牛蔽當雨暴有異雲如水牛不三日大雨黑雲如羣羊奔如飛鳥五日必雨雲如浮舡皆雨北斗獨有雲不五日大雨四望見青白雲名曰天寒之雲雨徵蒼黑雲細如杼軸蔽日月五日必雨雲如兩人提鼓持桴皆爲暴雨

候雨法有黑雲如一疋帛向日中卽日大雨二疋爲
二日大雨三疋爲三日大雨占一作風角要占○並御覽
大平之時十日一雨凡歲三十六雨此休徵時若之
應初學記
天雨土百姓勞苦而無功
天雨毛其國大饑
㓐日風天下昏人大疾不然多寇盜並隋書五行志
虹八月出西方粟貴御覽
地以春動歲不昌以夏四月動五穀不熟人大饑以

十一月動者其邑饑冬動有音以十二月動者其邑
有行兵
食祿不益聖化天示一作覜以蟲蟲無益於人而食萬
物也
雞鳴不鼓翅國有大害雞夜鳴急令昏而鳴百姓有
事人定鳴多戰夜半鳴流血漫漫並隋志
鼠舞於庭厥咎誅死類聚○以上易飛候
鎮星於兵爲鼓於經爲易易爲五經首鼓爲五兵長
陣雲貫月韓魏以此雲爲占

雲形如鳥其下主兵雲形如帚其下有兵並書鈔
雲霧四起則時多隱士事類賦注
日蝕有小旱災
三公與諸侯相賊弱其君王天應而日蝕三公失國
後旱且水
諸侯相侵以自益近臣盜竊以爲積天子未知日爲
之蝕
戊戌食婚嫁家欲僇
庚寅蝕骨肉相賊後有水

丁亥蝕君臣無別
庚辰蝕君易賢以剛卒以自傷後有水
天冬雷地必震教令擾並後漢書志注○御覽引此文云政教令擾則冬雷民饑
正月建寅律爲大簇雞雉孳尾招搖生聚少陽解凍
其氣溫柔逆之則寒
七月建申律爲夷則蟋蟀鳴鳩化爲鷹
春分退貪殘進柔良書鈔引作溫良恤幼孤賑不足求隱逸
則萬物應節而生隨氣而長所謂春令也並類聚
春夏寒政教急御覽

夏至離王景風用事人君當爵有德封有功書鈔
立秋坤王涼風用事文選注引易占云立秋報地功
秋分人君釋鐘鼓之縣
立冬乾王不周風用事人君當興邊兵治城郭行刑
罰斷獄訟繕宮殿並類聚
冬至坎王廣漠風用事人君決大刑斷獄訟繕宮殿
封倉庫
獄吏暴害人臣專政暴風折木
暴風折柱大邑憂暴風折木茨草上屋且有急令

獨祿風入宮辟公亡飄數相從入殿門有凶疾憂以
此亡飄留君門一日一夜不去亂兵在門
無雲而雨名曰天泣軍沒不還雨不沾衣名曰鬼泣
其軍必敗
天雨穀歲大熟書鈔又引此云天雨金歲大熟
天雨粟不肖者食祿三公易位
天雨稻大臣當扑誅
天雨黍粟大人出走
天雨棗小民流亡

燕丹因於秦天雨粟於燕後秦滅之
平帝時雨草狀如蓋
萬民勞厥妖天鳴
金失其性地生毛以爲人勞之應並御覽
君臣暴虐臣下橫恣上下相賊後有地動
江河溢者天有制度地有里數懷容水澤浸漑萬物
今溢者明在位者不勝任也三公之禍不能容也率
執法者利刑罰不用常法並後漢書志注
牛能言如其占吉凶宋志

兔止城上邑必虛入宮生子宮空
山見白燕其君且得貴女
海燕自來衆燕隨之穀不登失春政則蒼燕見於邑
民多流亡失夏政則赤燕見於邑失秋政則白燕見
於邑失冬政則黑燕見於邑皆如春占
蟻無故當道若門戶城郭聚主水且傷人並御覽
雷以十一月起黃鍾二月大聲入戶閉藏此以春夏
殺無辜不須冬刑致災蟄蟲出行不救之則冬溫風
以其來年疾病其救也恤幼孤賑不足議獄刑貰適

罰則災消矣

人君無施澤惠利於下則致旱也不救必蝗蟲害穀其救也貰讁罰行寬大惠兆民勞功吏賜矜寡稟不足

天生萬物百穀以給民用天地之性人爲貴今蝗蟲四起此爲國多邪人朝無忠臣蟲與人爭食居位食祿如蟲矣不救致兵起其救也舉有道置於位命諸侯試明經此災消也（並後漢書志注）□（以上易占）

歲星失度何人君不仁春殺無辜則歲星失度其救

也慈仁敬讓廣施恩惠無犯四時則歲星承度（以下熒惑）失度何人君內無法理輕薄房室外行慢易斂奪民財則熒惑失度其救也爵賢位德養幼育孤命樂師趣執鼓合歡欣則熒惑還度天必得矣太白失度何人君寡恩無義懦弱不勝任則太白失度其救也舉有義任威用武則太白復兵氣消矣鎮星失度何人君內無仁義外多華飾則鎮星失度其救也治社稷修明堂近方直之人此災自消也辰星失度何人君不能自彊政治則辰星失度其救也明刑慎罰審法必中

雷電殺人何夫雷天拒難折衝之臣也人君承用節度即雷風以節無行威福則雷電殺人其救也議獄緩死則災消矣（以上五星占）

雷鳴連而不絕者何夫雷鳴萬里懼今鳴不絕此謂人君行政事民不恐懼也故致連雷之災雷當先電而鳴今與電俱出或鳴而後電何此謂執法者貪所致災也

虹霓近日則姦臣謀其救也釋安樂誠非常正股肱

人賢良

人君擅私恩恣意重情不與臣下同謀即致偏雨夜墮也不救致苦雨降萬民絕潦水絕道其救也興公道無私黨此災消矣

廻風起何風者天之號令也當直而枉並而不偏佞人衆君迷惑則廻風起不救則至逆風起其救也用公直黜邪枉此災消矣

狂風發何人君政教無法爲下所逆則致狂風發泄其救也修政教聘賢士此災消矣

人君罰賊良善政教無常使命數變則致暴風折木發屋鳴兆其救也修舊典任忠臣思過自改則此災消矣覽並御

大平日行上道升平行次道霸世行下道隋書袁充傳○以上別對災異

序錄

隋志五行家郭璞撰易洞林三卷朱志一卷

晉書本傳曰郭璞字景純河東聞喜人博學有高才而訥於言論好古文奇字妙於陰陽算厤有郭公者客居河東精於卜筮璞從之受業公以青囊中書九卷與之由是遂洞五行天文卜筮之術爲著佐郎遷尚書郎嬰王敦之禍璞撰前後筮驗六十餘事名爲洞林又抄京費諸家要撮更撰新林十篇卜韻一篇注釋爾雅別爲音義圖譜又注三蒼方言穆天子傳山海經及楚辭子虛

胡氏翼傳曰景純得青囊書遂洞五行天文卜筮之術嘗撰前後筮驗六十餘事名爲洞林斷法用青龍朱雀勾陳螣蛇白虎玄武六神及太歲諸煞神時日旺相等推算靈驗無比又抄京費諸家最要更撰新林十篇卜韻一篇大抵只用卦爻不假文字然雜以說相葬法行符壓勝之術往往流於技藝而易道日以支離卑下矣

經義考曰按郭氏洞林初學記嘗引之雙溪胡氏

撰啓蒙翼傳云世罕有其書從王楚翁才古抄得之則元時此書尙存也洞林之文有三言者有四言者有七言者驗其占法靡不奇中所謂林者自爲韻語占波之辭猶存左氏傳餘意

謨按玉海云崇文書目止存洞林一卷載二十二事朱震易叢說引之據經義考說此書元時尙存如胡氏翼傳所引同人之革隨之升諸卦體例大畧與焦氏易林相似惜全書散軼無可考旣說郛亦元人陶氏所輯中有洞林篇目然僅數條與胡

氏翼傳又無一合者不知此書元時果存否也今並鈔出類聚三條書鈔三條初學記二條御覽九條廣記說郛二條經義考九條又按朱子周易本義亦引洞林二條一泰卦初九拔茅茹以其彙征吉云洞林讀至彙征字絶句一小過初六飛鳥以凶云洞林占得此者或至羽蟲之孼以本說未詳附識於此

周易洞林

晉　河東郭璞撰　　安福劉星海校

梁元帝序曰蓋聞玄枵之野鬼方難測朱烏之舍神道莫知而緹縵曉被既辯黃鍾之氣靈臺夕望便知玉井之色復以談乎天者雖絶名言之外存乎我者還居稱謂之中余幼學星文多歷歲稔海中之書畧皆尋究巫咸之說偏得研求雖紫微迢遞如觀掌握青龍顯晦易乎窺覽羨門五將巫經玩習韓終六壬常所寶愛至如周王白雉之筮殷人飛燕之卜著名

聚雪非關地極之山卦有密雲能擁西郊之氣交過七聖世經三古山陽王氏與解談玄河東郭生幾能射覆秉而兩之竊自許矣藝文類聚

同人之革曰朱雀西飛白虎東起姦猾銜璧敵人東手占行得此是謂无咎

隨之升曰虎在山右馬過其左馭爲功曹猾爲主者垂耳而潛不敢來下爰升虛邑遂釋魏野

豫之小過曰五月晦日羣魚來入州城寺舍下有缺文

既濟曰小狐汔濟垂尾累衰初雖偷安終靡所依宗

卦言之秋吉春悲

否曰乾坤閉塞道消長虎刑挾鬼法凶亂亂則何時時建寅僵尸交林血流杵此占行者人塗炭

小過之坤曰小過之坤卦不奇雖有卦氣變陽離初見勾陳被牽羈暫過則可羈不宜將見刧追事幾危賴有龍德終无疵

遯之姤曰卦象出墓氣家囚變身見絕鬼潛游爻墓丸刑鬼煞俱卜病得此歸蒿里誰能救之坤上牛若依子色吉之尤

豫之解曰有金之象无火形變見夜光連月精潛龍在中不游行案卦卜之藻盤鳴金爻所憑无咎慶

賁之豫曰時陰在初卦失度煞陰爲刑鬼入墓建未之月難得度消息卦爻爲扶助馮馬之師乃寡嫗自然奇救宜粲兒子若恤之得守故（並啓蒙翼傳）

水不下潤雲不登天泥洗致二二官守不堅

臨淮太守梆道明令璞作卦說之曰法官婦當嫁問之果然便教令取井底泥泥竈欲常應道郎如法日中塗之至黃昏火乇十起竈室兩間而止其婦果

亡

卷縣令施安置鏁令璞射之璞曰非簪非釵（周易叢說引作簪非簪釵非釵）常在領下鬢髮飾物是有兩岐（並書鈔）

璞避難至新息有以茱萸令璞射之璞曰子如赤鈴含玄珠案文言之是茱萸

璞爲左尉周棻卜云君且墮馬傷頭尉後乘馬行黃昏坂下有犢車觸石馬驚頭打石上流血殆死（並類聚）

宣城郡有隱鼠大如牛形似鼠象腳腳有三甲皆如驢蹄身赤色胷前尾上皆白（初學記所引止此下從晉書本傳鈔補）大

力而遲鈍來到城下衆咸異焉殷祐使人伏而取之令璞作卦遇遯之蠱四艮體連乾其物壯巨山潛之畜匪兕匪虎身與鬼并精見二午法當爲禽兩翼不許遂被一創還其本墅案卦名之是爲驢鼠卜適了伏者以戟刺之深尺餘遂去不復見（案晉書本傳又云元帝初鎮建鄴王導令璞筮之遇咸之井璞曰東西郡北有武名者當出鐸以著受命之符西南郡縣有陽名者井當沸其後晉陵武進縣人於田中得銅鐸五枚歷陽縣中井沸經日乃止及帝爲晉王又使璞筮遇豫之睽璞曰會稽當出鐘以告成功上有勒銘應在人家井泥中得之繇辭所謂先王以作樂崇德殷薦之上帝者也及帝即位大興初會稽剡縣人果於井中得一鐘長七寸二分口徑四寸半上有古文奇書十八字）

云會稽嶽命徐宇時人莫識之　此文亦當本洞林附錄於此

義興方叔保得傷寒垂死令璞占之不吉令求白牛厭之求之不得唯羊子京有一白牛不肯借之璞爲致之卽日有大白牛從西來逕往臨叔保驚惶病卽愈　並初學記

曲阿令趙元瞻見宇虎舒從吾學卜自求著作卦見君有盛艾小陵龜欲得之不與語之曰當作卦相爲致此物合自來復數日果有一龜入廐虎舒後見吾言偶有一物試可占之若得當再拜輸一好角弓卽

便作卦曰案卦之文是爲龜虎舒奉弓起再拜

東中郎參軍周稚炎卦蠶蛾戴蟲使璞射之璞曰射覆得此大落度必是蠶蛾及毛蟲稚炎饒鬚故因以調之也

殷鴻喬令吾作卦得大壯之夬語之云愼勿與許姓者共事田作也必鬬相傷殷還先成遂與許姓共田田熟有所爭此人舉杖欲撞之鴻喬退思中間之界辭謝許乃得休

吳興太守袁京瑛當之官筮卦吉凶璞曰法官至當主赤蛇爲妖不可殺及至果有赤蛇在銅虎符石函上蟠袁瑛摘殺之其後果爲賊徐福所害

揚州從事愼曜伯婦病因經日發作有時如聞物往來者其兄周彥武令吾作卦得蹇身在戌與坎鬼并卦中當有從東北田家市黑狗畜之以代人任患死　無幾時狗便死復更發如前凡三過發輙皆吐血而死婦亦病死

寧遠參軍邵景則其姊適吾病四十餘年暫歸來在其家令吾卜之得明夷之小過然病每欲動時輙有

鳥來鳴卽便發作案卦中當取得獨蹄猪畜之如其言後婦人如欲眠而見一丈夫衣服盡黑在戶前立逆呼婦人語其來前不肯言有所避遂泣而去病始小間吾嘗與殷祐共論此事曰鳥曰禽猪月畜水火相忌自然之數故取大陰之伏物用消大陽之飛精日中三足故以獨足者當之

流移道路諸人並欲令璞射覆人人自持五月五日蜘蛛者物悉驗遂不復射

大子洗馬荀子驥家中以龍銜魁作食欲鳴

丞相從事中郎王文英家桃自作聲 並太平御覽
中宗爲丞相時有雞雛者而雀飛集其背驅之去而
復來如此再三令璞占之云雞者酉酉者金夫雀變
而來赴之即晉王践祚之象也
元帝時三雀共登一雄雞背三入安東廳占者以爲
當進三爵爲天子
有日者郴林祖善卜筮其妻曾病鼠瘻積年不瘥漸
因垂命林祖遂占之得頤之復案卦中應得姓石者
治之當獲灸鼠而愈也既而鄉里有一賤家果姓石
自言能除此病遂灸病者頭上三處覺佳俄有一鼠
色黃秀逕前喚喚然伏而不動呼犬噬殺之視鼠頭
上有三灸處病者自瘥 並太平廣記
口爲流珠青龍之倶
趙躬善占封氣客有卜田者得復之巽朔日子歸家
有逸豚已而果然 並說郛

序錄
唐志衛元嵩元包十卷蘇源明傳李江注 隋志無
崇文總目曰元嵩唐人撰武功蘇源明傳趙郡李
江注包以坤爲首因八純之宮以生變極於六十
四自繫其辭言外卦體不列爻位以謂易首乾倘
文包首坤倘質夏連山商歸藏周易唐包其實一
也雖欲馳騁而放言趨理近止易家之區鄙云
文獻通考晁氏曰元包以坤爲首因八卦世變爲
六十四卦之次又著運蓍說源二篇統言卦體不
列爻位自云周易元包一也 陳氏曰其書以八
卦爲八篇首而一世至歸魂各附其下先坤次乾
兌艮離坎巽震坤曰大陰乾曰大陽餘六子有孟
仲少之目每卦之下各爲數語意僻怪文險澁不
可深曉也
謨案經義攷引釋道宣云衛元嵩本河東人遠祖
從宦遂家於蜀梁末爲僧佯狂浪蕩周氏平蜀因
爾入關天和二年嘗倘書楊揖序則云益州成都
人獻策後周賜爵持節蜀郡公武帝尊禮不敢臣

之有傳見北史其出處本末確有可據如此安得
以爲唐人而隋志竟不載此書唐志則以列於元
載李吉甫書後豈以其人名迹稍晦書亦未大行
於世修史諸臣故從而畧之耶今世亦少傳本全
書僅見陶氏說郛西呉潘氏節入古逸書經義攷
列存書目前後有李江楊楫序張洸跋文多不録
今仍從說郛本鈔録惟潘氏逸書於大陰大陽各
卦爻下皆有註釋意卽李江註也今特采補

元包

後周　成都衛元嵩撰　南城蔡夢熊校

大陰第一

䷁坤下坤上　坤巟音怳春熈井音莽夏茂莫秋落黙冬潛𠂢音吟立貌衆森
植也囮音逅受也匿也藏靖而不躁陰之德也樸而不飾質之體也羣類
囮音訛育庶物牲音莘植厥施惟熈厥勛惟極
䷗震下坤上　復么么伊堯切小也亰亰遠也雷辰音辰藏也龍旋蟄也
氣蠢陽之動也于莫冥也物萌于囨古淵字
䷒兌下坤上　臨𠈌𠈌牲牲泴者衆也欣音吁欣欣理者悅也組綴之帶

璽卬之文
䷊乾下坤上　泰夯音昊氣也入于囨天氣降也回浮于亰天也地氣上也
五之交陰陽接也氣之亘音宜天地通也
䷡乾下震上　大壯勝音厥力也强仡仡許迄切健也趯音剔欻欻許勿
切動頁音頡頭也趾趥音顛頓也足首首同出反也
䷪乾下兌上　夬謣言也之訐音孑決也鑒音堅之喆音哲行直剛正伸
陽長柔佞闕音缺
䷄乾下坎上　需頁顛顛高也聰困困深也雲浮于夵行也蝴胐同
流于天逼也雲胐坎象夵天乾象

元包

四九

䷇坤下坎上 比土之垠魚斤切際也 溟海之濆音汾涯也 覞均均上有法也 醜牲牲下有衆也

大陽第二

䷀乾上乾下 乾顛高仁之宀音綿義勹音包禮之覆盉信之介之檢 大濤運周也皆也 㪅也斡也縈天象也揭而不憩音棄息也駁駁而克明也

䷫巽下乾上 垢亘之揭舉也 脛之行夰之融天和焱標之萌 陽之文也四庌既侖同輪萬類既生厥造惟卯厥勛惟宏遠也

風生

䷠艮下乾上 遯戶音業之㚈山掩其天 夰之勹天映於山 卑不卑僭

高不高偪下 惷尺尹切之進詰之逃

䷋坤下乾上 否霰音棠 冪冪音覓地不接也 霿音蒙 霁霁山責切天不應也

天地不相合陰陽不相索求也 大人失小子穫柔佞在內

䷓坤下巽上 觀號振振音真發令 醜牲牲森朱于井木茂 凬音休

盪于垠

䷖坤下艮上 剝𢦏音槃之摭手艮之輿之折音折為車坤 户氏音支 山欲墮于陵山崩 𠂢庡于石入道于山 日支

䷢坤下離上 晉埜音野 幷幷也地廣 昦音杲 昕昕音欣日明 覞音耀于醜冏切 舉水于垠也照遠

大有

䷍乾下離上 大有㪅宀宀宇覆彡彡音彩 鱻鱻音鮮文明 䀠音具 鎣音瑩于亘月覞晶灼于天日耀

少陰第三

䷹兌下兌上 兌諏之謀 詁之訓 與酬 謣之許 諿之謳

䷮坎下兌上 困𡵟晦泓竭聰 蒙啞噎疒羅于憂 詠加于 譎疒音疾詠音詠

䷬坤下兌上 萃蒸品 品音戢 𨿽音 卯 敖卯音宜 牲萃侖攢明𨑨 𨑨音 𨑨 溱言謁謁

䷞艮下兌上 咸陰之涵陽之覃 澤潤于户 女悅于男

䷦艮下坎上 蹇𧰲音 困困 𧰲 戶顛顛戶音業 彐音 尹靡返隱 趺靡遷 趺音 悤于險間 愀然佷然

䷎艮下坤上 謙牲庡于岵 稚牧于姥 壆冪于巖石 瘥于土

䷽艮下震上 小過下怫怫音佛 上悖悖 趾之𧾷音顛爪之墜

少陽第四

䷳艮下艮上 艮屾屾詵 入入 音北 外外音門之非 徑之 外撲 韋

䷕離下艮上 賁彡彡銘文 彡音彩 墓墓音模 闈嬪 闈儒于

蠻絿戎于軍

䷙ 乾下艮上 大畜丮艸頁遬 艸音攀 辟冪埕亼叏不嚴子

不虔佗而不奮斡而不旋

䷨ 兌下艮上 損扨且務 扨音宰 務音釐 耗而務上之掠下之吅

吅許黎切

䷥ 兌下離上 睽界之炎泓之潛婦睞瞪瞪 睞古睇字 妾言詌

詌音𦚢

䷉ 兌下乾上 履上顛顛下。囦囦言出于頁 音頏 澤隆于天

䷼ 兌下巽上 中孚內出其詔外從其號陽卜于中陰庚

于輿

䷴ 艮下巽上 漸耑禾于户 耑音端 髀鋭于碣 鋭音萃 丮之艸

乏之外

仲陰第五

䷝ 離下離上 離炎炵炵 他冬切 焱烘烘 焱少遥反 朋囧覞覞界

晶㬥空 㬥音畔

䷷ 艮下離上 旅童竊妻婦弃自閨睞之臭爪之攜爇燢

于户 爇而悅切 燢千亂切 弃洒于徯 弃與滌同

䷱ 巽下離上 鼎文物殷旌𨑢𨑢 𨑢音延 符顯其詔炎燎其

薪

䷿ 坎下離上 未濟水火相比陰陽忒月之虧日之

䷃ 坎下艮上 蒙斂聶纆冤 斂乃頰切 冪辟嬰痏 烏亘切 季陵子

仲石瘞于泉鋭靡適扆 扆音衣 靡旋

䷺ 坎下巽上 渙飇盪淼罙 罙音彌 颻旋瀾漪舟滮于瀆 滮皮

彪切 飄疣于㚇

䷅ 坎下乾上 訟倔弜胥執 弜音奇 辛詬胥䊷 辛音愆 詬其兩切 直

嚞嚞曲吅吅 嚞音禁 吅音戢

䷌ 離下乾上 同人亘揭揭炎烈烈界囧于天晴鋆于頁

鋆音營

仲陽第六

䷜ 坎下坎上 坎㚇囦囦 囦音淵 魄亘亘辛 音愆 之因 女洽切 俘

之攣

䷻ 兌下坎上 節夫咋咋 則革切 妾悚悚 踈鬲反 言㫗于總水

泓于澤 㫗子立切

䷂ 震下坎上 屯雲雺雺 莫浮切 蝴丝丝 丝音幽 雷奮于㚇 音釐

龍濟于湫

䷾ 離下坎上 既濟水火胥納陰陽不楪 當作雜 日之交月

之合
離下兌上 革娣娟歘娟云貴切歘吁物切姊姒勿勿澤之湯
之戍
離下震上 豐界之斡晴之飈音谿霄礅礅音隱雹炟炟當葛
反
離下坤上 明夷晶寞炎濳囧昳覘苫苫失廉切陰氣積陽
明熸
坎下坤上 師潢之瀆地之垠辟辡辡音辯醜甡甡
孟陰第七

巽下巽上 巺㑉么丝㑉音叔卒飄飍拔户扒氏扒音屏珵
垠寞坐珵音日衮抉坐與幽同
乾下巽上 小畜飆旋旋夵屵屵髀之反頁之趡
離下巽上 家人娣姒侖姑㛰甡尸尒炎爨尒薪
震下巽上 益婦進以禮天合其體風從于雷趾癸于
髀癸平表切
震下乾上 旡妄頁顛顛趾延延子欽于爻雷奮于天
震下離上 噬嗑列鈇搏礶磹灼礶先念切磹徒念切睛睽睽式冉
切㞢辵辵圜㞢音

震下艮上 頤爪礼曰趾彳亍上赤下畜上嫺嫺胡間切下
遂
巽下艮上 蠱飄甹手甹普丁切户䆷𩅦䆷戸冬切𩅦力冬切蠢惟于
而妓娟于
孟陽第八
震下震上 震龖之赫龖達答切霆之砉砉呼麥切悚忪忪忪職容切
駭悚悚悚音索
坤下震上 豫駉鷽鷽音彪肇轟轟咏歌奏和雷奮龍行
坎下震上 解雷趯于㺴趯他歷切龍躍于陂悖愕愕愀叩

叩
巽下震上 恒夫嚴不閱閱馨激切婦順不逆陰陽胥媲匹詣切
雷風胥激
巽下坤上 昇輿之轟辵之徂股運于腹婦歸于姑
巽下坎上 井機聯聯組牽牽罙厥皿躋厥困
巽下兌上 大過娣越姒娟陵姊風罙于陂舟休于水
休音溺
震下兌上 隨男有嫡女有嫡嫡音適言侃侃笑款款款許廸切
運蓍第九

五行之數一曰水二曰火三曰木四曰金五曰土此其生也六曰水七曰火八曰木九曰金十曰土此其成也凡五行生成之數五十有五肇於勿芒動於冥默物休咎於未形辨憂虞於旣惑鬼出神入而變化無窮窮幽洞靈而生成不息體混茫之自然與天地而爲極寔所謂徵妙玄通深不可測故仲尼曰天一地二天三地四天五地六天七地八天九地十天數五地數五五位相得而各有合天數二十有五地數三十凡天地之數五十有五此所以成變化而行鬼

神也易用四十九策者窮少陽也包用三十六策者極太陰也窮少陽蓋尚文也極太陰蓋尚質也文質之變數之由陽不窮九陰不極八明大衍之不可過也陽之策一十有二陰之策二十有四凡三十有六蓋取數於乾坤五行八卦同符合契共而爲一曰太一分而爲兩曰兩儀揲之以三曰三才營之以四曰四時歸餘於終取象於閏數之閏也在於左陽之動也數之萌也在於右陰能生也

混茫旣判天地闢矣天地旣闢三統分矣三統旣分四時序矣四時旣序閏斯生矣正閏相生數無窮矣

說源第十

在昔哲王受明命皆能變文質順陰陽大矣哉此帝王之能事也古者天生人而未樹之以君上下交雜品位紛錯陰陽初分文質未作庖犧之王天下也畫八卦法三才而一之質斯尚文之代也自黃帝曁乎堯舜垂衣裳而天下理蓋取諸乾則尚文也取諸坤則尚質也通其變而使民不倦神而化之使人宜之是以自天祐之吉無不利後夏有連山殷有歸藏周

有周易皆卦次不同而筭術各異斯文質之更變也仲尼有言其或繼周者雖百世可知也斯則百王不易之道明矣自茲以降代歷千禩人非一性窮奢極麗飫欲厭心不能正本澄源反文歸質若河傾海覆泯濫乎陸流盪無依迄至今日而莫之變也夫王者之有天下必改正朔易服色以其旣往者廢將來者興是以三皇之王五帝之禮樂不相沿禮不相襲且物極則反理有固然又質之體其將變矣喆人觀象立言垂範作則將以究索厥理匡贊皇極推吉凶於

卦象陳理亂於邦家廣論易道冀禪帝業蓋時尚質
之書也嗚呼余世人之訂述作之意焉爾

序錄

隋志伏生撰尚書大傳三卷鄭康成注 漢志四十一篇

漢書儒林傳曰伏生濟南人也故爲秦博士孝文時求能治尚書者天下亡有聞伏生治之欲召時伏生年九十餘老不能行於是詔太常使掌故鼂錯往受之秦時禁書伏生壁藏之其後大兵起流亡漢定伏生求其書亡數十篇獨得二十九篇卽以教于齊魯之閒齊學者由此頗能言尚書

玉海中興書目曰伏生爲秦博士至孝文時年且百歲張生歐陽生從其學而授之音聲猶有訛誤先後猶有差舛重以篆隸之殊不能無失生終後數子各論所聞以已意彌縫其闕別作章句又特撰大義因經屬指名之曰傳劉向挍書得而上之凡四十一篇至康成始詮次爲八十三篇

文獻通考陳氏曰大傳凡八十有三篇當是其徒歐陽張生之徒雜記所聞然亦未必當時本書也印板刓闕合更求完善本

謨案據陳氏云印板刓闕合更求完善本明此書

宋時尙有板本也而朱氏經義攷直以爲佚則并此刻闕板本俱未得見近德州盧氏雅雨堂叢書内有尙書大傳四卷仁和盧學士文弨爲撰考異一卷補遺二卷于後其序有云雖非隋唐以來之完書然闕佚殆亦尠矣以讀考之則自隋唐後人所編輯之書蒐采畧盡至於漢魏諸書中所引大傳殊多遺漏今惟就盧本更加考正凡句字有異同詳畧悉分註本文下其全闕者又自爲補遺于末凡鈔出註疏八條白虎通二條風俗通二條羣輔錄一條山海經注二條水經注一條史記注二條後漢書傳一條文選注二條通典一條書鈔五條御覽二條廣韻一條路史注一條困學紀聞一條

尙書大傳卷上

漢 濟南伏勝撰　　南昌黄中模校

虞夏傳　唐傳

堯典

主春者張昏中可以種穀主夏者火（御覽引作大火）昏中可以種黍菽主秋者虚昏中可以種麥主冬者昴昏中可以收歛蓋藏田獵斷伐當告乎天子而天子賦之民故天子南面而視四方星之中知民之緩急急則不賦籍不與力殺故書曰敬授民時此之謂也

東方者何也動方也物之動也何以謂之春春出也物之出也故曰東方春也南方者何也任方也任方者物之方任何以謂之夏夏者假也吁荼萬物而養之外也故曰南方夏也西方者何也鮮方也鮮訊也訊者始入之貌始入者何以謂之秋秋者愁也愁者物方愁而入也故曰西方秋也北方者何也伏方也萬物之方伏（御覽引作萬物伏藏之方下句同）物之方伏則何以謂之冬冬者中也中也者萬物方藏於中也故曰北方冬也陽盛則吁荼萬物而養之外也陰盛則呼吸萬

物而藏之內也故曰呼吸也者陰陽之交接萬物之終始也

寅餞入日辯秩西成 史記本紀作便程西成周禮注引此云仲春辯秩東作仲夏辨秩南譌仲秋辨秩西成 傳曰天子以秋命三公將帥選士厲兵以征不義決訟獄斷刑罰趣收斂以順天道以佐秋殺

辯在朔易 史記作便在伏物索隱云大史公據大傳而言周禮注引作仲冬辨在朔易 日短星昴朔始也傳曰天子以冬命三公謹蓋藏閉門閭固封竟入山澤田獵以順天道以佐冬固藏也

古之帝王必有命民能敬長憐孤 後漢書王符傳注引作矜孤 取舍好讓舉事力者命于其君得命然後得乘飾車駢馬衣文錦未有命者不得衣 御覽引作未命爲士不得衣繡 不得乘 文選注引此云未命爲士不得有飛軨 乘衣者有罰庶人木車單馬衣布帛 公羊疏引此云士乘飾車兩馬庶人單馬木車

古者諸侯之於天子也三年一貢士天子命與諸侯輔助爲政所以通賢共治示不獨專重民之至大國舉三人次國舉二人小國舉一人一適謂之攸好德再適謂之賢賢三適謂之有功有功者天子一賜以車服弓矢再賜以秬鬯三賜以虎賁百人號曰命諸侯命諸侯得專征伐者鄰國有臣弒其君孼賊其宗者弗請于天子征之而歸其地于天子可也有不貢士謂之不率正者天子絀之一不適謂之過再不適謂之敖 後漢書黃琬傳注引作傲 三不適謂之誣誣者則絀之一絀少以爵再絀少以地三絀而爵地畢也

孔子謂子張曰男子三十而取女子二十而嫁女二十而通于織紝紡績之事黼黻文章之美不若是則上無以孝于舅姑下無以事夫養子也舜父頑母嚚

不見室家之端故謂之鰥書曰有鰥在下曰虞舜

堯爲天子丹朱爲太子舜爲左右堯知丹朱之不肖必將壞其宗廟滅其社稷而天下同賊之故堯推尊舜而尚之屬諸侯焉納之大麓之野 御覽引作致天下於大麓之野 烈風雷雨不迷致之以昭華之玉 類聚引此云堯致舜天下贈以苕華之玉

正月上日受終于文祖在琁機 御覽引作璿璣 玉衡以齊七政琁璣者何也傳曰琁者還也機者幾也微也其變幾微而所動者大謂之琁璣是故琁璣謂之北極受

謂舜也上日元日也萬物非天不生（後漢書注引作不覆）非地
不載非春不動（後漢書注引作不生）非夏不長非秋不收非冬
不藏故書曰禋于六宗此之謂也
唐虞象刑而民不敢犯苗民用刑而民興犯漸唐虞
之象刑上刑赭衣不純中刑雜屨下刑墨幪（白帖引此云中刑雜理下刑墨象純幪巾也）以居州里而民恥之而反於禮
唐虞象刑犯墨者幪帛（書鈔引作蒙帛巾酉陽雜俎又引此云虞舜象刑犯墨者皂巾）犯劓者赭其衣犯髕者以墨幪其髕象而畫之（書鈔引作犯臏者幪其臏）犯大辟者布衣無領

維元祀巡守四嶽八伯壇四奧沈四海封十有二山
兆（御覽引作肇）十有二州濬川樂正定樂名元祀代泰山
貢兩伯之樂焉陽伯之樂舞侏離（小雅疏引作株離）其歌聲
比余謠名曰晳陽儀伯之樂舞鼚哉其歌聲比大謠
名曰南陽中祀大交霍山貢兩伯之樂焉夏伯之樂
舞謾哉其歌聲比中謠名曰初慮羲伯之樂舞將陽
其歌聲比大謠名曰朱于秋祀栁穀華山貢兩伯之
樂焉秋伯之樂舞蔡俶其歌聲比小謠名曰苓落和
伯之樂舞玄鶴其歌聲比中謠名曰歸來幽都弘山

祀貢兩伯之樂焉冬伯之樂舞齊落曰緩緩（羣輔錄引大傳云舜旣即位元祀巡狩每至其方各貢兩伯之樂伯夷爲陽伯樂舞侏離歌曰招陽羲仲之後爲羲伯樂舞鼚哉歌曰南陽棄爲夏伯樂舞武漫哉歌曰祈慮羲叔之後爲羲伯樂舞將陽歌曰朱華咎繇爲秋伯樂舞蔡淑歌曰零落和仲之後爲和伯樂舞□歌曰歸來垂爲冬伯樂舞丹鳳其歌曰齊樂十有五祀後又百工相和而歌慶雲八伯稽首而進也并論八○案此與大傳本文亦多有不同故並錄之）
音四會歸假于禰祖用特五載一巡守羣后德讓貢
正聲而九族具成雖禽獸之聲猶悉關于律樂者人
性之所自有也故聖王巡十有二州觀其風俗習其
性情因論十有二俗定以六律五聲八音七始著其

素族以爲八此八伯之事也分定于五此五嶽之事
也五聲天音也八音天化也七始天統也
古者巡守以遷廟之主行出以幣帛皮圭告于祖遂
奉以載于齊車每舍奠焉然後就舍反必告奠卒斂
幣玉藏之兩階之間蓋貴命也
見諸侯問百年大師陳詩以觀民（白虎通引此文民下有命字疑衍）
風俗命市納賈以觀民好惡山川神祇有不舉者爲
不敬不敬者削以地宗廟有不順者爲不孝不孝者
黜以爵變禮易樂爲不從不從者君流改制度衣服

爲畔畔者君討有功者賞之書曰明試以功車服以
庸
古者圭必有冒言下之必有冒不敢專達也天子執
冒白虎通引作瑁以朝諸侯見則覆之故冒圭者天子所與
諸侯爲瑞也諸侯執所受圭白虎通引此文下有與璧二字以朝于
天子瑞也者屬也無過行者得復其圭以歸其國有
過行者留其圭能改過者復三年圭不復少絀以爵
六年圭不復少絀以地九年圭不復而地削此謂諸
侯之朝於天子也義則見屬不義則不見屬

天子三公一曰司徒公二曰司馬公三曰司空公周禮
疏序引此下云各兼二卿百姓不親五品不訓書鈔引訓作不順則責之司
徒蠻夷猾夏寇賊姦宄則責之司馬溝瀆壅過水爲
民害御覽引此下有田曠不墾句則責之司空
書曰三載攷績三攷黜陟幽明其訓曰三歲而小攷
者正職而行事也九歲而大攷者絀無職而賞有功
也一之三以至九年天數窮矣陽德終矣積不善至
于幽六極以類降故黜之積善至于明五福以類相
升故陟之皆所自取聖無容心也其賞有功也諸侯

賜弓矢者得專征賜鈇鉞者得專殺賜圭瓚者得爲
鬯以祭不得專征者以兵屬於得專征之國禮記正制疏引
作以兵屬于得專征伐者不得專殺者以獄屬於征殺之國不得
賜圭瓚者資鬯於天子之國然後祭
虞夏傳　虞傳
九共
書曰予辯下土使民平平使民無敖
咎繇謨
天子衣服其文華蟲作繢宗彝璪火山龍侯作繢宗

彝璪火山龍子男宗彝璪火山龍大夫璪火山龍士
山龍故書曰天命有德五服五章哉
山龍青也華蟲黃也作繢黑也宗彝白也璪火赤也
隋志引大傳曰山龍純青華蟲純黃作繢宗彝純黑藻純白火純赤以此相間而爲五采天子服
五諸侯服四次國服三大夫服二士服一
六律者何黃鐘蕤賓無射大蔟夷則姑洗是也故天
子左五鐘右五鐘天子將出則撞黃鐘右五鐘皆應
馬鳴中律步者皆有容駕者皆有文御者皆有數步
者中規折還中矩立則磬折拱則抱鼓然後大師奏

登車告出也入則撞蕤賓左五鐘皆應以治顉貌得則氣得氣得則肌膚安肌膚安則色齊矣蕤賓聲狗吠彘鳴及倮介之蟲皆莫不延頸以聽蕤賓在內者皆玉色在外者皆金聲然後少師奏登堂就席告入也此言至樂相知物動相生同聲相應之義也

古者天子必有四鄰前曰疑後曰承（史記注及文王世子疏並引作丞）左曰輔右曰拂天子有問無以對責之疑可志而不志責之承可正而不正責之輔可揚而不揚責之弼其爵視卿其祿視次國之君

古之處師八家而爲鄰三鄰而爲朋三朋而爲里五里而爲邑十邑而爲都十都而爲師州有十二師焉家不盈三口者不朋由命士以上不朋

五嶽視三公四瀆視諸侯其餘山川視伯小者視子男

古者帝王升歌清廟之樂大琴練弦達越大瑟朱弦達越以韋爲鼓謂之搏拊何以也君子有大人聲不以鐘鼓竽瑟之聲亂人聲清廟升歌者歌先人之功烈德澤也故欲其清也其歌之呼也曰於穆清廟於穆者歎之也穆者敬之也清者欲其在位者徧聞之也故周公升歌文王之功烈德澤苟在廟中（周頌疏引作尊在廟中）嘗見文王者愀然如復見文王故書曰搏拊琴瑟以詠祖考來假此之謂也

維五祀奏鐘石論人聲乃及鳥獸咸變于前故更箸四時（宋書禮志引此文下有改堯正三字）推六律六呂詢十有二變而道弘廣五作十道孝力爲右秋養耆老而春食孤子乃浡然招樂興于大麓之野（御覽引此浡作勃招作韶麓作麓）報事還歸二年諗然（御覽引作奕然）乃作大唐之歌其樂曰舟張

辟雍鶬鶬相從八風回回鳳皇喈喈歌者三年昭然乃知乎王世明有不世之義招爲賓客而雍爲主人始奏肆夏納以孝成（御覽引作考成）舜爲賓客而禹爲主人（書鈔引此云舜爲賓客堯爲主人于時卿雲聚焉）樂正進贊曰尚攷大室之義唐爲虞賓至今衍于四海成禹之變垂于萬世之後帝乃倡（類聚引作倡）之曰卿雲爛兮禮（類聚引作糺）縵縵兮日月光華旦復旦兮八伯咸進稽首而和曰明明尚天（文選注引作上天）爛然星陳（御覽引作星辰）日月光華弘予（類聚引作弘于）一人帝乃載歌（御覽引作再歌）曰日月有常星辰有行四

時俊乂經萬姓允誠於予論樂配天之靈遷于賢聖莫不咸聽鼚乎鼓之軒乎儛之菁華已竭（類聚引作精華巳歇）褰裳去之于時乃八風脩通（御覽引作循通）卿雲叢叢蟠龍賁信（御覽引作僨信）于其藏蛟魚踴躍于其淵龜鼈咸出于其穴遷虞而事夏也

維十有三祀帝乃稱王而入唐郊猶以丹朱為尸于時百執事咸昭然乃知王世不絕爛然必自有繼祖守宗廟之君還歸二年而廟中苟有歌大化大訓六府九原而夏道興

元首明哉股肱良哉元首君也股肱臣也

子曰參女以為明王為勞乎昔者舜左禹而右咎繇不下席而天下治

虞夏傳　夏傳

禹貢

禹成五服（御覽引此文下有齒革羽毛器乃備句）外薄四海東海魚須魚目南海魚革珠璣大貝西海魚骨魚幹魚脅北海魚劒魚石出瑱擊閭河魭江鱓大龜五湖元唐鉅野菱鉅定鸁濟中詹諸孟諸靈龜隆谷（初學記引作陰谷）玄玉

大都經魚魚刀成會于中國

子張曰仁者何樂于山也孔子曰夫山者嵬嵬然高（御覽引作嵬然高下句同）嵬然高則何樂焉山草木生焉禽獸蕃焉財用殖焉生財用而無私為四方皆伐焉每無私予焉（文選注引此云大山生材用而無私為焉四方皆伐無私與焉）出雲雨（御覽引作雲風）以通乎天地之間陰陽和合雨露之澤萬物以成百姓以饗此仁者之所樂于山者也

甘誓

夏以孟春月為正殷以季冬月為正周以仲冬月為

正夏以平旦為朔殷以雞鳴為朔周以夜半為朔不以二三月為正者萬物不齊莫適所統故必以三微之月為歲之三正也（白虎通引此云夏以孟春月為正殷以季冬月為正周以仲冬月為正夏以十三月為正色尚黑以平旦為朔殷以十二月為正色尚白以鷄鳴為朔周以十一月為正色尚赤以夜半為朔不以二月後為正者萬物不成莫適所統故必以三微之月也三正之相承若順連環也孔子承周之弊行夏之時知繼十一月正也當用十三月也後漢書章帝紀注引此云必以三微之月為正者當爾之時物皆尚微王者受命當扶微理弱奉成之義也）

王者存二代之後與已為三所以通三統立三正周以至動殷以萌夏以牙物有三變故正色有三天

有三生三死是故周人以日至爲正殷以日至三十日爲正夏以日至六十日爲正天有三統土有三王王特一生死三統者所以序生也三王者所以統天下也是故三統三正也若循連環周則又始窮則反本也夏以孟春爲正者貴形也〔公羊疏引畧說云周以至動殷以萌夏以牙物有三變故正色有三天有三生三死故土有三王王特一生死是故周人以日至爲正殷人以日至三十日爲正夏以日至六十日爲正是故三統三王若循連環周則又始窮則反本〕

殷傳

帝告

書曰施章乃服明上下

湯誓

夏人飲酒醉者持不醉者不醉者持醉者相和而歌白盍歸于薄〔類聚引作亳〕盍歸于薄薄亦大矣故伊尹退而閉居深聽樂聲更曰覺兮較兮吾大命假〔類聚引作格〕兮去不善而就善何樂兮伊尹入告于桀曰大命之去有日矣桀僩然歎啞然笑曰天之有日猶吾之有民也〔史記集解引此文下有日有亡哉句文選注同〕日亡則吾亦亡矣是以伊尹遂去夏適湯

湯放桀而歸于薄三千諸侯大會湯取天子之璽置之于天子之坐左復而再拜從諸侯之位湯曰此天子之位有道者可以處之矣夫天下非一家之有也唯有道者之有也唯有道者宜處之湯以此三讓三千諸侯莫敢卽位然後湯卽天子之位

殷庚

書曰若德明哉湯任父言卑應言

古者諸侯始受封則有采地百里諸侯以三十里七十里諸侯以二十里五十里諸侯以十五里其後子孫雖有辠黜其采地不黜使其子孫賢者守之世世以祠其始受封之人此之謂興滅國繼絶世書曰茲予大享于先王汝祖其從與享之此之謂也

說命

書曰高宗梁闇三年不言何爲梁闇也傳曰高宗居凶廬三年不言此之謂梁闇子張曰何謂也孔子曰古者君薨世子聽于冢宰三年不敢服先王之服履先王之位而聽焉以民臣之義則不可一日無君矣不可一日無君猶不可一日無天也以孝子之隱乎

則孝子三年弗居矣故曰義者彼也隱者此也遠彼而近此則孝子之道備矣

高宗有親喪居廬三年然未嘗言國事而天下無背叛之心者何也及其爲太子之時盡以知天下人民之所好惡是以雖不言國事也知天下無背叛之心

高宗肜日

武丁祭成湯有雉飛升鼎耳而雊武丁問諸祖巳（御覽引作祖己）曰雉者野鳥也不當升鼎今升鼎者欲爲用也無則遠方將有來朝者乎（論衡引大傳曰高宗祭成湯之廟有雉升鼎耳而鳴高宗問祖乙祖乙曰遠方君子將有至者）故武丁內反諸巳以思先王之道三年編髮（類聚引作辮髮）重譯來朝者六國孔子曰吾于高宗肜日見德之有報之疾也

高宗之訓

湯之後武丁之前王道不振桑穀俱生于朝七日而大拱（前漢書五行志引傳曰桑穀俱生乎朝七日而大拱伊陟戒以修德而木枯師古注云據今尙書及諸傳記大戊卒子仲丁立卒弟河亶甲立卒子祖乙立卒子盤庚立卒小乙之子武丁立是爲高宗桑穀自大戊時生諒陰乃高宗之事而此云桑穀卽高宗時出其說與尙書大傳不同未詳其義或者伏生差謬○案此則漢志所引傳曰卽屬大傳又與此文異）武丁召其相而問焉其相曰吾雖知之吾不能言也問諸祖巳（御覽引作祖乙）曰桑穀野草也野草生于朝亡乎武丁側身修行思先王之政興滅國繼絕世舉逸民明養老之禮（玉海引此下有三年之後四字）諸侯重譯來朝者六國

西伯戡耆

西伯旣戡耆紂囚之牖里（初學記引作羑里）散宜生閎天南宮适三子者相與學訟于大公大公見三子知三子之爲賢人遂酌酒切脯除爲師學之禮約爲朋友望曰西伯賢君也遂與三子見文王于牖里散宜生遂

之犬戎氏取美馬駮身（初學記引作駁身）朱鬣雞目者取九六焉之西海之濱取白狐青翰之於陵氏取怪獸大不辟虎狼閒尾倍其身名曰虞之有參氏取美女之江淮之浦取大貝大如大車之渠陳于紂之庭紂出見之還而觀之曰此何人也散宜生遂趨而進曰吾西蕃之臣昌之使者紂曰非子辠也崇侯也遂遣西伯伐崇

文王胥附奔輳先後禦侮謂之四鄰以免乎牖里之害懿子曰夫子亦有四鄰乎孔子曰文王得四臣丘

亦得四友焉自吾得回也門人加親是非胥附邪大雅
疏引作疏附自吾得賜也遠方之士日至是非奔輳邪大雅
疏引作奔走自吾得師也前有光後有輝大雅疏引作前有輝後有光
是非先後邪自吾得由也惡言不至于門世說注引作不入于
耳是非禦侮耶文王有四臣以免虎口丠亦有四友
以禦侮繫辭輔錄引大傳云閎夭南宮适散宜生三子學于太公望望曰嗟乎西伯賢君也四子遂見西伯于羑里孔子曰文王有四臣丘亦得四友

周傳

大誓

書曰唯四月太子發上祭于畢下至于盟津之上尚書
正義引此云八百諸侯俱至孟津白魚入舟乃告司徒司馬司空諸節亢
才予無知以先祖先父之有德之臣左右小子予受
先公必力御覽引作戮力賞罰以定厥功御覽引此下有明字于先祖
之遺大子發升于舟中流白魚入舟中王跪取出涘
以燎羣公咸曰休哉有火流于王屋化爲赤烏三足
武王喜諸大夫皆喜周公曰茂哉茂哉天之見此以
勸之也恐恃之傳曰類聚引此有古者二字天子三公司徒公
司馬公司空公每壹公三卿佐之每壹卿三大夫佐

之每壹大夫三元士佐之故有三公九卿二十七大
夫八十一元士所與爲天下者若此而已
武王伐紂至于商郊停止宿夜士卒皆歡樂歌舞以
待旦
王升舟入水大雅疏引作渡河鼓鐘惡周禮肆師注引此文惡並作亞觀臺
惡將舟惡宗廟惡
惟丙午王還師前師乃鼓鼗躁周禮大司馬注引作譟師乃慆
前歌後舞

武成

武王與紂戰于坶之野紂之卒輻分紂之車瓦裂紂
之用魚文選注引作如鱗下賀乎武王紂死武王皇皇若天
下之未定召太公而問之曰入殷奈何大公曰臣聞
之也愛人者兼其屋上之烏不愛人者及其胥餘何
如武王曰不可召公趨而進曰臣聞之也有罪者殺
無罪者活咸劉厥敵毋使有餘烈何如武王曰不可
周公趨而進曰臣聞之也各安其宅各田其田毋故
毋新惟仁之親何如武王曠乎若天下之已定遂入
殷封比干之墓表商容之閭發鉅橋之粟散鹿臺之

財歸傾宮之女而民知方曰王之于仁人也死者封其墓況于生者乎王之于賢人也亡者表其閭況于在者乎王之于財也聚者散之況于復藉乎王之于色也在者歸其父母況于復徵乎

鴻範

武王勝殷繼公子祿父釋箕子之囚箕子不忍周之釋走之朝鮮武王聞之因以朝鮮封之箕子既受周之封不得無臣禮故于十三祀來朝武王因其朝而問鴻範

水火者百姓之所飲食也金木者百姓之所興作也土者萬物之所資生是爲人用

八政何以先食傳曰食者萬物之始人事之所本也故八政先食

聖人者民之父母也母能生之能食之父能教之能誨之聖王曲備之者也能生之能食之能教之能誨之也爲之城郭以屋（御覽引作居）爲之宮室以處之爲之庠序學校以教誨之爲之列地制畝以飲食之故書曰作民父母以爲天下王此之謂也

大誥

書曰民儀有十夫

周公先謀于同姓同姓從然後謀于朋友朋友從然後謀于天下天下從然後加之蓍龜是以君子聖人謀義不謀不義故謀必成卜義不卜不義故卜必吉以義擊不義故戰必勝是以君子聖人謀則吉戰則勝

金縢

武王殺紂立武庚而繼公子祿父使管叔蔡叔（繹史引此

下有霍叔）監祿父武王死成王幼周公盛養成王使召公奭爲傅周公身居位聽天下爲政管叔蔡叔疑周公流言于國曰公將不利于王奄君蒲姑謂祿父曰武王既死矣今王尚幼矣周公見疑矣此百世一時也請舉事然後祿父及三監叛也周公以成王之命殺祿父

三年之後周公老于豐心不敢遠成王而欲事文武之廟然後周公疾曰吾死必葬于成周示天下臣于成王成王曰周公生欲事宗廟死欲聚骨于畢畢者

文王之墓地故周公死成王不葬于周而葬于畢示天下不敢臣也後漢書張奐傳注引書傳云周公薨成王欲葬之于成周天乃雷電以風禾盡偃大木斯拔國人大恐王葬周公于畢示不敢臣也又周舉傳注引尚書洪範五行傳云周公死成王不圖大禮故天大雷雨禾偃大木拔及成王寤金縢之策改周公之葬尊以王禮中命魯郊而天立復風雨禾稼盡起並與大傳本文小異又困學紀聞引魯世家云周公卒後秋未穫暴風雷雨禾盡偃大木盡拔周國大恐成王與大夫朝服以開金縢之書梅福傳云昔成王以諸侯禮葬周公而皇天動威雷風著災此皆尚書大傳之說蓋伏生不見古文故也所以明有功尊有德故忠孝之道盛在成王周公之間故魯郊成王所以禮周公也

微子將往朝周過殷之故墟見麥秀之蔪蔪類聚引作蔪蔪禾黍之蠅蠅也御覽引作繩繩曰此父母之國宗廟社稷所立也志動心悲欲哭則爲朝周俯泣則近婦人推而廣之作雅聲謂之麥秀歌歌曰麥秀蔪兮禾黍蠅蠅彼狡童兮不我好仇文選注引此云麥秀蔪兮黍禾蠅蠅彼狡僮兮不我好兮樂記疏又引書傳作箕子歌云禾黍之油油

歸禾

成王之時有三苗貫桑葉初學記引作異莖而生同爲一穗御覽引作穄大幾盈車長幾充箱民得而上諸成王王召周公而問之公曰三苗爲一穗和氣所生抑天下其和爲一乎拔而貢之文王之廟果有越裳氏重譯而來

交阯之南有越裳國周公居攝六年制禮作樂天下和平越裳以三象重九譯而獻白雉曰道路悠遠山川岨深文選注引作阻深恐使之不通後漢書南蠻傳作音使不通故重九譯而朝成王以歸周公公曰周頌疏引作周公謂越裳氏之譯曰德澤不加焉則君子不饗其質政令不施焉則君子不臣其人吾何以獲此賜也其使請曰吾受命吾國之黃耇曰久矣天之無別風淮雨周頌疏及類聚並引作烈風淫雨御覽又引此云久矣天之無烈風東西南北來也無淫雨意者中國有聖人乎有則盍往朝之周公乃歸之於王稱先王之神以薦于宗廟周既衰于是稍絕

康誥

周公將作禮樂優游之三年不能作君子恥其言而不見從恥其行而不見隨將大作恐天下莫我知也將小作恐不能揚父祖功業德澤然後營洛以觀天下之心于是四方諸侯率其羣黨各攻位于其庭明堂

位疏引此云周公將制禮作樂優游三年而不能作將大作恐天下莫我知也將小作則爲人子不能揚父之功烈德澤然後營洛邑以期天下之心于是四方民人和會周公曰示之以力役且猶至況導之以禮樂乎然後敢作禮樂書曰作新邑于東國洛四方民大和會此之謂也

書曰惟乃丕顯考文王克明峻德

天之命文王非啍啍然有聲音也文王在位而天下大服施政而物皆聽令則行禁則止動搖而不逆天之道故曰天乃大命文王

文王受命一年斷虞芮之訟尚書疏引作斷虞芮之質禮記疏引作質虞芮之訟二年伐邘大雅疏引作伐邦禮記疏作伐鬼方三年伐密須四年伐犬夷大雅疏引作畎夷又春秋疏引此文云四年伐犬夷紂乃囚之四友獻寶乃得免于虎口出而伐耆五年伐耆六年伐崇文王世子疏引殷傳云五年之初得散宜生等獻寶而釋文王文王出則尅黎六年伐崇則稱王七年而崩

酒誥

王曰封唯曰若圭璧

宗室有事族人皆侍終日大宗已侍于賓奠然後燕私燕私者何也祭已而與族人飲也儀禮特牲饋食禮注引此一段疏云康誥傳文不醉而出是不親也醉而不出是渫宗也小雅湛露疏引此云飲而不醉是不親醉而不出是不敬出而不止是不忠也親而甚敬忠而不倦若是則兄弟之道備備者成也成者成于宗室也故曰飲而醉者宗室之意也德將無醉族人之志也是故祀禮有讓德施有復義之至也

梓材

老而無妻謂之鰥老而無夫謂之寡幼而無父謂之孤老而無子謂之獨行而無資謂之乏居而無食謂之困此皆天下之至悲哀而無告者小雅大田疏引此云矜寡孤獨天民之窮而無告者皆有常餼故聖人在上君子在位能者任職必先施此無使失職

伯禽與康叔見周公三見而三笞康叔有駭色謂伯禽曰有商子者賢人也與子見之乃見商子而問焉商子曰南山之陽有木焉名曰橋二三子往觀之見橋實高高然而上反以告商子商子曰橋者父道也南山之陰有木焉名曰梓二三子復往觀焉見梓實晉晉然而俯反以告商子商子曰梓者子道也文選注引此云伯禽與康叔朝于成王見乎周公三見而三笞之二子有駭色乃問于商子商子曰吾二子見于周公三見而三笞何也商子曰南山之陽有木名橋北山之陰有木名梓二子盍往觀焉于是二子如其言而往

覲之見橋木高而仰見梓木實而俯反以告商二子
子商子曰橋者父道也梓者子道也下並同
明日見周公入門而趨登堂而跪周公仰拂其首勞
而食之曰汝安見君子乎二子以實對公曰君子哉
商子也

召誥

成王在豐欲宅洛邑使召公先相宅六日乙未王朝
步自周至于豐惟大保先周公相宅

洛誥

書曰乃女其悉自學功悉盡也學效也傳曰當其效

功也於卜洛邑營成周改正朔立宗廟序祭祀易犧
牲制禮作樂一統天下合和四海而致諸侯皆莫不
依紳端冕以奉祭祀者其下莫不自悉以奉其上者
莫不自悉以奉其祭祀者此之謂也盡其天下諸侯
之志而效天下諸侯之功也廟者貌也以其廟言之
也宮室中度衣服中制犧牲中辟殺者中死割者中
理揜弁者爲文變寵者有容椓杙者有數大廟之中
縝乎其猶模繡也天下諸侯之悉來進受命周公制王
疏引作受命于周而退見文武之尸者千七百七十三諸侯

皆莫不磬折玉音金聲玉色然後周公與升歌而弦
文武諸侯在廟中者伋然淵其志和其情愀然若復
見文武之身然後曰嗟子乎此蓋吾先君文武之風
也夫及執俎抗鼎執刀執七者負墻而歌憤于其情
發于中而樂節文故周人追祖文王而宗武王也是
故周書自大誓就召誥而盛于洛誥故其書曰揚文
武之德烈奉對天命和恒萬邦四方民是以見之也
孔子曰吾于洛誥也見周公之德光明于上下勤施
四方旁作穆穆至于海表莫敢不來服莫敢不來享

以勤文王之鮮光以揚武王之大訓而天下大洽故
曰聖之與聖也猶規之相周矩之相襲也
伯禽封于魯周公曰於乎吾與女族倫吾文王之爲
子武王之爲弟也今王之爲叔父也吾於天下豈卑
賤也豈乏士也所執贄而見者十二委質而相見者
三十其未執贄之士百我欲盡智得情者千人而吾
僅得三人焉以正吾身以定天下是以敬其見者則
隱者出矣愼諸乃以魯國而驕人可哉尸祿之士猶
可驕也正身之士去貴而爲賤去富而爲貧面目黧

異而不失其所是以文不滅而章不敗也愼諸乃以魯國而驕豈可哉

周公攝政一年救亂二年克殷三年踐奄四年建侯衛五年營成周六年制禮作樂七年致政書康誥疏引此云四年建侯衛而封康叔五年營成洛邑七年制禮作樂

多士

古者后夫人將侍于君前息燭後舉燭至于房中釋朝服襲燕服然後入御于君雞鳴大師奏雞鳴于階下夫人鳴佩玉于房中告去也然後應門擊柝告辟

也然後少師奏質明于階下然後夫人入庭立君出朝

古者百里之國三十里之遂二十里之郊九里之城周禮典命疏引此二句作無逸傳三里之宮七十里之國二十里之遂九里之郊三里之城大雅疏引作五里之城一里之宮五十里之國九里之遂三里之郊一里之城大雅疏引作三里之城以城爲宮遂郊之門執禁以譏異服識異言

天子之堂廣初學記引作高九雉三分其廣以二爲內五分其內以一爲高東房西房北堂各三雉公侯七雉三分其廣以二爲內五分其內以一爲高東房西房北堂各二雉伯子男五雉三分其廣以二爲內五分其內以一爲高東房西房北堂各一雉士三雉三分其廣以二爲內以一爲高有室無房堂其桷天子斲其材而礱之加密石焉大夫達稜士首本庶人到加天子貢廟諸侯疏杼士大夫有石材庶人有石承

諸侯之宮三門三朝其外曰皐門次曰應門又次曰路門其皐門內曰外門應門內曰內朝路門內曰路寢之朝

無佚困學紀聞云大傳作毋逸

書曰厥兆天子爵

成王政

遂踐奄踐之者籍之也籍之謂殺其身執其家豬其宮豳風疏引作瀦其宮

多方

古者十稅一多于十稅一謂之大桀小桀少于十稅一謂之大貊小貊王者什一而稅而頌聲作矣故書曰越維有胥賦小大多政

鮮誓

諸侯之義非天子之命必得動衆起兵殺不義者所以強幹弱枝尊天子卑諸侯也

甫刑

書曰鮮度作刑以詰四方

決關梁踰城郭而略盜者其刑臏男女不以義（大雅疏引作禮）交者其刑宮觸易君命革輿服制度奸宄盜攘傷人者其刑劓非事而事之出入不以道義而誦不祥之辭者其刑墨降畔寇賊劫略敓攘矯虔者（周禮司刑注引作奪攘橋虔）其刑死

子張曰堯舜之王二人刑而天下治何則教誠而愛深也一夫而被此五刑子龍子曰未可謂能爲書孔子曰不然也五刑有此教

子曰古之聽民者察貧窮哀孤獨矜寡宥老幼不肖無告有過必赦小罪勿增大罪勿纍老弱不受刑有過不受罰是故老而受刑謂之魁不赦有過謂之賊逆率過以小謂之枳故與其殺不辜寧失有罪與其增有罪寧失過以有赦

君子之于人也有其語也無不聽者皇于聽獄乎必盡其辭矣聽獄者或從其情或從其辭

聽獄之術大略有三治必寬寬之術歸于察察之術歸于義是故聽而不寬是亂也寬而不察是慢也古之聽訟者言不越情情不越義是故聽民之術怒必畏畏思意小罪勿兼

禹之君民也罰不及強而天下治一饌六兩

孔子如衛人謂曰公甫不能聽訟子曰非公甫之不能聽獄也公甫之聽獄也有罪者懼無罪者恥民近禮矣

獄貨非可寶也然後寶之者非能行其法者也貪人之寶愛人之財未有不受命以矯其上者也親下以矯其上者未有能成其功者也

子曰聽訟雖得其指必哀矜之死者不可復生斷者不可復續也書曰哀矜哲獄

子曰吳越之俗男女同川而浴其刑重而不勝由無禮也中國之教內外有分男女不同椸架不同巾櫛其刑重而勝由有禮也語曰夏后不殺不刑罰有罪

而民不輕犯

子曰今之聽民者求所以殺之古之聽民者求所以生之不得其所生之之道乃刑殺君與臣會焉

孔子曰古之刑者省之今之刑者繁之其教古者有禮然後有刑是以刑省也今也反是無禮而齊之以刑是以繁也書曰伯夷降典禮折民以刑謂有禮然後有刑也又曰茲殷罰有倫今也反是諸侯不同聽每君異法聽無有倫是故法之難也

子夏曰昔古三王慤然欲錯刑遂罰遂罰平心而應之和然後行之然且曰吾意者以不平慮之乎吾意者以不和平之乎如此者三然後行之此之謂慎罰

尚書大傳卷下

漢　濟南伏勝撰　　龍南徐思僉校

鴻範五行傳

維王后元祀帝令大禹步于上帝路史後紀引此云王后元祀禹攝之維時洪祀六沴用咎于下是用知不畏而神之怒若六沴作見周禮疾醫注引作六癘作見若是共禦帝用不差神則不怒五福乃降用章于下若六沴作見若不共禦六伐既侵六極其下禹乃共辟厥德受命休令爰用五事建用王極長事一曰貌貌之不恭是謂不肅隋志引此下有則下不敬陰氣勝七字厥咎狂厥罰恆雨厥極惡時則有服妖白虎通引作服乘時則有龜孽前漢志作孽時則有雞禍時則有下體生于上之痾前漢志作痾時則有青眚青祥維金沴木次二事曰言言之不從是謂不乂前漢志作艾厥咎僭厥罰恆暘前漢志作陽厥極憂時則有詩妖時則有介蟲之孽隋志作毛時則有犬禍時則有口舌之痾時則有白眚白祥維木沴金周禮疾醫疏引作惟火沴金次三事曰視視之不明是謂不悊隋志作知厥咎荼前漢志作舒厥罰恆燠前漢志作奧厥極疾時則有草妖時則有倮前漢志作蠃蟲隋志作羽

之孽時則有羊𤺌時則有目痾隋志作疾時則有赤眚赤祥維水沴火次四事曰聽聽之不聰是謂不謀厥咎急厥罰恒寒厥極貧時則有鼓妖時則有魚孽時則有豕隋志作彘𤺌時則有耳痾時則有黑眚黑祥維火沴水周禮疾醫疏引作維土沴水次五事曰心維思思之不容前漢志作思心之不容內則疏引作思之不膚是謂不聖厥咎霿前漢志作霧隋志作瞀厥罰恒風厥極凶短折時則有脂夜之妖時則有華孽時則有牛𤺌時則有心腹之痾時則有黃眚黃祥維金木水火沴土王之不極前漢志作皇之不極是謂不建厥咎

瞀前漢志作眊厥罰恒陰厥極弱時則有射妖時則有龍蛇之孽時則有馬𤺌時則有下人伐上之痾時則有日月亂行星辰逆行維五位復建辟厥沴曰二月三月維貌是司四月五月維視是司六月七月維言是司八月九月維聽是司十月十一月維思心是司十二月與正月維王極是司凡六沴之作歲之朝月之朝日之朝則后王受之歲之中月之中日之中則正卿受之歲之夕月之夕日之夕則庶民受之其三辰以次相將其次受之星辰莫同是離逢非沴維鮮之

功禦貌于喬忿以其月從其禮祭之叅乃從禦言于訖眾以其月從其禮祭之叅乃從禦視于忽似以其月從其禮祭之叅乃從禦聽于怵攸以其月從其禮祭之叅乃從禦思心于有尤以其月從其禮祭之叅乃從禦王極于宗始以其月從其禮祭之叅乃從六沴之禮散齊七日致齊三日新器絜以祀用赤黍三日之朝于中庭祀四方從東方始自南至西卒于北方其祀禮曰格祀曰某也方祀曰播國率相行事其祝也曰若尒神靈洪祀六沴是合無差無傾無有不

正若民有不敬事則會批之于六沴六事之機以垂示我我民人無敢不敬事上下王祀東方之極自碣石東至日出榑木之野帝大皞神勾芒司之自冬日至數四十六日迎春于東堂距邦八里堂高八尺堂階八等青稅八乘旂旐尚青田車載矛號曰助天生倡之以角舞之以羽此迎春之樂也孟春之月御青陽左个禱用牡索祀于艮隅貌必恭厥休時雨朔令曰挺羣禁開閉闔通窮窒達障塞待優其禁毋伐林木仲春之月御青陽正室牲先脾設主于戶索祀于

震正朔令曰棄怒惡解役辠免憂患休罰刑閉關梁
其禁田獵不宿飲食不享出入不節奪民農時及有
姦謀季春之月御青陽右个薦用鮪索祀于巽隅朔
令曰宣庫財和外怨撫四方行柔惠止剛彊九門磔
禳出疫于郊以禳春氣南方之極自北戶南至炎風
之野帝炎帝神祝融司之自春分數四十六日迎夏
于南堂距邦七里堂階七等赤稅七乘旂旐尚赤田
車載弓號曰助天養倡之以徵舞之以鼓鞉此迎夏
之樂也孟夏之月御明堂左个嘗麥用彘索祀于巽

隅視必明厥休時爍朔令曰爵有德賞有功惠賢良
舉力農其禁毋攢隄防仲夏之月御明堂正室牲先
肺設主于竈索祀于离正朔令曰振貧窮惠孤寡慮
囚疾出大祿行大賞其禁棄法律逐功臣殺大子以
妾爲妻乃令民雩季夏之月御明堂右个牲先心設
主于中霤索祀于坤隅思必睿厥休時風朔令曰起
毀宗立無後封廢國立賢輔卹喪疾中央之極自崑
崙中至大室之野帝黃帝神后土司之土王之日禱
用牲迎中氣于中室樂用黃鐘之宮爲民祈福命世

婦治服章令民□其禁治宮室飾臺榭內淫亂犯親
戚侮父兄西方之極自流沙西至三危之野帝少皞
神蓐收司之自夏日至數四十六日迎秋于西堂距
邦九里堂高九尺堂階九等白稅九乘旌旄尚白田
車載兵號曰助天收倡之以商舞之以干戚此迎秋
之樂也孟秋之月御揔章左个嘗穀用犬索祀于坤
隅言必從厥休時暘朔令曰審用法備盜賊禁姦衺
飾羣牧謹貯聚其禁毋弛戎備仲秋之月御揔章正
室牲先肝設主于門索祀于兌正朔令曰謹功築遏

溝瀆修囷倉決刑獄趨收斂其禁好攻戰輕百姓飾
城郭侵邊竟乃令民畋醵庶畦畢入于室曰時殺將
至毋罹其菑季秋之月御揔章右个薦用田禽索祀
于乾隅朔令曰除道路守門閭陳兵甲戒百官誅不
法除道成梁以利農夫北方之極自丁令北至積雪
之野帝顓頊神玄冥司之自秋分數四十六日迎冬于
北堂距邦六里堂高六尺堂階六等黑稅六乘旗旄
尚黑田車載甲鐵號曰助天誅倡之以羽舞之以干
戈此迎冬之樂也孟冬之月御玄堂左个祈年用牲

索祀于乾隅聽必聰厥休時寒朔令曰申羣禁修障
塞畢積聚繫牛馬收澤賦其禁毋作淫巧仲冬之月
御玄堂正室牲先腎設主于井索祀于坎正朔令曰
摟外徙止夜禁誅詐僞省醞釀謹閉關其禁簡宗廟
不禱祠廢祭祀逆天時乃令民罷土功季冬之月御
玄堂右个薦用魚索祀于艮隅朔令曰省牲牷修農
器收秸薪築囹圄謹蓋藏乃大儺以禳疾命國爲酒
以合三族君子說小人樂田獵不宿飲食不享出入
不節奪民農時及有姦謀則木不曲直隋志引此云木者東方威

儀容貌也古者聖王垂則天子穆穆諸侯皇皇登輿
則有鸞和之節降車則有佩玉之度田狩則有三驅
之制飲食則有享獻之禮無事不出境此容貌動作
之得節所以順木氣也如人君違時令失威儀田獵
馳騁不反宮室飲食沈湎不顧禮制縱欲恣睢出入
無度多發役以奪人時增賦稅以奪人財則木不曲
直棄法律逐功臣殺大子以妾爲妻則火不炎上隋志
引此云火者南方陽光爲明也人君向南蓋取象也
昔者聖帝明王負扆攝袂南面而聽斷天下攬海內
之雄俊積之於朝以續聰明推邪佞之僞臣投之于
野以通壅塞以順火氣夫不明之君惑于讒口白黑
雜揉代相是非衆邪並進人君疑惑棄法律間
骨肉殺大子逐功臣以棄代宗則火失其性治宮
室飾臺榭內淫亂犯親戚侮父兄則稼穡不成隋志引此
云土者中央爲內事宮室臺榭夫婦親屬也古者自
天子至于士宮室寢居大小有差高卑異等骨肉有
恩故明王賢君修宮室之制謹夫婦之別加親戚之
恩敬父兄之禮則中氣和人君肆心縱意大爲宮室
高爲臺榭雕文刻鏤以疲人力淫泆無別妻
妾過度犯親戚侮父兄中氣亂則稼穡不成好攻戰
輕百姓飾城郭侵邊竟則金不從革隋志引此云金者西方萬物既
成殺氣之始也古之王者興師動衆建立旗鼓以誅
殘賊禁暴虐安天下殺伐必應義以順金氣如人君
樂侵陵好攻戰貪城邑之賂以輕百姓
之命人皆不安外內騷動則金不從革簡宗廟不禱
祠廢祭祀逆天時則水不潤下隋志引此云水者北方之藏氣至陰也宗
廟者祭祀之象也故天子親耕以供粢盛王后親蠶
以供祭服敬之至也發號施令十二月咸得其氣則
水氣順如人君簡宗廟不
禱祀逆天時則水不潤下
略說

遂人爲燧皇伏羲爲戲皇神農爲農皇也遂人以火
紀火大陽也陽尊故託燧皇于天伏羲以人事紀故
託戲皇于人蓋王御覽引作天非人不因人非天不成也
神農以地紀悉地力種穀蔬御覽引蔬作植穀故託農皇于地
天地人之道備而三五之運興矣
堯八眉舜御覽引舜作舜目四瞳子禹其跳湯扁繹史引作湯半體枯文
王四乳八眉者如八字者也其跳者踦也扁者枯也
言皆不善也
狄人將攻大王亶甫召耆老而問焉曰狄人何欲耆

老對曰欲得菽粟財貨大王亶甫曰與之每與而攻
不免大王亶甫贅（大雅緜疏引作屬）其耆老而問之曰狄又
何欲乎耆老對曰欲君之土地大王亶甫曰與之耆
老曰君不爲社稷乎大王亶甫曰社稷所以爲民也
不可以所爲民害（大雅疏引作亡）民也耆老對曰君縱不爲
社稷不爲宗廟乎大王亶甫曰宗廟吾私也不可以
吾私害民也遂策杖而去（經解疏引此云事之以菽粟貨財狄人攻而不止遂策杖而去）過梁山邑岐山國人束脩奔走而從之者三千
乘一止而成三千戶之邑

烟氛郊社不修山川不祝風雨不時霜雪不降責于
天公臣多弑主孽多殺宗五品不訓責于人公城郭
不繕溝池不修水泉不隆水爲民害責于地公
子贛曰傳云堯舜之王一人不刑而天下治教誠而
愛深也（御覽引此云堯舜之王天下一人不刑而四海治）
虞人與芮人質其成于文王入文王之境則見其人
萌讓爲士大夫入其國則見士大夫讓爲公卿二國
相謂曰此其君亦讓以天下而不居也讓其所爭以
爲閒田

周文王至磻溪見呂望釣文王拜之尙父曰望釣得
魚腹中有玉璜刻曰周受命呂左檢（初學記引作呂佐昌）德合
于今昌來提
宣王問于子春曰寡人欲行孝弟之義爲之有道乎
子春曰昔者衞聞之樂正子曰文王之治岐也五十
者杖于家六十者杖于鄉七十者杖于朝（曲禮疏引注云朝當爲國）
見君揖杖八十杖于朝見君揖杖君曰趣見客毋
俟朝以朝乘車輲輪（曲禮疏引此云致仕者以朝乘車輲輪）御爲僕送
至于家而孝弟之義達于諸侯九十杖而朝見君建

杖君曰趣見毋俟朝以朝車送之舍天子重鄉養卜
筮巫醫御于前祝饐祝鯁以食乘車輲輪胥與就膳
徹送至于家君如有欲問明日就其室以珍從而孝
弟之義達于四海此文王之治岐也君如欲行孝弟
之大義盍反文王之治岐學禮帝入東學上親而貴
仁則親疏有序而恩相及矣帝入南學上齒而貴信
則長幼有差而民不誣矣帝入西學上賢而貴德則
聖智在位而功不匱矣帝入北學上貴而尊爵則貴
賤有等而下不踰矣帝入大學承師問道退習而攷

大戴禮作端于大傳大傳罰其不則而達其不及則德智長而治道得矣此五學者旣成于上則百姓黎民化輯于下矣

古之帝王者必立大學小學使王大子王子羣后之子以至公卿大夫元士之適子十有三年始入小學王制疏引周傳云十五入小學見小節焉踐小義焉年二十入大學見大節焉踐大義焉故入小學知父子之道長幼之序入大學知君臣之儀上下之位故爲君則君爲臣則臣爲父則父爲子則子小師取小學之賢者登之

大學大師取大學之賢者登之天子天子以爲左右

大夫士七十致仕退老歸其鄉里大夫爲父師士爲少師儀禮鄉飲酒禮疏引此云大夫七十而致仕老于鄉里名曰父師士曰少師以教鄉人子弟于門塾之基而教之學焉新穀已入耰鉏類聚引作耰鉏已藏祈樂已入歲事既畢餘子皆入學十五始入小學王制疏引此云餘子十三入小學見小節踐小義十八入大學見大節踐大義距冬至四十五日始出學傳農事上老平明坐于右塾庶老坐于左塾餘子畢出然後皆歸夕亦如之餘子皆入父之齒隨行兄之齒鴈行朋友不相踰輕任并

重任分頒白者不提挈出入皆如之此之謂造士

祀上帝于南郊所以報天德迎日于東郊所以爲萬物先而尊事大也郊特牲疏引此云迎日謂春分迎日也寅賓出日皆謂春分

迎日之辭曰維某年某月上日明光于上下勤施于四方旁作穆穆維予一人某敬拜迎日于郊

天子諸侯必有公桑蠶室近川而爲之築宮有三尺大雅瞻卬疏云尚書夏傳云築宮有三尺者其文誤也注云宮當爲宮雉長三丈高一丈度長以長度高以高則蠶宮高一丈禮志曰仞有三尺七尺曰仞文直云宮有三尺宮下當脫仞字也棘牆而

外閉之大昕之朝三公之夫人浴種于川世婦卒蠶獻繭于夫人繅三盆手

天子大子年十八曰孟侯孟侯者于四方諸侯來朝迎于郊問其所不知也問其人民之所好惡土地所生美珍怪異山川之所有無及父在時皆知之

傳曰已有三牲必田狩者孝子之意以爲已之所養不如天地自然之牲逸豫肥美禽獸多則傷五穀因習兵事又不空設故因以捕禽獸所以共承宗廟示不忘武備又因以爲田除害鮮者何也秋取嘗也秋

取嘗何以也習鬬也戰者男子之事戰鬬不可不習故於搜狩以閑之也閑之者貫之也周禮大宗伯疏引此云戰者男子之事因蒐狩以閑之閑之者串之又小雅六月疏引此云征伐必因蒐狩以閑之閑之者何貫之貫之者何習之貫之者習之也凡祭取所餘獲陳于澤郊特牲疏引作主皮射陳于澤然後卿大夫相與射也中者雖中不取也命不中者雖中不取何以也所以貴揖讓之取而賤勇力之取也儀禮鄉射禮注引此云中者雖不中也取不中者雖中也不取何以然所以貴揖讓之取也而賤勇力之取下文同鼏作嚮鄉之取也于囿中勇力之取也今之取也于澤宮揖讓之取也澤習禮之處非所以行禮其射又主中

祭之爲言祭也察之爲言察也察者至也至者人事也類聚引此云祭者至也言人事至于神也人事至然後祭祭者薦也薦之爲言在也在者在其道也

聖人在位其君御覽引作其君子不誦無用之言其工不作無用之器其商不通無用之物

晉平公問于師曠曰吾年七十欲學恐已莫師曠曰臣聞老而學者如執燭之明執燭之明孰與昧行公曰善

子贛曰葉公問政于夫子子曰政在近而來遠曾哀公問政子曰政在于論臣齊景公問政子曰政在于節用三君問政夫子應之不同然則政有異乎子曰荆之地廣而都狹民有離志焉故曰在于附近而來遠哀公有臣三人內比周以惑其君外障距諸侯賓客以蔽其明故曰政在論臣齊景公奢于臺榭淫于苑囿五官之樂不解一旦賜人百乘之家者三故曰節用

東郭子思問于子贛曰夫子之門何其雜也子贛曰夫檃栝之旁多枉木良醫之門多疾人砥礪之旁多頑鈍夫子聞之曰修道以俟天下來者不止是以雜也

子曰心之精神是謂聖

子曰君子不可以不學見人不可以不飭不飭無貌無貌不敬不敬無禮無禮不立夫遠而有光者飭也近而逾明者學也譬之如圩邪水潦集焉菅蒲生焉從上觀之誰知其非源水也

子夏讀書畢見于夫子夫子問焉子何爲於書子夏

對曰書之論事也昭昭如日月之代明離離如星辰御覽引作參辰之錯行上有堯舜之道下有三王之義商所受于夫子志之于心弗敢忘也雖退而巖居河濟之間深山之中作壤室編蓬戶尚彈琴其中以歌先王之風則可以發憤忼慨類聚引此云雖退而窮思河濟之間深山之中壤室編蓬爲戶于中揮琴瑟詠先王之道則可發憤慷慨矣忘已貧賤有人亦樂之無人亦樂之而忽不知憂患與死也夫子造然變色曰嘻子殆可以言書矣雖然見其表未見其裏也顏淵曰何謂也子曰闚其門而不入其中觀其奧藏之所在乎然藏又非難也丘嘗悉心盡志以入其中前有高岸後有大谿填填正立而已是故堯典可以觀美禹貢可以觀事咎繇可以觀治鴻範可以觀度六誓可以觀義五誥可以觀仁甫刑可以觀誡通斯七觀書之大義舉矣

補遺

乃命五史以書五帝之蠱事

黃帝多聞而齊給

大庭氏王天下五鳳並異

古之人衣上有冒而句領者

堯見天因邰而生后稷因之

堯時麒麟在郊藪周南疏引作唐傳

分命和仲度西曰柳谷

舜漁于雷澤之中

舜耕于歷山陶于河濱販于頓丘就時負夏史記索隱引此下有遷于負夏是也六字

舜耕于歷山夢眉與髮等

堯妻之以二女屬其九子贈以昭華之玉

舜以天德嗣堯西王母來獻白玉琯

舜不登而高不行而遠拱揖于天下而天下稱仁

舜好生惡殺鳳皇巢其樹論衡引作鳳皇在列樹

成王問周公曰舜何人也文選注引作舜何以也對曰其政好生而惡殺

未命爲士不得朱軒

以賢制爵以庸制祿故人慎德興功輕利而興義

十四祀笙管變天大雷雨疾風

搏拊鼓振以秉琴瑟練絲徽弦白虎通引此下有鳴者貴玉聲也句

禹奠南方霍山

高山大川五嶽四瀆之屬東邃水經注引作原下同底平大而

高平者謂之大邃下而平者謂之隰隰之猶言濕也

下濕曰隰非水無以準萬里之平非水無以通遠道

任重也大水小水東流歸海也百川趨于海文選注引作趨於東海

五嶽皆觸石出雲扶寸後漢書注引作膚寸而合不崇朝而雨

天下類聚引此下有唯泰山雲乎句

夏后氏主教以忠

桀殺刑彌厚而民彌暴故爾衆遠遠以是亡

桀無道囚湯後釋之諸侯八譯來朝者六國漢南諸

侯聞之歸之四十國

景亳之命費昌爲御

未命爲士者不得乘飾車攷工記疏引作殷傳

周人以仁接民而天下莫不仁故曰大矣

丕天之大律後漢書班固傳注引今文泰誓云立功立事可以永年丕天之大律

晦而月見西方謂之朓朓則侯王其荼朔而月見東

方謂之側匿類聚引作謂之朒亦謂之側匿側匿則侯王其肅穀梁傳序

疏引五行傳云晦而月見西方謂之朓朔而月見東

方謂之側匿朓則侯王其荼側匿則侯王其肅是由

君行使之然也

雲起于山彌于天

風屬中央雨屬東方

明王踐位則日儷其精重光以見吉祥

大戰篇云大公曰罵女毋歎唾女毋乾毋歎毋乾是

謂艱難

翼佐文武身有殊勳世祚大公以表東海

周公思兼三王之道以施于春秋冬夏

帝命周公踐祚則朱草暢生

周公輔幼主不矜功蓂莢生

王者德及皇天則祥風起

王者德下究地之厚則朱草生文選注引此云德光地序則朱草生

肅雝顯相

周民可比屋而封也

周人之教以文上教以文君子其失也小人薄

宗子燕族人于堂宗婦燕族人于房序之以昭穆

周人路寢南北七雉東西九雉室居二雉雉長三丈

度高以高度長以長 儀禮鄉射禮疏引此云雉長三丈高一丈則牆高一丈

古者中刑用鑽鑿

殺君之地雖生美菜有義之士弗食 類聚引此云大夫有汙豬之宮雖生美菜有義之士不食

古者聖帝之治天下也五十以下非蒸社不敢遊飲

在六十以上遊飲也

王者躬耕所以供粢盛

圻者天子之境也諸侯曰境天子游不出封圻不告

祖廟諸侯非朝聘不出境

古者諸侯之於天子五年一朝見其身述其職者述其所職也

戰者憚驚之也 白虎通引作憚警

王者一質一文據天地之道

三王之治如環之無端如水之勝火

有德者尊其位而重其祿

北辰謂之曜魄

魏文侯問子夏子夏乃遷延而退

夏刑三千條 以上盧氏原本

民擊壤而歌鑿井而飲耕田而食帝有何力 禮記經解疏

帝猶反側晨興闢四門求仁賢 文選注

璣衡者璣爲轉運衡爲橫簫運璣使動于下以衡望之是王者正天文之器漢世以來謂之渾天儀 書鈔

政者齊中也七政謂春夏秋冬天文地理人道所以爲政也人道正而萬事順成故天道政之大也 史記正義

舜修五禮五玉三帛 廣韻

十有四祀鐘石笙筦變聲樂未罷疾風發屋天大雷雨帝俯首而笑曰明哉一人天下也乃見于鐘石 書鈔

拊革箸以糠 白虎通曰周禮大師疏引作拊革裝之以糠疏云今書傳無者在亡逸中

奏百人之樂致京鶴之舞 書鈔引尚書內傳

天立五帝以爲相四時施生法度明察春夏慶賞秋冬刑罰帝者任德設刑以則象之言其能行天道舉錯審諦黃帝始制冠冕垂衣裳上棟下宇以避風雨禮文法度興事創業黃者光也厚也中和之色德施四季與地同功故先黃以別之也顓者專也頊者信也 御覽引此下有愨也二字 言其承易文之以質使天下蒙化 御覽引作遵化 皆貴貞愨也嚳者考也成也言其考明法度醇

美譽然若酒之芬香也堯者高也饒也言其隆興煥
炳最高明也舜者推也循也言其推行道德以循堯
緒也風俗通
三年一使三公絀陟五年親自巡守巡猶循也守猶
守也循行守視之辭亦不見國至人見爲煩擾故至
四嶽足以知四方之政而已公羊傳注○疏云書傳堯典文
五年一朝王者亦貴得天下之歡心以事其先王因
助祭以述其職故分四方諸侯爲五部部有四輩輩
主一時公羊傳注○疏云虞傳文

五嶽謂岱山霍山華山恒山嵩山也白虎通
江淮河濟爲四瀆瀆者通也所以通中國垢濁民陵
居殖五穀也江者貢也珍物可貢獻也河者播爲九
流出龍圖也淮者均也均其務也濟者齊也齊其度
量也風俗通
淯盤之水出崦嵫山山海經注○文選注引禹大傳作淯槃
堯南撫交阯于禹貢荆州之南垂幽荒之外故越也
水經注
百里之方三爲國七有奇以百里之方一爲百里之

國一又以百里之方一爲七十里之國二有奇春秋疏
夏后氏不殺不刑死罪罰二千饌馬融注饌六兩○史記索隱
湯放桀于中野士民皆奔湯桀與其屬五百人南徙
千里止于齊齊士民往奔湯桀與其屬五百人徙于
魯魯士民復奔湯桀曰國君之有也吾聞海外有人
與五百人俱去御覽
湯伐桀之後大旱七年史卜曰當以人爲禱湯乃翦
髮斷爪自以爲牲而禱於桑林之社而雨大至方數
千里或曰禱桑林以得雨遂以桑林名其樂春秋疏○案論

衡引書曰湯自責天應以雨疑即大傳本文
湯之君民聽寬而獄省御覽文王施政而物皆聽文選注
伯夷避紂居北海之濱大公避紂居東海之濱皆率
其黨曰盍歸乎吾聞西伯昌善養老此二人者蓋天
下之大老也往而歸之是天下之父歸之也天下之
父歸之其子焉往羣輔錄
成王問周公曰舜之冠何如焉周公曰古之人有冒
皮而句領然禮記冠義疏引畧說周公對成王云古人冒而句領鳳凰巢其樹
騏驎聚其域也書鈔

越裳氏獻曰雖周公辭不受曰正朔不施則君子不臣也通典○白虎通引書大傳云正朔所不加卽君子所不臣也無上十餘字

髳髳成王時州靡國獻之山海經注

親迎夏后氏迎于廟庭殷人迎于堂周人迎于戶公羊傳疏

婦人八歲備數十五從嫡二十承事君子公羊傳注○疏云書傳文

天子有事諸侯皆侍尊卑之義儀禮疏引書傳康誥文

齊桓公伐山戎過燕燕君送之出境公問管仲對曰非天子不出境燕以畏失禮也公乃割燕君所至地以與燕諸侯聞之皆朝於齊路史注

禽雖多擇取三十焉其餘以予大夫士以習射于澤宮而分之周禮注引詩傳○疏云書傳亦云焉

季夏可以大赦罪人書鈔

鴻範曰不叶于極不麗于咎毋侮矜寡而畏高明困學紀聞

月行中道移節應期德厚受福重華留之後漢書郎顗傳引尚書洪範記

卷終

序錄

隋志馬融尚書注十一卷

漢書儒林傳曰扶風杜林傳古文尚書林同郡賈逵爲之作訓馬融作傳鄭玄注解由是古文尚書遂顯於世

經典敍錄曰漢宣帝本始中河內女子得泰誓一篇獻之與伏生所誦合三十篇漢世行之然泰誓年月不與序相應又不與左傳國語孟子衆書所引泰誓同馬鄭王肅諸儒皆疑之案今馬鄭所注並伏生所誦非古文也孔氏之本絕至晉永嘉喪亂衆家之書並滅亡而古文孔傳始興近唯崇古文馬鄭王注遂廢

謨案古文尚書傳注興廢大略具見經典敍錄近西莊王氏專攻孔傳別采馬鄭王三家注爲尚書後案而獨以僞泰誓厠其間亦見其惑也惟以正義引馬融書序於泰誓論難獨有見解故專輯馬注鄭王二家姑置不錄凡共鈔出釋文二百九條正義十四條史記集解一百十條

尚書注

漢　扶風馬　融撰　　監刊　李懋華校

堯典　曰若稽古帝堯　堯謚也翼善傳聖曰堯

放勳欽明文思　放勳堯名威儀表備謂之欽照臨四方謂之明經緯天地謂之文道德純備謂之思

以親九族　上自高祖下至玄孫凡九族

乃命羲和　羲氏掌天官和氏掌地官四子掌四時

宅嵎夷曰暘谷　嵎海嵎也夷萊夷也暘谷海嵎夷之地名

寅賓出日　賓從也

平秩東作（平馬作苹普庚反）　苹使也（並釋文）

日中星鳥　星鳥星火謂正在南方春分之昏七星中仲夏之昏心星中秋分之昏虛星中冬至之分昴星中皆舉正中之星不爲一方盡見（正義）

以殷仲春　殷中也（釋文）　古制刻漏晝夜百刻晝長六十刻夜短四十刻晝短四十刻夜長六十刻晝中五十刻夜亦五十刻（正義○按此二條正義蓋總釋春夏秋冬四仲文以仲春在前故錄于此）

寅餞納日　餞滅也滅猶沒也

厥民隩鳥獸氄毛　隩煖也氄温柔皃（並釋文）

胤子朱啓明　胤嗣也（釋文）謂帝之胤子曰朱也（正義）

嚚訟可乎（訟馬本作庸）

疇咨若予采　采官也

共工方鳩僝功　僝具也（並釋文）

僉曰於鯀哉　鯀臣名禹父（史記集解）

方命圮族　方放也（釋文）

岳曰异哉試可乃已帝曰往欽哉九載績用弗成

堯以大聖知時運當然人力所不能治下民其咨亦當憂勞屈己之是從人之非遂用於鯀（正義）

汝能庸命巽朕位　朕我也巽讓也

有鰥在下曰虞舜　舜謚也舜死後賢臣錄之臣子爲諱故變名言謚

慎徽五典　徽善也（並釋文）

賓於四門四門穆穆　四門諸侯羣臣朝者舜賓迎之皆有美德也（史記集解）

納于大麓　麓山足也

乃言厎可績　厎定也（並釋文）

正月上日　上日朔日也（史記集解）

受終于文祖　文祖天也天爲文萬物之祖故曰文祖（釋文）

在璿璣玉衡以齊七政　璿美玉也璣渾天儀可轉旋故曰璣衡其中橫筩以璿爲璣以玉爲衡蓋貴天象也七政者北斗七星各有所主第一曰主日法天第二曰主月法地第三曰命火謂熒惑也第四曰煞火謂填星也第五曰伐水謂辰星也第六

曰危木謂歲星也第七曰罰金謂太白也日月五星各異故名曰七政也（史記集解）

肆類于上帝禋于六宗　上帝太一神在紫微宮天之最尊者禋精意以享也（釋文）萬物非天不覆非地不載非春不生非夏不長非秋不收非冬不藏此所謂六也（正義）

輯五瑞既月乃日覲四岳羣牧班瑞于羣后　輯斂也五瑞公侯伯子男所執以爲瑞信也堯將禪舜使羣牧斂之使舜親往班之

金作贖刑　意善功惡使出金贖罪坐不戒慎者

流共工于幽州　幽州北裔也

放驩兜于崇山　崇山南裔也

竄三苗于三危　三苗國名三危西裔也

殛鯀于羽山　殛誅也羽山東裔也

有能奮庸熙帝之載　奮明庸功也（並史記集解）

惟時懋哉　懋美也（釋文）

敬敷五教在寬　五教五品之教

汝作士　士獄官之長

五服三就　五刑墨劓剕宮大辟三就謂大罪陳諸原野次罪於市朝同族適甸師氏既服五刑當就三處

惟明克允　謂在入議君不忍刑宥之以遠五等之差亦有三等之居大罪投四裔次九州之外次中國之外當明其罪能使信服之

疇若予工　謂主百工之官也

汝共工　共工爲司空共理百工之事

疇若予上下草木鳥獸　上謂原下謂隰

歲二月東巡狩　舜受終後五年之二月並史記集解
至于岱宗柴　祭時積柴加牲其上而燔之
同律度量衡　律法也
修五禮五玉三帛二生一死贄如五器卒乃復　五禮吉凶軍賓嘉也三帛三孤所執也二生羔鴈卿大夫所執一死雉士所執也五器上五玉五玉禮終則還之三帛已下不還也
至于北岳如西禮馬本作如初
格于藝祖用特　藝禰也

羣后四朝　四朝四面朝於方岳之下並釋文
肇十有二州　禹平水土置九州舜以冀州之北廣大分置并州燕齊遼遠分燕置幽州分齊爲營州於是爲十二州也
象以典刑　言吿緐制五常之刑無犯之者但有其象無其人也
流宥五刑　流放宥寬也一曰幼少二曰老耄三曰惷愚五刑墨劓剕宮大辟
鞭作官刑　爲辨治官事者爲刑

汝作朕虞　虞掌山澤之官名
有能典朕三禮　三禮天神地祇人鬼並史記集解
命汝典樂教胄子　胄長也教長天下之子弟釋文
直而溫寬而栗　正直而色溫和寬大而謹敬戰栗也
詩言志歌永言　歌所以長言詩之意也
帝曰咨汝二十有二人　稷契皋陶皆居官久有成功但述而美之無所復敕禹及垂已下皆初命凡

六人與上十二牧四嶽凡二十二人
書序帝釐下土作九共九篇　釐賜也理也共洪也釋文
何憂乎驩兜何遷乎有苗何畏乎巧言令色孔壬　四凶惟言三者禹爲父隱故不言鯀也正義
夙夜浚明有家　浚大也釋文
亮采有邦　亮信采事也史記集解
俊乂在官　千人曰俊百人曰乂
庶績其凝　凝定也並釋文
一日二日萬幾　一日二日猶日日也正義

天敘有典（馬本作五典）
自我五禮有庸哉（馬本作五庸）
天明畏（馬本畏作威）
思曰贊贊襄哉　襄因也
暨益奏庶鮮食　鮮生也
暨稷播奏庶艱食鮮食（馬本艱作根）　根生之食謂百穀（並釋文）
予欲左右有民汝翼　謂我欲左右助民汝當翼成我也（史記集解）

作會（馬作繪）
宗彝（馬音夷○並釋文）
藻火粉米　士服藻火大夫加以粉米并藻火爲四章（正義）
弼成五服至于五千　面五千里爲方萬里
戛擊鳴球　戛櫟也
鳥獸蹌蹌　鳥獸荀虡也
元首叢脞哉　叢總也脞小也（並釋文）

禹貢

禹敷土　敷分也

奠高山大川　定其差秩祀禮所視也（並史記集解）
冀州既載　載載於書也
至于衡漳　衡水名
厥土惟白壤　壤天性和美也
厥賦惟上上錯　地有上下相錯通率第一
厥田惟中中　土地有高下（並釋文）
九河既道　九河名徒駭太史馬頰覆釜胡蘇簡潔鉤盤鬲津（史記集解）
厥土黑墳　墳有膏肥也

厥草惟繇（一）　繇抽也（並釋文）
作十有三載乃同（釋文載馬本作年）　繇既九年又加禹三年爲十二年惟兗州未得盡平至明年乃畢（正義）
嵎夷既略　嵎夷地名用功少曰略（史記集解）
大野既豬　豬水所停止深者
草木漸包　相包裹也
淮夷蠙珠暨魚　淮夷二水名
厥草惟夭　夭長也（並釋文）
厥土惟塗泥　塗泥漸洳也（史記集解）

瑤琨篠簜 琨馬本作瑻
沿于江海 沿馬本作均 均平也
沱潛既道 沱湖也其中泉出而不流者謂之潛
杶榦栝柏 栝白栝也
惟箘簵楛 楛木名可以爲箭 並釋文
三邦厎貢厥名 言箘簵楛三國所致貢其名善也 史記集解
厥篚玄纁璣組 組文也
九江納錫大龜 納入也

滎波既豬 波馬本作播 滎播澤名 並釋文
下土墳壚 豫州地有三等下者墳壚也
和夷厎績 和夷地名也 並史記集解
厥土青黎 黎小疏也 釋文
西傾因桓是來 治西傾山因桓水是來言無餘道也 史記集解
涇屬渭汭 汭入也
崑崙析支渠搜 崑崙在臨羌西析支在河關西 並釋文

導岍及岐 釋文岍馬本作開 導山分三條岍爲北條西傾爲中條嶓冢爲南條 史記索隱
至于合黎 合黎地名 釋文
又東爲滄浪之水 滄浪夏水 史記索隱
又東至于澧 澧水名 史記集解
東迆北會于匯 迆靡也 釋文
五百里甸服 甸服之外百里至五百里米特有此數去王城千里其侯綏要荒服各五百里是面三千里相距爲方六千里 正義

三百里納秸服 秸去其穎也 釋文
百里采 采事也各受王事者 史記集解
三百里夷 夷易也 釋文
二百里蔡 蔡法也受王者刑法而已
五百里荒服 政教荒忽因其故俗而治之
三百里蠻 蠻慢也禮簡怠慢來不距去不禁
二百里流 流行無城郭常居 並史記集解
甘誓 南郊地也甘水名軍旅曰誓會同曰誥
有扈氏 姒姓之國爲無道者

怠棄三正　建子建丑建寅三正也
天用勦絶其命（勦馬本作巢）
五子之歌　昆弟五人須于洛汭　須止也
書序　帝告釐沃湯征汝鳩汝方　此五亡篇舊解是夏書馬鄭之徒以爲商書
湯誓　俗儒以湯爲謚或爲號號者似非其意言謚近之然不在謚法故無聞焉及禹俗儒以爲名帝系禹名文命王侯世本湯名天乙推此言之禹豈復非謚乎亦不在謚法故疑焉（並釋文）
非台小子敢行稱亂　台我也（史記集解）
夏王率遏衆力　遏止也（釋文）
有衆率怠弗協　衆民相率怠墮不和同（史記集解）
書序　湯既勝夏欲遷其社不可作夏社疑至臣扈　疑至臣扈二臣名聖人不可自專復用二臣自明也（正義）
書序　咎單作明居　咎單湯司空也明居民之法也（史記集解）
書序　伊陟相太戊亳有祥桑穀共生于朝伊陟贊于巫咸作咸乂四篇　太戊太甲子孫湯孫也名咸（釋文）

書序　太戊贊于伊陟作伊陟原本　原臣名也命原以禹湯之道我所修也（史記集解）
書序　祖乙圮于耿作祖乙　圮毀也
盤庚上　盤庚祖乙曾孫祖丁之子不言盤庚誥何非但錄其誥也取其徙而立功故以盤庚名篇
于今五邦　五邦謂商丘亳囂相耿也
若顛木之有由蘖（蘖馬本作枿）　顛木而肄生曰枿
無或敢伏小人之攸箴　箴諫也
今汝聒聒　聒聒拒善自用之意
相時憸民　相視也憸民憸利小小見事之人也
自作弗靖　靖安也
遲任有言曰　遲任古老成人
盤庚中　乃話民之弗率　話告也言也
誕告用亶其有衆（亶馬本作單）　單誠也
咸造　造在早反爲也
爾忱不屬　屬獨也
高宗肜日　祀無豐于昵　昵考也謂禰廟也
西伯戡黎　殷始咎周　咎周者爲周所咎

斧告于受　受讀曰紂或曰受婦人之言故號曰受
也並釋文

格人元龜　元龜大龜也長尺二寸史記集解

乃罪多參在上　參字累在上

微子

殷旣錯天命　錯廢也並釋文

我祖底遂陳于上　我祖湯也

用亂敗厥德于下　下下世也

卿士師師非度　非但小人學爲姦宄卿士已下轉
相師效爲非法度

殷遂喪越至于今　越於也於是至矣於今到矣

曰父師少師　重呼告之

吾家耄遜于荒　卿大夫稱家

告予顚隮若之何其　隮猶墜也恐顚墜於非義當
如之何也並史記集解

今殷民乃攘竊神祇之犧牷牲用　往盜曰竊天曰
神地曰祇

用乂讐斂讐馬本作稠斂力豔反　稠數也斂謂賦斂也

我舊云刻子　云言也刻侵刻也

自靖靖馬本作清　清謂絜也並釋文

泰誓　泰誓後得案其文似若淺露又云八百諸侯
不召自來不期同時不謀同辭及火復於上至於
王屋流爲鵰至五以穀俱來舉火神怪得無在子
所不語中乎又春秋引泰誓曰民之所欲天必從
之國語引泰誓曰朕夢協朕卜襲于休祥戎商必
克孟子引泰誓曰我武惟揚侵于之疆取彼凶殘
我伐用張于湯有光孫卿引泰誓曰獨夫受禮記
引泰誓曰予克受非予武惟朕文考無罪受克予

非朕文考有罪惟予小子無良今文泰誓皆無此
語吾見書傳多矣所引泰誓而不在泰誓者甚多
弗復悉記畧舉五事以明之亦可知矣案此係正義引馬融
書序專說泰誓篇事據言後得其文淺露又以爲
神怪則已疑其非眞泰誓矣而又自爲之注史記
集解因而錄之則今此鈔
輯馬注固不得而遺也

乃告司馬司徒司空諸節　諸受符節有也史記集解

蒼兕蒼兕　蒼兕主舟檝官名史記索隱

白魚躍入王舟中　魚者介鱗之物兵象也白者殷
家之正色言殷之兵衆與周之象也

有火自上復于下至于王屋流爲烏其色赤其聲魄
云 王屋王所居屋流行也魄然安定意也索隱曰案今文泰誓流爲鵰鵰鷙鳥也馬融云明武王能伐紂
毀壞其三正 動逆天地人也並史記集解
牧誓時甲子昧爽 昧未旦也
右秉白旄以麾 白旄旄牛尾並釋文
嗟我友邦冢君 冢大也
及庸蜀羌髳微盧彭濮人 武王所率將來伐紂也並史記集解

弗迓克奔 迓馬本作禦 禦禁也
以役西土 役爲也並釋文
洪範王訪于箕子 箕國名也子爵也史記集解○索隱曰馬融王肅以箕子爲紂之諸父
惟天陰騭下民 陰覆也騭升也升猶舉也舉猶生也
農用八政 食爲八政之首故以農名之並釋文
威用六極 言天所以畏懼人用六極史記集解 從五行已下至六極洛書文也釋文

金曰從革 金之性從人而更可銷鑠
言曰從 發言當使可從
思曰睿 睿通也
從作乂 出令而從所以爲治也
聽作謀 上聽則下進其謀
四曰司空 司空掌營城郭主空土以居民
六曰司寇 主誅寇害
四曰星辰 星二十八宿辰日月之所會也
斂時五福用敷錫厥庶民 當斂是五福之道用布

與衆民
惟時厥庶民于汝極 以其能斂是五福故衆民于汝取中正以歸心也
凡厥庶民有猷有爲有守汝則念之 凡其衆民有謀有爲有所執守當思念其行有所趣舍也並史記集解
不罹于咎 釋文罹馬力馳反
無虐煢獨而畏高明 釋文無虐馬本作亡侮 高明顯寵者不枉法畏之

無有作好　好私好也
無反無側　反反道也側傾側也
皇極之敷言　王者當盡極行之使臣下布陳其言
是彝是訓于帝其訓　是大中而常行之用是教訓
天下於天爲順也
凡厥庶民極之敷言　亦盡極敷陳其言於上也　竝史記集解
二曰剛克　克勝也　釋文
沈潛剛克　沈陰也潛伏也陰伏之謀謂賊臣亂子

非一朝一夕之漸君親無將將而誅
高明柔克　高明君子亦以德懷也
惟辟作福惟辟作威惟辟玉食　辟君也玉食美食
不言王者關諸侯也　竝史記集解
民用僭忒　忒惡也
占用二　占筮也
衍忒　衍大也　竝釋文
王省惟歲　言王者所省職如歲兼四時也
星有好風星有好雨　箕星好風畢星好雨　竝史記集解

一曰凶短折　凶終也
旅獒　大保作旅獒　獒馬本作豪　豪酋豪也
金縢　武王有疾　疾馬本作有疾不豫
爲三壇　壇土堂　竝釋文
乃命于帝庭敷佑四方　武王受命于天帝之庭布
其道以佑助四方
今我即命于元龜　元龜大龜也
歸俟爾命　待汝命武王當愈我當死也　竝史記集解
啓籥見書　籥藏卜兆書管　釋文

能念予一人　一人天子稱　史記集解
我之弗辟　辟馬鄭音避　謂避居東都
對曰信噫　噫馬本作懿　懿猶億也
惟朕小子其新逆　新逆馬本作親迎□　竝釋文
反風　風還反也　史記集解
凡大木所偃盡起而築之　築拾也　釋文　禾爲木所偃
者起其木拾其下禾乃無所失亡也　史記集解
大誥　猷大誥爾多邦　馬本作大誥繇爾多邦
天降割于我家不少　割馬本作害不少馬讀弗少延爲句

殷小腆　腆至也
知我國有疵　疵瑕也
予造天役　造遣也 並釋文
康誥 以殷餘民封康叔　康國名在圻內 正義
惟三月哉生魄　魄胐也謂月三日始生兆胐名曰
魄
今民將在祗遹乃文考　遹述也
酒誥 王若曰 馬本作成王若曰　言成王者未聞也俗儒以爲
成王骨節始成故曰成王或曰以成王爲少成二

聖之功生號曰成王沒因爲謚衞賈以爲戒成康
叔以慎酒成就人之道也故曰成此三者吾無取
焉吾以爲後錄書者加之未敢專從故曰未聞也
明大命于妹邦　妹邦卽牧養之地
自洗典致用酒　洗盡也
祗保越怨不易　易以豉反
薄違農父　違行也
梓材 梓本亦作杍馬云古作梓字　治木器曰梓治土器曰陶治
金器曰冶

戕敗人宥　戕殘也
既勤垣墉　卑曰垣高曰墉
惟其塗塈茨　塈塗色
既勤樸斲　樸未成器也
惟其塗丹雘　雘善丹也
皇天既付中國民 付馬本作附○並釋文
召誥 王朝步自周則至于豐　周鎬京也豐文王廟所
在朝者舉事上朝將卽土中易都大事故告文王
武王廟 史記集解

洛誥 我二人共貞　貞當也
厥攸灼敘 馬讀敘字屬下
頒朕不暇　頒猶也
汝乃是不蘉　蘉勉也
旁作穆穆迓衡 迓馬鄭王皆音魚據反
乃單文祖德 單丁但反　單信也
萬年厭于乃德　厭飫也
王在新邑 孔馬絕句
王入大室祼　大室廟中之夾室

誕保文武受命 絶句馬同

惟七年 周公攝政七年天下大平

多士 旻天大降喪于殷 秋曰旻天秋殺氣也方言降喪故稱旻天也

非我小國敢弋殷命 弋馬本作翼

嚮于時夏 馬以時字絶句

大淫泆有辭 泆馬本作屑 屑過也 並釋文

誕淫厥泆罔顧于天顯民祇 紂大淫樂其逸無所能顧念于天施顯道于民而敬之也 史記集解

予惟四方罔攸賓 賓却也

無逸 嚴恭寅畏 嚴馬作儼○並釋文

治民祇懼不敢荒寧 寧安也知民之勞苦不敢荒廢自安也

時舊勞于外爰曁小人 武丁爲太子時其父小乙使行役有所勞役於外與小人從事知小人艱難勞苦也

其在祖甲 武丁子帝甲也

不義惟王舊爲小人 祖甲有兄祖庚而祖甲賢武丁欲立之祖甲以王廢長立少不義逃亡民間故曰不義惟王久爲小人也武丁死祖庚立祖庚死祖甲立 並史記集解

文王卑服 卑馬本作俾 俾使也

民無或胥譸張爲幻 譸馬本作輈

君奭 召公爲保周公爲師相成王爲左右 保氏師氏皆大夫官左右分陝爲二伯東爲左西爲右 並釋文

召公不說 召公以周公既攝政致大平功配文武不宜復列在臣位故不說以爲周公苟貪寵也 史記

集解

其終出于不祥 終馬本作崇 崇充也

我道惟寧王德延 我道馬本作我廸○並釋文

格于上帝 道至于上帝謂奉天時也 史記集解

有若南宮括 南宮馬本作南宮括作若

冒聞于上帝 冒馬作勖 勖勉也

我則鳴鳥不聞 鳴鳥謂鳳皇也

書序 成王東伐淮夷遂踐奄作成王政 踐似淺反 政馬作征 征正也 並釋文

書序 成王既踐奄將遷其君于蒲姑 釋文蒲馬本作薄 薄姑齊地 史記集解

多方 不克終日勸于帝之廸 廸馬本作攸 攸所也

不蠲烝 蠲明也烝升也

爾罔不克臬 臬馬本作劓

立政 其在受德暋 受德受所爲德也

相我受民 相息亮反下勅相同

國則罔有立政用憸人 憸人憸利佞人也

其克詰爾戎兵 詰實也 並釋文

書序 成王既伐東夷肅慎來賀王俾榮伯作賄肅慎之命 肅慎馬本作息慎 息慎北夷也 釋文 榮伯周同姓畿內諸侯爲卿大夫也 史記集解

顧命 成王將崩命召公畢公率諸侯相康王作顧命 成王將崩顧念康王命召公畢公率諸侯輔相之

王不懌 懌馬本作不釋 不釋疾不解也

王乃洮頮水 洮洮髮也頮頮面也

昔君文王武王宣重光 重光日月星也大極上元十一月朔旦冬至日月如疊璧五星如連珠故曰重光

在後之侗 侗馬本作詷 詷共也

爾無以釗冒貢于非幾 冒貢馬鄭王作勗贛 贛陷也

王崩 馬本作成王崩 安民立政曰成

敷重篾席 篾纖蒻

敷重厎席 厎青蒲也

敷重筍席 筍箬箬也

越玉五重 越王越地所獻玉也

夷玉天球 夷玉東夷之美玉球玉磬 並釋文

次輅在右塾之前 不陳戎輅者兵事非常故不陳之 正義

四人綦弁 綦馬本作騏 騏青黑色

三咤 馬本作詫

康王之誥 康王既尸天子 馬本此句上更有成王崩三字

誕受羑若 羑道也 並釋文

庶邦侯甸男衛 釋文馬本從此以下爲康王之誥又云與顧命差異 正義曰馬鄭王本此篇自高祖寡命已上內於顧命之篇王若曰已下始爲康王之誥諸侯告王王報誥諸侯而使告報異篇失其義也

呂刑厎至齊信 馬讀厎至齊絕句
度作刑以詰四方 度如字 度法度也
蚩尤惟始作亂 蚩尤少昊之末九黎君名
鴟義姦宄 鴟輕也
皇帝清問下民 清訊也
折民惟刑 折馬鄭王皆音悊 悊智也
天齊于民俾我 俾馬本作矜 齊中也矜哀也
王曰吁來 吁馬作于 于於也
何度非及 度造謀也

惟貨惟來 來馬本作求 求有求請賕也 並釋文
其罪惟均 以此五過出入人罪與犯法者等 史記集解
其罰百鍰 鍰六兩也鋝十一銖二十五分銖之十
三也賈逵說俗儒以鋝重六兩周官劒重九鋝俗
儒近是
其罰倍差 倍二百爲四百差者又加四百之三分
之一凡五百三十二鍰三分鍰之一也
今天相民 相息浪反 相助也
文侯之命平王錫晉文侯秬鬯圭瓚 馬本無平字錫作賜○並釋文

王若曰父義和 王順曰父能以義和我諸侯
昭升于上敷聞在下 昭明也上謂天下謂人 並史記集
解
費誓東郊不開 開馬本作闢○釋文
汝則有大刑 大刑死刑
峙乃楨榦 楨榦皆築具楨在前榦在兩旁 並史記集解
秦誓仡仡勇夫 仡仡馬本作訖訖 訖訖無所省錄之貌
惟截截善諞言 諞馬本作偏 截截辭語截削省要也偏
少也

如有一介臣 一介耿介一心端慤者 並釋文

序録

漢志歐陽生尚書章句三十一卷尚書說義二篇

漢書儒林傳曰歐陽生字和伯千乘人也事伏生世世相傳至曾孫高爲博士高孫地餘長賓以太子中庶子授太子後爲博士論石渠餘少子政爲王莽講學大夫由是尚書世有歐陽氏學　又藝文志曰劉向以中古文校歐陽大小夏侯三家經文酒誥脫簡一召誥脫簡二率簡二十五字者脫亦二十五字簡二十二字者脫亦二十二字文字

異者七百有餘脫字數十

後漢書曰孝明皇帝永平二年詔有司采周官禮記尚書皋陶篇乘輿服從歐陽氏說公卿以下從大小夏侯氏說　按今本范書無此文二說亦别無考

孔氏正義曰案伏生所傳三十四篇者謂之今文則夏侯勝夏侯建歐陽和伯等三家所傳及後漢末蔡邕所勒石經是也孔安國所傳者膠東庸生劉歆賈逵馬融等所傳是也

謹案隋志晉永嘉之亂歐陽大小夏侯尚書並亡故不著録又洪氏隸釋云永嘉之亂三家之書並亡故孔氏傳獨行以其書校之石本多十字少二十一字不同者五十五字借用者八字鴻艾勦猶之類是也通用者十一字於戲毋女之類是也孔氏敘商三宗以年多少爲先後此碑獨閼祖甲計其字盎在中宗之上以傳序爲次也但云高宗饗國百年異耳然其軼猶時時見於他說今並鈔出書正義五條左傳疏一條周禮疏二條禮記疏二條史記注七條三國志注一條書鈔一條文選注

一條困學紀聞三條石經四條

今文尚書說

漢　千乘歐陽生撰　　宜黃洪　誥校

以親九族　九族乃異姓有屬者父族四五屬之內爲一族父女昆弟適人者與其子爲一族己女昆弟適人者與其子爲一族己之女子子適人者與其子爲一族母族三母之父姓爲一族母之母姓爲一族母女昆弟適人者與其子爲一族妻族二妻之父姓爲一族妻之母姓爲一族左傳疏引異義尚書歐陽說

辯章百姓史記索隱曰古文尚書作平此文蓋讀平爲浦耕反平既訓便因作便章其今文作辯章古平字亦作便音婢緣反便則訓辯遂爲辯章鄒誕生本亦同也

欽若昊天　春曰昊天夏曰蒼天秋曰旻天冬曰上天周禮疏引異義尚書歐陽說

宅嵎鐵孔氏正義曰鄭注古文尚書篇與夏侯等同而經字多異夏侯等書宅嵎夷爲宅嵎鐵昧谷曰柳谷心腹腎腸曰憂腎陽劓刵劅剠云臏宮劓割頭庶剠　史記索隱曰嵎夷今文尚書及帝命驗並作禺鐵在遼西鐵古夷字也

柳谷正義說見宅嵎鐵　困學紀聞曰周禮注引書分命和仲度西曰柳穀虞翻云鄭元所注尚書古篆丣反以爲昧古大篆丣字讀當爲柳古柳丣同字而以爲昧裴松之謂翻言爲然

舜讓於德不怡徐廣史記注曰今文尚書作不怡怡亦懌也古文作不嗣

肆類于上帝　以類祭天者以事類祭之王制疏引異義夏侯歐陽說

禋于六宗　所祭者六上不謂天下不謂地旁不謂四方在六者之間助陰陽變化實一而名六宗矣正義引異義歐陽及大小夏侯說○周禮疏引異義今歐陽夏侯說六宗者上不及天下不及地旁不及四方居中央恍惚有神助陰陽變化有益於人故郊祭之○按漢書祭祀志安帝元初六年以尚書歐陽家說以六宗者在天地四方之中爲上下四方之宗劉昭注引歐陽和伯夏侯建曰並同書正義

惟刑之謐哉徐廣曰今文云惟刑之謐哉索隱曰按古文作恤哉今文是伏生口誦恤謐聲近遂作謐也

黎民祖飢徐廣曰今文尚書作祖飢祖始也索隱曰古文作阻飢孔氏以爲阻難也祖阻聲相近未知誰得

采政忽史記索隱曰古文尚書作在治忽今文作采政忽先儒各隨字解之今此云來始滑於義無所通蓋來采字相近滑忽聲相亂始又與治相似因誤爲來始滑今依今文音采政忽三字劉伯莊云聽諸侯能爲政及怠忽者是也

辛壬癸甲　辛壬娶塗山癸甲生啟史記索隱曰按尚書云娶于塗山辛壬癸甲啟呱呱而泣予弗子今此云辛壬娶塗山癸甲生啟蓋今文尚書脫漏太史公取以爲

言亦不稽其本意豈有辛壬娶妻經二日生子不經之甚

滎播既都史記索隱曰古文尚書作滎波此及今文並云滎播滎是澤名播是水播溢之義

弼成五服至于五千　中國方五千里王制疏引異義歐陽夏侯

說

女毋翕侮成人孔作汝無侮老成人

興降不永孔作崇降弗祥

肆高宗之饗國百年孔作享國五十九年

毋劮孔作逸于遊田孔作無淫于觀于逸于遊于田○並石經尚書殘碑○案洪氏隸釋尚書殘碑盤庚百七十二字高宗肜日篇十五字牧誓篇二十四字洪範篇百八字多士篇五字立

政篇五十六字顧命篇十七字並詳後石經本卷句字闕佚不可讀惟此四句係全文故錄於此

憂腎陽說見上宅嵎鐵

優賢揚歷魏志管寧傳載陶丘一等薦管寧表優賢揚歷垂聲千載裴松之注引今文尚書曰優賢揚歷謂揚其所歷試又魏都賦優賢著於揚歷劉淵林注引尚書盤庚曰優賢揚歷歷試也

螭猛獸也文選西都賦注引歐陽尚書說○案史記周本紀如豺如離徐廣曰此訓與螭同知今文尚書本作螭此訓當歸牧誓篇又說文离字下引歐陽喬說离猛獸也离卽螭字喬當作高

曰圛困學紀聞曰周禮太卜注引洪範曰雨曰濟曰圛曰蟊曰尅詩齊子豈弟箋古文尚書以弟爲圛正義洪範稽疑論卜兆有五曰圛注云圛者色澤光明蓋古文作悌今文作圛賈逵以今文校之定以爲圛

王曰封惟曰若圭璧困學紀聞曰劉向以中古文校歐陽大小夏侯三家經文酒誥脫簡一而大傳引酒誥曰王曰封惟曰若圭璧今無此句豈卽脫簡與

茲惟三公　天子三公一曰司徒二曰司馬三曰司空九卿二十七大夫八十一元士凡百二十在天爲山川書鈔引異義今尚書夏侯歐陽說

臏宮劓割頭庶剠說見上宅嵎鐵

假我一日困學紀聞保我一日楊賜作假我一日原注通桓君章句卽歐陽尚書

肝木也心火也脾土也肺金也腎水也月令疏引異義今文尚書歐陽說○按此條於今文尚書未詳何篇故列於此

序錄

隋志顧彪古文尚書疏二十卷

北史本傳曰顧彪字仲文餘杭人明尚書春秋煬帝時爲秘書學士撰古文尚書義疏二十卷行於世

孔氏正義曰古文近至隋初始流河朔其爲正義者蔡大寶巢猗費甝顧彪劉焯劉炫

謨案陸氏經典敘錄於尚書注解傳述人後但載梁國子助教江夏費甝作有義疏行於世不及顧彪孔氏正義則但引顧說而不及費今從正義鈔出四十六條

古文尚書疏

梁 吳郡顧彪撰　　宜黃鄒 洙校

古者包犧氏之王天下也疏包讀爲庖取其犧牲以供庖廚帝王世紀云包犧母曰華胥有巨人跡出於雷澤華胥以足履之有娠生包犧於成紀蛇身人首此下三條並孔安國序疏

包犧神農黃帝之書謂之三墳言大道也少昊顓頊高辛唐虞之書謂之五典言常道也疏帝王世紀云神農母曰女登有神龍首感女登而生炎帝人身牛首黃帝母曰附寶見大電光繞北斗樞星附寶感而懷孕二十四月而生黃帝日角龍顏少昊金天氏母曰女節有星如虹下流意感而生少昊顓頊母曰景僕昌意正妃謂之女樞有星貫月如虹感女樞於幽房之宮而生顓頊堯母曰慶都觀河遇赤龍晻然陰風感而有孕十四月而生堯舜母曰握登見大虹感而生舜此言謂之三墳謂之五典者因左傳有三墳五典之文故指而謂之

更以竹簡寫之疏策長二尺四寸簡長一尺二寸

堯典　欽明文思〔疏〕隨便而言無義例也正義云知者此先聽後明舜典云明四目達四聰先明後聽故知無例也今考舜典云濬哲文明又先文後明與此不例知穎氏爲得也

益稷　日月星辰山龍華蟲〔傳〕日月星爲三辰華象草華蟲雉也畫三辰山龍華蟲於衣服旌旗〔疏〕日月星取其照臨山取能興雲雨龍取變化無方華取文章雉取耿介

藻火粉米黼黻〔傳〕藻水草有文者火爲火字粉若粟冰米若聚米黼若斧形黻爲兩已相背〔疏〕藻取有文火取炎上粉取潔白米取能養黼取能斷黻取善惡相背

禹貢　厥賦惟上上錯〔傳〕賦謂土地所生以共天子上上第一錯雜雜出第二之賦〔疏〕上上之下即次上中故云雜出第二之賦也孟子稱稅什一爲正輕之於堯舜爲大貊小貊重之於堯舜爲大桀小桀則此時亦什一稅俱十一而得爲九等差者人功有強弱收穫有多少傳以荆州田第八賦第三爲人功修也雍州田第一賦第六爲人功少也是據人功多少總計以定差此州以上上爲正而雜爲次等言出上上時多而上中時少也多者爲正少者爲雜故云第一此州言上上錯者少在正下故先言上上而後言錯豫州言錯上中者少在正上故先言錯而後言上中揚州云下上上錯不言錯下上者以本設九等分三品爲之上中下下上本是異品故變文言下上上錯也梁州云下中三錯者梁州之賦凡有三等其出下中時多故以下中爲正上有下上下有下下三等雜出故言三錯足明雜有下上下下可知也此九等所較無多諸州相準爲等級耳

夾右碣石〔傳〕碣石海畔山禹夾行此山之右〔疏〕山西曰右

導弱水至于合黎〔傳〕合黎水名在流沙東〔疏〕地記書合黎山名但此水出合黎因山爲名

五子之歌　怨豈在明不見是圖〔傳〕不見是謀備其微〔疏〕怨豈在明未必皆在明著之時必於未形之日思善道以自防衛之是備慎其微也

關石和鈞傳金鐵曰石供民器用通之使和平則官民足疏通金鐵於人官不禁障民得取之以供器用器既具所以上下充足以金鐵皆從石而生則金鐵亦石之類也

胤征 其或不恭邦有常刑傳言百官廢職服大刑疏百官衆臣其有廢職懈怠不恭謹者國家當有常刑

乃季秋月朔辰弗集于房瞽奏鼓嗇夫馳庶人走疏春秋昭十七年夏六月甲戌朔日有食之左傳云季平子曰惟正月朔慝未作日有食之于是乎有伐鼓用幣禮也其餘則否大史曰在此月也當夏四月是謂孟夏如彼傳文惟夏四月有伐鼓用幣禮餘月則不然此以九月日食亦奏鼓用幣者夏禮異于周禮也

湯誥 玆朕未知獲戾于上下傳此伐桀之事未知得罪于天地謙以求衆心疏未知得罪于天地言伐桀之事未知得罪于天地以否湯之伐桀上應天心下符人事本實無罪而去未知得罪以否者謙以求衆心

伊訓 序成湯既沒大甲元年伊尹作伊訓傳大甲大丁子湯孫也大丁未立而卒及湯沒而大甲立稱元年疏殷家猶質踰月卽改元年以明世異不待正月以爲首也商謂年爲祀序稱年者序以周世言之故也正義又引顧氏云止可依經誥大典不可用傳記小說

具訓于蒙士傳蒙士例謂下士疏蒙謂蒙闇之士例字宜從下讀言此等流例謂下士也

大甲中 伊尹以冕服奉嗣王歸于亳傳冕冠也踰月卽吉服疏祥禫之制前儒不同案士虞禮云朞而小祥又朞而大祥中月而禫王肅云祥月之內又禫祭服彌寬而變彌數也禮記檀弓云祥而縞是月禫徙月樂王肅云是祥之月而禫禫之明月可以樂矣案此孔傳云二十六月服闋則與王肅同鄭玄以中月爲間一月云祥後復更有一月而禫則三年之喪凡二十七月與孔爲異

咸有一德 臣爲上爲德爲下爲民傳言臣奉上布德順下訓民正義云奉上謂奉爲在上解經爲上也布德謂布爲道德解經爲德也順下謂卑順以爲臣下解經爲下也訓民謂以善道訓下民解經爲民也顧氏亦同此解

盤庚中 今其有今罔後汝何生在上傳言不徙無後計汝何得久生在人上禍將及汝疏責羣臣汝今日其且有今目前之小利無後日久長之計患禍將至汝何得久生在民上也

泰誓上 陂池侈服傳侈謂服飾過制疏華侈服飾

泰誓下 百姓懍懍若崩厥角傳言民畏紂之虐危懼不安若崩摧其角無所容頭疏常如人之欲崩其角也言容頭無地隱三年穀梁傳曰高曰崩頭角之稱崩體之高也

洪範 敬用五事 正義云敬用農用等一十八字大劉及顧氏以爲龜背先有總三十八字小劉以爲敬用等亦禹所第敍其龜文惟有二十字並無明據未知孰是

嚮用五福威用六極傳言天所以嚮勸人用五福所以威沮人用六極此已上禹所第敍疏前八事俱得五福歸之前八事俱失六極臻之故福極處末也

一曰水二曰火三曰木四曰金五曰土傳皆其生數疏水火木金得土數而成故水成數六火成數七木成數八金成數九土成數十

無虐煢獨而畏高明 正義云此經皆是據天子無陵虐煢獨而畏避高明寵貴者顧氏亦以此經據人君

庶民惟星星有好風星有好雨傳星民象故衆民惟若星箕星好風畢星好雨亦民所好 正義云鄭以爲箕星好風者箕東方木宿風中央土氣木克土爲妻從妻所好故好風也畢星好雨者畢西方金宿雨東方木氣金克木爲妻從妻所好故好雨也推此則南宮好暘北宮好燠中宮四季好寒以各尚妻之所好故也未知孔意同否顧氏所解亦同於鄭

大誥 肆予曷敢不越卬敉寧王大命 正義云顧氏以上不卬自恤傳云不惟自憂遂皆以卬爲惟

康誥 又曰要囚疏又曰者周公重言之也

爽惟天其罰殛我我其不怨傳明惟天其以民不安罰誅我我其不怨天疏明惟天者言天明察在上見民不安乃以刑罰誅戮於我

酒誥 惟元祀疏元大也

其藝黍稷奔走事厥考厥長傳其當勤種黍稷奔走事其父兄疏勤種黍稷奔馳趨走也

肇牽車牛遠服賈用孝養厥父母傳農功既畢始牽車牛載其所有求易所無遠行賈賣用其所得珍

畀孝養其父母〔疏〕當農功則有所廢故知既畢乃行故云始牽車牛卽牽府大車載有易無遠求盈利所得珍異而本不損故可孝養其父母亦愛土物之義也

召誥 節性惟日其邁〔傳〕和比殷周之臣時節其性令不失中則道化惟日其行〔疏〕和協殷周新舊之臣制其性命勿使怠慢也聖王爲政當使易從而難犯故令行如流水民從如順風若使設難從之教爲易犯之令雖殆以嚴刑而終不用命故爲其德不可不敬也王必敬爲此不可不敬之德則下民無不敬奉其命矣民奉其王命是化行也

洛誥 〔序〕召公既相宅周公往營成周使來告卜〔傳〕召公先相宅卜之周公自後至經營作之遣使以所卜吉兆逆告成王〔疏〕周公既至洛邑乃遣以所卜吉兆來告於王是也

我卜河朔黎水〔傳〕我使人卜河北黎水上不吉〔疏〕先卜河北黎水者近于紂都爲其懷土重遷故先卜近以悅之

王肇稱殷禮祀于新邑咸秩無文〔傳〕言王當始舉殷家祭祀以禮典祀于新邑皆次秩不在禮文者而祀之〔疏〕舉行殷家舊祭祀用周之常法言周禮卽殷家之舊禮也

考朕昭子刑乃單文祖德伻來毖殷乃命寧〔傳〕我所成明子法乃盡文祖之德謂典禮也所以君土中是文武使我來慎教殷民乃見命而安之〔疏〕文武使我來慎教殷民我今受文武之命以安民也

君奭 予惟用閎于天越民〔傳〕我惟用勉於天道加於民〔疏〕我亦自用勉勸躬行於天道加益於民人也

多方 爾曷不夾介乂我周王享天之命〔傳〕夾近也汝何不近大見治於我周王以享天之命而爲不安乎〔疏〕汝衆方諸侯何不常和協相親近大見治道於我周王以享上天之命而今何以不自安乎

今爾尚宅爾宅畋爾田爾曷不惠王熙天之命〔傳〕今汝殷之諸侯皆尚得居汝常居臣民皆尚得畋汝故田汝何不順從王政廣天之命而自懷疑乎〔疏〕主遷於上臣易於下計汝諸侯之國應隨殷黜

今汝殷之諸侯皆尚得居汝常居臣民畋汝故田田宅不易安樂如此汝何不順從我周王之政以廣上天之命使天多佑汝何故畏我周家自懷疑乎

越惟有胥伯小大多正（傳）於惟有相長事小大衆正官之人（疏）相長事即小大衆正官之人也

又曰時惟爾初（疏）又曰者是王又復言曰也

立政

我其克灼知厥若丕乃俾亂（傳）我其能灼然知其順者則大乃使治之言知臣下之勤勞然後莫不盡其力（疏）君能知臣下順於事則臣感君恩大乃治理各盡心力也

自一話一言我則末惟成德之彥以乂我受民（傳）言政當用一善善在一言而已欲其口無擇言如此我則終惟有成德之美以治我所受之民（疏）人君為政之道當須用一善而已為善之法惟在一言也末訓為終彥訓為美王能出言皆善口無可擇如此我王則終惟有成德之美以治我所受天民矣釋訓云美士為彥故彥為美

顧命

伯相命士須材（傳）召公命士致材木須待以供喪用（疏）命士供葬槨之材

先輅在左塾之前次輅在右塾之前（傳）先輅象次輅木金玉象皆以飾車木則無飾皆在路寢門內左右塾前北面凡所陳列皆象成王生時華國之事所以重顧命（疏）先輅在左塾之前在寢門內之西北面對玉輅次輅在右塾之前在寢門內之東對金輅也凡所陳列自狄設黼扆已下至此皆象成王生時華國之事所以重顧命也

序錄

漢志劉向五行傳記十一卷隋唐志卷數同

前漢書本傳曰向字子政本名更生爲散騎宗正給事中成帝卽位以故九卿召拜中郎使領護三輔都水遷光祿大夫上方精於詩書觀古文詔向領校中五經秘書向見尙書洪範箕子爲武王陳五行陰陽休咎之應乃集合上古以來歷春秋六國至秦漢符瑞災異之記推迹行事連傳禍福著其占驗比類相從各有條目凡十一篇號曰洪範

五行傳論奏之

宋書五行志曰伏生創紀大傳五行之體始詳劉向廣演洪範休咎之文益傳

歐陽文忠曰箕子陳洪範條其事爲九類別其說爲九章考其說不相附屬向爲五行傳乃取五事皇極庶徵附於五行以爲八事皆屬五行與則至於八政五紀三德稽疑福極之類又不能附至俾洪範之書失其倫理所謂旁引曲取而遷就其說也然自漢以來未有非之者

呂東萊曰劉向災異五行學博而未純其原出於伏生大傳

葉水心曰劉向爲王氏考災異著五行傳歸於切劘當世而漢儒之言陰陽者其學亦各有所主然洪範之說由此隳裂使經世之成法降爲災異陰陽之書矣　又洪範初不爲災異而作庶徵所指明有效驗而學者乃以五行五事聯附爲一春秋以來凡有變兆離析剝解門類而尸分之以是爲格王正事則委巷小夫巫瞽之事夫豈不然而謂

篤學好古自名如仲舒向歆者亦當爾與

謨按班固前漢書五行志原本伏生尙書大傳兼采董仲舒劉向向子歆及眭孟夏侯勝京房谷永李尋諸家之說而劉知幾史通乃云班史五行志出劉向洪範趙樞生亦云劉向洪範五行傳其書不可見班書五行志乃其遺法今特從本志鈔出向說百四十一條益以類聚初學記書鈔御覽凡若干條分爲上下二卷

洪範五行傳卷上

漢 沛郡劉向撰　　金谿何垂遠校

春秋成公十六年正月雨木冰向以爲水者陰之盛而水滯者也木者少陽貴臣卿大夫之象也此是人將有害則陰氣脅木木先寒故得雨而冰也是時叔孫喬如出奔公子偃誅死一曰時晋執季孫行父又執公此執辱之異也

桓公十四年八月壬申御廩災向以爲御廩夫人八妾所舂米之臧以奉宗廟者也時夫人有淫行挾逆

心天戒若曰夫人不可以奉宗廟桓不寤與夫人俱會齊夫人譖桓公於齊侯齊侯殺桓公

嚴公二十年夏齊大災向以爲齊桓好色聽女口以妾爲妻適庶數更故致大災桓公不寤及死適庶分爭九月不葬（宋書五行志曰春秋齊火劉向以爲桓公好色聽妻妾數更之罰也）

釐公二十年五月乙巳西宮災向以爲釐立妾母爲夫人以入宗廟故天災愍宮若曰去其卑而親者將害宗廟之正禮

宣公十六年夏成周宣榭火向以爲十五年王札子殺召伯毛伯天子不能誅天戒若曰不能行政令何以禮樂爲而臧之

成公三年二月甲子新宮災向以爲魯三桓子孫始執國政宣公欲誅之恐不能使大夫公孫歸父如晋謀未反宣公死三家譖歸父於成公成公父喪未葬聽讒而逐其父之臣故天災宣宮明不用父命之象也一曰三家親而亡禮猶宣公殺子赤而立亡禮而親天災宣廟欲示去三家也

襄公九年春宋災向以爲先是宋公聽讒逐其大夫

華弱出奔魯

襄公三十年五月甲午宋災向以爲先是宋公聽讒而殺太子痤應火不炎上之罰也

昭公九年夏四月陳火向以爲先是陳侯弟招殺太子偃師皆外事不因其宮館者畧之也八年十月壬午楚師滅陳春秋不與蠻夷滅中國故復書陳火也

十八年五月壬午宋衛陳鄭災向以爲宋陳王者之後鄭衛周同姓也時周景王老劉子單子事王子猛尹氏召伯毛伯事王子鼂子鼂楚之出也及宋衛陳

鄭亦皆外附於楚亡尊周室之心後三年景王崩王室亂故天災四國天戒若曰不救周反從楚廢世子立不正以害王室明同辠也

定公二年五月雉門及兩觀災向以爲此皆奢僭過度者也穀梁傳疏引劉向云雉門天子之門而今魯過制故致天災也先是季氏逐昭公昭公死於外定公卽位旣不能誅季氏又用其邪說淫於女樂而退孔子天戒若曰去高顯而奢僭者一曰門闕號令所由出也今舍大聖而縱有辠亡以出號令矣

哀公三年五月辛郊桓釐宮災向以爲此二宮不當立違禮者也哀公又以季氏之故不用孔子孔子在陳聞魯災曰其桓釐之宮乎以爲桓季氏之所出釐使季氏世卿者也

四年六月辛丑亳社災向以爲亡國之社所以爲戒也穀梁傳注引劉向曰亳社災戒人君縱恣不能警戒之象天戒若曰國將危亡不用戒矣春秋火災屢於定哀之間不用聖人而縱驕臣將以危亡不明甚也一曰天生孔子非爲定哀也蓋失禮不明火災應之自然象也

高后元年五月丙申趙叢臺災向以爲是時呂氏女爲趙王后嫉妒將爲讒口以害趙王王不寤焉卒見幽殺

惠帝四年十月乙亥未央宮凌室災丙子織室災向以爲元年呂太后殺趙王如意殘戮其母戚夫人是歲十月壬寅太后立帝姊魯元公主女爲皇后其乙亥凌室災明日織室災凌室所以供養飲食織室所以奉宗廟衣服與春秋御廩同義天戒若曰皇后亡奉宗廟之德將絕祭祀其後皇后亡子後宮美人有

男太后使皇后名之而殺其母惠帝崩嗣子立有怨言太后廢之更立李氏子弘爲少帝賴大臣共誅諸呂而立文帝惠后幽廢

文帝七年六月癸酉未央宮東闕罘罳災向以爲東闕所以朝諸侯之門也罘罳在其外諸侯之象也漢興大封諸侯王連城數十文帝卽位賈誼等以爲違古制度必將叛逆先是濟北淮南王皆謀反其後吳楚七國舉兵而誅

昭帝元鳳元年燕城南門災向以爲時燕王使邪臣

通於漢爲讒賊謀逆亂南門者通漢道也天戒若曰邪臣往來爲姦讒於漢絶亡之道也燕王不寤卒伏其辜

元鳳四年五月丁丑孝文廟正殿災向以爲孝文太宗之君於成周宣榭火同義先是皇后父車騎將軍上官安安父左將軍桀謀爲逆大將軍霍光誅之皇后以光外孫年少不知居位如故光欲后有子因上侍疾醫言禁内後宫皆不得進唯皇后顓寢皇后年六歲而立十三年而昭帝崩遂絶繼嗣光執朝政猶

周公之攝也是歲正月上加元服通詩尚書有明悊之性光亡周公之德秉政九年久於周公上既已冠而不歸政將爲國害故正月加元服五月而災見古之廟皆在城中孝文廟始出居外天戒若曰去貴而不正者宣帝旣立光猶攝政驕溢過制至妻顯殺許皇后光聞而不討後遂誅滅

元帝初元三年四月乙未孝武園白鶴館災向以爲先是前將軍蕭望之光祿大夫周堪輔政爲佞臣石顯許章等所譖望之自殺堪廢黜明年白鶴館災園中五百里馳逐走馬之館不當在山陵昭穆之地天戒若曰去貴近逸遊不正之臣將害忠良後章坐走馬上林下烽馳逐免官

永光四年六月甲戌孝宣杜陵園東闕南方災向以爲先是上復徵用周堪爲光祿勳及堪弟子張猛爲太中大夫石顯等復譖毀之皆出外遷是歲上復徵堪領尚書猛給事中石顯等終欲害之園陵小於朝廷闕在司馬門中内臣石顯之象也孝宣親而貴門闕法令所從出也天戒若曰去法令内臣親而貴者

必爲國害後堪希得進見因顯言事事決顯口堪病不能言顯誣告張猛自殺於公車成帝即位顯卒伏辜

嚴公二十八年冬大水亡麥禾向以爲水旱當書不書水旱而曰大亡麥禾者土氣不養稼穡不成者也（宋五行志引此文作春秋說）是時夫人淫於二叔内外亡别

昭公八年春石言於晋向以爲石白色爲主屬白祥

桓公元年秋大水向以爲桓弑兄隱公民臣痛隱而賤桓後宋督弑其君諸侯會將討之桓受宋賂而歸

又背宋諸侯由是伐魯仍交兵結讎伏尸流血百姓愈怨故十三年夏復大水一曰夫人驕淫將弒君陰氣盛桓不寤卒弒死

嚴公七年秋大水亡麥苗向以爲嚴母文姜與兄齊襄公淫共殺桓公嚴釋父讎復取齊女未入先與之淫一年再出會於道逆亂臣下賤之之應也

十一年秋宋大水向以爲時宋愍公驕慢睹災不改明年與其臣宋萬博戲婦人在側矜而罵萬萬殺公之應也

二十四年大水向以爲哀姜初入公使大夫宗婦見用幣又淫於二叔公弗能禁臣下賤之故是歲明年仍大水

宣公十年秋大水向以爲宣公殺子赤而立子赤齊出也故懼以濟西田賂齊邾子貜且亦齊出也而宣比與邾交兵臣下懼齊之威創邾之敗皆賤公行而非其正也

成公五年秋大水向以爲時成幼弱政在大夫前此一年再用師明年復成鄆以彊私家仲孫蔑叔孫僑如顓會宋晉陰勝陽

襄公二十四年秋大水向以爲先是襄慢鄰國是以邾伐其南齊伐其北莒伐其東百姓騷動後又仍犯彊齊也大水饑穀不成其災甚也

庶徵之恒雨向以爲大水

隱公九年三月癸酉大雨震電庚辰大雨雪向以爲周三月今正月也當雨水雪雜雨雷電未可以發也既已發也則雪不復當降皆失節穀梁傳注引此文云雷未可以出電未可以見雷電既已出見則雪不當復降皆失節也雷電陽也雨雪陰也故謂之異於易

雷以二月出其卦曰豫言萬物隨雷出地皆逸豫也以八月入其卦曰歸妹言雷復歸入地則孕毓根核保藏蟄蟲避盛陰之害出地則養長華實發揚隱伏宣盛陽之德入能除害出能興利人君之象也類聚引此文云雷於天地爲長子以其首長萬物爲出入也雷二月出地百八十日雷出則萬物出八月入地百八十日雷入則萬物入入則除害出則興利人君之象也是時隱以弟桓幼代而攝立公子翬見隱居位已久勸之遂立隱既不許翬懼而易其辭遂與桓共殺隱天見其將然故正月大雨水而雷電是陽不閉陰出涉危難而害萬物穀梁注引

此文云雷出非其時者是陽不能閉陰陰氣縱逸而將爲害也天戒若曰爲君失時賊弟佞臣將作亂矣後八日大雨雪陰見閒隙而勝陽篡殺之旤將成也公不寤後二年而殺

鄭子臧好沿鷸冠文公惡之使盜殺之向以爲近服

妖

昭帝時昌邑王賀遣中大夫之長安多治仄注冠以賜大臣又以冠奴向以爲近服妖也時王賀狂悖聞天子不豫弋獵馳騁如故與騶奴宰人游居娛戲驕嫚不敬冠者尊服奴者賤人賀無故好作非常之冠

暴尊象也以冠奴者當自至尊墜至賤也其後帝崩無子漢大臣徵賀爲嗣即位狂亂無道縛戮諫者夏侯勝等於是大臣白皇太后廢賀爲庶人賀爲王時又見大白狗冠方山冠而無尾此服妖又犬旤也賀以問郎中令龔遂遂曰此天戒言在仄者盡狗冠也去之則存不去則亡矣賀既廢數年宣帝封之爲列侯復有辠死不得置後又犬旤無尾之效也

周景王時大夫賓起見雄雞自斷其尾向以爲近雞旤也是時王有愛子子鼂王與賓起陰謀欲立之田於北山將因兵衆殺適子之黨未及而崩三子爭國王室大亂其後賓起誅死子鼂奔楚而敗

宣帝黃龍元年未央殿輅軨中雌雞化爲雄毛衣變化而不鳴不將無距元帝初元中丞相府史家雌雞伏子漸化爲雄冠距鳴將永光中有獻雄雞生角者向以爲雞者小畜主司時起居人小臣執事爲政之象也言小臣將秉君威以害正事猶石顯也竟寧元年石顯伏辠此其效也

成公七年正月鼷鼠食郊牛角改卜牛又食其角向

以爲近青祥亦牛旤也不敬而傋霿之所致也昔周公制禮樂成周道故成王命魯郊祀天地以尊周公至成公時三家始顓政魯將從此衰天愍周公之德痛其將有敗亡之旤故於郊祭而見戒云鼠小蟲性盜竊鼷又其小者也牛大畜祭天尊物也角兵象在上君威也小小鼷鼠食至尊之牛角象季氏乃陪臣盜竊之人將執國命以傷君威而害周公之祀也改卜牛鼷鼠又食其角天重語之也成公怠慢昏亂遂君臣更執于晉至于襄公晉爲溴梁之會天下大夫

皆奪君政其後三家逐昭公卒死于外幾絶周公之
祀（宋五行志引劉向說曰春秋郊牛死曰宣公區瞀瞀亂故天不饗其祀）
定公十五年正月鼷鼠食郊牛牛死向以爲定公知
季氏逐昭公罪惡如彼親用孔子爲夾谷之會齊人
倈歸鄆讙龜陰之田聖德如此反用季桓子淫於女
樂而退孔子無道甚矣詩曰人而亡儀不死何爲是
歲五月定公薨牛死之應也
哀公元年正月鼷鼠食郊牛向以爲天意汲汲於用
聖人逐三家故復見戒也哀公年少不親見昭公之

事故見敗亡之異已而哀不寤身奔於粤此其效也
釐公二十一年夏大旱向以爲齊桓既死諸侯從楚
釐尤得楚心楚來獻捷釋宋之執外倚彊楚炕陽失
衆又作南門勞民興役
嚴公十七年冬多麋向以爲麋色青近青祥也麋之
爲言迷也蓋牝獸之淫者也是時嚴公將取齊之淫
女其象先見天戒若曰勿取齊女淫而迷國嚴不寤
遂取之夫人既入淫於二叔終皆誅死幾亡社稷
向以爲春秋無氷也小奥不書無氷然後書舉其大
者也
桓公十五年春無氷向以爲周春今冬也先是連兵
鄰國三戰而再敗也內失百姓外失諸侯不敢行誅
罰鄭伯突篡兄而立公與相親長養同類不明善惡
之罰也
成公元年二月無氷向以爲時公幼弱政舒緩也
襄公二十八年春無氷向以爲先是公作三軍有侵
陵用武之意於是鄰國不和伐其三鄙被兵十有餘
年因之以飢饉百姓怨望臣下心離公懼而弛緩不
敢行誅罰楚有夷狄行公有從楚心不明善惡之應
也

釐公三十三年十二月隕霜不殺草向以爲今十月
周十二月於易五爲天位爲君位九月陰氣至五通
於天位其卦爲剥剥落萬物始大殺矣明陰從陽命
臣受君令而後殺也今十月隕霜而不能殺草此君
誅不行舒緩之應也是時公子遂顓權三桓始世官
天戒若曰自此之後將皆爲亂矣文公不寤其後遂
殺子赤三家逐昭公

書序曰伊陟相太戊亳有祥桑穀共生向以爲殷道
旣衰高宗承敝而起盡諒陰之哀天下應之旣獲顯
榮怠於政事國將危亡故桑穀之異見桑猶喪也穀
猶生也殺生之柄失而在下近草妖也
書序又曰高宗祭成湯有蜚雉登鼎耳而雊向以爲
雉雊鳴者雄也以赤色爲主於易離爲雉雉南方近
赤祥也
釐公三十三年十二月李梅實向以爲周十二月今
十月也李梅當剝落今反華實近草妖也先華而後

實不書華舉重者也陰成陽事象臣顓君作威福
元帝初元四年皇后曾祖父濟南東平陵王伯墓門
梓柱卒生枝葉上出屋向以爲王氏貴盛將代漢家
之象也後王莽篡位自說之曰初元四年莽生之歲
也當漢九世火德之厄而有此祥興于高祖考之門
門爲開通梓猶子也言王氏當有賢子開通祖統起
於柱石大臣之位受命而王之符也
昭公二十五年夏鸜鵒來巢向以爲有蜚有蜮不言
來者氣所生所謂眚也鸜鵒言來者氣所至所謂祥

也鸜鵒夷狄穴藏之禽來至中國不穴而巢陰居陽
位象季氏將逐昭公去宮室而居外野也（穀梁傳注引劉向曰
去穴而巢此陰居陽位臣逐君之象也）鸜鵒白羽旱之祥也穴居而好
水黑色爲主急之應也天戒若曰旣失衆不可急暴
急暴陰將持節陽以逐爾去宮室而居外野矣昭不
寤而舉兵圍季氏爲季氏所敗出奔于齊遂死于外
野
景帝三年十一月有白頸烏與黑烏羣鬬楚國呂縣
白頸不勝墮泗水中死者數千向以爲近白黑祥也

時楚王戊暴逆無道刑辱申公與吳王謀反烏羣鬬
者師戰之象也白頸者小明小者敗也墮於水者將
死水地王戊不寤遂舉兵應吳與漢大戰兵敗而走
至于丹徒爲越人所斬墮死於水之效也
昭帝時有鵜鶘或曰禿鶖集昌邑王殿下王使人射
殺之向以爲水烏色青青祥也時王馳騁亡度慢侮
大臣不敬至尊有服妖之象故青祥見也野鳥入處
宮室將空王不寤卒以亡
魯襄公時宋有生女子赤而毛棄之隄下宋平公母

共姬之御者見而收之因名曰棄長而美好納之平公生子曰佐後宋臣伊戾讒太子痤而殺之先是大夫華元出奔晉華弱奔魯華臣奔陳華合比奔衛向以爲時則火災赤眚之明應也

惠帝二年天雨血於宜陽一頃所向以爲赤眚也時又冬雷桃李華常奧之罰也是時政舒緩諸呂用事讒口妄行殺三皇子建立非嗣及不當立之王退王陵趙堯周昌呂太后崩大臣共誅滅諸呂僵尸流血也

庶徵之恒寒向以爲春秋無其應周之末世舒緩微弱政在臣下奧煖而已故籍秦以爲驗秦始皇帝即位尚幼委政太后太后淫於呂不韋及嫪毐封毐爲長信侯以太原郡爲毐國宮室苑囿自恣政事斷焉故天冬雷以見陽不禁閉以涉危害舒奧廹近之變也始皇既冠毐懼誅作亂始皇誅之斬首數百級大臣二十人皆車裂以徇夷滅其宗遷四千餘家於房陵是歲四月寒民有凍死者數年之間緩急如此寒奧輒應此其效也

向以爲常雨屬貌不恭

桓公八年十月雨雪周十月今八月也未可以雪向以爲時夫人有淫齊之行而桓有妒媚之心夫人將殺其象見也桓不覺寤後與夫人俱如齊而殺死凡雨陰也雪又雨之陰也出非其時廹近象也

釐公十年冬大雨雪向以爲先是釐公立妾爲夫人陰居陽位陰氣盛也穀梁傳注引劉向曰夫人成風也致之于太廟立之以爲夫人

昭公四年正月大雨雪向以爲昭取於吳而爲同姓謂之吳孟子君行於上臣非於下又三家已彊皆賤公行慢侮之心生

定公元年十月隕霜殺菽向以爲周十月今八月也於卦爲觀陰氣未至君位而殺誅罰不由君出在臣下之象也是時季氏逐昭公公死于外定公得立故天見災以視公也釐公二年十月隕霜不殺草爲嗣君微失秉事之象也其後卒在臣下則災爲之生矣異故言草災故言菽重殺穀

釐公二十九年秋大雨雹向以爲盛陽雨水溫煖而陽執陰氣脅之不相入則轉而爲雹盛陰雨雪凝滯

而氷寒陽氣薄之不相入則散而爲霰故沸湯之在閉器而湛於寒泉則爲氷及雪之消亦氷解而散此其驗也故雹者陰脅陽也霰者陽薄陰也春秋不書霰者猶月食也釐公末年信用公子遂遂專權自恣將至於殺君故陰脅陽之象見釐公不寤遂終顓權後二年殺子赤立宣公

左傳釐公三十二年十二月己卯晉文公卒庚辰將殯于曲沃出絳柩有聲如牛向以爲近鼓妖也喪凶事聲如牛怒象也將有急怒之謀以生兵革之旤是

時秦繆公遣兵襲鄭而不假道還晉大夫先軫謂襄公曰秦師過不假塗請擊之遂要崤阸以敗秦師匹馬觭輪無反者操之急矣晉不惟舊而聽虐謀厭怨彊國四被秦寇旤流數世凶惡之效也史記秦二世元年天無雲而雷向以爲雷當託於雲猶君託於臣陰陽之合也二世不恤天下萬民有怨畔之心御覽引此文云雷陽也雲陰也有雲然後有雷象君臣也故雲雷相託陰陽相合也今二世不恤人人臣畔之故無雲而雷也是歲陳勝起天下叛趙高作亂秦遂以亡

史記秦始皇八年河魚大上向以爲近魚孼也是歲始皇弟長安君將兵擊趙反死屯留軍吏皆斬遷其民於臨洮明年有嫪毒之誅魚陰類民之象逆流而上者民將不從君令爲逆行也其在天文魚星中河而處車騎滿野至于二世暴虐愈甚終用急亡

桓公五年秋螽向以爲介蟲之孼屬言不從是歲公獲二國之聘取鼎易邑興役起城

嚴公二十九年有蜚向以爲蜚色青近青眚也非中國所有南越盛暑男女同川澤淫風所生爲蟲臭惡春秋疏引此文云蜚負蠜夷狄之物越之所生其爲蟲臭惡南方淫女氣之所生也是歲嚴公

取齊淫女爲夫人既入淫於兩叔故蜚至天戒若曰今誅絕之尚及不將生臭惡聞於四方嚴公不寤其後夫人以兩叔作亂二嗣以殺

釐公十五年八月螽向以爲先是釐有鹹之會後城緣陵是歲復以兵車爲牡丘會使公孫敖帥師及諸侯大夫救徐兵比三年在外

文公三年秋雨螽于宋向以爲先是宋殺大夫而無辠有暴虐賦斂之應類聚引此文云春秋之螽者螽災也以刑罰暴虐貪叨無厭興師動衆螽爲害矣雨螽于宋是時宋公暴虐刑重賦歛無已故應是而雨螽

宣公六年八月螽向以爲先是時宣伐莒向後比再如齊謀伐萊

襄公七年八月螽向以爲先是襄興師救陳滕子郯子小邾子皆來朝夏城費

哀公十二年十二月螽向以爲春用田賦冬而螽

宣公十五年冬蝝生向以爲蝝螟始生也

左傳嚴公八年齊襄公田于貝丘見豕從者曰公子彭生也公怒射之豕人立而啼公懼墜車傷足喪屨向以爲近豕旤也先是齊襄公淫于妹魯桓公夫人

使公子彭生殺威公又殺彭生以謝魯公孫無知有寵於先君襄公絀之無知帥怨恨之徒攻襄於田所襄匿其戶間足見於戶下遂殺之傷足喪屨卒死於足虐急之效也昭帝元鳳元年燕王宮永巷中豕出圂壞都竈銜其鬴六七枚置殿前向以爲近豕旤也時燕王旦與長公主左將軍謀爲大逆誅殺諫者暴急無道竈者生養之本豕而敗竈陳鬴於庭鬴竈將不用宮室將廢辱也燕王不改卒伏其辜

史記魯襄公二十三年穀洛水鬭將毀王宮向以爲近火沴水也周靈王將擁之有司諫曰不可長民者不崇藪不墮山不妨川不竇澤今吾執政毋乃有所辟而滑夫二川之神使至于爭明以防王宮室王而飾之毋乃不可乎懼及子孫王室愈卑王卒擁之以傳推之以四瀆比諸侯穀洛其次卿大夫之象也爲卿大夫將分爭以危亂王室也是時世卿顓權儋括將有篡殺之謀如靈王覺寤匡其失政懼以承戒則災禍除矣不聽諫謀簡嫚大異任其私心塞埤擁下以逆水執而害鬼神後數年有黑如日者五是歲蚤

霜靈王崩景王立二年儋括欲殺王而立王弟佞夫佞夫不知景王并誅佞夫及景王死五大夫爭權或立子猛或立王子朝王室大亂

史記秦武王三年渭水赤者三日昭王三十四年渭水又赤三日向以爲近火沴水也（水經注引洪範五行傳曰赤者火色也水盡赤以火沴水也渭水秦大川也陰陽亂秦用嚴刑敗亂之象）秦連相坐之法棄灰於道者黥罔密而刑虐加以武伐橫出殘賊鄰國至於變亂五行氣色謬亂天戒若曰勿爲刻急將致敗亡秦遂不改至始皇滅六國二世而亡昔三代居

三河河洛出圖書泰居渭陽而渭水數赤瑞異應德之效也

温而風則生螟螣有裸蟲之孽向以爲於易巽爲風爲木卦在三月四月繼陽而治主木之華實風氣盛至秋冬木復華故有華孽

庶徵之常風向以爲春秋無其應

文帝二年六月淮南王都壽春大風毁民室殺人向以爲是歲南越反攻淮南邊淮南王長破之後年入朝殺漢故丞相辟陽侯上赦之歸聚姦人謀逆亂自

稱東帝見異不寤後遷于蜀道死廱

釐公十五年九月己卯晦震夷伯之廟向以爲晦暝也震雷也夷伯世大夫正晝雷其廟獨冥天戒若曰勿使大夫世官將顓事暝晦向又以爲此皆所謂夜妖者也宋五行志引劉向春秋說曰天戒若曰勿使大夫世官將令專事暝晦期年魯季友卒果世官而公室卑矣

隱公五年秋螟向以爲時公觀漁于棠貪利之應也

嚴公六年秋螟向以爲先是衞侯朔出奔齊齊侯會諸侯納朔許諸侯賂齊人歸衞寶會受之貪利應也

宣公三年郊牛之口傷改卜牛牛死向以爲近牛旤也是時宣公與公子遂共謀殺子赤而立又以喪娶區霿昏亂亂成於口幸有季文子得免於旤天猶惡之生則不饗其祀死則災燔其廟

秦孝文王五年斿朐衍有獻五足牛者向以爲近牛旤也先是文惠王初都咸陽廣大宮室南臨渭北臨涇思心失逆土氣足者止也戒秦逺止奢泰將致危亡秦遂不改至於離宮三百復起阿房未成而亡

景帝中六年梁孝王田北山有獻牛足上出背上向以爲近牛旤先是孝王驕奢起苑方三百里宮館閣道相連三十餘里納於邪臣羊勝之計欲求爲漢嗣刺殺議臣袁盎事發負斧歸死旣退歸國猶有恨心內則思慮霿亂外則土功過制故牛旤作足而出於背下奸上之象也猶不能自解發疾暴死又凶短之極也

洪範五行傳卷下

漢　沛郡劉向撰　　金谿林光紀校

左傳昭公二十一年春周景王將鑄無射鍾泠州鳩曰王其以心疾死乎夫天子省風以作樂小者不窕大者不摦摦則不容心是以感感實生疾今鍾摦矣王心弗堪其能久乎向以爲是時景王好聽淫聲適庶不明思心霿亂明年以心疾崩近心腹之痾凶短之極者也

史記周幽王二年周三川皆震向以爲金木水火沴土者也伯陽甫曰周將亡矣天地之氣不過其序若過其序民亂之也陽伏而不能出陰廹而不能升於是有地震今三川實震是陽失其所而塡陰也陽失而在陰原必塞原塞國必亡夫水土演而民用也土無所演而民乏財用不亡何待昔伊洛竭而夏亡河竭而商亡今周德如二代之季其原又塞塞必竭川竭山必崩夫國必依山川山崩川竭亡之徵也若國亡不過十年數之紀也是歲三川竭岐山崩向以爲陽失在陰者謂火氣來煎枯水故川竭也山川連體下竭上崩事埶然也時幽王暴虐妄誅伐不聽諫迷於褒姒廢其正后廢后之父申侯與犬戎共攻殺幽王

文公九年九月癸酉地震向以爲先是時齊桓晉文魯釐二伯賢君新沒周襄王失道楚穆王殺父諸侯皆不肖權傾於下天戒若曰臣下彊盛者將動爲害後宋魯晉莒陳鄭齊皆殺君

襄公十六年五月甲子地震向以爲先是雞澤之會諸侯盟大夫又盟是歲三月諸侯爲溴梁之會而大夫獨相與盟五月地震矣其後崔氏專齊欒盈亂晉良霄傾鄭閽殺吳子燕逐其君楚滅陳蔡

昭公十九年五月己卯地震向以爲是時季氏將有逐君之變其後宋三臣曹會皆以地叛蔡莒逐其君吳敗中國殺二君

二十三年八月乙未地震向以爲是時周景王崩劉單立王子猛尹氏立子朝其後季氏逐昭公黑肱叛邾吳殺其君僚宋五大夫晉二大夫皆以地叛

定公三年四月甲午地震向以爲是時諸侯皆信邪

臣莫能用仲尼盜殺蔡侯齊陳乞弑君

釐公十四年秋八月辛卯沙麓崩向以為臣下背叛散落不事上之象也（穀梁傳注引此文云麓在山下平地臣象陰位也崩者散落背叛不事上之象）先是齊桓行伯道會諸侯事周室管仲既死桓德日衰天戒若曰伯道將廢諸侯散落政逮大夫陪臣執命臣下不事上矣桓公不寤天子蔽晦及齊桓死天下散而從楚王札子殺二大夫晉敗天子之師莫能征討從是陵遲

成公五年夏梁山崩穀梁傳曰廱河三日不流晉君

帥羣臣而哭之迺流向以為山陽君也水陰民也天戒若曰君道崩壞下亂百姓將失其所矣哭然後流喪亾象也梁山在晉地自晉始而及天下也後晉暴殺三卿厲公以弑溴梁之會天下大夫皆執國政其後孫甯出衛獻三家逐魯昭單尹亂王室

文帝元年四月齊楚地山二十九所同日俱大發水潰出向以為近水沴土也天戒若曰勿盛齊楚之君今失制度將為亂

成帝河平三年二月丙戌犍為柏江山崩捐江山崩皆廱江水江水逆流壞城殺十三人地震積二十一日百二十四動元延三年正月丙寅蜀地岷山崩廱江江水逆流三日迺通向以為周時岐山崩三川竭而幽王亡岐山者周所興也漢家本起於蜀漢今所起之地山崩川竭星孛又及攝提大角從參至辰殆必亡矣

皇極之常陰向以為春秋亡其應一曰久陰不雨是也

嚴公十八年秋有蜮向以為蜮生南越越地多婦人

男女同川淫女為主亂氣所生故聖人名之曰蜮（春秋疏引此文云蜮如鼈三足生於南越南越婦人多淫故其地多蜮淫女惑亂之氣所生也）蜮猶惑也在水旁能射人射人有處甚者至死南方謂之短狐（書鈔引此文云蜮者一名短狐吳越熱地所生口中有骨形如小弩常居水中含沙射人則令人生瘡甚則殺人）近射妖死亡之象也時嚴將取齊之淫女故蜮至天戒若曰勿取齊女將生淫惑篡弑之禍嚴不寤遂取之入後淫於二叔二叔以死兩子見弑夫人亦誅

史記魯哀公時有隼集於陳庭而死楛矢貫之石砮

洪範五行傳

長尺有咫向以爲隼近黑祥貪暴類也矢貫之近射
妖也死于庭國亡表也象陳眊亂不服事周而行貪
暴將致遠夷之既爲所滅也是時中國齊晉南夷吳
楚爲彊陳交晉不親附楚不固數被二國之既後楚
有白公之亂陳乘而侵之卒爲楚所滅

史記夏后氏之衰有二龍止於夏廷而言余褒之二
君也夏帝卜殺之去之止之莫吉卜請其漦而藏之
乃吉於是布幣策告之龍亡而漦在乃匵去之其後
夏亡傳匵於殷周三代莫發至厲王末發而觀之漦

流于廷不可除也厲王使婦人贏而譟之漦化爲玄
黿入後宮處妾遇之而孕生子懼而棄之宣王立女
童謠曰檿弧萁服實亡周國向以爲夏后季世周之
幽厲皆誖亂逆天故有龍黿之怪近龍蛇孽也漦血
也一曰沫也檿弧桑弓也萁服蓋以萁草爲箭服近
射妖也女童謠者既將生於女國以兵寇亡也

左傳昭公十九年龍鬬於鄭時門之外洧淵向以爲
近龍孽也鄭以小國攝乎晉楚之間重以彊吳鄭當
其衝不能修德將鬬三國以自危亡是時子產任政
內惠於民外善辭令以交三國鄭卒亡患能以德消
變之效也

惠帝二年正月癸酉旦有兩龍見於蘭陵廷東里溫
陵井中至乙亥夜去向以爲龍貴象而困於庶人井
中象諸侯將有幽執之厄其後呂大后幽殺三趙王
諸呂亦終誅滅

左傳魯嚴公時有內蛇與外蛇鬬鄭南門中內蛇死
向以爲近蛇孽也先是鄭厲公劫相祭仲而逐兄昭
公代立後厲公出奔昭公復入死弟子儀代立厲公

自外劫大夫傅瑕使僇子儀此外蛇殺內蛇之象也
後漢書注引此云初鄭厲公劫相祭仲而篡兄昭公
立爲鄭君後雍糾之難厲公出奔鄭人立昭公既立
內蛇與外蛇鬬鄭南門中內蛇死是時傳瑕仕于鄭
欲納厲公故內蛇死者昭公將敗厲公將勝之象也
是時昭公宜布恩施惠以撫百姓修懸崇德以厲羣
臣觀察左右以省姦謀則內變不得生外謀無由起
矣昭公不覺果殺于傅瑕二
子死而厲公入此其效也

左傳文公十六年夏有蛇自泉宮出入于國如先君
之數向以爲近蛇孽也泉宮在囿中公母姜氏嘗居
之蛇從之出象宮將不居也詩曰維虺維蛇女子之
祥又蛇入國國將有女憂也如先君之數者公母將

孽象也

史記秦孝公二十一年有馬生人御覽引本傳云秦孝公二十一年有馬生人非其類也必有非姓者其後始皇蓋呂不韋子終以絕嗣此非姓也昭王二十年牡馬生子而死向以爲皆馬旤也孝公始用商君攻守之法東侵諸侯至於昭王用兵彌烈其象將以兵革抗極成功而還自害也牡馬非生類妄生而死猶秦恃力彊得天下而還自滅之象也

文帝十二年有馬生角於吳角在耳前上鄉右角長三寸左角長二寸皆大二寸向以爲馬不當生角猶吳不當舉兵鄉上也是時吳王濞封有四郡五十餘城內懷驕恣變見於外天戒早矣王不寤後卒舉兵誅滅

文公十一年敗狄于鹹穀梁公羊傳曰長狄兄弟三人一者之魯一者之齊一者之晉皆殺之身橫九畮斷其首而載之眉見於軾向以爲是時周室衰微三國爲大可責者也天戒若曰不行禮義大爲夷狄之行將至危亡其後三國皆有篡弒之旤近下人伐上之痾也初學記引此文云長狄之人蓋五丈餘也

隱公三年二月己巳日有食之向以爲其後戎執天子之使鄭獲魯隱滅戴衛魯宋咸殺君

桓公三年七月壬辰朔日有食之既向以爲前事已大後事將至者又大則既先是魯宋弒君魯又成宋亂易許田亡事天子之心楚僭稱王後鄭岠王師射桓王又二君相篡

十七年十月朔日有蝕之向以爲是時衛侯朔有罪出奔齊天子更立衛君朔藉助五國舉兵伐之而自立王命遂壞魯夫人淫失於齊卒殺桓公

嚴公十八年三月日有蝕之穀梁傳曰不言日不言朔夜食向以爲夜食者陰因日明之衰而奪其光象周天子不明齊桓將奪其威專會諸侯而行伯道其後遂九合諸侯天子使世子會之此其效也

二十六年十二月癸亥朔日有食之向以爲時戎侵曹魯夫人淫於慶父叔牙將以弒君故比年再食以見戒

三十年九月庚午朔日有食之向以爲後魯二君弒夫人誅兩弟死狄滅邢徐取舒晉殺世子楚滅弦

釐公五年九月戊申朔日有蝕之向以爲先是齊桓行伯江黄自至南服彊楚其後不內自正而外執陳大夫則陳楚不附鄭伯逃盟諸侯將不從桓政故天見戒其後晉滅虢楚圍許諸侯伐鄭晉弑二君狄滅温楚伐黄桓不能救

十二年三月庚午朔日有食之向以爲是時楚滅黄狄侵衞鄭莒滅杞

十五年五月日有食之向以爲象晉文公將行伯道後遂伐衞執曹伯敗楚城濮再會諸侯召天王而朝

之此其效也

文公九年二月癸亥日有食之向以爲先是大夫始執國政公子遂如京師後楚世子商臣殺父齊公子商人弑君皆自立宋子哀出奔晉滅江楚滅六大夫公孫敖叔彭生並專會盟

十五年六月辛丑朔日有食之向以爲後宋齊莒晉鄭八年之間五君殺死楚滅舒蓼

宣公八年七月甲子日有食之既向以爲先是楚商臣弑父而立至於嚴王遂彊諸夏大國唯有齊晉齊晉新有篡弑之禍內皆未安故楚乘弱横行八年之間六侵伐而一滅國伐陸渾戎觀兵周室後又入鄭鄭伯肉袒謝罪北敗晉師于邲流血色水圍宋九月析骸而炊之

十年四月丙辰日有食之向以爲後陳夏徵舒弑其君楚滅蕭晉滅二國王札子殺召伯毛伯

十七年六月癸卯日有食之向以爲後邾支解鄫子晉敗王師于貿戎敗齊于鞌

成公十六年六月丙寅朔日有食之向以爲後晉敗

楚鄭于鄢陵執魯侯

十七年十二月丁巳朔日有食之向以爲後楚滅舒庸晉弑其君宋魚石因楚奪君邑莒滅鄫齊滅萊鄭伯弑死

襄公十四年二月乙未朔日有食之向以爲後衞大夫孫甯共逐獻公立孫剽

十五年八月丁巳日有食之向以爲先是晉爲雞澤之會諸侯盟又大夫盟後爲溴梁之會諸侯在而大夫獨相與盟君若綴斿不得舉手

二十七年十二月乙亥朔日有食之向以爲自二十年至此歲八年間日食七作岻亂將重起故天仍見戒也後齊崔杼弒君宋殺世子北燕伯出奔鄭大夫外入而篡位

昭公七年四月甲辰朔日有食之向以爲先是楚靈王弒君而立會諸侯執徐子滅賴後陳公子招殺世子楚因而滅之又滅蔡後靈王亦弒死

二十四年五月乙未朔日有食之向以爲自十五年至此歲十年間天戒七見人君猶不寤後楚殺戎蠻子晉滅陸渾戎盜殺衛侯兄蔡莒之君出奔吳滅巢公子光殺王僚宋三臣以邑叛其君

三十一年十二月辛亥朔日有食之向以爲時吳滅徐而蔡滅沈楚圍蔡吳敗楚入郢昭王走出

定公五年三月辛亥朔日有食之向以爲後鄭滅許魯陽虎作亂竊寶玉大弓季桓子退仲尼宋三臣以邑叛

十二年十一月丙寅朔日有食之向以爲後晉三大夫以邑叛薛弒其君楚滅頓胡越敗吳衛逐世子

十五年八月庚辰朔日有食之向以爲盜殺蔡侯齊陳乞弒其君而立陽生孔子終不用

惠帝七年五月丁卯先晦一日日有食之幾盡在七星初向以爲五月微陰始起而犯至陽其占重至其八月宮車晏駕有呂氏詐置嗣君之害

武帝建元二年二月丙戌朔日有食之在奎十四度向以爲奎爲卑賤婦人後有衛皇后自至微興卒有不終之害

元光元年七月癸未先晦一日日有食之在翼八度向以爲前年高園便殿災與春秋御廩災後日食於翼軫同其占內有女變外爲諸侯其後陳皇后廢江都淮南衡山王謀反誅日中時食從東北過半晡時復

昭帝元鳳元年七月己亥晦日有食之幾盡在張十二度向以爲己亥而旣其占重後六年宮車晏駕卒以亡嗣

成帝河平元年四月己亥晦日有食之不盡如鉤在東井六度向對曰四月交於五月月同孝惠日同孝

昭東井京師地且既其占恐害繼嗣日蚤食時從西南起

成帝建始元年八月戊午晨漏未盡三刻有兩月重見京房易傳曰婦貞厲月幾望君子征凶言君弱而婦彊爲陰所乘則月並出晦而月見西方謂之朓朔而月見東方謂之仄慝穀梁疏引作側慝○上二句係伏生尚書大傳本文向以爲朓者疾也君舒緩則臣驕慢故日行遲而月行疾也仄慝者不進之意君肅急則臣恐懼故日行疾而月行遲不敢迫近君也不舒不急以正失之者食朔日

嚴公七年四月辛卯夜恒星不見夜中星隕如雨向以爲常星二十八宿者人君之象也衆星萬民之類也列宿不見象諸侯微也衆星隕墜民失其所也穀梁傳注引此云隕者象諸侯隕墜失其所也向以爲夜中者言不得終性命中道敗也穀梁傳注引此文云夜中而隕者象不終其性命中道而落

文公十四年七月有星孛入於北斗向以爲君臣亂於朝政令虧於外則上濁三光之精五星贏縮變色逆行甚則爲孛北斗人君象孛星亂臣類篡殺之表也穀梁傳注引此文云北斗貴星人君之象也孛星亂臣之類言邪亂之臣將竝弑其君

昭公十七年有星孛於大辰向以爲星傳曰心大星天王也其前星太子後星庶子也尾爲君臣乖離孛星加心象天子適庶將分爭也其在諸侯角亢氐陳鄭也房心宋也後五年周景王崩王室亂大夫劉子單子立王猛尹氏召伯毛伯立子鼂子鼂楚出也時楚彊宋衛陳鄭皆南附楚王猛既卒敬王即位子鼂入王城天王居狄泉莫之敢納五年楚平王居卒子鼂奔楚王室乃定後楚帥六國伐吳吳敗之於雞父

殺獲其君臣蔡怨楚而滅沈楚怒圍蔡吳人救之遂爲柏舉之戰敗楚師屠郢都妻昭王母鞭平王墓此皆孛彗流炎所及之效也穀梁傳注引劉向曰大辰者大火也不日孛于大火而日大辰者謂濫于蒼龍之體不獨加大火

哀公十三年冬十一月有星孛于東方向以爲不言宿名者不加宿也以辰乘日而出亂氣蔽君明也明年春秋事終

高帝三年七月有星孛于大角旬餘乃入向以爲是時項羽爲楚王伯諸侯而漢已定三秦與羽相距滎

陽天下歸心於漢楚將滅故彗除王位也

文帝後七年九月有星孛于西方其本直尾箕末指虛危長丈餘及天漢十六日不見向以爲尾宋地今楚彭城也箕爲燕又爲吳越齊宿在漢中負海之國水澤地也是時景帝新立信用鼂錯將誅正諸侯王其象先見後三年吳楚四齊與趙七國舉兵反皆誅滅云

武帝建元六年六月有星孛于北方向以爲明年淮南王安入朝與太尉武安侯田蚡有邪謀而陳后驕恣其後陳后廢而淮南王反誅

宣帝地節元年正月有星孛于西方去太白二丈所向以爲太白爲大將彗孛加之掃滅象也明年大將軍霍光薨後二年冢夷滅

成帝建始元年正月有星孛于營室青白色長六七丈廣尺餘向以爲營室爲後宮懷妊之象彗星加之將有害懷妊絕繼嗣者

元延元年七月辛未有星孛于東井踐五諸侯出河戍北率行軒轅太微後日六度有餘晨出東方十三日夕見西方犯次妃長秋斗填蠭炎再貫紫宮中大火當後達天河除於妃后之域南逝度犯大角攝提至天市而按節徐行炎入市中旬而後西去五十六日與蒼龍俱伏劉向曰三代之亡攝提易方秦項之際星孛大角是歲趙昭儀害兩皇子後五歲成帝崩昭儀自殺

釐公十六年正月戊申朔隕石于宋五是月六鶂（左傳疏引五行傳曰鷁字陽禽字或作鶂）退飛過宋都向以爲象宋襄公欲行伯道將自敗之戒也石陰類五陽數自上而隕此陰而陽行欲高反下也（穀梁傳注引此文云象陰而陽行將致墜落）石與

金同類色以白爲主近白祥也鶂水鳥六陰數退飛欲進反退也（穀梁傳注引此文云鶂陽也六陰數也象陽而陰行必衰退）其色青青祥也屬於貌之不恭天戒若曰德薄國小勿持炕陽欲長諸侯與彊大爭必受其害襄公不寤明年齊桓死伐齊喪執滕子圍曹爲盂之會與楚爭盟卒爲所執後得反國不悔過自責復會諸侯伐鄭與楚戰于泓軍敗身傷爲諸侯笑（上並漢書五行志）

周公死成王不圖大禮故天大雷雨禾偃大木拔及

成王寤金縢之策改周公之葬尊以王禮申命辭郊
而天立復風雨禾稼盡起
太白少陰之星以己未爲界不得經天而行太白經
天而行爲不臣今至午是爲經天也（竝後漢書注）
周衰無寒歲秦滅無燠年（宋五行志）
正月雷雨動而雉雊雷諸侯之象也雉亦人君之類
昌邑王賀爲帝天陰七日晝夜不見日月賀欲出行
光祿大夫夏侯勝當車諫曰天久陰不雨臣下有謀
上者陛下欲何之

天子曰靈臺諸侯曰時臺所以觀天文之變（竝初學記）
魯桓公五年大雩旱也先是公弒君而立有自危之
心而下有怨懟之氣外結大國取於齊以爲夫人後
比二年天子使大夫來聘桓上得天子意下懟大國
之心則有亢陽之意以御臣下興邢丘之役以勞百
姓則臣下離心而不從故應是而秋大旱
旱所謂常陽不謂常陽而謂旱者以爲災也旱之爲
言乾也萬物傷於乾而不得水也君持亢陽之節暴
虐於下興師旅勤（一作衆）勞民以起城邑臣下悲怨
而心不從故陽氣盛而失度故旱災應也
介蟲有甲能蜚陽之類陽氣所生於春秋爲螽今謂
之蝗皆其類也旱氣動象至矣故曰有介蟲之孽（竝類聚○後漢書殤帝紀注引傳日食利傷人則蝗蟲損稼）
日者照明之大表光景之大紀羣陽之精（一作宗）衆貴
之象也故曰日出而天下光明日入而天下冥晦此
其效也故日者天之象君父夫兄之類中國之應也
明王之踐位羣賢遜職天下和平黎民康寧則日麗
其精明揚其暉耀抱珥重光以見吉祥君獲慶賀

彗者去穢布新也此天所以去無道而建有德也
凡大風雷爲不敬也
春後十日雷乃發聲
人君妬賢嫉能在下謀上則日蝕雨雹殺走獸
雲者起於山彌於天陰氣也王者失中臣下敢蔽君
不明則雲陰象多蔽天光有雲如衆謂風師法有大
兵
厤者聖人所以揆天行而紀萬國也孔子作春秋正
春正秋所以重厤也五家之厤多疏濶唯顓頊厤微

近故張著用顓頊厤元封中用大初厤測彂望晷客也

魯宣公十年秋大旱公興師伐邾取繹一引作公夫與齊伐萊伐國亢陽蕃師旅百姓所不欲也應是大旱

魏襄王十三年張儀詐得罪於秦而去相魏將爲秦而欺奪君是歲魏有女子化爲丈夫者天若語魏曰勿用張儀陰變爲陽臣將爲君是時魏亦覺之不用張儀儀免去歸秦魏無害

秦昭王三十八年上郡大飢山木盡死

秦始皇九年四月寒凍民有死者

七國之兵戰於梁地故天狗先降梁壘見以其象也狗者守禦之類也所降以感守禦也

昭帝元鳳中有烏鵲鬬於燕王池上烏墮烏類君之象

龜之爲言久也千歲而靈此禽獸而知吉凶者也蓍之爲言耆也百年一本生百莖此草木之善知吉凶者也聖人以問鬼神焉若煩數瀆或不精嚴神不告也或觀卦察兆吉不得也或龜不神蓍不靈此其所以過差聖人不得專用也龜蓍共違於人神靈不佑也

凡有所害謂之災無所害而異於常謂之異害爲已至異爲方來詩疏引此文云非常曰異害物曰災

枉矢者弓矢之象也枉矢之所觸天下之所伐滅亡之象也

章帝時零陵生芝草五本並御覽

金西方萬物既成殺氣之始也故立秋出軍行師

辰星者北方水精也並文選注

地者成萬物也書鈔

序錄

隋志尚書中候五卷鄭玄注七錄八卷

尚書緯曰孔子求書得黃帝玄孫帝魁之書迄于秦穆公凡三千二百四十篇斷遠取近定可以爲世法者百二十篇以百二篇爲尚書十八篇爲中候

皇甫謐帝王世紀曰堯與羣臣沈璧于河爲握河紀今尚書中候是也

孔氏正義曰鄭玄注中候依運斗樞以伏羲女媧

神農爲三皇又云五帝帝鴻金天高陽高辛唐虞氏五帝六人爲又曰中候握河紀說堯考河命說舜

謨案後漢書緯候之學注緯七緯也候尚書中候也孫㲄古微書言中候書佚而諸書所引篇目猥多有握河紀考河命擿洛戒洛予命運衡篇義明篇勑省圖準讖哲稷起篇今檢括羣書並鈔出握河紀八條運行篇四條契握篇一條稷起篇一條勑省圖二條洛予命二條我應篇四條擿雒貳篇二條雒師謀二條擿洛戒二條準讖哲五條儀明篇

二條外二十四條諸書祇泛引中候目無考而考河命獨未見稱引姑從闕

尚書中候

漢　北海鄭康成注　　南城鄧存讚校

若稽古帝堯 稽同也古天也詩正義

堯曰皇道帝德非朕所專 周禮正義

帝堯即政七十載德政清平比隆伏羲景星出翼 景大也翼朱鳥宿也 鳳皇止庭 路史注引作鳳皇巢于阿閣○春秋正義引此下云伯禹拜曰昔帝軒提象鳳巢阿閣 朱草生郊 朱草可以染服者 嘉禾滋連 嘉美也書序曰唐叔得禾異畝同穎○御覽引中候云嘉禾莖長五尺三十五穗 甘露潤液醴泉出山 醴甘也取名醴酒 修壇河洛仲月辛日昧明禮備 八字從初學記補

至于日稷 四字從文選注補宋均曰稷側也 榮光出河休氣四塞 休美也榮光五色從河中出煥[illegible]四方也 白雲起迴風搖落龍馬銜甲赤文綠色 龍形象馬赤熛怒之使也甲所以藏圖赤文而綠色也 臨壇止霽吐甲圖而蹵 霽齊赤止也蹵音帶去也○御覽 甲似龜背廣袤九尺圓理平上五色文有列星之分斗政之度帝王錄紀興亡之數 類聚○路史餘論引握河紀云堯即政十七年仲月甲日至于稷沈璧于河青雲起迴風搖落龍馬銜甲赤文綠色自河而出臨壇而止吐甲迴遊甲似龜廣九尺有文言虞夏商周秦漢之事帝乃寫其文藏之東序

堯率羣臣東沈璧于洛退候至于下稷赤光起玄龜負書出于背甲赤文朱字 初學記作成字 止壇又沈璧于河黑龜出赤文題 類聚

堯受河圖時帝立壇磬折西向伯禹進迎舜契陪位稷辨護 進迎接神也辨護者供時用相禮儀也○周禮正義

堯曰嗟朕無德欽奉丕圖賜示二三子斯封稷契皐陶皆賜姓號 斯此也稷契公也即周禮三公八命其出封加一等封三臣賜姓號者契爲姬臯陶未詳○詩正義

稷爲大司馬舜爲大尉 御覽○禮記月令疏引此無上句

伯禹在庶 伯官爵禹號也因爲德謚庶庶人也 四嶽師舉薦之帝堯 四嶽

四方諸侯也師衆也薦進也 握括命不試爵授司空 禹握括地象天已命之故不復試以爵也司空周爲冬卿官制因之 於禹拜稽首讓於益歸 稽首頭至地也益歸賢者堯臣歸讓曰夔 帝曰何斯若眞 何不聽讓之辭斯此也若汝也此汝眞其人也 出爾命圖示乃天 爾汝也禹方讓隱之故曰出汝所受天命也示讀曰祇祇是也乃天使汝治水非我也 伯禹曰臣觀河伯面長人首魚身出曰吾河精也表曰文命治淫水授臣河圖蹵入淵 河圖謂括地象蹵去也音帶○繹史引中候云禹觀於濁河而授綠字 伯禹拜辭 禹將行故拜去○御覽○以上並握河紀

若稽古帝舜曰重華欽翼皇象 翼奉也象麻也言敬奉皇天之麻數也

舜曰朕惟不乂蕢蕣孚著著萌也百獸率舞鳳司晨如雞而司晨。路史注

舜沈璧於河後漢書注作清河至於下稷榮光休至稷讀曰側下側日西之時榮光氣也休美也黃龍負卷舒圖出水壇畔赤文綠錯錯分也文麗以綠色分其間。御覽

舜褒賜羣臣爵賞有分稷契皋陶皆益土三人皆先封舜加其封地。路史後紀注。以上並考河命又有題期立象二篇章句無考

帝堯刻璧率羣臣東沈於洛書曰天子臣放勳德薄施行不元。元善也御覽

年耆既艾七十曰艾言七十者以時堯年七十故以七十言之。禮記正義。以上並運衡篇

玄鳥翔水遺卵下流娀簡吞之生契封商苗與玄鳥燕也翔水徘徊于水上娀氏也簡簡狄也契母名商國名詩云天命玄鳥降而生商是也。詩正義

契賜姓子氏以題朕躬題名也躬身也。詩正義。以上並契握篇

堯受河圖洛書后稷有名錄苗裔當王詩正義

蒼耀稷生感跡詩正義

亶甫以字為號詩正義引稷起注

文立稷配文王受命祭天立稷以配之。詩正義。以上並稷起篇

伏羲女媧神農為三皇禮記正義

德合五帝坐星者稱帝同上。以上並勑省圖

天乙在亳夏桀迷惑天乙湯名諸鄰國襁負歸德東觀於洛習禮堯壇降三分璧沈於洛水降下也以厚三分之璧玉沈于洛也退立沈璧退而立俟神也榮光不起禮記正義引此下有黑龜與之書五字黃魚雙躍出濟于壇魚者無足翼言桀孤特無黨可代也黃者土色土所以遏水令土歸湯則助天滅難祭而位告神故有壇為黑烏以雄隨魚亦正黑烏黑帝叶光紀之使以用也化為黑玉赤勒曰玄精天乙受神福伐桀克化變也勒刻也玄水也三年天下悉合諸侯悉合歸之。御覽

湯牽白狼握禹籙類聚。以上並洛予命

周文王為西伯季秋之月甲子赤雀銜丹書入豐至昌戶昌再拜稽首受最曰姬昌蒼帝子周禮正義。案此條上句見御覽下句見類聚

玄湯伐亂崇孽首王曰於戲斯在伐崇謝告斯此也天命此在伐崇侯虎謝百姓且告天。案詩正義又引鄭作我應序云文王如豐將伐崇受赤烏附錄于此

我稱非早一民固下一民心固臣下雖於時為早於年為晚矣。禮記正義

文王之戒武王曰我終之後恒稱太子河洛復告遵朕稱王終歿也恒常也稱太子者明非諸侯王事未定矣。詩正義。以上並我應篇

唯王既誅崇侯虎諸侯貢萬民咸嘉王文王也貢貢達國異物也。

御覽

文王在豐豐人一朝扶老至者八十萬戶詩正義○案孔疏又引雒師謀注云數文王受命至魯公末年三百六十五歲本文無考附錄于此○以上並雒師謀

昌受符厲倡嬖期十之世權在相詩正義

剡者配姬以放賢山崩水潰納小人家伯罔主異載震詩正義○以上並摘貳篇

若稽古周公旦欽惟皇天順踐阼即攝七年鸞鳳見蓂莢生青龍銜甲玄龍背書路史餘論○御覽引中候云周公歸政於成王太平制禮作樂而治鸞鳳見蓂莢生

周公踐阼理政與天合志萬序咸得休氣充塞路史餘論○以上並摘落戒

維歲二月候在東館維辭也候齊桓公館舍桓公欲封禪嘆曰於戲仲父寡人閑古覇王封大山刻石紀號立顯象今寡人名爲何君御覽

管仲曰昔古聖王功成道洽符瑞出乃封大山今皆不至類聚引作今比目之魚不至注云比日東方異氣所生名鰈鳳皇不臻麒麟逃遁未可以封禮記正義

桓公封禪謂管仲曰寡人日莫[illegible]艾七十曰艾誰將

逮政類聚○案末句見孔氏禮疏

齊桓覇遏八流以自廣春秋正義

無易樹子樹子適子○詩正義○以上並準讖哲

洞五九禮閼鄭閼止也鄭過也言五帝後洞三王之世其治各九百歲當以禮止過也○周禮正義

仁人傑出握表之象曰角姓合音之子南齊書祥瑞志○以上並儀明篇

皇道帝德爲內外優劣詩正義

伏羲氏有天下龍馬負圖出于河遂法之書八封禮記正義

帝軒提像配永循機軒黃帝名永長也循順也黃帝觀攝提之象配而行之以長爲順升機爲政焉○案循機一本作修機訓從也天地休通五德期化休美也天地美氣應四時之變河出龍圖洛龜書赤文像字以授軒轅鳳凰巢于阿閣讙樹言帝之街門曰閣鳳凰於榮星從而出讙鳴於朝廷之樹○御覽○路史後紀引中候云黃帝巡洛龜書赤文成字象軒

黃帝時麒麟在囿鸞鳥來儀類聚

建黃授政改朔文選注

文命盛德俊乂在官瑞草生郊醴泉出山御覽

夏桀無道山亡土崩地吐黃霧枉矢射御覽

殷紂時十日鬬雨土于亳紂焚國滅御覽

王至田於磻溪水畔一本作王即迴駕水畔至磻溪之水呂尚釣於崖王

下拜曰切望公七年乃今見光景於斯尚立變名答

曰望釣得玉璜刻曰姬受命呂佐旌宋均曰旌理也○案類聚引作檢注云撿相也德合昌來提撰爾雒鈐報在齊文選注

文王廢伯邑考立發爲太子定王業也曰修我度遵德紀

後恒稱太子發詩正義引中候云昌受命發行誅旦宏道

予[illegible]太子發明慎文以名卒考予我也文死曰考文王命武王我終之後恒稱太子者明慎文王之命也君在稱世子薨稱太子既薨稱子踰年稱公今踰年而稱太子發若文業有不成者而將卒也○御覽

太子發以紂有三仁附即文位不稱王三仁箕子比干微子也文王得赤雀丹書故號以應天道未成而崩武王以天誅未行謙不自成故稱太子明統緒尚未成王渡

於盟津中流受文命待天謀白魚躍入王舟王俯取

魚長三尺赤文有字題目下名授右右助也天告以伐紂之意是其助也○儀禮正義引中候云魚者水精隨流出入得中候意鄭注春秋璇璣樞曰魚無足翼紂如魚乃伐之是也紂雖有臣無益于股肱若魚雖有翼不能飛有火自天止於王屋流爲

赤烏類聚又引作有火自上覆於王屋流爲烏其色赤其聲魄五至以穀懼來赤

烏成文丹書之福文王得赤雀丹書今武王致赤烏俱應周尚赤故吉成文也○御覽

成王觀於河洛沈璧禮畢王退俟至于日昧榮光並

出幕河青雲浮洛青龍臨壇銜玄甲之圖吐之而去文選注○御覽引中候云成王舉堯舜禮沈璧于河白雲起而青雲浮至乃有蒼龍負圖臨河

有玄龜青純蒼光背甲刻書上躋于壇赤文成字周

公寫之類聚○初學記引中候云玄龜負圖出洛周公援筆以時文寫之

昭王之時鼓鐘之詩所爲作毛詩疏引中候鄭注

維天降紀秦穆公出狩至于咸陵日稷庚午天震大

雷有火下化爲白雀銜籙丹書集于公車類聚下從說郛鈔補

公俯取其書言穆公之霸也訖胡亥秦家世事

諸侯曰霸霸把也把天子之事也○禮記正義

赧王赧讀曰赧○案索隱云尚書中候以赧爲然

天地開闢甲子冬至日月若懸璧五星若編珠初學記

周王爲律以候之文獻通考

空受之帝立楚義帝○御覽

月號之王霸姓有工項羽爲西楚霸王工項字之側○御覽

卯金刀帝出復堯之常公羊正義

麒似大麇一角麟似馬而無角赤目路史餘論

卷終

序錄

漢書儒林傳曰世所傳百兩篇者出東萊張霸分析合二十九篇以爲數十又采左氏傳書叙爲作首尾凡百二篇篇或數簡文意淺陋成帝時求其古文者霸以能爲百兩徵以中書校之非是霸辭受父父有弟子尉氏樊並時大中大夫平當侍御史周敞勸上從之後樊並謀反迺黜其書

論衡正說篇曰說尚書者或以爲本百兩篇後遭秦燔詩書遺在者二十九篇夫言秦燔詩書是也言本百兩篇者妄也蓋尚書本百篇孔子以授也遭秦用李斯之議燔燒五經濟南伏生抱百篇逃於山中孝景皇帝時始存尚書伏生已出山中景帝遣鼂錯往從受尚書二十餘篇伏生老死書殘不竟鼂錯傳於倪寬至孝宣皇帝時河內女子發老屋得逸易禮尚書各一篇奏之宣帝下示博士然後易禮尚書各益一篇而尚書二十九篇始定矣又孝景帝時魯共王壞孔子教授堂以爲殿得百篇尚書以墻壁中武帝使使者取視莫能讀者遂秘於中外不得見至孝成皇帝時徵爲古文尚書學東海張霸按百篇之序空造百兩之篇獻之成帝帝出秘百篇以校之皆不相應於是下霸於吏吏白霸罪當至死成帝高其才而不誅亦惜其文而不滅故百兩之篇傳於世間傳見之人則謂尚書本有百兩篇矣

書正義曰鄭氏書於伏生所傳之外增益二十四篇舜典一汨作二九共九篇十一大禹謨十二益稷十三五子之歌十四胤征十五湯誥十六咸有一德十七典寶十八伊訓十九肆命二十原命二十一武成二十二旅獒二十三冏命二十四以一篇爲一卷九共九篇合爲一卷通十六卷以合於漢藝文志得多十六篇之數此即張霸之徒所作僞書也

玉海漢志攷曰張霸僞造尚書百兩篇而爲緯者附之劉向別錄云五十八篇藝文志云古文又多十六篇篇即卷也即是僞書二十四篇不見孔傳劉向班固劉歆賈逵馬融鄭玄之徒皆不見真古

文而誤以此爲古文之書　又曰張霸僞書若鄭康成引嗣征曰厥篚玄黃昭我周王注咸有一德云伊陟臣扈曰又注典寶引伊訓云載孚在亳又曰征是三朡注旅獒云獒讀曰豪謂是酋豪之長康成云武成逸書建武之際亡謂彼僞武成也又逸篇有册命霍侯之事又似異於豐刑皆妄作也康成所謂亡一篇者卽武成

謨案顧氏日知錄云漢時尙書今文與古文爲二而孔氏古文與張霸之書又自分爲二霸書卽所謂百兩篇也但如後人諸所指目張霸僞書亦以意擬之耳如今文太誓已出於武宣之世在張霸前而說者并以入張霸僞書非也惟王充論衡感類篇所引百兩篇文乃是眞本以其時書猶傳世充及見之也今故鈔取玉海所引數條及僞太誓二條而以論衡所引百兩篇文冠於其首亦以存此書目云

百兩篇

漢　東萊張霸撰　　宜黃羅士杰校

伊尹死大霧三日案古文百篇內有沃丁序云沃丁既葬伊尹於亳咎單遂訓伊尹事作沃丁皇甫謐云沃丁八年伊尹卒卒年百有餘歲大霧三日沃丁葬之以天子禮祀以太牢親臨喪以報大德此疑卽百兩篇本文以漢書及論衡皆云霸案百篇書序而作是百兩篇內亦必當有沃丁篇王充但引此二句其全文首尾或有傳者故謐得采入帝王世紀也若如竹書紀年所云太甲七年王潛出自桐殺伊尹天大霧三日乃立其子伊陟伊霍命復其舊父之田宅而中分之其言大霧三日雖同此文事屬誣罔非謐所據以此知霸書猶可取也

惟太甲元年十有二月乙丑朔伊尹祀於先王誕資有牧方明引三統厤譜伊訓篇

粤若來三月既死霸粤五日咸劉商王紂惟四月既旁生霸粤六日庚戌武王燎於周廟翌日辛亥祀於天位粤五日乙卯乃與庶國祀馘於周廟三統厤譜引武成篇

三日曰朏漢書律厤志引月采篇

惟十有二年六月庚午朏王命作策豐刑漢書律厤志引豐刑篇

周公奉鬯立於阼階延登贊曰假王蒞政勤和天下漢書王莽傳引嘉禾篇○案玉海以上五條並入張霸僞書經義考以入尚書逸篇

武王渡河中流白魚躍入王舟中武王俯取以祭既渡有火自上復于下至于王屋流爲烏其色赤其聲魄（史記周本紀索隱曰此見周書及今文太誓）

武王即位九年欲修文王業東伐以觀諸侯集否師行師尚父左杖黃鉞右把白旄以誓曰蒼兕蒼兕總爾衆庶與爾舟楫後至者斬遂至盟津諸侯不期而會者八百諸侯諸侯皆曰紂可伐也武王曰未可還師與太公作此泰誓（齊太公世家索隱曰此文上下並今文泰誓○楊慎曰尚書泰誓無蒼兕舟楫之文蓋張霸僞作之泰誓也按經義考亦以今文泰誓入擬經類）

序錄

隋志漢常山大傅韓嬰撰韓詩二十二卷薛氏章句

漢書儒林傳曰韓嬰燕人也孝文時爲博士景帝時爲常山大傅嬰推詩人之意而作內外傳數萬言其語頗與齊魯閒殊然歸一也淮南賁生受之燕趙閒言詩者由韓生韓生亦以易授人推易意而爲之傳燕趙閒好詩故其易微唯韓氏自傳之武帝時嬰嘗與董仲舒論易上前其人精悍處事分明仲舒不能難也後其孫商爲博士孝宣時涿郡韓生其後也

後漢書儒林傳曰薛漢字公子淮陽人也世習韓詩父子以章句著名漢少傳父業尤善說災異讖緯教授常數百人建武初爲博士受詔校定圖讖當世言詩者推漢爲長永平中爲千乘太守政有異迹後坐楚事辭相連下獄死

隋書經籍志曰漢初魯人申公受詩於浮邱伯作訓詁是爲魯詩齊人轅固生亦傳詩是爲齊詩燕人韓嬰亦傳詩是爲韓詩終於後漢三家並立齊

詩魏代已亡魯詩亡于西晉韓詩雖存無傳之者文獻通考晁氏曰漢志十篇内傳四外傳六隋止存外傳析十篇其及於經蓋寡而其遺說往往見于他書如逶迤郁夷之類其義與毛詩不同

經義攷曰案韓詩惟外傳僅存若白虎通所引曰師臣者帝交友受臣者王臣臣者霸魯臣者亡又曰諸侯世子三年喪畢上受爵命于天子乃歸即位又曰孔子爲魯司寇先誅少正卯風俗通所引曰舜漁雷澤大戴禮注所引曰鵠鵠胎生孔子渡江見而異之杜佑通典所引曰禘取毁廟之主皆升合食于太祖祫則羣廟之主悉升于太祖廟此皆内傳之文也

按韓詩外傳十卷已刋入叢書亦有單行者要非足本若内傳雖據隋志猶存無傳之者至宋世亦已亡朱子嘗欲寫出文選註中韓詩章句未果王應麟因更廣爲韓詩攷猶多遺漏謨已别撰韓詩拾遺十六卷以網羅諸内外傳放失并加疏解其義例詳具本書序文茲不具錄祇仍據毛詩篇目

畧爲詮次凡鈔出釋文一百五十八條詩正義九條周禮正義五條禮記正義七條公羊傳注二條孟子音義一條爾雅註疏四條史記註五條前漢書注五條後漢書註十六條文選註九十三條水經註一條說文一條玉篇三條廣韻一條白虎通二條類聚二條初學記六條書鈔一條御覽十一條玉海四條朱子詩傳一條董氏詩故六條

韓詩內傳

漢　燕人韓嬰撰　萬安張朝斗校

周南敘曰其地在南郡南陽之閒水經注

關雎詩人言雎鳩貞潔慎匹以聲相求隱蔽乎無人之處故人君退朝入于私宮后妃御見有度應門擊柝鼓人上堂退反燕處體安志明今時大人內傾于色賢人見其萌故詠關雎說淑女正容儀以刺時後漢書注

窈窕貞專貌淑女奉順坤德成其紀綱文選注

萋萋盛也文選注　刈取也濩瀹也釋文

頃筐欹筐也金罍酒罇天子以玉飾諸侯大夫皆以黃金飾士以梓釋文　金罍大夫器也天子以玉諸侯大夫皆以金士以梓一升曰爵爵盡也足也二升曰觚觚寡也飲當寡少三升曰觶觶適也飲當自適也四升曰角角觸也不能自適觸罪過也五升曰散散訕也飲不自節為人所謗訕也總名曰爵其實曰觴觴者餉也觵亦五升所以罰不敬觵廓也著明之貌君子有過廓然著明非所以餉不得名觴正義引韓詩說

朻木釋文○正義云毛氏字與三家異者動以百數

施于中逵逵中九交之道也文選注

芣苢敘曰傷夫有惡疾也文選注　直曰車前瞿曰芣苢釋文

芣苢澤瀉也芣苢臭惡之菜詩人傷其君子有惡疾人道不通求已不得發憤而作以事興芣苢雖臭惡乎我猶采取而不已者以興君子雖有惡疾我猶守而不離去也文選注

漢廣敘曰悅人也　游女謂漢神也言漢神時見不可求而得之　鄭交甫遵彼漢皐臺下遇二女與言曰願請子之珮二女與交甫交甫受而懷之超然而去十步循探之即亡矣迴顧二女亦即亡矣文選注又引傳曰鄭交甫將南適楚遵彼漢皐臺下乃遇二女佩兩珠大如荊雞之卵○說文引傳曰鄭交甫逢二女鬾服

江之漾矣漾長也並文選注

汝濆敘曰辭家也後漢書注　惄如調飢釋文　王室如燬雖則如燬赬赤也燬烈火也孔甚也邇近也言魴魚勞則尾赤君子勞苦則顏色變以王室政教如烈火矣猶觸冒而仕者以父母甚迫近飢寒之憂為此祿仕後漢書注

吁嗟歎辭也文選注○以上周南

釆蘋洗者曰蘋浮者曰薸釋文 于以鬺之唯錡及釜漢書注
勿剗勿伐釋文 昔召公述職當民事時舍於棠下而
聽斷焉是時人皆得其所後世思其仁恩至虖不伐
甘棠漢書注
羔羊小者曰羔大者曰羊素喻潔白絲喻屈柔紽數
名也詩人賢仕為大夫者言其德能稱有潔白之性
屈柔之行進退有度數也後漢書注 逶迤公正貌釋文
標有梅釋文○孟子音義引韓詩作莩有梅 迨願也釋文

實命不同實有也釋文
一溢一否曰渚釋文○文選注引章句水一溢而為渚
何彼𢦏矣釋文
騶虞天子掌鳥獸官周禮疏○以上召南
柏舟衛宣姜自誓所作詩王應麟詩攷 如有殷憂文選注
胡戜而微戜常也釋文
燕燕衛定姜歸其娣送之而作一作定姜歸其婦○玉海攷
報我不術術法也文選注
終風西風也浪起也釋文 時風又且暴使已思益隧

文選注 曀曀其陰天陰塵也董氏詩攷
契闊文選注引章句作括 約束也 于嗟夐兮不我信兮夐亦
遠也釋文
簡簡黃鳥載好其音御覽
雉耿介之鳥也文選注
水至心曰厲釋文 古者霜降逆女冰泮殺止周禮疏
招招聲也釋文
密勿同心密勿僶俛也文選注 逢很也 殽亂也
潰不善之貌並釋文

萬大舞也 扈扈美貌釋文 翟夷狄大鳥羽正義引韓詩說
祕彼泉水 飲餞于坭釋文 送行飲酒曰餞文選注
敦迫也讙就也釋文
靜貞也躊躇躑躅也文選注
新臺有漼河水浼浼漼鮮貌浼浼盛貌釋文 嬿婉之
求嬿婉好貌文選注 得此𪓰䵶𪓰䵶蟾蜍喻醜惡御覽
○以上邶風
實維我直相當值也釋文
中冓中夜謂淫[illegible]之言也不可揚也揚猶道也釋文

委委佗佗德之美貌 邦之援也援助也（並釋文）
奔奔彊彊乘匹之貌（釋文）
星言夙駕星精也（釋文）
蝃蝀叔曰刺奔女也 詩人言蝃蝀在東者邪色乘陽人君淫佚之徵也臣子爲君父隱藏故言莫之敢指（後漢書注）
止節也無止無禮節也（釋文）
不由蹊徑而涉曰跋（釋文） 尤非也（文選注○以上鄘風）
綠薄猗猗薄篇筑也有邲君子邲美貌也僩美貌赫

兮宣兮宣顯也（釋文） 綠薄如簀簀積也 簀綠薄盛如積也（文選注）
考盤在干地下而黃曰干（文選注） 干墝埆之處也（釋文）
曲景曰阿（文選注） 碩人之過過美貌（釋文）
[illegible]蒼白色盼黑色 退罷也 濊濊流貌 鱣鮪鱍鱍 庶姜轙轙轙轙長貌 庶士有桀健也（釋文）
氓美貌（釋文） 將辭也（文選注） 履無咎言履幸也（釋文）
垂帶萃兮萃垂貌 能不我狎（釋文）
偈桀侹也疾驅貌 焉得萱艸諠草忘憂也（文選注以上）

衛風
黍離伯封作也 離離黍貌也詩人求下不得憂懣不識於物視彼黍離離然憂甚之時反以爲稷之苗不自知憂之甚也（御覽） 昔尹吉甫信後妻之讒而殺孝子伯奇其弟伯封求而不得作黍離之詩（困學紀聞引韓詩說）
佸至也（釋文）
陶暢也（文選注）
戌舍也（釋文）

蓷茺蔚也（釋文○正義引韓詩說蓷益母）
施羅於車上曰罿（釋文○以上王風）
蘦儲也（釋文）
兩驂左右騑驂（文選注） 禽獸居之曰藪（釋文）
二矛重鷸（釋文）
恂直且侯彼已之子舍命不偷（外傳） 侯美也（釋文）
有靖家室（類聚引作靜） 靖善也言東門之外栗樹之下有善人可與成爲室家也（御覽）
子寧不詒肓詒寄也曾不寄問也（釋文）

聊樂我魂魂神也文選注
清揚𥗼兮玉篇。外傳作青陽宛兮
溱與洧方洹洹兮後漢書注。荊楚歲時記引韓詩云唯溱與洧方洹洹兮唯士與女
方秉簡兮多二唯字又簡字從竹 詩人言溱與洧方盛流洹洹然謂
三月桃花水下之時士與女方秉蘭兮秉執也當此
盛流之時衆士與衆女方執蘭而拂除御覽 鄭國之
俗三月上巳之辰于溱洧兩水之上執蘭招魂續魄
拂除不祥故詩人願與所說者俱往也後漢書注 蕑蓮
也恂盱樂貌也勺藥離草也言將離別贈此草也釋文

。以上鄭風
雞鳴叙曰讒人也一本作說人也 蒼蠅之聲雞遠鳴蠅聲
相似也御覽
子之嫙兮嫙好貌釋文 獸三歲曰肩後漢書注 揖我謂
我婘兮婘好貌釋文
彼姝者子詩人言所說者顏色美盛若東方之日文選注
門屏之間曰闥釋文
横由其畝東西耕曰横南北耕曰由釋文
盧泠泠董氏詩故

其魚遺遺言不能制也釋文
齊子發夕發旦也釋文
舞則蕑兮言其舞則應雅樂也文選注 四矢變兮變
易也釋文。以上齊風
纖纖女手之貌文選注
有章曲曰歌無章曲曰謠初學記
何謂素餐素者質也人但有質朴而無治民之才名
曰素餐尸祿者頗有所知善惡不言默然不語苟欲
得祿而已譬如尸焉文選注 順流而風曰淪淪文貌

釋文。以上魏風
聿辭也莫晚也言君之年歲已晚也文選注
見此邂逅邂逅不固之貌釋文
逝肯適我適及也 道周周右也釋文。以上唐風
寺人之令使令釋文
駟馬不著甲曰俴駟釋文
大渚曰沚文選注
顏如渥沰捷各反 沰赭也釋文。以上秦風
穀且于嗟釋文

訊諫也釋文
誰侜予娓音尾娓亦美也釋文　心焉惕惕以爲悅人爾雅
注　展轉伏枕文選注　碩大且嬐五檢反　嬐重頤也御覽
〇以上陳風
匪車揭兮　中心怛兮古怛字　說曰是非古之風也
發發者是非古之車也揭揭者蓋傷之也漢書傳〇檜風
采采盛貌文選注〇曹風
三月之時可預取耒耜修繕之至于四月始可舉足
而耕御覽　宇屋霤也向北向窗也釋文　六月食鬱及

薁爾雅疏　氷者窮谷陰氣所聚不洩則結而爲伏陰
詩云二之日鑿氷沖沖三之日納于凌陰二之日夏
之十二月三之日夏之正月沖沖聲也凌陰氷室也
十二月之時天地大寒水化爲氷鑿取堅氷至正月
納藏于室之中人君春夏祭祀及其常食卒有凶事
則得以歛人臣無氷室其終卒君錫之以氷故左傳
云日在北陸而藏氷西陸朝覿而出之其藏氷也深
山窮谷涸陰冱寒於是乎取之其出之也朝之祿位
賓客喪祭於是乎用之其藏之也黑牡秬黍以享司

寒其出之也桃弧棘矢以除其災祭司寒而藏之獻
羔而啓之火出而畢賦自命夫命婦至于老疾無不
受氷夫氷以風壯而以風出其藏之也周其用之也
徧則冬無愆陽夏無伏陰人不夭札是也初學記引韓詩說
鳲鳩鴶鵴鳥名也鳲鳩所以愛養其子者適以病之
愛養其子者謂堅固其窠巢病之者謂不知託于大
樹茂枝反敷之葦蕳風至蕳折巢覆有子則死有卵
則破是其病也文選注　徹彼桑杜　口足爲事曰拮据
租積也釋文

鸛水鳥巢處知風穴處知雨天將雨而蟻出壅土鸛
鳥見之長鳴而喜文選注　烝在蓼薪力菊反　聚薪也釋文
綢帶也文選注
錡木屬錄鑿屬也釋文
九罭取鰕芘也御覽〇以上豳風
周道威夷威夷險也文選注〇釋文引作倭夷漢書地理志注引作郁夷
棠棣敘曰夫栘燕兄弟也閔管蔡之失道也類聚　飲
酒之醧文選注　夫飲之禮不脫屨而即序者謂之禮
跣而上坐者謂之宴能飲者飲之不能飲者已謂之

醧齊顏色均衆寡謂之沉閉門不出者謂之湎故君
子可以宴可以醧不可以沉不可以湎初學記　湛樂
之甚也釋文
伐木叙曰伐木廢朋友之道缺勞者歌其事初學記引韓詩
傳云飢者歌食勞者歌事　詩人伐木自苦其事故以爲文　鳥微
物也並文選注
積土高大曰阜大阜曰陵文選注　吉圭惟饎周禮疏
昔始也釋文　依依盛貌文選注
檀車張張釋文○又引作綫音並同幝　年二十行役三十受兵

六十還兵禮記疏
鸞在衡和在軾前升車則馬動馬動則鸞鳴鸞鳴則
和應禮記注
愔愔夜飲愔愔和悅之貌文選注　其實蘺蘺蘺蘺長
貌初學記
載設也文選注
蓁蓁者莪蓁蓁盛貌文選注
元戎大戎謂兵車也車有大戎十乘謂車縵輪馬被
甲衡扼之上盡有劍戟名曰陷軍之車所以冒突先

啓敵家之行伍也史記注
有瑲葱衡　佩玉上有葱衡下有雙璜衝牙蠙蛛以
納其間禮記注○國語注引韓詩傳曰上有葱衡
東有圃草後漢書注引作囿艸　圃博也有博大之茂草也文選注
春曰畋夏曰獀秋曰獮冬曰狩天子抗大綏諸侯抗
小綏獻禽其下天子親射之于門夫田獵因以
講道習武簡兵也御覽　奕奕盛貌文選注
其麌孔有爾雅疏　駓駓俟俟後漢書注　趨曰駓行曰駛
文選注　天子發然後諸侯發諸侯發然後大夫發禮記

疏○又云天子發抗大綏諸侯發抗小綏　醴甜而不沸也文選注
劬數也釋文　堵四十尺雉二百尺以板長八尺接五
板而爲堵接五堵而爲雉公羊傳注
讒言其興讒言緣間而起文選注
九皐九折之澤釋文
在彼穹谷穹谷深谷也文選注
如矢斯朸旅卽反　朸隅也玉篇引韓詩如矢斯如鳥斯朸木理也音旅得切
翺翺翅也釋文　裁衣之褅正義　太子生以桑弧蓬矢
六射上下四方白虎通引此二句　明當有事天地四方也

所以爲世子何言世世不絕文選注
或寢或譌譌覺也釋文
節視也　憂心如炎　監領也　昊天不傭傭易也
釋文　騁馳也一作施也　萬人禹禹仰天告愬文選注
蔓蔓惡貌也釋文　窘殖也董氏詩故　速速方穀天天是
椓後漢書注
繁維司徒　抑意也　愁閭也　讒口嗸嗸一作嗸。釋文
羨願也文選注
雨無極敘曰正大夫刺幽王也　雨無其極傷我稼
稼朱子詩傳　熏胥以痛熏帥也胥相也痡病也言此無罪
之人而使有罪者相帥而病之是其大甚後漢書注。漢書顏
師古注韓詩淪字作薰薰者謂相薰蒸
謀猷回泬回邪僻也文選注。又引作謀猶迴泬釋文作謀猶回遹　潝潝
訿訿不善之貌　靡膴猶無幾何並釋文
翰飛厲天厲附也文選注　哀我瘨寡瘨苦也　宜犴
宜獄鄉亭之繫曰犴朝廷曰獄並釋文
怒焉如疛除又反。釋文
僭始既涵涵小也釋文　趯趯毚兔趯趯往來貌毚兔

漢魏遺書鈔　韓詩內傳

狡兔也言趯趯之毚兔數往來逃匿其跡有時遇犬
得之史記注
云辭也文選注　我心施也施善也釋文　盟牲所用天
子諸侯以牛豕大夫以犬庶人以雞禮記疏　蜮短狐
水神也御覽
取彼讒人後漢書
怙賴也恃負也釋文　嫿嫿公子嫿嫿往來貌釋文　襄
反也文選注　大白晨出東方爲啓明昏見西方爲長
庚史記索隱
四月敘曰歎征役也玉海引讀書記　百卉俱腓腓變也俱
變而黃也　亂離斯莫爰其適歸莫散也並文選注
眷眷懷顧文選注
鼓鐘昭王之時作詩正義　王者舞六代之樂舞四夷
之樂大德廣之所及文選注　南夷之樂曰南四夷之
樂唯南可以和於雅者以其人聲音及籥不僭差也
後漢書注
馥芬孝祀馥香貌也文選注
維禹敶之當當原隰周禮疏　凡草木花多五出雪花

漢魏遺書鈔　韓詩內傳

獨六出六出者陰極之數雪花曰霙雪雲曰同雲[illegible]
雲陰與天同爲一色也類聚引作外傳蜺誤
鬭彼甫田鬭卓也釋文
卜畀炎火卜報也釋文　有弇淒淒興雲祁祁漢書
戢捷也捷其噣於左也　摧委也猶食也○摧一作莝並釋文
先集維霰霰霙也文選注○宋書又引作英也
以愠我心愠恚也釋文
構亂也釋文
賓之初筵敘曰衛武公飲酒悔過也言賓客初就筵

之時賓主秩秩然俱謹敬也賓既醉止載號載呶不
知其爲踸也後漢書注　威儀昄昄蒲板反昄昄善貌釋文
頒衆貌釋文
便便左右便便閑雅之貌釋文　纚繫也文選注○釋文引韓詩云祚也
福祿肶之肶厚也釋文
良善也言王者所爲無有善者各相與於一方而慫
之後漢書注　如食儀傴儀我也　曣晛聿消曣晛日出
也並釋文
都人士正義云韓詩實無此首章

薄言覯者釋文
泱泱白雲　視我怖怖手吠反意不說好也釋文
緜蠻文貌文選注
何人不鰥董氏詩故○以上小雅
遏病也釋文
磬天之妹磬譬也　亮彼武王亮相也釋文
瓞小瓜也釋文　周原膴膴文選注○釋文韓詩作膴　度塡也
皋門有閌閌盛貌釋文
亹亹我王綱紀四方外傳

魚躍于淵魚喜樂則踴躍于淵中文選注
刑正也釋文　古之人無擇董氏詩故
其菑其殪菑反草也殪因也因高塡下也釋文　辟除
也文選注　唯此文王春秋正義○今王肅注及韓詩亦作文王　莫其德音莫
定也　畔援武強也釋文　四平曰陵文選注　與爾隆
衝　佗佗搖也並釋文
文王聖德上及飛鳥下及魚鼈文選注　辟廱者天子
之學圓如辟壅之以水示圓言辟取辟有德不言辟
水言辟廱者取其廱和也所以教天下春射秋饗尊

事三老五更在南方七里之內立明堂于中五經之
文所藏處蓋以茅草取其潔清也正義引韓詩說　矇瞍奏
功無珠子曰矇珠子具而無見曰瞍文選注
築城伊洫洫深池　濯美也並釋文
三王各正其郊禮記正義引韓詩說　時維姜原姜姓原字或
曰姜原謚號也史記注　聖人皆無父感天而生詩正義引
韓詩說　誕信也文選注　拂厥豐草拂弗也釋文　或春
或抗董氏詩故　惟辭也文選注　軷將出祖道犯軷之祭
也周禮正義引韓詩說

鳧鷖在亹亹水流進貌文選注
芮阬之鄙言公劉止其軍旅欲使安靜乃就芮阬之
間耳漢書注
飲酒閉門不出客曰湎釋文
抑衛武公刺王室亦以自戒行年九十有五猶使人
日誦是詩而不離於其側詩正義引侯苞說　承受也謂受
恩　嗚乎小子嗚歎辭也文選注　肆喪厥國釋文
對彼雲漢叙曰宣王遭亂仰天也書鈔　天子奉玉升
柴加于牲上禮記疏　鬱　烔烔徒冬反　耗惡也釋文

如炎如焚後漢書注　燀苦也　胡寧瘨我以旱瘨重也
聡吝反○釋文　湯時大旱使人禱于山川君親之南郊也
六事謝過自責曰政不一與民失職與宮室榮與婦
謁盛與苞苴行與讒夫倡與公羊傳注
王踐之事踐任也釋文　元長也玉篇
仲山甫徂齊封于齊漢書注
有睟其道睟明貌○陟角反釋文　幹正也文選注
肇長也釋文　予小子使爾繼邵公之後受命者必以
其祖命之外傳

敷敦淮濆敷大也敦迫也　民民翼翼釋文
我居御卒荒外傳○以上大雅
維天之命維念也釋文
靡好也文選注
彼徂者岐有夷之行沈括引後漢書作彼岨　岐道雖僻而人不
遠○徂往也夷易也行道也彼百姓歸文王者皆曰
岐有易道可往歸矣易道謂仁義之道而易行故岐
道阻險而人不難後漢書注
薄言振之薄辭也振奮也莫無也震動也疊應也美

成王能奮舒文武之道而行之則天下無不動而應
其政教後漢書注
執競武王執服也釋文
貽我嘉麰大麥也文選注
帥時農夫播厥百穀穀類非一故言百也文選注
鷺潔白之鳥西雍文王之雍也言文王之時辟雍學
士皆潔白之人也　在彼無射射厭也後漢書注
陳穀曰秭釋文
潛有多魚潛魚池也文選注

耆惡也○巨移反釋文
惸惸在疚文選注
懲苦也　自求辛螫螫事也釋文　翻飛維鳥翻飛貌
文選注
繹繹其達繹繹盛貌文選注　民民其麃民民衆貌釋文
於繹思釋文云毛詩無此句齊魯韓詩有之○以上周頌
驔白馬黑髦也釋文
屆收也收歛得此衆聚　鬄彼東南鬄除也釋文　獷
彼淮夷獷覺寤之貌也文選注

枚枚閑暇無人之貌也　稙長稼也穉幼稼也釋文
騰盛也文選注　荒至也釋文　遂幠大東爾雅注○案邢昺疏曰或
當在齊魯韓詩　奚斯魯公子也言其新廟奕奕然盛是詩
公子奚斯所作也後漢書注　曼長也文選注○以上魯頌
商頌美襄公史記注
湯爲天子十三年年百歲而崩葬于徵今扶風徵阪
是也御覽　奄有九域九域九州也文選注　大禧大祭
也釋文
玄王桓發發明也釋文　聖敬日躋言湯聖敬之德上

聞于天文選注　爲下國駿䣙禮記注○案正義云引齊魯韓詩也　蘖
絶也釋文
撻達也　適數也釋文　京師翼翼四方是則後漢書注
松柏丸丸取松與柏　閑大也謂閑然大也文選注○以上
商頌

序録

隋志韓詩翼要十卷漢侯包傳唐志卷同不言何人撰

困學紀聞曰董氏舉侯包言衛武公作抑詩使人日誦於其側朱子謂不知此出於何處愚按侯包之説見於詩正義隋經籍志韓詩翼要十卷侯包撰然則包學韓詩者也

謨案漢志韓詩有韓故三十六卷韓説四十一卷無此書目包當屬後漢人出處亦無考今本隋志誤作侯芭揚雄弟子載酒問奇字者也若詩正義本作侯包今並鈔出詩正義三條隋書樂志一條

韓詩翼要

漢 侯 包撰

鐘鼓樂之

后妃房中樂有鐘聲隋書樂志○按詩正義自關雎至芣苢后妃房中之樂鄭無所説隋志樂志則云牛宏修皇后宫内之樂據毛萇侯苞孫毓故事皆有鍾聲而王肅以爲不可又陳統云婦人無外事而陰教尚柔柔以靜爲體不宜用鍾

天步艱難

言天行艱難於我身不我可也

武夫滔滔

滔滔衆至大貌

抑

衛武公刺王室作此詩亦以自戒行年九十有五猶使人日誦是詩而不離於其側並詩正義○朱子詩傳亦從此説

序録

漢志申公魯故二十五卷魯說二十八卷

漢藝文志曰漢興魯申公爲詩訓故而齊轅固燕韓生皆爲之傳或取春秋采雜說咸非其本義與不得已魯最爲近之

隋經籍志曰漢初魯人申公受詩於浮丘伯作訓詁是爲魯詩齊人轅固生亦傳詩是爲齊詩燕人韓嬰亦傳詩是爲韓詩終於後漢三家並立齊詩魏代已亡魯詩亡於西晉韓詩雖存無傳之者

王應麟詩攷曰詩四家異同唯韓詩畧見於釋文而魯齊無所攷劉向列女傳謂蔡人妻作芣苢周南大夫妻作汝墳申人女作行露衛宣夫人作邶柏舟定姜送婦作燕燕黎莊公夫人及其傅母作式微莊姜傅母作碩人息夫人作大車新序謂伋之傅母作二子乘舟壽閔其兄作憂思之詩黍離是也楚元王受詩於浮丘伯向乃元王之孫所述盖魯詩也

謨案魯詩亡于西晉故隋唐二志俱不著錄若子貢詩傳申培詩說並前明鄞人豐坊僞撰毛西河朱竹垞諸公已辨之詳矣故不復贅惟就諸書所引魯詩明文捜輯爲魯詩說凡鈔出詩正義一條禮記疏一條儀禮疏一條公羊傳注一條爾雅注一條前漢書注三條後漢書注一條白虎通一條說文一條石經殘碑五條又據王氏詩攷鈔出劉向列女傳九條新序二條說苑三條又據朱氏經義考鈔出蔡邕獨斷三十一條

魯詩傳

漢 魯人申 培著　　宜黃黃爵嗣校

關雎 佩玉晏鳴關雎歎之（漢書杜欽傳李奇曰后夫人雞鳴佩玉去君所周康王后不然故詩人數之臣瓚曰此魯詩也○後漢楊賜傳康王一朝晏起關雎見幾而作注此事見魯詩今亡失矣○按後漢書皇后紀論注引劉向列女傳曰曲沃負謂其子如耳曰周之康王晏出朝故作關雎之歌以感諷之向蓋爲魯詩學者）

芣苢 蔡人之妻者宋人之女也既嫁於蔡而夫有惡疾其母將改嫁之女曰夫不幸乃妾之不幸也奈何去之適人之道一與之醮終身不改且采采

芣苢之草雖其臭惡猶始於捋采之終於懷擷之況夫婦乎乃作芣苢之詩（劉向列女傳）

汝墳 周南大夫受命平治水土過時不來其妻恐其懈於王事言國家多難惟勉強之無有譴怒貽父母憂乃作詩曰魴魚赬尾王室如燬雖則如燬父母孔邇（仝上）

蔽芾甘棠勿翦勿伐召伯所茇 傳曰自陝以東者周公主之自陝以西者召公主之召公述職當桑蠶之時不欲變民事故不入邑中舍于甘棠之下而聽斷焉陝間之人皆得其所是故後世思而歌詠之（劉向說苑○按此與下二條所引傳曰蓋卽魯詩傳文）

行露 召南申女者申人之女也既許嫁於酆夫家禮不備而欲迎之女與其人言夫婦者人倫之始也不可不正夫家輕禮違制不可以行夫家訟之於理女終以一禮不備持義不往而作詩曰雖速我獄室家不足君子以爲得婦道之儀故舉而揚之傳而法之以絕無禮之求防淫慾之行焉（列女傳）

于嗟乎騶虞 騶虞天子掌鳥獸官（異義引詩韓魯說 文選注引

魯詩傳云古有梁騶梁騶者天子之田也騶一作鄒）

栢舟 衛宣夫人者齊侯之女也嫁於衛至城門而衛君死保母曰可以還也不聽遂入持三年之喪畢弟請曰衛小國也不容二庖願請同庖夫人曰惟夫婦同庖終不聽乃作詩曰我心非石不可轉也我心非席不可卷也（列女傳）

先君之思以畜寡人 此衛夫人定姜之詩也定姜無子立庶子衎是爲獻公畜孝也獻公無禮於定姜定姜作詩言獻公當思先君定公以孝於寡人

禮記坊記注引釋文曰此是魯詩　詩正義鄭志答炅模云注記時就盧君後得毛傳乃改之

中冓之言漢書注晉灼曰魯詩以爲夜也集韻冓傳雅夜也詩中冓之言

式微　黎莊公之夫人既往而不同欲其傅母憐其失意謂夫人曰夫婦之道有義則合無義則去今不得意胡不去乎乃作詩曰式微胡不歸夫人曰婦人之義一而已矣彼雖不吾以吾可以離于婦道乃作詩曰微君之故胡爲乎中露列女傳

二子乘舟　衛宣公之子伋也壽也朔也伋前母子也壽與朔後母子也壽之母與朔謀欲殺太子伋

而立壽也使人與伋乘舟於河中將沉而殺之壽知不能止也因與之同舟舟人不得殺伋方乘舟伋傅母恐其死也閔而作詩二子乘舟之詩是也又使伋之齊將使盜見載旌要而殺之壽止伋伋曰棄父之命非子道不可壽又與之偕行壽之母知不能止也因戒之曰壽無爲前也壽又爲前竊伋旌以先行幾及齊矣盜見而殺之伋至見壽之死痛其代已死涕泣悲哀遂載其屍還至境而自殺兄弟俱死故君子義此二人而傷宣公之聽讒也新序

碩人　莊姜始至操行衰惰傅母作此詩列女傳

黍離　衛宣公子壽閔其兄伋之見害作憂思之詩黍離是也新序

大車　楚伐息破之虜其君使守門納息夫人於宮楚王出遊息夫人出見息君曰人生要一死而已何至自苦妾無須臾之日而忘君也終不以身更貳醮生離於地上豈如死并於地下哉乃作詩曰穀則異室死則同穴謂予不信有如皦日息君止

之夫人不聽遂自殺息君亦自殺楚王賢其夫人守節有義乃以諸侯之禮合而葬之列女傳

素衣朱綃儀禮士昏禮注綃讀爲詩素衣朱綃之綃魯詩以綃爲綺屬也　禮記正義云魯詩爲綃

惟毛作維是褊心是以爲刺

誰知闕一字毛誰上有其之蓋亦勿思

父兮父闕一字毛無曰嗟予子行役夙夜毋已尚慎下闕哉

猶來毋死

兮毛作猗不稼不穡欿欿伐輪兮

毋食我黍三歲宦女莫我肯顧

山有蘬毛樞胡不日鼓瑟 石經魯詩殘碑 洪氏隸釋曰魯詩殘碑百七十三字雖唐國風數篇之文也與毛詩異者如猗作兮貫作宦樞作蘬數字又有一段二十餘字零落不成文惟有叔于田一章及女曰雞鳴八字可讀其間有齊韓字蓋敘二家異同之說猶公羊碑所云顏氏論語碑所云盍毛包周之比也漢代詩分爲四在東京時毛氏詩不立學官隋志有石經魯詩六卷此碑既論齊韓於後則知隋志爲然也

天子食日舉樂諸侯不釋縣士大夫日琴瑟 公羊傳注引魯詩傳 按此則白虎通禮樂篇所引詩曰大夫士琴瑟御蓋即此詩傳文非逸詩也

墓門 陳辨女者陳國采桑之女也晉大夫解居甫使于宋道過陳遇采桑之女而戲之曰女爲我歌吾將舍女乃爲歌曰墓門有棘斧以斯之夫也不良國人知之知而不已誰昔然矣又曰爲我歌其二女曰墓門有梅有鴞萃止夫也不良歌以訊之訊予不顧顛倒思予大夫曰其棘則然其鴞安在女曰陳小國也攝乎大國之間因之以飢饉加之以師旅其人且亡而況鴞乎大夫乃服而釋之 列女傳

陽如之何 陽予也 爾雅注引魯詩

尸鳩在桑其子七兮淑人君子其儀一兮 傳曰尸鳩之所以養七子者一心也君子之所以理萬物者一儀也以一儀理物天心也五者不離合而爲一謂之天心在我能因自深結其意於一故一心可以事百君百心不可以事一君是故誠不遠也夫誠者一也一者質也君子雖有外文必不離內質矣 說苑

和鸞雍雍萬福攸同 和設軾者也鸞設衡者也 後漢輿服志注引魯訓

閻妻扇方處 漢書谷永傳閻妻驕扇日以不臧顏師古曰魯詩小雅十月之交篇曰云云言厲王無道內寵熾盛政化失理故致災異日爲之食爲不善也

左之左之君子宜之右之右之君子有之 傳曰君子者無所不宜也是故韠冕立于廟堂之上有司執事無不敬者斬衰裳苴絰杖立于喪次賓客弔唁無不哀者被甲纓冑立于桴鼓之間士卒莫不勇者故仁足以懷百姓勇足以安危國信足以結諸侯強足以拒患難威足以率三軍故曰爲左亦宜爲右亦宜爲君子無不宜者此之謂也 說苑

於樂辟雍　辟璧也水圓如璧 白虎通引詩訓 按漢志申公爲魯詩訓故有詩故二十五卷後漢書注所引魯詩訓即魯故也則此詩訓亦當即魯訓

侵阮徂共　阮徂共皆爲國名 正義引魯詩

嶞嵩及喬　嶞小嵩 說文引魯詩說

聖人皆無父感天而生 異義引齊魯韓詩說

三王之樂可得觀乎知王者所封三代而已 異義引魯詩說

殷中宗周成宣王皆以時毀 正義引魯說

清廟一章八句洛邑既成諸侯朝見宗祀文王之所歌也

維天之命一章八句告太平于文王之所歌也

維清一章五句奏象武之所歌也

烈文一章十三句成王即政諸侯助祭之所歌也

天作一章七句祀先王公之所歌也

昊天有成命一章七句郊祀天地之所歌也

我將一章十句祀文王于明堂之所歌也

時邁一章十五句巡守告祭柴望之所歌也

執競一章十四句祀武王之所歌也

思文一章八句祀后稷配天之所歌也

臣工一章十句諸侯助祭遣之于廟之所歌也

噫嘻一章八句春夏祈穀于上帝之所歌也

振鷺一章八句二王之後來助祭之所歌也

豐年一章七句烝嘗秋冬之所歌也

有瞽一章十三句始作樂合諸樂而奏之所歌也

潛一章六句季冬薦魚春獻鮪之所歌也

雝一章十六句禘太祖之所歌也

載見一章十四句諸侯始見于武王廟之所歌也

有客一章十三句微子來見祖廟之所歌也

武一章七句奏大武周武所定一代之樂之所歌也

閔予小子一章十一句成王除武王之喪將始即政朝于廟之所歌也

訪落一章十二句成王謀政于廟之所歌也

敬之一章十二句羣臣進戒嗣王之所歌也

小毖一章八句嗣王求忠臣助已之所歌也

載芟一章三十一句春籍田祈社稷之所歌也

良耜一章二十三句秋報社稷之所歌也

絲衣一章九句繹賓尸之所歌也

酌一章九句告成大武言能酌先祖之道以養天下之所歌也

桓一章九句師祭講武類禡之所歌也

賚一章六句大封于廟賜有德之所歌也

般一章七句巡狩祀四嶽河海之所歌也 並蔡邕獨斷 按邕以熹平四年奏求正定六經皆用魯詩書碑太學門外經義考因此遂謂蔡氏爲魯詩學而以獨斷所引周頌三十一篇詩序爲據魯詩故並錄之

附錄齊詩

子之營兮遭我虖嶩之閒兮 漢書地理志臨甾名營丘故齊詩曰子之營兮

顏師古曰毛詩作還齊詩作營之往也嶩山名也字或作峱亦作嶩音皆乃高反言往適營山而相逢於嶩山也釋文崔靈恩集注本作嶩

四國是匡 董逌詩故云四國是皇齊詩作四國是匡賈公彥引以爲說

以雅以南韎任朱離 後漢書陳忠傳引詩注毛詩無韎任朱離之文蓋見齊魯之詩也今亡

自杜沮漆 漢書地理志引詩曰自杜沮漆師古曰大雅緜之詩曰自土沮漆齊詩作自杜言公劉避狄而來居杜與沮漆之地

同爾弟兄與爾臨衝以伐崇庸 伏湛曰文王受命而征伐五國必先詢之同姓然後謀于羣臣加占蓍龜以定行事故謀則成卜則吉戰則勝其詩曰帝謂文王詢爾仇方云

云以爾鉤援云云崇國城守先退後伐所以重人命俟時而動故三分天下而有其二見後漢書伏湛本傳湛傳齊詩

爲下國駿驪 董逌詩故駿驪齊詩謂馬也

翼奉曰竊學齊詩聞五際之要十月之交篇 孟康曰詩內傳曰五際卯酉午戌亥也陰陽終始際會之歲於此則有變改之政也見漢書翼奉傳注奉學齊詩 按此則齊詩亦有內傳

匡衡曰聞之師曰匹配之際生民之始萬福之原婚姻之禮正然後品物遂而天命全孔子論詩以關雎爲始言太上者民之父母后夫人之行不侔乎

天地則無以奉神靈之統而理萬物之宜故詩曰窈窕淑女君子好仇言能致其貞淑不貳其操情欲之感無介乎容儀宴私之意不形乎動靜夫然後可以配至尊而爲宗廟主此綱紀之首王教之端也 又曰臣竊考國風之詩周南召南被聖賢之化深故篤於行而廉於色鄭伯好勇而國人暴虎秦穆貴信而士多從死陳夫人好巫而民淫祀晉侯好儉而民畜聚太王躬仁邠國貴恕由此觀之治天下者審所尚而已 又曰念我皇祖陟降

庭止言成王常思祖考之業而鬼神祐助其治也
○又曰煢煢在疚言成王喪畢思慕意氣未能平
也　又曰商邑翼翼四方之極此成湯所以建至
治保子孫化異俗而懷鬼方也 上並匡衡奏疏見漢書本傳衡學齊詩
詩　又曰毋曰高高在上陟降厥士日監在茲言
天之日監王者之處也廼眷西顧此維予宅言
以文王之都爲居也 漢郊祀志匡衡奏議
蕭望之曰爰及矜人哀此鰥寡上惠下也雨我公田
遂及我私下急上也 漢書本傳望之治齊詩

序錄
唐志鄭元箋毛詩詁訓二十卷又譜三卷 隋志無經典敘錄鄭元詩譜二卷
歐陽公序曰世傳鄭氏詩譜最詳求之久矣不可
得雖崇文總目秘書所藏亦無之慶歷四年奉使
河東至於絳州偶得焉其文有注而不見名氏然
首尾殘闕自周公至太平已上皆亡之其國譜旁
行尤易爲訛舛悉皆顛倒錯亂不可復攷凡詩雅
頌兼列商魯其正變之風十有四國而其次比莫
詳其義惟封國變風之先後不可以不知周召王
豳同出於周邶鄘并於衛檜魏無世家其可攷者
陳齊衛晉曹鄭秦此封國之先後也豳齊魏檜陳
唐秦鄭魏曹此變風之先後也周南召南邶鄘衛
王鄭齊豳秦魏唐陳曹此孔子未刪詩之前周太
師樂歌之次第也周召邶鄘衛王檜鄭齊魏唐秦
陳曹豳此鄭氏詩譜次第也黜檜後陳此今詩次
比也初予未見鄭譜嘗略攷春秋史記本紀世家
年表而合於毛鄭之說爲詩圖十四篇取以補鄭

譜之亡者足以見二家所説世次先後甚備而仍存其闕凡補其譜十有五補其文字二百七增損塗乙改正者三百八十三而鄭氏之譜復完

謹案孔氏毛詩正義於國風雅頌卷首皆引鄭譜必其時此書尚有傳本歐公何以云崇文總目秘書所藏亦無之也又此序云所得絳州本首尾殘缺自周公已上皆亡今其文具如正義所引歐公豈未之見而又何以云云也蓋由此書有圖有譜絳州本亦祗有譜無圖故歐公旣用己所爲圖以補鄭氏之亡而於其譜殘鈌仍取孔氏正義以補正之故自以爲完書刋入唐志今文獻通考及朱氏經義考所載鄭氏詩譜蓋卽歐公所訂之本非徐整太叔求二家所注檮譜也然其書今亦未見故仍從正義采錄以存此書目凡爲譜十有五

詩譜

漢　北海鄭康成撰　金谿鄭　曦校

自序

詩之興也諒不於上皇之世大庭軒轅逮於高辛其時有亡載籍亦蔑云焉虞書曰詩言志歌永言聲依永律和聲然則詩之道放於此乎有夏承之篇章泯棄靡有孑遺邇及商王不風不雅何者論功頌德所以將順其美刺過譏失所以匡救其惡各於其黨則爲法者彰顯爲戒者著明周自后稷播種百穀黎民阻飢茲時乃粒自傳於此明也陶唐之末中葉公劉亦世修其業以明民共財至於太王王季克堪顧天文武之德光熙前緒以集大命於厥身遂爲天下父母使民有政有居其時詩風有周南召南雅有鹿鳴文王之屬及成王周公太平制禮作樂而有頌聲興焉盛之至也本之由此風雅而來故皆錄之謂之詩之正經後王稍更陵遲懿王始受譖亨齊哀公夷身失禮之後邶不尊賢自是而下厲也幽也政教尤衰周室大壞十月之交民勞板蕩勃爾皆作衆國紛然

刺怨相尋五霸之末上無天子下無方伯善者誰賞惡者誰罰紀綱絶矣故孔子錄懿王夷王時詩訖於陳靈公淫亂之事謂之變風變雅以爲勤民恤功昭事上帝則受頌聲宏福如彼若違而弗用則被劫殺大禍如此吉凶之所由憂娛之萌漸昭昭在斯足作後王之鑒於是止矣夷厲已上歲數不明太史年表自共和始歷宣幽平王而得春秋次第以立斯譜欲知源流清濁之所處則循其上下而省之欲知風化芳臭氣澤之所及則旁行而觀之此詩之大綱也舉

一綱而萬目張解一卷而衆篇明於力則鮮於思則寡其諸君子亦有樂於是與

周南召南譜

周南者禹貢雍州岐山之陽地名今屬右扶風美陽縣地形險阻而原田肥美周之先公曰大王者避狄難自豳始遷焉而脩德建王業商王帝乙之初命其子王季爲西伯至紂又命文王典治南國江漢汝旁之諸侯於時三分天下有其二以服事殷故雍梁荆豫徐揚之人咸被其德而從之文王受命作邑於豐

乃分岐邦周召之地爲周公旦召公奭之采地施先公之教於已所職之國武王伐紂定天下巡守述職陳誦諸國之詩以觀民風俗六州者得二公之德教尤純故獨錄之屬之大師分而國之其得聖人之化者謂之周南得賢人之化者謂之召南言二公之德教自岐而行於南國也乃棄其餘謂此爲風之正經初古公亶父聿來胥宇爰及姜女其後大任思媚周姜大姒嗣徽音歷世有賢妃之助以致其治文王刑于寡妻至于兄弟以御于家邦是故二國之詩以后

妃夫人之德爲首終以麟趾騶虞言后妃夫人有斯德興助其君子皆可以成功至于獲嘉瑞風之始所以風化天下而正夫婦焉故周公作樂用之鄉人焉用之邦國焉或謂之房中之樂者后妃夫人侍御於其君子女史歌之以節義序故耳射禮天子以騶虞諸侯以貍首大夫以采蘋士以采蘩爲節今無貍首周衰諸侯並僭而去之孔子錄詩不得也爲禮樂之記者從後存之遂不得其次序周公封魯死謚曰文公召公封燕死謚曰康公元子世之其次子世守采

地在王官春秋時周公召公是也問者曰周南召南爲之詩爲風之正經則然矣自此之後南國諸侯政之興衰何以無變風荅曰陳諸國之詩者將以知其缺失省方設教爲黜陟時徐及吳楚僭號稱王不承天子之風今棄其詩夷狄之也其餘江黃六蓼之屬既驅陷於彼俗又亦小國猶邾滕紀莒之等夷其詩蔑而不得列於此

邶鄘衛風譜

邶鄘衛者商紂畿內方千里之地其封域在禹貢冀州大行東北踰衡漳東及兗州桑土之野周武王伐紂以其京師封紂子武庚爲殷後庶殷頑民被紂化日久未可以建諸侯乃三分其地置三監使管叔蔡叔霍叔尹而教之自紂城而北謂之邶南謂之鄘東謂之衛武王既喪管叔及其羣弟見周公將攝政乃流言於國曰公將不利於孺子周公避之居東都二年秋大熟未穫有雷電疾風之異及後成王悅而迎之反而遂居攝三監導武庚叛成王既黜殷命殺武庚復伐三監更於此三國建諸侯以殷餘民封康叔於衛使爲之長後世子孫稍并彼二國混而名之七世至頃侯當周夷王時衛國政衰變風始作作者各有所傷從其國本而異之爲邶鄘衛之詩焉

王風譜

王者周東都王城畿內方六百里之地其封域在禹貢豫州太華外方之閒北得河陽漸冀州之南始武王作邑於鎬京謂之宗周是爲西都周公攝政五年成王在豐欲宅洛邑使召公先相宅既成謂之王城是爲東都今河南是也召公既相宅周公往營成周今洛陽是也成王居洛邑遷殷頑民於成周復還歸處西都至於夷厲政教尤衰十一世幽王嬖襃姒生伯服廢申后太子宜咎奔申申侯與犬戎攻宗周殺幽王於戲晉文侯鄭武公迎宜咎于申而立之是爲平王以亂故徙居東都王城於是王室之尊與諸侯無異其詩不能復雅故貶之謂之王國之變風

鄭風譜

初宣王封母弟友於宗周畿內咸林之地是爲鄭桓公今京兆鄭縣是其都也又爲幽王大司徒甚得周

衆與東土之人問於史伯曰王室多故余懼及焉其何所可以逃死史伯曰其濟洛河潁之間乎是其子男之國虢鄶爲大虢叔恃勢鄶仲恃險皆有驕侈怠慢之心加以貪冒君若以周難之故寄帑與賄不敢不許是驕而貪必將背君君以成周之衆奉辭伐罪無不克矣若克二邑鄢蔽補丹依疇歷華君之土也修典刑以守之惟是可以少固桓公然其言從之後三年幽王爲犬戎所殺桓公死之其子武公與晉文侯定平王於東都王城卒取史伯所云十邑之地右洛左濟前華後河食溱洧焉今河南新鄭是也

齊風譜

齊者古少皞之世爽鳩氏之墟周武王伐紂封太師呂望於齊是謂齊太公地方百里都營丘周公致太平敷定九畿復夏禹之舊制成王用周公之法制廣大邦國之境而齊受上公之地更方五百其封域東至于海西至于河南至于穆陵北至于無棣在禹貢青州岱山之陰濰淄之野其子丁公嗣位於王官後五世哀公政衰荒淫怠慢紀侯譖之於周懿王使烹焉齊之變風始作

魏風譜

魏者虞舜夏禹所都之地在禹貢冀州雷首之北析城之西周以封同姓焉其封域南枕河曲北涉汾水昔舜耕于歷山陶于河濱禹菲飲食而致孝乎鬼神惡衣服而致美乎黻冕卑宮室而盡力乎溝洫此一帝一王儉約之化於時猶存及今魏君嗇且褊急不務廣修德於民教以義方其與秦晉鄰國日見侵削國人憂之當周平桓之世魏之變風始作

唐風譜

唐者帝堯舊都之地今曰太原晉陽是堯始居此後乃遷河東平陽成王封母弟叔虞於堯之故墟曰唐侯南有晉水至子燮改爲晉侯其封域在禹貢冀州太行恒山之西太原大岳之野至曾孫成侯南徙居曲沃近平陽焉昔堯之末洪水九年下民其咨萬國不粒於時殺禮以救艱厄其流乃被于今當周公召公共和之時成侯曾孫僖侯甚嗇愛物儉不中禮國人閔之唐之變風始作其孫穆侯又徙于絳云

秦風譜

秦者隴西谷名於禹貢近雍州鳥鼠之山堯時有伯翳者實皐陶之子佐禹治水水土既平舜命作虞官掌上下草木鳥獸賜姓曰嬴歷夏商興衰亦世有人焉周孝王使其末孫非子養馬於汧渭之間孝王爲伯翳能知禽獸之言子孫不絕故封非子爲附庸邑之於秦谷至曾孫秦仲宣王又命作大夫始有車馬禮樂侍御之好國人美之秦之變風始作秦仲之孫襄公平王之初興兵討西戎以救周平王東遷王城

乃以岐豐之地賜之始列爲諸侯遂橫有周西都宗周畿內八百里之地其封域東至迆山在荊岐終南惇物之野至元孫德公又徙於雍云

陳風譜

陳者太皞虙戲氏之墟帝舜之胄有虞閼父者爲周武王陶正武王賴其利器用與其神明之後封其子嬀滿於陳都於宛丘之側是曰陳胡公以備三恪妻以元女大姬其封域在禹貢豫州之東其地廣平無名山大澤西望外方東不及盟豬大姬無子好巫覡禱祈鬼神歌舞之樂民俗化而爲之五世至幽公當厲王時政衰大夫淫荒所爲無度國人傷而刺之陳之變風始作矣

檜風譜

檜者古高辛氏火正祝融之墟國在禹貢豫州外方之北滎波之南居于溱洧之間祝融氏名黎其後八姓唯妘姓檜者處其地焉周夷王厲王之時檜公不務政事而好絜衣服大夫去之於是檜之變風始作其國北鄰於虢

曹風譜

曹者禹貢兗州陶丘之北地名周武王既定天下封弟叔振鐸於曹今曰濟陰定陶是也其封域在雷夏荷澤之野昔帝堯嘗遊成陽死而葬焉舜漁於雷澤民俗始化其遺風重厚多君子務稼穡薄衣食以致畜積夾於魯衛之間又寡於患難末時富而無教乃更驕侈十一世當周惠王時政衰昭公好奢而任小人曹之變風始作

豳風譜

豳者后稷之曾孫曰公劉者自邰而出徙戎狄之地名今屬右扶風栒邑公劉以夏后太康時失其官守竄於此地猶修后稷之業勤恤愛民民咸歸之而國成焉其封域在禹貢雍州岐山之北原隰之野至商之末世大王又避戎狄之難而入處於岐陽民又歸之公劉之出大王之入雖有其異由有事難之故皆能守后稷之教不失其德成王之時周公避流言之難出居東都二年思公劉大王居豳之職憂念民事至苦之功以比序已志後成王迎而反之攝政致太平其出入也一德不回純似於公劉大王之所爲太師大述其志主意於豳公之事故別其詩以爲豳國變風焉

小雅大雅譜

小雅大雅者周室居西都豐鎬之時詩也始祖后稷由神氣而生有播種之功於民公劉至于大王王季歷及千載越異代而別世載其功業爲天下所歸文王受命武王遂定天下盛德之隆大雅之初起自文王至于文王有聲據盛隆而推原天命上述祖考之

美小雅自鹿鳴至于魚麗先其文所以治内後其武所以治外此二雅逆順之次要於極賢聖之情著天道之助如此而已矣大雅生民下及卷阿小雅南有嘉魚下及菁菁者莪周公成王之時詩也傳曰文王基之武王鑿之周公内之謂其道同終始相成比而合之故大雅十八篇小雅十六篇爲正經其用於樂國君以小雅天子以大雅然而饗賓或上取燕或下就何者天子饗元侯歌肆夏合文王諸侯歌文王合鹿鳴諸侯於鄰國之君與天子於諸侯同天子諸侯燕羣臣及聘問之賓皆歌鹿鳴合鄉樂此其著畧大校見在書籍禮樂崩壞不可得詳大雅民勞小雅六月之後皆謂之變雅美惡各以其時亦顯善懲過正之次也問曰常棣閔管蔡之失道何故列於文王之詩曰閔之閔之者閔其失兄弟相承順之道至于被誅若在成王周公之詩則是彰其罪非閔之故爲隱推而上之因文王有親兄弟之義又問曰小雅之臣何以獨無刺厲王曰有焉十月之交雨無正小旻小宛之詩是也漢興之初師移其弟一作第耳亂甚焉既

移又文一作改其目義順上下刺幽王亦過矣

周頌譜

周頌者周室成功致太平德洽之詩其作在周公攝政成王即位之初頌之言形容天子之德光被四表格于上下無不覆燾無不持載此之謂容於是和樂興焉頌聲乃作

魯頌譜

魯者少昊摯之墟也國中有大庭氏之庫則大庭氏亦居兹乎在周公歸政成王封其元子伯禽於魯其

封域在禹貢徐州大野蒙羽之野自後政衰國事多廢十九世至僖公當周之惠襄王時而遵伯禽之法養四種之馬牧於坰野尊賢祿士修泮宮崇禮教十六年會諸侯於淮上謀東畧公遂伐淮夷二十年新作南門又修姜嫄之廟至於復魯舊制未徧而蒍國人美其功季孫行父請命於周而作其頌文公十三年太室屋壞初成王以周公有太平制典法之勳命魯郊祭天三望如天子之禮故孔子錄其詩之頌同於王者之後問者曰列國作詩未有請於周者行父

請之何也曰周尊魯巡狩述職不陳其詩至於臣頌君功樂周室之聞是以行父請焉周之不陳其詩者爲優耳其有大罪侯伯監之行人書之亦示覺焉

商頌譜

商者契所封之地有娀氏之女名簡狄者吞鳦卵而生契堯之末年舜舉爲司徒有五教之功乃賜姓而封之世有官守十四世至湯則受命伐夏桀定天下後世有中宗者嚴恭寅畏天命自度治民祗懼不敢荒寧後有高宗者舊勞於外爰洎小人作其即位乃

或諒闇三年不言言乃雍不敢荒寧嘉靖殷邦至于小大無時或怨此三王有受命中興之功時有作詩頌之者商德之壞武王伐紂乃以陶唐氏火正閼伯之墟封紂兄微子啓爲宋公代武庚爲商後其封域在禹貢徐州泗濱西及豫州盟豬之野自後政衰散亡商之禮樂七世至戴公時當宣王大夫正考父者校商之名頌十二篇於周太師以那爲首歸以祀其先王孔子錄詩之時則得五篇而已乃列之以備三頌著爲後王之義監三代之成功法莫大於是矣問

者曰列國政衰則變風作宋何獨無乎曰有焉乃不錄之王者之後時王所客也巡守述職不陳其詩亦示無貶黜客之義也又問曰周太師何由得商頌曰周用六代之樂故有之

序錄

經典序錄曰徐整字文操豫章人吳大常卿撰

元詩譜二卷

困學紀聞曰經典釋文序錄鄭氏詩譜徐整暢太叔裘隱隋志太叔裘及劉炫注古今書錄云徐正陽注館閣書目謂注者爲太叔求而不考序錄徐正陽疑即徐整謨以整爲正暢爲陽也

按唐志不載此篇目則是書之亡蓋已久矣今亦祗從陸氏經典釋文序錄鈔出一條

毛詩譜注

豫章徐　整撰

毛詩出自子夏授高行子按困學紀聞引徐整云子夏授高行子卽詩序及孟子所謂高子也高行子授薛蒼子薛蒼子授帛妙子帛妙子授河間人大毛公毛公爲詩故訓傳於家以授趙人小毛公一云名萇小毛公爲河間獻王博士以不在漢朝故不列於學一云子夏傳曾申字子西魯人曾參之子申傳魏人李克克傳魯人孟仲子鄭元詩譜云孟仲子子思之弟子孟仲子傳根牟子根牟子傳趙人孫卿子孫卿子傳魯人大毛公

漢書儒林傳云毛公趙人治詩爲河間獻王博士授同國貫長公長公授解延年爲阿武令齊人延年授虢徐敖敖授九江陳俠王莽講學大夫或云陳俠傳謝曼卿

序錄

隋志魏衛將軍王肅毛詩注二十卷毛詩義駁八卷毛詩奏事一卷毛詩問難二卷魏司空王基毛詩駁一卷晉長沙太守孫毓毛詩異同評十卷晉徐州從事陳統難孫氏毛詩評四卷

經典序錄曰鄭氏作毛箋申明毛義難三家於是三家遂廢矣魏太常王肅更述毛非鄭荆州刺史王基字伯輿東萊人駁王肅申鄭義晉豫州刺史孫毓字休朗北海平昌人長沙太守爲詩評評毛鄭王肅同異朋於王徐州從事陳統字元方難孫申鄭

經義考曰按隋志別集類有晉汝南太守孫毓集六卷一孫毓也一以爲長沙守一以爲汝南守一以爲豫州刺史未審孰是

謨按諸書俱已久亡遺說畧具孔氏毛詩正義惟陳說無考今從正義鈔出王基駁十條孫毓評六十七條又鈔出釋文七條內有孔晁馬昭張融數家之說疑當屬聖證論孔氏牽入異同評今仍鈔錄

毛詩異同評

晉　北海孫毓撰　　萬載陳郁彬校

釆釆芣苢薄言釆之(傳)芣苢馬舄馬舄車前也

王肅引周書王會云芣苢如李出於西戎

王基駁曰王會所記雜物奇獸皆四夷遠國各貢土地異物以爲貢贄非周南婦人所得釆

汝墳道化行也

王肅曰當紂之時大夫行役

王基曰汝墳之大夫久而不歸樂詳馬昭孔晁孫

毓等皆云大夫

誰其尸之有齊季女(傳)尸主齊敬季少也蘋藻薄物也澗潦至質也筐筥錡釜陋器也少女微主也古之將嫁女者必先禮之於宗室牲用魚芼之以蘋藻(箋)主設羹者季女則非禮也女將行父禮之而俟迎者蓋母薦之無祭事也祭事主婦設羹教成之祭更使季女者成其婦禮也季女不主魚魚俎實男子設之其粢盛蓋以黍稷

王肅以爲此篇所陳皆是大夫妻助夫氏之祭釆蘋藻以爲菹設之於奥奥即牖下又解毛傳禮之宗室謂教之以禮於宗室本之季女取微主也其毛傳所云牲用魚芼之以蘋藻亦謂教成之祭非經文之蘋藻也

孫毓以王爲長

退食自公(箋)退食謂減膳也

王肅曰自減膳食聖人有逼下之譏

孫毓曰自非天災無減膳之制所以得減膳食者以序云節儉明其減於常禮經言退食是減膳可

知

簡兮簡兮方將萬舞(傳)以干羽爲萬舞

孫毓曰萬舞干戚也羽舞翟之舞也傳以干羽爲萬舞失之矣

玼兮玼兮其之翟也(傳)玼鮮盛貌褕翟闕翟羽飾衣也(箋)侯伯夫人之服自褕翟而下如王后焉

孫毓曰自古衣飾山龍華蟲藻火粉米及周禮六服無言以羽飾衣者羽施於旌旂蓋則可施於衣裳則否蓋附人身動則卷舒非可以羽飾故也鄭

義爲長

素絲組之良馬五之〔傳〕驂馬五轡〔箋〕五之者亦謂五見之也

王肅曰古者一轅之車駕三馬則五轡其大夫皆一轅車夏后氏駕兩謂之麗殷益以一騑謂之驂周人又益一騑謂之駟本從一驂而來亦謂之驂經言驂則三馬之名

孔晁曰作者歷言三王之法

王基曰商頌曰約軝錯衡八鸞鎗鎗是則殷駕四

不駕三也

楊之水不流束蒲〔傳〕蒲草也〔箋〕蒲蒲柳

孫毓曰蒲草之聲不與戍許相協箋義爲長 釋文

山有橋松隰有游龍〔箋〕游龍猶放縱也橋松在山上喻忽無恩澤於大臣也紅草放縱枝葉於隰中喻忽聽恣小臣此又言養臣顛倒失其所也

孫毓曰箋言用臣顛倒置不正於上位上位大臣也置有美德於下位下位小臣也則其養之又無恩於所寵而聽恣於所薄乎自相違戾

不見子充乃見狡童〔傳〕子充良人也狡童昭公也〔箋〕人之好忠良之人不往覩子充乃反往覩狡童狡童有貌而無實

孫毓曰此狡狡好之狡謂有貌無實者也云刺昭公而謂狡童爲昭公於義雖通下篇言昭公有狂狡之志未可用也箋義爲長

子之昌兮俟我乎堂兮〔箋〕堂當爲棖棖門梱上木近邊者

王肅曰升于堂以俟

孫毓曰禮門側之堂謂之塾謂出俟於塾前詩人

此句故言堂耳毛無易字之理必知其不與鄭同

充耳以素乎而尚之以瓊華乎而〔傳〕素象瑱瓊華美石士之服也〔箋〕以素爲充耳謂所以懸瑱者或名爲紞織之人君五色臣則三色而已此言素者目所先見而云飾之以瓊華者謂懸紞之末所謂瑱也人君以玉爲瓊華石色似瓊也

王肅曰王后織玄紞天子之玄紞一玄而已何云具五色乎又曰以美石飾象瑱

王基曰紞今之絛豈有一色之絛色不雜不成爲絛王后織玄紞者舉夫色尊者言之耳

孫毓曰按禮之名充耳是塞耳卽所謂瑱懸當耳故謂之塞耳懸之者別謂之紞不得謂之充耳猶瑱不得名之爲紞也故曰玉之瑱兮夫設纓以爲冠不得謂冠是纓之飾結組以懸佩不可謂所以飾組今獨以瑱爲紞之飾謬於名而失於實非作者之意以毛王爲長

展我甥兮傳外孫曰甥箋姊妹之子曰甥

王肅曰據外祖以言也謂不指襄公之身總據齊國爲信外孫得稱甥者按左傳云以肥之得備彌甥

孫毓曰姊妹之子曰甥謂吾舅者吾謂之甥此爾雅之明義末學者之所及豈毛公之博物王氏之通識而當亂於此哉抑者以襄公雖舅而鳥獸其行犯親亂類使時人皆以爲齊侯之子故絕其相名之倫更本於外祖以言也凡異族之親皆稱甥

言采其莫傳莫采也箋言采其莫以爲菜

王肅孫毓皆以爲大夫采菜

碩大無朋傳朋比也箋無朋平均不朋黨

比王肅孫毓申毛必履反謂無比例也一音必二反申毛作毗至反 釋文

孫毓曰桓叔阻邑不臣以孽傾宗與潘父比至殺昭公而求入焉能均平而不朋黨乎

泌之洋洋可以樂飢傳樂飢可以樂道忘飢箋泌水之流洋洋然飢者見之可飲以瘵飢以喻人君慤愿任用賢臣則政教成亦猶是也

王肅曰洋洋泌水可以樂道忘飢巍巍南面可以樂治忘亂

孫毓曰既巍巍矣又安得亂此言臨水歎逝可以樂道忘飢是感激立志慷慨之喻猶孔子曰發憤忘食不知老之將至云爾

匪適株林從夏南箋言我非之株林從夏氏子南之母爲淫泆之行自之他耳觝拒之辭

王肅曰言非欲適株林從夏南之母反覆言之疾之也

孫毓以王爲長

有美一人傷如之何傳傷無禮也箋傷思也我思此美人當如之何而得見之

孫毓以箋義爲長

庶見素冠兮傳冠練冠也箋喪禮既祥祭而縞冠素紕

王肅亦以素冠爲大祥之冠

孫毓以箋說爲長

其弁伊騏傳騏騏文也弁皮弁也箋騏當作璂以玉爲之

孫毓曰皮弁之飾有玉璂而無綦文綦文弁所以飾弁箋義爲長

饁彼南畝田畯至喜傳饁饋也田畯田大夫也箋喜讀爲饎饎酒食也耕者之婦子俱以饟來至於南畝之中其見田大夫又爲設酒食焉

孫毓曰小民耕農妻子相饁雖有冀缺迎賓之敬大夫儼然銜命巡司何爲辱身就耕民公媼壟畝之閒共飲食乎鄙亦甚矣而改易經字殆非作者之本旨

七月鳴鵙傳鵙伯勞也箋伯勞鳴將寒之候也五月則鳴豳地晚寒鳥物之候從其氣焉

王肅曰蟬及鵙皆以五月始鳴今云七月其義不通也古五字如七

孫毓曰寒鄉率早寒北方是也熱鄉乃晚寒南方是也毛傳言晚寒者豳土寒多雖晚猶寒非謂寒來晚也

既取我子無毀我室傳無能毀我室者攻堅之故也

寧亡二子不可以毀我周室箋時周公竟武王之喪欲攝政成周道致太平之功管叔蔡叔等流言云公將不利於孺子成王不知其意而多罪其屬黨與者喻此諸臣乃世臣之子孫其父祖以勤勞有此官位土地今若誅殺之無絕其官位奪其土地王意欲誚公此之由然

王肅曰按經傳內外周公之黨具存成王無所誅殺横造此言其非一也設有所誅不救其無罪之死而請其官位土地緩其大而急其細其非二也

設已有誅不得云無罪其非三也

馬昭曰公黨已誅請之無及故但言請子孫土地

我東曰歸我心西悲傳公族有辟公親素服不舉樂爲之變如其倫之喪箋我在東山常曰歸也我心則念西而悲

孫毓曰殺管叔在二年辟刑之時素服不舉至於歸時踰年已久無緣西行而後始悲箋說爲長

旣破我斧又缺我斨傳隋銎曰斧斧斨民之用也禮義國家之用也箋四國流言旣破毀我周公又損傷

我成王以此二者爲大罪

王肅曰今四國乃盡破其用

孫毓曰猶甘誓說言毁壞其三正耳

又曰周公不失其聖成王本爲賢君四國叛逆安能破周公損成王乎

伐柯美周公也周大夫刺朝廷之不知也箋成王旣得雷雨大風之變欲迎周公而朝廷羣臣猶惑於管蔡之言不知周公之聖德疑於王迎之禮是以刺之

王肅曰朝廷斥成王

孫毓曰疑周公者成王也明周公者羣臣也書曰史與百執事對曰信噫公命我勿敢言二公下至百執事皆明周公如此復誰刺乎且夫朝廷人君所專未有稱羣臣爲朝廷者漢魏稱人主或云國家或言朝廷古今同也曷以不言刺成王刺成王當在雅此詩王美周公故在豳風是以畧言刺朝廷

伐柯如何匪斧不克取妻如何匪媒不得箋伐柯之道唯斧乃能之此以類求其類也以喻成王欲迎周

公當使賢者先往媒者能通二姓之言定人室家之道以喻王欲迎周公當先使曉王與周公之意者又先往

孫毓曰周公之思歸恐成王之未悟耳王出郊而天雨反風禾則盡起精誠感天而況於人乎何須賢者之先往也周公至聖見能未形非如讎敵尚相阻疑何須問人重相曉喻乎鄭爲此說者以爲此詩之作在雷風之後王實未迎周公致使朝臣尚或假言迎意刺彼未知言王以周公之聖欲其

速反尚使賢者先行令人傳通其意說周公宜還
見疑者可刺耳非謂周公有疑須相曉喻也
公孫碩膚【傳】公孫成王也豳公之孫也【箋】公周公也
孫讀當如公孫于齊之孫孫之言孫遁也
王肅曰言周公所以進退有難者以俟王之長大
有大美之德能服盛服以行禮也
孫毓曰詩書名例未有稱天子爲公孫者成王之
去豳公又已遠矣又此篇美周公不美成王何言
成王之大美乎公宜爲周公箋義爲長

每懷靡及【傳】每雖懷和也【箋】春秋外傳曰懷私爲每
懷也和當爲私衆行夫既受君命當速行每人懷其
私相稽畱則於事將無所及
王肅以周爰咨詢毛傳云雖有中和者即上每雖
懷和是也
孫毓亦以爲然故其評曰案此篇毛傳上下說自
相申成下章傳云雖有中和當自謂無所及即是
上章謂每懷靡及每雖懷和之義也【箋】既易之於
前爲說於下云中和謂忠信自是周之訓也何得

以釋中和乎上下錯戾不可得通傳義爲長
君子有酒嘉賓式燕以樂【箋】君子斥時在位者也
王肅孫毓亦以爲在位朝廷之求賢
六月宣王北伐也
鄭以爲獨遣吉甫王不自行
王肅曰宣王親伐玁狁出鎬京而還使吉甫追伐
追逐乃至於太原
王基曰六月使吉甫采芑命方叔江漢命召公唯
常武宣王親自征耳

孔晁曰六月王親行常武王不親行故常武曰王
命卿士南仲太祖太師皇父非王親征也又曰王
奮厥武王旅嘽嘽皆統於王師也又王曰還歸將
士稱王命而歸耳非親征也
孫毓亦以此篇王不自行鄭說爲長
侵鎬及方【箋】鎬也方也皆北方地名
王肅以爲鎬京
王基駮曰據下章云來歸自鎬我行永久言吉甫
自鎬來歸猶春秋公至自晉公至自楚亦從晉楚

歸來也故知鄉曰千里之鎬猶以爲遠鎬去京師千里長安洛陽代爲帝都而濟陰有長安鄉漢有洛陽縣此皆與京師同名者也

孫毓亦以箋義爲長

斯干宣王考室也【箋】宣王築宮廟羣寢既成而釁之歌斯干之詩以落之此之謂成室宗廟成則又祭祀先祖

王肅曰宣王修先祖宮室儉而得禮

孫毓曰此宣王考室之詩無作宗廟之言（正義云孫王並云述毛）

不自爲政卒勞百姓【箋】昊天不自出政教則終窮苦百姓欲使昊天出圖書有所授命民乃得安

王肅曰禮人臣不顯諫諫猶不顯況欲使天更授命詩皆獻之於君以爲箴規包藏禍心臣子大罪況公言之乎

王基曰臣子不顯諫者謂君父失德尚微先將順風喻若乃暴亂將至危殆當披露下情伏死而諫焉待風議而已哉是以西伯戡黎祖伊奔告於王曰天已訖我殷命古之賢者切諫如此幽王無道將滅京周百姓怨王欲天有授命此文陳下民疾怨之言曲以感寤此正與祖伊諫皆同忠臣殷勤之義何謂非人臣宜言哉肅不識尚書祖伊之言而怪家父邪

既克有定靡人弗勝【傳】勝乘也【箋】王既能有所定尚復事之小者爾無人而不勝言凡人所定皆勝王也

王肅曰既有所定皆乘陵人之事言殘虐也今據爲毛說

孫毓曰小人好爲小善矜能自臧以爲大功其所成就細碎小事凡人所勝而過者反以驕人是詩所刺幽王也若乘陵殘虐之事動則有惡豈得名之爲克有定乎【箋】義爲長

十月之交大夫刺幽王也【箋】當爲刺厲王作詁訓傳時移其篇第因改之耳

王肅以爲四篇正刺幽王

孫毓疑而不能決其評曰毛公大儒明於詁訓篇義誠自刺厲王無緣横移其第改爲幽王鄭君之

言亦不虛耳是以惑疑無以斷焉竊以褒姒龍齝之妖所生褒人養而獻之無有私黨皇父以下七子之親而令在位若此之盛也又尙書緯說豔妻謂厲王之婦不斥褒姒又雨無正有周宗既滅靡所止戾之言若是幽王既爲犬戎所殺則無所刺若王尙存不得謂之既滅下句言正大夫離居莫知我勩莫肯夙夜莫肯朝夕庶曰式臧覆出爲惡之言鄭箋皆謂厲王流于彘之後於義爲安正義云是其言雖不能決而其意謂鄭爲長也

白予不戕禮則然矣箋戕殘也

王作臧臧善也

孫毓評以箋爲改字釋文

靡瞻匪父靡依匪母不屬于毛不罹于裏傳毛在外陽以言父裏在內陰以言母箋此言人無不瞻仰其父取法則者無不依恃其母以長大者今我獨不得父皮膚之氣乎獨不處母之胞胎乎何曾無恩於我

孫毓謂傳爲長母斥褒姒

有捄天畢傳畢所以掩兔箋畢者祭器有畢者所以助載鼎實

孫毓曰祭器之畢狀如畢星名象所出也畢弋之畢又取象焉而因施網於其上雖可兩通箋義爲長

四月維夏六月徂暑先祖匪人胡寧忍予傳徂往也箋徂猶始也匪非也寧猶曾也我先祖非人乎人則當知患難何爲曾使我當此難世乎

王肅曰詩人以夏四月行役至六月暑往未得反已闕二時之祭役當復闕二時也先祖匪人謂征役過時曠廢其祭祀我先祖獨非人乎王者何爲忍不憂恤我使我不得修子道正義云據檢毛傳又無此意

孫毓曰凡從役踰年乃怨雖文王之師猶采薇而行歲暮乃歸小雅美之不以爲譏又行役之人固不得親祭攝者修之未爲有闕豈有四月從役六月未歸數月之閒未過古者出師之期而以刺幽王亡國之君乎

又曰如適之徂皆訓爲往今言往暑猶言適暑耳雖四月爲夏六月乃之適盛暑非言徂而退也詩

人之與言治少亂多皆積而後盛盛而後衰衰而後亂周自太王王季王業始起猶維夏也及成康之世而後致太平猶徂暑也暑往則寒來故秋日繼之冬日又繼之善惡之喻各從其義正義云皝自言述毛亦非毛旨

匪鶉匪鳶翰飛戾天匪鱣匪鮪潛逃于淵【傳】鶉鵰也鵰鳶貪殘之鳥也大魚能逃處淵【箋】言鵰鳶之高飛鱣鮪之處淵性自然也非鵰鳶能高飛非鱣鮪能處淵皆驚駭辟害爾喻民性安土重遷今而逃走亦畏

亂政故

王肅曰以言在位非鵰鳶也何則貪殘驕暴高飛至天時賢非鱣鮪也何為潛逃以避亂

孫毓曰貪殘之人而居高位不可得而治賢人大德而處潛遁不可得而用上下皆失其所是以大亂而不振正義云皆述毛說也

鼓鐘將將淮水湯湯憂心且傷【傳】幽王用樂不與德比會諸侯于淮上鼓其淫樂以示諸侯賢者為之憂傷【箋】為之憂傷者嘉樂不野合犧象不出門今乃於淮水之上作先王之樂失禮尤甚

王基曰所謂淫樂者謂鄭衛桑間濮上之音師延所作新聲之屬

王肅曰凡作樂而非所則謂之淫淫過也幽王既用樂不與德比又鼓之於淮上所謂過也桑間濮上亡國之音非徒過而已

孫毓曰此篇四章之義明皆正聲之和欽欽人樂進之善同音四縣克諧以雅以南既以其正且廣所及以籥不僭又為和而不僭差皆無淫樂在其

間也則未知幽王曷為作先王之樂於淮水之上耳二者之說箋義為長

或剝或亨或肆或將【傳】亨飪之也肆陳將齊也或陳于牙或齊于肉【箋】祭祀之禮各有其事有解剝其皮者有煑熟之者有肆其骨體於俎者或奉持而進之者

王肅曰分齊其肉所當用則是既陳於牙就牙上而齊之也或肆或將其事俱在或亨之前以二者事類相將故進或亨於上以配或剝耳

孫毓曰此章祭時之事始於絜牛羊成於神保享各以次第也既解剝則當亨煑之於鑊既煑熟當陳其骨體於俎然後奉持而進之爲尸羞不待既亨熟乃分齊所當用也箋義爲長

先祖是皇神保是饗傳皇大保安也箋皇暀也先祖以孝子祀禮甚明之故精氣歸暀之其鬼神又安而享其祭祀

孫毓曰孝經稱宗廟致敬鬼神著矣禮曰聖人爲能享帝孝子爲能享親故此章云神保是享下章稱神保是格皆取之往安來爲義箋說爲長

信彼南山維禹甸之傳甸治也箋信乎南山之野禹治而丘甸之

孫毓曰禹平治水土以除洪水之災當此之時未及丘甸其田也且井邑丘甸出於周法虞夏之制未有聞焉今以周之法爲虞夏之說又謂禹治水土比丘甸之非其義也

倬彼甫田歲取十千傳甫田謂天下田也十千言多也箋甫之言丈夫也明乎彼太古之時以丈夫稅田也歲取十千於井田之法則一成之數也

王肅曰太平之時天下皆豐故不繫之於夫井不限之於斗斛要言多取田畝之收而已

孫毓曰凡詩賦之作皆總舉衆義從多大之辭非如記事立制必詳度量之數甫田猶下篇言大田耳言歲取十千亦猶頌云萬億及秭舉大數且以協句言所在有大田皆有十千之收推而廣之以見天下皆豐正義云此皆申術毛說也

我取其陳食我農人傳尊者食新農夫食陳箋倉廩有餘民得賒貰取食之所以紓官之蓄滯亦使民愛存新穀自古者豐年之法如此

孫毓曰一家之中尊長食新農夫食陳老壯之別孝養之義也

曾孫來止以其婦子饁彼南畝田畯至喜攘其左右嘗其旨否箋曾孫謂成王也攘讀當爲饟饁饟饋也田畯司嗇今之嗇夫也喜讀爲饎饎酒食也成王來止謂出觀農事也親與后世子行使知稼穡之艱難也爲農人之在南畝者設饋以勸之司嗇至則又加

之以酒食攘其左右從行者成王親爲嘗其饋之美
否示親之也
王肅曰曾孫來止親循畎畝勸稼穡也農夫務事
使其婦子並饁饋也田畯之至喜樂其事教農以
閒暇攘田之左右除其草萊嘗其氣旨土和美與
否也又婦人無閫外之事帝王乃躬自食農人周
則力不供不徧則爲惠不普鄭說非也
孫毓曰古者婦人無外事送兄弟不踰閾惟王后
親桑以勸蠶事又不隨天子而行成王出勸農事

何得將婦兒自隨而云使知稼穡之艱難王后寧
復與稼穡事者乎此與豳風同我婦子饁彼南畝
田畯至喜之義皆同農人遽於其事婦子俱饟也
田畯見其勤修喜樂其事又王者從官自有常饌
非獨於南畝之中乃饟左右而親爲之嘗又非人
君待下之義 正義云皆以鄭說爲短
君子樂胥受天之祜（傳）胥皆也（箋）胥有才知之名也
孫毓曰與天下皆樂樂之大者天子四海之內無
違命則天子樂矣諸侯四封之內無違命外內無

故則諸侯樂矣大夫官府之內無違命者諂諛行
於上則大夫樂矣士進以禮退以義則士樂矣庶
人耕稼樹藝以養父母刑罰不加於身則庶人樂
矣 正義云是述毛之義也
有頍者弁實維伊何（傳）頍弁皃弁皮弁也（箋）言幽王
服是皮弁之冠是維何爲乎言其宜以宴而弗爲也
禮天子諸侯朝服以宴天子之朝皮弁以日視朝
王肅曰言無常也與有德者則戴頍然之弁矣下
又云言冕其在人之無期也以傷王無德將不戴

弁
孫毓曰皮弁非唯王者所服雖陪臣卿大夫皆得
服之不足以爲王者廢與之喻以王說爲非
覯爾新昏以慰我心（傳）慰安也（箋）我得見爾之新昏
如是則以慰除我心之憂也
王肅曰新昏謂褒姒也大夫不遇賢女而後徒見
褒姒讒巧嫉妬故其心怨恨
孫毓曰毛傳云慰怨也徧撿今本皆爲慰安凱風
爲安此當與之同矣此詩五章皆思賢女無緣末

句獨見褒姒爲恨肅之此言非傳旨矣按釋文慰怨也王申慰怨恨之義韓詩作以慍我心慍恚也是馬融義馬昭張融論之詳矣

烝衎烈祖以洽百禮（箋）烝進衎樂烈美洽合也奏樂和必進樂其先祖於是又合見天下諸侯所獻之禮

王肅曰幽王飲酒無度故言燕禮之義其奏云言燕樂之義得則能進樂其先祖猶孝經說士大夫之行曰然後能守其宗廟而保其祭祀非唯祭之日然後能保而行之以此故言烝衎非實祭也

孫毓曰燕禮輕祭事重幽王無度無不慢也舉重

可以明輕輕不足以明重又錫爾純嘏子孫其湛非燕飲之文所得及也一篇之旨箋義爲長

毋教猱升木如塗塗附（傳）塗泥附著也（箋）毋禁辭猱之性善登木若教使其爲之必也附木桴也塗之性善著若以塗附其著亦必也以喻人之心皆有仁義教之則進

王肅曰教猱升木必也如以塗之必著

孫毓曰若喻人心皆有仁義教之則進何爲禁之而云毋乎

上帝甚蹈無自暱焉（箋）上帝乎者愬之也

王肅孫毓述毛皆以上帝爲斥王矣

彼君子女謂之尹吉（傳）尹正也（箋）吉讀爲姞尹氏姞氏周室昏姻之舊姓也

王肅曰正而吉也

孫毓曰尹氏姞氏衰世舊姓豈必能賢

嘯歌傷懷念彼碩人（箋）碩大也妖大之人謂褒姒也申后見黜褒姒之所爲故憂傷而念之

王肅曰碩人謂申后也

孫毓曰申后廢黜失所故嘯歌傷懷念之而勞心

漸漸之石維其高矣山川悠遠維其勞矣武人東征不皇朝矣（箋）山石漸漸然高峻不可登而上喻戎狄衆彊而無禮義不可得而伐也山川者荆舒之國所處也其道里長遠邦域又勞勞廣闊言不可卒服皇王也將率受王命東行而征伐役人罷病必不能正荆舒使之朝於王

王肅曰言遠征戎狄戍役不息乃更漸漸之高石長遠之山川維其勞苦也武人王之武臣征役者

言昔勞病東行征伐東國以困病不暇修禮而相
朝
孫毓曰篇義言役人久病於外故經曰山川悠遠
維其勞病矣此皆以上四句並爲征戎狄而言正義云俱是述毛爲說
曰嬪于京〔傳〕嬪婦京大也〔箋〕京周國之地小別名也
王肅曰唯盡其婦道於大國耳
孫毓以爲京師
文定厥祥〔箋〕問名之後卜而得吉則文王以禮定其

吉祥謂納幣也
孫毓曰昏禮不稱主人母在則命之此時文王纔
十三四孺子耳王季尚在豈得制定求昏之事
造舟爲梁〔傳〕天子造舟諸侯維舟大夫方舟士特舟
造舟然後可以顯其光輝〔箋〕天子造舟周制也殷時
未有等制
王肅曰造舟爲梁然後可以顯著其光輝明文王
之聖德於是可以王也
王基曰自殷以前質略未有造維方特之差周公
制禮因文王敬太姒重初昏行造舟遂即制之以
爲天子禮著尊卑之差記以爲後世法
會朝清明〔傳〕會甲也〔箋〕會合也
王肅曰以甲子昧爽與紂戰不崇朝而殺紂天下
乃大清明無復濁亂之政正義云傳言會甲肅言甲子昧爽以述之則傳言會甲長續爲義謂甲子日之朝非訓會爲甲
孫毓曰經傳詁訓未有以會爲甲者
芃芃棫樸薪之槱之〔傳〕山木茂盛萬民得而薪之賢
人衆多國家得用蕃興〔箋〕枝條芃芃然豫斫以爲薪

至祭皇天上帝及三辰則聚積以燎之
孫毓曰此篇美文王之能官人非稱周地之多賢
才也國事莫大於祀神莫大於天必擇俊士與共
其禮故舉祭天之事以明官人之義又薪之槱之
是燎祭積薪之名非謂萬民皆當槱燎〔箋〕義爲長
維此二國其政不獲維彼四國爰究爰度〔傳〕二國殷
夏也四國四方也〔箋〕二國謂今殷紂及崇侯也四國
謂密也阮也徂也其也
王肅曰彼四方之國乃往從之謀往從之居

孫毓曰天觀四國之政求可以代殷之人先察王者之後故言商而及夏夏者夏禹之世時爲二王之後者不得追斥桀也桀亡國六百餘年何求於將代殷而惡之乎

串夷載路傳串習夷常路大也箋串夷即混夷西戎國名也路應也天意去殷之惡就周之德文王則侵伐昆夷以應之

詩本皆作瘠孫毓評作應釋文

王肅曰天以周家善於治國徙就文王明德以其由世習於常道故得居是大位也

孫毓載箋爲應是本作應也定本亦作應天既去殷之惡文王亦當去惡故伐混夷以應之

侵阮徂共傳國有密須氏侵阮遂往侵共箋阮也徂也共也三國犯周而文王伐之密須之人乃敢距其義兵違正道是不直也

王肅曰無阮徂共三國

孔晁曰周有阮徂共三國見於何書

孫毓曰按書傳文王七年五年伐密須大夷黎邗崇未聞有阮徂共三國助紂犯周文王伐之之事

張融曰晁豈能具數此時諸侯而責徂共非國也魯詩之義以阮徂共皆爲國名是則出於舊說非鄭之創造書傳七年年說一事故其言不及阮徂共耳書傳亦無獵狁釆薇稱玁狁之難後文王不伐之乎鄭之所言非無深趣

不康禋祀居然生子箋康安也姜嫄以赫然顯著之徵其有神靈審矣此乃天帝之氣也心猶不安之又不安徒以禋祀而無人道居默然自生子懼時人不信也

王肅引馬融曰帝嚳有四妃上妃姜嫄生后稷次妃簡狄生契次妃陳鋒生帝堯次妃娵訾生帝摯摯最長次堯次契下妃三人皆已生子上妃姜嫄未有子故禋祀求子上帝大安其祭祀而與之子任身之月帝嚳崩摯即位而崩帝堯即位帝嚳崩後十月而后稷生蓋遺腹子也雖爲天所受然寡居而生子爲衆所疑不可申說姜嫄知后稷之神

奇必不可䇿故欲棄之以著其神因以自明堯亦
知其然故聽姜嫄棄之正義肅以融言爲然又其奏云稷契之典自以積德
累功於民事不以大迹與燕卵也凡不夫而育乃載籍之所以爲妖宗周之所喪滅其意不信履大
迹之事而又不能申棄之意故以爲遺腹子姜嫄避嫌而棄之
王基曰凡人有遺體猶不以爲嫌況於帝嚳聖王
姜嫄賢妃反當嫌於遭喪之月便犯禮哉人情不
然一也就如融言審是帝嚳之子凡聖主賢妃生
子未必皆賢聖能爲神明所祐堯有丹朱舜有商
均文王有管蔡姜嫄御於帝嚳而有身何以知其

特有神奇而置之於寒冰乎假令鳥不覆翼終疑
逾甚則后稷爲無父之子嚳有淫昏之妃姜嫄有
汚辱之毀當何以自明哉本欲避嫌嫌又甚焉不
然二也又世本云帝嚳卜其四妃之子皆有天下
若如融言任身之月而帝嚳崩姜嫄尚未知有身
帝嚳焉得知而卜之苟非其理前却縈礙義不得
通不然三也不夫而育載籍之所以爲妖宗周之
所以喪滅誠如肅言神靈尚能令二龍生妖女以
滅幽王天帝反當不能以精氣育聖子以興帝王

也此適所以明有感生之事非所以爲難肅信二
龍實生褒姒不信天帝能生后稷是謂上帝但能
作妖不能爲嘉祥長於爲惡短於爲善肅之乖戾
此尤甚焉
馬昭曰稷奇見於既棄之後未棄之前用何知焉
孫毓曰天道徵祥古今有之皆依人道而有靈助
劉媼之任高祖著有雲龍之怪褒姒之生由於玄
黿之妖巨迹之感何獨不然而謂自履其夫帝嚳
之迹何足異而神之乃敢棄隘巷寒冰有覆翼之

應乎而王傳云知其神奇不可得害以何爲徵也
且匹夫凡民遺腹生子古今有之嚳崩之月而當
疑爲姦非夫有識者之所能言也鄭說爲長
或舂或揄或簸或蹂（傳）或簸穅者或蹂黍者（箋）舂而
抒出之簸之又潤溼之將復舂之趣於鑿也
孫毓曰詩之序事率以其次既簸穅矣而傳以蹂
爲蹂黍當先蹂乃得舂不得先舂而後蹂也既蹂
卽釋之烝之是其次箋義爲長
篤公劉

王肅曰公號也劉名也
王基曰公劉守也周人以諱事神王者祫百世召公大賢出自姬姓稱揚先祖盛德之君而舉其名不亦遠於禮乎
食之飲之君之宗之傳爲之君爲之大宗也箋宗尊也公劉雖去邰國來遷羣臣從而君之尊之猶在邰也
孫毓曰此篇主稱公劉之厚於民列其始遷於豳此章言羣臣之愛敬上下之有禮無饗燕尊賓之

事且饗之禮設几而不倚何有賓已登席依几之義又國君不統宗故有大宗小宗安得爲之君復爲之大宗乎箋說爲長
伴奐爾游矣傳伴奐廣大有文也箋伴奐自縱弛之意也
王肅曰周道廣大而有文章故君子得以樂易而來游優游而休息正義云傳之此言以二字分而爲義伴爲廣大奐爲文章
孔晁引孔子曰奐乎其有文章伴乎其無涯際是分之也

王肅奏云周公著書名曰無逸而云自縱弛也不亦違理哉
孔晁又曰一人戒無逸一人勸使縱弛事相反戾
孫毓曰忠臣戒君而發章令自縱弛非直方之義
戎雖小子傳戎大也箋戎猶女也
王肅曰在王者之大位雖小子其用事甚大也
孫毓曰戎之爲汝詩人通訓言大雖小子於文不便箋義爲長
錫爾介圭以作爾寶傳寶瑞也箋圭長尺二寸謂之

介非諸侯之圭故以爲寶諸侯之瑞圭自九寸而下
王肅曰寶瑞也桓圭九寸諸侯圭之大者所以朝天子是也
孫毓曰特言賜之以作爾寶明非五等之玉且申伯受侯伯之封當信圭七寸又不得受上公之制九寸桓圭而謂之介箋義爲長
燕師所完箋燕安也大矣彼韓國之城乃古平安時衆民之所築完
王肅孫毓並烏賢反云此燕國釋文

秬鬯一卣【傳】秬黑黍也鬯香草也築煑合而鬱之曰
鬯【箋】秬鬯黑黍酒也謂之鬯者芬香條鬯也
孫毓曰鬱是草名今之鬱金煑以和酒者也鬯是
酒名以黑黍和一秠二米作之芬香條鬯故名曰
鬯鬯非草名古今書傳香草無稱鬯者箋說爲長
南仲大祖大師皇父【傳】王命南仲於大祖皇甫爲大
師【箋】宣王之命卿士爲大將也乃用其以南仲爲大
祖者今大師皇父是也
王肅曰皇父以三公而撫軍也殊南仲於王命親

兵也
孫毓曰宣王之大將復字南仲傳無聞焉且古之
命將皆於禰廟未有於后稷大祖之廟者又經言
南仲大祖名以南仲爲大祖非命於大祖之文也
昔陳勝舉兵稱項燕命將本祖古今有之箋義爲
長
閔予小子遭家不造【傳】閔病造爲也【箋】閔悼傷之言
也造猶成也可悼傷乎我小子耳遭武王崩家道未
成嬛嬛然孤特在憂病之中

王肅曰病乎我小子乃遭家之不爲言先王崩則
家事莫爲徒還嬛在憂而病故周公代爲家事以
致大平
孫毓曰傳以閔爲病以造訓爲雖義不異於辭不
便箋說爲長
莫予荓蜂自求辛螫【傳】荓蜂摩曳也【箋】羣臣小人無
敢我摩曳謂爲譎詐誑欺不可信也女如是徒自求
辛苦毒螫之害耳謂將有刑誅
王肅曰以言才薄莫之藩援則自得辛毒

孫毓曰羣臣無肯牽引扶助我我則自得辛螫之
毒
狄彼東南【箋】狄當作剔剔治也
王肅曰率其威武往征遠服東南謂淮夷來服也
釋文王云狄他歷反遠也孫毓同
長發大禘也【箋】大禘郊祭天也禮記曰王者禘其祖
之所自出以其祖配之是謂也
王肅以大禘爲殷祭謂禘祭宗廟非祭天也
馬昭曰長發大禘者宋爲殷後郊祭天以契配不

郊冥者異於先王故其詩詠契之德宋無圜丘之禮唯以郊爲大祭且欲別之於夏禘故云大禘

序錄

南史列傳曰周續之字道祖鴈門廣武人也其先過江居豫章建昌縣時豫章太守范甯於郡立學招集生徒遠方至者甚衆續之年十二詣甯受業通五經五緯號曰十經名冠同門既而閑居讀老易入廬山事沙門釋慧遠時彭城劉遺人遁迹廬山陶淵明亦不應徵命謂之尋陽三隱徵太學博士太尉掾並不就武帝踐祚召之上爲開館東郊外招集生徒乘輿降幸并見諸生問續之禮記慠不可長與我九齡射於矍圃之義辨析精奥稱爲名通續之素患風痺不復堪講乃移病鍾山景平元年卒通毛詩六義及禮論注公羊傳於世

經典序錄曰宋徵士鴈門周續之豫章雷次宗齊沛國劉瓛並爲詩序義

謨案經典序錄周雷二人並有毛詩序義又釋文於卷首鄭氏箋下云此題非毛公馬鄭王肅等題相傳云是雷次宗題承用既久未敢爲異又案周續之與雷次宗同受慧遠法師詩義而續之釋題

已如此又恐非雷之題也疑未敢明之所云釋題卽序義說也則陸氏在唐初必及見此書何以隋志但載雷次宗毛詩序義二卷而周書獨不著錄今猶得采獲書鈔一條顏氏家訓一條匡謬正俗二條亟爲鈔入以存其目又經典序錄載有馬融王肅孔倫陳銓裴松之雷次宗蔡超田僧之劉道拔周續之十家喪服傳注今考隋志載此九家喪服傳注各一卷而於周書亦獨闕如雷周皆豫章人雷書既已鈔輯不可使周書湮沒無傳也故仍從通典采出二條附列於後

毛詩序義

宋建昌周續之撰　　瀘溪石　鈐校

夫風雅者體同而由我化物則謂之風物由我正則謂之雅考之禮教其歸不殊也　書鈔引周續之解詩

黃鳥于飛集于灌木　毛傳灌木叢木也　叢徂會反　顏氏家訓曰毛傳乃爾雅之文故李巡注曰木叢生曰灌爾雅末章又云木族生爲灌族亦叢聚也所以江南詩古本皆爲叢聚之叢而古叢字似冣字近世儒生因改爲冣解云木之冣高長者案衆家爾雅及解詩無言此者唯周續之毛詩注音爲徂會反劉昌宗詩注音爲在公反又祖會反皆爲穿鑿失爾雅訓也

維鵲有巢　鄭箋鵲之有巢冬至加功至春乃成　加音架　匡謬正俗曰鄭箋是言始起冬至加功力作巢蓋直語耳而劉昌宗周續之等音加爲架若以搆架爲義則不應爲架功也

夾其皇澗遡其過澗　毛傳山夾水曰澗　夾音頰　匡謬正俗曰詩傳引爾雅正文言兩山夾水名之爲澗居然可想而劉周之徒又音夾爲頰於義無取亦爲專輒

附錄周續之喪服答問

或問曰斬縗終三年乎答曰不也卒哭而服齊縗又問若不終三年則喪服禮何故云朞又云三年之喪

若斬則是居情理之極所謂致哀者也焉得卒哭而奪情答曰但夲名教者宜求其本本正則條目自明聖王雖總企及俯就以爲之制要以滅性爲深憂是以節哀順變每受以輕也

孟氏問曰嗣子今爲孟使君持重光祿喪庭便無復主位於禮云何周續之答曰禮無曉然之文然意謂嗣子宜纍持重正位之喪豈可闕三年正主耶又問曰若嗣子兼持重者光祿喪亦親有廬耶又答曰禮之倚廬在東牆下蓋是寢苫枕凷之處非接賓位也

謂寢息之所宜在親之殯宮於光祿喪庭若賓客饋奠凡是有事然後之喪所已則還廬次然今代皆以廬爲接賓之位位則二處從禮之變亦宜兩設也又問葬奠之禮何先何後又答曰父母之喪偕其葬也先輕而後重其虞也先重而後輕其葬服斬縗以俠而推光祿葬及奠虞皆宜先於情則祖輕於尊則祖重

序錄

隋志吳侍中韋昭朱育等撰毛詩答雜問七卷唐志五卷

三國志注曰孫亮時有山陰朱育少好奇字凡所特達依體象類造作異字千名以上仕郡門下書佐後仕朝常在臺閣爲東觀令遙拜青河大守加位侍中推刺占射文藝多通韋昭本傳見辯釋名序錄

謹案唐志毛詩雜答問五卷卷數不同亦不言何人撰蓋即此書以隋志旣稱韋昭朱育等撰故不著名太平御覽引列書目有韋曜毛詩問稱名雖

異其爲此書一也今僅鈔出御覽三條類聚一條初學記一條又宋志有毛詩提綱一卷經義攷云當爲唐以前書故仍從御覽鈔出四條以附於後

毛詩答雜問

吳　雲陽韋昭撰　　金谿鄭錫昌校

國多供役男女怨曠於是女感傷而思男故出游于洧之外託采芬香之草而爲婬泆之行時草始生而云漫者女情亟欲以促時也

問曰甫田維莠今何草答曰今之狗尾也

七月之詩無褐箋云褐毛布也賤者之所服也今罽亦用爲之並御覽

問曰雲漢之詩旱魃爲虐傳云魃天旱鬼也箋曰旱氣生魃天有常神人死爲鬼不審旱氣生魃柰何答曰旱鬼人形眼在頂上天生此物則將旱也天欲爲災何所不生而云有常神者耶類聚

時邁之詩巡狩告祭柴望也箋曰天子巡狩邦國至方嶽之下而封禪初學記

附錄毛詩題綱

螽斯一名蜙蝑一名春黍似蝗而小青色長股而鳴喻后妃之性不妒忌子孫衆多

葛藟一名燕薁藤好生河滸邊得水潤而長喻王九

族蒙里恩惠以育子孫今王無澤於族人不如葛藟生河滸邊也

臺一名夫須莎草也言山生臺及莎自蔭喻人君得賢以自尊也

白華野菅艸也其性柔韌堪用取此白華而將白茅束之喻申后被褻姒所代惡人蒙善好人見棄也並御覽

序錄

隋志後魏太常卿劉芳撰毛詩箋音證十卷

顏氏家訓曰詩參差荇菜爾雅云荇菨余也字或為莕先儒解荇菜云水草圓葉細莖隨水淺深今是水悉有之黃花似蓴江南俗亦呼為猪蓴或呼為荇菜劉芳具有注釋而河北俗人多不識之又詩云駉駉牡馬江南書皆作牝牡之牡河北本悉為放牧之牧鄴下博士見難云駉頌既美僖公牧于坰野之事何限騲騭乎余答曰案毛詩云駉

駉良馬腹幹肥張也其下又云諸侯六閑四種有良馬戎馬田馬駑馬若作放牧之意通於牝牡則不容限在良馬獨得駉駉之稱良馬天子以駕玉輅諸侯以充朝聘郊祀必無騲也周禮圉人職良馬匹一人駑馬麗一人圉人所養亦非騲也今以詩傳良馬通於牧騲恐失毛生之意且不見劉芳義證乎

謨案家訓書證篇所引劉芳音義證二條本說無考故錄于此並鈔出匡謬正俗一條文選注二條御覽三條而以劉楨毛詩義問附焉凡鈔出詩正義一條水經注一條類聚二條初學記四條書鈔二條御覽五條

毛詩箋音義證

後魏　彭城劉芳撰　　豐城呂汝翼校

冬冬至架之架音稼匡謬正俗

騶虞或作吾文選注

蟋蟀令促織也一名蜻蛚楚謂之蟋蟀或謂之蛬南楚謂之王孫

蠨蛸長蟜小蜘蛛長腳者俗呼之爲喜子

轡是御者所執者也不得以轡爲勒且舊語云馬勒不云轡以勒爲轡者蓋是北人避石勒名也今南人皆云馬勒而以韁爲轡反覆推之此爲明證又詩稱執轡如組又曰六轡在手以所執爲轡審矣今俗儒仍以轡爲勒而曾無寤者並御覽

形白雜毛曰駁形赤也即赭白也文選注

附錄劉楨毛詩義問

茇草舍也夫召伯聽男女之訟不重煩勞百姓止舍甘棠之下而聽斷焉

女史彤管法如國史主記后夫人之過人君有柱下史后有女史外內各有官也並御覽

夫婦失禮則虹氣盛有赤色在上也陰乘陽氣也

掤所以覆矢也謂箭筒蓋也並書鈔

貉子曰貆貆形狀與貉類異世人皆名貆初學記

蟋蟀食蟲而化成

素衣朱繡繡當爲綃綃綺也並御覽

晨風今之鷂

橫一木作門而上無屋謂之衡門並類聚

鄶在豫州外方之北北鄰於虢鄶滎之南左濟右洛居陽鄭兩水之間食溱洧焉水經注

狐之類貉貒貍也貉子似貍初學記

鬱樹高五六尺其實大如李正赤食之甜詩豳風疏

蠨蛸長腳蜘蛛也御覽

鸒斯鵯烏雅烏楚烏也

銅羹有菜鹽豉其中菜爲其形象可食因以銅爲名

也 [illegible]

序錄

隋志梁蕭歸散騎常侍沈重撰毛詩義疏二十八卷唐志無

經義考曰按隋經籍志載毛詩義疏凡七部其著撰人姓氏者二家舒援沈重是也七錄又有張氏今見於徐氏初學記所引又正義及釋文每采沈氏之說疑徐氏所引亦沈氏書也

漢按陸氏經典叙錄云近吳與沈重亦撰詩音義而隋志不載殆即所爲義疏也經義考亦祗載有義疏別無音義其爲一書無疑今並鈔出釋文四十九條凡有音無義者不錄初學記十三條史記正義一條

毛詩義疏

梁　吳與沈重撰　金谿周萸瀾校

案鄭詩譜意大序是子夏作小序是子夏毛公合作卜商意有不盡毛更足成之或云小序是東海衛敬仲所作今謂此序祗是關雎之序總論詩之綱領無大小之異解見詩義序並是鄭注所以無箋云者以無所疑亂故也

風風也上風是國風即詩之六義也下風即是風伯鼓動之風君上風教能鼓動萬物如風之偃草也

風以動之謂自下刺上感動之名變風也

白茅純束純讀如屯屯徒尊反聚也

帨始悅反佩巾也

俾無訧兮俾必履反使也

遠送于野協句宜音時預反

遠送于南協句宜乃林反

鷕耀皎反雌雉聲

玼兮毛及呂忱並作玼解王肅云顏色衣服鮮明貌本或作瑳此是後文瑳兮王肅注好美衣服潔白之

貌若與此同不容重出
蜻慈性反方頭有文
鮪江淮間曰叔伊洛曰鮪海濱曰鮥
瑳七何反笑貌
背北堂也
喬累荷也荷胡何反謂兩矛之飾相負荷也
糾糾猶繚繚也居百反
靷舊本皆作靳靳者言無常處游在驂馬背上以驂馬外轡貫之以止驂之出左傳云如驂之有靳居覲反無取於靷也

梅柟也孫炎稱荆州曰柟揚州曰梅重實揚州人不閑名柟
樂饑舊皆作樂字逸詩本有作疒下樂以形聲言之殊非其義療字當從疒下尞案說文云藥治也療或藥字也則毛本止作樂鄭本藥
乘我乘驕或作駒字是後人改之皇皇者華篇內同
蜉蝣渠畧渠畧二字並不施虫是也
莎雞舊多作菽今作沙音素何反

委黍委音於危反委黍鼠婦本或並作虫邊
鱄音撰大魚也
許許呼古反柹貌
如月之恒本亦作緪古恒反弦也
罩籗也籗音穫又音護說其形非罩也
莅力二反臨也
喤喤呼彭反聲也
蜮音域狀如鼈三足一名射工俗呼之水弩在水中含沙射人一云射人影

佻佻徒高反獨行貌
頍古頃反光也
芸音運除草也耔音兹雝禾根也
鴛鴦鴛音溫鴦於岡反又於良反匹鳥止則爲耦飛則爲雙
猱乃遘反猿屬
藍力甘反染草也
漸漸時銜反山石高峻也
麗力知反數也

捄音俱藟也蘽力戈反字或作樏或作虆音雷
棫樸樸符卜反樸枹木也
茀祿茀音弗小也
熇熇許各反熾盛也
玷丁念反缺也
夢夢莫登反亂也
濯濯士學反明也
滸音許水涯也
瘨音殄又音田病也

有椒其馨椒作俶尺叔反云椒者誤也此論釀酒芳香無取椒氣之芳也
昭假鄭箋云寬暇此以義訓非韓字也
掄音倫理也並釋文
栗五方皆有周秦吳揚特饒惟漁陽范陽栗甜美長味他方不及也倭韓國上栗大如雞子亦短味不美
桂陽有栗大如杼叢生
梅杏類也樹及葉皆如杏而黑耳暴乾為腊羹臛虀中又可含以香口

梓實桐皮曰椅今人之梧桐也有白桐青桐赤桐雲南牂牁人績以為布
蒲柳之木二種一種皮正青一種皮紅正白葉皆長廣柳可為箭竿杞柳生水旁樹如柳葉麤而白木理微赤故今人以為車轂今淇水旁魯國泰山汶水邊路純杞柳也
麟馬足黃色圓蹄角端有肉音中黃鐘王者至仁則出
鳳凰名鸞鷟非梧桐不棲非竹實不食

鶴形大如鵝長三尺脚青黑高三尺餘赤頰赤目喙長四寸多純白亦有蒼色蒼色者今人謂之赤頰常夜半鳴其鳴高朗聞八九里吳人園中及士大夫家皆養之雞鳴時亦鳴
鮪魚出海三月從河上來今鞏縣東洛度北崖上山腹穴舊有北穴與江河通鱣鮪從北穴而來入河鮪似鱣而色青黑頭頭小而尖如鐵兜鍪口在頷下大者七八尺益州人謂之鮪鰭大者王鮪小者叔鮪一名鮥肉色白今東萊遼東人謂之尉魚或謂之仲明

者樂浪尉溺死海中化爲此魚

鱮似魴而大頭魚之不美者故語曰買魚得鱮不如啖茹徐州謂之鰱

鯊魚吹沙也似鯽魚狹小常張口吹沙也一名重脣籥沙

鱨魚一名揚合黃頰骨正黃魚之大而有力者

魚貍背上有斑文腹下純青今以飾弓鞬步叉也海水將潮及天將雨毛皆起潮還天晴毛則伏常千里外知海潮也

鱣身似龍銳頭口在頷下背上腹下有甲大者千餘斤　並初學記

鷂齊人謂之鷙正或謂之題肩或曰省鴈春化爲布穀此屬數種皆爲隼　史記孔子世家正義

漢魏遺書鈔

經翼第二册目次

四民月令	漢涿郡崔寔著
魯禮禘祫志	漢北海鄭康成著
禮統	陳會稽賀述著
禮論	晉東海何承天著
石渠禮論	漢聞人通漢等著（戴聖）
漢禮器制度 漢制度附	漢沛郡叔孫通著
問禮俗	魏董勛著
皇覽逸禮 中霤禮	魏東海繆襲著
王度記 三正記	齊淳于髡等著
諡法	梁會稽賀瑒著

右三禮翼二十六種

樂經	漢陽城子長著
樂元語	漢河間獻王著
古今樂錄	陳釋智匠著
樂論	晉陳留阮籍著
鐘律書	漢沛郡劉歆著
琴清英	漢成都揚雄著
琴操	漢陳留蔡邕著
歌錄	撰人闕

右樂經翼八種

序錄

隋志鄭元撰三禮目錄一卷 梁有陶弘景注一卷亡

經典叙錄曰漢興有魯高堂生傳士禮十七篇卽今之儀禮也而魯徐生善爲容孝文時爲禮官大夫景帝時河閒獻王好古得古禮獻之時有李氏上周官五篇失事官一篇乃購千金不得取攷工記以補之瑕丘蕭奮以禮至淮陽大守授東海孟卿卿授同郡后蒼及魯閭丘卿其古禮經五十六篇蒼傳十七篇所餘三十九篇以付書館名爲逸

禮蒼說禮數萬言號曰后蒼曲臺記孝宣之世蒼爲最明蒼授沛聞人通漢及梁戴德戴聖沛慶普由是禮有大小戴慶氏之學禮記者本孔子門徒共撰所聞以爲此記後人通儒各有損益戴德刪古禮二百四篇爲八十五篇謂之大戴禮戴聖刪大戴禮爲四十九篇是爲小戴禮後漢馬融盧植考諸家同異附戴聖篇章去其繁重及所敘畧而行於世卽今之禮記是也鄭元亦依盧馬之本而注焉中興鄭衆傳周官經後馬融作周官傳授鄭元元作周官注 原注鄭元三禮目錄云二鄭元本信同宗之大儒今贊而辯之 治小戴禮後以古經校之取其於義長者順者故爲鄭氏學元又注小戴所傳禮記四十九篇通爲三禮焉漢初立高堂生禮傳士後又立大小戴慶氏三家王莽又立周禮後漢三禮皆立博士今慶氏曲臺久亡大戴無傳學者唯鄭注周禮儀禮禮記並列學官今三禮俱以鄭爲主

謹案范蔚宗後漢書本傳凡元所注周易尚書毛詩儀禮禮記論語孝經尚書大傳中候乾象厤又

著天文七政論魯禮禘祫義六藝論毛詩譜駁許愼五經異議答臨孝存周禮難凡百餘萬言獨不及三禮目錄已别無傳本今亦僅從賈孔二家正義鈔出周禮目錄六條儀禮目錄十七條禮記目錄四十九條

三禮目録

漢　北海鄭康成注　寧都寗揚清校

周禮

天官冢宰第一　象天所立之官冢大也宰者官也
天者統理萬物天子立冢宰使掌邦治亦所以緫
御衆官不主一官之事也
地官司徒第二　象地所立之官司徒主衆徒地者
載養萬物天子立司徒掌邦教亦所以安擾萬民
春官宗伯第三　象春所立之官宗尊也伯長也春
者出生萬物天子立宗伯使掌邦禮典禮以事神
爲上亦所以使天下報本反始不言司者鬼神示
人之所尊不敢主之故也
夏官司馬第四　象夏所立之官馬者武也言爲武
者也夏整齊萬物天子立司馬使掌邦政政可以
平諸侯正天下故曰統六師平邦國
秋官司寇第五　象秋所立之官寇害也秋者遒也
如秋義殺害收聚斂藏於萬物也天子立司寇使
掌邦刑刑者所以驅耻惡納人於善道也
冬官考工記第六　象冬所立官也是官名司空者
冬閉藏萬物天子立司空使掌邦事亦所以富立
家使民無空者也司空之篇亡漢興購求千金不
得此前世識其事者記録以備大數古周禮六篇
畢矣

儀禮

士冠禮第一　童子任職居士位年二十而冠主人
玄冠朝服則是仕於諸侯天子之士朝服皮弁素
積古者四民世事士之子恒爲士冠禮於五禮屬
嘉禮大小戴及劉向別録此皆第一
士昏禮第二　士娶妻之禮以昏爲期因而名焉必
以昏者陽往而陰來日入三商爲昏昏禮於五禮
屬嘉禮大小戴及別録此皆第二
士相見第三　士以職位相親始承摯相見之禮雜
記會葬禮曰相見也反哭而退朋友虞祔而退士
相見於五禮屬賓禮大小戴及別録皆第三
鄉飲酒禮第四　諸侯之鄉大夫三年大比獻賢者
能者於其君以禮賓之與之飲酒於五禮屬嘉禮

大戴此乃第十小戴及別錄此皆第四

鄉射禮第五　州長春秋以禮會民而射於州序之禮謂之鄉者州鄉之屬鄉大夫或在焉不改其禮射禮於五禮屬嘉禮大戴十一小戴及別錄皆第五

燕禮第六　諸侯無事若卿大夫有勤勞之功與羣臣燕飲以樂之燕禮於五禮屬嘉禮大戴第十二小戴及別錄皆第六

大射儀第七　名曰大射者諸侯將有祭祀之事與其羣臣射以觀其禮數中者得與於祭不數中者不得與於祭射義於五禮屬嘉禮大戴此第十三小戴及別錄皆第七

聘禮第八　大問曰聘諸侯相於久無事使卿相問之禮小聘使大夫周禮曰凡諸侯之邦交歲相問也殷相聘也世相朝也於五禮屬賓禮大戴第十四小戴第十五別錄第八

公食大夫禮第九　王國君以禮食小聘大夫之禮於五禮屬嘉禮大戴第十五小戴第十六別錄第九

覲禮第十　覲見也諸侯秋見天子之禮春見曰朝夏見曰宗秋見曰覲冬見曰遇朝宗禮備覲遇禮省是以享獻不見焉三時禮亡唯此存爾覲禮於五禮屬賓大戴第十六小戴十七別錄第十

喪服第十一　天子以下死而相喪衣服年月親疏隆殺之禮不忍言死而言喪喪者棄亡之辭若全存居於彼焉已亡之耳大戴第十七小戴第九別錄第十一

士喪禮第十二　士喪其父母自死始至於既殯之禮喪於五禮屬凶大戴第四小戴第八別錄第十二

既夕第十三　士喪禮之下篇也既已也謂先葬二日已夕哭時與葬間一日凡朝廟日請啓期必容焉此諸侯之下士一廟其上士二廟則既夕哭先葬前三日大戴第五刪小戴第十四別錄名士喪禮下篇第十三

士虞禮第十四　虞安也士既葬其父母迎精而反

日中而祭之於殯宮以安之虞於五禮屬凶大戴第六小戴第十五別錄第十四

特牲饋食禮第十五　特牲饋食之禮謂諸侯之士祭祖禰非天子之事而於五禮屬吉禮

少牢饋食禮第十六　諸侯之卿大夫祭其祖禰於廟之禮羊豕曰少牢少牢於五禮屬吉禮大戴第八小戴第十一別錄第十六

有司徹第十七　少牢之下篇也上大夫既祭儐尸於堂之禮若下大夫祭畢禮尸於室中無別行儐尸於堂之事天子諸侯之祭明日而繹有司徹於五禮屬吉大戴第九小戴第十二別錄少牢下篇第十七

禮記

曲禮上第一　名曰曲禮者以其篇記五禮之事祭祀之說吉禮也喪荒去國之說凶禮也致貢朝會之說賓禮也兵車旌鴻之說軍禮也事長敬老執贄納女之說嘉禮也此於別錄屬制度

曲禮下第二　義與前篇同簡策重多分爲上下

檀弓上第三　名曰檀弓者以其記人善於禮故著姓名以顯之姓檀名弓今山陽有檀氏此於別錄屬通論

檀弓下第四　義同前篇以簡策繁多故分爲上下二卷

王制第五　名曰王制者以其記先王班爵授祿祭祀養老之法度此於別錄屬制度

月令第六　名曰月令者以其紀十二月政之所行也本呂氏春秋十二月紀之首章也以家禮好事抄合之後人因題之名曰禮記言周公所作其中官名時事多不合周法此於別錄屬明堂陰陽記

曾子問第七　名爲曾子問者以其記所問多明於禮故著姓名以顯之曾子孔子弟子曾參此於別錄屬喪服

文王世子第八　名曰文王世子者以其記文王爲世子時之法此於別錄屬世子　釋文引鄭云以其善爲世子之禮故著謚號標篇言可法也

禮運第九　名曰禮運者以其記五帝三王相變易

陰陽轉旋之道此於别錄屬通論

禮器第十　名爲禮器者以其記禮使人成器之義也故孔子謂子貢汝器也曰何器也曰瑚璉也此於别錄屬制度

郊特牲第十一　名郊特牲者以其記郊天用騂犢之義此於别錄屬祭祀　釋文引鄭云郊者祭天之名用一牛故曰特牲

内則第十二　名曰内則者以其記男女居室事父母舅姑之法此於别錄屬子法

玉藻第十三　名曰玉藻者以其記天子服冕之事也冕之旒以藻糾爲之貫玉爲飾此於别錄屬通

論

明堂位第十四　名曰明堂者以其記諸侯朝周公於明堂之時所陳列之位也在國之陽其制東西九筵南北七筵堂崇一筵五室凡室二筵此於别錄屬明堂

喪服小記第十五　喪服小記者以其記喪服之小義也此於别錄屬喪服

大傳第十六　名曰大傳者以其記祖宗人親之大義此於别錄屬通論

少儀第十七　名曰少儀者以其記相見及薦羞之小威儀少猶小也此於别錄屬制度

學記第十八　名曰學記者以其記人學教之義此於别錄屬通論

樂記第十九　名曰樂記者以其記樂之義此於别錄屬樂記

雜記上第二十　名曰雜記者以其雜記諸侯以下至士之喪事此於别錄屬喪服分爲上下義與曲禮檀弓分别不殊也

雜記下第二十一

喪大記第二十二　名曰喪大記者以其記人君以下始死小斂大斂殯葬之事此於别錄屬喪服

祭法第二十三　名曰祭法者以其記有虞氏至周天子以下所祭祀羣神之數此於别錄屬祭祀

祭義第二十四　名曰祭義者以其記祭祀齋戒薦羞之義也此於别錄屬祭祀

祭統第二十五　名曰祭統者以其記祭祀之本也

統猶本也此於別錄屬祭祀
經解第二十六　名曰經解者以其記六藝政教之
得失也此於別錄屬通論
哀公問第二十七　名曰哀公問者善其問禮著謚
以顯之也此於別錄屬通論
仲尼燕居第二十八　名曰仲尼燕居者善其不倦
燕居猶使三子侍之言及於禮著其字言事可法
退朝而處曰燕居此於別錄屬通論
孔子閒居第二十九　名曰孔子閒居者善其無倦

而不褻猶使一弟子侍爲之說詩著其氏言可法
也退燕避人曰閒居此於別錄屬通論
坊記第三十　名曰坊記者以其記六藝之義所以
坊人之失者也此於別錄屬通論
中庸第三十一　名曰中庸者以其記中和之爲用
也庸用也孔子之孫子思伋作之以昭明聖祖之
德也此於別錄屬通論
表記第三十二　名曰表記者以其記君子之德見
於儀表也此於別錄屬通論

緇衣第三十三　名曰緇衣者善其好賢之厚也緇
衣鄭詩也其詩曰緇衣之宜兮敝予又改爲兮適
子之館兮還予授子之粲兮粲餐也設餐以授之
愛之欲飲食之言緇衣之賢者居朝廷宜其服也
我欲就爲改制其衣反欲與之新衣厚之而無已
此於別錄屬通論
奔喪第三十四　名曰奔喪者以其居他國聞喪奔
赴之禮此於別錄屬喪服禮實逸曲禮之正篇也
問喪第三十五　名曰問喪者以其記善問居喪之

禮所由也此於別錄屬喪服
服問第三十六　名曰服問者以其善問以知有服
而遭喪所變易之節也此於別錄屬喪服
間傳第三十七　名曰間傳者以其記喪服之間輕
重所宜也此於別錄屬喪服
三年問第三十八　名曰三年問者善其問以知喪
服年月所由也此於別錄屬喪服
深衣第三十九　名曰深衣者以其記深衣之制也
深衣連衣裳而純之以采者素純曰長衣有表則

謂之中衣大夫以上祭服之中衣用素詩云素衣朱襮王藻曰以帛裏布非禮也士祭以朝服中衣以布明矣此於別錄屬制度

投壺第四十　名曰投壺者以其記主人與客燕飲講論才藝之禮此於別錄屬吉禮亦實曲禮之正篇也

儒行第四十一　名曰儒行者以其記有道德者之所行也儒之言優也柔也釋文引作和也能安人能服人又儒者儒也以先王之道能儒其身此於別錄屬

通論

大學第四十二　名曰大學者以其記博學可以爲政也此於別錄屬通論

冠義第四十三　名曰冠義者以其記冠禮成人之義此於別錄屬吉事

昏禮第四十四　名曰昏義者以其記娶妻之義內教之所由成也此於別錄屬吉事

鄉飲酒義第四十五　名曰鄉飲酒義者以其記鄉大夫飲賓于庠序之禮尊賢養老之義此於別錄屬吉事

射義第四十六　名曰射義者以其記燕射大射之禮觀德行取於士之義此於別錄屬吉事

燕義第四十七　名曰燕義者以其記君臣燕飲之禮上下相尊之義此於別錄屬吉事

聘義第四十八　名曰聘義者以其記諸侯之國交相聘問之禮重禮輕財之義也此於別錄屬吉事

喪服四制第四十九　名曰喪服四制者以其記喪服之制取於仁義禮知也此於別錄舊說屬喪服

序録

隋志崔靈恩三禮義宗三十卷

南史儒林傳曰崔靈恩清河東武城人少篤學徧習五經尤精三禮三傳仕魏爲太常博士天監十三年歸梁梁遷步兵校尉兼國子學士聚徒講授聽者常數百人性朴拙無風采及解析經理甚有精致集注周禮四十卷制三禮義宗三十卷

唐會要王方慶曰梁崔靈恩撰三禮義宗但捃摭前儒因循故事

崇文書目曰此書合周禮儀禮二戴之學敷述貫串該悉其義合一百五十六篇推演閎深有名前世

文獻通考晁氏曰靈恩經明行修製義宗詩易春秋百餘卷此書在唐一百五十篇今存者一百二十七篇凡兩戴王鄭異同皆援引古誼商畧其可否爲禮學之最　陳氏云凡一百四十九條其說推本三禮參取諸儒之論博而核矣本傳四十七卷中興書目一百五十六篇皆與今卷篇數不同書目又云慶歷中高陽許洵爲之序家本亦無此序也

玉海曰義宗始於明天地以下歲祭終於明周禮儀禮禮記興廢義

謹按如通考玉海說則此書在宋元之際尚未散佚至朱氏經義考則已佚之矣而翁覃溪先生經義考補正云三十年前見吳門惠松崖所手録見聞書名一册內有崔靈恩三禮義宗云今臨川李御史友棠家有寫本及奉使江西於臨川李氏訪借鈔録云已失去則亦不得而見矣今從禮記正義鈔出四十條又鈔出通典三條御覽二十條玉海四十二條尚書毛詩疏各一條後漢書注一條三禮圖一條困學記聞一條

三禮義宗

梁　清河崔靈恩撰　　南城曾　焯校

筮用三代之占若三占之俱主凶則止不卜即鄭注周禮筮凶則止是也若三占二逆一從凶猶不决雖有筮逆猶得更卜尚書洪範疏○又春秋疏引崔義云國之大事先筮而後卜筮凶則止不卜者筮必以三代之法若三洪皆凶則止不卜皆兩法是凶一法爲吉名爲筮逆猶是疑限故更卜以决之則洪範筮逆龜從是也故太卜掌三兆三易儀禮特牲少牢筮皆旅占據此文雖特詳而旨不殊故附錄之

二王之後夫人各乘本國先王之上車魯之夫人乘重翟毛詩彼襛疏

褖衣不純采指謂當室不當室則純采所以然者當室之孤内理烝嘗外交宗族所屬之事異不傷心故特純素示哀也深衣不云當室者文畧耳

凡言先生謂年德俱高又教道於物者凡云長者直以年爲稱也凡爲君子者皆爲有德尊之不據年之長幼故所稱不同也

卿大夫燕飲主人面亦鄉尊若鄉飲酒皆主人與賓夾尊也

大夫用己孫爲尸皇侃用崔義

必載盟誓之辭者或尋舊盟或用舊會之禮應須知之故載自隨也

軍行所置旌旗於四方以法天此旌之旒數皆放其星龍旗則九旒雀則七旒虎則六旒龜蛇則四旒皆放星數以法天也皆畫招搖於此四旗之上

外事指用兵之事内事指宗廟之祭者以郊用辛社用甲非順其居外内剛柔故也祭社用甲所以名誥用戊者召誥是告祭非常禮也郊之用辛者唯夏正郊天及雩大享明堂耳若圜丘自用冬至日午時迎氣用其初朔之日不皆用辛

凡卜筮天子皆用三代蓍龜若三筮並凶則止而不卜鄭云若一吉一凶雖筮逆猶得卜之也則洪範所云者是也其大夫則大事卜小事筮大事則葬地及葬日爲事之大則卜故雜記云大夫卜宅與葬日是也其小事用筮則少牢常祀筮日是也士亦大事卜小事筮故士喪禮卜葬日以喪葬爲重須定吉凶故用卜也其尋常吉祭比葬爲輕故筮日也葬既卜日

得吉餘事皆吉可知故惟筮葬地不復用卜也謹按洪[illegible]所云句上與尚書春秋二疏詳畧互見其大夫下丈義全別然語意相蒙幷錄之

謂不過三用若大事龜蓍竝用者先用三王筮次用三王龜始如是一也三如是乃爲三也若初始之時三筮三龜皆凶則止或逆多從少或從多逆少如此者皆至於三也單卜單筮其法唯一用而已不吉則擇遠日不至於三也前以用三王之龜筮者有逆有從故至三也此惟用一故不至三也

初享圭璋特故有藻其餘則束帛加璧既有束帛則不須藻凡諸侯朝天子皆行三享之禮故大行人云公侯伯子男竝云廟中將幣三享覲禮云四享者鄭註云四當爲三初享或用虎豹之皮其次享三牲魚腊龜金丹漆唯國所有分爲三享皆以璧帛致之若其臣出聘唯行一享故聘禮致夫人聘享唯一享也

裼所以異於襲者凡衣近體有袍襗之屬其外有裘夏月則衣葛其上有裼衣裼衣上有襲衣襲衣之上有常著之服則皮弁之屬也掩而不開則謂之爲襲若開此皮弁及中衣左袒出其裼衣謂之爲裼故鄭

註聘禮云裼者左袒也一玉之上若垂藻之時其人則裼屈藻之時其人則襲則裼襲不相因表記云裼襲不相因者彼謂各執其物執圭玉者則襲受享者則裼與此同也

夷狄不識王化無有歸往之義故不稱王臨之也不云皇者戎狄不識尊極之理皇號尊大也夷狄唯知畏天故舉天子威之也

天地社稷是外神而祭之郊內不敢外之

復所以呼天子者此王者皆感五精之帝而生是天之子今天王崩是其精氣復還於上呼稱天子復更生之義

古者帝王生死同稱生稱帝者死亦稱帝生稱王者死亦稱王今云措之廟立之主曰帝蓋是爲記時有主入廟稱帝之義記者錄以爲法也

大夫士無主以幣帛祔祔竟竝還殯宮至小祥而入廟也

覲禮大國之君同姓謂之伯父異姓謂之伯舅此小者同姓謂之叔父異姓謂之叔舅此各當一國不嫌

敵二伯州牧雖爲侯封告是大國之君本自稱伯收今總攝衆國嫌其敵義故更稱叔

地道貴右公故在西也

諸侯春夏來朝各乘其命車至臯門外陳介也天子車時在大門內儐辭旣訖則乘車出大門下車若升朝之時王但迎公自諸侯以下則隨之而入更不別迎也入至文王廟門天子還服朝服立於路門之外諸侯更易服朝服執贄而入應門而行禮故王當宁以待諸侯次第而進

凡形容下不得兼上上得兼下故詩有濟濟文王穆穆魯侯者詩人須美舉盛以爲言非對例也並曲禮疏

將小斂之時已括髮括髮後大夫以上加素弁士加素委貌至小斂訖乃投去其冠而見括髮喪大記云主人袒說髦括髮謂說去其髦更正括髮非重爲括髮

諸侯三卿司徒兼冢宰司馬兼宗伯司空兼司寇三卿之下則五小卿爲五大夫故周禮太宰職云諸侯立三卿五大夫也五大夫者司徒之下立二人小宰小司徒司馬之下以其事省立一人爲小司馬兼宗伯之事司空之下立二人小司寇小司空今夫子爲司空者爲小司空也從小司空爲小司寇也並檀弓疏

三十年之間大暑有閏月十三足爲一年故惟有九年之蓄

畿內有百里之國有五十里之國有二十五里之國

天子燕畿內諸侯以緇衣燕畿外諸侯以玄冠並王制疏

凡陰陽之管合有十二律律各爲一調迭相爲宮而生五聲合而成樂黃鍾宮最長爲聲調之始十二宮

之主宮音者是五音之長故與黃鍾之調宮聲相應四時之律皆取氣應土王之律獨取聲應者一者欲與四行爲互二者爲無別候土氣之管故也月令疏

弁喪不見喪不改服謂不改素服而著免其改吉服著布深衣素冠聞喪即改之曾子問疏

周禮大祫於大廟則備五齊三酒朝踐王酌泛齊后酌醴齊饋食王酌盎齊后酌醍齊朝獻王酌泛齊因朝踐之尊再獻后酌醍齊因饋食之尊諸侯爲賓則酌沈齊尸酢王與后皆還用所獻之齊賓長酳尸酢

用清酒加爵亦用三酒大禘則用四齊三酒省醴齊以下悉用之故禮運云玄酒在室醴醆在戶粢醍在堂澄酒在下用四齊者朝踐王酌醴齊后酌盎齊饋食王酌醍齊后酌沈齊朝獻王酌醴齊再獻后還酌沈齊亦尊相因也諸侯爲賓亦酌沈齊用三酒之法如祫禮也四時之祭惟二齊三酒則自祫禘以下至四時祭皆通用也二齊醴盎也故鄭注司尊彝四時祭法但云醴盎而已用二齊者朝踐王酌醴齊后亦酌醴齊饋食王酌盎齊后亦酌盎齊朝獻王還用醴

齊再獻后還用盎齊亦尊相因也諸侯爲賓亦酌盎齊三酒同於祫三酒所常同不差者三酒本爲王以下飲故尊卑自有常依尊卑之常不得有降祫禘時祭本明所用總有多少故正祭之齊有差降也會及王者之後大祫所用於五禘之禮同若禘與王四時同用三酒亦同於王侯伯子男于禘皆用二齊醴盎而已三酒則並用二齊之法朝踐君夫人酌醴齊饋食君夫人酌盎齊朝獻君還酌醴齊再獻夫人還酌盎齊諸臣爲賓酌盎齊尸酢君夫人用昔酒酢諸臣

用清酒加爵皆清酒時祭之法用一齊故禮器云君親致祭夫人薦盎鄭云謂朝事時又云君親割牲夫人薦酒鄭云謂進孰時也其行之法朝踐君致祭則夫人薦盎爲獻進孰時君親割夫人薦酒朝獻時君酌盎齊以酳尸再獻時夫人還酌酒以終祭也賓獻皆酒加爵如禘祫之禮天子諸侯酌奠皆用齊酒卿大夫之祭酌奠皆用酒其祫禘之法旣備五齊三酒以實八尊祫祭在秋

大祫祭凡十八尊其明水玄酒之尊各在五齊三酒

之上祭日之旦王服袞冕而入尸亦袞冕入在後侑之王不出迎尸故祭統云君不迎尸所以別嫌也尸入室乃作樂降神故大司樂云凡樂圜鐘爲宮九變而降人鬼是也乃灌故書云王入太室祼當灌之時衆尸皆在大廟中依次而灌所灌鬱鬯小宰註云尸祭之啐之奠之是爲一獻也王乃出迎牲后從灌二獻也迎牲而入至於庭故禮器云納牲詔於庭王親執鸞刀啓其毛而祝以血毛告於室故禮器云血毛詔於室凡牲則廟各别牢故公羊傳云周公白牡魯

公騂犅按逸禮云毀廟之主昭共一牢穆共一牢於是行朝踐之事尸出於室太祖之尸坐於戶西南面其主在右昭在東穆在西相對坐主各在其右故鄭註祭統云天子諸侯之祭朝事延尸於戶外是以有北面事尸之禮祝乃取牲膟膋燎於爐炭入以詔神於室又出以薦於主前郊特牲所謂詔祝於室坐尸於堂是也王乃洗肝於鬱鬯而燔之以制於主前所謂制祭次乃升牲首於室中置於北牖下后薦朝事之豆籩乃薦腥於尸主之前謂之朝踐即此禮運薦其

血毛腥其俎是也王乃以玉爵酌著尊泛齊以獻尸三獻也后又以玉爵酌著尊醴齊以亞獻四獻也知退而合亨至薦孰之時[redacted]故禮器云設饌於堂乃後延尸入室太祖東面昭在南面穆在北面徙堂上之饌於室內坐前祝以斝爵酌[redacted]郊特牲註云天子奠斝諸侯奠角即此之謂也[redacted]取腸間脂燔蕭合馨薌郊特牲註云奠謂薦孰時也[redacted]樂也自此以前謂之接祭乃迎尸入室舉此奠斝[redacted]以妥尸故郊特牲云舉斝角拜妥尸是

也后薦饌獻之豆籩王乃以玉爵酌壺尊盎齊以獻尸爲五獻也后又以玉爵酌壺尊醴齊以獻尸是六獻也於是尸食十五飯訖王以玉爵用朝踐之尊泛齊以酳尸爲七獻也故鄭云變朝踐云朝獻尊相因也朝獻謂此王酳尸因朝踐之尊也后乃薦加豆籩尸酌酢主人主人受嘏王所以獻諸侯於是后以瑤爵因酌饋食壺尊醍齊以酳尸爲八獻也鄭註司尊彝云變再獻爲饋獻者亦尊相因也再獻后酳尸獻謂饋食時后之獻也於時王可以瑤爵獻卿也諸侯

爲賓者以瑤爵酌壺尊醍齊以獻尸爲九獻九獻之後謂之加爵並禮運疏

諸侯貴者以琥賤者以璜則公侯以琥伯子男以璜也

按特牲少牢禮尸入舉奠觶是尊者舉觶特牲主人受尸酢受角飲者是卑者舉角並禮器疏

圜丘之祭其初先燔柴及牲玉於丘訖次乃掃丘下而設正祭若夏正及五郊初則燔柴及牲玉於壇故祭法云燔柴於泰壇祭天也次則於壇下掃地而設

正祭故禮器云至敬不壇埽地而祭
玉當神州同用兩圭有邸以四望亦用兩圭故也
用大裘爲崑崙之神玉則用黃琮
周禮之法郊天燔柴爲始宗廟以祼地爲始社稷以
血爲始小祀疈辜爲始
一歲有四迎氣之時祭日於東祭月於西故小宗伯
云兆五帝於四郊四望四類亦如之是其一也春分
朝日秋分夕月是其二也此等二祭日之與月各祭
於一處日之與月皆爲壇而祭所謂王宮祭日夜明

祭月皆爲燔柴也夏正郊天之時而主日配以月祭
義云大報天而主日配以月是其三也孟冬大蜡之
時又祭日月故月令孟冬祈來年於天宗是其四也
此三祭并祭日月共在一處則祭日於壇祭月於坎
壇則實柴坎則瘞埋也(並郊特牲疏○按祭義疏又引崔說云日月有合祭之時謂郊祭天而主日配以月其禮大用牛有各祭之時謂春分朝日秋分夕月其禮小故祭法用少牢義與此同)
君必中門者謂當棖闑之中主君在闑東賓在闑西
主君上擯在君之後稍近西而拂闑賓之上介在賓

之後稍近東而拂闑大夫擯介各當君後在棖闑之
中央(玉藻疏)
廟祫祭用十八尊祫在秋禘祭用十六尊禘在夏也
(明堂位疏)
立義既裁五服變除今要舉變除之旨凡親始死將
三年而皆去冠笄纚如故十五月白布新衣扱上衽
徒跣交手而哭故禮記問喪云親始死雞斯徒跣扱
上衽又鄭註士喪禮云始死將斬衰者雞斯是也其
婦人則去纚衣與男子同不徒跣不扱衽(喪服小記疏)

五色者五行之音謂宮商角徵羽之聲和合成文不
亂也而云五色因五行之色別廣以明義也
五音之次以宮最濁自宮以下則稍清矣君臣民事
物亦有尊卑故以次配之商是金金以決斷爲(此處疑脫一字)
臣事君亦以義斷爲賢矣角屬春春時物生衆皆
有區別亦象萬民衆多而有區別也徵屬夏夏時生
長萬物皆成形體事亦有體故以徵配事也羽屬冬
冬物聚則成財用冬則物皆藏聚於財相類也宮聲
所以散者出君驕也君驕則萬物荒散也商聲所以

傾邪者由臣官壞也官若壞則物皆傾邪也角聲所以亂者由民不安業有憂愁之心也民無自怨皆君上失政故下民生怨也徵所以亂者由民勤於事悲哀之所生也危者謂身不安也羽所以不安者由君亂於上物散於下故知財乏不能得安故有匱乏也前是偏據一亂以爲義未足以滅亡今此以五者皆亂故滅亡無日矣滅者絕也亡叛也無日言無復一日也若君臣互相陵慢如此則國必叛滅旦夕可俟無復一日也

鐘聲爲兌石聲爲乾絲聲爲離竹聲爲震鼓聲爲坎但釋五音八卦屬四方四維之音所感皆應與四方同所以應同者四維處四方之間四方皆五行可生水生木匏同竹音木生火木音同絲火生土土不當於方土生金上處金火之間土音屬金金生水石不可屬於水故不同於革而不同者以乾爲君父君父之音不可屬於人故不同於革而聲別有所感乾爲天坤爲地天既不屬人坤所以不別出者爲坤卑故也樂記疏

孤不悉絺冕若王者之後及魯之孤則助祭用絺冕若方伯之孤助祭則玄冕以其君玄冕自祭不可踰之也雜記疏

王社在藉田王自所祭以供粢盛祭法疏

三微三正也言十一月陽氣始施萬物動於黃泉之下微而未著其色皆赤赤者陽氣故周以天正爲歲色尚赤夜半爲朔十二月萬物始牙色白白者陰氣故殷以地正爲歲色尚白雞鳴爲朔十三月萬物始達其色皆黑人得加功以展其業夏以人正爲歲色

尚黑平旦爲朔故曰三微王者奉而成之各執其一以改正朔也後漢書陳寵傳注

社稷同四望其玉蓋同也以圭銳首象土生物

自顓頊以來命南正重司天火正黎司地故重黎之後世掌天地官號曰羲和唐堯受之方置天地四時之官命羲和之後使復舊職而掌天地之事又分命羲仲羲叔和仲和叔使主四時爲六卿之佐及其末年舜攝百揆改地官爲司徒秋官爲士冬官爲司空春官爲秩宗故尚書曰乃命羲和欽若昊天分命郛

仲和叔等使主四時之事又云百姓不親五品不遜契爲司徒敬敷五教地官之事也皋陶作士五刑有服秋官之任也禹作司空以平水土冬官之職也伯夷爲秩宗典朕三禮此春官之所司也

夫百王不同各置官禮爲禪讓相傳者亦不得不改但所以改者必非禪讓之世者變易必多以華人視聽所以禪讓不改多者以禪讓道同人未爲弊故不改者多非禪讓之世須變人情故必多改故王者之興必有改官之禮此周禮所興之意也並通典

五行之官也本正曰勾芒者物始生皆勾屈而芒角因用爲官名也火正曰祝融者祝甚也融明也言夏時物氣甚明也御覽

夏大也謂萬物長大也夏謂南方南任也

四月立夏爲節者夏大也至此之時物已長大故以爲名小滿爲中者物之生長小得並滿故以小滿爲名也

五月芒種爲節者言時可以種有芒之穀故以芒種爲名夏至爲中者至有三義一以明陽氣之至極二以助陰氣之始至三以明日行之北至故謂之至夏至一段又見類聚

六月小暑爲節者此以相形爲名形大暑故謂之小暑六月之初暑熱未極故以小爲名大暑爲中者自十一月一陽爻上從地而出至此之時方始上徹陽氣併出以上大暑既極故暑爲中

秋日庚辛者庚更也辛新也言物皆改更而新也

七月立秋秋之言湫縮之意陰意出地始殺萬物故以秋爲節名一見類聚

九月寒露爲節者九月之時露氣轉寒故謂之寒露節霜降爲中露變爲霜故以爲霜降節

冬日壬癸者壬任也癸揆也言萬物更任生於黃泉皆有法度也

十月立冬爲節者冬終也立冬之時萬物終成因爲節名小雪爲中者氣敘轉寒雨變成雪故以小雪爲中立冬一段又見類聚

十一月大雪爲節者形於小雪爲大雪時雪轉甚故以大雪名節

十二月小寒爲節者亦形於天寒故謂之小言時寒
氣猶未是極也大寒爲中者上形於小故謂之大十
一月一陽爻初起至此始徹陰氣出地方　寒氣併
在上寒氣之逆極故謂大寒也
東岳謂之岱者代謝之義陽春用事除故生新萬物
更生相代之道故東爲岱也南岳謂之霍霍者藧也
言陽氣用事盛夏之日藧養萬物故以爲稱
夏至之時祭崑崙之神於澤之中配於后
九月大享帝於明堂之中孝經云宗祀文王於明堂
是也

冬至日祭天於圜丘玉用蒼璧㭊　玉色樂用夾鍾
爲宮樂作六變一見類聚
祭六宗之禮寒暑有往來之期可退則祭禳郄之命
退應至而不至則祭求之命至故春則送寒而迎暑
秋則送暑而迎寒
周祫以秋者萬物新成可以奉荐宗廟故合先祖之
神而祭之故祫宜在秋也
天子諸侯宮寢之制若春氣三月之中居正寢退息
之時常居東北之寢三月之末土王之日則居中寢
夏之三月則居東南之寢秋之三月則居西南之寢
冬之三月則居西北之寢此三時後土王之日亦各
居中寢以從時候
古之學者干戈之舞得從春夏羽籥之職得入秋冬
四學之中有文有武故得分之覽御
昊天及五精之帝圭璧皆長尺二寸聶氏三禮圖○
義傳引靈恩三禮義宗曰昊天及五精帝圭璧琮璜
皆長尺二寸以法十二時祭地之琮長十寸以效地
之數

天有四和崑崙之四方其氣和暖謂之四和天運左
轉一日一夜轉過一度日月左行於天而轉一日一
夜帀於四和圖學紀聞
明天有三百六十五度義　立表於經緯之中又置
儀之表於中表之南正當於經上然後從中表之北
以候星之光玉海○此背題明某義者俱係本書舊目
歲星者東方蒼龍之宿五星之首在天右行十二歲
一周天大歲者歲星之神法五行亦十二歲一周於
地

星分所主各有由序晉屬實沈者高辛之子主祀參
星宋屬大火者閼伯之墟主祀大辰齊屬𤣥枵者逄
公託食其餘國非所悉九州之中國數非一是以吳
越同次燕陳共分

歲者依中氣一周以爲一歲年者依日月十二會以
爲一年中朔大小不齊故有歲年之異

天子視朔之服諸侯受朔於天子於祖廟告而受行
之天子受朔於天宜於明堂告帝而配以祖考按玉海引唐會要云三禮義宗並無天子每月告朔之事

明天子諸侯門數義　周禮天子有九門法陽九之
義宮門有五法五行外門有四法四時合爲九門一
曰關門二曰遠郊門三曰近郊門四曰國門五曰皐
門六曰庫門七曰雉門八曰應門九曰路門皆從外
而數故月令曰天子九門磔攘也皐門者王宮之外
門皐之爲言高也謂其制高顯也庫門因其近庫即
以爲名也雉門雉施也其上有觀闕以藏法故以施
布政教爲名也周禮曰乃垂治象之法於象魏闕也
應門應接諸侯羣臣常在此門之內也路門路寢之
門也諸侯七門一曰關門二曰遠郊門三曰近郊門
四曰國門五曰皐門六曰應門七曰路門魯以周公
之故雉門兼天子應門之制庫門兼天子皐門之制

天子諸侯朝位義　天子路寢門有五其最外者曰
皐門二曰庫門三曰雉門四曰應門五曰路門路門
之外則路寢也按此以朝門爲次與上九門義本相參○又此下接引寢門之內曰外朝朝有三槐云云具見後條不贅
周禮天子諸侯皆有三朝一曰外朝二曰中朝三曰
內朝其中朝之名或內或外若據外朝而言謂之內
朝故鄭注文王世子云諸侯外朝一內朝二是也三
朝之最外爲外朝是決獄聽訟之朝也中朝者人君
旦夕視政見卿大夫之朝也所謂辨色而入者在此
朝也內朝者路寢也人君視政退而居於此待諸侯
之復逆也視卿大夫退然後適燕寢所謂大夫夙退
無使君勞在此朝也諸侯三朝路寢爲內朝中朝在
路門之外外朝在應門之外天子皐門內有外朝面
有三槐左右各有九棘近庫門則有三府九寺庫門
之內則有宗廟社稷雉門之內有兩觀觀外亦有詢

事之朝在宗廟社稷之間雉門外有百官宿衛者也應門之內有中朝中朝東有九卿室是九卿治事之處故考工記云外有九室九卿治之朝畢則入而治事夕則歸於庫門外外朝之法朝有疑獄王集而聽之

每朝列位所向不同其三公之位常北面不變者以三公內臣位尊故屈之其餘諸侯孤卿大夫皆以地道尊右故尊者東面卑者西面於外朝諸侯東面於內孤卿東面疑無諸侯故也惟詢事之朝非常朝之限故不

與三朝同者時會殷同方嶽之下為宮壇見諸侯之法其位皆如明堂之位天子宮方一千二百步三分二為路寢之前一為路寢之後自皋門至路門凡五門相去之數未聞路寢之前至皋門凡五門之間合八百步為三朝皆方百步故用市朝皆百步路寢以後四百步為寢室諸侯三朝皋門至路寢相去六百步自路寢以前為三朝各一百步

明天子朝燕之服　天子皮弁素衣素裳為蜡祭之服黃衣黃冠臘祭先祖息田夫之服玄衣朱裳燕居之服韋弁[illegible]戎之服此四服非時朝燕無常故不入九服按下[illegible]章數法象一條末云玄衣朱裳燕樂之服非[illegible]祭之服故不入九服之數韋弁戎服亦不入吉服之例文義與此畧同姑不復錄

明周禮六服旒章義　六袞其服無章其冕無旒天道至尊難可比擬舍其雕飾服以其質袞冕之義以龍為目龍體九星故以九為終

陽爻九故王服有九陰爻六故后服惟六天子九服祭服有六王后六服祭服有三陽色尚文故有章數等級之別陰色尚質故無殊章之品

辨章數法象之理　十二章法天之大數虞之服也九章者法陽數之極周之服也周禮王吉服有九后吉服有六九服者何一曰大裘而冕二曰袞冕三曰鷩冕四毳五絺六玄六者祭祀之服也皮弁素積玄衣素裳緇衣玄端此又三服所謂吉服有九

王度記云玉者象君子之德

明天地嶽祭義　京受地記云崑崙東南五千之地謂之神州

三正記曰三王各以正月祭天南郊日用上辛

內傳云天子奉玉升柴
鄭玄謂天有六名歲有九祭王肅謂天惟有一歲有
二祭靈恩謂宜從鄭
凡祭天神有二玉禮神者訖事却收祀神者與牲俱
燎今國家郊祀天地祀神之玉常用禮神之玉則無
請下有司求良玉造蒼璧黃琮等九器訖則藏之其
燎玉依常制從之
宗廟之數先儒所釋不同一謂天子自古以來皆立
七廟一謂天子自古惟立五廟周世立七廟尙書言

殷立七廟禮緯云唐立五廟王制云夏五廟鄭玄從
五廟之義王肅從七廟之義唐虞夏三代皆立五廟
謂二昭二穆與始祖而五禮緯云唐五廟夏四廟至
子孫而五殷五廟至子孫而六周六廟至子孫而七
三昭三穆與大祖之廟而七
王者諸侯所以爲社爲萬民求福拜功之道也無土
不立無穀不生故立社稷則祭之春則求之秋則拜
之故月令云仲春之月擇元日命民社孝經援神契
云仲秋穰禾拜祭社稷

社神用石以土地所生最實故也
舞樂之始興於黃帝
禘樂用夾鐘爲歌奏以無射之調
堂下之樂以鐘爲重故舉鐘而言堂上之樂以人聲
爲貴故以歌爲稱言歌者知是堂上之音稱奏者知
是堂下之樂
凡樂九變者舞九終八變者舞八終六變者舞六終
終成也
凡樂之變數皆用宮之本數爲終黃鐘在子數九故

九變而終夾鐘在卯數六故六變而畢林鐘在未數
八故八變而止凡樂以辰數爲終均者取其中聲之
調各得依其旋始之音凡用十二調而作者各用本
數爲樂終非獨此三者也
自虞以上其名及制典籍所不詳
虞氏之學名庠庠養也所以養國之子弟使成儁德
虞殷貴在近郊故大學在西教學之道貴在成德西
方成就之䣢周制但西郊置虞庠小學而已
夏學名序者次序先王之道而學之夏周貴在於國

故大學在東教國子弟使之長益東方陽位有生長之道故貴在宮之左周又以夏序爲六遂之學夏殷謂之秀士周禮謂之賢能

殷學爲瞽宗瞽宗者宗尊也瞽無見之稱譬童蒙無有所識又樂官也武王之時猶從殷法立學故小學在東左射貍首右射騶虞自殷以前王者之學無辟廱頖宮之名

自虞至周凡四代之學虞夏及殷各立其學周則兼而立之有虞大學爲上庠小學爲下庠夏后氏大學

爲東序小學爲西序殷大學爲右學小學爲左學周大學爲東膠小學爲虞庠此四代之學名也王者相變是以立學之名互有不同至於爲學之制凡有二義一學之制與明堂同體五室四堂共一基之上東堂謂之東學南堂謂之南學西堂謂之西學北堂謂之北學中央謂之大學二義云凡立學之法有四郊及國中在東郊謂之東學在南郊謂之南學在西郊謂之西學在北郊謂之北學在國中謂之大學故鄭注祭義云周有四郊之虞庠也禮保傅篇曰帝入東

學尚親而貴仁入西學尚賢而貴位入南學尚齒而貴信入北學尚貴而貴爵入大學承師而問道故魏文侯孝經傳云大學者中學也帝入學者皆謂養老之時故王制虞養國老於上庠養庶老於下庠夏養國老於東序養庶老於西序殷養國老於右學養庶老於左學周養國老於東膠養庶老於虞庠此四代養老之法故言尚親貴賢尚齒尊爵之義也庠之言養也序者次序也明次序先王之道而學之瞽宗學宮也膠之言糾也所以糾錄學士使成其德然天子

之學者所以行禮樂宣教化於天下使之成德又養三老五更與諸侯行禮之處謂之辟廱辟雍者璧圜若璧雍之以水取流而無極使學者進德而不已亦謂辟者明也雍者和也明此學中非但教學亦所以明政教故王制曰天子之學曰辟雍諸侯之學曰頖宮然置學之處四代不同或尚於西或貴在國或貴在郊此隨代取法所尚不等是以鄭注王制曰上庠右學大學也在西郊下庠左學小學也在國中東序東膠亦大學也在國中王宮之東西序虞庠亦小學

也在西郊虞商貴在於郊故大學在西夏周貴在於國故大學在東周人立小學於西謂之虞庠者以其制似有虞之庠故因以名武王之時猶從殷法小學在東及周公制禮移小學在西然則周之制法凡有五學俱立三代之先學而不立三代之小學所以知其然者文王世子云學舞於東序學禮於瞽宗學書於上庠此大學也皆是三代之大學而無下庠西序小學之文王制云周之養國老於東膠養庶老於虞庠此其二學故云有五學周之虞庠在西郊者祭義云祀先賢於西學所以教諸侯之德也鄭注云西學周小學也似有虞之庠制故云虞庠在西郊然則周制凡五學

內則云入君之子十年出就外傅傳者教學之官文王世子云立大傅少傅以養之然則未入學時已有傅矣是以內則云出就外傅謂就外室而受教也外室在虎門之左師氏之旁而築宮焉即謂異宮也至年十三則入小學小學者周在西郊之虞庠十五則入大學謂入於東膠之等小學之時則大傅在前少傅在後當入學之時國之子弟亦從學焉至在休息還返別宮居宿出入則受師保之訓故云入則有保出則有師謂燕出入時也教喻成德由有二傅師保之訓師保但明德義之術出入前後教道而已非執經者也在小學習經典皆受之於執經者入大學亦從受詩書禮樂之業至於崇尚其術皆大樂正所爲鄭注父師司成則大司成也周禮則師氏之官也

周人又以虞氏之庠爲六鄉之學夏后氏之序爲六遂之學亦以序爲黨學謝爲州學鄉學在郭外之郊遂學在遠郊之上儀禮云州學名豫鄭注云豫宜從謝州立謝者下鄉學也今文豫爲序序乃夏學非也周禮州學爲序者字之誤也庠序制有室豫制無室

諸侯之子亦以十年出就外傅學書計於外在公宮之右路門之外正朝之東別立宮焉傅亦有二

魯立三代之學其餘諸侯但立時王之學而已周之諸侯所立之學皆曰頖宮故曰頖宮周學也

四時入學不及先聖天子視學乃祭先聖

周制天子六鄉六遂諸侯大國三鄉三遂小國一鄉

一遂鄉及遂各萬二千五百家鄉內則立比閭族黨州鄉之名遂內則立鄰里酇鄙縣遂之名俱有六等異其屬官之名者別內外也然居郊之內而非鄉民者謂之廛里邑之士居郊之外而非遂民者謂之公邑鄙之人六鄉六遂及公邑之法則不為井田都鄙采地之制則為井田遂人所造溝澮者是鄉遂之制小司徒所造丘甸者采地之法

兵賦義　鄭注周禮軍旅之數云此先王因農事而定軍令也天子有六鄉六遂故有十二軍諸侯三鄉

三遂故有六軍次國二鄉二遂故有四軍小國一鄉一遂故有二軍鄉為正軍遂為副倅故云天子六軍諸侯大者三軍次者二軍小者一軍皆據正軍而言不數副倅

周禮天子畿內稅民之法有二一曰貢二曰賦貢謂有職任而收其稅賦者計其可任而口率其錢諸侯貢稅雖俱什一而郊內郊外收籍不同

儀禮者周公所制吉禮惟得臣禮三篇凶禮得四篇上自天子下至庶人其禮同等餘三篇皆臣禮賓禮惟存三篇軍禮亡失嘉禮得三篇　並玉海

自周以前封者皆封土為壇至秦皇漢武則皆用石檢

若以書傳中侯文依三正記推之則三皇五帝之所尚可得而知也以周人代殷用天正而尚赤殷人代夏用地正而尚白夏以人正代舜而尚黑則知虞氏之王當用天正而尚赤陶唐氏當用地正而尚白高辛氏當用人正而尚黑高陽氏當用天正而尚赤少皞氏當用地正而尚白黃帝當用人正而尚黑炎帝

當用天正而尚赤共工氏當用地正而尚白大皞氏當用人正而尚黑

唐虞五載巡狩一嶽二十年方徧四嶽周則四十八年矣若一出四嶽皆徧且闕四時祭享唐虞衡山為南嶽周氏霍山為南嶽其制日行五十里若以二月到東嶽五月到南嶽八月到西嶽十有一月到北嶽路塗遙遠固不必及此知每至一嶽即歸斯義為長也

十有二歲王巡狩南國取歲星一周天道之備數

古者諸侯朝天子四時禮外有朝會殷同之法殷同者王不巡狩十二年則六服諸侯各當方面來赴四時見王也殷衆也四方諸侯衆來見王並通典

燕者殺烝於俎行一獻之禮坐而飲酒以至於辭路史注引作霽辯有虞氏帝道弘大故養老以燕禮饗則醴薦而不食爵盈而不飲依尊卑而爲獻取數畢而已夏旣受禪於虞是三王之首貴尙於禮故養老以饗禮相尊敬也食者不飲酒饗大牢以禮食之殷人質素威儀簡少故養老以食禮王制疏

凡天子進御之義從后而下十五日徧其法自下而上象月初生漸進至盛法陰道也然亦不必以月生日爲始但法象其義所知其如此者凡婦人陰道晦明是其所忌故古之君人者不以月晦及望御於內晦者陰滅望者爭明故人君尤愼之春秋傳曰晦淫惑疾明淫心疾以辟六氣故不從月之始但倣月之生耳其九嬪以下皆九人而御八十一人爲九夕世婦二十七人爲三夕九嬪九人爲一夕夫人三人爲一夕凡十四夕后當一夕爲十五夕明十五日則后御十六日則后復御而下亦放月以下漸就於微也諸侯之御則五日一徧亦從下始漸至於盛亦放月之義其御則從姪娣而迭爲之御凡姪娣六人當三夕二媵當一夕凡四夕夫人專一夕爲五夕故五日而徧至六日則還從夫人如后之法孤卿大夫有妾者二妾當一夕內子專一夕士有一妾者但不得專夕而已妻得專夕凡九嬪以下女御以上未滿五十者悉皆進御五十則止后及夫人不入此例五十猶御故內則云妾年未滿五十必與五日之御則知五十之妾不得進御矣卿大夫士妻妾進御之法亦應如此也齊東野語

尙書禋于六宗禋有三義禋者煙也潔也精也煙者燔柴升煙于天以氣聞達潔取淨潔以表無穢之理精取祭者精懃之意六宗之神先儒所釋義各不同義雖不同亦各有通孔光劉歆謂六宗者乾坤之六子取水火雷風山澤能生萬物故禋祀以報謂之六宗馬昭難云凡八卦者所以生育萬物若祭卦便因祭八卦豈但祭六明非六卦也意謂劉孔之意所以

但六者以子不能成父之業故生物之功由於六子合據成功而報故舍乾坤而不祭也鄭云宗者星辰司中司命風師雨師此謂六宗也王肅難云星則五緯之星合爲位辰則十二月之會次又合爲一位各實不相副也司中司命文昌第五第四星而别爲兩位文昌之星獨分爲二五緯之宗所主各異合而爲一義有不安尋鄭本意以五星十二次各共成功故合爲一司中司命所司者一不共成功故分爲二王肅六宗亦以四時共成歲功得合爲之一宗鄭以十

二次五星各共成歲則何以不得各合爲一王此難無通義也山堂考索

三恪之義有三説焉一云二王之後更立三代之後爲三恪此據樂記武王克商未及下車封黄帝堯舜之後及下車封夏商之後通已用六代之樂二云三王之前但立一代通二王爲三恪此據左傳封胡公以備三恪明王者所敬先王有二更封一代以備三恪存三恪者所敬之道不過於三以通三正三云二王之後爲一恪妻之父母爲一恪夷狄之君爲一恪此據王有不臣者三而言之凡此三義以初爲長何者禮記郊特牲云存二王之後尊賢不過二代又詩序云二王之後來助祭又春秋公羊説曰存二王之後所以通三正以上皆謂二王之後通三恪之文若更立一代通備三恪者則非不過二代之意左傳封胡公以備三恪者謂上同堯舜黄帝下同殷夏爲三恪也通典

周公制禮用六代之樂四時祭祀分而用之祭之尊卑凡有六等故用六代之樂以六代之樂配十二調

而作之一代之樂咁用二調遠取黄帝者以舞樂之始興於黄帝奏者謌堂下四垂鐘聲之調歌者謂堂上琴瑟之音但　祭之中皆自爲二調庭奏者常以陽聲爲調升歌者常以陰禮爲聲周人用六代之樂祭天雲門地以咸池宗廟以大磬不用時王之樂以三樂其道最美故三祭用之宗廟加九德之歌彰明先祖之德也大蜡盡天地四方之神而祭之其樂亦盡用四時之調凡四方十二辰則有十二律陰陽相配二道共作一代之樂故爲六樂大蜡之祭則盡用

之合天地四方之神合六代之樂故終不過六附禮注疏刪翼

四圭有邸象四方物之初生以璧爲邸者取其初生之圜匝也

諸侯爲學之法但一堂之上不爲五室唯南向爲之置立之處一如時王之法貴是同並通典

黃帝深究物情始垂衣裳以化天下當是時素風倘近惟白布深衣齊則緇之蓋以黃帝有也大戴禮孔子云黃帝黼黻衣大帶黼裳乘龍駕雲勤勞心力耳目是也

古者衣皷卽服製也特衣裳朱辨義炎以來裳衣已分至黃帝而袞章大立非謂始衣服也並路史後紀

公卿大夫助祭之日所著之服降王一等餘悉與王同

禕衣后從王祭先王則服之揄狄從王祭先公則服之闕狄饗諸侯則服之鞠衣以采桑則服之展衣以禮見王及見賓客則服之椽衣燕居則服之王后無助祭天地故自先王以下王后不助祭天地四嶽故無助祭天地及四望之服並文苑英華

二王後夫人各以本國盛服侯伯夫人則服揄狄子男及三公大夫夫人服闕狄

二王後各得行其先王之禮尸各服其君之服尸君夫人皆作樂殷人先樂降神後酌鬱鬯以獻尸方伯之祭同服冕行九獻之法不得同二王後食前六獻食後三當食前四至酳爲五更行四獻爲九也王之兄弟封爲侯伯時祭則尸坐南面主在東面侯伯則行七獻之禮子男則行五獻皆依其命數凡五等之爵自祭皆用玄冕未賜圭瓚者則以鬱鬯直以酒灌神也凡諸侯灌用黃目爲上齊則獻象以下尸如君服以入奏肆夏君與夫人灌各一獻然後迎牲麗於碑鸞刀啟其血毛以授祝祝入詔於室及殺始行朝踐之事尸南面主坐西東面取膟膋燎於爐炭入詔神於室夫人酌盎齊以獻尸爲三獻至薦熟先以羹告設饌於堂後迎尸於奥君妥尸酌清以獻爲四獻至酳五獻酬酢至七獻禮成並通典

王后三獻數皆十二諸侯夫人三公而下大夫雖數

如命數山堂考索

重翟后從王祭先王先公所乘也舊唐書

厭翟后從王饗諸侯所乘也册府元龜

安車后宮中朝夕見於王所乘也輦車后游宴所乘

也文苑英華

朱草赤草也可以染絳爲服以別尊卑王者施德有

常則應德而生路史餘論

序錄

隋志鄭元及後漢侍中阮諶等撰三禮圖九卷唐志夏侯

伏朗三禮圖十二卷張鎰三禮圖九卷

文獻通考曰聶崇義被旨纂集三禮圖以鄭康成

阮諶等六家圖刊定

玉海曰周世宗詔崇義參定郊廟器玉又詔學士

竇儼統領之崇義因取三禮圖再加考正三禮舊圖是隋

開皇中勅官修撰建隆三年表上儼爲序曰聶崇義博采

三禮舊圖凡得六本凡舊圖之是者則率由舊章

否者當理彈射其新圖凡二十卷附於古今通禮

之文是書纂述之初詔儼統其事故作序焉太祖

覽而嘉之詔所進圖令尹拙駁正崇義復引經釋

之乃以儼裁定以尹拙駁議及崇義答議各四卷

再加詳閱隨而增損列於注釋共分十五卷詔頒

行之拙崇義復上祭玉鼎釜異同之說詔下尚書

省集議張昭等議曰四部書目有三禮圖十三卷

是隋開皇中敕禮官修撰其圖第一題梁氏第十

後題鄭氏又稱不知梁氏鄭氏名位所出今書府

有三禮圖亦題梁鄭後有梁氏者集前代圖記更加評議題曰陳留阮士信受禮學於潁川綦毋君取其說爲圖三卷多不按禮文而引漢事其阮士信卽諶也如梁正言可知諶之紕繆三國志注按阮氏譜諶字士信徵辟無所就造三禮圖傳於世不言爲侍中

謨按隋唐志所載三禮圖祇鄭康成阮諶夏侯朗張鎰四家而聶崇義博采舊圖乃有六本四家之外有二梁氏其一梁氏在鄭氏前張昭所謂不知名位者也其一梁氏名正隋唐間人張昭所謂後

有梁氏者也聶注禮圖皆畧存其說而獨無夏侯氏經義考引張彥遠云隋文帝開皇二十年勅有司撰三禮圖左武侯執旗侍臣夏侯朗畫則聶氏所據開皇三禮舊圖疑卽夏侯氏所畫而梁鄭阮三家亦在其中今六家圖本俱已不傳遺說畧具聶注禮圖今故一以聶氏篇目爲次其有闕畧則以他書補之又經義考云阮氏三禮圖祇有牛鼎一條見初學記今撿諸書及聶注多引阮圖故推爲此書主名仍各注本條下此外或引禮圖或引舊圖不必盡注又聶注引張鎰圖亦多以唐人書例不入鈔其諸家禮圖凡從聶注鈔出七十條又鈔出注疏九條後漢書注六條隋志六條後魏志二條通典一條文選注一條初學記五條書鈔六條類聚二條御覽五十七條玉海六條

三禮圖

漢 陳留阮諶撰　　萬安陳 莘校

鷩冕王祭先公及卿之服天子九旒用玉二百一十六侯伯服以助祭七旒用玉八十隋志引禮圖○御覽三禮圖曰鷩冕服者王祭先公及饗射之服也以朝天子助祭玄衣繡裳以華蟲火宗彝三章畫以爲繢裳藻粉米黼黻四章繡以爲黹

毳冕王祀四望山川之服天子七旒用玉百六十八子男服以助祭四旒用玉五十御覽云子男服以朝天子

絺冕天子祭社稷五祀之服天子五旒用玉百二十孤卿服以助祭四旒用玉三十二

玄冕王祭羣小祀及視朔服天子四旒用玉三十二諸侯服以祭其宗廟三旒用玉十八竝隋志引禮圖

周天子吉服有九冕服六弁服三

大裘而冕王祀昊天上帝及五帝之冕秦除六冕惟留玄冕漢明帝永平中始創制

黑羔裘其冕無旒亦玄表纁裹竝玉海

黃帝戴黃冕御覽

冕以三十升布漆而爲之廣八寸長尺六寸前圓後方前下後高有俛伏之形故謂之冕欲人之位彌高而志彌下故以名焉後漢書明帝紀注

通天冠一曰高山冠上之所服

進賢冠前高七寸纓八寸後高三寸一梁下大夫一命所服兩梁再命大夫二千石所服三梁三命上大夫公侯之服後漢書注引三禮圖云文官服之○聶注引舊圖云古三冠梁數雖異俱曰進賢餘竝仝

遠遊冠諸王所服按書鈔引三禮圖珠纓翠緌今此四字見聶注遠遊冠下

玄冠一曰委貌今之進賢則其遺象也夏曰毋追殷曰章甫周曰委貌後世轉以巧意改易其名耳聶注舊圖周曰弁殷曰冔夏曰收三冠之制相似而微異俱以三十升布漆爲之皆廣八寸長尺六寸前圓後方無旒色赤而微黑如爵頭然前大後小殷冔黑而微白前小後大收純黑亦前小後大三冠下皆有收如東道笄下收矣又章甫殷冠亦名冔紵中冒上黑屋十月行禮服之

緇布冠始冠之冠也太古冠布齊則緇之今武冠則其遺象也太古未有絲繒始麻布耳聶注引舊圖云大小之制未聞○按聶注緇布冠前有童子服云梁正修阮鄭等圖以童子之服繫冕弁之末不連緇布皮弁等服其文無攷

高山冠一曰則注高九寸鐵爲卷梁秦制行人使者

所服今謁者服之
法冠一曰柱後惠文一曰獬豸冠柱高五寸以纚爲展筩以鐵爲卷柱秦制法服禮不記
建華冠祀天地五郊八佾舞人服之以鐵爲柱卷貫雜大珠九枚一見初學記
武弁大冠也士服之或曰千歲涸澤之神名慶忌冠大冠乘小車馬好疾馳濟人服之
却敵冠前廣四寸通長四寸後高三寸衛士服之一見初學記

却非冠宫殿僕射史服之高三寸禮不記一見初學記
巧士冠前高五寸後相通掃除從官服之禮不記
五彩方山冠各以其彩穀爲之祠廟天子八佾樂五行舞人所服一見初學記
長冠竹裹高七寸廣三寸漢高祖以竹皮作之世云劉氏冠楚制禮不記
皮弁以鹿皮淺毛黄白色爲之高尺三寸春八月習大射冠之行事
爵弁士助君祭之服以祭其廟無旒尚書顧命疏引阮圖云雀弁以三十升布爲之
韋弁王及諸侯兵服也並御覽
天子鞞制形如腰鼓禮記疏
褕狄王后從王祭先公之服也侯伯之夫人服以從君祭宗廟
闕翟王后從祭群小祀服也亦子男夫人服以從君祭宗廟
鞠衣王后蠶桑之服也孤之妻服以從助君祭
展衣王后以禮見王賓客之服也卿大夫之妻以從助君祭

傅母婚禮從者袗衣古者傅母選無夫與子而老賤曉習婦道者使之應對也
王后翟衣玄舄褕翟赤舄鞠衣葛屨一見書鈔○並御覽
笲讀如皮弁之弁以繒衣之容一斗
橋讀如橋舉之橋以木爲之似今之步案高五尺下跗午貫舉笲處亦午爲之並聶注
複下曰舄單下曰屨其色各隨裳色夏用葛冬用皮書鈔

笄簪也上以骨大夫以象聶注按梁正阮氏圖
金根輅皇后法駕乘之以禮昏見廟乘輅后法駕乘
以親桑安車后小駕乘之以初祭山輧車后行則乘
之紺罽輧車后小行則乘之入閤與后出入閤宮中
小遊則乘之後魏禮志引阮圖
桑車亦飾以雲母仝上
明堂者布政之宮周治五室東爲木室南爲火室西
爲金室北爲水室土室爲中秦爲九室十二階各有
所居御覽

建武三十二年作明堂上員下方十二堂法日辰九
室法九州室八窻八九七十二法一時之王室有十
二戶法陰陽之數胡伯始云古清廟蓋以茅今蓋以
瓦下藉茅存古制也光武紀注
王宮五門王與后六寢聶注引舊圖
於內室之上起通天之觀觀八十一尺得宮之數其
聲濁君之象也玉海
雩壇在巳地郊典引阮諶說不言圖
凡鍾十六枚同爲一簨簴爲編鍾特縣者謂之鎛

鎛鍾者鍾之大者也形如鍾而大耳其在簨簴亦名
而已文選注引阮圖云簨簴兩頭並爲龍以辮組
殷廣三寸長尺三寸半十六枚同一簨簴謂之編磬
在東方曰笙磬在西方曰頌磬並御覽
樂經云黃鍾磬前長三律二尺七寸後長二律一尺
八寸此謂特縣大磬配鎛鍾者也聶注引舊圖
雅琴長八尺一寸廣一尺八寸二十三絃其常用者
十九絃其餘四絃謂之番番嬴也頌琴長七尺二寸
廣尺八寸二十五絃盡用也

琴第一絃爲宮次爲商次爲角次爲徵次爲羽次爲
少宮次爲少商仲長統傳注引三禮圖云琴本五絃曰宮商角徵羽文王增二曰少宮少商絃最清也
雅簫長尺四寸二十四彄頌簫長尺二寸十六彄聶注引舊圖彄作管
仲夏之月令樂師均管簫長則濁短則清也
以蜜蠟實其底而增減之則和管成而音定無所復
調當與琴瑟相參
方嚮梁有銅磬蓋今方嚮也方嚮以鐵爲之修九寸
廣二寸圜上方下架磬而不設倚架上以代鍾磬人

閒使用者纔三四寸 爾注無此條

雅簧上下各六 竝御覽○書鈔引三禮圖云笙有雅簧十三上六下七

笙長四尺諸管參差亦如鳥翼

雅箎長尺四寸圍三寸翹長一寸三分圍自稱九孔

頌箎尺二寸 竝爾圖注

無底者謂之洞簫 初學記

戞敔也形如伏獸背上有二十七刻以木長尺櫟之所以止樂擊柷也象桶中有椎柄連底撞之所以作樂 馬融傳注

竿長四尺二寸 周禮疏

夏后足鼓殷人置鼓周人懸鼓 初學記

鐸今之鈴其匡銅爲之木舌爲木鐸金舌爲金鐸 書鈔

天子大射之時天子虎侯九十步諸侯熊侯七十步卿大夫豹侯五十步畿內諸侯大射君熊侯九十步卿大夫參侯七十步士豻 五但反 侯五十步天子卿大夫射君臣共射一麋侯五十步諸侯卿大夫亦如之天子及諸侯之士皆無大射參侯者以豹皮爲鵠以麋皮爲飾參之爲言雜也豻侯者以胡犬皮爲鵠亦以爲飾

天子賓射亦三侯天子射五正諸侯射三正侯正卿大夫射二正侯諸侯賓射二侯君三正卿大夫賓射君臣共射一侯二正士與士賓射豻皮三正士卑不得畫雲氣故以豹皮飾其側也畿內諸侯與外國同其侯道亦如之

天子燕射熊侯諸侯卿大夫士虎豹侯諸侯燕射君亦熊侯卿大夫亦宜參侯士豕鹿卿大夫與其臣燕射君臣共射虎豹侯士燕射亦宜豹侯畫鹿豕爲識畿內諸侯與外國同其侯道亦如賓射 竝御覽

彤弓天子所用旅弓卿以下所用也 初學記

盧矢長三尺 書鈔

乏一名容似今之屏風其制從廣七尺以牛革鞔漆之

楅長二尺有足置韋當於背

韋當長二尺廣一尺置楅之背上以籍箭

士之中 卽中 鹿長尺二寸首高七寸背上四寸穿之容筭長尺二寸

兕中兕似牛一角大小之制如鹿中

筭長尺二寸以實於中人四筭一偶八筭其數無常隨偶多少

决亦以朱韋爲之

遂臂捍以朱韋爲之竝聶注舊圖

在上曰帟四傍及上曰帷上下四傍悉周曰幄幄大帷也書鈔

幕以布地或以陳上仝上

扆縱廣八尺畫斧文今之屏風則遺象也御覽○聶注引舊圖云畫斧無柄設而不用之義

几長五尺高尺二寸廣二尺兩端赤中央黑漆聶注引阮圖○禮記疏仝

士蒲筵長七尺廣三尺三寸無純初學記引正此其司几筵祀先王設莞繅次三種之席皆有純也聶圖注

龜以春灼後左夏灼前左秋灼前右冬灼後右楚焞以荆爲然以灼龜正以荆者凡木心皆圓而荆心方是以用之御覽○類聚引楚焞下文仝

凡玉瑑上有雙衡衡長五寸博一寸下有雙璜璜徑三寸衝牙聶注引舊圖衝牙長三寸無下文蠙珠以納其間上下爲衡半璧爲璜璜中横以衝牙以蒼珠爲瑀初學記○御覽同隋志引

笏度二尺有六寸中博二寸其殺六分去一禮圖

瑲綴於草帶有印章則佩之隋志引阮圖

大常旂首爲金龍頭聶注引阮氏梁正等圖

信圭七寸謂圭上瑑人頭身之形侯所執也

躬圭七寸謂圭上瑑爲四體之形伯所執也竝御覽

蒼璧九寸厚寸聶注引阮鄭二圖

方明者四方神明之象用槐爲之

醴甒以瓦爲之受五斗口徑壹尺脰高二寸大中身兌下平底禮記疏引禮圖云瓦大受五升口徑尺頸高二寸徑尺大中身銳下平○按聶注三禮彝爵圖此下有蓋尊概尊散尊阮氏並不載此三尊名又有大璋瓚中璋瓚邊璋瓚云阮圖並不言三璋各有文飾又云按阮氏梁正圖內三璋之勺及裸圭所說節略多不依經今本文並無攷

三璋之下雖不言槃其制亦同瓚槃口徑皆可六寸御覽引禮圖云圭瓚受四升徑八寸形如盤其柄以圭有前流

方壺受一斛腹圓足口皆方

圓壺受一斛腹方口足皆圓畫雲氣

酒壺受一斛口徑尺足高二寸徑尺反爵著壺漆赤

中有畫飾
壺以盛醴醢高一尺受二斗
疏勺長三尺四寸受一升漆赤中丹柄端
蒲勺頭如鳧頭聶注引阮圖
爵畫赤雲氣御覽引阮圖云爵受一升尾長六寸博二寸傅翼兑下方足漆赤雲氣
觚銳下方足漆赤中畫青雲氣通飾其戹御覽引禮圖云觚受三升餘並仝
凡諸觴皆形同升數則異
角其制如散

散似觚御覽引禮圖散受五升
觥大七升以兕角爲之詩疏仝
制度云射罰爵之豐作人形豐國名其君坐酒亡國
載杅以爲戒
桄長四尺廣二尺四寸深五寸御覽引此下有无足漆赤中五字畫
青雲氣蔆苕華飾
陳饌桄長七寸廣二尺四寸深尺五寸有蘭笭畫青
雲氣蔆苕華飾
禁長四尺廣二尺四寸通局足高三寸漆赤中青雲
氣畫蔆苕華飾刻其足爲褰帷之形
羃饌巾士大夫以緇布頳裏諸侯天子以玄帛纁裏
篚以竹爲之長三尺廣一尺深六寸足高三寸如今
小車笭
篚受五斛
小篚以竹爲之受五斗以盛米或君致饔餼於聘賓
雜筥以用之並聶圖〇御覽引禮圖篚以盛盞漿四種八篚大夫三種六篚士二種四篚
巹取四升瓠中破夫婦各一御覽〇聶注禮圖無此條
釜在畢洗之間制度受三斛或云五斛聶注按舊圖有釜無斛

疏匕亦形如飯橾音黎以棘爲之長二尺四寸葉長八
寸博三寸其柄葉通疏皆丹漆之御覽引禮圖七以載牲體棘心爲之
餘並仝
挑匕漆柄末及淺升中皆朱柄葉長短廣狹與疏匕
同聶注舊圖枇下別有刻七是其重也
畢葉博三寸中鏤去一寸柄長二尺四寸漆其柄末
及兩葉皆朱御覽引禮圖畢似天畢以載牲體餘並仝
鉶受一斗兩耳三足高二寸有蓋士以鐵爲之大夫
已上以銅爲之諸侯飾以白金天子飾以黃金御覽引禮

圖鍘以盛羹受一升
口徑六寸餘並仝
柶長尺櫬博三寸櫬音葉本又作二寸其體柶宜爲二寸曲柄長六寸
漆赤中及柄端聶注按梁阮二氏不辨醴鍘二柶唯云柶圖爲勺形
洗高三尺口徑一尺五寸足徑三尺中身小疏中士
以鐵爲之大夫巳上銅爲之諸侯白金飾天子黃金
飾
洗罍亦謂之洗壺受一斛口徑一尺脰高五寸侈旁
一寸大中身鋭下漆赤中元士加青雲氣
洗勺五升口徑六寸曲中博三寸長三寸柄長二尺

四寸漆赤中柄末亦丹
盥盤口徑二尺一寸受二斗漆赤中並聶注舊圖
匜受一斗流長六寸漆赤中諸侯以象飾天子黃
金飾皆畫赤雲氣聶注按梁正張鎰修阮圖
簠受一斗足高二寸中方外圓聶注舊圖外方內圓曰簠漆丹中
蓋龜形諸侯飾以象天子玉飾盛黍稷
簋受一升足高二寸中圓外方聶注舊圖挫其四角內方外圓曰簋
角漆赤中蓋亦龜形其飾如簠盛稻粱
瑚受一升形制未聞制度云如簋而平下

璉受一升漆赤中蓋亦龜形大夫飾口以白金制度
云如簠而兌下
敦有足其形如今酒罇法聶注舊圖敦受一斗二升漆赤中大夫飾口以白金
牟受一斗如敦形古牟受一升平下漆赤中飾口以
白金蓋亦龜形按聶注以舊圖瑚璉及牟形制容受與簠簋相同畧而不取故此六條並
從御覽鈔出
豆高尺二寸漆赤中大夫巳上畫赤雲氣諸侯飾以
象天子加玉飾御覽引禮圖豆以木受四升餘並仝
登盛湆以瓦爲之受斗二升口徑尺二寸足徑尺八

寸高二尺四寸小身有蓋似豆狀聶注引梁正阮氏圖
梡俎長二尺四寸廣尺二寸高一尺漆兩端赤中央
黑禮記疏引此文云諸臣加雲氣天子犧飾之
夏俎名嶡嶡亦如梡而橫柱四足中央如距也禮記疏○
玉海引此疏上有虞氏尚賓未有餘飾夏漸文三句
椇殷俎也椇讀曰矩曲橈其足聶圖注
牛鼎受一斛天子飾以黃金諸侯白金有鼻目以銅
爲之三足類聚引鼎器圖
雞彝受三斗牟彝畫嘉禾虎彝畫虎於尊盛明水鳥

彝黃彝雌彝盛鬱鬯玉海□聶注按舊圖六彝唯雞鳥彪雌四彝皆刻木爲之乃畫
雞鳳虎雌四物之形各於背上負尊皆立
一圓器之上其器三足漆赤中如火爐狀
籩巾圓一幅
龍勺柄長二尺四寸受五升士大夫漆赤中諸侯以
白金飾天子以黃金飾
犧尊飾以牛諸侯飾口以象骨天子飾以玉聶注引阮圖□
詩疏引阮圖犧尊飾以牛象尊飾以象於
尊腹之上畫爲牛象之形□左傳疏仝
罍瓦爲之受五斗赤雲氣畫山文大中身兑平底有
蓋聶注引阮圖

䡅軸與轅長一丈二尺廣四尺士漆大夫以朱飾與
浴牀則天子畫轅爲龍加赤雲氣聶注按阮圖
桁制若今之几狹而長以承藏具實未見聞聶注按阮氏衆
正等
圖
功布謂以大功之布長三尺以御柩居前爲行者之
節度
柳車四輪一轅車高丈二尺廣四尺高五尺聶注按阮圖之
翣以竹爲之高二尺四寸廣三尺衣以白布柄高五
尺葬時令人執之於柩車傍也趙㕁傳注

卷終

序錄
尚書正義曰周禮大宗伯云以吉禮祀邦國之鬼
神示以凶禮哀邦國之憂以賓禮親邦國以軍禮
同邦國以嘉禮親萬民之昏姻知五禮謂此者以
帝王相承事有損益後代之禮亦當是前代禮也
虞書以三禮言則周禮儀禮禮記是也以五禮言
則吉凶軍賓嘉是也顧自漢魏以來說經之書未
有及五禮者故隋書經籍志無五禮篇目惟通典
於太子加元服下注引孫毓五禮駁一條此外亦

多稱引博士孫毓等議而不言五禮駁意此議是
毓所論著如高堂隆魏臺訪議虞摯決疑要注之
類非說經書也而禮記正義於榹弓馬鬣封句下
又引孫毓難語二條難即駁也則似孫毓又自有
五禮駁如通典所引冠議是嘉禮正義所引墓制
則凶禮也故仍采輯以補隋志之闕凡共鈔出通
典七條正義三條

五禮駁

晉　北海孫毓撰　　　金谿江　　揖校

魏氏天子一加三加嫌同諸侯毓案玉藻記曰玄冠朱組緌天子之冠也緇布冠繢緌諸侯之冠也其說謂皆始冠則是有次加之辭此二冠皆卑服質古勢不一加必重加朝祭之服以崇彌尊聖人制禮所以一時歷加衆服者今始成人卜擇令日而徧加之所以重始也若冠日有不加者後必不擇吉而服非重始也又禮器有以少爲貴者冠不在焉記者彌尊喻志之言益以服從卑始象德日新不可先服尊服轉而即卑今嫌士禮喻志文文因從魏氏一家之制考之玉藻似非古典今三加者先冠皮弁次冠長冠後冠進賢冠以爲彌遵於意又疑裴頠答洽禮問天子禮玄冠者形之成也爲君未必成人故君位雖定不可孩抱而服冕弁摯虞以爲天子即位之日即爲成君冕服以備不宜有加諸侯即位爲成豈不定諸侯成尹不拘盛典而可以冠天子成君獨有火龍黼衣便不可乎意爲宜冠有加

按尚書洛誥王命作冊逸祝冊唯告周公其後詔成王已冠命立周公後作爲冊書逸誥以告伯禽也又周公請命於三王乃納冊於金縢匱中又封建諸王裂土樹藩爲冊告廟篆書竹冊執冊以祝訖藏於廟及封王之日又以冊告所封之王冊文不同前以言告廟祝文當竹冊篆書以爲告廟冊冊之文即祝詞也皆告封王告改年號故事事訖皆當藏於廟以皆爲冊書四時享祀祝文事訖不藏故但禮稱祝文尺一白簡隸書而已

周禮上公九命爲伯其國家宮室車旗衣服禮儀皆以九爲節侯伯七命以七爲節子男五命以五爲節公之城蓋方九里宮方九百步侯伯之城方七里宮方七百步子男之城方五里宮方五百步又曰王之三公八命其卿六命及其出封皆加一等其國家宮室車旗衣服禮儀亦如之又如禮諸侯之城闕高七丈門阿皆五丈又禮諸侯以爲殿屋今諸王封國雖有大小而所理舊城不如古制皆宜仍舊其造立宮室當有大小之差然周典奢大異于今儀步數之限宜

隨時制又諸侯三重門內曰路門中曰雉門外曰庫門雉門之外設罘罳高五丈其正[illegible]與廟同制皆殿屋四阿堂崇三尺此其舊典略可依也餘皆稱事取供而已旌旗斿數繁纓貳車各以其命之等又曰金輅建大旂同姓以封象輅建大赤異姓以封又制從簡除之餘諸王從公者出就封朝祀之車宜輅車駟馬建大旂九斿畫交龍禮公之服自袞冕而下侯伯自鷩冕而下皆如王之服祭服宜玄冕朱裏玳玉三采九旒藻三色九就丹組纓元衣纁裳畫九章以事

宗廟其祀社稷山川及其羣臣助祭者皆長冠元衣其位不從公者皆以七爲節其他則同諸王朝服依漢魏故事皆遠遊冠五時服佩山元玉不復以國大小爲差其羣臣侍從冠服皆宜如服制令也諸王公應助祭按司服之職王祀昊天上帝則大裘而冕享先王則袞冕先公則鷩冕公之服自袞而下如王之服侯伯之服自鷩冕而下如公之服禮記王制曰制三公一命袞謂三公八命復加一命則服袞龍與王者之後同然則九命及二王之後乃服袞衣無升龍

三公之服當從鷩冕而下太尉三公助祭宜服鷩冕七章冕繅九旒赤舄三公助導從外官不與齊祭者自可如舊

按周禮典命職凡諸侯之嫡子誓於天子攝其君則下其君一等謂公之子如侯伯而執圭侯伯之子如子男而執璧春秋曹伯使其太子射姑來朝行國君之禮踐土之盟衛成公使其母弟武如會經書曰衛武蔡甲午序於諸侯又左傳冢子君行則守有守則從從曰撫軍守曰監國古之制也夫帥師專行謀誓

軍旅君與國政之所圖非太子之事也

禮記告喪曰登遐告訃之辭也或曰大行之稱起於漢氏漢書曰大行在前殿又曰大行無遺詔此即非告訃之辭謚法者大行受大名小行受小名初崩未謚而嗣帝已立臣下所稱辭者宜有異故謂之大行言其有大德行必受大名若稱謚也

武宣皇后崩未葬時稱太后文德皇后崩侍中蘇林議皇后皆有謚未葬宜稱大行臣以爲古禮無稱大行之文按漢天子稱行在不言所當居崩曰大行者

不返之稱也未葬未有謚不言大行則嫌與嗣天子同號至於后崩未葬禮未立后宜無所嫌故漢氏諸后不稱大行謂未葬宜直稱皇后詔曰稱大行者所以別存亡之號故事已然今當如林議

考工記左祖右社孔子曰周人敬鬼神而遠之近人而忠焉禮諸侯三門立廟宜在中門外之左宗廟之制外爲都宮內各有寢廟別有門垣太祖在北左昭右穆次而南今宜爲殿皆如古典

按禮諸侯五廟二昭二穆及太祖也今之諸王實古

諸侯也諸侯不得祖天子當以始封之君爲太祖百代不遷或謂之祧其非始封親盡則遷其冲幼繼位未踰年而薨者依漢舊制不列於宗廟四時祭祀於寢而已 並通典

孔子墓魯城北門外西墳四方前後上下形似臥斧高八九尺今無馬鬣封之形不止于三板記似誤

又云[illegible]時所見其墳或後人增益不與原葬墳同無足怪者 並禮記檀弓正義

序錄

隋志馬融注周官禮十二卷儀禮喪服經傳一卷

後漢書本傳曰馬融字季長扶風茂陵人博通經籍桓帝時爲南郡太守著三傳異同說注孝經論語詩易尚書三禮

隋書藝文志曰馬融作周官傳以授鄭玄玄作周官注融又傳小戴之學足月令一篇明堂位一篇樂記一篇合四十九篇而玄受業于融又爲之註

毛詩正義曰馬融爲周禮注欲省學者兩讀故具

載本文後漢以來始就經爲注

賈公彥序周禮廢興曰周禮後出者以秦始皇特惡之故也是以馬融傳云秦自孝公已下用商君之法其政酷烈與周官相反故始皇禁挾書特疾惡欲絕滅之搜求焚燒之獨悉是以隱藏百年孝武帝始除挾書之律開獻書之路旣出於山巖屋壁復入於秘府五家之儒莫得見焉至孝成皇帝達才通人劉向子歆校理秘書始得列序著于錄略然亡其冬官一篇以考工記足之時衆儒並出

共排以爲非是唯歆獨識其年尚幼務在廣覽博觀又多銳精于春秋末年乃知其周公致大平之迹迹具在斯秦遭天下倉卒兵革竝起疾疫喪荒弟子死喪徒有里人河南緱氏杜子春尚在永平之初年且九十家于南山能通其讀頗識其說鄭衆賈逵往受業焉衆逵洪雅博聞又以經書記轉相證明爲解逵解行于世衆解不行兼攬二家爲備多所遺闕然衆時所解說近得其實獨以書序言成王既黜殷命還歸在豐作周官則此周官也

失之矣逵以爲六鄉大夫則冢宰以下及六遂爲十五萬家緪千里之地甚謬焉此比多多吾甚閔之從矣六鄉之人實居四同地故云緪千里之地者誤矣又六鄉大夫冢宰以下所非者不著又云多多者如此解不著者多又云至六十爲武都守郡小少事乃述平生之志著易尚書詩禮傳皆訖惟念前業未畢者唯周官年六十有六目瞑意倦自力補之謂之周官傳也

謨案後漢書本傳明言融注三禮又盧植上書言臣少從通儒馬融受古學頗知今之禮記特多回穴唐元行沖亦云小戴禮行於漢末馬融爲傳則是融於周禮儀禮禮記並有傳注而隋唐二志及經典叙錄俱不載融注禮記篇卷故無可攷今從諸書分別采錄凡鈔出周官傳五十五條儀禮喪服注一百有八條禮記注八條

周官傳

漢　扶風馬融撰　　寧都寧元英校

惟王建國　建諸侯之國周禮天官疏

乃立天官冢宰　冢大也宰治也大治者兼萬事之名也

太宰以統百官　統本也百官是宗伯之事也並尚書周官疏

以八則治都鄙　距王城四百里至五百里謂之都鄙鄙邊邑也以封王之子弟在畿內者

立其兩　立卿兩人並蔡仲之命疏

小宰六曰事職　事職掌百工器用耒耜弓車之屬也尚書周官疏

𩚬人𩚬徒三百人　池塞苑囿取魚處多故也天官疏

大司徒廣輪之數　東西爲廣南北爲輪地官疏

謂之地中　地中洛陽李淳風周髀算經注

乃建王國焉　王國東都王城今河南縣召誥疏

鄉大夫一曰和二曰和容三曰主皮四曰和頌五曰興武　和志體和和咨有容儀主皮能中質和頌合雅頌武與舞同論語疏

師氏掌以媺詔王　媺媺道也告王以善道師者教人以事而諭諸德也

以三德教國子　德行內外之稱在心爲德施之爲行

至德以爲道本　至德者中德也中庸記曰天命之謂性率性之謂道失中庸則無以至道故曰以爲道本

孝德以知逆惡　教以孝德使知逆惡之不可爲也

友行以尊賢良　教以朋友之行使擇益友也

順行以事師長　師德所不如也長老者並通典

保氏掌諫王惡而養國子以道　道六藝御覽

九數　今有重差夕桀地官疏

調人掌司萬民之難　難謂相與爲仇也御覽

媒氏中春之月地官疏引王肅論云自馬氏以來乃因周官而有二月

大宗伯春見曰朝夏見曰宗秋見曰覲冬見曰遇　在東方者朝春在南方者宗夏在西方者覲秋在北方者遇冬毛詩疏

小宗伯兆五帝於四郊　郊大之祀咸以夏正五氣用

事有休有王各以其時兆於方郊四時合歲功作
相成亦以此月總旅明堂 南齊書禮志
肆師 立小祀 宗廟小祀 春官疏
鬱人 和鬱鬯 鬱草名如鬱金香草合爲鬯也 禮記郊特牲疏
司几筵 掌五几五席之名物 几長三尺 春官疏
筵國賓於牖前亦如之 國賓二王後 通典
典瑞 以朝日 天子以春分朝日秋分夕月 南齊書禮志
司服 祀五帝亦如之 五帝謂大皞炎帝黃帝五人之
帝屬 郊特牲疏

世婦 每宮卿二人 奄卿也 春官疏
大司樂 圜鐘爲宮 圜鐘應鐘也 隋志
大祝 隋釁 血以塗鐘鼓 春官疏
大師宜於社 爾雅曰起大事動大衆必先有事乎
社
喪祝 掌勝國邑之社稷之祝號 所討國所封邑由立
社稷 並御覽
巾車 玉路錫樊纓 樊讀爲鞶 鞶纓馬飾在膺前十有二
帀以旄牛尾金塗十二重

木路前樊鵠纓 鵠讀爲結 前樊結纓謂再帀樊纓在
前有結在後往往結葬以爲堅且飾節良
重翟錫面朱總 重翟爲蓋今之羽蓋是也 並春官疏
司勳 掌六鄉賞地之法 六鄉之地在野郊五十里內
五十里外置六遂 地官疏
挈壺氏 分以日夜 漏凡百刻春秋分晝夜各五十刻
冬至晝則四十刻夜則六十刻夏至晝六十刻夜
四十刻 夏官疏
射人 九節五正 十尺曰侯四尺曰鵠二尺曰正四寸

曰質 小雅疏
司弓矢 繒矢茀矢 繳繫短矢謂之繒繒口也 史記索隱
職方氏 河內曰冀州 在東河之西西河之東南河之
北 釋文
大司寇 詰四方 詰猶窮也窮四方之姦也 尚書周官疏
庭氏 掌射國中之夭鳥 國中夭鳥梟鴟惡聲之鳥也
若不見其鳥獸 獸虎狼嘷鳴也
則以救日之弓與救月之矢射之 救日食則伐鼓
北面體大陰救月食則伐鼓南面體太陽以此弓

矢射之並御覽
大行人其外方五百里謂之侯服秋官疏云案馬氏之義六服當面各四分之
築氏爲削削偃曲却刃考工記斛
冶氏重三鋝鋝量名當與呂刑鍰同俗儒云鋝六兩爲一川不知所出耳呂刑疏
鮑人則是以搏爲帴也釋文帴馬融音淺
梓人以胷鳴者釋文胷賈馬作胃
梓人爲飲器觚三升觚當爲觶

則一豆矣豆當爲斗並儀禮燕禮疏
匠人左祖右社社稷在右宗廟在左後漢書注
鼓不可長長直良反釋文○下皆禮記註
月令周公所作月令疏
昏參中日未出日沒後二刻半皆爲昏前後其五刻士昏禮疏
以迎春於東郊迎春祭大皡及句芒
日夜分晝有五十刻夜有五十刻並月令疏
斷薄刑立秋乃施鞭撲書鈔

客使自下由路西客使設之則大路亦使設之也雜記上疏
中霤七祀中之五門戶竈行中霤卽句芒等五官之神配食者句芒食於木祝融食於火該食於金修及玄冥食於水句龍食於土通典

序錄

隋志干寶注周官禮十二卷釋文序錄十三卷唐志又有荅周官駮難五卷

晉書本傳曰寶字令升新蔡人也少勤學博覽書記以才器召爲著作郎遷散騎常侍著晉紀又爲春秋左氏義外傳注周易周官凡數十篇按晉書本作于寶隋志釋文俱作干寶

經典釋文曰宮正以下鄭總列六十職序干注則各於其職前列之

經義攷曰周禮干注陸氏釋文多引之又初學記引干氏注周官籩人之職羞籩之實糗餌粉餈云糗餌者豆末刹末而蒸之以棗豆之味令餌餻也丁杰曰案此段語意難曉於初學記亦不載惟高承事物紀原引干寶注糗餌者或屑而蒸之與棗豆之味同食語與此相似此所引蓋別有本而訛爲初學記也

謨案如經典釋文所言陸氏必猶見干注全書而賈疏絕不稱引何也今並鈔出周禮釋文二十六條毛詩釋文一條禮記疏一條後漢書注十五條通典二條初學記一條

周官禮注

晉 新蔡干 寶注　星子干廷熊校

惟王建國　王天子之號三代所稱

體國經野　體謂形體

乃立天官冢宰　濟其清濁和其剛柔而納之中和

曰宰

以佐王治邦國　國天子諸侯所理邦疆國之境

以詰邦國　詰彈正糾察也

賦貢以馭其用　賦上之所求于下貢下之所納于

上

幣餘之賦　幣必世反

羞服之式　羞飲食也服車服也

藪以富得民　藪宜作叟

挾日而斂之挾干本作帀　帀子合反十日也

設其參　參三公也

前期十日　期如字並周禮釋文

及納亨　納亨納牲將告殺謂向祭之辰也後漢書志注

掌建邦之宮刑　宮如字謂宮中之刑也釋文○百官志注引

干寶云苦御史中丞
小事則專達　達决也
辟名者以宮刑　辟名不當也
賓賜之飧牽于本作賓賜賓其飧牽
膳夫授祭　祭五行六陰之神與民起居
庖人掌共六畜六獸六禽　六獸麋鹿麕麇野豕兔
六禽鴈鶉鷃雉鳩鴿
夏行腒鱐膳膏臊　臊豕膏也
秋行犢麛膳膏腥　腥雞膏也

牛夜鳴則庮　庮病也
馬黑脊而般臂螻　螻㾯病也並周禮釋文
耕耨王藉　古之王者貴爲天子富有四海而必私
置藉田蓋其義有三焉一曰以奉宗廟親致其孝
也二曰以訓于百姓在勤勤則不匱也三曰聞之
子孫躬知稼穡之艱難無逸也後漢書志注
鼈人掌取互物　互對也
以時籍魚鼈龜蜃　蜃鱅類並周禮釋文
羞籩之實糗餌　糗餌者豆末削末而蒸之以棗豆

之味今餌飽也初學記○案事物紀原引于寶注糗餌者或屑而蒸之與棗豆之味
同食語與此相似
茆菹麋臡　茆菹今之鳧葵草堪爲菹江東有之毛詩
釋文
而生穜稑之種　穜晚秔稻之屬稑陵穀黍稷之屬
也
展牲則告牷　展牲若今夕牲
司門　如今校尉
每門下士二人　如今門候

山國用虎節土國用人節澤國用龍節　漢之銅虎
符則其制也
以英蕩輔之　英刻書也蕩竹箭也刻而書其所使
之事以助三節之信則漢之竹使符者亦取則于
故事也
大僕　若漢侍中
其矢箙　箙今謂之步叉
以鸞和爲節　鸞和皆以金爲鈴
小司寇之職掌外朝之政　禮司徒府中有百官朝

會殿天子與丞相決大事是外朝之存者 並後漢書志注

司寤氏　今都候之屬後漢各一人主劒戟士徼循

宮及天子有所收攷屬衛尉 通典

滌狼氏　今卒辟車之屬

朱絲縈社　社大陰也朱火色也絲維屬天子伐鼓于社責羣陰也諸侯用幣于社請上公也伐鼓于朝退自攻也此聖人厭勝之法也 並後漢書志注

象胥　若晉鴻臚也 通典

弧旌枉矢　枉矢象妖星 後漢書志注

羊豬戔 戔干本作殘

以胥鳴者 胥干本作骨　敝屁屬也 並周禮釋文

凡言司者總其領也凡言師者訓其徒也凡言職者主其業也凡言衙者平其政也凡言掌者主其事也凡言氏者世其官也凡言人者終其官也不氏不人權其材也 禮記曲禮疏

黃鍾爲宮大呂爲角太蔟爲徵圜鍾爲羽　不言商商爲臣上者自謂故置其實而去其名若曰有天地人爲物無德以主之謙以自牧也 隋書音樂志

終

喪服經傳

漢　扶風馬融撰　　義寧王際春校

斬者何不緝也　不緝不緶也謂斬布用之不緶其端也

苴絰者麻之有蕡者也　蕡者枲實枲麻之有子者其色麤惡故用之苴者麻之色 並春秋疏

天子至尊也　天下所尊

君至尊也　一國所尊

正體於上又乃將所傳重也　體者嫡嫡相承也正謂體在長子之上上正於高祖體重其正故服三

年

庶子不得爲長子三年不繼祖也　庶子賤爲長子服其服不得隨父服三年故言不繼祖也 喪服小記疏引馬注云此爲五世之適父乃爲之斬也

受重者必以尊服　受人宗廟之重故三年

夫至尊也　婦人夫天故曰至尊

君至尊也　賤妾事夫如君故至尊也

牡麻絰右本在上　在上指右故曰右本

父卒則爲母　父卒無所復屈故得伸重服三年也

母爲長子　不在斬衰章者以子當服母齊衰也

何以期也屈也　屈者子自屈於父故周而除母服也父至尊子不敢伸母服三年

妻至親也　與已共承宗廟所以至親

父卒繼母嫁從爲之服報　繼母爲已父三年喪畢嫁後夫重成母道故隨爲之服繼母不終已父三年喪則不服也並通典

世父叔父何以期也與尊者一體也　與父一體故不降而服周也敖繼公集說

夫妻一體也昆弟一體也　言一體者還是至親因父加於世叔故云昆弟一體也因世叔加於世叔母故云夫妻一體也

故父子首足也　首足者父尊若首加祖在期子卑若足曾孫在緦也並儀禮疏

父之所不降子亦不敢降也　大夫重嫡不降大功子從父不敢降其妻故服周也

不貳斬也　爲大宗後當爲大宗斬還爲小宗周故曰不貳斬

爲其父母昆弟之爲父後者　婦人以適人降故服父母周爲昆弟之爲父後者亦爲之周也

必有歸宗曰小宗　歸宗者歸父母之宗也昆弟之爲父後者曰小宗

子無大功之親與之適人　無大功之親以收養之故母與之俱行適人

妻不敢與焉　不敢與知之也

未嘗同居則不爲異居　謂已自有宗廟不隨母適人初不同居何異居之有

爲夫之君　夫爲君服三年妻從夫降一等故服周

何以期也從服也　從夫而爲之服也從服降一等故夫服三年妻服周也

何以期也報之也　伯母叔母報之

公妾　公諸侯也

女子子爲祖父母　不言女孫言女子子者婦質者親親故繫父言之出入服同故不言在室適人也

大夫不敢降其祖與適也　尊祖重嫡自尊者始也

故不敢降並通典
公妾以及士妾爲其父母　其間有卿大夫妾故言
以及敖繼公集說
丈夫婦人爲宗子宗子之母妻　言一族男女皆爲
宗子母與妻服
庶人爲國君　衆人爲國君服齊衰三月也
大夫不敢降其宗也　五鷹孫雖爲大夫不敢降宗
子者故服齊衰三月
大夫不敢降其祖也　尊祖故不降也

未嫁者其成人而未嫁者也　成人謂十五已上許
嫁未行者也
不敢降其祖也　以祖名曾明婦人雖爲天王后不
敢降其祖宗也並通典
無服之殤以日易月　以哭之日易服之月殤之期
親則以旬有三日哭緦麻之親者則以三日爲制
儀禮疏
公爲適子之長殤中殤大夫爲適子之長殤中殤
重嫡也大夫亦重嫡故皆不降服大功也

其長殤皆九月纓絰其中殤七月不纓絰　長殤川
成人其絰有纓中殤賤禮畧其絰無纓也
爲人後者爲其昆弟　昆弟在周而降之以所後爲
親也
不降其適也　重嫡故不降之爲服也
女子子適人者爲衆昆弟　適人降其昆弟故大功也
姪丈夫婦人報　嫁姑爲嫁姪服也俱出也
從服也　從夫爲之服降一等
大夫爲世父母叔父母子昆弟昆弟之子爲士者

子謂庶子也皆周也大夫尊降士故服大功也
尊同則得服其親服　尊同者亦爲大夫服周也
公之庶昆弟大夫之庶子爲母妻昆弟鄭注舊讀昆弟在下賈疏
謂鄭君已前馬融等以昆弟二字抽之在傳下　言庶者諸侯異母兄弟
也庶子大夫妾子也諸侯貴妾子父在爲母周父
没伸服三年大夫貴妾子父在爲母周賤妾子父
在爲母大功則從大夫而降也並通典
爲夫之昆弟之婦人子適人者　在室者周適人者
降大功也

女子子嫁者未嫁者　合大夫之妾爲君之庶子女子子嫁者未嫁者言大夫之妾爲此三人同服鄭注云舊讀合大夫之妾爲君之庶子女子子嫁者未嫁者言大夫之妾爲此三人之服也疏云此馬融之輩舊讀如此

大夫大夫之妻大夫之子公之昆弟爲姑姊妹女子子嫁於大夫者　此上四人者各爲其姑姊妹女子子嫁於大夫者服也在室大功嫁於大夫大功尊同也

君爲姑姊妹女子子嫁於國君者　君諸侯也爲姑姊妹女子子嫁於國君者服也不言諸國者闕天子元士卿大夫也上但言君者欲關天子卿大夫嫁女諸侯皆爲大功也

尊同則得服其親服　諸侯絕周姑姊妹在室無服也嫁於國君者尊與已同故服周親服

牡麻絰　絰帶從大功制度小功言澡麻是言牡麻知從大功也

叔父之下殤適孫之下殤昆弟之下殤大夫庶子爲嫡昆弟之下殤爲姑姊妹女子子之下殤　本皆周服下殤降二等故小功也

爲人後者爲其昆弟從父昆弟之長殤　成人成大功也長殤降一等故小功

爲夫之叔父之長殤　成人大功長殤降一等

昆弟之子女子子夫之昆弟之子女子子之下殤　伯叔父母爲之服也成人在周下旗降二等故服小功也

大夫公之昆弟大夫之子爲其昆弟庶子姑姊妹女子子之長殤　大夫以尊降公之昆弟以尊厭大夫子以父尊厭各降在大功長殤復降一等故服小功也大夫無昆弟之殤此言殤者關有罪若畏厭溺當殤服之

大夫之妾爲庶子之長殤　除嫡子一人其餘皆庶子也男女至成人同在大功長殤降一等故小功也不言君者殤賤見妾亦得子之也

從祖祖父母　曾祖之子祖之昆弟也正服小功

從祖父母報　從祖祖父之子是父之從父昆弟也云報者恩輕欲見兩相爲服

從祖昆弟　俱曾祖孫也於己爲再從昆弟同出曾祖故言從祖昆弟正服小功也

從父姊妹　伯叔父之女

孫適人者　祖爲女孫適人者降一等故小功也

爲人後者爲其姊妹適人者　在室者齊衰周適人大功以爲大宗後疎之降二等故小功也不言姑者明降一體不降姑也

以尊加也　本親緦以母所至尊加服小功故曰以尊加　並通典

從母丈夫婦人報　從母報姊妹之子男女也丈夫婦人者異姓無出入降　儀禮疏

以名加也　外祖從母其親皆緦也以尊名加故小功也

夫之姑姊妹娣姒婦報　娣姒兄弟之妻相名也長稚自相爲服不言長者婦人無所專以夫爲長幼不自以年齒也妻雖小猶隨夫爲長先娣後姒者明其尊敬也報者姑報姪婦也言婦者廟見成婦乃相爲服

大夫大夫之子公之昆弟爲從父昆弟庶孫姑姊妹女子子適士者　謂上三人各自爲其從父昆弟庶孫姑姊妹女子子適士者服也從父昆弟庶孫正親大功也以尊降故服小功姑姊妹女子子適人大功適士降一等故服小功也

大夫之妾爲庶子適人者　嫡夫人庶子也在室大功出則降一等故服小功

庶婦　庶子婦也舅姑爲之服也

君母之父母從母　君母者母之所君事者從母者君母之姊妹也妾爲之服小功也自降外祖服緦麻外無二統者

君母不在則不服　從君母爲親服也君母亡無所服復厭則不爲其親服也自得伸其外祖小功也

賈疏云若馬氏義君母不在乃可伸矣

君子子爲庶母慈己者　爲慈養己者服小功

君子子者貴人之子也　貴人者嫡夫人也子以庶母慈養己加一等小功也爲父賤妾服緦父沒之後貴賤妾皆小功也

族祖父母　族祖父祖之從父昆弟也亦高祖之孫

族父母　族父從祖昆弟之親也

庶孫之婦庶孫之中殤　祖父母爲嫡孫之婦小功庶孫降一等故緦也祖爲孫成人大功長殤降一等中下殤降二等故服緦也言中則有下文不備䟽者畧耳

從祖姑姊妹適人者報　於巳再從在室小功適人降一等故緦也

從祖父從祖昆弟之長殤　成人服小功長殤降一等故緦也中下殤無服故不見也

從父昆弟姪之下殤　降二等故服緦也

夫之叔父之中殤下殤　妻爲之服也成人在大功中下殤降二等

從母之長殤報　成人小功長殤降一等

與尊者爲一體不敢服其私親也　承父之體四時祭祀不敢伸私親服厭尊者之祭故無緦也

有死於宮中者則爲之三月不舉祭　緣先人在時哀傷臣僕有死宮中者爲缺一時不舉祭因是服緦也

士爲庶母　以有母名爲之服緦

貴臣貴妾　君爲貴臣妾服也天子貴公諸侯貴卿大夫貴室老貴妾謂姪娣

乳母　士爲乳母服

何以緦也以名服也　以其乳養於巳有母名

從母昆弟　姊妹于相爲服也

以名服也　以從母有母名以子有昆弟名

甥　甥從其母而服巳緦故報之

壻　壻從女來爲巳服緦故報之以緦也

妻之父母　壻從妻而服緦也

舅之子　姑之子爲舅之子服今之中外兄弟也

何以緦從服也　從其母來服舅之子緦

夫之姑姊妹之長殤　成人服小功長殤降一等緦中下殤無服禮三十乃娶而夫之姊殤者闕有畏厭溺者

夫之諸祖父母報　所服者四其報者二曾祖正小功故妻服緦不報也從祖祖父旁尊故報也

君母之昆弟　妾子爲嫡夫人昆弟服也君母卒則
不服也
從服也　從母在爲之服
昆弟之孫之長殤　成人小功長殤降一等
以爲相與同室則生緦之親焉　娣姒以同室相親
生以縗緦之服
爲其妻縓冠葛絰帶　天子諸侯之庶子爲其妻輕
故縓冠葛絰帶
皆既葬除之　無日月數也

改葬緦　棺有弛壞將亡尸柩故制改葬棺物敗者
設之如初其奠如大斂時不制斬者禮已終也從
墓之墓事已而除不必三月唯三年者服緦周以
下無服竝通典
童子　未成人也下皆補遺
子嫁反在父之室爲父三年　爲犯七出還在父母
之家
出妻之子爲母　犯七出爲之服周
大夫爲舊君　大夫爲舊君據不在列位不敢自比
於舊臣故自同於庶人也
嫁者其嫁於大夫者也　嫁者未嫁者爲曾祖父母
服也嫁者嫁爲大夫妻也
女子子之長殤中殤　子者男子之巳爲子及女子
子之殤服也成人服周長中殤降一等服大功也
不書男子女子者男女異長也男子二十而不爲
殤女子十五許嫁笄而不爲殤也其未許嫁如男
子二十乃不爲殤
爲伯父母叔父母姑姊妹　合大夫之妾爲君之庶

子女子子嫁者未嫁者言夫之妾爲此三人同
服
爲姪庶孫丈夫婦人之長殤　適人故還爲姪祖爲
庶孫成人大功長殤降一等故小功也言丈夫婦
人者明姑與姪祖與孫疎遠故以遠辭言之
外孫　女子子之子
從父昆弟之子昆弟之孫長殤　成人小功長殤降
一等故服緦也竝通典

序錄

唐志大戴德喪服變除一卷

前漢書儒林傳曰漢興魯高堂生傳禮十七篇後瑕邱蕭奮以授同郡后蒼蒼授梁人戴德及德兄子聖於是德爲大戴禮聖爲小戴禮

經典敘錄曰德字延君信都太傅刪古禮二百四篇爲八十五篇謂之大戴禮今無傳學者

謹案喪服變除亦當屬大戴禮中篇目非別爲一書也今大戴禮記無此篇目而隋志亦不載此書信乎其無傳學者也今從通典鈔出十一條又禮記註疏二條

喪服變除

漢　梁戴德撰　　南城丁　澄校

緦縗七月之服諸侯之大夫始同天子喪白布深衣十五升素冠吉屨無絇從諸侯哭於朝張帷爲次於官舍門外別外內食蔬食有鹽酪之和凡再不食旣成服服緦布縗裳十一升白布冠纓緣皆十一升帶亦如之一辟廣三寸偶結於前絰用枲麻首絰大四寸百二十五分寸之七十六右本在上五分寸之三七月而葬葬已而除受以朝服素冠踰月復故

童子當室謂十五至十九爲父後持宗廟之重者其服深衣不裳其餘與成人同禮不爲未成人制者爲用心不能一也其能服者亦不禁縗絰不以制度唯其所能勝

君弔於卿大夫錫縗以居不聽樂弔於士皆服弁絰疑縗君弔臣疑縗素弁加絰明日主人縗絰拜謝於朝君若使人弔其服疑縗素裳素冠諸侯會遇相弔則錫縗皮弁加絰不舉諸侯弔於寄公錫縗諸侯相弔其同國大夫相弔錫縗十五升抽其半素冠加絰

朋友弔服有絰絰大與緦麻絰同素冠素帶既葬而除皆在他國則袒免同國大夫命婦相服錫縗素緦加麻同國之士相爲朝服加縗其妻相爲亦如之朝服不髽

斬縗三年之服始有父之喪笄纚徒跣扱上衽交手哭踊無數惻怛痛疾既襲三稱服白布深衣十五升素章甫冠白麻屨無絇孫爲祖父後者上通於高祖自天子達於士與子爲父同父爲長子自天子達於士不笄纚不徒跣不食粥妻爲夫妾爲君笄纚不徒跣扱上衽既襲三稱白布深衣素總白麻屨齊縗三年者父沒始有母之喪笄纚徒跣扱上衽交手哭踊無數既襲三稱服白布深衣十五升素章甫冠白麻屨無絇父卒爲繼母君母慈母孫爲祖後者父卒爲祖母服上至高祖母自天子達於士爲人後者所後之祖母母妻母爲長子妾爲君之長子繼母爲長子皆不笄纚徒跣也女子子在室父卒爲母始死笄纚不徒跣不扱上衽既襲三稱素總齊縗杖周者父在始有母之喪笄纚徒跣扱上衽交手哭踊無數既襲三稱白布深衣十五升素章甫冠吉白麻屨無絇爲出母慈母繼母君母自天子達於士父卒爲繼母嫁及繼母報繼子夫爲妻始死素冠深衣不笄纚不徒跣女子之在室爲母不徒跣不扱上衽既襲三稱素總齊縗不杖周者謂始有祖父母之喪則白布深衣十五升素冠吉屨無絇哭踊無數既襲無變其齊縗三月者始有曾祖父母之喪白布深衣十五升素冠吉屨無絇女子子適人者爲曾祖父母素總大功殤長中殤七月無受服始有昆弟長殤喪白布深衣十五升素冠吉屨無絇成人九月從父昆弟之喪與殤同天子諸侯之庶昆弟與大夫之庶子爲其母大功九月哭泣飲食居處思慕猶三年也其餘與士爲從父昆弟相爲服同爲人後者爲其昆弟大夫爲伯叔父母子昆弟之子爲士者哭泣飲食思慕以上並猶周也天子爲姑姉妹女子子嫁於二王後者諸侯爲姑姉妹女子子嫁於諸侯大夫命婦大夫之子諸侯之庶昆弟爲姑姉妹女子子嫁於卿大夫者與士之爲姑姉妹適人者服同天子之昆弟與姑姉妹女子

子嫁於諸侯大夫者姑姊妹適人者爲昆弟其與於
男子者始死素總小功五月無受之服者如有叔父
下殤之喪白布深衣十五升素冠吉屨無絇天子諸
侯大夫爲嫡子嫡孫嫡元孫不爲次飲食衎爾爲姑
姊妹女子子之昆弟之子下殤爲人後者爲其昆弟
姑姊妹之長殤並哭泣飲食猶大功也大夫之子天
子諸侯之昆弟庶子姑姊妹女子子爲從父昆弟從
父姊妹祖父母爲孫與叔父之下殤同姑姊妹適人
者爲昆弟姪之殤與爲從父昆弟之長殤同成人小
功者從祖祖父母之喪與下殤小功服同餘應服者
並同緦麻三月之服者族祖父母始死朝服素冠吉
屨無絇婦爲夫曾祖父母與於男子者以素總也
臣爲君笄纚不徒跣始死深衣素冠其餘與子爲父
同
哭時隨其哀殺五日十日可哭矣
父卒爲繼母君母慈母孫爲祖後者父卒爲祖母上
至高祖母自天子達於士爲人後者爲所後之祖父
母母爲長子妾爲君之長子繼母爲長子並與父卒

爲母同
女子子適人者爲繼父服齊縗三月不分別同居與
居
七歲以下至生三月殤之以日易月生三月哭之朝
夕卽位哭葬於園旣葬止哭不飲酒肉畢喪各如其
日月此獨爲父母爲子與昆弟相爲耳
朋友有同道之恩加麻三月
制緦麻具而葬葬而除謂子爲父妻妾爲夫臣爲君
孫爲祖後也無遺奠之禮其餘親皆弔服並通典
玄衣黃裳禮記注
童子當室謂年十五以上若世子生則杖故曾子問
云子衰杖成子禮是也禮記疏

序錄

隋志七錄射慈喪服變除圖五卷

三國志注曰慈字孝宗彭城人見禮論撰喪服圖及變除行於世

經典敘錄曰徐整字文操豫章人吳太常卿撰鄭氏詩譜二卷

謹案此書載徐整與慈問答者十二整自爲立論者一則整蓋亦爲禮服之學者而隋志但載有徐整詩譜二卷孝經默注一卷不知其於禮服有論著也故於慈書表而出之凡共鈔出通典三十一條內一條見御覽

喪服變除圖

吳　彭城射慈撰　　瀘谿傅班聯校

射慈曰天子子之子封爲諸侯天子皆不服也

天子弔三公弁經錫縗弔大夫士皆弁經疑縗弔畿內諸侯弁經緦縗服御覽引此文云天子弔三公及三孤弁經錫衰弔六卿弁絰錫衰弔大夫弁經疑衰弔士弁經緦衰弔畿內諸侯弁經緦衰

射慈曰始聞喪去吉冠著素弁十五升布深衣從其君哭太廟阼階下袒免卽位成踊襲經吉屨無絇張帷爲次於其所舍別內外蔬食飲水牡麻經至成服服四十升半緦布縗縷裳細而疎其冠八升纓帶中衣領袖緣亦如之七月而除受以朝服素冠踰月復吉

徐整問射慈曰諸侯之大夫時會見於天子故爲緦縗七月不知此大夫時以何事而得見之也遠國大夫在蕃荒歲者未嘗及見天子亦爲服不答曰諸侯之大夫有出朝聘之事會見天子故言時會雖未會見猶服此服士已下則無服

徐整問曰爲姑姊長殤在大功下殤在小功爲姊下

殤已下纔六七歲未成童子爲父母不杖不廬不菲至童猶尚不備今此何以越得爲姊殤服備大功小功之制乎十七八尚可恕六七歲兒未能稱此縗麻射慈答曰六七歲雖未爲童其姊死故宜著布深衣

諸侯之女爲天子后爲天王之親服體天王而降一等諸侯之女爲后爲其父母及昆弟爲父後者服齊縗其宗子亦不降徐整云諸侯女嫁爲天王后爲外親尊同則如邦人爲君之長子三年也

徐整問曰經言爲夫人君不道爲其妻然則公卿諸

侯之妻不爲皇后服耶射慈答曰皇后天下之母則宜服周禮君命其夫后夫人亦宜命其婦其受命則不宜無服

夫爲妻去吉冠大夫以上素弁士素委貌衣十五升白布深衣吉屨無絇尸襲之時亦哭踊

爲父既葬日中反哭諸侯於太祖廟別子爲卿大夫亦於太祖廟其非別子爲卿大夫於皇考廟上士於皇考廟中士下士於王考廟皆升自西階東面哭踊虞祭於殯宮

徐整問曰出妻之子爲其母及父卒繼母嫁爲之服報皆周也二母既出則爲絶族今子爲之服皆當於何處爲位有廬堊室不出母亦當報其子不繼母報子於何處制服豈止所適者之家爲哭位乎又當有禫不射慈答曰當就出母之家若遠不得往者可別爲異室亦有廬變除堊室及禫如親子也母亦報子周也

爲廬當就繼母之家若遠不得往者則別爲異室亦有廬變除堊室及禫如親子也亦報服周不言報者

凡經中之文悉報也

徐整問曰婦人爲君之服周則諸侯夫人亦爲天子服此也其聞喪之儀衣麻之數哭泣之位變除之節知周制將復有異也射慈答曰其畿內諸侯夫人有助祭之禮則始喪之時悉當到京師復當還耳其畿外諸侯聞喪則當於路寢庭發喪夫人當堂上也變除之節皆如周服之制也

徐整問射慈曰八歲以上爲殤者服未滿八歲爲無服假令子以元年正月生七歲十二月死此爲七歲

則無服也或以元年十二月生以八年正月死則但踐八年計其日月適六歲耳然號爲八歲日月甚少全七歲者日月爲多若人有二子各死如此其七歲者獨無服則父母之恩有偏頗答曰凡制數自以生月計之不以歲也問曰無服之殤以日易月哭之於何處有位無答曰哭之無位禮葬下殤於園中則無服之殤亦於園也其哭之就園也

徐整問射慈曰子思哭嫂爲位在何面加麻袒免爲位不審服此有日數乎射慈答曰凡喪位皆西面服

加麻者謂大殮及殯之時已畢而釋之

徐整問射慈曰古者三十而娶何緣當服得夫之姊殤服經文特爲士作若說國君皆别言君若公射慈答曰三十而娶禮之常制也古者七十而傳宗事與子年雖幼未滿三十自得少娶故曾子問曰宗子雖七十無無主婦此言宗子已老傳宗事與子則宜有主婦

徐整議問者曰若父已卒已未爲大夫故猶士耳未審庶子及昆弟當服降不答曰大夫之子從乎大夫而降至於父卒則如國人也

諸侯之女爲諸侯夫人服諸侯之親隨諸侯降一等還爲親族則皆降之

傳云尊同則得服其親服言同尊者謂俱爲卿大夫各隨本親則不降也諸侯女爲諸侯夫人不降父母昆弟之服及爲父後者大夫妻唯父母昆弟爲父後者宗子不降也

斬縗既葬縗裳六升男子絰帶悉易以葛婦人易首絰以葛腰帶故麻也但就五分去一分殺小之耳仍

遭母及伯叔昆弟齊縗之喪其爲母更以四升布爲腰帶謂之包言以包斬縗帶也絰斬縗之葛絰謂之重者主於尊也婦人易首絰以麻亦謂之包帶斬縗之麻帶謂之特周喪既葬服上服六升之縗裳男子帶上服之葛帶婦人絰上服之葛絰也

齊縗之喪既虞卒哭遭大功之喪麻葛兼服之齊縗[illegible]衰爲母七升正服縗八升絰帶悉葛婦人首絰以葛腰帶故麻也亦就五分去一殺小之耳又遭大功之喪更制大功之喪縗裳男子亦麻爲腰帶絰周之

葛絰婦人易首絰以麻帶周之葛帶大功既葬亦服其功絰男子婦人悉反著周喪既葬之絰帶也

三年之喪既練矣有周之喪既葬則帶其故葛帶絰周之絰服其功縗謂三年既練縗七升男子首絰婦人麻帶俱已除矣又遭周喪更制周縗裳絰帶悉麻周縗既葬爲母緦七升正服縗八升義服縗九升謂之功縗男子帶練之葛絰周之麻謂既葬之麻也其大四寸百二十五分寸之七十六也

既練遭大功喪麻葛重者既練男子有葛帶婦人有

葛絰男子首絰婦人麻帶俱已除矣又遭大功之喪亦更制縗裳絰帶皆麻謂之重麻大功既葬還服練縗男子帶練之葛帶絰周之葛絰其婦人絰其練葛絰帶周之葛帶謂之重葛檀弓曰婦人不葛帶謂齊斬之婦人也今此帶周之絰帶者大功既葬婦人得葛帶不服大功之葛帶而帶周之葛帶者斬縗既練婦人除葛絰大五寸二十五分寸之十九若帶大功之葛帶裁大三寸六百二十五分寸之四百二十九非絰帶五分去一之差也故帶周之葛帶周之葛帶

大四寸百二十五分寸之七十六與練首絰差之宜也男子不絰大功葛絰而絰周之葛絰者亦以非練帶之差也

謂大功之親爲殤在小功緦麻者皆易練葛麻絰帶以終殤之月數而反三年之葛謂若從父昆弟姪無孫之長殤中殤在小功婦人爲夫叔又長殤在小功中殤在緦麻者也此殤麻亦斷本變三年之葛者正親親也下殤則不言賤也

雖緦必往親骨肉也雖鄰不往疏無親也

士爲姑姊妹女子之適人無主者齊縗周

三年周喪歲數沒閏九月以下數閏也

射慈答徐整問改葬虞曰不在殯宮又不爲位何反虞之有

徐整問射慈曰改葬緦其奠如大斂從廟之廟從墓至墓禮宜同也又此大斂謂如始死之大斂耶從廟悉謂何廟牲物何用慈答奠如大斂奠上大斂特豚從禰廟朝祖廟從故墓之新墓皆用特豚大夫以上其禮亡以此推之大夫奠用特牲天子大牢諸侯少

卒

徐整問射慈曰久喪不除小祥練可知耳有故未得葬遂至二十八月服制已過可得變否豈服十年五年至葬乃止乎答曰主雖不得變其餘旁親亦不除日月竟自釋之耳

女子未許嫁十九猶爲殤

二十兩曰溢爲米一升二十四分升之一

序錄

隋志王肅撰喪服要記一卷

經義考曰王氏喪服要記孔氏正義杜氏通典多引之其魯哀公葬父一篇散見羣書今會粹爲一可以補永嘉薛氏孔子集語所未及

謨案經義考引王肅喪服要記共六條馬驌繹史則有七條其第一條問表門本出路史注而經義考遺之今仍各從原書分別鈔錄

喪服要記

魏 東海王肅撰 金谿吳 瑞校

魯哀公祖載其父孔子問曰寧設桂樹乎哀公曰不也桂樹者起於介子推子推晉之人也文公有內難出國之狄子推隨其行割肉以續軍糧後文公復國忽忘子推子推奉唱而歌文公始悟當受爵子推奔介山抱木而燒死國人葬之恐其神魂霣於地朱謀㙔云賈字誤當作賈賈櫃兮蒙袂輯屨貿貿然來注貿貿目不明貌與兆載子推逃隱述抱樹燒死文公樹木哀嗟伐而製屐每懷割股之功俛視其屐曰悲乎足下足下之稱將起於此矣故作桂樹

焉繹史本作樹樹吾父生於宮殺死於桃席何用桂樹爲絰水○按鄭道元云夫子衛非瑞瑛送葬安能問桂樹爲禮乎王肅此証近於誣矣

孔子問曰寧設三桃湯乎哀公曰不也桃湯起於衛靈公有女嫁楚乳母送就夫家道聞夫死乳母欲將新婦返新婦曰女有三從今屬於人死當卒哀因駕素車白馬進到夫家治三桃湯以沐死者出東門北隅禮三終使死者不恨吾父無所恨何用三桃湯爲御覽

孔子問曰寧設五穀囊乎哀公曰不也五穀囊者起伯尼叔齊讓國不食周粟而餓於首陽之山恐魂之飢故作五穀囊吾父食味含哺而死何用此爲類聚

孔子問曰寧設菰廬乎哀公曰不也菰廬起太伯一太伯出奔聞古公崩還赴喪故作菰廬以障其尸吾父無太伯之罪何用此爲仝上

孔子問曰寧設桐人乎哀公曰不也桐人起於齊人虞卿遇惡繼母不得養父死不能葬知有過故作桐人吾父生得供養何用桐人爲

孔子問曰寧設魂衣乎哀公曰不也魂衣起宛荊宛

荊於山之下道逢寒死友哀一作羊角哀往迎其尸憫神之寒故作魂衣吾父生服錦繡死於衣被何用魂衣爲仝上

孔子問曰寧設表門乎公曰夫表門起於禹禹治洪水故表其門以紀其功吾父無功何用焉路史注

序錄

隋志雷次宗撰畧注喪服經傳一卷唐志無

宋書本傳曰雷次宗字仲倫豫章南昌人篤志好學尤明三禮毛詩隱退不交世務本州辟從事員外散騎侍郎徵並不就元嘉中徵詣京邑使爲皇太子諸王講喪服經使自華林東門入延賢堂就業二十五年卒於鍾山時年六十二

釋慧皎高僧傳曰慧遠講喪服經雷次宗宗炳等並執卷承旨次宗後別著義疏首稱雷氏宗炳因寄書嘲之曰昔與足下共於釋和尚間面受此義今便題卷首稱雷氏乎

謨案陸氏經典序錄載注解傳述人於儀禮有鄭康成注此外馬融王肅孔倫陳銓裴松之雷次宗蔡超田僧之劉道拔周續之凡十家云自馬融以下並著喪服考隋經籍志十家之中惟載王肅儀禮注十七卷其餘未嘗有全書注也新舊唐志俱未載雷氏此書篇目則唐時已散佚矣今共鈔出儀禮疏七條通典二十四條

喪服經傳畧注

宋 豫章雷次宗撰 金谿黃奭校

傳苴經大搹左右在下去五分一以爲帶

搹搤不言寸數則各從其人大小爲搤

婦人何以不杖亦不能病也

妻爲夫妾爲君女子子在室爲父女子子嫁及在父之室爲父三年如傳所云婦人者皆不杖喪服小記婦人不爲主而杖者唯著此一條明其餘不爲主者皆不杖

絞帶者繩帶也

絞帶在要經之下言之則要經五分去一爲帶並儀禮疏

正體於上又乃將此傳重也

父子一體也而長嫡獨正故曰體即爲正體又將傳重兼有二義乃加其服自非親正兼之情體俱隆豈有淩天地混尊親也

經爲人後者

但言爲人後者文似不足下章有爲人後者爲其

父母此文當言爲人後者爲所後之父今闕此五字者以所後者或爲祖父或爲高曾繁文不可備設言一以包二則凡諸所後皆備於其中也儀禮疏引雷氏云此文當云爲人後者爲所後之父闕此五字者以其所後之父或早卒今所後其人不定或後祖父或後曾高祖故闕之見所後不定故也

妻爲夫

言妻以明其齊所以稱夫也

妾爲君

言妾以見其接所以乃稱君也並通典

布總箭笄[illegible]衰三年

服者本爲至情故在女子之下爲文也儀禮疏

不言女子子者上女子也復言子者欲見其外義

子嫁反在父之室

已盡子道復弘也

傳父之所不降母亦不敢降也

父之重長以居正嫡之嗣當爲先祖之主故也母亦以此義而加崇焉夫父之服長以其仰遞祖禰堂構斯荷母亦以承夫嗣業三從是寄父尚不以

大夫之嚴降祖禰之主母亦安敢以婦人之尊降所天之嫡故曰父之所不降母亦不敢降以父況母明父有屈體母宜無嫌如舊說妻從服則當云夫所不降妻亦不敢降今言父母者豈非自子而言也

妻至親也

不直云至親而言妻者明其齊體判合之親以別至極之稱而言

經出妻之子爲母

不直言爲出母嫌妾子及前妻之子爲之服子無出母之義故係夫而言儀禮疏引雷氏云子無出母之義故繼夫而言出妻之子也

父卒繼母嫁從爲之服報

凡言報者繼母報亦如此並通典

傳世父叔父何以期也

非父之所尊嫌服重故問也不直云何以言世父叔父者以經總言而傳離釋故二文各別問也

不足則資之宗鄭注貧取也爲姑在室亦如之

不見姑者欲見時早出之義並儀禮疏

經為衆子鄭注衆子者長子之弟及妾子女子在室亦如之

經於伯叔下無姑文於昆弟下無姊妹文於衆子下無女子子文者以未成人則殤已成人則當出故皆不見於此儀禮疏又引雷氏云欲見出當及時又大功章見姑姊妹女子子嫁大功明此在室可知故畧之也

為人後者為其父母報

據無所厭屈則周為輕言報者明子於彼則名判於此故推之於無尊遠之以報服女雖受族於人猶在父子之名故得加尊而降之

姑姊妹女子子適人無主者姑姊妹報

按檀弓曰姑姊妹之薄也蓋有受我而厚之者今無祭主者是無子無夫則無受我而厚之者也既無受我之厚則我不得降其本情故哀發於無主而服於天倫也今之不降既緣亡者之煢獨又因報身之無屈二途俱伸彼此兼遂故父母兄弟在室姊妹咸得反服也惟出適者自以義結他族事殺本宗受我之厚奪已亦深至乃愛敬兼極者猶仰斬次周況餘人乎雖則家庭莫主兄弟絶嗣無後之痛路人所悲而深徙結至服而反畏出旣曰外志成事無降故也降由已之身出不討前人應降與不應也所謂反服者反於昆弟伯叔耳若無主服周昆弟大功則是過於昆弟也豈所謂反服哉問者曰女子云出適者不得為無主服周斯則然矣敢問兩無主得交相反服不答曰經云姑姊妹報明反服不由已身人令哀已不可無報若兩俱無主義無先服則無服安得交相為周

為君之父母妻長子

父母長子君服斬故臣從降服一等周也妻則小君服母之義故周也

妾為女君

令抑妾使同婦尊女君使同姑女君於妾不得同姑之降婦不降則應報所以不報者欲伸聖人抑妾之旨若服報之則並后之誠意無所徵故報之則違抑妾之義降之則有舅姑之嫌故使都無服無量嫌之責

公妾大夫之妾

嫌二妾從於君尊以降其子故明之所嫌者尊故降不言士妾也

傳妾不得體君爲其子得遂也

夫人與君同體以尊降其子也公子與君同體以厭其親也妾無夫人之尊故不降其子無公子之厭故得遂其親也而事鄰於體君跡幾於不遂故毎以不體得遂爲言也

經唯子不報

以報之爲言二服如一父母爲女子子適人無主者周女子子適人亦爲父母周與報相亂故經別其非報也

寄公爲所寓

旣來受其惠宜敬其所託故與衆人同

傳言其以道去君而猶未絕也

經前已有舊君今復有此舊君傳所以知前經有仕焉而已後經是待放未去者蓋以兼服小君知恩有深淺也仕焉而退君臣道足恩義旣施恩及

母妻今被放而去名義盡矣若君不能掃其宗廟則但不爲戎首而已以其復未絕故得同於人庶適足以反服於君不獲及其親也

先君餘尊之所厭

公子傳曰國君以國爲體是以其人雖亡其國猶存故許有餘尊以厭降之

以名加也

夫二親恩等而中表服異君子類族辯物本以姓分爲判故外親之服不過於緦於義雖當求情未

愜苟微有可因則加以伸心外祖有尊從母有名故皆得因此加以小功也舅情同二人而名理闕無因故有心而不獲遂也然情不止於緦亦以見於慈母矣至於餘人雖有尊名而不得加者服當其義情無不足也

貴人之子也

大夫不服凡妾父所不服子亦不敢服安得得爲庶母緦者大夫惟服姪娣今所服者將姪娣之庶母

經士爲庶母

爲五服之凡不稱其人者皆士也若有天子諸侯下及庶人則指其稱位未有言士爲者此獨言士何乎蓋大夫以上庶母無服庶人無妾則無庶母爲庶母唯士而已故詭常例以著唯獨一人也 並通典

傳謂吾姑者吾謂之姪謂吾舅者吾謂之甥

姪字有女明不及伯叔甥字有男見不及從母 此條亦見通典從困學紀聞采錄○案曲禮疏引雷次宗云師如父兄故自稱弟子考儀禮無師弟子服制此注未詳所以或五經要義文也附錄於此

記庶子爲後者爲其外祖父母從母舅

爲父後者服其本族若言兄弟恐本族亦無服故況著其尊親之號以別於族人也 儀禮疏

公妾以及士妾爲其父母周 下皆補遺

今明妾以卑賤不得體君厭所不及故得爲其父母遂也

丈夫婦人爲宗子宗子之母妻

言尊祖故敬宗明祖已没也無由施於尊者但敬宗以致尊祖之心

爲舊君君之母妻

身既反昔服亦同人蓋謙遠之情居身之道也然恩紀內結實異餘人故爰及母妻也

公子爲其母練冠麻衣縓緣

令不以十一升布爲冠恐入正服也而得用練雖重以在周外非復正服故可著亦名爲本重也

夫謂吾姑者吾謂之姪

此名獨從姑發姑與伯叔於昆弟之子其名宜同

姑以女子有行事殊伯叔故得制姪名而字偏從女如舅與從母爲親不異而言謂吾舅者吾謂之甥亦猶自舅而制也名發於舅字亦從男故姪字有女明不及伯叔甥字有男見不及從母是以周服篇無姪字小功篇無甥名也

爲姪庶孫丈夫婦人之長殤

前大功章爲姪已言丈夫婦人今此皆指爲庶孫言不在姪 並通典

敘錄

隋志孔智撰喪服釋疑二十卷亡唐志無

晉書列傳曰劉智字子房貞素有兄風少貧窶每負薪自給讀誦不輟竟以儒行稱歷中書黃門吏部郎出爲潁川太守平原管輅嘗謂人曰吾與劉潁川兄弟語使人神思清發昏不假寐自此之外殆白日欲寢矣入爲秘書監領南陽王師加散騎常侍遷侍中尚書太常著喪服釋疑論太康末卒謚曰成

謨案此則喪服釋疑本劉智撰乃晉太保劉寔之弟見晉書寔本傳後通典引作劉智是也隋志誤作孔智今從通典鈔出一十六條

喪服釋疑

晉　劉　智撰　　金谿黃輯柔校

問者曰禮孫爲祖後三年者以其當正統也庶子之長孫既不繼高曾祖此孫爲庶祖承重三年不答曰繼祖者不唯謂大宗也按喪服傳與小記皆云庶子不爲長子三年不繼祖與禰也兩舉之者明父之重長子以其當爲禰後也其所繼者於父則禰於子則祖也父以已當繼祖故重其服則孫爲祖後者不得輕也然則孫爲祖後皆三年矣且甲衆子也生乙乙

生丙而乙先卒丙爲長子孫而後甲甲亡丙爲甲三年則甲是庶子無嫡可傳若不三年則丙爲乙之嫡子而闕父卒爲祖後之義也

或問曰若祖父先卒父自爲之三年已爲之服周矣而父卒祖母後卒當服三年否乎劉智答云嫡孫服祖三年則已不敢不以子道盡孝於祖爲是服三年也謂之受重於祖者父卒則祖當爲已服周此則受重也已雖不得受重於祖然祖母今當服已周已不得不爲祖母三年也小記曰祖父卒而後爲祖母後

者三年特爲此發也

答問云高曾祖母與祖母俱存其卑者先亡則當厭屈不昔魯穆姜在而成公夫人薨春秋書曰葬我小君齊姜舊說云隨夫而成尊姑不厭婦婦人不主祭已承先君之正體無疑於服重也

問者曰久而不葬喪主不除若其父遠征軍敗死於戰場亡失骸骨無所葬其服如何智云此禮文所不及也以理推之凡禮使爲主者不除不謂衆子獨可無哀誠以旣變人情必殺喪雖在殯不爲主者可以

無服然則爲主者之服何以哀獨多也以喪柩在不可無凶事之主故也今無所葬是無屍柩也凶服無施則爲後者宜與衆子同除矣訖葬而變者喪之大事畢也若無屍柩則不宜有葬變寒暑一周正服之終也是以除首絰而練冠也亡失親之骸骨孝子之情所欲崇也可令因周練乃服變練絰雖無故事而制之所安也

凡屈不得服者皆有心喪之禮小功以下不稅服乃無心喪耳

嬰兒無知然于其父母之喪則以繐莌之其餘親八歲則制服矣七歲曰悼過此有罪則入于刑可刑必致之于禮故在下殤之年爲之制服按小功章昆弟之殤服昆弟之下殤是以下殤之年則行服也

按喪服小記慈母之父母無服孫宜無服慈祖母矣又曰慈母與妾母不代祭孫不祭慈祖母何服之有智曰禮爲親母黨服爲繼母之黨不服不妨孫爲繼祖母也禮孫爲祖後如子所言妾母不代祭者據奉之者身終則止耳豈有妾子先亡孫持喪事而終喪

便不祭也

或問曰喪服傳云妾之無子妾子無母父命爲母子是名慈母今一妾自有子一子以無母父命爲母子當如慈母服齊縗三年不答曰父有兩妾一妾無子一妾有二子分其一子令爲無子妾作子不敢爲父命也而不得終爲子之道

遇亂離析計父母之年已過百年可終卒矣而不得音問計同邑里同年者于其死日便制喪服或以爲終身或不許者如何智答曰父母死生未定則凶服

不宜在身繼祀爲重然則言不宜制服必繼代祀者吾以爲得之矣凡服喪而無哀容得以不孝譏之處厭降不得服其親而哀情至者吾得以孝篤稱之雖虞喜通疑云或以當終身服喪如是曾閔所能僅行非凡人所逮也謂宜三年求之不得乃制服居廬祥禫而除

親母出則服繼母之黨繼母既卒則不服也

問曰今有狂癡之子不識菽麥不能行步起止了無人道年過二十而死者或以爲禮無癈疾之降殺父

當正服服之耶以爲殤之不服爲無所知耶此疾甚于殤非禮服所加也禮之所不及以其從例所知故也不宜服矣此二者將焉從智答曰無服之殤至愛過于成人以其于生性自然未成因斯而不服以漸至于成人順乎其理者也至于癈疾多感外物而得之父母養之或不盡禮而使之然仁人痛深不忍不服故禮不爲作降殺不得同殤例也

問曰昆弟骨肉以罪惡徙流死者諸侯有服不智答曰凡以罪惡徙者絕之因君于兄弟有罪者亦絕也

舊說諸侯於兄弟有弔服服緦絰此不復則無緦絰素服而已不弔臨其喪也諸侯之身體先君奉祭祀是以不得盡其情於所絕耳然則不爲父後者則服之矣

按禮小記云生不及祖父母諸父昆弟而父稅喪子則否智以爲生不相及二文相害必有誤字昆弟相連之語易用爲衍至親並代不得以不相見而無相服之恩也若令生不相及者稅服則父雖已除後生者不得追服也凡不服者不服則父雖稅其子孫無

緦服也以此推之弟衍字可知也

問曰忘其親者不知其死生則不敢服然則終身不祭乎智曰唯疑其生故不敢服也必疑死焉可不祭乎古之死者必告於廟今亡其親必告其先廟使咸知之求之三年若不得也則又告之告之者欲令其生也則隨而祜之其後疑祭必告令知其疑不受也鬼死者終歸饗也祝辭以告疑則還廟不遷矣憑靈之心加崇於尊此孝子之情也

承重之說非從古曰也魏晉二代亦自行之

終

序錄

隋志漢北中郎將盧植注禮記十卷唐志盧植注小戴禮記二十卷

後漢書本傳曰植字子幹涿郡人少與鄭玄俱事馬融才兼文武拜九江太守作尚書章句三禮解詁時始立太學石經以正五經文字植上書曰少從通儒馬融受古學頗知今之禮記特多回穴臣前以周禮諸經發起粃繆敢率愚淺爲之解詁願得將能書生二人詣東觀專心研精合尚書章句攷禮記失得庶裁定聖典刊正碑文古文科斗近於爲實而厭抑流俗降在小學中興通儒班固賈逵鄭興並悅之今毛詩左氏周禮各有傳記與春秋相表裏宜置博士爲立學官以廣聖意

玉海元行冲曰小戴禮行於漢末馬融爲傳盧植合二十九篇爲之解世所不傳

謹按如元氏說則盧註唐世已不傳朱子雖謂盧植註禮也好亦從諸書所引想像得之耳今並鈔出正義三十三條詩正義一條釋文四條詩釋文一條後漢書注十三條北史五條隋書一條

小戴禮記注

漢涿郡盧植撰　　寧都逖如碧校

猩猩能言不離禽獸釋文云盧本作走獸

由闑右　門以向堂爲正主人位在門東客位在門西

毋故獲　故獲取之爲其不廉也

水潦降不獻魚鼈　天降下水潦魚鼈難得故不饒多

僕展軨　軨車轄頭靼也並正義

菨拜釋文云盧本作蹲拜

國君不乘奇車　不如法者之車也正義

去國三世　世歲也萬物以世爲歲釋文

子顯以致命於穆公　子顯公子縶也古者名字相配顯當作韅鄭注引盧氏云即盧植也

舞斯愠正義云盧本亦有此句

祭從生者　從生者謂服除之後吉祭之時以子孫官祿祭其父祖

王制　漢文皇帝令博士諸生作此王制之書

凡居民材必因天地寒煖燥濕　能寒者使居寒能暑者使居暑 並正義

小胥　漢大樂丞如古小胥

大胥　漢大子令如古大胥漢大樂律卑者之子不得舞宗廟之酎除吏二千石到六百石及關内侯到五大夫子取適子高五尺已上年十二到三十顏色和身體修治者以爲舞人 通典引盧注同

小樂正　漢大常丞如周小樂正

大樂正　漢大常卿如周大樂正

小宰　漢太尉長史如周小宰

大行　大行郎亦如謁者兼舉形貌 並後漢書百官志注

成獄辭　獄埆也相質觳爭訟者也 毛詩釋文

執左道以亂政殺　左道謂邪道地道尊右右爲貴故漢書云右賢左愚右貴左賤故正道爲右不正道爲左

有虞氏以燕禮　燕禮脫屨升堂

五十養於鄉六十養於國　養於鄉不爲力政養於國不與服戎皆養庶人之老 並正義

迎春於東郊　東郊八里之郊也

迎夏於南郊　南郊七里郊也

中央　中郊五里之郊也

迎秋於西郊　西郊九里郊也

迎冬於北郊　北郊六里郊也 並魏書劉芳傳

載青旂　有鈴曰旂 後漢書志注

乃擇元辰　郊天是陽故用日耕藉是陰故用辰元者善也郊雖用日亦有辰但日爲主耕之用辰亦有日但辰爲主 正義

仲春元鳥至之日以太牢祠于高禖　元鳥至時陰陽中萬物生故於是以三牲請子於高禖之神居明顯之處故謂之高因其求子故謂之禖古者有禖氏之官因以爲神 後漢書禮儀志注

明堂太廟　明堂即太廟也天子太廟上可以望氣故謂之靈臺中可以序昭穆故謂之太廟圓之以水似壁故謂之辟廱古法皆同一處近世殊異分爲三耳 毛詩正義

孟冬講武習射御角力　角力如漢家乘之引闕蹋

蹄之屬也

孟冬祈于天宗　天宗六宗之神

儺　儺所以逐衰而迎新也並後漢書志注

五聲十二律還相爲宮　十二月三管流轉用事當用事者爲宮宮君也隋書音樂志

四士太牢而祭正義云諸本並作正士盧本作四士

齊人將有事泰山必先有事配林　配林小山林麓配泰山者也謂諸侯不郊天泰山巡省所考五嶽之宗故有事將祀之先卽其漸天子則否

因名山升中於天　封泰山告太平升中和之氣於天也

天子大社必受霜露風雨以達天地之氣也　謂無屋並後漢書志注

后王　后妃也王天子也釋文

櫛縰　縰所以髻承冠以全幅疊而用之

夏宜腒　腒雉腊

芝栭　芝水芝也

大夫以魚須文竹　以魚須及文竹爲笏

不畫地　不敢無故畫地也

手無容　不弄手也

不翣　翣扇也雖熱不敢揺扇

夏楚二物收其威也　朴作教刑是朴撻犯禮者

聞兄弟之喪大功以上見喪者之鄉而哭　謂降服大功者也

素端一　布上素下皮弁服

君無襚大夫士畢主人之祭服　畢盡也小歛盡主人衣美者乃用賓客襚衣之美者欲以美之故言祭服

君於臣撫之　賤者略也

父母於子執之　執當心上衣也

婦於舅姑奉之　尊故捧當心上衣也

妻於夫拘之　拘輕於馮重於執也

君卽位于阼　上言卽位于序端謂君臨大夫將大歛時禮未成辟執事故卽位于序端此是大夫士既殯而君往禮已成故卽位于阼階也

君松椁　以松黃腸爲椁

君裹椁虞筐大夫不裹椁士不虞筐　正義云盧氏雖有解釋鄭云未聞今畧盧氏不錄也

禮猶有九焉大饗有四焉　大饗有九者揖讓而入門一也入門而懸興二也揖讓而升堂三也升堂而樂闋四也下管象武五也夏籥序興六也陳其薦俎七也序其禮樂八也修其百官九也

詩曰先君之思以畜寡人　正義云鄭注以此爲衛夫人定姜之詩與詩注不同者按鄭志答炅模云註記時執就盧君後得毛傳乃改之

儒有席上之珍以待聘　儒是侍坐之珍可重也　並正

義

三十曰壯有室　三十壯盛可以取女　周禮地官疏下皆補遺

君所無私諱　但爲公家諱不得爲私家諱也

入門而問諱　鄭國之君猶吾君也　並通典

周人牆置翣　載棺車箱也　後漢書注

死而不弔者三畏厭溺　畏者兵刃所殺

師吾哭諸寢　有父道故以所寢哭之

子游曰其大功乎　子游爲近是

我未之前聞也　未聞有服也

魯人則爲之齊衰　齊衰非也游夏不親問夫子是以疑也禮家推之以爲當在小功以母親極於小功也

母爲戎首　戎兵也言人君待臣不以禮不舉兵爲行陳之首誅之則善矣又何反服之有

其子戍請謚於君　君衛靈公也

請所以易其名者　無謚則當書名故易其名也

生事畢而鬼事始已　喪朝夕奠尚生事之處而立尸卒哭諱新是爲以生道事之畢矣復以鬼道始事之也已者辭也一說生事畢從生至死也鬼事始已者從死至卒哭也

宰夫執木鐸以命於宮曰舍故而諱新　宰夫於周禮爲下大夫小宰之副也大喪小喪掌小官之戒令師執事而禮之大喪君也小官屬官也戒令郎所謂舍故而諱新之屬

自寢門至於庫門　振木鐸從寢門至庫門也寢門之內新君所處庫門之內廟所在也　並通典

三昭三穆　謂通文武若無文武親不過四　魏書

天子乃以元日祈穀於上帝　日甲至癸也辰子至亥也南齊書

躬耕帝籍　帝天也籍耕也春秋傳曰鄅人籍稻故知籍爲耕也

天子三推三公五推卿諸侯九推　天子耕籍一發九推耒周禮二耜爲耦一耜之伐廣尺深尺伐發也天子及三公坐而論道參伍職事故三公以五爲數卿諸侯當究成天子之職事故以九爲數伐皆三者禮以三爲文並後漢書禮儀傳注

則已冠埽地而祭於禰　本父當成之不能成故已冠而祭之若成之矣

已祭而見伯父叔父而后饗冠者　飲賓也並通典

君之喪服除而后殷祭禮也　殷祭盛也君殷除乃行釋私服之禮

歸殯反於君所　人君五日而殯故可以歸殯父母而往殯君也曾子問疏

宗子爲殤而死庶子弗爲後也　殤無爲人父之道宗族無子但主其喪不爲後也

公族其有死罪則磬于甸人　公族諸侯同姓也磬縊繫也郊外曰甸去天子城百里內也不與國人同慮兄弟故繫于甸人

爲之變如其倫之喪　變飲食終其月如其等之喪也並通典

遂設三老五更羣老之席位焉　選三公老皆爲三老卿大夫中之老者爲五更亦參伍之也後漢禮儀志注

德產之致也精微　天地之德所生至精至微也禮器疏

家主中霤而國主社示本也　謂主祭以土地爲本也中霤其神后土即勾龍也既祀于社又祀中霤

迎長日之至也　夏至在冬至後後漢書注

郊之用辛也　辛之爲言自新潔也並南齊書禮儀志

鬱合鬯　言取草芬芳香者與秬黍鬱合釀之成必爲鬯也郊特牲疏

玄端而朝日于東門之外　朝日以立春日也南齊書

廟中不諱　不諱新君厭于祖禰也

教學臨文不諱　教訓也臨文謂禮文也詩書執禮皆雅言故不諱禮執文行事故言文也

妾從女君而出則不爲女君之子服　謂俱有過而出女君爲其子服嫌妾當從服故言不也

三年而后葬者必再祭　謂逢變三年后乃葬者虞祔后必小祥大祥祭也

生不及祖父母諸父昆弟而父稅喪已則否　謂父客他所子生服竟乃歸父追服子生所不見恩淺不追服也

妾爲君之長子與女君同　與女君喪長子俱三年

婦人笄而不爲殤　女年十五笄　並通典

久而不葬者唯主喪者不除　其下子孫皆不除也以主喪爲正耳餘親者以麻各終其月數除矣　喪服小記疏

追王大王亶父王季歷文王昌　大王王季父也美大故號之王季文王之父也大王實始翦商王季綏和文王懷保王業所興故追王也三妣亦同尊其號

殊徽號　徽章也號所以書之于綏若夏則書其號爲夏也　並通典

有虞氏禘黄帝而郊嚳　禘祭名禘者帝也事尊明禘故曰禘　舊唐書

王立七廟　曾子問當七廟無虛主禮器天子七廟堂七尺王制七廟皆據周言也

有二祧　謂文武　並祭法疏

大夫立三廟　天子之大夫也　通典

大學之道　明堂靈臺辟雍大學同實異名　隋書

其斷九月因秦以十月爲正故也　後漢書百官志注

序錄

隋志謝氏禮記音義隱一卷

經典敘錄曰射慈字孝宗彭城人吳中書侍郎齊王傅撰禮記音一卷

經義攷曰陸氏釋文每引禮記隱義攷隋志不載惟唐志有禮記隱二十六卷疑其脫去義字即是書也

謹案經典序錄禮記音十三家內有射慈禮記音無義隱字隋志有謝氏禮記音義隱一卷又有射

慈音一卷則謝氏與射慈當爲二人其爲禮記音與音義隱亦當爲二書也經義考引隋志竟作射氏慈音義隱而以唐志禮記隱附于其後正義釋文又或引作隱義今皆無可考核姑從經義攷定爲射慈撰音義隱而以正義釋文所引隱義並鈔入焉凡二十八條

禮記音義隱

吳　彭城射慈撰　　金谿張　錡校

古者屨頭鼻綦繩相連結之將升堂解之也

酳飯畢蕩口也

東海樂浪人呼容十二斛（一本作石）者爲鼓（釋文無東海字）

獵車之形今之鉤車是也衣車如鼈而長也漢桓帝之時禁臣下乘之

天子曰不豫諸侯曰不茲大夫曰犬馬士曰負薪

雖無列於朝有告凶猶反告於宗後其都無親在故

國不復來往也

嫌見奪故云恐辱親也

嗇夫主諸侯所齎幣帛皮圭之禮奉之以白於天子也

雉之肥則足疏（並曲禮正義）

蜃車道（檀弓釋文）

萬物在人外非已所有故以多爲貴也

樂多其外見者謂衣服萬物悉外見物也已有功德故得使有所物以光輝祀先人爲樂也（並禮器正義）

腊久也久酒有毒郊特牲釋文

齊人以相絞訐爲掉磬

腱筋之大者並內則釋文

以魚須飾文竹之邊須音班玉藻釋文

尊者委四矢於地一一取以投卑者不敢委於地惡執之也

君怠惰當張設法而助之或張强其志以廣大之也並少儀正義

偄之言移也雜記釋文

斞容四升也喪大記釋文

堂廉卽堂上近南霤爲廉也

練後三日一哭於次次在中門外謂堊室也至大祥則不復於外若有弔者則入卽位哭

大夫士父母之喪既小祥而歸庶子爲大夫士者也

適子終喪在殯宮也

朱綠皆繒也

振容在下

羽葆功布等其象皆如麾並喪大記正義

卑音必利反祭統釋文

符謂甘露醴泉之屬長謂麟鳳五靈之屬經解釋文

某甫且字且假借此字也曲禮疏引音義隱

堊土釜也內則疏引隱義

士有三等一等一拜故三下勝也一云旁猶不正或云衆上都共三拜也喪大記疏引隱義

序錄

隋志漢左中郎將蔡邕撰月令章句十二卷唐志作戴氏撰

邕自序曰予幼讀記以爲月令體大經同不宜與記書雜錄並行而記家記之又略及前儒特爲章句者皆用其意傳非其本旨光和元年予被謗章罹重罪徙朔方危險凜凜死亡無日過被學者聞家就而考之亦自有所覺悟庶幾頗得事情而訖未有注記著於文字也竊誠思之書有陰陽升降天文歷數事物制度可假以爲本敷辭說審求歷

象其要者莫大於月令故遂於憂怖之中晝夜密勿昧死成之旁貫五經參互羣書及至國家律令制度遂定歷數盡天地三光之情辭繁多而蔓衍非所謂理約而達也道長日短危殆兢惕取其心定而已故不能復加刪省蓋所以探賾辨物庶幾多識前言往行之流苟便學者以爲可覽則予死而不朽也

謨案隋志但有蔡邕月令章句無明堂月令論而陶氏說郛又有蔡邕月令問答一篇檢其中更叟

一條據三國志注亦引作明堂月令論而御覽引明堂論門闕一條又作章句玆據經義考所引邕自序又即月令問答中第一條也大抵此書原祗按月令十二月爲章句十二卷其所問答乃是卷首發凡而明堂論則又因其中有明堂太廟之文推而論之者也要祗章句一書後人各從所引稱謂今故仍以說郛所載問答十四條列於卷首其章句悉以十二月爲次而以明堂月令論別自爲卷凡共鈔出正義二十七條釋文五條毛詩名物

解一條埤雅四條爾雅翼二條顏氏家訓二條後漢書注二十五條南齊書七條隋書一條舊唐書二條文選注五條類聚六條初學記八條書鈔七條通典五條御覽二十七條困學紀聞一條

月令章句

漢　陳留蔡邕撰　　南城曾　煜校

問者曰子何爲著月令說也予幼讀記以爲月令體大經同不宜與記書雜録並行而記家記之又略及前儒特爲章句者皆用其意傳非其本旨又不知月令徵驗布在諸經周官左傳實與禮記通他議横生紛紛久矣光和元年余被謗章惟重罪徙朔方內有獫狁敵衝之釁外有寇虜鋒鏑之艱危險凛凛死亡無日過被學者聞家就而考之亦自有所覺悟庶幾頗得事情而訖未有注記著於文字也懼顛蹶隕墜無以示後同於朽腐竊誠思之書有陰陽升降天文曆數事物制度可假以爲本敦辭托說審求曆象其要者莫大於月令故遂於憂怖之中晝夜密勿昧死成之旁貫五註參互羣書至及國家律令制度遂定曆數盡天地三光之情辭繁多而蔓衍非所謂理約[redacted]也道長日短危殆兢惕取其心盡而已故不能復加刪省蓋所以探賾辨物庶幾多識前言往行之流苟便學者以爲可覽則余死而不朽也

問者曰子說月令多類周官左傳假無周官左傳月令爲無說乎曰夫根柢植則枝葉必相從也月令與周官並爲時王政令之記異文而同體官[redacted]百職皆周官解月令甲子沈子所謂似春秋也若夫太昊蓐收句芒祝融之屬左傳造義立說生名者同是以用之

問者曰既用古文於曆數乃不用三統用四分何也曰月令所用參諸曆象非一家之事傳之於世不曉學者宜以當時所施行度密近者三統已疏闊廢弛故不用也

問者曰既不用三統以驚蟄爲孟春中雨水爲二月節皆三統法也獨用之何曰孟春月令曰蟄蟲始震在正月也中春始雨水則雨水二月也以其合故用之

問者曰曆云小暑季夏節也而今文見於五月何也曰今不以曆節言據時始暑而記也曆於大雪小雪大寒小寒皆去十五日然則小暑當去大暑十五日不得及四十五日不以節言據時暑也

問者曰中春令不用犧牲以圭璧更皮幣不犧牲何也曰是月獻羔以太牢祀高禖宗廟之祭以中月安得用犧牲祈者求之祭也著令者豫設水旱疫癘當禱祈用犧牲者是用之助生養傳祈以幣代牲章因於高禖之事乃造說曰更者刻木代牲如廟有祧更此說自欺極矣經典傳記無刻木代牲之說蓋書有轉誤三豕渡河之類也

問者曰中冬令曰奄尹申宮令謹門閭今曰門閭何也曰閹尹者內官也王宮室出入宮中宮中之門曰

闈闈尹之職也閭里門非閹尹所主知當作闈也

問者曰令曰七騶咸駕今曰六騶何也曰本官職者莫正於周官周官天子馬六種種別有騶故知六騶左氏傳晉程鄭爲乘馬御六騶屬焉無言七者知當爲六也

問者曰令以中秋築城郭於經傳爲非其時詩曰定之方中作於楚宮定營室也九月十月之交西南方中故傳曰小昏正而栽築卽營室也昏正者昏中也裁築者裁木而始築也今文在前八月不合於經傳也

問者曰子說三難皆以日行爲本古論周官禮記說以爲但逐惡而已獨安所取之曰取之於月令而已四時通等而夏無難文由日行也春行少陰秋行少陽冬行大陰陰陽皆使不於其類故冬春難以助陽秋難以達陰至夏節太陽行太陰自得其類無所扶助獨不難取之於是也

問者曰反令每行一時轉三旬以應行三月政也春行夏令則雨水不時謂孟夏也草木蚤枯中夏也國

乃有恐季夏也今總合爲一事不分別施之於三月何也曰說者見其三旬不得傳注而爲之說有所滯礙不得通矣孟秋反令行冬令則草木枯後乃大水敗其城郭卽分爲三事後乃大水在誰後也城郭爲獨自壞非水所爲也季冬令曰行春令則胎夭多傷民多蠱疾命之曰逆卽分爲三事行季冬令爲不感災異但命之曰逆也知不得斷絕分應一月也其類皆如此令之所述略舉其尤者也

問春食麥羊夏食菽鷄秋食麻犬冬食黍豕之屬但

以爲時味之宜不合於五行月令服食器械之制皆
順五行者也說所食獨不以五行不已畧乎曰蓋亦
思之矣凡十二辰之禽五時所食者必家人所畜丑
牛未羊戌犬酉雞亥豕而已其餘龍虎以下非食也
春木王木勝土土王四季四季之禽牛屬季夏犬屬
季秋故未羊可以爲春食也夏火王火勝金故酉雞
可以爲夏食也季夏土王土勝水當食豕而食牛土
五行之尊者牛五畜之大者四行之牲無足以配土
德者故以牛爲季夏食也秋金王金勝木寅虎非可

食者犬豕而無角虎屬也故以犬爲秋食也冬水王
水勝火當食馬而禮不以馬爲牲故以其類而食豕
也然則麥爲木菽爲金麻爲火黍爲水各配其牲爲
食也雖有此說而米鹽精粹不合於易卦所爲之禽
及洪範傳五事之畜近似卜筮之術故予畧之不以
爲章句聊以應問見有說而已

問記曰三老五更子獨曰五叟周禮曰八十一御妻
今日御妾何也曰字誤也叟長老之稱其字與更相
似書者轉誤遂以爲更嫂字女旁瘦字從叟今皆以
爲更矣立字法者不以形聲何得以爲字以嫂瘦推
之知五更爲叟也妻者齊也惟一適人稱妻其餘皆
妾位故在下是以不得言妻云也上並說郛

月令周公所作釋文

法象莫大乎天地變通莫大乎四時縣象著明莫大
乎日月故先建春以奉天奉天然後立帝立帝然後
言佐言佐然後列昆蟲之列物有形可見然後音聲
可聞故陳音有音然後清濁可聽故言鐘律音聲可
以彰故陳酸羶之屬也羣品以著五行爲用於人然

後宗而祀之故陳五祀此以上者聖人記事之次也
東風以下者效初氣之序也二者既立然後人君承
天時行庶政故言帝者居處之宜衣服之制布政之
節所明欽若昊天然後奉天時也正義

天之道陰陽各有少太是生四時少陽爲春太陽爲
夏少陰爲秋太陰爲冬也書鈔

天有純陽積剛運轉無窮其體運行包地之外同上

帝舜叶時月正日湯武革命治歷明時言承平者叶
之暴亂者革之

紀還復故歷

七十六歲爲部首

十九歲七閏月爲一章

周天三百六十五度四分度之一分爲十二次日月之所躔也地有十二分王侯之所國也每次三十二度三十三分之十四日至其初爲節至其中爲中氣

自危十度至壁八度謂之豕韋之次立春驚蟄居之衛之分野　自壁八度至胃一度謂之降婁之次雨水春分居之魯之分野　自胃一度至畢六度謂

之大梁之次清明穀雨居之趙之分野　自畢六度至井十度謂之實沈之次立夏小滿居之晉之分野

自井十度至柳三度謂之鶉首之次芒種夏至居之秦之分野　自柳三度至張十二度謂之鶉火之次小暑大暑居之周之分野　自張十二度至軫六度謂之鶉尾之次立秋處暑居之楚之分野　自軫六度至亢八度謂之壽星之次白露秋分居之鄭之分野　自亢八度至尾四度謂之大火之次寒露霜降居之宋之分野　自尾四度至斗六度謂之析木之次立冬小雪居之燕之分野　自斗六度至須女二度謂之星紀之次大雪冬至居之越之分野　自須女二度至危十度謂之玄枵之次小寒大寒居之齊之分野

顓頊厤術曰大元正月己巳朔旦立春俱以日月起於天廟營室五度今月令孟春之月日在營室

中星當中而不中日行遲也未當中而中日行疾也

大撓探五行之情占斗綱所建於是始作甲乙以名日謂之幹作子丑以名日謂之枝枝幹相配以成六

旬　並後漢書律厤志注

律率也聲之管也中應也大簇鐘名　正義引此云太簇鐘名先有其鐘後有其律言律中此太簇之鐘也

上古聖人本陰陽別風聲審清濁而不可以文載口傳也於是始鑄金爲鐘以正十二月之聲然後以效升降之氣而鐘不可用　續漢書作鐘難分別　乃截竹爲管謂之律律者清濁之率法也聲之清濁以律長短爲制乃置深室以葭莩爲灰而實其端其月氣既至則灰飛管通　正義引此云以法爲室三重戶閉塗釁必周密布緹縵室中以木爲案每律各一案內卑外高從其方位加律其上以葭灰實其端其月氣至則灰飛而管通　正

月律與太簇相中言出於鍾也仲春中夾鍾管長七寸四分夾助也季春中姑洗管長七寸一分姑鮮也言方去故就新莫不鮮明也孟夏中仲呂管長六寸二分陽氣將極復中短也仲夏中蕤賓管長六寸一分小二分陽氣上極陰始起故賓敬之蕤下也季夏中林鍾管長五寸九分林衆也萬物成熟衆多爲林也孟秋中夷則管長五寸六分小二分則法也萬物始陰也仲秋中南呂管長四寸三分小三分南任也言陽氣仲有任也季秋中無射管長四寸八分小三

分射終也言萬物隨陽終也孟冬中應鍾言萬物應陽而動下藏也仲冬中黃鍾管長九寸律之始也鍾動也言陽於黃泉下動也季冬中大呂管長八寸呂拒也言陽氣欲出陰不拒也 御覽

孟春大簇爲宮姑洗爲商蕤賓爲角南呂爲徵應鍾爲羽大呂爲變宮夷則爲變徵他月放此 隋書

孟春以立春爲節驚蟄爲中中必在其月節不必在其月據孟春之驚蟄在十六日以後立春在正月驚蟄在十五日以前立春在往年十二月 後漢書律曆志注

迎春者禮太昊句芒之神也於東郊就其位也邑外爲郊去邑八里因木數也周禮建國之神位祀五帝於四郊以蒼璧禮東方以赤璋禮南方以白琥禮西方以玄璜禮北方皆有牲幣各放其方之色樂奏太簇歌青陽兒執干戚舞雲翹育命所以尊敎時和也

迎夏者禮炎帝祝融之神也於南郊七里因火數也玉用赤牲幣各放其色樂奏中呂歌朱明其他皆如孟春之禮

迎秋者禮少昊蓐收之神也於西郊九里因金數也玉用白牲幣各放其色樂奏夷則歌白藏其他皆如孟夏之禮

迎冬者禮顓頊玄冥之神也於北郊六里因水數也玉用玄牲幣各放其色樂奏應鍾歌玄英其他皆如孟秋之禮 並御覽○按後漢書祭祀志注引章句云中兆去邑五里因土數也

秋冬肅急之後故布生德和政令去肅急 文選注

天左旋出地上而西入地下而東其繞北極七十度常見不伏 書鈔

元日元辰日幹也辰支也有事於天用日有事於也
用辰南齊書禮儀志注
郊天是陽故用日耕籍是陰故用辰正義
天子籍田千畝以供上帝之粢盛借人力以成其功
故曰帝籍初學記
畀者殊勞故三公五推禮自上以下降殺以兩勞事
皮之諸侯上當有孤卿七推大夫十二士終畝可知
也後漢書禮儀志注
色別曰土

總五陵原隰阪險曰地
叢木曰林
衆流注海曰川御覽
天子省風以作樂所以節八音而行八風樂容曰舞
天子八佾諸侯六大夫四士二佾佾列也每佾八人
每服冕而執戚有俯仰張翕之容行綴長短之制所
以令命而歌王者之功也人之動而有節者莫若舞
肄舞所以動陽氣而導物也杜氏通典
疏鏤也文選注

宿日所在離月所歷隋志
露骨曰骼有肉曰胔釋文
大陰新休少陽尚微而行冬令以導水氣故水潦至
而敗生物也舊唐書
大螫傷折也釋文
麥以秋種故謂之首種釋文蔡云首種宿麥入收也春爲沍寒
所傷故至夏麥不成舊唐書。通典引此云大陰于時雨雪而霜故傷首種
玄鳥燕也御覽
高尊也禖祀也吉事先見之象也蓋爲人所以祈子

孫之祀玄鳥感陽而至其來主爲字乳蕃滋故重其
至日因以用事契母簡狄蓋以玄鳥至日有事高禖
而生契焉故詩曰天命玄鳥降而生商後漢書禮儀志注。月令疏云蔡邕以爲禖神是高辛已前舊有高者尊也謂尊高之禖不由高辛氏而始有高禖
后者天子適妻也妃命也嬪婦也御妾也周禮天子
一后三妃九嬪二十七世婦八十一御妾以應外朝
公卿大夫之數也世婦不見卑者文略御妾皆行世
婦可知后妃將九嬪御皆會於高禖以祈孕妊御覽
凡衣服加於身曰御文選注

天子所御謂后妃以下至御妾孕妊有萌牙者也[illegible]

弓衣也祀以高禖之命飲以醴酒帶以弓韣後漢書注引作飲之以醴帶以弓衣尚使得男也弓矢者男子之事也御覽

星見爲夜日入後三刻日出前三刻皆屬晝晝有五十六刻夜有四十四刻

季冬雷在地下則雉應而雊孟春動於地之上則蟄蟲應而振出至此升而動於天之下其聲發揚也以雷出有漸故言乃

迅雷風烈孔子必變玉藻云迅雷甚雨則必變雖夜必興衣服冠而坐所以畏天威也小人不畏天威褻慢褻瀆或至夫婦交接君子制法不可指斥言之故曰有不戒其容止者言此時夫婦交接生子支節性情必不備其父母必有災也

此祀不用犧牲者謂祈禱小祀也不用犧牲若大祀則依常法故上云以大牢祠高禖是也並正義

桐木之後華者也埤雅

駕鴽鵪之屬釋文

虹蝃蝀也陰陽交接之氣著於形色者也初學記引此云夫陰陽不和婚姻失序卽生此氣雄曰虹雌曰霓常依陰雲而晝見於日衝無雲不見太陰亦不見見都與日相互率以日西見於東方故詩云蝃蝀在東蜺常在於旁四時常有之唯雄虹見藏有時類聚

備謂楫櫂櫓繂紼引之具御覽

天子始乘舟者陽氣和暖鮪魚時至將取以薦寢廟故因是乘舟禊於名川也論語暮春浴乎沂自上及下古有此禮今三月上巳祓於水濱蓋出此也宋書禮志

穀藏曰倉米藏曰廩無財曰貧無親曰窮暫無曰之

不績曰絶

名士者謂其德行貞純道術通明王者不得臣而隱居不在位者也賢者名士之次亦隱者也名士優故加束帛賢者禮之而已並正義

獵捷也言以捷取之初學記

掩飛禽曰畢御覽

鳴鳩鶻鳩也鳩先是時鳴故稱鳴鳩拂猶搏也陽氣所感故拂羽

戴勝降於桑以重民事也並埤雅

沈者雲之重也陰者密雲也 文選注

齊戒者事於先蠶也東鄉盛德也躬桑者手三繰猶天子親耕三鉏也古者天子諸侯必有公桑蠶室近川而爲之築宮仞有三尺棘墻而外閉之卜夫人世婦之吉者使之蠶室奉種浴於川公桑食之蠶事既升分繭稱絲以供郊廟之服天子諸侯所服以祭者必后夫人所親蠶也禮世婦卒蠶獻繭于夫人受之親繅三盆手朱綠之玄黃之以爲黼黻文章君服之以祀先王先公敬之至也故曰毋敢怠承

五庫者一曰車庫二曰兵庫三曰祭器庫四曰樂器庫五曰宴器庫

洪範經云兵革並起兵謂金刃革謂甲楯 御覽

螻螻蛄蟈蛙也 釋文

苦菜秀苦蕒茶不榮而實謂之秀 御覽

明堂者天子太廟也所以宗祀而配上帝明天地統萬物也 類聚

百穀各以其初生爲春熟爲秋故麥以孟夏爲秋 初學記

孟夏之月蠶事既畢后妃獻繭於天子進其成功也乃修蠶稅以桑爲均十而取一曰稅乃收世婦以下所蠶之稅也以桑爲平者用桑多則繭多少則繭少也貴賤長少如一貴謂世婦賤謂妾御長謂力壯者也年無尊卑老壯各自以桑爲平不得以高下爲差也 御覽

反舌蟲鳴鼃也今謂之蝦蟆其舌本前著口側而末嚮內故謂之反舌 正義

簫長則濁短則清以蠟密實其底而增減之則和

管而成音定無所復調當與琴瑟相參 類聚

瑟前其柱則清却其柱則濁 御覽

凡絃急則清慢則濁 類聚

此時黍新熟今蟬鳴黍是也 正義

門謂城門閭謂二十五家爲閭關市無索者關市停物之所商旅或隱藏其物以避征稅是月從長之時故不搜索其物 仝上

夏至之爲極有三意焉晝漏極長去極極近晷景極短 後漢書律歷志注

感陽氣長者生感陰氣成者死故於冬至日相與分
也
君子謂人君以下至在位士也齊戒所以敬道萌陰
也處必掩身處猶居也掩隱翳也陰既始萌故君子
居處不褻露恐干陰也毋躁者躁動也既不顯露又
不得躁動宜靜以安萌陰也
方齊戒故止色內御之屬勿或有所進也
晏爲以安定陰陽之所成 並正義
雨凝曰雹 書鈔

蟋蟀蟲名謂之蛬亦謂之蜻蛚斯螽莎雞之類 御覽
鳩化爲鷹鷹還化爲鳩故稱化
神農則炎帝
大雨時行行降也從土潤以下皆爲下旬燒薙謂廹
也芟除草名也周禮立其官使除田草也五月夏至
芟殺槀之至六月合燒之故云燒薙也行水者其時
也大雨時行行於所燒田中仍壅遏蓄之以漬燒薙
故云行水也
殺田曰田麻田曰疇言爛草可以糞田使肥也 並正義

天官五獸之於五事也左有蒼龍大辰之貌右有白
虎大梁之文前有朱雀鶉火之體後有玄武龜蛇之
質中有大角軒轅麒麟之信 御覽
凡麟生于火遊于土故修其母致其子五行之精也
視明禮修則麒麟見 類聚
黃鐘收宮也半黃鐘九寸之數管長四寸五分六月
用爲候氣 正義
古之爲鐘律者以耳齊其聲後不能則假數以正其
度度數正則音亦正矣鐘以觔兩尺寸中所容受升

斗之數爲法律以寸分長短爲度故曰黃鐘之管長九
寸徑三分圍九分其餘皆稍短雖大小圍數無增減
以度量者可以文載口傳與衆共知然不如耳決之
明也 仝上
稷秋夏乃熟歷四時備陰陽穀之貴者 後漢書祭祀志注
露者陰液也釋爲露結爲霜 書鈔
仲秋白露節盲風至秦人謂蓼風爲盲風 初學記
陽氣初胎于酉故八月薺麥應時而生也 正義
季秋之月上丁入學習吹所以通氣也管簫笙竽塤

篪皆以吹鳴者也初學記
管形長一尺圍寸有孔無底通典引此下云其器今亡
簫編竹有底並宋書
羽鳥翼也以爲旌旛麾也後漢書傳注
笛篪竹也六孔有距橫吹之通典
寒蟬應陰而鳴鳴則天涼故謂之寒蟬文選注
三老國老也五更庶老也。又云五更長老之稱也後漢書禮儀志注
冠首飾也帶大帶也所以束身也文選注
爵入大水凡鳥生於水御覽

鞠草名也有者非其有也黃華者土氣之所成也季秋草木皆成非榮華之時也故言鞠有者明他無有也爾雅翼
寄戎事之教於田獵武事不可空設必有以誡故寄教於田獵閑肄五兵天子諸侯無事而不田爲不敬田不以禮爲暴天物周禮司馬以旌致民平列陳如戰之陳王執路鼓諸侯執賁鼓軍將執晉鼓師帥執提旅帥執鼙卒長執鐃兩司馬執鐸公司馬執鐲以教坐作進退疾徐疏數之節士卒聽聲視旗隨而前

却故曰師之耳目在吾旗鼓春教振旅以蒐田夏教茇舍以苗田秋教治兵以獮田冬教大閱以狩田春夏示行禮取禽供事而已秋者殺時田獵之正其禮盛
天子親執弓以射禽所以教兆民載戰事也四時閑習以救無辜以伐有罪所以彊兵保民安不忘危也並後漢書禮儀志注
冬終也萬物於是終也初學記
介者甲也謂龜鼈之屬也後漢書五行志注

北方玄武介蟲之長文選注
東方有木三土五故數八南方有火二土五故數七西方有金四土五故數九北方有水一土五故數六南齊書
玄黑也其堂尚玄文選注
鍵關牡也所以止扉或謂之剡移顏氏家訓
天宗日爲陽宗月爲陰宗北辰爲星宗也正義
荔似挺顏氏家訓。月令集解引此云荔馬𩡖
雷在地中雉性精剛故獨知之應而鳴也毛詩名物解

孟冬之月命太史釁龜筴以牲祠龜筴塗以牲血謂之釁龜釁者龜甲所以卜也筴者蓍草所以筮也初學記

關在境所以察出樂入也類聚

蜡祭夏曰清祀殷曰嘉平周曰蜡秦曰臘正義

十月穫稻人君嘗其先熟故在九月熟者謂之半夏稻初學記

冬至之爲極有三意焉晝漏極短去極極遠晷景極長極者至而還之辭也律麻志注

以姑洗爲角南呂爲羽則徵濁也同上

結猶屈也虹蚓出穴屈首下嚮陽氣氣動則宛而上首故其結而屈也正義

日行北方之宿北方太陰恐爲所抑故命有司大儺所以扶陽抑陰也

是月之昏建丑丑爲牛寒將極是故出其物類形象以示送達之且以升陽也並禮儀志注

征鳥厲疾太陰殺氣將盡故猛疾與時競也正義

明堂月令論

漢　陳留蔡邕撰　　瀘溪李建權校

明堂者天子太廟所以崇禮其祖以配上帝者也夏后氏曰世室殷人曰重屋周人曰明堂東曰青陽南曰明堂西曰總章北曰玄堂中曰太室易曰離也者明也南方之卦也聖人南面而聽天下嚮明而治人君之位莫正於此焉故雖有五名而主以明堂也其正中焉皆曰太廟謹承天隨時之令昭令德宗祀之禮明前功百辟之勞起尊老敬長之義顯教幼誨稚

之學朝諸侯選造士於其中以制度生者乘其能而至死者論其功而祭故爲大教之宮而四學具焉官司備焉譬如北辰居其所而衆星拱之萬象翼之教之所由生變作之所自來明一統也故言明堂事之大義之深也取其宗祀之清貌則曰清廟取其正室之貌則曰太廟取其尊崇則曰太室取其堂則曰明堂取其四門之學則曰太學取其四面周水圜如璧則曰辟廱異名而同事其實一也春秋因魯取宋之姦賂則顯之太廟以明聖王建清廟明堂之義經

日取郜大鼎于宋納于太廟傳曰非禮也君人者將昭德塞違故昭令德以示子孫是以清廟茅屋昭其儉也夫德儉而有度升降有數文物以紀之聲明以發之以臨照百官百官於是乎戒懼而不敢易紀律所以大明教也以周清廟論曰魯太廟皆明堂也魯禘祀周公於太廟明堂猶周宗祀文王於清廟明堂也禮記檀弓曰王齋禘於清廟明堂也孝經曰宗祀文王於明堂禮記明堂位曰太廟天子曰明堂又曰成王幼弱周公踐天子位以治天下朝諸侯於明堂

制禮作樂頒度量而天下大服成王以周公爲有勳勞於天下命魯公世世禘祀周公於太廟以天子禮樂升歌清廟下管象舞所以異魯於天下取周清廟之歌歌於魯太廟明堂魯之廟猶周清廟也皆所以昭文王周公之德以示子孫者也易傳太初篇曰天子旦入東學晝入南學暮入西學在中央曰太學天子之所自學也禮記保傅篇曰帝入東學上親而貴仁入西學上賢而貴德入南學上齒而貴信入北學上貴而尊爵入太學承師而問道與易傳同魏文侯

孝經傳曰太學者中學明堂之位也禮記古大明堂之禮曰膳夫是相禮日中出南闈見九侯門子日側出西闈視五國之事日闇出北闈視帝節猶爾雅曰宮中之門謂之闈王居明堂之禮又別陰陽門南門稱門西門稱闈故周官有門闈之學師氏教以三德守王門保氏教以六藝守王闈然則師氏居東門南門保氏居西門北門也知掌教國子與易傳保傅王居明堂之禮參相發明爲四學焉文王世子篇曰凡大合樂則遂養老天子至乃命有司行事興秩節祭

先師先聖焉始之養也適東序釋奠於先老遂設三老位焉春夏學干戈秋冬學羽籥皆於東序凡祭與養老乞言合語之禮皆小樂正詔之於東序又曰大司成論說在東序然則詔學皆在東序東序東之堂也學者詔焉故稱太學仲夏之月令祀百辟卿士之有德於民者禮記太學志曰禮士大夫學于聖人善人祭于明堂其無位者祭于太學禮記昭穆篇曰祀先賢于西學所以教諸侯之德也即所以顯行國禮之處也太學明堂之東序也皆在明堂辟雝之內月

令記曰明堂者所以明天氣統萬物明堂上通於天象日辰故下十二宮象日辰也水環四周言王者動作法天地德廣及四海方此水也名曰辟雍王制曰天子出征執有罪反釋奠於學以訊馘告樂記曰武王伐殷爲俘馘于京大室詩魯頌曰矯矯虎臣在泮獻馘京鎬京也太室辟雍之中明堂太室也與諸侯泮宮俱獻馘焉卽王制所謂以訊馘告者也禮記曰祀乎明堂所以教諸侯之孝也孝經曰孝悌之至通於神明光於四海無所不通詩云自西自東自南自

北無思不服言行孝者則曰明堂行悌者則曰太學故孝經合以爲一義而稱鎬京之詩以明之凡此皆明堂太室辟雍太學事通合之義也其制度數各有所法堂方百四十四尺坤之策也屋圓屋徑二百一十六尺乾之策也太廟明堂方三十六丈通天屋徑九丈陰陽九六之變且圓蓋方載九六之道也八闥以象八卦九室以象九州十二宮以應辰三十六戶七十二牖以四戶八牖乘九室之數也戶皆外設而不閉示天下不藏也通天屋高八十一尺黃鍾九九之實也二十八柱列於四方亦七宿之象也堂高三丈亦應三統四鄉五色者象其行外廣二十四丈應一歲二十四氣四周以水象四海王者之大禮也（後漢書祭祀志注）

序錄

隋志後漢大尚書崔寔撰四民月令一卷（唐志誤作崔湜）韓鄂四時纂要序曰徧閱群書爾雅則言其土産月令則序彼時宜採氾勝種藝之書崔寔試穀之法韋氏月錄傷於簡缺齊民要術弊在迂疎經義攷曰按四民月令其書雖佚而賈思勰齊民要術引之特多合以太平御覽所載好事者尙可捃拾成卷也

謨案隋唐二志並以此書入子部農家類通志藝文畧入史部時令類文獻通考併不著錄則以其書亡也經義攷亦以爲佚入擬經門近吳人任兆麟因朱氏說捃摭成書然亦尙有遺漏今並鈔出齊民要術四十四條御覽十一條又類聚六條初學記四條文選注一條事類賦注一條

四民月令

漢　涿郡崔寔撰　金谿周莫濤校

凡立春日食生菜不過多取迎新之意而已乃進䊦粥以導和氣（類聚）

正月之朔是謂正旦躬率妻孥潔祀祖禰及祀日進酒降神畢室家尊卑無大無小以次列于先祖之前子婦曾孫各上椒酒于家長稱觴舉壽（類聚作舉白）欣欣如也（初學記○御覽引此文云元日進椒柏酒椒是玉衡星精服之令人身輕耐老柏是仙藥進酒次第當從小起以年少者爲先）

上除若十五日合諸膏小草續命丸散法藥農事未起命成童以上入大學學五經硯氷釋命幼童入小學學篇章命女工趣織布典饋釀春酒（齊民要術）

春分不殺生不冊疾君子齋戒衣夾衣遵引不食生冷（御覽）

正月雨水中地氣上騰土長冒橛陳根可拔急菑（郭璞曰耕地反草爲菑）強土黑壚之田二月陰凍畢澤可菑美田緩土及河渚水處三月杏花盛可菑沙白輕土之田五月六月可菑麥田

正月可種春麥豍豆盡二月止
正月可種蓼可殖芋
正月可種瓠六月可畜瓠八月可斷瓠作蓄瓠瓠中白膚養豬致肥其瓣則作燭致明
正月可種瓜事類賦注引此云種瓜用戊辰日瓠葵芥薤大小葱蒜苜蓿及雜蒜亦種此二物皆不如秋六月六日可種葵中伏之後可種冬葵九月作葵葅乾葵御覽引作八月可種乾葵
正月可種韭七月別種虀

正月上辛日掃除韭菜中枯葉七月藏韭菁
正月自朔暨晦可移諸樹竹漆桐梓松柏雜木有果實者及望而止過十五日則果少實自正月以終季夏不可伐木必生蠹蟲或曰其月無壬子日以上旬伐之雖春夏不蠹猶有剖析開解之患非愈無伐十十月伐竹木正月盡二月可刹樹枝二月盡三月可掩樹枝
二月順易習射以備不虞春分中雷乃出聲先後各五日寢別內外有不戒者生子不備

蠶事未起命縫人浣冬衣徹複為袷其有贏帛遂供秋服可糴粟黍大小豆麻麥子等收薪炭並齊民要術
二月祠大社之日薦韭卵于祖禰初學記
諺曰二月昏參星夕杏花盛桑椹赤一作桑葉白可種大豆謂之上時四月時雨降可種大小豆美田欲稀薄田欲稠齊民要術
二月可種胡麻謂之上時齊民要術引此云二月三月四月五月時雨降可種胡麻
二月三月可種苴麻之有藍齊民要術作藴一作實者苴麻是

也一名黂
二月可糶麻子並御覽
二月別小葱六月別大葱七月可種大小葱夏葱曰小冬葱曰大齊民要術
二月榆莢成及青收乾以為旨蓄色變白將落可作醔䤈隨節早晚勿失其適
二月采术並類聚
二月盡三月可采土瓜根御覽
齊人呼寒食為冷節以麵為蒸餅樣團棗附之名曰

棗糕

清明節命蠶妾理蠶事治蠶室塗隙穴具槌治箔籠

清明節後十日封生薑至四月立夏後蠶食芽生可種之九月藏茈薑 史記相如傳注引此云生薑謂之茈薑 蘘荷其歲若溫皆待十月 並齊民要術

三月桃花盛農人候時而種 事類賦注

三月可種稹禾可種粳稻 御覽引此云三月多種秔稻 美田欲稀薄田欲稠五月可別種及藍盡夏至後二十日止 齊民要術

三月可采烏頭 御覽

三月可采艾 初學記

三月三日及上除采艾及柳絮 類聚引此云采柳絮可以愈瘡

是月也冬穀或盡椹麥未熟乃順陽布德振贍窮乏務施九族自親者始無或蘊財忍人之窮無或利名罄家繼富度入爲出處厥中焉蠶農尚閑可利溝瀆葺治墻屋修門戶警設守備以禦春饑草竊之寇是月盡夏至煖氣將盛日烈熯燥利用漆油作諸煎藥可糶黍買布

四月繭既入簇趨繰剖綿具機杼敬經絡草茂可燒灰時雨降可種黍禾謂之上時夏至先後各三日可種黍蟲食李者黍貴也是月也可作棗糒以禦賓客 書鈔引作以待賓位 可糴𪍿及大麥敝絮

四月收蕪菁及芥葶藶冬葵子六月中伏後七月可種蕪菁至十月可收也 並齊民要術

四月可采穬者。大麥之無皮毛 文選注

四月可作酒酢五月五日亦可作酢 齊民要術

四月八日不宜殺草木始服生衣宜進溫酒服溫藥

是月也無壞廨䍄伐大樹 御覽

五月芒種節後陽氣始虧陰慝將萌煖氣始盛蟲蠹並興乃弛角弓弩解其徽弦張竹木弓弩弛其弦以灰藏旃裘毛毳之物及箭羽以竿挂油衣勿辟藏是月五日合止痢黃連丸霍亂丸采葸耳取蟾蜍及東行螻蛄 類聚引此文云五月五日收蟾蜍可合惡疽瘡取東行螻蛄治婦難產者也 霖雨將降除米糓薪炭以備道路陷滯不通是月陰陽爭血氣散夏至先後各十五日薄滋味勿多食肥醲距立秋毋食煮餅及水溲餅可糴大小豆胡麻糶穬大

小麥收敝絮及布帛至羅䴷麴曝乾置甖中密封至
冬可養馬
五月一日蕃麥田並齊民要術
五月一日可作醢御覽
五月五日取蠅虎杵碎拌豆豆自踴躍可以擎蠅
榆莢落時可種藍五月可刈藍六月種冬藍
夏至先後各五日可種牡麻
六月命女工織縑練可燒灰染青紺雜色柘染色黃
赤人君所尊餪治五穀磨具初伏陰陽書夏至後第三庚爲初伏薦

麥瓜于祖禰
六月大暑中伏後可收芥子七八月可種芥
布穀鳴收小蒜六七月種小蒜八月種大蒜
六月六日七月七日可作麴穀米多少與春酒麴同
但不中爲春酒喜動以春酒麴作頤酒彌佳也
七月四日命治麴室具箔槌取淨艾七月遂作麴合
藍丸及蜀漆丸暴經書及衣裳不蠹作乾糗采葸耳
處暑中至中秋節浣故製新作袷薄以備始涼糶大
小麥豆收縑練並齊民要術

七月七日暴經書設酒脯時果散香粉于筵上祈請
于河鼓織女言此二星神當會守夜者咸懷私願或
云見天漢中有奕奕正白氣如地河之波輝輝有光
曜五色以此爲徵應見者便拜乞願齊民要術引此云見者便拜而願乞富乞壽乞子唯得乞一不得兼求三年乃得類聚
京師立秋滿街賣楸葉婦女兒童皆剪成花樣戴之
形製不一齊民要術
七月收柏實初學記
七月八月可種苜蓿

八月暑退命幼童入小學如正月焉涼風戒寒趣絹
縑布後魏書引作清風戒寒趣織縑帛染采色擘綿治絮製新浣故
及韋履賤好豫買以備冬寒刈萑葦芻茭涼燥可上
弓弩繕理檠鋤正縛鎧弦遂以習射弛竹木弓弧糶
種麥糴黍
蠶蟲並與以灰藏氈裘農語曰蜻蛉鳴衣裘成蟋蟀
鳴懶婦驚
凡種大小麥得白露節可種薄田秋分種中田後十
日種美田唯穬早晚無常並齊民要術

八月收韭菁作擣齏
八月采王不留行(並御覽)
九月治場圃塗囷倉修竇窖繕五兵習戰射以備寒凍窮厄之寇存問九族孤寡老病不能自存者分厚徹重以救其寒
九月作葵菹其歲溫卽待十月(並齊民要術)
九月九日收枳實(御覽)
九月九日可采菊花(類聚)

十月培築垣墻塞向墐戶上辛命典饋清麴釀冬酒作脯腊以供臘祀農事畢命成童入大學如正月焉五穀既登家家儲畜(文選注作家有儲稸)以順時令(歲華紀麗引上數句作崔寔注)勅喪紀同宗有貧窶久喪不堪葬者則糾合宗人共與舉之以親疏貧富爲差正心平欽無相先自竭力以率不隨洗冰凍作煮(一作凉)餳煮暴飴可折麻緝績布縷作白履不借(草履之賤者曰不借)賣縑帛敝絮
糴粟豆麻子
農語曰河射角堪夜作犂星沒水生骨
冬十一月陰陽爭血氣散冬至先後各五日寢以內外硯冰凍命幼童讀孝經論語篇章入小學可釀醢
糴秔稻粟豆麻子冬至之日薦黍糕先薦玄冥以及祖禰其進酒肴(御覽作進酒尊長)及謁賀君親耆老如正旦焉
近古婦人常以冬至日獻履襪于舅姑踐長至之義也(並齊民要術)
先後冬至各五日買白犬養之以供祖禰(類聚)
平量五穀各一升小罌盛埋垣北牆陰下冬至後五十日發取量量息最多者歲所宜也

十二月請召宗族婚姻賓旅講好和禮以篤恩紀休農息役惠必下浹遂合耦田器養耕牛選任田者以俟農事之起去豬牙車骨及臘日(說文云冬至後三戌爲臘祭百神也農桑輯要引作臘時)祀祖(宋書禮志引此云祖者道神也黃帝之子曰纍祖好遠遊死道路故祀以爲道神文選注末有以求道路之福句)炙箑(一作箑御覽引此云箑燒飲治刺人肉中及樹瓜田四角蠱蟲)去東門磔白雞頭(御覽引此下有可以合藥四字)臘明日爲小歲(書鈔引作臘明日更新謂之小歲)進酒尊長修刺賀君師(荊楚歲時記作君親)進椒柏酒次第從小起(並齊民要術)
按齊民要術引四民月令於正月內有裝潢及治

書法雌黃治書法二月內有㓛生衣絹法糊屏風
書麥令不出懸法八月內有河東染御黃法皆與
經義無關故不入鈔

序錄
隋志鄭康成撰禮議二十卷
後漢書本傳曰鄭玄字康成北海高密人少不樂
為吏遂造太學受業始通京氏易公羊春秋三統
歷九章算術又從東郡張恭祖受周官禮記左氏
春秋韓詩古文尚書以山東無足問者廼西入關
因涿郡盧植事扶風馬融質諸疑義遂隱修經業
杜門不出後以侍中大司農徵皆不就卒年七十
四門生相與撰元答諸弟子問五經依論語作鄭

志八篇凡元所注周易尚書毛詩儀禮禮記論語
孝經尚書大傳中候乾象歷又著天文七政論魯
禮禘祫義六藝論毛詩譜駁許慎五經異議答臨
孝存周禮難凡百餘萬言元質於辭訓通人頗譏
其繁至於經傳洽孰稱為純儒齊魯間宗之
謨案諸經正義多引鄭氏魯禮禘祫志本傳作魯
禮禘祫義隋志俱不著錄而別有禮議二十卷則
禘祫志乃禮議中一篇目也今並鈔出詩正義四
條禮記正義七條左傳正義一條通典二條

魯禮禘祫志

漢　北海鄭康成撰　　宜黃黃錫祜校

魯莊公以其三十二年秋八月薨閔二年五月而吉禘此時慶父使賊殺子般之後閔公心懼於難務自尊成以厭其禍王制疏引鄭志云公懼於難不得時葬葬則出首經於門外乃入務自尊成以厭其禍若已練然至二年春其間有閏二十一月禫除喪夏四月則祫又卽以五月禘比月大祭故譏其速王制疏引鄭志不譏祫者慶父作亂國家多難故莊公旣葬經不入庫門閔公早厭其亂故四月祫不譏譏其速者明當異歲也經獨言吉禘於莊公閔公之服凡二十一月於禮少四月又不禫無恩也魯閔公二年秋八月君薨僖二年除喪而明年春禘王制疏引鄭志除喪始祫太廟明年禘於羣廟自此之後乃五年再殷祭六年祫王制疏引鄭志閔公之喪僖三年禘又六年祫八年禘凡三年喪畢新君二年爲祫新君三年爲禘皆祫在禘前故八年經曰秋七月禘於太廟用致夫人然致夫人自魯禮因禘事而致褒美故譏焉魯僖公以其三十三年冬十二月薨文公二年秋八月祫僖薨至此而除間有閏積二十一月從閏除喪不禫故明月卽祫經云八月丁卯大事於太廟躋僖公僖公之服亦少

四月不刺者有恩也王制疏引鄭志云躋僖公於文公之服亦少四月以其逆祀故特譏之魯文公以其十八年春二月薨宣二年除喪而祫明年春禘自此之後五年而再殷祭與僖爲之同六年祫故八年禘經曰夏六月辛巳有事於太廟仲遂卒於垂說者以爲有事謂禘爲仲遂卒張本故畧之言有事耳魯昭公十一年夏五月夫人歸氏薨十三年夏五月大祥七月而禫公會劉子及諸侯於平丘公不得志八月歸不及祫冬公如晉昭十四年春歸乃祫故十五年春乃禘王制疏引鄭志云昭十一年齊歸薨十五年喪終之禘不擇月定公八年冬十月順祀先公以陽虎作亂求福先公特爲此祭故不用常月此等皆不用孟月者以春秋亂世不能如禮故參差不一難以禮論也經曰二月癸酉有事於武宮傳曰禘於武公及二十五年傳將禘於襄公此則十八年祫二十年禘二十三年祫二十五年禘於玆明矣儒家之說禘祫也通俗不同詩閟宮疏引鄭志下云或云歲祫禘或云三年一禘五年再禘學者競傳其聞是用訩訩爭論從數百年來矣竊念春秋者書天子諸侯中失之事得禮則善違禮則譏可以發起是非故據而述焉從其禘祫之先後考其疏數之所由而粗記注焉魯禮三年

之祭畢則祫於大祖明年春禘於羣廟僖也宣也八年皆有禘祫祭則公羊傳所云五年而再殷祭祫在六年明矣明堂位曰魯王禮也以相準况可知也商頌烈祖箋疏

五年殷禘祭各就其廟長發箋疏

王制記先王之法度宗廟之祭春曰禴夏曰禘秋曰嘗冬曰烝祫爲大祭於夏於秋於冬周公制禮王制疏引此文下有祭不欲數句乃改夏爲禴禘又爲大祭周改先王夏祭之名爲礿故禘以夏先王祫於三時

周人一焉則宜以祭魯頌閟宮箋疏

春秋僖公三十三年十二月薨文公二年八月丁卯大享于太廟公羊傳云大享者何祫也是三年喪畢新君二年當祫明年春禘于羣廟僖公宣公八年皆有禘則後禘去前禘五年以此定之則新君二年祫三年禘自爾之後五年而再殷祭則六年當祫八年當禘又昭公十年齊歸薨至十三年喪畢當祫爲平邱之會冬公如齊至十四年祫十五年禘傳云有事武宮是也至十八年祫二十年禘二十三年祫二十五年禘昭公二十五年有事於襄公是也

太王王季以上遷主祭于后稷之廟其坐位與祫祭同文武以下遷主若穆之遷主祭于文王之廟文王居之與東面文王孫成王居文王之東而北面以下穆王直至親盡之祖以次繼而東皆北面無昭主若昭之遷主祭于武王之廟武王亦居室之奥東面其昭孫康王亦居武王之東而南面亦以次繼而東直至親盡之祖無穆主也其尸后稷廟中后稷尸一昭穆尸各一文王廟中文王尸一穆尸共一武王廟中

武王尸一昭尸共一其五齊自醴齊而下四齊而已無泛齊酒亦三酒所陳設之處所加之明水元酒等一如禘祭于文王之廟無降神之樂其祼鐏用雞彝鳥彝朝踐用兩犧鐏再獻用兩象鐏其迎尸出在堂之時其后稷文武之尸皆南向餘尸主于室中之左石也合樂時作四代之樂其祭禮后稷文王武王廟中每廟各一日繹祭則同一日並通典

禮統

梁　會稽賀　述撰　　金谿王光耀校

天地者元氣之所生萬物之祖也後漢書班固傳注

天之爲言鎭也神也珍也施生爲本運轉精神功効列陳其道可珍重也御覽

地施也諦也應變施化審諦不誤也爾雅疏

日者實也形體光實人君之象也

雲者運氣布恩普博也

風萌也養物成功所以八風象八卦也

雨者輔時生養均徧故謂之雨

所以制靈臺何以尊天重民備災禦害豫防未然也夫王者當承順天地樂節陰陽也夏所以爲清臺何明明相承太平相續故爲清臺殷爲神臺周爲靈臺何賢者具天而王天者稱神文者具地而王地者稱靈是其義也

所以制辟雍何教化天下也辟雍之制奈何王制曰辟雍圓如璧壅以水內如復外如堰盤也諸侯泮宮半有水半有宮也史記索隱引此句　諸侯所化者少故半有宮焉三王之制奈何夏天子曰重室諸侯曰廣宗殷天子曰廟諸侯曰世室周天子曰辟雍諸侯曰泮宮鄉曰庠里曰序是其制也

劓刑法木勝土決其皮革也臏刑法金勝木去其節目也

天子諸侯皆爲貴臣[redacted]服三月適夫人爲八妾服三月八妾爲夫人服與舅姑同

屍之言矢也陳也

柩之言久也具書其諡置棺旁萬世久藏也

天子墳高三雉諸侯半之卿大夫八尺士四尺天子樹松諸侯樹栢卿大夫樹楊士樹榆尊卑差也竝御覽

弔生曰唁弔死曰弔生謂之唁何非爲喪之位哭泣之事但嗟嘆以言故謂之唁弔死謂之弔何御覽引此下有弔者毒也四字素有厚恩禮無服屬但致傷哀痛毒故謂之弔書鈔

神龜之象上圓法天下方法地背上有盤法丘山玄文交錯以成列宿五光照若玄錦文運轉應四時長尺二寸明吉凶不言而信初學記

原書缺第一

序錄

隋志漢戴聖撰石渠禮論四卷

前漢書儒林傳曰后蒼說禮數萬言號曰后氏曲臺記授沛聞人通漢子方梁戴德延君戴聖次君沛慶普孝公聖號小戴以博士論石渠至九江太守通漢以太子舍人論石渠至中山中尉

文心雕龍曰石渠論藝白虎通講聚述聖言通經論家之正體也

謨按朱氏經義考云孔氏詩禮正義及後漢書志注每引石渠禮議然多係節文惟杜氏通典差具本末今並鈔出通典十三條又詩禮正義三條漢志注一條

石渠禮論

漢　梁國戴聖撰　萬載郭奉璋校

鄉請射告主人樂不告者何也戴聖曰請射告主人者賓主俱當射也夫樂主所以樂賓也故不告於主人也

宣帝甘露三年三月黄門侍郎臨失其名奏經曰鄉射合樂大射不何也戴聖曰鄉射至而合樂者質也大射人君之禮儀多故不合樂也聞人通漢曰鄉射合樂者人禮也所以合和百姓也大射不合樂者諸侯之禮也韋玄成曰鄉射禮所以合樂者鄉人本無樂故合樂歲時所以合和百姓以同其意也後漢書禮儀志注引此條至諸侯當有樂傳曰諸侯不釋懸明用無時也君臣朝廷固當有之矣必須合樂而後合故不云合樂也時公卿以玄成議是

宗子孤爲殤言孤何也聞人通漢曰孤者師傳曰因殤而見孤也男二十冠而不爲殤亦不爲孤故因殤而見之戴聖曰凡爲宗子者無父乃得爲宗子然爲人後者父雖在得爲宗子故稱孤聖又問通漢曰因

殤而見孤冠則不爲孤者曲禮曰孤子當室冠衣不純采此孤而言冠何也對曰孝子未曾忘親有父母無父母衣服輒異記曰父母在冠衣不純素父母歿冠衣不純采故言孤言孤者別衣服也聖又曰則子無父母年且百歲猶稱孤不斷可乎通漢對曰二十冠而不爲孤父母之喪年雖老猶稱孤

諸侯之大夫爲天子大夫之臣爲國君服何戴聖對曰諸侯之大夫爲天子當繐縗既葬除之以時接見於天子故既葬除之大夫之臣無接見之義不當爲國君也聞人通漢對曰大夫之臣陪臣也未聞其爲國君也又問庶人尚有服大夫臣食祿反無服何也聞人通漢對曰記云仕於家出鄉不與士齒是庶人在官也當從庶人之爲國君三月服制曰從庶人服是也又問曰諸侯大夫以時接見天子故服今諸侯大夫臣亦有時接見於諸侯不聖對曰諸侯大夫臣無接見諸侯義諸侯有時使臣奉賀乃非常也不得爲接見至於大夫有年獻於君君不見亦非接見也侍郎臣臨待詔聞人通漢等皆以爲有接見義

聞人通漢問云記曰君赴於他國之君曰不祿夫人曰寡小君不祿大夫士或言卒死皆不能明戴聖對曰君死未葬曰不祿既葬曰薨又問尸服卒者之上服士曰不祿言卒何也聖又曰夫尸者所以象神也其言卒而不言不祿者通貴尸之義也通漢對曰尸象神也故服其服士曰不祿者諱辭也孝子諱死曰卒

經云大夫之子爲姑姊妹女子子無主沒者爲大夫命婦者惟子不報何戴聖云惟子不報者言命婦不得降故以大夫之子爲文惟子不報者言猶斷周不得申其服也宣帝制曰爲父母周是也

問父卒母嫁爲之何服蕭太傅云當服周爲父後則不服韋玄成以爲父歿則母無出義王者不爲無義制禮若服周則是子貶母也故不制服也宣帝詔曰婦人不養舅姑不奉祭祀下不慈子是自絕也故聖人不爲制服明子無出母之義玄成議是也

問夫死妻稚子幼與之之人子後何服韋玄成對曰與出妻子同服周或議以爲子無絕母應三年

大夫在外者三諫不從而去君不絕其祿位使其嫡子奉其宗廟言長子者重長子也承宗廟宜以長子爲文蕭太傅曰長子者先祖之遺體也大夫在外不得親祭故以重者爲文宣帝制曰以在故言長子

大宗無後族無庶子已有一嫡子當絕父祀以後大宗不戴聖云大宗不可絕言嫡子不爲後者不得先庶耳族無庶子則當絕父以後大宗聞人通漢云大宗有絕子不絕其父宣帝制曰聖議是也

君子子爲庶母慈己者君子子者貴人之子也爲庶母小功以慈己加也戴聖對曰君子子爲庶母慈己者大夫之嫡妻之子養於貴妾大夫不服賤妾慈己則緦服也其不言大夫之子而稱君子子者君子猶大夫也

喪服曰久而不葬者唯主喪者不除其餘以麻終月數者除喪則已蕭太傅云以麻終月數者以其未葬除無文節故不變其服爲稍輕也已除喪服未葬者皆至葬反服庶人爲國君亦如之宣帝制曰會葬服喪衣是也或問蕭太傅久而不葬唯主喪者不除今則或十年不葬主喪者除不答云所謂主喪者獨謂子耳雖過期不葬子義不可以除

爲乳母緦以名服也大夫之子有食母問曰大夫降乳母耶聞人通漢對曰乳母所以不降者報義之服故不降也則始封之君及大夫皆降乳母（並通典）

周公祭天用大公爲尸（詩既醉疏）

周以后稷文武特七廟（王制疏○正義云張融以石渠論謚七廟）

議郎尹更始待詔劉更生等議以爲吉凶不並瑞災不兼今麟爲周亡天下之異則不得爲瑞以應孔子至（禮運疏）

京冠委貌也朝服布上素綃帛帶素韋韠（後漢書輿服志注）

序録

周禮正義曰叔孫通前漢時作漢禮器制度多得古之周制故鄭君註禮依而用之也玉海云高祖詔叔孫制作儀品十六篇

漢制攷序曰漢去古未遠諸儒佔畢訓故之學雖未盡識三代舊典而以漢制證遺經猶幸有傳注在也冕服車旗彝器之類多以叔孫通禮器制度為據其所臆度無以名之則謂若今某物及唐儒為疏義又謂去漢久遠雖漢法亦不可攷盖自西

晉板蕩之後見聞放失習俗流敗漢世之名物稱謂知者鮮焉況帝王制作之法象意義乎此漢制之僅存於傳注者不可忽不之攷也

文獻通考曰三代之禮亡於秦繼秦者漢漢之禮書則前有叔孫通後有曹褒然通之禮雜秦儀褒之禮雜讖緯先儒所以議其不純也然自古禮既亡今傳於世者惟周官儀禮戴記而其說未備鄭康成於三書皆有註後世之所欲明禮者每稽之鄭註以求經之意而鄭註則亦多雜讖緯及秦漢之禮以為說則亦必本於通褒之書矣此二書者漢隋唐三史藝文志俱無其卷帙則其書久亡故後世無述焉然魏晉而後所用之禮必祖述此書

謨按通考馬氏所云二書盖指叔孫朝儀及曹褒漢禮而言若禮器制度所陳冕服車旗彝器之類與朝儀固有間但謂鄭註三禮多雜秦漢之禮以為說則又似兼指漢禮器制度在內故正義往往云此依漢禮器制度而知或云此約漢禮器制度是也此書亦已久亡故不載漢隋唐三史藝文志

今仍從三禮註疏中鈔出十九條外鈔出尚書疏一條毛詩疏二條三禮圖註一條御覽二條又玉海三禮門類以胡廣漢制度附此書下故從後漢書注文選注其鈔出六條

漢禮器制度

漢　薛人叔孫通撰　　吉水陳懷玉校

大槃廣八尺長丈二尺深三尺漆赤中周官凌人註○王伯厚漢制攷此下引喪大記注漢禮大盤廣八尺長丈二深三尺赤中夷盤小焉

籩竹器如豆者其容實皆四升籩人疏

飾棺天子龍火黼黻皆五列又有龍翣二其戴皆加璧縫人註

凡冕以版廣八寸長尺六寸以上玄下朱覆之乃以五采繅繩貫五采玉垂於延前謂之邃延弁師疏云凡冕體周

禮無文漢叔孫通作漢禮器制度取法於周今還取彼以釋之

大扃牛鼎之扃長三尺小扃鼏鼎之扃長二尺匠人疏云此約漢禮器制度知之

觚大二升觶大三升梓人疏

洗之所用士用鐵大夫用銅諸侯用白銀天子用黃金也儀禮士冠禮疏

水器尊卑皆用金罍及其大小異仝上

周之冕以木為體廣八寸長尺六寸績麻三十升布為之上以玄下以纁前後有旒尊卑各有差等天子

玉笄朱紘仝上○按疏云此言冕制與周禮弁師相參

五武成步步六尺鄉射禮疏

雜采曰繅以韋衣木板飾以三色再就聘禮註

池者象宮室之承霤以竹為之狀如小車笭衣以青布既夕註○喪大記註同疏云鄭以漢之制度而知小車之箱狹長

禁如今方案隋長局足高三寸禮記禮器疏

壺大一石瓦甒五斗仝上

籥如笛三孔少儀註

雅亦樂器名也狀如漆筩中有椎樂記疏

翣以木為筐廣三尺高二尺四寸方兩角高衣以白布畫者畫雲氣其餘各如其象柄長五尺喪大記註明堂位疏引禮器制度曰翣垂五采羽於其下樹於簨之角上

魚躍拂池以銅為魚縣於池下仝上

柷如漆桶中有椎柄動而擊其旁也敔狀如伏虎背上有刻戛之以為聲也搏拊形如鼓以韋為之實之以糠擊之以節樂尚書益稷疏

罍刻木為之毛詩卷耳疏

著勺五升徑六寸長三尺行葦疏

桷虡上角爲龍頭及頷曰銜璧璧下有旄牛尾 有詩疏
射罰爵之豐作人形豐國名其君坐酒亡國載杅以
爲戒 聶氏三禮圖云舊圖引制度○按儀禮燕禮疏亦云豐形似豆卑而大者據漢法而知
瑚如簋而平下璉如簠而兌下
釜受三斛或云五斛 竝御覽

胡廣漢制度 附

帝之下書有四一曰策書二曰制書三曰詔書四曰
誡敕策書者編簡也其制長二尺短者半之篆書起
年月日稱皇帝以命諸侯王三公以罪免亦賜策而
以隸書用尺一木兩行唯此爲異也制書者帝者制
度之命其文曰制詔三公皆璽封尚書令印重封露
布州郡也詔書者詔告也其文曰告某官云如故事
誡敕者謂敕刺史太守其文曰有詔勑某官它皆倣
此 後漢書光武紀注
人君之居前有朝後有寢終則制廟以象朝後制寢
以象寢 仝上
戎立車以征伐 輿服志註
功德優盛朝廷所敬異者賜位特進在三公下不在

車騎下 百官志註
天子出有大駕法駕小駕大駕則公卿奉引大將軍
驂乘太僕御屬車八十一乘備千乘萬騎法駕公不
在鹵簿唯河南尹執金吾洛陽令奉引侍中驂乘奉
車郎御屬車三十六乘小駕太僕奉駕侍御史整車
騎也 儒林傳注
天子出車駕次第謂之鹵簿長安時出祀天於甘泉
用之名曰甘泉鹵簿 文選注

序錄

隋志董勛問禮俗十卷唐志同

困學紀聞曰周禮八則禮俗以馭其民呂徵仲謂庶民可參之以俗士以上專用禮此說非也大傳百志成故禮俗刑呂成公謂禮俗不可分爲兩事制而用之謂之禮習而安之謂之俗若禮自禮俗自俗不可謂之禮俗

謨案荆楚歲時記引魏議郎董勛云今正臘旦門前作烟火桃神絞索松柏殺雞著門戶逐疫禮也此是言風俗而董氏以爲禮則其名書之意誠有如呂成公謂禮俗不可分爲兩事亦不必分士庶也今並鈔出荆楚歲時記一條歲華紀麗二條史記索隱一條初學記一條御覽六條通典一條匡謬正俗一條

問禮俗

魏　董勛撰　　金谿吳衍熙校

海西令問于董勛曰俗有歲首酌初學記作祝椒酒而飲之者何也勛答曰歲首用椒酒以椒性芬香又堪爲藥故飲之亦一時之禮故此日採椒花以貢尊者又折松枝于戶男七女二七亦同此義

又問董勛曰俗人正月飲酒先從小者何也勛答曰俗以小者得歲先酒賀之老者失歲故後與酒罰之然則從少起意在於斯乎

魏時人問議郎董勛曰今正臘旦門前作烟火桃神絞索松柏殺鷄著門戶逐疫禮乎勛答曰禮十二月索室逐疫釁門戶磔雞燠火行故作助行氣桃鬼所惡畫作人首可以有所收縛不死之祥

董勛答問曰俗以正月一日爲雞二日爲狗三日爲羊四日爲猪北史魏收傳引作三日爲猪四日爲羊五日爲牛六日爲馬七日爲人類聚引此下云八日爲穀以陰晴爲豐耗正旦畫雞于門七日帖人於帳一作鏤人於金薄今一日不殺雞二日不殺狗三日不殺羊四日不殺猪五日不殺牛六日

不殺馬七日不行刑亦此義也古乃磔雞今則不殺荆人于此日向辰門前呼牛馬雞畜荆楚歲時記作牛羊雞畜令來乃置粟豆于灰散之宅內云以招牛馬未知所出也並御覽

董勛答問曰正月一日造勝華以相遺象瑞圖金勝之形又象西王母正月七日戴勝見武帝于承華殿也

董勛答問曰人日鏤金薄爲人初學記引此云人日俗翦綵爲人形以貼屏風戴于頭鬢起自晉代賈充妻李氏夫人云俗

人入新年形容改舊從新也並歲華紀麗

或問董勛曰俗五月不上屋云五月人或上屋見影寬便去勛答曰蓋秦始皇自爲之禁夏不得行漢魏未改案月令仲夏可以居高明可以遠眺望可以升山陵可以處臺榭鄭玄以爲順陽在上也今云不得上屋正與禮反敬叔云見小兒死而禁暴屍何以異此乎俗人月諱何代無之但當矯之歸于正耳荆楚歲時記

董勛答問曰五月俗稱惡月俗多六齋放生案月令仲夏陰陽交死生分君子齋戒正聲色節嗜慾初學記

或問董勛曰七月七日爲良日飲食不同於古何也勛答曰七月黍熟七日爲陽數故以糜爲珍今北人唯設湯餅無復有糜矣

董勛答問曰翣屏風人持隨喪車前後左右也並御覽

董勛答禮曰職高者名錄在上於人爲右職卑者名錄在下於人爲左是以職下遷爲左史記索隱

董勛答或人問曰已在遠聞喪除服乃歸至家之禮云何勛案奔喪禮若除服而後歸先至墓斂髮袒絰

不制麤衣及杖也哭盡哀遂除於墓歸不哭也家人待之如常不變服也自齊縗以下至墓哭盡哀而歸若服未除而歸不及殯先至墓及歸斂法如今人椎髻以麻爲幓頭免以布闊一寸或問已在遠初不聞喪或日月已過乃聞或至家乃聞其禮云何勛按奔喪禮不及殯先至墓乃成服檀弓曰小功不稅稅者喪與服不相當之言也小功緦麻在遠聞喪服制已遵但舉哀而已不復追服也大功以上聞喪日爲始不計死者之日數也若兄弟及從父兄弟大功以上

降緦麻小功者雖日月已過乃以聞日爲服制亦不計初死之日數以本親重也通典

蔡南問乾鑿度云王道陵遲何謂陵遲董勛答曰舒疾有節禮云喪事雖遽不陵節是王道越於遲節言教不行也匡謬正俗

皇覽逸禮

魏 東海繆襲撰 新喻郭登瀛校

天子迎四節日天子迎春夏秋冬之樂又順天道是故距冬至四十六日則天子迎春於冬堂距邦八里堂高八尺堂階八等青稅八乘旗旄尙青田車載矛號曰助天生唱之以角舞之以羽翟此迎春之樂也自春分數四十六日則天子迎夏於南堂距邦七里堂高七尺堂階七等赤稅七乘旗旄尙赤田車載弓後漢書注作戟號曰助天養唱之以徵舞之以鼓鞉此迎夏之樂也自夏至數四十六日則天子迎秋於西堂距邦九里堂高九尺堂階九等白稅九乘旗旄尙白田車載戟後漢書注作兵號曰助天收唱之以商舞之以干戚此迎秋之樂也自秋分數四十六日則天子迎冬於北堂距邦六里堂高六尺堂階六等黑稅六乘旗旄尙黑田車載甲鐵鍪號曰助天誅唱之以羽舞之以籥此迎冬之樂也所以迎四時樂秋養九志於西堂冬養九勝於北堂養後三日而止天子行殺必順天道御覽

春則衣青衣佩蒼玉乘青輅駕青騮載青旗以迎春於東郊居明堂左啟東戶

夏則衣赤衣佩赤玉乘赤輅駕赤騮載赤旗以迎夏於南郊食菽其祭先黍與雞明堂正居廟啟南戶書鈔引此云仲夏則居明堂正廟

秋則衣白衣佩白玉乘白輅駕白騮載白旗以迎秋於西郊居明堂右啟西戶

冬則衣黑衣佩玄玉乘玄輅駕鐵驪載玄旂以迎冬於北郊其祭先黍與豕居明堂後廟啟北戶

天子之蓍九尺諸侯七尺大夫五尺士三尺蓍千歲三百莖者先知也並類聚

天子龜尺二寸諸侯八寸大夫六寸士民四寸龜者陰蟲之老也龜三千歲上游於卷耳之上老者先知故君子舉事必考之初學記

君使大夫弔於國君禮錫衰衰裳弁絰有絰下馬大夫爲介亦如之士介將命者緦麻裳弁絰異姓葛同姓麻

衛靈公之時蘧伯玉賢而不用彌子瑕不肖而任事史鰌數言之未入史鰌病且死謂其子曰我死則置喪於北堂吾生不能進蘧伯玉而退彌子瑕是不能正君也生不能正君者死不當成禮死而置尸於北堂於我足矣靈公往弔問其故其子以父言對於靈公靈公失容曰吾失矣立召蘧伯玉而進之召彌子瑕而退之徙喪於堂成禮而後去衛國以治史鰌之力也史鰌以尸諫可謂忠不衰矣並御覽

附錄中霤禮

凡祭五祀於廟用特牲有主有尸皆先設席於奧祀

戶之禮南面設主於戶內之西乃制脾及腎爲俎奠於主北又設盛於俎西祭黍稷祭肉祭醴皆三祭肉脾一腎再既祭徹之更陳鼎俎設饌於筵前迎尸畧於祭宗廟之儀

祀竈之禮先席於門之奧東面設主於竈陘乃制肺及心肝爲俎奠於主西又設盛於俎南亦祭黍三祭肺心肝各一祭醴一亦既祭徹之更陳鼎俎設饌於筵前迎尸如祀戶之禮

祀中霤之禮設主於牖下乃制心及肺肝爲俎其祭

肉心肺肝各一他皆如祀戶之禮

祀門之禮北面設主於門左樞乃制肝及肺心爲俎奠於主南又設盛於俎東其他皆如祭竈之禮

行在廟門外之西爲軷壤厚二寸廣五尺輪五尺祀行之禮北面設主於軷上乃制腎及脾爲俎奠於主南又設盛於東祭肉腎一脾再其他皆如祀門之禮並禮記月令注

王度記

周　淳于髡等撰

天子冢宰一人爵祿如天子之大夫

子男三卿一卿命於天子

臣致仕於君者養之以其祿之半

天子鬯諸侯薰大夫芭蘭士蕭庶人艾

玉者有象君之德澡不輕濕不重薄不撓廉不傷疵不掩是以人君寶之

反之以玦其不待放者亦與之物並白虎通

大夫俟放於郊三年得環乃還得玦乃去曲禮疏

自戶爲里里一尹其祿如庶人在官者雜記注

天子駕六馬諸侯駕四大夫三士二庶人一後漢書輿服志注

三正記附

王者二社爲天下立社曰大社自爲立社曰王社諸侯爲百姓立社曰國社自爲立社曰侯社大社爲天下報功王社爲京師報功

正朔三而改文質再而復也質法天文法地也

天子龜長一尺二寸諸侯一尺大夫八寸士六寸龜陰故數偶也天子蓍長九尺諸侯七尺大夫五尺士三尺蓍陽故數奇也

灼龜以荆以火動龜不以水動蓍 白虎通

江河淮濟爲四瀆瀆者通也所以通中國垢濁民陵居殖五穀也江者貢也珍物可貢獻也河者播爲九流出龍圖也淮者均均其務也濟者齊齊其度量也 風俗通

大夫蓍五尺故立筮士之蓍三尺當坐筮 儀禮疏

三王各以正月祭天南郊日用上辛 三禮義宗

序錄

唐志賀琛謚法三卷 隋志梁太府賀琛撰謚法五卷

玉海曰沈約謚法十卷案約序大戴禮及世本舊並有謚法而二書傳至約時巳亡其篇唯取周書及劉熙謚法廣謚舊文仍采乘輿帝王世紀謚法篇之異者以爲此書首列周書二篇以熙爲本叙次舊文廣謚及乘輿謚法各於其本文所出自周迄宋帝王臣名凡有謚者並列其人名號於左方今本卷數存文多舛又賀琛謚法三卷采舊謚法及廣謚又益以巳所撰新謚分君臣婦人三卷卷各分美平惡三等其條比沈約謚例頗多亦有約載而琛不取者

文獻通考曰賀琛謚法四卷各以類標其目曰舊謚者周公之謚法曰廣謚者約所撰也曰新謚者琛所增也約撰凡七百九十四條琛又加婦人謚二百三十八條琛字國寶山陰人梁尚書左丞

謨案文獻通考六家謚法六家者周公春秋廣謚沈約賀琛扈蒙也周公即汲冢書之謚法解春秋

卽杜預釋例所載也廣謚不著[illegible]氏沈約書一卷賀琛書四卷扈蒙書一卷皆祖述古法而增廣之今按六家惟周公謚法具載汲冢書唐張守節于史記正義全寫一篇淩氏史記評林刊列卷首今所稱爲張本是也然其文亦多有異同老泉蘇氏所謂周公春秋之法往往反取賀琛新法而載之其書意卽指此而言若諸家謚法未得見而胡三省通鑑注獨多引賀琛謚法今故據以爲主而以諸書所引謚法爲舊謚法所無及文有異同者并以入賀琛書以諸家皆在賀前遞相祖述惟扈蒙宋人中有一二條不復置辨也但賀書原分君臣婦人三卷復分美平惡三等今本書既亡無分卷帙姑仍諸書次第采錄凡鈔出史記集解六條左傳釋文七條左傳正義八條後漢書注六條通鑑注六十七條又諸史謚議引謚法六條

謚法

梁山陰賀　琛撰　　東鄉李鳴階校

翼善傳聖曰堯

仁聖盛明曰舜

受禪成功曰禹

除殘去虐曰湯

賊人多殺曰桀

殘義損善曰紂　並裴駰史記集解　按周公謚法無此六謚惟白虎通謚篇云謚有七十二品引禮記謚法曰翼善傳聖曰堯仁聖盛明曰舜慈惠愛民曰文強理勁直曰武則此六謚皆當屬禮記謚法而蔡邕獨斷于帝謚有堯舜桀紂無禹湯陸德明經典釋文引馬融云堯舜謚也又云俗儒以湯爲謚然不在謚法故無聞焉又云禹亦不在謚法故疑焉而張守節史記正義本所載周公謚法又有除殘去虐曰湯一條無上五謚諸說不同未能辨究要之裴氏劉宋時人在沈約賀琛前其所引謚法必自有據今故以列卷首

不尸其位曰隱　舊謚不顯尸國曰隱

勝敵克亂曰莊　舊謚勝敵志強曰莊

在國遭難曰閔　舊謚在國遭憂曰愍在國逢難曰愍

忠信接禮曰文　舊謚文字無此條

善聞周達曰宣　舊謚聖善周聞曰宣

因事有功曰襄舊謚襄字無此條

威儀共明曰昭舊謚容儀共美曰昭○上並見左傳釋文

敬長事上曰共舊謚敬事供上曰恭

暴慢無親曰厲舊謚殺戮無辜曰厲

經典不易曰祁舊謚治典不殺曰祁

夙夜勤事曰敬舊謚夙夜警戒曰敬

動靜亂常曰幽舊謚動祭亂常曰幽

內外賓服曰平舊謚平字無此條

慈仁和民曰頃舊謚頃字無此條

外內用情曰貞舊謚貞字無此條上並見左傳孔疏

能紹前業曰光

溫克令儀曰章

不剛不柔曰和

寬容鑑注引寬裕和平曰安

幼少在位曰沖司馬彪曰沖幼早天故謚曰沖

忠正無邪曰質舊謚名實不爽曰質○按張靖云高光明章和順沖七謚謚法無也而漢家用之沈約則云撿謚法二篇唯無光其餘並有而文多不同今按舊謚法惟有明順二謚其光章和沖四謚見新謚法獨高字無考今故並從後漢書注謚法采補

溫柔恕恭曰康舊謚溫柔好樂曰康

克敵服遠曰桓舊謚辟土服遠曰桓

有勞定國曰襄舊謚甲胄有勞曰襄

知質有聖曰獻舊謚獻字無此條見張本

愛民好與曰惠舊謚惠字無此條見張本

慈惠愛親曰孝舊謚曰蠶此見張本

彊毅訦正曰威舊謚本作信正張本作執正胡注引作訦正云訦渠留翻謀也音義俱別

行見中外曰顯

受祿于天曰顯

百辟惟刑曰顯舊謚法無顯字胡三省云此見十一家謚法周公盡未有此謚而周之末世謚顯王曰顯意謂後世傳寫周公謚法者遺之

敬以敏曰慎舊謚敏以敬慎曰頃

思慮深遠曰慎此條注引禮記謚法

柔德安衆曰靚舊謚柔德考衆曰靜張本柔德安衆曰靖○按史記周本紀顯王崩慎靚王立顯慎靚皆謚也靚當作靖以上並通鑑周紀注

有始有卒曰終舊謚法無終字

克成令名曰終此條注引扈蒙謚法

佐相克終曰成

惇庬純固曰成 舊謚成字無此二條注引賀琛臣謚

能優其德曰于 舊謚法無于字

不思念曰戾 舊謚不悔前過曰戾

見善堅長曰隱 舊謚隱字無此條見張本

耆意大慮曰景 舊謚景字無此條見張本

甄心動懼曰頃 舊謚頃字無此條見張本

博聞多能曰憲 舊謚法無憲字見張本

大慮行方曰考 舊謚大慮行節曰考○據舊謚無考字而孝字已有四條若以周本紀考之威烈王之父是爲考王則考當在謚法此當從通鑑注引謚法作考

茂德丕績曰元 舊謚元字無此條胡三省云此後世謚法

直道不撓曰貞

事君無猜曰貞

固節幹事曰貞 此三條注並引賀琛臣謚

謀慮不愆曰思 舊謚思字無此條

恭敬行善曰簡 舊謚簡字無此條注引賀琛臣謚

貴賢親親曰仁 舊謚法無仁字

執義行善曰德 舊謚德字無此三條

綏柔士民曰德

中和純淑曰德

溫和聖善曰懿 舊謚溫柔賢善曰懿○上並通鑑漢紀注

明一德者曰皇 舊謚皇字無此二條

明一合道曰皇

案道無爲曰帝 舊謚德象天地曰帝

景物四方曰世 舊謚法無世字

承命不遷曰世

服叛定功曰威 舊謚威字無此條

肆行無禮曰悼 舊謚肆行勞祀曰悼○上並通鑑魏紀注

柔質慈民曰惠 舊謚柔質受諫曰惠此見張本

思慮果遠曰明 舊謚明字無此條見張本

剛克爲伐曰肅 舊謚剛克爲伐曰翼剛德克就曰肅

生而少斷曰安 舊謚安字無此條上並通鑑晉紀注

敬慎高明曰章 見通鑑宋紀注

勇以果毅曰威 舊謚猛以剛果曰威猛以強果曰威此見通鑑齊紀注

服敵公莊曰嚴 舊謚法無嚴字

威而不猛曰嚴 見通鑑梁紀注

有威可畏曰威

以刑服遠曰威舊謚威字無此二條

武而不遂曰壯舊謚本作壯注引作壯

暴慢無親曰剌舊謚剌字無此條

不醉而怒曰奰舊謚法無奰字

色取行違曰聞舊謚法無聞字

言行相違曰僭舊謚法無僭字並通鑑陳紀注○按通鑑周畢剌王賢與五王謀殺楊堅堅殺諸王加以惡謚五王謂趙僭王招越野王盛陳惑王純代奰王逵滕聞王逌也內惑字見舊謚僭野二王注不引謚法而梁書蕭曄謚議已引謚法言行相違曰僭固知賀書必有此謚注自失采

好內遠禮曰煬舊謚煬字無此條見通鑑隋紀注

民和神福曰成舊謚成字無此條注引賀琛臣謚

有伐有還曰僖舊謚有罰而還曰釐與僖同此注引禮記謚法

使民悲傷曰閔舊謚本作愍通作湣

夙夜警惕曰愍舊謚愍字無此條

蔽仁傷賢曰繆舊謚名與實爽曰繆

敗亂百度曰縱舊謚法無縱字

怠禮敗度曰縱此二條注引賀琛謚法

儉嗇無德曰褊舊謚法無褊字

心隘政急曰褊上並通鑑唐紀注

有功安民曰熹舊謚法無熹字見蔡邕和熹皇后謚議

昏亂紀度曰荒舊謚荒字無此條見晉書賈充謚議

貪以敗官曰墨舊謚法無墨字見晉書謝石謚議

博聞多見曰文舊謚文字無此條見魏書鄭羲謚議

情懷不盡曰隱舊謚隱字無此條見梁書沈約謚議

居敬行簡曰簡舊謚簡字無此條見梁書徐勉謚議○按以上諸謚議所引謚法未知出何家皆當在賀琛前並錄于此

純行不差曰定舊謚定字無此條此從後漢書注補

序錄

隋志樂經四卷 唐志李元楚樂經三十卷

隋志梁沈約曰秦代滅學樂經殘亡

王充論衡曰陽成子長作樂經揚子雲作太元經造於助思極窅冥之深非庶幾之才不能成也

困學紀聞曰考工記磬氏疏引樂云磬前長三律二尺七寸後長二律尺八寸朱文公問蔡季通不知所謂樂云者是何書今考三禮圖以為樂經書

大傳亦引樂曰舟張辟雍鶬鶬相從漢元始四年立樂經續漢志鮑鄴引樂經今其書無傳

按樂經本亡書無可掇拾隋志亦不著撰人姓名今姑據論衡作陽城子長撰并從困學紀聞說鈔出書大傳一條周禮疏二條續漢書志二條白虎通一條

樂經

漢　陽成子長撰

舟張辟雍鶬鶬相從八風回回鳳凰喈喈 尚書大傳

黃鐘磬前長三律二尺七寸後長二律尺八寸 周禮磬氏疏○玉海云與三禮圖所引樂經同

歲星與日常應大歲月建以見 周禮馮相氏疏

十二月行之所以宣氣豐物也月開斗建之門而奏歌其律 續漢志注

土曰壎竹曰管皮曰鼓匏曰笙絲曰絃石曰磬金曰鐘木曰柷敔此謂八音也法易八卦也

壎坎音也管艮音也鼓震音也絃離音也鐘兌音也柷敔乾音也 並白虎通

序錄

前漢書食貨志曰樂語有五均鄧展注曰樂語樂元語河閒獻王所傳道五均事臣瓚注引其文謨案漢書藝文志云武帝時河閒獻王與毛生等共采周官及諸子言樂事者以作樂記獻八佾舞與制氏不相遠其內史丞王定傳之以授常山王禹禹成帝時數言其義獻二十四卷記劉向校書得樂記二十三篇與禹不同其道寖微而不言其著樂元語意即在所作樂記二十四卷中也隋唐二志亦不著錄蓋其書亡矣今並錄出白虎通二條前漢書注一條

樂元語

漢 河閒獻王撰　　瀘溪胥 鈞校

受命而六樂樂先王之樂明有法也與其所自作明有制興四夷之樂明德廣及之也合觀之樂舞於堂四夷之樂陳於右先王所以得之順命重始也白虎通東夷之樂持矛舞助時生也南夷之樂持羽舞助時養也西夷之樂持戟舞助時殺也北夷之樂持干舞助時藏也誅制夷狄之樂以為先聖王也先王惟行道德和調陰陽覆被夷狄故夷狄安樂來朝中國於是作樂樂之南之為言任也任養萬物昧之為言昧也昧者萬物老衰禁者萬物禁藏侏離者萬物微離地而生明堂位疏引作朝離一說東方持矛南方歌西方戚北方擊金夷狄質不如中國中國文章但隨物名之耳故百王不易戚王者制夷狄樂不制夷狄禮何以為禮者身當履而行也夷狄之人不能行禮樂者聖人作為以樂之耳故有夷狄樂也仝上○禮記明堂位疏引白虎通內樂元語文有參錯

天子取諸侯之土以立五均則市無二賈四民常均

彊者不得困弱富者不得要貧則公家有餘恩通典文引此作餘息及小民矣前漢書食貨志注

序錄

隋志陳沙門智匠撰古今樂錄十二卷唐志十三卷

玉海中興書目曰陳光大二年僧智匠撰古今樂錄起漢訖陳

謹案玉海又引後周王朴上疏請示古今樂錄令臣討論證以中興書目當後五代及宋世此書猶存至文獻通考遂不著錄則其書亡矣再考宋人郭茂倩所編次樂府詩集一百卷分十二門包括傳記辭曲畧無遺軼大率據此書及吳兢樂府解題爲多而此書又多引張永王僧虔二家技錄此其大畧可考者也今並鈔出郭氏樂府一百三十二條又御覽十三條初學記七條書鈔一條白帖一條事類賦注六條後漢書注一條

古今樂錄

陳　釋智匠著　　南城曾　煒校

昔炎帝時有娀之女簡以玉筐少選視之鷰遺二卵五色北飛遂之不及二女作歌始作北音夏孔甲田於東陽迷入民室主人方乳曰后來大吉或曰不勝之子必有殃孔甲取其子歸曰為余子誰敢殃之及成人幕動折斧破斬足孔甲為作破斧之歌始為東音周昭王征荆辛余靡長且多力為王右涉漢梁敗王及祭公殞於漢中辛余靡振王北濟又反振蔡公

周公侯之於西翟實為長公殷愍徙宅西河追思故處始作西音長公繼是音以處西山蒸四方之歌也

神人暢帝堯所作堯郊天地祭神如在座上有響誨堯曰水方至為害命子救之堯乃作歌曰清廟穆兮承予宗百寮肅兮于寢堂醊禱進福求年豐有祿在坐勑予為害在宫中欽哉昊天德不隆承命任禹寫中宫

許由者古之貞固之士也堯時為布衣徙步不與遠方交通衣食則得自足夏則巢居冬則穴處無杯杓每以手捧水而飲之人有見其飲無杯以瓢遺之許由受以操飲畢輙掛於樹枝風吹樹瓢搖動歷歷有聲許由以為繁擾取而棄之以清節聞於堯堯大其志乃遣使以符璽禪為天子於是許由喟然嘆曰匹夫結志固如盤石采山飲河所以養性非以求祿位也放髮優游所以安已不懼非以貪天下也使者有愧還以狀報堯堯知由不可動亦已矣於是許由以使者言為不善乃臨河洗耳樊堅見由方且洗耳問之耳有何垢乎由曰無垢聞惡語耳堅曰何等語

者由曰堯聘吾為天子堅曰尊位何為惡之由曰吾志在青雲何乃劣劣當作九州伍長乎於是樊堅方且飲牛聞其言而去恥飲於下流於是許由名布四海堯既殂落乃作箕山之歌曰登彼箕山兮瞻望天下山川麗崎萬物還普日月運照靡不記睹游放其間何所却慮嘆彼唐堯獨自愁苦勞心九州憂勤后土謂余欽明傳禪易祖我樂如何蓋不盼顧河水流兮緣高山甘瓜施兮葉綿蠻高林肅兮相錯連居此之處傲堯君其後許由死遂葬於箕山

帝堯之世民樂無事擊壤之歡慶雲之瑞因以作歌

周大伯者周大王古公之長子也古公有子三人長者大伯次者虞仲少者季歷季歷之子昌昌即文王也古公寢疾將死國當有傳心欲以傳季歷乃呼三子謂曰我不起此病繼體興者其在昌乎大伯見大王傳季歷於是大伯與虞仲俱去被髮文身以變形託爲王採藥後聞古公卒乃還奔喪哭於門外示夷狄之人不得入王庭於是季歷謂大伯長子也伯當立何不就大伯曰吾生不供養死不飯含哭不臨棺

不孝之子焉得繼父乎斷髮文身刑餘之人也戎狄之民也三者除焉何可爲君矣季歷垂涕而留之終不肯止遂委而去到江海之涯吟咏優游仰覽俯觀求膏腴之處適于吳率以仁義化爲道德荆越之人移風易俗成集韶夏取象中國乃大伯之化也是後季歷作哀慕之歌章曰先王既徂長賢異都哀喪腹心未寫中懷追念伯仲我季何如梧桐萋萋生于道周宮館徘徊臺閣既除何爲遠去使此空虛支骨離別垂恩南隅瞻望荆越涕泗交流伯兮仲兮逝彼來遊自非二人誰訴此憂

周文王時鳳凰銜書而至文王乃作歌

拘羑里者謂紂拘文王於羑里也文王未爲政時備修道德百民親附文王有子其二子皆聖於是時崇侯虎與文王列爲諸侯德不及文王常疾之乃譖文王於紂曰西伯昌聖人也長子發仲子旦皆聖三聖合謀將不利於君君其慮之紂曰冠雖敝宜加于上屨雖新宜處于下岐侯雖聖安可尅我崇侯譖文王至十紂用其言乃徙文王於羑里欲殺之於是文王

四臣太顛閎夭散宜生南宮适之屬往見文王文王爲贖反目者紂之好色也拊桴其腹者言欲得奇寶也蹀躞其足者使疾迅也於是乃周流海內經歷風土得美女二人水中大寶白馬朱鬣以獻於紂陳其中庭紂見之仰天而嘆曰嘻哉此誰寶散宜生趨而進曰是西伯之寶以贖刑罪紂曰於寡人何其厚也立出西伯謂宜生譖岐侯者長鼻決耳也宜生還以狀告文乃知崇侯虎譖之文王在羑里時演八卦以爲六十四作鬱尼之辭據于石困于蒺藜乃申憤作

歌章曰殷道溷溷浸濁煩兮丹紫相合不別兮兮迷亂聲色信諛言兮閻閻之虎使我鶩兮幽閉牢獄誰其言兮無辜桎梏誰所宜兮遘我四人皆憂勤兮得此珍玩且解大患兮倉皇迄命遺後皇兮作此象變兆在昌兮欽承祖命天下不喪兮遂臨下土在聖朝兮討暴除亂誅逆王兮

莊周者齊人也明篤學術多所博達進見方來卻睹未發是時齊湣王好爲兵事習用干戈莊周儒生不合於時自以不用行欲避亂自隱於山岳後有達莊

周於湣王遣使齎金百鎰以聘相位周不就使者曰金至寶相尊官何辭之爲周曰君不見夫郊祀之牛衣之以朱綵食之以禾粟非不樂也及其用時鼎鑊在前刀俎列後雖欲還就孤犢寧可得乎周所以飢不求食渴不求飲者但欲全身遠害耳於是重謝使者不得已而去後引聲歌曰天地之道近在胸臆呼吸精神以養九德渴不求飲飢不索食避世俟道志潔如玉卿相之位難可宜當岩岩之石幽而清涼枕塊寢處樂在未央寒涼回固可以久長

秦始皇祠水神有黑頭公自河中出呼始皇曰來受天寶乃與羣臣作歌

明帝休成之樂歌曰玉鑣息節金輅懷音

白日落西山歌者沈攸之發荊州未敗之前思歸京師所作歌也

莫愁樂者亦因石城樂而有此歌石城西有女子名莫愁善歌謠且石城樂和中有忘愁聲因有此歌並上

御覽

吳王夫差移於建康之宮南門有雙鵠（白帖作雙白鷺）從鼓

中而飛上入雲中

白紵舞安辭有巾袍之言紵本吳地所出宜是吳舞也

大壯之舞曰武舞大觀之舞曰文舞

金爲鐘鎛鐲鐃石爲磬絲爲琴瑟箜篌箏筑琵琶竹爲篪笛籥簫管匏爲笙簧竽土爲塤缶革爲鼓木爲柷敔也

凡金爲樂器有六皆鐘之類也曰鐘曰鎛曰錞曰鐲曰鐃曰鐸鎛如鐘而大錞錞于也圓如碓頭上大下

小所謂金錞和鼓也鐲鉦也形如小鐘軍行爲鼓節
鐃如鈴而無舌有柄而執之鐸如大鈴古鐘名有大
林之鐘景鐘九龍之鐘十龍之鐘千石之鐘並初學記
鎛師掌金奏之鼓又卒長執鐃兩司馬執鐸公司馬
執鐲又以金鐃止鼓以金鐸通鼓以金鐲節鼓以鐘
鼓者前擊鐘次擊鼓也
高廣中四鐘皆秦時廟鐘也重千二百斤明帝徙二
鐘南宮並御覽
琴五絃文王加一武王加一今稱二絃爲文武絃

琵琶出於絃鼗古之鞞琵琶曲者有朱生阮咸孫
放孔偉並初學記
鼗如鼓而小執其柄搖其耳傍邊自相擊而鳴書鈔
鼓動也冬至之晷萬物含陽而動也
齊鼓如漆桶大一頭設齊於鼓面如麝臍故曰齊鼓
鷄婁鼓正員而首尾可擊之處平可數寸
都曇鼓似腰鼓而小小椎擊之也
答臘鼓制廣於羯鼓而短以指揩之其聲甚震俗謂
之揩鼓馬上之鼓曰掆鼓有不可提執施之於朝則

登聞鼓敢諫鼓也
陽春白雪流風激楚陽阿皆曲名也
舞有大小垂手並事類賦注
北齊神武霸府田曹參軍信都芳代號知音能以管
候氣觀雲色嘗與人對語即指天曰孟春之氣至矣
人往驗之管之飛灰已應每月所候言皆無爽又爲
輪扇二十四埋地中以測二十四氣每一氣感則一
扇住並與管灰相應若合符契焉
隋文帝遣毛爽及蔡子元 晉明等以候節氣依古

於三重密室之內以木爲案十有二具每以律呂之
管隨十二辰置於案上而以土埋之上平於地中實
葭莩之灰以輕緹素覆律呂每地氣至[illegible]律冥符則
飛灰衝素散出於外而氣應有早晚灰飛有多少或
初入日天氣即應或至中下旬間氣始應者或灰飛
出三五夜而盡或終一月才飛少許者帝異之問牛
弘對曰灰飛半出爲和氣灰全出爲猛氣吹灰不能
出爲衰氣和氣應者其政平猛氣應者其臣縱衰氣
應者其君暴帝駁之曰臣縱君暴其政不和非月則

暴也今十二月律於一歲內應並不同安得暴君織
臣若斯之甚也卯不能對並御覽
梁何佟之周捨等議以爲周禮牲出入奏昭夏而齊
氏仍宋儀涯迎神奏昭夏牲出更奏引牲樂乃以牲
牢之樂用接祖宗之靈宋季之失禮也
漢故事上壽用四會曲魏明帝青龍二年以長笛食
舉第十一古大置酒曲代四會又易古詩名曰羽觴
行用爲上壽曲施用最在前鹿鳴以下十二曲名食
舉樂而四會之曲遂廢

按周禮云王出入奏王夏賓出入奏肆夏肆夏本施
之於賓帝王出入則不當奏肆夏也
傖歌以一曲爲一解中國以一章爲一解王僧虔啓
云古曰章今曰解解有多少當時先詩而後聲詩敘
事聲成文必使志盡於詩音盡於曲是以作詩有豐
約制解有多少猶詩君子陽陽兩解南山有臺五解
之類也又諸調曲皆有辭有聲而大曲又有艷有趨
有亂辭者其歌詩也聲者若羊吾夷伊那阿之類也
艷在曲之前趨與亂在曲之後亦猶吳聲西曲前有

和後有送也又大曲十五曲沈約並列於瑟調今依
張永元嘉正聲技錄分於諸調又別敘大曲於其後
惟滿歌行一曲諸調不載故附見於大曲之下其曲
調先後亦準技錄爲次云
張永技錄相和有四引一曰箜篌引二曰商引三曰
徵引四曰羽引箜篌引歌瑟調東阿王辭門有車馬
客行置酒篇並晉宋齊奏之古有六引其宮引角引
二曲闕宋唯箜篌引有辭三引有歌聲而辭不傳梁
具五引有歌有辭凡相和其器有笙笛節歌琴瑟琵

琶箏七種
張永元嘉技錄相和有十五曲一曰氣出唱二曰精
列三曰江南四曰度關山五曰東光六曰十五七曰
薤露八曰蒿里九曰覲歌十曰對酒十一曰雞鳴十
二曰烏生十三曰平陵東十四曰東門十五曰陌上
桑十三曲有辭氣出唱精列度關山薤露蒿里對酒
並魏武帝辭十五文帝辭江南東光雞鳴烏生平陵
東陌上桑並古辭是也二曲無辭覲歌東門是也陌
上桑歌瑟調古辭艷歌羅敷行日出東南隅篇覲歌

張録云無辭而武帝有往古篇東門張録云無辭而武有陽春篇或云歌瑟調古辭東門行入門悵欲悲也古有十七曲其武陵鵾鷄二曲亾按宋書樂志陌上桑又有文帝棄故鄉一曲亦在瑟調東西門行及楚辭鈔今有人武帝駕虹蜺二曲皆張録所不載也

張永元嘉技録云東光舊但絃無音宋識造其聲歌十五歌文帝辭後解歌瑟調西山一何高彭祖稱七百篇辭在瑟調

張永元嘉技録有吟歎四曲一曰大雅吟二曰王明君三曰楚妃歎四曰王子喬大雅吟王明君楚妃歎竝石崇辭王子喬古辭王明君一曲今有歌大雅吟楚妃歎二曲今無能歌者古有八曲其小雅吟蜀琴頭楚王吟東武吟四曲闕

明君歌舞者晉太康中季倫所作也王明君本名昭君以觸文帝諱故晉人謂之明君匈奴盛請婚於漢元帝以後宮良家子明君配焉初武帝以江都王建女細君為公主嫁烏孫王昆莫令琵琶馬上作樂以慰其道路之思送明君亦然也其造新之曲多哀怨之聲晉宋以來明君止以絃隸少許為上舞而已梁天監中斯宣達為樂府令與諸樂工以清商兩相閒絃為明君上舞傳之至今王僧虔技録云明君有閒絃及契注聲又有送聲

張永元嘉技録有四絃一曲蜀國四絃是也居相和之末三調之首古有四曲其張女四弦李延年四弦嚴卯四弦三曲闕蜀國四弦節家舊有六解宋歌有五解今亦闕

王僧虔大明三年宴樂技録平調有七曲一曰長歌行二曰短歌三曰猛虎行四曰君子行五曰燕歌行六曰從軍行七曰鞠歌行荀氏録所載十二曲傳者五曲武帝周西對酒文帝仰瞻竝短歌行文帝秋風别日竝燕歌行是也其七曲今不傳文帝功名明帝青青竝長歌行武帝吾年明帝雙桐竝猛虎行燕趙君子行左延年苦哉從軍行雅朝飛短行是也其器有笙笛筑瑟琴箏琵琶七種歌弦六部張永録曰未歌之前有八部弦四器俱作在高下遊弄之後凡三調歌弦一部竟輙作送歌弦今用器又有大歌弦一

曲歌大婦織綺羅不在歌數唯平調有之即清調相逢狹路間道隘不容車篇後章有大婦織綺羅中婦織流黃是也張録云非管弦音聲所寄似是命笛理弦之餘王録所無也亦謂之三婦豔詩

王僧虔技録云短歌行仰瞻一曲魏氏遺令使節朔奏樂魏文製此辭自撫箏和歌歌者云貴官彈箏貴官即魏文也此曲聲制最美辭不可入宴樂

猛虎行王僧虔技録曰荀録所載明帝雙桐一篇今不傳

從軍行王僧虔云荀録所載左延年苦哉一篇今不傳

王僧虔技録平調又有鞠歌行今無歌者

王僧虔技録清調有六曲一苦寒行二豫章行三董逃行四相逢狹路門行五塘上行六秋胡行荀氏録所載九曲傳者五曲晉宋齊所歌今不歌武帝北上苦寒行上謁董逃行蒲生上行晨上願登並秋胡行是也其四曲今不傳明帝悠悠苦寒行古辭白楊豫章行武帝白日董逃行古辭相逢狹路間行是也其

器有笙笛下聲弄高弄遊弄箎節琴瑟箏琵琶八種歌弦四弦張永録云未歌之前有五部弦又在弄後晉宋齊止四器也

豫章行王僧虔云荀録所載古白楊一篇今不傳

王僧虔技録瑟調曲有善哉行隴西行折楊柳行東門行東西門行順東西門行飲馬行上留田行新城安樂宮行婦病行孤子生行放歌行大墻上蒿行野田黄爵行釣竿行臨高臺行長安城西行武舍之中行雁門太守行艶歌何嘗行豔歌福鍾行豔歌雙鴻

行煌煌京洛行帝王所居行門有車馬客行牆上難用趨行日重光行蜀道難行櫂歌行有所思行蒲坂行採梨橘行白楊行胡無人行青龍行公無渡河行荀氏録所載十五曲傳者九曲武帝朝日自惜古公文帝朝遊上山明帝赫赫我徂古辭來日並善哉古辭羅敷豔歌行是也其六曲今不傳五嶽善哉行武帝鴻雁郤東西門行長安長安城西行雙鴻福鍾並豔歌牆上牆上難用趨行是也其器有笙笛節琴瑟箏琵琶七種歌弦六部張永録云未歌之前有七部

弦又在弄後晉宋齊止四器也
王僧虔技錄云折楊柳行歌文帝西山古默默二篇今不歌
王僧虔技錄西門行歌古西門一篇今不傳
王僧虔技錄云東門行歌古東門一篇今不歌
王僧虔技錄云却東西門行荀錄所載武帝鴻雁一篇今不傳
王僧虔技錄云順東西門行今不歌
王僧虔技錄云飲馬行今不歌
王僧虔技錄有上留田行今不歌

王僧虔技錄有新城安樂宮行今不歌
王僧虔技錄有大牆上蒿行今不歌
王僧虔技錄有野田黃雀行今不歌
王僧虔技錄云雁門太守行歌古洛陽令一篇
王僧虔技錄云豔歌何嘗行歌文帝何嘗古白鵠二篇
豔歌行非一有直云豔歌即豔歌行是也若羅敷何嘗雙鴻福鍾等行亦皆豔歌、王僧虔技錄云豔歌雙鴻行荀錄所載雙鴻一篇豔歌福鍾行荀錄所載福鍾一篇今皆不傳豔歌羅敷行日出東南隅篇荀錄所載羅敷一篇相和中歌之今不歌
王僧虔技錄云煌煌京洛行歌文帝園桃一篇
王僧虔技錄云門有車馬客行歌東阿王置酒一篇
王僧虔技錄云牆上難用趨行荀錄所載牆上一篇今不傳
王僧虔技錄有日重光行今不傳
王僧虔技錄有蜀道難行今不歌

王僧虔技錄云櫂歌行歌明帝王者布大化一篇或云左延年作今不歌梁簡文帝在東宮更製歌少異此也
王僧虔技錄有蒲坂行今不歌
王僧虔技錄楚調曲有白頭吟行泰山吟行梁甫吟行東武琵琶吟行怨詩行其器有笙笛弄節琴箏琵琶瑟七種張錄云未歌之前有一部弦又在弄後又有但曲七曲廣陵散黃老彈飛引大胡笳鳴小胡笳鳴鵾雞游弦流楚窈窕竝琴箏笙筑之曲王錄所無

也其廣陵散一曲今不傳

王僧虔技錄曰白頭吟行歌古皚如山上雪篇

王僧虔技錄有泰山吟行今不歌

王僧虔技錄有梁甫吟行今不歌

王僧虔技錄有東武吟行今不歌

怨詩行歌東阿王明月照高樓一篇王僧虔技錄曰荀錄所載古爲君一篇今不傳

凡諸大曲竟黃老彈獨出舞無辭按王僧虔技錄櫂歌行在瑟調白頭吟在楚調而沈約云同調未知孰是

吳聲歌舊器有篪箜篌琵琶今有笙箏其曲有命嘯吳聲游曲半折六變八解命嘯十解存者有烏噪林浮雲驅雁歸湖馬讓餘皆不傳吳聲十曲一曰子夜二曰上柱三曰鳳將雛四曰上聲五曰歡聞六曰歡聞變七曰前溪八曰阿子九曰丁督護十曰團扇郎並梁所用曲鳳將雛已上三曲古有歌自漢至梁不改今不傳上聲已下七曲內入包明月（按後鮑照與王金珠辭並列包明月當是鮑明遠）製舞前溪一曲餘並王金珠所製也

折六變八解漢世已來有之八解者古彈鄭干新蔡大治小治當男盜當梁太清中猶有得者今不傳又有七日夜女歌長史變黃鵠碧玉桃葉長樂佳歡好懊惱讀曲亦皆吳聲歌曲也

凡歌曲終皆有送聲子夜以持子送曲鳳將雛以澤雉送曲

子夜變歌前作持子送後作歡娛我送子夜警歌無送聲仍作變故呼爲變頭謂六變之首也

上聲歌者此因上聲促柱得名或用一調或用無調

名如古歌辭所言謂哀思之音不及中和梁武因之改辭無後雅句

歡聞歌者晉穆升平初歌畢輒呼歡聞不以爲送聲後因此爲曲名今世用莎持乙子代之語稍訛異也

歡聞變歌者晉穆帝升平中童子輩忽歌於道曰阿子聞曲終輒云阿子汝聞不無幾而穆帝崩褚太后哭阿子汝聞不聲既悽苦因以名之

團扇郎歌者晉中書令王珉捉白團扇與嫂婢謝芳姿有愛情好甚篤嫂捶撻婢過苦王東亭聞而止之

芳姿素善歌嫂令歌一曲當赦之應聲歌曰白團辛苦五流連是郎眼所見珉聞更問之汝歌何遺芳姿即改云白團扇顦顇非昔容羞與郎相見後人因而歌之

桃葉歌者晉王子敬之所作也桃葉子敬妾名緣於篤愛所以歌之

懊儂歌者晉石崇綠珠所作唯絲布澀難縫一曲而已後皆隆安初民間訛謡之曲宋少帝更製新歌三十六曲齊太祖常謂之中朝曲梁天監十一年武帝

敕法雲改爲相思曲

華山畿者宋少帝時懊惱一曲亦變曲也少帝時南徐一士子從華山畿往雲陽見客舍有女子年十八九悅之無因遂感心疾母問其故具以啓母母爲至華山尋訪見女具說聞感之因脫蔽膝令母密置其席下臥之當已少日果差忽見舉席見蔽膝而抱持遂吞食而死氣欲絶謂母曰葬時車載從華山度母從其意比至女門牛不肯前打拍不動女曰且待須臾妝點沐浴既而出歌曰華山畿君既爲儂死獨活爲誰施歡若見憐時棺木爲儂開棺應聲開女透入棺家人叩打無如之何乃合葬呼曰神女冢

讀曲歌者元嘉十七年袁后崩百官不敢作聲歌或因酒讌止竊聲讀曲細吟而已以此爲名按義康被徙亦是十七年南齊時朱碩仙善歌吳聲讀曲武帝出遊鍾山幸何美人墓碩仙歌曰一憶所歡時緣山破莅荏山神感儂意盤石銳鋒動帝神色不悅曰小人弄我時朱子尙亦善歌復爲一曲云暇暇日欲冥覩騎立蹰躇太陽猶尙可且願停須臾於是俱蒙厚

賚

神弦歌十一曲一曰宿阿二曰道君三曰聖郎四曰嬌女五曰白古郎六曰青溪小姑七曰湖就姑八曰姑恩九曰採菱童十曰明下童十一曰同生

西曲歌有石城樂烏夜啼莫愁樂估客樂襄陽樂三洲襄陽蹋銅蹄採桑度江陵樂青陽度青驄白馬共戲樂安東平女兒子來羅那呵灘孟珠翳樂夜度娘長松標雙行纏黃督黃纓平西樂攀楊枝尋陽樂白附鳩拔蒲壽陽樂作蠶絲楊叛兒西烏夜飛月節折

楊柳歌三十四曲石城樂烏夜啼莫愁樂估客樂襄陽樂三洲襄陽蹋銅蹄採桑度江陵樂青驄白馬共戲樂安東平那呵灘孟珠翳樂壽陽樂並舞曲青陽度女兒子來羅夜黄夜度娘長松標雙行纏黄督黄纓平西樂攀楊枝尋陽樂白附鳩拔蒲作蠶絲並倚歌孟珠翳樂亦倚歌按西曲歌出於荆郢樊鄧之間而其聲節送和與吳歌亦異故其方俗而謂之西曲云

石城樂舊舞十六人

烏夜啼舊舞十六人

莫愁樂亦云蠻樂舊舞十六人

估客樂者齊武帝之所製也帝布衣時嘗遊樊鄧登祚以後追憶往事而作歌使樂府令劉瑶管弦被之教習卒遂無成有人啓釋寶月善解音律帝使奏之旬日之間便就諧合敕歌者常重爲感憶之聲猶行於世寶月又上兩曲帝數乘龍舟遊五城江中放觀以紅越布爲帆緑絲爲帆綍鍮石爲篙足篙榜者悉著鬱林布作淡黄袴列開使江中衣出五城殿猶在齊舞十六人梁八人

襄陽樂者宋隨王誕之所作也誕始爲襄陽郡元嘉二十六年仍爲雍州刺史夜聞諸女歌謠因而作之所以歌和中有襄陽來夜樂之語也舊舞十六人梁八人又有大堤曲亦出於此簡文帝雍州十曲有大堤南湖北渚等曲

三洲歌者商客數遊巴陵三江口往還因共作此歌其舊辭云啼將別共來梁天監十一年武帝於樂壽殿道義竟留十大德法師設樂敕人人有問引經奉荅次問法雲聞法師善解音律此歌何如法雲奉荅

天樂絶妙非膚淺所聞愚謂古辭過質未審可改以不敕云法師語音法雲曰應歡會而有別離啼將別可改爲歡將樂故歌和云三洲斷江口水從窈窕河傍流歡將樂共來長相思舊舞十六人梁八人

襄陽蹋銅蹄者梁武西下所製也（書鈔引古今樂錄襄陽銅鞮歌曰龍馬紫金鞍翠毛白玉羈照耀雙蠍下知是襄陽兒）沈約又作其和云襄陽白銅蹄聖德應乾來天監初舞十六人後八人採桑度舊舞十六人梁八人卽非梁時作矣

江陵樂舊舞十六人梁八人
青陽度倚歌凡倚歌悉用鈴鼓無弦有吹
青驄白馬舊舞十六人
共戲樂舊舞十六人梁八人
安東平舊舞十六人梁八人
女兒子倚歌也
來羅倚歌也
那呵灘舊舞十六人梁八人其和云郎去何當還多
敘江陵及揚州事那呵蓋灘名也

孟珠十曲二曲倚歌八曲舊舞十六人梁八人
翳樂一曲倚歌二曲舞十六人梁八人
夜黃倚歌也
夜度娘倚歌也
長松標倚歌也
雙行纏倚歌也
黃督倚歌也
平西樂倚歌也
攀楊枝倚歌也

尋陽樂倚歌也
白附鳩倚歌亦曰白浮鳩本拂舞歌也
拔蒲倚歌也
壽陽樂者宋南平穆王為豫州所作也舊舞十六人
梁八人按其歌辭蓋敘傷別望歸之思
作蠶絲倚歌也
楊叛兒送聲云叛兒教儂不復相思
西烏夜飛者宋元徽五年荊州刺史沈攸之所作也
攸之舉兵發荊州東下未敗之前思歸京師所以歌
和云白日落西山還去來送聲云折翅烏飛何處被

彈歸
梁天監十一年武帝改西曲製江南上雲樂十四曲
江南弄七曲一曰江南弄二曰龍笛曲三曰採蓮曲
四曰鳳笙曲五曰採菱曲六曰遊女曲七曰朝雲曲
又沈約作四曲一曰趙瑟曲二曰秦箏曲三曰陽春
曲四曰朝雲曲亦謂之江南弄云
江南弄三洲韻和云陽春路娉婷出綺羅
龍笛曲和云江南音一唱直千金

採蓮曲和云採蓮渚窈窕舞家人

鳳笙曲和云弦吹席長袖善留客

採菱曲和云菱歌女解佩戲江陽

遊女曲和云當年少歌舞承酒笑

朝雲曲和云徙倚折耀華

上雲樂七曲梁武帝製以代西曲一曰鳳臺曲二曰桐栢曲三曰方丈曲四曰方諸曲五曰玉龜曲六曰金丹曲七曰金陵曲按上雲樂又有老胡文康辭周捨作或云范雲

桐栢曲和云可憐眞人遊

鳳臺曲和云上雲眞樂萬春

方諸曲三洲韻和云方諸上可憐觀樂長相思

王龜曲和云可憐遊戲來

金丹曲和云金丹會可憐乘白雲

梁有雅歌五曲一曰應王受圖曲二曰臣道篇三曰積惡篇四曰積善篇五曰宴酒篇三朝樂第十五奏之

自周以來唯改其辭示不相襲未有變其舞者也然自雲門而下皆有其名而亡其容獨大武之制存而可考

何承天云今舞出樂謂之階步雜賓廟作尋儀禮燕飲射三樂皆云席工於西階上大師升自西階北面東上相者坐受瑟乃降笙入立于縣中北面乃合樂工歌鹿鳴四牡周南今直謂之階步而承天又以為出樂俱失之矣

宋孝武改前舞為凱容之舞後舞為宣烈之舞何承天三代樂序云晉正德大豫舞蓋出於漢昭容禮容

樂然則其聲節有古之遺音焉晉使郭瓊宋識等造正德大豫舞初不言因革昭業等兩舞承天謂二容竟自無據按正德大豫二舞即出宣武宣文魏大武三舞也宣武魏昭武舞也宣文魏武始舞也魏改巴渝為昭武五行曰大武今凱容舞執籥秉翟即魏武始舞也宣烈舞有矛弩有干戚矛弩漢巴渝舞也干戚周武舞也宋世止革其辭與名不變其舞舞相傳習至今不改瓊識所造正是雜用二舞以為大豫爾夷蠻之樂雖陳宗廟不應雜以周舞也

梁改宣烈爲大壯卽周武舞也改凱容爲大觀卽舜韶舞也陳以凱容樂舞用之郊廟而大壯大觀猶周梁舞所謂祠用宋曲宴準梁樂益取人神不雜也大壯大觀二舞以大爲名老子云域中有四大論語惟天爲大今制大壯大觀之名亦因斯而立義焉

鞞舞梁謂之鞞扇舞卽巴渝是也鞞扇器名也鞞扇上舞作巴渝弄至鞞舞竟豈非巴渝一舞二名何異公莫亦名巾舞也漢曲五篇一曰關東有賢女二曰章和二年中三曰樂久長四曰四方皇五曰殿前生桂樹竝章帝造魏曲五篇一明明魏皇帝二大和有聖帝三魏歷長四天生烝民五爲君旣不易竝明帝造以代漢曲其辭竝亾陳思王又有五篇一聖皇篇以當章和二年中二靈芝篇以當殿前生桂樹三大魏篇以當漢吉昌四精微篇以當關中有賢女五孟冬篇以當狡兔按漢曲無漢吉昌狡兔二篇疑樂久長四方皇是也

晉鞞舞歌五篇一曰洪業篇當魏曲明明魏皇帝古曲關東有賢女二曰天命篇當魏曲大和有聖帝古

曲章和二年中三曰景皇篇當魏曲魏歷長古曲樂久長四曰大晉篇當魏曲天生烝民古曲四方皇五曰明君篇當魏曲爲君旣不易古曲殿前生桂樹按曹植怨歌行云爲君旣不易爲臣良獨難不知與此同否

鐸舞者所持也木鐸制法度以號令天下故取以爲名今謂漢世諸舞鞞巾二舞是漢事鐸拂二舞以象時古鐸舞曲有聖人制禮樂一篇聲辭雜寫不復可辨相傳如此魏曲有太和時晉曲有雲門篇傳京造以當魏曲齊因之梁周捨改其篇

巾舞古有歌辭訛異不可解江左以來有歌舞辭沈約疑是公無渡河曲今三調中自有公無渡河其聲哀切故入瑟調不容以瑟調離於舞曲惟公無渡河古有歌有弦無舞也

梁拂舞歌竝用晉辭

梁三朝樂第十九設拂舞

鞞鐸巾拂四舞梁竝夷則格鍾磬鳩拂和故自擬之爲夷則格上白鳩拂舞辭云

梁三朝樂第二十設巾舞并白紵蓋巾舞以白紵四歌送也

四時白紵歌沈約云白紵五章敕臣約造武帝造後兩句

宋泰始歌舞十二曲一曰皇業頌歌自堯至楚元王高祖世載聖德二曰聖祖頌三曰明君大雅四曰通國風五曰天符頌六曰明德頌七曰帝圖頌八曰龍躍大雅九曰淮祥風十曰宋世大雅十一曰治兵大雅十二曰白紵篇大雅

梁三朝樂第十六設俳技技兒以青布囊盛竹篋貯兩踆子負束寫地歌舞小兒二人提沓踆子頭讀俳云見俳不語言俳澀所俳作一起四坐敬止馬無懸蹄牛無上齒駱駝無角奮迅兩耳半拆薦博四角恭跱

思親操舜遊歷山見烏飛思親而作此歌

舜彈五弦之琴歌南風之詩

襄陵操禹治洪水上會稽山顧而作此歌

箕子操紂時箕子佯狂痛宗廟之爲墟乃作此歌後傳以爲操

尅商操武王伐紂而作此歌

越裳操越裳獻白雉周公作歌遂傳之爲越裳操

神鳳操周成王時鳳凰翔舞成王作此歌

猗蘭操孔子自衞反魯見香蘭而作此歌

處女吟魯處女見女貞木而作歌亦謂之女貞木歌

採芝操商山四皓隱居高祖聘之四皓不甘仰天歎而作歌

八公操淮南王好道正月上辛八公來降王作此歌

琴歌霍將軍去病益封萬五千戸秩祿與大將軍等於是志得意歡而作此歌

築城相杵者出自漢梁孝王孝王築睢陽城方十二里造唱聲以小鼓爲節築者下杵以和之後世謂睢聲爲睢陽曲

清商西曲襄陽樂朝發襄陽城暮至大堤宿大堤諸女兒花豔驚郎目梁簡文帝由是有大堤曲堤上行又因大堤曲而作也上並樂府

横吹胡樂也張騫入西域傳其法於長安唯得摩訶

兠勒一曲李延年因之更造新聲二十八解乘輿以爲武樂後漢以給邊將萬人將軍得之 玉海

鼓吹有龍頭大棡中鼓獨揭小鼓皆有帛秩天子以賜臣下及軍旅用也 白帖

序錄

晉書列傳曰阮籍字嗣宗陳留尉氏人也容貌瓌傑志氣宏放蔣濟辟爲掾拜東平相不以政事爲務沈醉日多善屬文論初不苦思率爾便成作五言詩詠懷八十餘篇爲世所重後謝病去爲尚書郎遷步兵校尉卒

案隋志不載阮籍樂論而有梁武帝樂論三卷蕭吉樂論一卷以阮書在前久亡故也然彼二家樂論並無片語流傳而阮書猶有可采故亟爲登錄

凡鈔出類聚三條初學記一條書鈔一條白帖一條御覽一條後漢書注一條文選注一條路史注一條

樂論

晉　陳留阮籍撰

昔者聖人之作樂也將以順天地之性體萬物之生也故定天地八方之音以迎陰陽八風之聲均黃鐘中和之律開羣生萬物之氣（上二句從御覽采補）故律呂協則陰陽和聲音適而萬物類奏之圓丘而天神下降肆之方澤而地祇上應天地合其德則萬物合其生刑賞不用而民自安車服旌旗宮室飲食禮之具也鐘磬鞞鼓琴瑟樂之器也禮踰其制則尊卑乖樂失其序則親疏亂禮定其象樂平其心禮治其外樂化其內故清廟之歌詠成功之績賓饗之詩稱禮讓之一則百姓化其善異俗服其德也（類聚）

樂者使人精神平和衰氣不入天地交泰百物來集（初學記）

故歌以敘志舞以宣情然後文以綵章昭以風雅播以八音感以太和（書鈔）

先王之為樂將以定萬物之情也（白帖）

琵琶箏笛間促而聲高琴瑟之體間遼而音埤（文選注）

楚之風好勇故其俗輕死鄭衛之風好淫故其俗輕蕩輕死故有蹈水赴火之歌輕蕩故有桑間濮上之曲懷永日之娛抱長夜之欣　終身之樂　淫縱之俗故江淮以南其民好殺汝漳之間其民好奔吳有雙劍之節趙有挾瑟之容氣發于中聲入于耳手足飛揚不覺其歡也（御覽）

桓帝聞琴（類聚引作聞楚琴）悽愴傷心倚扆（類聚引作倚戶）而悲慷慨長嘆（類聚引作長息）曰善乎哉為琴若此一而足矣（後漢五行志注）

昔季流子向風而鼓琴聽之者淚下（類聚）

黃帝詠雲門之神少昊歌鳳凰之迹雲門咸池樂殊湊異（路史注）

夏侯玄辨樂論曰阮生云律呂協則陰陽和音聲適則萬物類天下無樂而欲陰陽和調災害不生亦已難矣此言律呂音聲非徒化治人物乃可以調和陰陽蕩除災害也夫天地定位剛柔相摩盈虛有時堯遭九年之水憂民阻饑湯遭七年之旱欲遷其社豈律呂不和音聲不通哉此乃天然之數非人道所協也（類聚）

序錄

前漢書律歷志曰虞書曰乃同律度量衡所以齊遠近立民信也自伏羲畫八卦由數起至黃帝堯舜而大備三代稽古法度章焉周衰官失孔子陳後王之法曰謹權量審法度修廢官舉逸民四方之政行矣漢興北平侯張蒼首律歷事孝武帝時樂官考正至元始中王莽秉政欲燿名譽徵天下通知音律者百餘人使羲和劉歆等典領條奏言之最詳故删其僞辭取正義著於篇師古曰班氏自云作志取劉歆之義也自此以下訖於用竹爲引者事之宜也則其辭焉

謹案班志律歷全取劉歆鍾律說即鍾律書也其藝文志及隋唐二志並不著錄若應劭風俗通所引劉歆鍾律書文巳具載本志而徐景安樂書載劉歆說五音較本志及風俗通又加詳隋書牛弘傳又别引劉歆鍾律書疑此書雖逸而其遺文必尚有流傳於世者不僅如班志所采也今故備錄班志而以徐景安書牛弘傳二條附焉

鍾律書

漢　沛郡劉歆撰　　南城鄧存詠校

一曰備數二曰和聲三曰審度四曰嘉量五曰權衡參五以變錯綜其數稽之於古今効之於氣物和之於心耳考之於經傳咸得其實靡不協同

數者一十百千萬也所以算數事物順性命之理也書曰先其算命本起於黃鍾之數始於一而三之三三積之歷十二辰之數十有七萬七千一百四十七而五數備矣其算法用竹徑一分長六寸二百七十

一枚而成六觚爲一握徑象乾律黃鍾之一而長象坤呂林鍾之長其數以易大衍之數五十其用四十九成陽六爻得周流六虛之象也夫推歷生律制器規圜矩方權量衡平準繩嘉量探賾索隱鉤深致遠莫不用焉度長短者不失豪氂量多少者不失圭撮權輕重者不失黍絫紀於一協於十長於百大於千衍於萬其法在算術宜于天下小學是則職在太史羲和掌之

聲者宮商角徵羽也所以作樂者諧八音蕩滌人之

邪意全其正性移風易俗也八音土曰塤匏曰笙皮曰鼓竹曰管絲曰絃石曰磬金曰鐘木曰柷五聲和八音諧而樂成商之爲言章也物成孰可章度也應氏劭風俗通曰按劉歆鐘律書云商者章也物成熟可以章度也五行爲金五常爲義五事爲言凡歸爲臣角觸也物觸地而出戴芒角也風俗通曰按劉歆鐘律書角者觸也物觸地而出戴芒角也五行爲木五常爲仁五事爲貌凡歸爲民宮中也居中央暢四方唱始施生爲四聲綱也風俗通曰按劉歆鐘律書宮者中也居中央暢四方唱始施生爲四聲綱也五行爲土五常爲信五事爲思凡歸爲君徵祉也物盛大而緐祉也風俗通曰按劉歆鐘律書徵祉也物盛大而緐祉也五行爲火五常爲禮五事爲視凡歸

爲事羽宇也物聚臧宇覆之也風俗通曰按劉歆鐘律書羽者宇也物聚臧宇覆之也五行爲水五常爲智五事爲德凡歸爲物夫聲者中於宮觸於角祉於徵章於商宇於羽故四聲爲宮紀也協之五行則角爲木五常爲仁五事爲貌商爲金爲義爲言徵爲火爲禮爲視羽爲水爲智爲聽宮爲土爲信爲思以君臣民事物言之則宮爲君商爲臣角爲民徵爲事羽爲物唱和有象故言君臣位事之體也五聲之本生於黃鐘之律九寸爲宮或損或益以定商角徵羽九六相生陰陽之應也律十有二陽六爲律陰六爲

呂律以統氣類物一曰黃鐘二曰太族三曰姑洗四曰蕤賓五曰夷則六曰亡射呂以旅陽宣氣一曰林鐘二曰南呂三曰應鐘四曰大呂五曰夾鐘六曰中呂有三統之義焉其傳曰黃帝之所作也黃帝使泠綸自大夏之西昆侖之陰取竹之解谷生其竅厚均者斷兩節間而吹之以爲黃鐘之宮制十二筩以聽鳳之鳴其雄鳴爲六雌鳴亦六比黃鐘之宮而皆可以生之是爲律本至治之世天地之氣合以生風天地之風氣正十二律定黃鐘黃者中之色君之服也

鐘者種也天之中數五五爲聲聲上宮五聲莫大焉地之中數六六爲律律有形有色色上黃五色莫盛焉故陽氣施種於黃泉孳萌萬物爲六氣元也以黃色名元氣律者著宮聲也宮以九唱六變動不居周流六虛始於子在十一月大呂呂旅也言陰大旅助黃鐘宣氣而牙物也位於丑在十二月大族族奏也言陽氣大奏地而達物也位於寅在正月夾鐘言陰夾助太族宣四方之氣而出種物也位於卯在二月姑洗洗絜也言陽氣洗物辜絜之也位於辰在三月

中呂言微陰始起未成著於其中旅助姑洗宣氣齊物也位於巳在四月蕤賓蕤繼也賓養也言陽始導陰氣使繼養物也位於午在五月林鐘林君也言陰氣受任助蕤賓君主種物使長大楙盛也位於未在六月夷則則法也言陽氣正法度而使陰氣夷當傷之物也位於申在七月南呂南任也言陰氣旅助夷則任成萬物也位於酉在八月亡射射厭也言陽氣究物而使陰氣畢剝落之終而復始亡厭已也位於戌在九月應鐘言陰氣應亡射閡藏萬物而雜陽閡

種也位於亥在十月三統　天施地化人事之紀也十一月乾之初九陽氣伏於地下始　爲　萬物萌動鐘於太陰故黃鐘爲天統律長九寸九者所以究極中和爲萬物元也易曰立天之道曰陰與陽六月坤之初六陰氣受任於太陽　養化柔萬物　長楙之於未令種剛彊大故林鐘爲地統律長六寸六者所以含陽之施楙之於六合之內令剛柔有體也立地之道曰柔與剛乾知太始坤作成物正月乾之九三萬物棣通族出於寅人奉而成之仁以養之義以

行之令事物各得其理寅木也爲仁其聲商也爲義故太族爲人統律長八寸象八卦宓戲氏之所以順天地通神明類萬物之情也立人之道曰仁與義在天成象在地成形后以裁成天地之道輔相天地之宜以左右民此三律之謂矣是爲三統其於三正也黃鐘子爲天正林鐘未之衝丑爲地正太族寅爲人正三正正始是以地正適其始紐於陽東北丑位易曰東北喪朋迺終有慶答應之道也及黃鐘爲宮則太族姑洗林鐘南呂皆以正聲應無有忽微不復與它

律爲役者同心一統之義也非黃鐘而它律雖當其月自宮者則其和應之律有空積忽微不得其正此黃鐘至尊亡與竝也易曰參天兩地而倚數天之數始於一終於二十有五其義紀之以三故置一得三又二十五分之六凡二十五置終天之數得八十一以天地五位之合終於十者乘之爲八百一十分應歷一統千五百三十九歲之章數黃鐘之實也繇此之義起十二律之周徑地之數始於二終於三十其義紀之以兩故置一得二凡三十置終地之數得六

十以地中數六乘之爲三百六十分當期之日林鍾之實人者繼天順地序氣成物統八卦調八風理八政正八節諧八音舞八佾監八方被八荒以終天地之功故八八六十四其義極天地之變以天地五位之合終於十者乘之爲六百四十分以應六十四卦大族之實也書曰天功人其代之天兼地人則天故以五位之合乘焉唯天爲大唯堯則之之象也地以中數乘者陰道理內在中餽之象也三統相通故黄鍾林鍾太族律長皆全寸而亡餘分也天之中數五

地之中數六而二者爲合六爲虛五爲聲周流於六虛虛者爻律夫陰陽登降運行列爲十二而律呂和矣太極元氣函三爲一極中也元始也行於十二辰始動於子參之於丑得三又參之於寅得九又參之於卯得二十七又參之於辰得八十一又參之於巳得二百四十三又參之於午得七百二十九又參之於未得二千一百八十七又參之於申得六千五百六十一又參之於酉得萬九千六百八十三又參之於戌得五萬九千四百四十九又參之於亥得十七萬七

千一百四十七此陰陽合德氣鍾於子化生萬物者也故孳萌於子紐牙於丑引達於寅冒茆於卯振美於辰已盛於巳咢布於午昧薆於未申堅於申留孰於酉畢入於戌該閡於亥出甲於甲奮軋於乙明炳於丙大盛於丁豐楙於戊理紀於己歛更於庚悉新於辛懷任於壬陳揆於癸故陰陽之施化萬物之終始既類旅於律呂又經歷於日辰而變化之情可見矣玉衡杓建天之綱也日月初躔星之紀也綱紀之交以原始造設合樂用焉律呂唱和以育生成化歌

奏用焉指顧取象然後陰陽萬物靡不條鬯該成故以成之數忖該之積如法爲一寸則黄鍾之長也參分損一下生林鍾參分林鍾益一上生太族參分太族損一下生南呂參分南呂益一上生姑洗參分姑洗損一下生應鍾參分應鍾益一上生蕤賓參分蕤賓損一下生大呂參分大呂益一上生夷則參分夷則損一下生夾鍾參分夾鍾益一上生亡射參分亡射損一下生中呂陰陽相生自黄鍾始而左旋八八爲伍其法皆用銅職在太樂太常掌之

度者分寸尺丈引也所以度長短也本起黃鐘之長以子穀秬黍中者一黍之廣度之九十分黃鐘之長一爲一分十分爲寸十寸爲尺十尺爲丈十丈爲引而五度審矣其法用銅高一寸廣二寸長一丈而分寸尺丈存焉用竹爲引高一分廣六分長十丈其方法矩高廣之數陰陽之象也分者自三微而成著可分別也寸者忖也尺者蒦也丈者張也引者信也夫度者別於分忖於寸蒦於尺張於丈信於引引者信天下也職在內官廷尉掌之

量者龠合升斗斛也所以量多少也本起於黃鐘之龠用度數審其容以子穀秬黍中者千有二百實其龠以井水準其槩合龠爲合十合爲升十升爲斗十斗爲斛而五量嘉矣其法用銅方尺而圜其外旁有庣焉其上爲斛其下爲斗左耳爲升右耳爲合龠其狀似爵以縻爵祿上三下二參天兩地圜而函方左一右二陰陽之象也其圜象規其重二鈞備氣物之數合萬有一千五百二十聲中黃鐘始於黃鐘而反覆焉君制器之象也龠者黃鐘律之實也躍微動氣而生物也合者合龠之量也升者登合之量也斗者聚升之量也斛者角斗平多少之量也夫量者躍於龠合於合登於升聚於斗角於斛也職在太倉大司農掌之

衡權者衡平也權重也衡所以任權而均物平輕重也其道如底以見準之正繩之直左旋見規右折見矩其在天也佐助旋璣斟酌建指以齊七政故曰玉衡論語云立則見其參於前也在車則見其倚於衡也又曰齊之以禮此衡在前居南方之義也權者銖

兩斤鈞石也所以稱物平施知輕重也本起於黃鐘之重一龠容千二百黍重十二銖兩之爲兩二十四銖爲兩十六兩爲斤三十斤爲鈞四鈞爲石忖爲十八易十有八變之象也五權之制以義立之以物鈞之其餘小大之差以輕重爲宜圜而環之令之肉倍好者周旋無端終而復始無窮已也銖者物繇忽微始至於成著可殊異也兩者兩黃鐘律之重也二十四銖而成兩者二十四氣之象也斤者明也三百八十四銖易二篇之爻陰陽變動之象也十六兩成斤

者四時乘四方之象也鈞者均也陽施其氣陰化其物皆得其成就平均也權與物均重萬一千五百二十銖當萬物之象也四百八十兩者六旬行八節之象也三十斤成均者一月之象也石者大也權之大者也始於銖兩於兩明於斤均於鈞終於石物終石大也四鈞爲石者四時之象也重百二十斤者十二月之象也終於十二辰而復於子黃鐘之象也千九百二十兩者陰陽之數也三百八十四爻五行之象也四萬六千八十銖者萬一千五百二十物歷四時

之象也而歲功成就五權謹矣權與物鈞而生衡衡運生規規圓生矩矩方生繩繩直生準準正則平衡而鈞權矣是爲五則規者所以規圓器械令得其類也矩者所以矩方器械令不失其形也規矩相須陰陽位序圓方乃成準者所以揆平取正也繩者上下端直經緯四通也準繩連體衡權合德百工繇焉以定法式輔弼執玉以翼天子詩云尹氏大師秉國之鈞四方是維天子是毗俾民不迷咸有五象其義一也以陰陽言之大陰者北方北伏也陽氣伏於下於

時爲冬冬終也物終臧迺可稱水潤下知者謀謀者重故爲權也大陽者南方南任也陽氣任養物於時爲夏夏假也物假大迺宜平火炎上禮者齊齊者平故爲衡也少陰者西方西遷也陰氣遷落物於時爲秋秋䪥也物䪥斂迺成孰金從革改更也義者成成者方故爲矩也少陽者東方東動也陽氣動物於時爲春春蠢也物蠢生迺動運木曲直仁者生生者圜故爲規也中央者陰陽之內四方之中經緯通達迺能通直於時爲四季土稼嗇蕃息信者誠誠者直故

爲繩也五則揆物有輕重圜方平直陰陽之義四方四時之體五帝五行之象厥法有品各順其方而應其行職在大行鴻臚掌之書曰予欲聞六律五聲八音七始詠以出內五言女聽予者帝舜也言以律呂和五聲施之八音合之成樂七者天地四時人之始也順以歌詠五常之言聽之則順乎天地序乎四時應人倫本陰陽原情性風之以德感之以樂莫不同乎一唯聖人爲能同天下之意故帝舜欲聞之也今廣延羣儒博謀講道修明舊典同律審度嘉量平衡

鈞權正準直繩立于五則備數和聲以利兆民貞天下於一同海內之歸凡律度量衡用銅者各自名也所以同天下齊風俗也銅爲物之至精不爲燥溼寒暑變其節不爲風雨暴露改其形介然有常有似於士君子之行是以用銅也用竹爲引者事之宜也

宮者中也君也爲四音之綱其聲重厚如君之德而爲重商者章也臣也其聲敏疾如臣之節而爲敏角者觸也民也其聲圓長經貫清濁如民之象而爲經徵者祉也事也其聲抑揚遞續其音如事之緒而爲迭羽者宇也物也其聲低平掩映自下而高五音備成如物之聚而爲柳也徐景安樂書從玉海鈔錄

春宮秋律百卉必彫秋宮春律萬物必榮夏宮冬律雨雹必降冬宮夏律雷必發聲隋書牛弘傳○御覽引上四句

序錄

前漢書藝文志曰揚雄所序三十八篇太元十九法言十三樂四箴二

謨按玉海漢志攷于樂四云未詳其下注有琴清英則琴清英乃樂書四篇之一隋唐二志雖不著錄遺文必尚有傳者今僅鈔出水經注一條藝文類聚一條郭茂倩樂府一條御覽一條繹史一條

琴清英

漢 成都揚雄撰　金谿王 謨校

昔者神農造琴以定神禁婬嬖去邪欲反其天眞者也舜彈五絃之琴而天下化堯加二絃以合君臣之恩（類聚）

尹吉甫子伯奇至孝後母譖之自投江中衣荷帶藻忽夢見水仙賜以美藥唯念養親揚聲悲歌船人聞之而學之吉甫聞船人之聲疑似伯奇援琴作子安之操（水經注）

雉朝飛操者衛女傅母之所作也衛侯女嫁於齊太子中道聞太子死問傅母曰何如傅母曰且往當喪喪畢不肯歸終之以死焉傅母悔之取女所自操琴於冢上鼓之忽有二雉俱出墓中傅母撫雉曰女果爲雉耶言未畢俱飛而起忽然不見傅母悲痛援琴作操故曰雉朝飛（郭茂倩樂府）

晉王謂孫息曰子鼓琴能令寡人悲乎息曰今處高臺邃宇連屋重戶藿肉漿酒倡樂在前雖可使悲者乃謂少失父母長無兄嫂當道獨坐暮無所止（文選注引作當道獨居暮無所宿）於此者乃可悲耳乃援琴而鼓之晉王酸心哀涕曰何子來遲也（御覽）

祝牧與妻偕隱作琴歌云天下有道我黼子佩天下無道我負子戴（繹史）

序錄

隋志晉廣陵相孔衍傳琴操三卷（唐志一卷又桓譚琴操二卷）樂府解題曰琴操紀事好與本傳相違存之以廣異聞

文獻通考曰崇文總目晉廣陵相孔衍撰述詩曲之所從總五十九章　陳氏云此一卷不著氏名中興書目云晉廣陵守孔衍以琴調周詩五篇古操引共五十篇述所以命題之意今周詩篇同而操引財三十一篇似非全書也

謨按諸書有引作蔡邕琴操者考隋唐二志皆以爲孔衍撰又郭茂倩樂府于梁甫吟上引琴操下引蔡邕琴頌則琴操非蔡邕作明矣如通考陳氏說此書宋世猶存惜未見有傳本惟初學記載有詩歌五曲十二操九引與陳氏周詩五篇操引二十一篇篇數悉合今一據以爲本而以他書所引琴操事辭逐條編次許由以下二十九條亦當在古操引五十篇中此于孔氏原書體例雖不必合然其大概亦有可采今並鈔出凡五十七條

琴操

漢　陳留蔡邕撰　　金谿何煇遠校

昔伏羲氏之作琴所以禦邪僻防心淫脩身理性反其天眞也琴長三尺六寸六分象三百六十六日廣六寸象六合文上曰池池者水也言其平下曰濱濱者服也前廣後狹象尊卑也上圓下方法天地也五絃象五行也（御覽引琴操云宮爲君商爲臣角爲民徵爲事羽爲物）大絃爲君小絃爲臣（田完世家注引琴操云大絃者君也寬和而溫小絃者臣也清廉而不亂）文王武王加二絃以合君臣之恩（初學記）

古琴曲有詩歌五曲（自此至河間雜歌二十一章皆初學記引琴操本文故不復注其旁注雜采他書所引琴操必詳原書如琴操有闕則又雜采他書補之夾註於下）

一曰鹿鳴

文選注引琴操曰鹿鳴者周大臣之所作也王道衰大臣知賢者幽隱故彈絃諷諫（大周正樂曰鹿鳴操者周大臣之所作也王道衰君志傾留心聲色內顧妃后設旨酒嘉肴不能厚養賢者盡禮極歡形見於色大臣昭然獨見必知賢士幽隱小人在位周道陵遲自以是始故彈琴以風諫歌以感之庶幾可復歌呦呦鹿鳴食野之苹我有嘉賓鼓瑟吹笙吹笙鼓簧承筐是將人之好我示我周行此言禽獸得美甘之食尚知相呼傷時在位之人不能乃援琴以剌之故曰鹿鳴也）

二曰伐檀

大周正樂曰伐檀操者魏國女之所作也傷賢者隱處素飡在位閔傷怨曠失其嘉會夫聖王之制能治人者食於人不能治人者食於田今賢者隱退伐木小人在位食祿懸珍奇積百穀并包有土德澤不加百姓傷痛上之不知王道之不施仰天長歎援琴而鼓之

三曰騶虞

文選注引琴操曰騶虞者邵國之女所作也古者君子在位役不踰時不失嘉會邵國之大夫久於行役故作是詩也

大周正樂曰騶虞操者邵國女之所作也古者聖王在上君子在位役不踰時不失嘉會內無怨女外無曠夫及周道衰微禮義廢弛強陵弱衆暴寡萬民騷動百姓愁苦男怨於外女傷於內內外無主內迫情性外迫禮儀歎傷所說而不逢時於是援琴而歌

四曰鵲巢

文獻通考引樂書琴論曰鵲巢者邵國男悅貞女而作也○案此曲并未見大周正樂故錄通考以備一解

五曰白駒

大周正樂曰白駒操者失朋友之所作也其友賢居任當衰亂之世君無道不可匡輔依違成風不見受用士詠而思之援琴而長歌

又有十二操

一曰將歸操孔子所作孔子之趙聞殺竇鳴犢而作

此曲郭茂倩樂府云將歸操一曰陬操孔叢子曰趙簡子使聘夫子夫子將適晉及河聞鳴犢竇犨之見殺也遂還息於陬鄉作陬操以哀之曰周道衰微禮樂陵遲文武既墜吾將焉歸周遊天下靡邦可依鳳鳥不識珍寶梟鴟眷言顧之慘然心悲巾車命駕將適晉都黃河洋洋攸攸之魚臨津不濟還轅息陬傷予道窮哀彼無辜翱翔於衛復我舊廬從吾所好其樂只且卽史世家所云陬操也王肅曰陬操琴曲名家語作槃操而古詩紀又載有槃操云乾澤而漁蛟龍不遊覆巢毀卵鳳不翔留慘予心悲還原息陬云出琴操未知所據

二曰猗蘭操孔子所作傷不逢時也

類聚引琴操曰孔子歷聘諸侯諸侯莫能任自衛反魯隱谷之中見幽蘭獨秀喟然歎曰夫蘭當爲

王者香今乃獨茂與衆草爲伍乃止車援琴鼓之自傷不逢時託辭於香蘭云習習谷風以陰以雨之子于歸遠送于野何彼蒼天不得其所逍遙九州無有定處世人闇蔽不知賢者年紀逝邁一身將老

三曰龜山操孔子所作季桓子受齊女樂孔子欲諫不得退而望魯龜山作此曲以喻季氏若龜山之蔽魯也

昌黎詩注引琴操歌曰予欲望魯兮龜山蔽之手

無斧柯奈龜山何

四曰越裳操周公所作也

繹史引琴操曰周公輔成王越裳重九譯而來獻白雉周公乃援琴而歌之曰於戲嗟嗟非旦之力也乃文王之德也遂受之獻於文王之廟

五曰拘幽操文王所作文王拘於羑里而作此曲

類聚引琴操曰文王備（一作躬）脩道德百姓親附文王有二子武王周公皆聖是時崇侯虎與文王列爲諸侯德不及文王常嫉妬之乃譖文王於紂曰

西伯昌聖人也長子發中子旦皆聖人也三聖合謀（文選西征賦注引此下有將不利於君句）君其慮之乃囚（一作拘）文王於羑里將（一作擇日）欲殺之於是散宜生等周流海內經歷豐土得美女二人水中大貝白馬朱鬣以獻於紂陳於中庭紂立出西伯文王在羑里時演易八卦以爲六十四作鬱戹之辭曰困於石據於蒺藜乃申憤而作歌云殷道溷溷浸濁煩兮朱紫相合不別兮兮逃亂聲色信讒言兮炎炎之虐使我愆兮幽閉牢穽由其言兮遘我四人憂勤勤兮

六曰岐山操周人爲太王所作也

白帖引琴操曰大王去邠而邑於岐山自傷爲夷狄所侵喟然歎息援琴而鼓之作操曰狄戎侵兮土地遷移邦邑適於岐山烝民不憂兮誰者知嗟嗟奈何兮予命遭斯

七曰履霜操尹吉甫子伯奇無罪見逐自傷而作此曲

樂府引琴操曰伯奇無罪爲後母讒而見逐乃集芰荷（一作木荷）以爲衣採楟花（一作蘋花）以爲食清朝履霜

自傷見放於是援琴鼓之而作操曰履朝霜兮採晨寒考不明其心兮聽讒言孤恩別離兮摧肺肝何辜皇天兮遭斯愆痛没不同兮恩有偏誰說（一作誰能流）顧兮知我冤曲終投河而死

八曰朝飛操牧犢子所作牧犢子年七十無妻見雉朝飛感而作此曲也

繹史引琴操曰雉朝飛齊宣王時處士牧犢子所作也年七十無妻出薪于野見雉雌雄相隨而心悲乃仰天歎曰聖王在上恩及草木鳥獸而我獨

以不獲援琴而歌以自傷曰雉朝飛兮鳴相和雌雄羣遊兮山之阿我獨何命兮未有家時將暮兮可奈何嗟嗟暮兮可奈何

九曰別鶴操商陵牧子所作也牧子娶妻五年無子父母欲為改娶其妻聞之中夜悲嘯一作中夜驚起倚戶悲嘯牧子感之而作此曲

樂府引操辭曰將乖比翼兮隔天端山川悠遠兮路漫漫攬衾不寐兮食忘餐

十曰殘形操曾子所作曾子夢一狸不見其首而作此曲

御覽引琴操曰曾子鼓琴墨子立外而聽之曲終入曰善哉鼓琴身已成矣而曾未見其首也曾子曰吾晝卧夢一狸見其身而不見其頭起而為之弦因而殘形

十一曰水仙操伯牙所作也

類聚引琴操曰伯牙學琴於成連先生三年而成至於精神寂寞情志專一尚未能也成連云吾師方子春今在東海中能移人情乃與伯牙俱往文選注引此文云伯牙學琴於成連先生先生曰吾能傳曲而不能移情吾師有方子春善於琴能移人之情今在東海上子能與我同事之乎伯牙曰夫子有命敢不敬從乃相與至海上見子春受業焉至蓬萊山留宿伯牙曰子居習之吾將迎吾師刺船而去旬時不返伯牙延望無人但聞海水汨沒漰澌之聲山林窅冥羣鳥悲號愴然而歎曰先生將移我情乃援琴而歌云緊洞渭兮流澌濩舟楫逝兮仙不還移形素兮蓬萊山欽欽傷宮仙不還曲終成連回刺船迎之而還伯牙遂為天下妙矣

十二曰懷陵操伯牙所作一作襄陵操案樂府引古今樂錄謝希逸琴論襄陵操是言禹治水事其辭曰嗚呼洪水滔天下民愁悲上帝愈咨三過吾門不入父子道衰嗟嗟不欲煩下民與琴操不合附錄於此

又有九引

一曰烈女引楚樊妃所作也

二曰伯妃引魯伯妃所作也

三曰貞女引魯次室一作漆室女所作也

繹史引琴操曰魯漆室女倚柱悲吟鄰人進而問之曰有淫心欲嫁耶何吟之悲也漆室女曰嗟乎吾憂國傷人心豈欲嫁哉自傷懷潔而為人所疑

於是褰裳入山林之中見女貞之木喟然嘆息援琴而歌女貞之辭曰菁菁茂木隱獨榮兮變化垂枝含蕤英兮修身養志建令名兮厥道不同善惡并兮屈躬就濁世疑清兮懷忠見疑何貪生兮遂自經而死（按樂府引琴操作處女吟又引古今樂錄云魯處女見四貞木而作歌亦謂之女貞木歌歌辭並同其郎此引無疑今故删彼存此）

四曰思歸引衛女所作也

樂府引琴操曰衛有賢女邵王聞其賢而請聘之未至而王薨太子曰吾聞齊桓公得衛姬而霸今衛女賢欲留之大夫曰不可若賢必不我聽若聽必不賢不可取也太子遂留之果不聽拘於深宮思歸不得遂援琴而作歌曲終縊而死

五曰辟歷引楚商梁子所作商梁子出遊九皋之澤遇風雷霹靂畏懼而歸作此引

白帖引琴操曰楚商梁子出遊九皋之澤覽漸水之臺張罠罟於荆山臨曲池而漁遇疾風貫暴雨雹天火四起霹靂下臻玄鶴翔其前白虎吟其後乃援琴而起作霹靂引

六曰走馬引樗里牧恭所作也樗里牧恭爲父報冤殺人而亡藏於山林之下有天馬引之感之而作此引

御覽引琴操曰樗里牧恭爲父報怨而亡林嶽之下有馬夜降圍其室而鳴於是覺而聞走馬聲以爲吏追之乃奔而亡明旦視之天馬迹也乃惕然悟曰吾以義殺人而天馬來降以驚動吾處不安以告吾耶乃感懼入沂澤之中遂作走馬引後果讐家候之不得也

七曰箜篌引樗里子高所作也即公無渡河曲

類聚引琴操曰朝鮮津卒霍里子高晨刺船而濯有一狂夫被髮提壺而渡其妻追止之不及墮河而死乃號天歔欷鼓箜篌而歌云公無渡河公竟渡死墮河而死當奈公何曲終投河而死子高援琴作其歌聲故曰箜篌引

八曰琴引秦時屠高門（文選注作倡屠門高）所作也

琴苑要錄曰琴引者秦時倡屠門高之所作也秦爲無道奢淫不制欲天下美女以充後宮乃縱酒離宮作戲倡優宮女侍者千餘人屠門高見宮女幼妙麗靡於是援琴而歌之作爲離□之操曲未

及終琴折柱楷續音不鳴含琴而更援他琴以續之其辭曰酒坐俱無徃聽吾琴之所言舒長褏似舞兮乃褕袂何曼奏章而郄逢兮願瞻心之所懸借連娟之寒態兮假卮酒酌五般泣喻而妖兮納其聲彈麗頻歌長褕兮數日騎美人膳旋紛婉栧宵羅衣兮羽旄夜裘圭玉珠參差姣麗兮被雲髻登高臺兮望青冥常羊咳遲何歷兮歸來

九曰楚引楚游子龍丘高所作也

文選注引琴操曰龍丘高出遊三年思歸故鄉望楚而長歎故曰楚引

又有河間雜歌二十一章（章名歌辭俱無考）

許由夏則巢居冬則穴處飢則仍山而食渴則仍河

而飲堯大其志禪為天子由曰散髮優游所以安已不懼非以貪天下也（文選應璩與從弟君苗君胄書注）由以其言不善乃臨河而洗其耳（郭璞遊仙詩注）云吾志在青雲何乃劣劣為九州佐長乎（反招隱詩注○御覽引琴操云許由無有杯器常手捧水人見由無器以一瓢遺之由操飲訖挂于樹枝風吹樹動歷歷有聲由以為煩擾遂取損之○案文選注及御覽引琴操文俱不全今文詳見古今樂錄）

舜耕歷山思慕父母見鳩與母俱飛鳴相哺食益以感思乃作歌（類聚○案樂府載虞舜思親操云舜遊歷山見鳥飛思親而作歌曰陟彼歷山兮崔嵬有鳥翔兮高飛瞻彼鳩兮徘徊河水洋洋兮清冷深谷鳥鳴兮嚶嚶設罥張罝兮思我父母力耕

日與月兮往如馳父母遠兮吾當安歸婉卽此歌也郭氏引作古今樂錄而不言出琴操又引舜有與操曰反彼三山兮商嶽嵯峨天降五老兮迎我來歌有黃龍兮自出於河負書圖兮委蛇羅沙案圖觀讖兮閔天嗟嗟擊石拊韶兮淪幽洞微鳥獸蹌蹌兮鳳凰來儀凱風自南兮喟其增歎亦本古今樂錄馬氏繹史引作琴操未審何據）

箕子操遷其墟父母之邦也不勝悲作麥秀歌（水經注○案史記宋世家箕子諫紂不聽乃被髮佯狂為奴隱而鼓琴以自悲故傳之曰箕子操其後朝周過故殷虛感宮室毀壞生禾黍箕子傷之乃作麥秀之詩以歌詠之其詩曰麥秀漸漸兮禾黍油油彼狡童兮不與我好兮則箕子操與麥秀歌原非一時所作今考郭茂倩樂府載箕子操辭云嗟嗟紂為無道殺比干嗟重復嗟獨奈何漆身為厲被髮以佯狂今奈宗廟何天乎天乎欲負石自投河嗟復嗟奈社稷何而於

麥秀歌乃作微子傷殷操本尚書大傳說也琴操又以麥秀歌卽箕子操未詳孰是）

受命者謂文王受天命而王文王以紂時為岐侯躬修道德執行仁義百姓親附是時紂為無道刳胎斮涉廢壞仁人天統易運諸侯瓦解皆歸文王其後有鳳凰銜書於文王之郊文王曰殷帝無道虐亂天下皇命已移不得復久乃作鳳凰之歌其章曰翼翼翔翔彼鸞凰兮銜書來遊以命昌兮瞻天案圖殷將亡兮蒼蒼昊天始有萌兮神連精合謀於房兮（類聚○郭茂倩樂府引琴操此辭不有與我之業望羊來兮二句）

周金縢者周公作金縢書也武王薨太子誦襲武王之業年七歲不能統理海內周公爲攝政是時周公因誅管蔡之後有謗公於王者言公專國大權詐策謀將危社稷不可置之成王聞之勃然大怒欲囚周公公乃奔於魯而死成王聞公死且怒之且傷之以公禮葬之天乃大暴風疾雨禾稼皆偃木折傷成王懼發金縢之書見周公所爲武王禱命以身贖之書成王執書而泣曰誰言周公欲危社稷者取所讒公者而誅之戮於國天乃反風霽雨禾稼復起成王作思慕之歌 御覽

成王時天下大治鳳凰來舞於庭成王乃援琴而歌曰鳳凰來儀百獸晨又曰鳳凰翔兮舞紫庭余何德兮以感靈賴先人兮恩澤臻于胥樂兮民以寧 初學記

尹吉甫周上卿人也 案文衍一人字 有子伯奇伯奇母死更娶後妻生伯邦乃譖伯奇於吉甫曰見妾有美色然有欲心吉甫曰伯奇爲人慈仁豈有此也妻曰試置空房中君登樓而察之後妻知伯奇仁孝乃取毒蜂緣 一作綴 衣領伯奇前持之於是吉甫大怒放伯奇於野宣王出遊吉甫從伯奇乃作歌以感之宣王聞之曰此放子之辭也吉甫感悟乃收伯奇而射殺後妻 文選注○案此歌辭當即履霜操已見前引樂府但彼言投河而死又與此異二書並引琴操今本書已亡未詳孰是故仍錄之

甯戚飯牛車下叩角而商歌曰南山矸白石爛生不逢堯與舜禪短布單衣適至骭從昏飯牛薄夜半長夜漫漫何時旦齊桓公聞之舉以爲相 類聚○案樂府引此歌辭有三章其二云滄浪之水白石粲中有鯉魚長尺半敝布單衣裁至骭清朝飯牛至夜半黃犢上坂且休息吾將舍汝相齊國其三云出東門兮厲石班上有松柏青且闌麤布衣兮縕縷時不遇兮堯舜主牛兮努力食細草大臣在汝側吾將與汝適楚國附錄於此

晉文公與介子綏俱遯子綏割其腓股以啗文公文公復國 樂府引此下有咎犯趙衰俱蒙厚賞八字 子綏獨無所得綏甚怨恨乃作龍蛇之歌以感之遂遁入山文公驚而悟迎之終不肯出令燔山求之子綏抱木而死文公哀之令民五月五日不得舉火 初學記○案樂府載此歌辭四章其一曰有龍矯矯頃失其所五蛇從之周徧天下龍飢無食一蛇割股龍反其淵安其壤土四蛇入穴皆有處所一蛇無穴號於中野其二曰有龍矯矯遭天譴怒三蛇從之一蛇割股二蛇入國厚蒙爵土餘有一蛇棄於草莽其三曰有龍矯矯將失其所有蛇從之周流天下龍既入深淵得其安所蛇脂盡乾獨不得甘雨其四曰龍

欲上天五蛇爲輔龍已升雲四蛇各入其宇一蛇獨怨終不得處所今考歌辭一三四章雜採呂覽史記說苑成篇獨二章未見所出而郭氏並引作琴操所未完也

垂耳將自殺子曰申生虛死子復隨之 文選注。案此歌辭無考文亦有脫誤

三士窮操者其思革子之所作也其思革子石一作尹一作成文子叔愆一作僖子三人相與爲友聞楚成王賢而好士俱往見之至豪欲巖之間卒逢飄風暴雨伏於空郴之下衣寒糧乏自度不能俱活三人相視歎曰與其飢寒俱死也豈若并衣糧於一人哉二子俱以革子爲賢乃推衣糧與之革子曰生則同樂死則共之固辭二子曰吾相與猶左右手也左傷則右救右傷則左勞子不我受俱死無名何庸乎於是革子受之二子遂凍餓而死其思革子揭衣糧而去往見楚王楚王知其賢用旨酒嘉殽設鐘鼓以樂之革子愴然有憂悲之意楚王乃推樽罷樂升琴而進之其思革子援琴而鼓作相與別散之志 御覽引琴操止此 王聞之曰琴何悲哉革子推琴離席長跪涕流而下對曰臣友三人石文子叔愆子竊慕大王高義欲俱來謁至於欲巖之間逢飄風暴雨衣寒糧乏度不能俱活二子不以臣爲不肖推糧與臣二子遂凍餓而死今王雖陳酒殽設樂臣誠不敢酣樂也楚王曰嗟乎乃如是耶於是賜革子黃金百斤命左右棺斂收二子而葬之以革子爲相 事類賦注。案此必有歌辭無考

卞和者楚之野民常居山耕種因得玉璞以獻懷王懷王使樂正子占一作治之言石王以爲欺謾斬一作刖其一一作右足懷王死子平王立和復抱其璞而獻之平王又以爲欺斬其一一作左足平王死子立爲荊王和復欲獻之恐復見害乃抱其璞而哭於荊山之中晝夜不止涕盡繼之以血 樂府引此下有荊山爲之崩句 王遣問之於是和隨使獻王王使剖之中果有玉乃封和爲陵陽侯卞和辭不就而去作退怨之歌曰悠悠沂水經荊山精氣鬱泱谷巖中中有神寶灼明明穴玉采山難爲功於乎獻之楚先王遇王闇昧信讒言斷續兩足離余身俯仰嗟歎心摧傷紫之亂朱粉墨同空山歔欷涕龍鍾天鑒孔明竟以彰沂水滂沛流於汶進寶得刑體離分 後漢書注引此辭下有去封立信守休芸兮句 斷者不續豈

不究類聚

楚昭王得和璧文選注引琴操和作璠下有欲以貢於趙五字使大夫明光奉璧於趙郡中羊由甫知趙無反遺乃讒之於王明光常背楚用趙今使奉璧何能述功德及明光還怒之明光乃作歌曰楚明光御覽。案此歌辭無考文亦疑有脫誤

杞梁妻歎者齊邑杞一作芑梁殖之妻所作也殖死妻歎曰上則無父中則無夫下則無子將何以立吾節亦死而已援琴而鼓之曲終遂自投淄水而死文選注殖死妻援琴作歌曰樂莫樂兮新相知悲莫悲兮生別離哀感皇天城爲之墜水經注。白帖引琴操云杞梁死其妻無子乃求夫屍於城下哭之道路聞之者皆揮涕十日而城崩

史魚者衛靈公之相時遽伯玉執清廉之節脩仁義之方史魚乃薦伯玉於靈公公曰諾其後未用史魚入諫曰臣聞抱玉朝君不如貢賢夫國危者則思仁思安者則急賢公何嫌疑靈公謂史魚以庭褒虛節良久乃應之史魚出謂其子曰我薦伯玉於公案文選注引琴操史魚曰思竭愚忠以報塋恩紀當在此下公以我言爲不信將自殺以明之我死後勿斂用伯玉乃斂語畢進藥自殺靈

公聞之曰痛哉寡人謂史魚徒謙退欲進士者也不意乃至於死臨喪拜伯玉代史魚公泣曰寡人負史魚悔焉無及者也御覽

伍員奔吳過溧陽瀨溪見一女擊漂於水中旁有壺漿乃就乞飯飯畢謂女子曰掩夫人壺口女子知其意自投瀨溪而死御覽子胥歌曰俟罪斯國志願得兮庶此大康皆吾力兮文選注

魯哀公十四年西狩薪者獲麟擊之傷其左足將以示孔子孔子道與相逢見俛而泣抱麟曰汝孰爲來哉孰爲來哉反袂拭面仰視其人龍顏日角夫子奉麟之口須臾吐三卷圖一爲赤伏劉季興爲王二爲周滅夫子將終三爲漢制造作孜經夫子還謂子夏曰新王將興其人如得麟者類聚。案樂府引獲麟歌曰唐虞世兮麟鳳游今非其時來何求麟兮麟兮我心悲本孔叢子不云出琴操也

孔子到匡郭外顏淵舉策指匡穿垣曰往與陽貨正從此入匡人聞其言告君曰往者陽貨今復來乃率衆圍孔子數日乃和琴而歌音曲甚哀有暴風擊軍士僵仆於是匡人乃知孔子聖人自解也。史記正義御覽引

琴操云孔子使顏淵執轡到匡郭外顏淵舉策指匡穿垣曰往與陽虎正從此入匡人聞其言孔子既似陽虎告匡君曰往者陽虎今復來至乃令桓魋圍孔子數日不解弟子皆有饑色於是孔子仰天而歎曰君子固窮乎子路聞孔子之言悲感悖然大怒張目奮劍聲如鐘鼓孔子曰由來今汝欲鬬名爲戮我於天下爲汝悲歌而感之汝皆和我由等唯唯孔子乃引琴而歌音曲甚哀有暴風擊拒軍士僵仆於是匡人乃知孔子聖人瓦解而去。案二書並引琴操而詳畧不同御覽至以匡人桓魋合爲一事尤爲繆誤今録此文故以正義爲主御覽附焉

孔子臨狄水而歌云狄水衍兮風揚波船楫顛倒更相加水經注一本下有歸來歸來胡爲斯句。案水經注昔趙殺鳴犢仲尼臨河而歎自是而返曰丘之不濟命也夫下引琴操云云則此歌正與前將歸操同一情事今考史記世家孔子將西見趙簡子至於河而聞竇鳴犢舜華之死也臨河而歎還息乎陬鄉作爲陬操以哀之王肅曰陬操琴曲名也家語作槃操不知即此歌歟抑將歸操歟如古詩紀又載有槃操云乾澤而漁蛟龍不遊覆巢毀卵鳳不翔留慘予心悲還原息陬亦云出琴操未詳孰是

孔子遊於泰山見薪者哭甚哀孔子問之薪者曰吾自傷故哀爾 類聚

孔子遊於山隅見梓樹上有孤鵷乃承而歌之 書鈔

歸耕者曾子之所作也曾子事孔子十有餘年晨覺眷然念二親年衰養之不備於是援琴鼓之曰歔欷歸耕來兮安所耕歷山盤兮 文選注

曾子幼小慈仁居貧無業以事父母躬耕力作隨五土之利四時惟宜以進甘脆嘗耕於泰山之下遭雨雪寒凍旬日不得歸乃作憂思歌 御覽。案類聚引琴操云曾子耕泰山下思其父母作梁山吟樂府引李勉琴說云即梁甫吟曾子所撰也

崔子渡河操者閔子騫之所作也崔子蚤失母後母嘗以其死母名呼之不應輒笞之崔子惡與其母同名欲自殺恐傷父惡則以能遊渡河爲辭繫石於腰自沈而死是以父惡不揚閔子騫大其能爲父隱傷痛之故援琴而鼓之以美其意故曰崔子渡河 御覽

聶政刺韓王者聶政之所作也政父爲韓王治劍過期不成王殺之時政未生及壯問母父何在母告之政欲殺王乃學塗入王宮援劍刺王不得踰城出去入泰山遇仙人學鼓琴漆身爲厲吞炭變其音七年而琴成欲入韓國道逢其妻妻對之泣政曰夫人何故泣妻曰聶政出遊七年不歸吾嘗夢想見君對妾笑齒似政故悲而泣政曰天下人齒盡政若耳胡爲泣乎即復入山中仰天歎曰嗟乎變容易聲欲報讎而爲妻所知父讎當何時復援石擊落其齒留山中

三年後入韓國人莫知政政鼓琴闕下觀者成行王乃召政政內刀琴中而見王王使之彈琴政援琴而歌於是左手持衣右手持刀以刺王殺之知當及母即自犁剝面皮斷其形體人莫能識乃梟磔政於市懸金其側有知此人者賜金千斤一婦人往哭曰嗟乎為父報讎耶顧謂市人曰此聶政也為父報讎知當及母乃自犁面何愛一女子身而不揚吾子名哉乃抱政而哭絕行脈而死御覽○案御覽劍部引琴操聶政事甚略此錄全文在琴部本引大周正樂繹史亦以為出琴操

易水曲荆軻所作歌曰風蕭蕭兮易水寒壯士一去兮不復還

大風起漢高帝所作也歌曰大風起兮雲飛揚威加海內兮歸故鄉安得猛士兮守四方

霍將軍渡河操去病所作也歌曰四夷既護諸夏康兮國家安寧樂未央兮載戢干戈弓矢藏兮麒麟來臻鳳凰翔兮與天相保永無疆兮親親百年各延長兮並樂府

王昭君者齊國王穰一作襄女也顏色皎潔聞於國中獻於孝元帝訖不幸納樂府引琴操云昭君端正閑麗未嘗窺門戶穰以其有異於人求之者皆不與年十七獻之元帝元帝以地遠不之幸以備後宮積五六年昭君心有怨曠偽不飾其形容元帝每歷後宮疏略不過其處後單于遣使者朝賀元帝陳設倡樂乃令後宮妝出昭君怨恚日久世說新語注引琴操云昭君年十七形儀絕麗以節聞國中長者求之者王皆不許乃獻漢元帝帝造次不能別房帷昭君恚怒之乃便修飾善妝盛服光輝而出俱列坐元帝謂使者曰單于何所願樂對曰珍奇怪物皆悉自備唯婦人醜陋不如中國乃令後宮欲至單于者起昭君喟然越席而前曰妾幸

得備在後宮麤醜卑陋不合陛下之心誠願得行帝大驚悔之良久太息曰朕已誤矣遂以與之樂府引琴操云昭君至匈奴單于大悅以為漢與我厚縱酒作樂遣使報漢白璧一隻駿馬十匹胡地珍寶之物昭君恨帝始不見遇乃作怨思之歌昭君至單于心思不樂乃作怨曠思惟歌曰秋木萋萋其葉萎黃有鳥處山集於苞桑養育毛羽形容生光既得升雲遊倚曲房離宮絕曠身體摧藏志念抑沉不得頡頏雖得餧食心有徊徨我獨伊何改往變常翩翩之燕遠集西羌高山峨峨河水泱泱父兮母兮道里悠長嗚呼哀哉憂心惻傷類聚

引琴操此一本下有後人各爲昭君怨句昭君有子曰世違單于死世違繼立凡爲胡者父死妻母昭君問世違曰汝爲漢也爲胡也世違曰欲爲胡耳昭君乃吞藥自殺世說新語注

莊周歌曰遯世佚道志潔如玉文選注。案此條詳見古今樂錄

雍門周說孟嘗君曰下羅幃來清風書鈔。案此條詳見桓譚新論

琴慎相和雅歌云佚馬長城窟水經注

歌錄

撰人闕

空侯謠俗行蓋亦古曲未詳本末俗傳蔡氏五曲遊春淥水坐愁秋思幽居也

石崇楚妃歎歌辭曰楚妃歎莫知其所由楚之賢妃能立德著勳垂名於後唯樊姬焉故令歎詠聲永世不絕疑必爾也

吟歎四曲王昭君楚妃歎楚王吟王子喬皆古辭荊王子喬其辭猶存

怨歌行古辭然言古者有此曲而班婕妤擬之

苦寒行古辭

善哉行古辭也古出夏門行曰善哉殊復善絃歌樂我情然善哉歎美之辭也

燕歌行燕地名猶楚苑之類此不言古辭起自此也它皆類此

美女篇齊瑟行也

白馬篇齊瑟行也

名都篇齊瑟行也

悲哉行魏明帝造
塘上行古辭或云甄皇后造
日出東門行古辭也
孤子五行古辭日放歌行文選注
按隋唐志御覽俱無此書目不知作者姓名諸類
書亦未見稱引今僅從文選注鈔出十四條

漢魏遺書鈔

經翼第三册目次

右春秋三傳翼二十二種

序錄

隋志漢公車徵士潁容撰春秋釋例十卷唐志七卷

後漢書儒林傳曰潁容字子嚴陳國長平人也博學多通善春秋左氏師事大尉楊賜郡舉孝廉州辟公車徵皆不就初平中避亂荆州聚徒千餘人劉表以爲武陵太守不肯起著春秋左氏條例五萬餘言經典敘錄亦作條例

杜預春秋左傳集解序曰劉子駿創通大義賈景伯父子許惠卿皆先儒之美者也末有潁子嚴者雖淺近亦復名家故爲特舉劉賈許潁之違以見同異

謨案經義考於潁容春秋釋例祇引初學記二條殊爲挂漏今從左傳正義鈔出六條又鈔出毛詩正義一條史記注一條水經注二條初學記一條其一條見詩正義御覽五條玉海一條

春秋釋例

漢　陳國穎容撰　萬安劉紹錡校

周公朝諸侯於明堂太廟與明堂一體也春秋人君將出告於宗廟及行策勳獻俘於廟初學記

太廟有八名其體一也肅然清靜謂之清廟行禘祫序昭穆謂之太廟告朔行政謂之明堂行饗射養國老謂之辟雍占雲物望氣祥謂之靈臺其四門之學謂之太學其中室謂之太室總謂之宮毛詩疏

公既視朔遂登觀臺以言遂謂之同處視祲之宫當

在靈臺之上視之爲相保章所觀亦在靈臺玉海

周用六代之禮樂故有雲門咸池大韶大夏大濩大武也魯受四代之禮樂故不舞雲門咸池示有降殺也御覽

龍見五月左傳桓五年疏引杜預釋例曰月令之書出自呂不韋其意欲爲秦制非古典也穎氏因之以爲龍見五月五月之時龍星已過於見此爲強牽天宿以附會不韋之月令非所據而據既以不安且又自違左氏傳稱秋大雩書不時此秋即穎氏之五月而忘其不時之文而欲以雩祭是言月令不得與傳合也

漆有郲之舊廟莊二十八年疏引杜預釋例曰桼邑有先君宗廟雖小曰都尊其所居而大之也然則都而無廟固宜稱城城漆是也而穎氏維繫於有先君之廟患漆本非魯邑因說曰漆有郲之舊廟是使魯人尊郲之廢廟與先君同非經傳義也

臣無竟外之交故去弟以貶季友子招樂憂故去弟以懲過鄭段去弟唯以名通故謂之貶今此二人皆書公子公子者名號之美稱非貶辭也此係昭元年疏內杜預釋例引穎氏說

蒐于紅不言大者言公大失權在三家也十一年蒐于比蒲經書大蒐復云書大者言大衆盡在三家此係昭七年疏引劉賈穎三家說

再命稱人傳云叔孫昭子三命踰父兄昭公十年昭子始加三命先此叔孫皆自見經知所書皆再命也此係昭十二年疏內杜預釋例引穎氏說

孔子自衛反魯考正禮樂修春秋約以周禮三年文成致麟麟感而至取龍爲水物故以爲修母致子之應此係哀十四年疏引賈逵服虔穎容等說

漢興博物洽聞著述之士前有司馬遷揚雄劉歆後有鄭衆賈逵班固近即馬融鄭玄其所著作違義正者遷尤多闕略舉一兩事以言之史記不識畢於文

王之子而言與周同姓揚雄著法言不識六十四卦云所從來尚矣 御覽

闕者上有所失下得書之於闕所以求論譽於人故謂之闕 水經注

西城梁門枯水處世之疕穀 仝上

傳例云楚居丹陽今枝江縣故城是也 史記楚世家正義

贛在當陽

舜居西城本曰嬀汭

舒有五名舒庸舒龍鳩舒城其實一也 御覽

趙簡子居晉陽至成公居邯鄲 寰宇記

序錄

隋志董仲舒撰春秋決事十卷 唐志同

文獻通考曰案此卽獻帝時應劭所上仲舒春秋斷獄以爲幾焚棄於董卓蕩覆王室之時者也仲舒通經醇儒三策中所謂任德不任刑之說正心之說皆本春秋以爲言至引正誼不謀利明道不計功以折江都王尤爲聖經賢傳之旨趣獨災異之對引兩觀桓僖亳社火災妄釋經意而導武帝以果於誅殺與素論大相反西山眞公論之詳矣決事比之書與張湯相授受度亦災異對之類耳帝之馭下以深刻爲明湯之決獄以慘酷爲忠而仲舒乃以經術附會之王何以老莊宗旨釋經昔人猶謂其罪深於桀紂況以聖經爲緣飾淫刑之具導人主以多殺乎其罪又深於王何矣

困學紀聞曰仲舒春秋決獄其書今不見太平御覽載二事其一引春秋許止進藥其一引夫人歸于齊通典載一事引春秋之義父爲子隱應仲遠謂仲舒作春秋決獄一百三十二事今僅見三事

而已矣

野客叢書曰所謂仲舒決獄二百三十二事世亦罕聞獨觀東晉咸和閒賀喬妻于氏上表引仲舒所斷二事姑著於此以資博聞

謹案此書漢志作公羊治獄七錄作春秋斷獄新舊唐書作春秋決獄崇文總目作春秋決事比今從隋志又經義考云藝文類聚引決獄君獵得麑一事今徧檢全書未見此條而別有白帖一條野客叢書二條其一即通典所載父爲子隱一事因並鈔錄

春秋決事

漢 廣川董仲舒撰　　金谿王光旦校

甲乙與丙爭言相鬬丙以佩刀刺乙甲即以杖擊丙誤傷乙甲當何論或曰毆父也當梟首論曰臣愚以爲父子至親也聞其鬬莫不有怵悵之心扶杖而救之非所以欲詬父也春秋之義許止父病進藥於其父而卒君子固心赦而不誅甲非律所謂毆父不當坐

甲夫乙將船會海盛風船沒溺流死亡不得葬四月甲母丙即嫁甲欲皆何論或曰甲夫死未葬法無許嫁以私爲人妻當棄市議曰臣愚以爲春秋之義言夫人歸于齊言夫死無男有更嫁之道也婦人無專制擅恣之行聽從爲順嫁之者歸也甲又尊者所嫁無淫之心非私爲人妻也明於決事皆無罪名不當坐（並御覽）

甲爲武庫卒盜強弩弦一時與弩異處當何罪論曰兵所居比司馬闌入者髡重武備責精兵也弩蘖機郭弦軸異處盜之不至盜武庫兵陳論曰大車無輗

小車無軏何以行之甲盗武庫兵當棄市乎曰雖與弩異處不得弦不可謂弩矢射不中與無矢同不入與無鏃同律曰此邊鄙兵所贓直百錢者當坐棄市白帖

甲無子拾道旁兒乞養爲巳子及乙長有罪殺人以狀語甲甲藏匿乙甲當何論斷曰甲無子振活養乙雖非巳出春秋之義父爲子隱子爲父隱甲宜匿乙詔不當坐

甲有子乙乞丙乙後長大而丙所成育甲因酒色謂乙汝是吾子乙怒杖甲二十以乙本是其子不勝其忿告於縣官斷之曰甲生乙不能長育以乞丙於義巳絶矣雖杖甲不應坐並野客叢書

君獵得麑使大夫持以歸大夫道見其母隨而鳴感而縱之君慍議罪未定君病恐死欲托孤幼乃覺之大夫其仁乎遇麑以恩況人乎乃擇之以爲子傅子議何如白孔六帖

春秋長厤

晉 襄陽杜預撰　　宜黃鄒璵校

書稱朞三百六旬有六日以閏月定四時成歲允釐百工庶績咸熙是以天子必置日官諸侯必置日御世修其業以考其術舉全數而言故曰六日其實五日四分之一日一日行一度而月行十三度十九分度之七有畸日官當會集此之遲疾以考成晦朔錯綜以設閏月閏月無中氣而北斗斜指兩辰之間所以異于他月也積此以相通四時八節無違乃得成歲

其微密至矣得其精微以合天道則事敘而不悖故傳曰閏以正時時以作事事以厚生生民之道於是乎在然陰陽之運隨動而差差而不已遂與厤錯故仲尼丘明每於朔閏發文蓋矯正得失因以宣明厤數也桓十七年日食得朔而史闕其日單書朔僖十五年日食而史闕其朔與日故傳因其得失竝起時史之謬兼以明其餘日食或厤失其正也莊二十五年經書六月辛未朔日有食之鼓用牲于社周之六月夏之四月所謂正陽之月也而時厤誤實是七月之朔

原書缺第一

非六月故傳曰非常也唯正月之朔慝未作日有食之於是乎有用幣于社伐鼓于朝此非用幣伐鼓常月因變而起厤誤也文十五年經文皆同而更復發傳曰非禮明前傳欲以審正陽之月後傳發例欲以明諸侯之禮也此乃聖賢之微旨先儒所未喻也昭十七年夏六月日有食之而平子言非正陽之月以誣一朝近于指鹿爲馬故傳曰不君君且因以明此月爲得天正也劉子駿造三統厤以修春秋春秋日食有甲乙者三十四而三統厤唯得一日食厤術比諸家

旣最踈又六千餘歲輒益一日凡歲當累日爲次而無故益之此不可行之甚者班固前代名儒而謂之最密非徒班固也自古以來諸論春秋者多述謬誤或造家術或用黃帝以來諸厤以推經傳朔日皆不得諧合日食于朔此乃天驗經傳又書其朔日食可謂得天而劉賈諸儒說皆以爲月二日或三日公違聖人明文其弊在于守一元不與天消息也余感春秋之事嘗著厤論極言厤之通理其大指曰天行不息日月星辰各運其舍皆動物也物動則不一雖行度

大量可得而限累日爲月以新故相序不得不有毫毛之差此自然理也故春秋日有頻月而食者有曠年不食者理不得一而算守恒數故厤無不有差失也始失于毫毛而尚未可覺積而成多以失弦望朔晦則不得不改憲以從之書所謂欽若昊天厤象日月星辰易所謂治厤明時言當順天以求合非爲合以驗天者也推此論之春秋二百餘年其治厤變通多矣雖數術絕滅還尋經傳微旨大量可知時之違謬則經傳有驗學者固當曲循經傳月日日之食以考朔

晦也以推時驗而皆不然各據其學以推春秋此無異度已之迹而欲削他人之足也余爲厤論之後至咸寧中善算李修夏顯依論體爲術名乾度厤表上朝廷其術合日行四分之數而微增月行用三百歲改憲之意二元相推七十餘歲承以強弱強弱之差蓋少而適足以遠通盈縮時尚書及史官以乾度與太始厤參校古今記注乾度厤殊勝今其術具存時又并考古今十厤以驗春秋知三統厤之最踈也今具列其時得失之數又據經傳微旨證據及失閏旨

考日辰朔晦以相發明爲經傳長厤諸經傳證據及失閏時文字謬誤皆甄發之雖未必其得天蓋春秋當時之厤也學者覽焉

序錄

隋志漢太子太傅嚴彭祖撰古今春秋盟會地圖一卷亡 唐志嚴彭祖春秋圖七卷

經典序錄曰漢興齊人胡母生趙人董仲舒並治公羊春秋仲舒授東平嬴公嬴公守學不失師法授東海孟卿及魯眭弘弘授嚴彭祖及顏安樂由是公羊有嚴顏之學彭祖字公子東海下邳人爲博士至左馮翊太子太傅

曝書亭集曰言春秋者則有若京相璠之土地名楊湜鄭樵之譜張洽之表外如嚴彭祖之圖專紀會盟則圖伐滅取土地之見遺者多矣羅泌專紀國名則郡縣之失載者又多矣 春秋地名考序

謹案隋志此書久亡宜無傳本而羅泌路史國名紀猶引盟會圖十五引盟會圖疏八引春秋圖四內惟平丘與清二條涉盟會餘皆地名國名又多唐以後州名或即嚴氏本書而唐以後人疏之也羅氏援据極博未能悉究故仍其目鈔出二十七條

春秋盟會圖

漢　東海嚴彭祖撰

翟北地古翟國後徙西河今慈州

舒蓼國在光州

菟裘兗之泗水縣

豐鎬相去二十五里

堂谿在豫之郾城

胡姬姓國在豫之郾城

褒姒國在梁州褒城縣漢之褒中

汝之魯山有故應城今在葉有應鄉

兗國周公後所封

謝城在兗之龔丘與姜任二謝異

南宮氏國即冀之南宮縣

密周圻內國宣王滅之作共宣當

酆商時國在雍之新豐

魏嬴姓國並盟會圖

穎國在穎州

光國在光州

同國在同州並春秋圖

皐落在潞州今絳之垣縣西北六十里故皐落城是

世曰倚薄

邰炎帝之後周弃外家

鄀即若水昌意國今越嶲之臺登

偪城在豫州

邳子國在安州

芊姓古南越國在廣州

虞邑在洛之嵩陽

平州在汾州介休西並盟會圖疏

淸在二一在鄆隱四年遇於淸者一在濮宣十二年

晉宋盟淸丘者春秋圖

宣王子封謝丘盟會圖

序錄

隋志晉裴秀客京相璠等撰春秋土地名三卷

水經注曰京相璠與裴司空彥季修晉輿地圖作春秋土地名

通志藝文畧曰京相璠春秋土地名見於杜預地名譜桼欽水經注

謨案左傳正義所引土地名乃杜預春秋釋例中篇目與京相璠春秋土地名自有詳畧非一書也今故分別注釋氏鈔出水經注共九十條此外若史記注引璠書二條與水經注小異惟路史國名紀引璠書二條不見水經注未詳所出仍附入本條

京相璠春秋土地名

奉新鄒玉藻西麓參
金谿王　謨仁甫輯

制 隱元年傳制巖邑也

鄭地 釋例土地名云制號二名滎陽故虢國

向 隱二年經莒人入向

沛國縣今并屬譙國龍亢也 釋例土地名同

石門 隱三年經齊侯鄭伯盟于石門

齊地今濟北盧縣故城西南六十里有故石門去水三百步蓋水瀆流移故側岸也 釋例土地名云在盧縣故城西南濟水以石爲門

清 隱四年經公及宋公遇於清

今濟北東阿東北四十里有故清亭 釋例土地名同

濮 隱四年經衛人殺州吁于濮

濮水故道在濮陽南 釋例土地名闕

成 隱五年經衛師入成公羊傳作盛

東郡廩丘縣南三十里有故郕都又剛縣西南有盛鄉城 釋例土地名云東平剛平縣西南有郕鄉

春秋土地名

晉　京相璠著　萬載郭樹芝校

制 隱元年傳制巖邑也

鄭地 釋例土地名云制號二名滎陽故虢國

向 隱二年經莒人入向

沛國縣今并屬譙國龍亢也 釋例土地名同

石門 隱三年經齊侯鄭伯盟于石門

齊地今濟北盧縣故城西南六十里有故石門去
水三百步蓋水瀆流移故側岸也 釋例土地名云在盧縣故城西
南濟水以石爲門

清 隱四年經公及宋公遇于清

今濟北東阿東北四十里有故清亭 釋例土地名同 即春
秋所謂清者也

濮 隱四年經衞人殺州吁于濮

濮水故道在濮陽南 釋例土地名闕

成 隱五年經衞師入成公羊傳作盛

東郡廩丘縣南三十里有故郕都又剛縣西南有
盛鄉城 釋例土地名云東平剛平縣西南有郕鄉

長葛 隱五年經宋人伐鄭圍長葛

長社縣北有長葛鄉 釋例土地名同

鉏丘 按此地名不見經傳釋例土地名亦闕今從春秋隱七年戎伐凡伯于楚丘經文附列于此

今濮陽城西南十五里有鉏丘城六國時鉏楚同
以爲楚丘非也

垂 隱八年經宋公衛侯遇于垂

今濟陰句陽縣小成陽東五里有故垂亭 釋例土地名同

釐 隱十一年經公會鄭伯于時來傳作郲杜注滎陽縣東有釐城鄭地也釐音來

今滎陽縣東四十里有故釐城 釋例土地名同

隰 隱十一年傳與鄭人蘇忿生之田溫原絺樊隰郕欑茅向盟州陘隤懷

在懷縣西南 釋例土地名云隰郕二名河內懷縣西南有隰城

欑茅 見上

河內修武縣北有故隤城實中今世俗謂之皮塏
方四百步實中高八丈際陂北隔水一十五里俗
所謂蘭丘也方二百步西一十里又有一丘際陂
世謂之勅丘方五百步形狀相類疑即古欑茅也
釋例土地名云汲郡修武縣北有欑城

向 見上

或云河內軹西有地名向今無釋例土地名同

莘桓十年傳使盜待諸莘

今平陽陽平縣北一十里有故莘亭道阨限蹊要自衛適齊之道也釋例土地名闕

葵丘莊八年傳齊侯使連稱管至父戍葵丘

齊西五十里有葵丘地釋例土地名同

郲按此地名不見經傳釋例土地名亦闕或以爲即葵丘姑附于此

河內山陽西北六十里有郲城

貝丘莊八年傳齊侯田于貝丘

博昌縣南近繩水有地名貝丘釋例土地名同

乾時莊九年經秋八月及齊師戰于乾時

今樂安博昌縣南界有時水西通濟其上源出盤陽北至高苑下有死時中無水釋例土地名云時水在樂安界岐流旱即竭涸故曰乾時

瀧水按此水名不見經傳釋例土地名亦闕據水經注即袁水入時水當屬齊地故附于此

濟南梁鄒縣有袁水

洙莊九年經冬浚洙

洙水在魯城北浚深之爲齊備也釋例土地名云出魯國東北西南入沂水下入泗

遂莊十二年經齊人滅遂

遂在蛇丘東北十里今濟北有蛇丘城城下有水魯國也俗謂之濁須水非矣釋例土地名云濟北蛇丘縣東北有遂鄉

大陵莊十四年傳鄭厲公獲傅瑕于大陵

潁川臨潁縣東北二十五里有故巨陵亭古大陵也釋例土地名闕

郿莊二十八年經冬築郿

公羊傳謂之微在東平壽張縣西北三十里有故

微鄉魯邑也釋例土地名闕○案路史國名紀注引璠云微子國也

桐丘莊二十八年傳鄭人將奔桐丘

今國無而城見存西南去許昌故城可三十五里俗名之曰堤其城南即長堤因洧水之北防也西面桐丘其城邪長而不方蓋憑丘之稱即城之名矣釋例土地名云潁川許昌縣東北有章丘亭

熒澤閔二年傳衛及狄人戰于熒澤

在熒陽縣東南與濟隧合釋例土地名闕言戰而又及河則非河南熒澤

冀僖二年傳冀爲不道

今河東皮氏縣有冀亭古之冀國所都也釋例土地名云平陽皮氏縣東北有冀亭

無棣僖四年傳北至于無棣

舊說無棣在遼西孤竹縣釋例土地名闕

須句僖二十二年經公伐邾取須句公羊傳作須朐

須句一國二城兩名蓋遷都須昌朐是其本泰以為縣釋例土地名云東平須昌縣西北有須朐

五鹿僖二十三年傳晉文公出于五鹿

今衛國縣西北三十里有五鹿地釋例土地名云陽平元城縣東亦有五鹿

桑泉臼衰僖二十四年傳晉文公濟河圍令狐入桑泉取臼衰

並在解東南釋例土地名云河東解縣西有桑泉城東南有臼城

雍僖二十四年傳郜雍曹滕

今河內山陽西有故雍城釋例土地名同

邘僖二十四年傳邘晉應韓

今河內野王縣西北三十里有故邘城釋例土地名同邘臺是也又有亭在臺西南三十里

召僖二十四年傳召穆公

亭在周城南五十里後漢郡國志曰鄩縣有邵亭一作部亭謂此也釋例土地名云扶風雍縣東南有邵亭

甘僖二十四年傳甘昭公

或云甘水西山上夢汁疑作廣澗而平有故甘城在河南城西二十五里指謂是城也今河南河南縣有甘水北入洛釋例土地名云河南縣西南有甘水

坎欿僖二十四年傳王遂出及坎欿

鞏東地名坎欿釋例土地名同在洞水東

襄城僖二十四年傳王出適鄭處于氾水經注云卽此城也

周襄王居之故曰襄城也今置闕於其下釋例土地名云此南氾也

宛濮僖二十八年傳甯武子與衛人盟于宛濮

衛地也似非關苑而不知其所釋例土地名云陳留長垣縣西南有宛亭近濮水

翟泉僖二十九年經會王人盟于翟泉

今大倉西南池水名狄泉舊說狄泉本在洛陽北長弓城成周乃繞之釋例土地名云河南洛陽新城縣北大倉南池

瑕僖三十年傳許君焦瑕

今河内解縣西南五里有故瑕城釋例土地名闕

垂隴文二年經公孫敖會晉士縠盟于垂隴

鄭地今滎陽東二十里有故隴城釋例土地名同即此是也世謂之都尉城蓋滎陽典農都尉治故變垂隴之名矣

承匡文十一年經叔仲彭生會晉郤缺于承匡

今陳留襄邑西三十里有故承匡城釋例土地名同

周首文十一年傳齊王子成父獲其弟榮如埋其首于周首之北門

今濟北所治盧子城故齊周首邑也釋例土地名云濟北穀城縣東北有周首亭

鄆文十二年經季孫行父帥師城諸及鄆

瑯邪姑幕縣南四十里員亭故魯鄆邑世變其字非也釋例土地名云鄆田二名此東鄆莒魯所爭者城陽姑幕縣南有員亭或曰鄆即員也

繹文十三年傳邾文公卜遷于繹

地理志嶧山在鄒縣北釋例土地名同繹邑之所依爲名也

邥垂文十七年經周甘歜敗戎于邥垂

舊說邥垂在高都南今上黨有高都縣名釋例土地名云河南新城縣北有垂亭

申池文十八年傳齊懿公遊于申池

申門即齊城南面西第一門外爲申池釋例土地名云或曰齊城南面西頭第一門名申門齊城無池唯此門左右有池

北林宣元年傳楚蒍賈救鄭遇于北林

今滎陽宛陵縣有故林鄉在新鄭北故曰北林釋例土地名云今中牟縣西有林亭

郟鄏宣二年傳成王定鼎于郟鄏杜注今河南也

郟山名鄏地邑也史記周紀正義引京相璠地名云鄏邑名

十年定鼎爲王之東都謂之新邑是爲王城其城東南名曰鼎門蓋九鼎所從入也故謂是地爲鼎中楚子伐陸渾之戎問鼎于此釋例土地名云河南縣西有郟鄏陌也

辰陵宣十一年經楚子陳侯鄭伯盟于辰陵

潁川長平有故辰亭釋例土地名云在長平東南

邲宣十二年經晉荀林父帥師及楚子戰于邲

在敖北釋例土地名闕

清丘宣十二年經晉人宋人衛人曹人同盟于清丘

在今東郡濮陽縣東南三十里魏都尉治釋例土地名同

茅 成元年經王師敗績于茅戎

今高平縣西三十里有故茅鄉城 釋例土地名云河内大陽縣西有茅亭

華泉 成二年傳將及華泉

地名卽華不注山下泉水也 釋例土地名闕

瑕 成十六年傳楚師還及瑕

楚地北 釋例土地名闕

鄆 成十六年傳公還待于鄆

公羊作運字今東郡廩丘縣東八十里有故運城

卽此城也 釋例土地名云此西鄆昭公所出居東郡廩丘縣東有鄆城

耏 襄三年傳盟于耏外

今臨淄唯有澅水西北入泲卽地理志所謂如水矣耏如聲相似然則澅水卽耏水也 釋例土地名闕

斟 襄四年傳使澆帥師滅斟灌及斟尋氏

故斟尋國禹後西北去灌亭九十 當作九里○釋例土地名云樂安壽光縣東南有灌亭北平壽縣東南有斟亭

柤 襄十年經公會晉侯宋公會吳于柤

宋地今彭城偪陽縣西北有柤水溝去偪陽八十里東南流逕偪陽縣故城東北 杜注楚地○釋例土地名闕或曰彭城傅陽縣西北有柤水溝徐國薛縣西南有柤亭譙國酇縣治戯鄉皆去鍾離五百餘里非諸侯六日戴會所至也或曰汝南安城縣西南有鍾離亭西平縣北有柤亭去偪陽近千里又非自會九日之所能滅國皆非也

濟隧 襄十一年傳諸侯伐鄭西濟于濟隧

鄭地也言濟水滎澤中北流至恒雍西與出河之濟會南去新鄭百里斯蓋滎播河濟往往逕通矣出河之濟卽陰溝之上源也濟隧絕焉故世亦或謂其故道爲十字溝 釋例土地名闕

楊梁 襄十二年傳楚子囊秦戍長無地伐宋師于楊梁

宋地今睢陽東南三十里有故楊梁今日楊亭也 釋例土地名同

湛阪 襄十六年傳楚公子格帥師及晉師戰于湛阪

昆陽縣北有蒲城蒲城北有湛水者是也 釋例土地名云湛水東入汝

梗陽 襄十八年傳梗陽之巫

晉邑也今太原晉陽縣南四十里榆次界有梗陽地 釋例土地名云在晉陽縣南陽城

平陰 襄十八年傳齊侯禦諸平陰塹防門而守之廣里

齊地也在濟北盧縣故城西南 釋例土地名作東北 十里平陰城南有長城東至海西至濟河道所由名防門去平陰三里齊侯塹防門即此也其水引濟故瀆尚存今防門北有光里齊人言廣音與光同即春秋所謂守之廣里者也

巫山 襄十八年傳齊侯登巫山以望晉師

在平陰東北 釋例土地名云濟北盧縣東北

漷水 襄十九年經公至自伐田取邾田自漷水

薛縣漷水首受蕃縣西注山陽胡陸是也 釋例土地名云出東海合鄉縣西南經魯國至高平胡陸縣入泗

武城 襄十九年經城武城

今泰山南武城縣有澹臺子羽冢縣人也 釋例土地名同

高唐 襄十九年傳衛夲高唐以叛

本平原縣齊之西鄙也 釋例土地名云濟南祝阿縣西北高唐城

少水 襄二十三年傳封少水

晉地今沁水也 釋例土地名闕

羊角 高魚 襄二十六年傳齊烏餘以廩丘奔晉襲衛羊角取之遂襲我高魚

衛地也今東郡廩丘縣南有羊角城今魯邑也今廩丘東北有故高魚城俗謂之交魚城謂羊角爲角逐城皆非也 釋例土地名云羊角衛地高魚魯地餘並同

三塗 昭四年傳四嶽三塗

山名 釋例土地名云河南陸渾縣南山名或曰三塗伊闕太谷轘轅三道也傳曰晉將伐陸渾而先有事于洛與三塗先祭山川也謂三道者非也

索氏 昭五年傳鄭子皮子太叔勞諸索氏

京有小索亭世語以爲本索氏兄弟居此故號小索者也 項羽本紀注引京相璠地名云京縣有大索亭小索亭大小氏兄弟居之故有小大之號○釋例土地名云河南城皋縣東有大索城

夸濮西田 昭九年傳楚然丹遷城父人于陳以夸濮西田益之

以夸之濮西田益也 釋例土地名云夸濮本陳地也

中人 昭十三年傳晉荀吳侵鮮虞及中人

今中山望都西二十里有故中人城 釋例土地名云鮮虞地也

鼓 昭十五年傳晉荀吳帥師圍鼓

白狄之別種鉅鹿下曲陽有鼓聚 釋例土地名同 故鼓子國也

聊攝 昭二十年傳聊攝以東

平原有聊城縣東北三十里有故攝城釋例土地名同

鄍昭二十二年傳鄍肸伐皇

今鞏洛渡北有鄩谷水東入洛謂之下鄩太原宮守記引此條鄩俱作潯故有下鄩上鄩之名亦謂之北鄩於是有南鄩北鄩之稱矣又有鄩城蓋周大夫鄩肸之舊邑釋例土地名云河南鞏縣西南有地名鄩中也

前城昭二十二年傳晉箕遺樂徵右行詭濟師取前城

今洛陽西南五十里伊闕外前亭矣釋例土地名闕

湟昭二十三年傳王子猛居于湟

訾城北三里有黃亭即春秋所謂次于黃者也釋例土地名云河內鞏縣南有黃亭

薳澨昭二十三年傳司馬薳越縊于薳澨

水際及邊地名也禹貢曰道漢水過三澨春秋傳有句澨雍澨及此而三釋例土地名闕

窮昭二十七年傳楚救灊與吳師遇于窮

今安豐有窮水北入淮釋例土地名闕

沙汭昭二十七年傳楚令尹子常以舟師及沙汭而還

楚東地也杜注沙水名也釋例土地名闕

養昭三十年傳楚逆吳公子使居養

在襄城郟縣西南養水名也俗以是水爲沙水故亦名之爲沙城非也釋例土地名闕○案路史國名紀引璠云由基之邑

柏舉定四年經吳楚戰于柏舉

漢東地矣夏有洰水或作舉疑即此也釋例土地名闕

大別定四年傳自小別至于大別

漢東山名也在安豐縣南釋例土地名闕或曰大別在安豐縣西南傳曰吳既與楚夾漢然後楚乃濟漢而陳自小別至于大別然則二別在江夏界近漢之名無緣反在安豐焉

負黍定六年傳鄭伐負黍

在穎川陽城縣西南二十七里世謂之黃城也釋例土地名同

鐵上哀二年傳衛太子爲右登鐵上望見鄭師自投車下

鐵丘名也釋例土地名云戚城南有鐵丘

少習哀四年傳將通于少習

楚通上洛阸道也釋例土地名云上雒商縣武關

霍哀四年傳楚侵梁及霍

霍陽山在周平城東南者也釋例土地名云河南梁縣南有霍陽聚

豐析 哀四年傳楚司馬起豐析與狄戎

南鄉淅縣有故鄀鄉 釋例土地名同 春秋所謂鄀淅也

闡 哀八年經齊人取讙及闡

剛縣西十里有闡亭 釋例土地名云東平剛平縣西北闡鄉城

序錄

隋志漢侍中賈逵撰春秋左氏長經二十卷春秋左氏解詁三十卷 唐志同

後漢書本傳曰賈逵字景伯扶風平陵人父徽從劉歆受左氏春秋兼習國語周官逵悉傳父業弱冠能誦左氏傳兼通五家穀梁之說尤明左氏傳國語爲之解詁五十一篇 左氏三十篇國語二十一篇 永平中上疏獻之顯宗重其書寫藏秘館建初元年詔逵入講北宮白虎觀南宮雲臺帝善逵說使出左氏傳大義長於二傳者逵於是擿出左氏三十事帝嘉之令逵自選公羊嚴顏諸生高才者二十人教以左氏永元三年以逵爲左中郎將八年復爲侍中甚見信用逵所著經傳義詁及論難百餘萬言學者宗之稱爲通儒卒年七十二

謨案文獻通考此二書已不著錄故經義考並入佚書今抄出左氏釋文二條左傳疏一百三十條尚書疏一條毛詩疏五條周禮疏二條禮記疏一條史記注一百八十八條都爲一卷

春秋左氏傳解詁

漢 扶風賈逵撰　南城曾 燠校

春秋春爲陽中萬物以生秋爲陰中萬物以成欲使
人君動作不失其中也
孔子覽史記就是非之說立素王之法
是以隱公立而奉之　隱立桓爲太子奉以爲君
隱公元年　春王周正月不書即位攝也　隱莊閔僖四公
皆實即位孔子修經乃有不書
三月公及邾儀父盟于蔑　儀父嘉隱公有至孝謙
讓之義而與結好故貴而字之善其慕賢說讓
生莊公及共叔段　共謚也謚法敬長事上曰共 並正
義
請京使居之　京鄭都邑
太叔出奔共　共國名
遂寘姜氏于城潁　城潁鄭地
考叔爲潁谷封人　潁谷鄭地 並史記鄭世家注
衆父卒公不與小歛故不書日　不與大歛則不書
卒

二年　無駭帥師入極　極戎邑也 並正義
三年　石碏諫莊公　石碏衛上卿 衛世家注
四年　庚戌衛州吁弑其君完　弑君取國故以國言之
不稱公子 正義
涖殺州吁于濮　濮陳地
衛人逆公子晉於邢　邢周公之后姬姓國 並衛世家注
五年　春公矢魚于棠　棠魯地是陳漁而觀之 魯世家注
六年　冬宋人取長葛　長葛不繫鄭者刺不能撫有其
邑 服注同
八年　先配而後祖　配爲成夫婦也禮齊而未配三月
廟見然後配
十一年　周之宗盟異姓爲後　宗尊也
夫許太岳之胤也　四岳官名太岳也主四岳之祭
並正義
公祭鍾巫　鍾巫祭名也 魯世家注
桓公二年　宋殤公立十年十一戰　一戰伐鄭圍其東門
二戰取其禾三戰取邾田四戰邾鄭伐宋入其郛
五戰伐鄭圍長葛六戰鄭以王命伐宋七戰魯敗

宋師于菅八戰宋衛入鄭九戰伐戴十戰鄭入宋十一戰鄭伯以虢師大敗宋（宋世家注）

清廟茅屋　肅然清靜謂之清廟（毛詩疏）

哀侯侵陘庭之田　陘庭翼南鄙邑名（晉世家注）

三年　春正月公會齊侯于嬴　不書王弒君易祊田成宋亂無王也元年治桓二年治督十年正曹伯十八年終始治桓

有年　桓惡而有年豐異之也言有非其所宜有（並正義）

韓萬御戎　韓萬曲沃桓叔之子莊伯弟（晉世家注）

五年　旝動而鼓　旝爲發石一曰飛石范蠡兵法有作飛石事

秋大雩　言大別山川之雩（並正義）

六年　楚武王侵隨　姬姓也（楚世家注）

十二年　宋雍氏女於鄭莊公曰雍姞　雍氏黃帝之孫姞姓之后爲宋大夫

十五年　使其壻雍糾殺之　雍糾鄭大夫（並鄭世家注）

十七年　秋八月癸巳葬蔡桓侯　桓卒而季歸無臣子之辭也故不稱公（正義）

十八年　公與姜氏如齊申繻曰　申繻魯大夫（魯世家注）

周公欲弒莊王而立王子克辛伯告王　子克莊王弟子儀也辛伯周大夫（周本紀注）

莊公元年　夫人孫于齊　桓公之薨至是年三月期而小祥公憂思少殺念及于母以其罪重不可以反之故書孫于齊耳其實先在于齊本未歸也（毛詩疏云賈服同）

三年　冬公次于滑（正義引釋例云此與叔孫救晉次于雍齊桓次于聶北救邢賈氏皆即以爲善次）

八年　春王正月師次于郎以俟陳人蔡人　陳蔡欲伐魯故待之（正義）

齊侯游于姑棼　姑棼齊地也

公孫無知虐于雍廩　雍廩渠丘大夫也（並齊世家注）

九年　夏公伐齊納子糾　不言公子次正也

齊小白入于齊　齊大夫求迎子糾公不亟遣而盟以要之齊人歸迎小白

九月齊人取子糾殺之　稱子者愍之（並正義）

殺子糾于生竇　生竇魯地句竇也
及堂阜而稅之　堂阜魯北境
管夷吾治于高傒　齊正卿高敬仲也並齊世家注
十年荊敗蔡師于莘　秦始皇父諱楚而改爲荊州亦
以其居荊州故因諱而改之毛詩疏
十一年宋大水公使弔焉　問凶曰弔
公以金僕姑射南宮長萬　南宮氏萬名宋卿並宋世家
十二年秋八月宋萬弑其君捷惠氏補注引賈逵云公羊穀梁曰接　萬
不書氏以未賜族正義

弑閔公于蒙澤　蒙澤宋澤名也宋世家注
二十年王子頹享五大夫樂及徧舞　徧舞皆舞六代
之樂也
鄭伯聞之見虢叔　鄭厲公突虢公林父也並周本紀注
二十二年春王正月肆大眚　以文姜爲有罪故赦而後
葬以說臣子也魯大赦國中罪過欲令文姜之過
因是得除以葬文姜正義
羈旅之臣　羈寄旅客也陳世家注
使爲工正　掌百工齊世家注

莫之與京　京大也
筮之遇觀之否　坤下巽上觀坤下乾上否觀爻在
六四變而之否並陳世家注
二十三年士蔿曰去富子則羣公子可謀也　士蔿晉大
夫
二十五年士蔿城聚處羣公子　聚晉邑並晉世家注
二十九年春新延廄　言新有故木言作有新木延廄不
書作所用之木非公命也
三十年秋七月齊人降鄣　鄣紀之遺邑

三十二年春城小穀　不繫齊者世其祿並正義
公築臺臨黨氏見孟任　黨氏魯大夫任姓孟任黨
氏之女魯世家注
閔二年吉禘于莊公　禘者遞也審遞昭穆遷主遞位
孫居王父之位禮記正義
共仲使卜齮賊公於武闈　卜齮魯大夫宮中之門
謂之闈
閒於兩社爲公室輔　兩社周社亳社也兩社之間
朝廷執政之臣所在並魯世家注

分之都城而位以卿　謂將下軍也

卜偃曰畢萬之後必大　卜偃晉掌卜大夫郭偃

遇屯之比辛廖占之曰吉　震下坎上屯坤下坎上比屯初九變之比辛廖晉大夫

晉侯使太子申生伐東山皐落氏里克諫　東山赤狄別種里克晉卿里季也

君與國政之所圖也　國政正卿也

教之以軍旅　將下軍（並晉世家注）

封衛于楚邱　楚邱衛地

僖公元年　齊師宋師曹伯次于聶北救邢　此與襄二十三年叔孫豹救晉次于雍榆二事相反言此是君也進止自由彼是臣也先通君命

十有二月丁巳夫人氏之喪至自齊　殺子輕故但貶姜（並正義）

公賜季友汶陽之田及費　汶陽費魯二邑（魯世家注）

二年　秋九月齊侯宋公江人黃人盟于貫　江黃稱人刺不度德善鄰恃齊背楚終爲楚所滅（正義）

晉侯假道于虞以伐虢　虞在晉南虢在虞南（晉世家注）

三年　齊侯與蔡姬乘舟于囿蕩公　蕩搖也

爾貢包茅不入　包茅菁茅包匭之也以供祭祀（並齊世家注）

四年　夏許男新城卒　不言於師善會王加禮若卒於國（正義）

死王事加二等于是有以衮斂　死王事謂朝天子以命用師衮斂上公九命服衮也（補注）

風馬牛不相及也　風放也牝牡相誘謂之風（書費誓疏一作服注）

五年　虢仲虢叔王季之穆也　虢仲封東虢制是也虢叔封西虢虢公是也（正義）

六年　晉侯使賈華伐屈　賈華晉右行大夫

九年　里克丕鄭以三公子之徒作亂　丕鄭晉大夫三公子申生重耳夷吾也

十年　帝許我罰有罪矣斃于韓　斃敗也韓晉韓原（並晉世家注）

十二年　若節春秋　節時也

王曰舅氏余嘉乃勳　舅氏言伯舅之使也（並齊世家注）

十三年 自雍及絳相繼 雍秦國都絳晉國都
十五年 改館晉侯饋七牢焉 諸侯饗餼七牢牛一羊一豕一爲一牢也 並晉世家注
十六年 六鷁退飛過宋都風也 風起于遠至宋都高而疾故鷁逢風却退 宋世家注
十七年 宋華子生公子雍 宋華氏之女子姓
雍巫有寵于衛共姬 雍巫雍人名巫易牙也 並齊世家
十九年 梁溝公宮 溝塹也 晉世家注
二十年 鄭人入滑 滑姬姓之國
二十一年 五月癸丑公會晉侯齊侯宋公蔡侯鄭伯衛子莒子盟於踐土 踐土鄭地名在河內 並周本紀注
天王狩于河陽 河陽晉之溫也
二十三年 狄人伐廧咎如 赤狄之别隗姓
出于五鹿乞食于野人 五鹿衛地
其辟君三舍 司馬法縱遯不過三舍三舍九十里也
二十四年 丁未朝於武宮 文公之祖武公廟也
緜上爲之田 緜上晉地

以旌善人 旌表也 並晉世家注
周公弔二叔之不咸 二叔管叔蔡叔傷其不和睦而流言作亂故封建親戚 正義
王使伯服游孫伯如鄭請滑 二子周大夫 周本紀注
二十五年 晉侯請隧 闕地通路曰隧王之葬禮也 補注云杜依賈說
與之陽樊溫原攢茅之田 晉有功賞之以地 周本紀注
二十七年 使欒枝將下軍 欒枝欒賓之孫也 晉世家注
二十八年 晉侯及楚人戰于城濮 城濮衛地 齊世家注
子玉使宛春告晉師 宛春楚大夫
王命王子虎策命晉侯爲侯伯賜之大輅之服彤弓一彤矢百玈弓矢千秬鬯一卣虎賁三百人晉侯三辭從命再拜稽首 王子虎周大夫也大輅金輅彤弓赤玈弓黑也諸侯賜弓矢然後征伐秬黑黍鬯香酒也所以降神卣器名諸侯賜圭瓚然後爲鬯天子卒曰虎賁稽首至地 並晉世家注
二十九年 介葛盧聞牛鳴而知其音 伯益曉是術 毛詩疏
三十一年 猶三望 三望分野之星國之山川 正義服杜同

三十三年 遂墨以葬文公 墨變凶晉世家注

不以纍臣釁鼓 殺而以其血塗鼓謂之釁鼓毛詩疏

文公元年 楚國之舉恒在少者 舉立也

既又欲王子職而黜太子商臣 職商臣庶弟也並楚世家注

三年 封殽尸而還 封識之秦本紀注

五年 春王正月王使榮叔歸含且賵 含賵當異人令一人兼兩使故書且以譏之正義

晉趙成子欒貞子霍伯臼季皆卒 欒貞子欒枝也 霍伯先且居也

六年 其子何震之有 震威也並晉世家注

七年 正德利用厚生 正德人德利用地德厚生天德補注

九年 晉人殺其大夫士縠及箕鄭父 箕鄭稱及非首謀正義

十一年 冬十月甲午敗狄于鹹獲長狄僑如埋其首于子駒之門 子駒魯郭門名也

司徒皇父帥師禦之耏班御皇父充石公子穀甥爲右司寇牛父駟乘以敗狄于長丘獲長狄緣斯 僑如之祖並魯世家注

皇父之二子死焉 皇父與穀甥牛父三子皆死正義

齊王子城父獲其弟榮如 王子城父齊大夫齊世家注

十三年 大室屋壞 皆以爲太廟之室也

十七年 寡君又朝以蕆陳事 蕆勑也杜服同

十八年 莒弒其君庶其 爲君惡及國朝則稱國以弒君惡及國人則稱人以弒劉許杜同

謂之饕餮 貪財爲饕貪食爲餮服杜同並正義

遂出武穆之族 出逐也

宣公二年 宋人以文馬百駟贖華元 文貍文也並宋世家注

華元見叔牂曰子之馬然也對曰非馬也其人也 叔牂宋守門大夫華元既見叔牂牂謂華元曰子見獲於鄭者是由子之馬使然也華元對曰非馬自奔也其人爲之也謂羊斟驅入鄭也正義

于思于思 白頭貌釋文

厚斂以彫牆 彫畫也

使鉏麑賊之 鉏麑晉力士並晉世家注

三年 定王使王孫滿勞楚子　王孫滿周大夫周本紀注

鑄鼎象物　象所圖物著之於鼎也楚世家注

螭魅罔兩莫能逢之周禮疏引本傳注云螭山神獸魅怪物罔兩本石之怪又引文十八年注螭山神獸或曰似虎而噉虎或曰魅人面獸身而四足好惑人山林異氣所生爲人害而賈服義與鄭異是說以賈服並言不辨孰爲賈注也

載祀六百　載辭也祀年也商曰祀楚世家注

鄭文公賤妾燕姞　姞南燕姓

余爲伯儵余爾祖也　伯儵南燕祖

四年 公子宋與子家將見　二子鄭卿也並鄭世家注

十一年 納公孫寧儀行父于陳　二子不繫之陳絕於陳也惡其與君淫故絕之善楚有禮也正義

申叔時使于齊　叔時楚大夫

十二年 楚子圍鄭入自皇門　鄭城門

鄭伯肉袒牽羊以迎　肉袒牽羊爲臣隸也並楚世家注

叔展曰有麥麴乎曰無有山鞠窮乎曰無　麥麴鞠窮所以禦溼正義云賈逵有此言則相傳爲此說也

十五年 夏五月宋人及楚人平　稱人衆辭善其與衆同欲正義

伯宗曰不可　伯宗晉大夫晉世家注

成公二年 齊侯取龍遂南侵及巢丘　魯殺盧蒲就魁不與齊盟以亡其邑故諱不書正義

郤克請八百乘　八百乘六萬人

師至于靡笄　山名也

逢丑父爲右　逢丑父齊大夫

入自邱輿擊馬陘　馬陘齊地也並齊世家注

晉人使巫臣爲邢大夫　邢晉邑晉世家注

三年 鄭伐許　鄭小國與大國力爭諸侯仍伐許不稱將帥夷狄之刺無知也正義

晉作六軍　初作六卿僭王也晉世家注

八年 秋七月天子使召伯來賜公命　諸夏稱天王畿內曰王夷狄曰天子王使榮叔歸含且賵以恩深加禮妾母恩同畿內故稱王成公八年乃得賜命與夷狄同故稱天子

十年 居肓之上膏之下　肓鬲也心下爲膏正義云此賈逵之言杜依用之

十一年 吾不以妾爲姒　昆弟之妻相謂爲姒並正義杜注同

十三年　晉侯使呂相絶秦　呂相晉大夫

十五年　晉三郤害伯宗　三郤郤錡郤犫郤至也（並晉世家注）

十六年　有韎韋之跗注　一染曰韎釋器云一染謂之縓謂一入亦爲淺赤色也

十七年　九月辛丑用郊　以爲諸言用皆不宜用反於禮者也（並正義）

公遊于匠麗氏　晉外嬖大夫在翼者（晉世家注）

襄公元年　夏五月晉韓厥荀偃帥諸侯之師伐鄭入其郛

謂帥宋衛滕薛伐鄭齊魯曹邾杞次于鄫故諸侯之師不序也入郛不書者晉人先以鄭罪令於諸侯故書伐鄭入郛既敗鄭不復告故不書

三年　使鄧廖帥組甲三百被練三千　組甲以組綴甲車士服之被練帛也以帛綴甲步卒服之凡甲所以爲固者以盈竅也帛盈竅而任力者半畢者所服組盈竅而盡任力尊者所服（並正義）

揚干亂行于曲梁　行陳也（晉世家注）

四年　后羿恃其射也　羿之先祖世爲先王射官故帝嚳賜羿弓矢使司射淮南子云堯時十日並出堯使羿射九日而落之楚辭天問云羿焉彈日烏焉解羽歸藏易亦云羿彈十日也言雖不經難以取信要言嚳時有羿堯時有羿則羿是善射之號非復人之名乎（正義）

九年　穆姜薨于東宮始往而筮之遇艮之八　艮下艮上周禮大卜掌三易然則雜用連山歸藏周易二易皆以七八爲占故言遇艮之八（正義云言亦無所據賈逵先儒相傳云）

國君十五而生子冠而生子（補注云賈服說多以爲人君禮十二而冠）

十四年　使師曹誨之琴　師曹樂人

入見蘧伯玉　伯玉衛大夫（並衛世家注）

十六年　三月戊寅大夫盟　不曰諸侯之大夫者刺大夫之臣也言惡大夫專而君失權

十九年　公至自伐齊　圍齊而致伐以策伐勳也

取邾田自漷水歸之于我　言刺晉偏而魯貪（並正義）

遂東太子光　徙之東垂也（齊世家注）

二十年　陳侯之弟黄出奔楚　以爲稱名罪其偪

二十一年　此年仲尼生 正義

二十三年欒盈率曲沃之甲　曲沃欒盈之邑 齊世家注

啓牢成肬商子車　左翼曰啓右翼曰肬 正義云賈逵爲此言或當有成文也

齊侯遂伐晉入孟門登大行　朝歌晉邑孟門大行皆晉山隘也 齊世家注

八月叔孫豹帥師救晉次于雍榆禮也　禮者言其先救後次爲得禮也 正義

二十五年晏子立於崔氏之門外　聞難而來 齊世家注

度山林鳩藪澤辨京陵表淳鹵數疆潦規偃豬町原防牧隰皋井衍沃　淳鹹也　疆疆墝埆之地下平曰衍有溉曰沃　此爲賦稅差品山林之地九夫爲度九度而當一井也藪澤之地九夫爲鳩八鳩而當一井也京陵之地九夫爲辨七辨而當一井也淳鹵之地九夫爲表六表而當一井也疆潦之地九夫爲數五數而當一井也偃豬之地九夫爲規四規而當一井也原防之地九夫爲町三町而當一井也隰皋之地九夫爲牧二牧而當一井也衍沃之地畝百爲九九夫爲井

二十六年欒范易行以誘之　欒爲將范爲佐二人分中軍別將之欲使欒與范易道令范先誘楚欒以艮卒從而擊之

二十七年秋七月辛巳豹及諸侯之大夫盟于宋　叔孫義也侮疾之非也 正義

慶封告盧蒲嫳　嫳齊大夫慶封之屬 齊世家注

二十九年吳子使札來聘　新即位使來通聘 正義

猶未也　言未有雅頌之成功也

曰美哉淵乎　淵深也

吾聞衛康叔武公之德如是是其衛風乎　康叔遭管叔蔡叔之難武公罹幽王褒姒之憂故曰康叔武公之德如是

歌鄭　鄭風東鄭是

幽曰美哉蕩蕩乎樂而不淫　蕩然無憂自樂而不荒淫也

歌魏曰美哉渢渢乎大而婉儉而易行以德輔此則盟主也　其志大直而有曲體歸中和中庸之德

難成而實易行故曰以德輔此則盟主也
歌頌曰至矣哉　言道備至也
見舞象箾南籥者　象文王之樂武象也箾舞曲也
南籥以籥舞也
見舞大武　大武周公所作武王樂也
見舞韶護者曰聖人之弘也　韶護殷成湯樂大頀
也弘大也
見舞大夏　夏禹之樂大夏也
如天之無不幬也　幬覆也

夫子獲罪於君　夫子孫文子也獲罪出獻公以戚
畔也
君在殯　衛君獻公棺在殯未葬並吳世家注
三十年　以嬴諸侯正義云賈服註皆讀爲盈盈是滿故皆訓爲受
昭公元年　三月取鄆　楚以伐莒來討故諱伐不諱取
周有徐奄　徐郎淮夷並正義
居于曠林　曠大也
后帝弗臧　后帝堯也臧善也
遷閼伯於商丘壬辰　商丘在漳南

唐人是因服事夏商　唐人謂陶唐氏之胄劉累也
事夏帝孔甲封于大夏因實沉之國子孫以服事
商也
邑姜方娠太叔夢帝謂已　帝天也已武王也
宣汾洮　宣猶通也汾洮二水也
沈姒蓐黃實守其祀今晉主汾而滅之　四國臺駘
之後也滅之謂滅四國並鄭世家注
則水旱癘疫之災於是乎禜之　禜攢用幣正義云杜依用
之

風淫末疾　末疾首疾謂風眩也
二年　民人痛疾而或燠休之　燠厚也休美也並正義
四年　成有岐陽之蒐　岐陽岐山之陽
夏桀爲仍之會有緡叛之　仍緡國名也並楚世家注
五年　叔禽叔椒子羽　皆韓起庶子正義云杜依用之
七年　秋王正月暨齊平　謂魯與齊平服虔云襄二十四年仲孫羯侵齊二十五年崔杼伐我自爾以來齊魯不相侵伐其齊是大國無爲求與魯平此六年冬齊侯伐北燕將納簡公齊侯貪賂而與之平故傳言齊求之也齊次于虢燕人行成其文相比許君近之　按服注脫載此條補錄於此

好以大屈　大屈寶金可以爲劍大屈金所生地名其神化爲黃熊　熊獸也（並正義）

八年　葬陳哀公（正義云賈服以葬哀公之文在殺孔奐之下以爲楚葬哀公）

陳氏得政于齊而後陳卒亡　物莫能兩盛

自幕至瞽瞍無違命　幕舜後虞思也至于瞽瞍無聞違天命以廢絕者（並陳世家注）

九年　夏四月陳災　愍陳不與楚故存陳而書之言陳尙爲國也（正義）

辰在于卯謂之疾日　桀以乙卯亡紂以甲子喪惡以爲戒（補注）

十一年　五大不在邊　五大謂大子母弟貴寵公子公孫累世正卿也（鄭衆云大子晉申生居曲沃是也母弟鄭太叔段居京是也貴寵公子若棄疾在蔡是也貴寵公孫若無知食渠丘是也累世正卿衛甯殖居蒲孫氏居戚是也）

十二年　晉伐鮮虞（正義云賈逵取穀梁傳說）

析父謂子革　析父楚大夫（楚世家注）

祭公謀父作祈招之詩　祈求也昭明也言求明德也（正義）

十三年　使爲卜尹　卜尹卜師大夫官

初共王與巴姬密埋璧于大室之庭　巴姬共王妾

齊桓公有莒衛以爲外主　齊桓公出奔莒自莒先入衛人助之

晉文公有先大夫子犯子餘以爲腹心　子餘趙衰

有齊宋秦楚以爲外主　齊以女妻之宋贈之馬楚享以九獻秦送內之

有欒郤狐先以爲內主　四姓晉大夫（並楚世家注）

鄭伯男也　男當作南謂南面之君也

十七年　五雉爲五工正　西方曰鷷雉攻木之工也東

方曰鶅雉摶埴之工也南方曰翟雉攻金之工也北方曰鵗雉攻皮之工也伊洛而南曰翬雉設五色之工也

九扈爲九農正　春扈分循相五土之宜趣民耕種者也夏扈竊玄趣民耘苗者也秋扈竊藍趣民收斂者也冬扈竊黃趣民蓋藏者也棘扈竊丹爲果驅鳥者也行扈唶唶晝爲民驅鳥者也宵扈嘖嘖夜爲農驅獸者也桑扈竊脂爲蠶驅雀者也老扈鷃鷃趣民收麥令不得晏起者也（並正義）

年

十九年　札瘥夭昏　大死曰札小死曰瘥短折曰夭未
名曰昏　正義云此皆賈逵言也
二十年　夏曹公孫會自鄭出奔宋　前此以鄭叛也叛
便從鄭而出叛不告故不書　正義
乃見鱄設諸焉　鱄諸吳勇士　吳世家注
賓將掫　周禮疏云謂行夜不作趣者彼賈服讀字與杜子春異
琴張聞宗魯死　琴張子張卽顓孫師
八風　兌爲金爲閶闔風也乾爲石爲不周風也坎
爲革爲廣莫風也艮爲匏爲融風也震爲竹爲明

庚風也巽爲木爲清明風也離爲絲爲景風也坤
爲土爲涼風也
二十一年　宋華亥向寧華定自陳入于宋南里以叛　書
入華貙兄弟作亂召而迎之　並正義
師巳曰文成之世　師巳魯大夫文成魯文公成公
魯世家注
二十二年　王子朝有寵于景王　子朝景王之長庶子
王與賓孟說之欲立之　賓孟子朝之傅也王愛子
朝因愛其傅故朝起並有寵於景王也與賓孟共

談說之欲立朝爲太子　正義
王弗應　正義云賈逵以爲太子壽卒景王不立適子鄭衆以爲壽卒王命猛代之後欲廢猛立朝
服虔以賈爲然杜從鄭說
敬王卽位　敬王猛母弟　周本紀注
二十三年　戊辰吳敗頓胡沈蔡陳許之師于雞父　不國
國書師惡其同役而不同心　正義
王師在澤邑　澤邑周地　周本紀注
乃使各居一館　使邾魯大夫各居一館
戊辰晦戰于雞父　泓之戰譏宋襄故書朔鄢陵之

戰譏楚子故書晦雞父之戰夷之故不書晦
明其伍候　五候五方之候也敬授民時四方中央
之候
二十四年　仲孫貜卒　是歲孟僖子卒屬其子使事仲尼
仲尼時年三十五　並正義
二十五年　秋七月上辛大雩季辛又雩　正義云此書二雩者上辛雩而得雨
雨少尋卽爲旱故季辛又雩傳曰秋書再雩旱甚也是言前雩少得雨旱甚而復雩故賈云上辛不
注是也
民有好惡喜怒哀樂生于六氣　好生於陽惡生於

陰喜生於風怒生於雨哀生於晦樂生於明毛詩疏文
引賈服說云風東方雨西方陰中央晦北方明南方惟天陽不變疑當屬此文下
季氏介其雞　擣芥子爲末播其雞翼可以坌郈氏雞目並正義
臧昭伯之從弟會　昭伯臧孫賜也
公使郈孫迎孟懿子　懿子仲孫何忌並魯世家注
公徒釋甲執冰而踞　冰櫝丸蓋也正義
二十六年申豐從女賈　申豐女賈魯大夫
粟五千庾　十六斗爲庾五千庾八萬斗並魯世家注

二十七年使公子掩餘公子燭庸帥師圍潛　二子皆王僚母弟正義云賈逵云然當時相傳說耳
左司馬沈尹戌帥都君子與王馬之屬以濟師　都君子在都邑之士有復除者今之律令猶名放課役者爲復除正義
此時也不可失也　時言可殺王時也吳世家注
上國有言曰　上國中國也一見釋文
鈹交於胸　交鱄諸胷也吳世家注
二十八年貪惏無饜忿纇無期謂之封豕　惏者食也其

人貪財利飲食無知饜足忿怒很戾無有期度時人謂之大豬正義
二十九年鬱湮不育　鬱滯也湮塞也正義云賈逵云然杜用之也
豢龍氏　豢養也穀食曰豢禮注
木正曰句芒火正曰祝融金正曰蓐收水正曰玄冥土正曰后土　句芒總言萬物句芒　夏陽正明朗祝甚也融明也　句芒祀於戶祝融祀於竈蓐收祀於門玄冥祀於井后土祀於中霤
世不失職遂濟窮桑　濟度也言四叔子孫世不失職遂渡少皥之世處窮桑以登爲帝故天下號之曰窮桑

烈山氏之子曰柱爲稷　烈山炎帝之號
三十二年公在乾侯取闞　昭公得闞季氏奪之不用師徒
冬仲孫何忌會晉韓不信齊高張宋仲幾衛世叔申鄭國參曹人莒人薛人杞人小邾人城成周　魯有昭公難故會而不盟並正義
越得歲而吳伐之必受其凶　以吳先用兵故反受

其殃 正義云賈逵云然杜用之也

定公三年 公如晉至河乃復 刺綏朝見辭失所不諱罪已 正義

成公有兩肅爽馬 正義云爽或作霜 色如霜紈

四年 管蔡啓商惎間王室 惎毒也間亂也 正義云賈逵云然是相傳訓也

王使執燧象以奔吳師 燧火燧也象象獸也以火繫其尾使奔吳師驚却其衆使王得脫 正義

五年 申包胥以秦師至自稷會之 稷楚地也 楚世家注

六年 文之舒鼎成之昭兆 舒鼎鼎名昭兆寶龜

七年 九月大雩 旱也

八年 主人出師奔 主人出會師奔走而卻退言會無戰備也

於是始尙羔 周禮公之孤四命執皮帛卿三命執羔大夫再命執鴈會厭其禮三命之卿皆執皮帛至是乃始復禮尙羔

九年 載蔥靈 蔥靈衣車也有蔥有靈

十年 不以三百乘從我者有如此盟 不書盟諱以三百乘從齊師 並正義

十四年 於越敗吳于檇李 檇李越地 吳世家注

梁嬰父嬖于知文子 梁嬰父晉大夫

三臣始禍 范中行趙也 並晉世家注

使死士再禽焉 死士死罪人也 吳世家注

衛侯爲夫人南子召宋朝 南子宋女

太子謂戲陽速 戲陽太子家臣 並衛世家注

哀公元年 吳王夫差敗越于夫椒 夫椒越地

保于會稽 會稽山名

昔有過澆殺斟灌以伐斟尋滅夏后相 過國名也斟灌斟尋夏同姓也夏后相依斟灌而國故曰殺夏后相也

后緡方娠逃出自竇歸於有仍生少康焉 緡有仍之女也有仍國名后緡之家

少康奔有虞有虞娶之以二姚而邑諸綸有田一成有衆一旅 有虞帝舜之後綸虞邑方十里爲成五百人爲旅

不失舊物 物職也 並吳世家注

二年 子南僕 僕御也

六年 齊晏圉來奔 圉晏嬰之子 齊世家注

夏書曰惟彼陶唐帥彼天常 正義云賈服皆不見古文以爲逸書

八月齊邴意茲來奔陳僖子使召公子陽生 正義云賈逵以傳文相連謂遣意來召又怪其日月錯誤云其說未聞

闞止先待諸外 闞止子我也

使遷孺子於駘 駘齊邑 並齊世家注

七年 周之王也制禮上物不過十二 周禮王合諸侯享禮十有二牢上公九牢侯伯七牢子男五牢 吳世家注

曹人夢衆君子立於社宮 社宮社也

背晉而姦宋 以小加大 並曹世家注

十一年 公孫夏命其徒歌虞殯 虞殯遣殯歌詩 正義

胡簋之事 正義云賈服等註此傳皆云夏曰瑚杜亦同之

十二年 昭夫人孟子卒昭公娶於吳故不書姓 言孟子若言吳之長女也 正義

十三年 吳王惡其聞也 惡其聞諸侯

乃先晉人 外傳曰吳先歃晉亞之先叙晉晉有信又所以外吳 並吳世家注

十四年 春西狩獲麟 孔子自衛反魯考正禮樂修春秋約以周禮三年文成致麟麟感而至取龍爲水物故以爲修母致子之應 正義云賈逵服虔潁容等說

小邾射以句繹來奔 正義云賈逵亦云此下弟子所記

春西狩于大野 周在西明夫子道繫周 正義

諸御鞅言於公 鞅齊大夫也

陳豹欲爲子我臣使公孫言巳 豹陳氏族也公孫齊大夫

豐丘人執之以告 豐丘陳氏邑

陳恒執公于舒州 舒州陳氏邑 並齊世家注

十五年 稱姻妾以告 婚姻家妾也

太子與五人介與豭從之 介被甲也豭豭豚欲以盟

季子入過子羔將出 子羔衛大夫高柴孔子弟子也將出奔

不及莫踐其難 言家臣憂不及國不得踐履其難 並衛世家注

十六年　白公以王如高府　高府府名楚世家注

十七年　紫衣狐裘　紫衣君服正義云賈逵云然杜從之

其繇曰如魚竀尾衡流而方羊裔焉　竀赤色魚勞則尾赤横流方羊不能自安裔水邊言衛侯將若此魚正義云賈逵之説杜用之也

公登城以望見戎州　戎州戎人之邑衛世家注

二十二年　越使吳王居甬東　甬東越東鄙甬江東也吳世家注

二十七年　君臣多間　間隙也魯世家

序錄

隋志服虔撰春秋左氏傳解誼三十一卷唐志十卷[illegible]

後漢書本傳曰虔字子慎河南滎陽人少以清苦建志有雅才作春秋左氏傳解又以左傳駮何休之所駮漢事六十條舉孝廉拜九江大守

世説曰鄭玄欲注春秋傳尚未成時與服子慎遇宿過舍先未相識服在外車上與人説已注傳意玄聽之良久多與己同就車與語曰吾久欲注尚未了聽君向言多與吾同今當盡以所注與君遂爲服氏注　又服虔將注春秋欲參考同異聞崔烈集門生講傳遂匿姓名爲烈門人賃作食每竊聽戶壁閒既知不能踰己稍共諸生叙其短長烈聞不測何人然素聞虔名意疑之明旦往及未寤便呼子慎虔不覺驚應遂相與友善

隋書儒林傳曰諸儒傳左氏者甚衆其後賈逵服虔並爲訓解晉杜預又爲經傳集解服虔杜預注俱立國學而後學惟傳服義至隋杜氏盛行服義寖微今殆無師説

北史儒林傳曰河北諸儒能通春秋者並服子愼所注其河外諸生俱服膺杜氏大抵章句好尙互有不同江左左傳則杜元凱河洛則服子愼要其會歸殊方同致矣

吳萊春秋釋例序曰杜元凱作經傳集解三十卷釋例四十卷且歷詆劉賈之違獨不言服氏豈或不見服氏書乎亦不應不見也館陶趙世業家有服氏春秋是晉永嘉舊寫華陰徐生往讀之遂撰春秋義章以教學者是永嘉時猶未向杜氏青州

刺史杜坦及其弟驥世傳其業故齊地亦多習之坦元凱之玄孫也姚文安秦道靜初亦學服氏後更兼講杜說劉蘭張吾貴之徒則又隱括兩家同異義例無窮自唐孔穎達春秋正義一用杜氏非徒劉賈之說不存服義亦不盡見固不若兩存之以見服杜之爲孰愈也

謨案服杜二家左氏傳註與廢本末具如前說故不復論今並從諸經正義史記集解鈔出七百八十餘條分爲四卷

左氏傳解誼卷一

漢　滎陽服虔注　　寧都連　洲校

惠公元妃孟子孟子卒　嫌與惠公俱卒故重言之也

隱公元年春王正月　孔子作春秋於春每月書王以統三王之正

未王命故不書爵　爵者醮也所以醮盡其材也

大叔完聚　聚禾黍也

謂之鄭志　公本欲養成其惡而加誅使不得生出

此鄭伯之志意也 並春秋正義下正義倣此

不及黃泉　天玄地黃泉在地中故言黃泉 史記鄭世家注

公入而賦姜出而賦　入言公出言姜明俱出入互相見 正義

天王使宰咺來歸惠公仲子之賵　咺天子宰夫 周禮秋官疏 賵覆也天王所以覆被臣子

天子七月而葬同軌畢至　軌車轍也王者馭天下必令車同軌書同文同軌畢至謂海內皆至也四夷異俗不可同其文軌天子之喪不能以時赴弔

故言同軌以別四夷之國也
惠公之薨也有宋師　宋師卽黄之師也是時宋來
伐隱公自與戰
三年　潢汙行潦之水　畜小水謂之潢水不流文選注引作不
洿謂之汙行潦道路之水也並正義
衛莊公娶于齊東宮得臣之妹　得臣齊世子名居
東宮是也詩衛風疏
驕奢淫泆所自邪也　言此四者過從邪起是也
四年　將修先君之怨於鄭　先君莊公也並正義

君若伐鄭以除君害　公子馮將爲君之害
敝邑以賦與陳蔡從　賦兵也以田賦出兵故謂之
賦
故宋公陳侯蔡人衛人伐鄭　衛使宋爲王使大夫
將故序衛于陳蔡下並邶風疏
衛人使右宰醜涖殺州吁于濮　右宰醜衛大夫濮
陳地衛世家注
五年　昭文章　大司馬職曰中秋教治兵辨旗物之用
王載大常諸侯載旂軍吏載旗師都載旜鄉遂載

物郊野載旐百官載旟遂以獮田正義曰服虔解此引司馬職文
明是旌旗所建用秋辨旗物之法
不登於俎　上登爲升下登爲成
九月考仲子之宮　宮廟初成祭之名爲考將納仲
子之主故考成以致其五祀之神以堅之
所以節八音而行八風　八風八卦之風乾音石其
風不周坎音革其風廣莫艮音匏其風融震音竹
其風明庶巽音木其風清明離音絲其風景坤音
土其風涼兌音金其風閶闔並正義

叔父有憾於寡人　諸侯稱同姓大夫長曰伯父少
曰叔父小雅疏
六年　鄭人來渝平更成也　公爲鄭所獲釋而不結平
於是更爲約束以結之故曰渝平
宋人取長葛　長葛不繫鄭者刺不能撫有其邑並正
義
七年　初戎朝于周發幣于公卿凡伯弗賓　戎以朝禮
及公卿大夫發陳其幣凡伯以諸侯爲王卿士不
修賓主之禮敬報於戎是以冬天王使凡伯來聘

還戎伐之於楚正以歸儀禮覲禮疏
及鄭伯盟歃如忘　如而似臨歃而忘其盟載之辭
言不精也正義
八年先配而後祖　大夫以上無問舅姑在否皆三月
見祖廟之後乃始成昏禮記曾子問疏
諸侯以字爲謚因以爲族　公之母弟則以長幼爲
氏貴適統伯仲叔季是也庶公子則以配字爲氏
尊公族展氏臧氏是也
官有世功則有官族　謂異姓也

九年先者見獲必務進　先者見獲言必不往相救各
自務進言其貪利也並正義
十一年滕侯薛侯來朝爭長　先登授玉覲禮疏
周之宗盟　宗盟同宗之盟
潁考叔挾輈以走　考叔挾車轅筆馬而走並正義
使營菟裘吾將老焉　菟裘魯邑也營菟裘以作宮
室欲居之以終老也
館于寪氏　館舍也寪氏魯大夫並魯世家注
桓公元年宋華父督見孔父之妻于路目迎而送之　督
戴公之孫目者極視睛不轉也宋世家注
宋殤公立十年十一戰　與夷隱四年即位一戰伐
鄭圍其東門再戰取其禾皆在隱四年三戰取邾
田四戰邾鄭入其郛五戰伐鄭圍長葛皆在隱五
年六戰鄭伯以王命伐宋在隱九年七戰公敗宋
師于菅八戰宋衛入鄭九戰宋人蔡人衛人伐戴
十戰戊寅鄭伯入宋皆在隱十年十一戰鄭伯以
虢師大敗宋師在隱十一年是皆在隱公世也
二年大路越席　大路木路史記禮書注引服虔云大路祀天車也越席結括草

以爲席也後漢書輿服志注引服虔云大路總名
也如今駕駟高車矣尊卑俱乘之其采飾有差○
按二書所引服說必
皆本解誼並錄於此
藻率鞞鞛　藻畫藻率刷巾
鞶厲游纓　纓如索帬今乘輿大駕有之並正義
遷九鼎于洛邑　今河南有鼎中觀周書召誥疏
三辰旂旗　三辰日月星也謂之辰者辰時也日以
照晝月以照夜星則運行於天民得取其時節故
謂之辰也大雅疏○覲禮疏引服注云九旂之總名
蔡侯鄭伯會于鄧　言蔡鄭會于鄧之國都正義

士有隸子弟　士畀自其子弟爲僕隸祿不足以及宗（既夕 疏）

三年　韓萬御戎　韓萬晉大夫曲沃桓叔之子莊伯之弟（大雅 疏）

五年　蔡人衛人陳人從王伐鄭　言人者時陳亂無君則三國皆大夫也故稱人（衛風 疏）

州公如曹　春秋前以黜陟之法進爵爲公（正義）

秋大雩　大雩夏祭天名雩遠也遠爲百穀求膏雨也龍見而雩龍角亢也謂四月昏龍星體見萬物始盛待雨而大故雩祭以求雨也一說大雩者祭於帝而祈雨也一說郊祀天祈農事雩祭山川而祈雨也（後漢書禮儀志注 月令疏引此文畧）○

凡祀　魯祭天以孟月祭宗廟以仲月（王制 疏）

始殺而嘗　孟秋也（正義）

六年　吾牲牷肥腯　牛羊曰肥豕曰腯

嘉栗旨酒　穀之初熟爲栗

接以太牢　接者子初生接見于父（御覽）

以德命爲義　謂若大王度德命文王曰昌文王命武王曰發

不以畜牲　六畜馬牛羊豕犬雞

不以器幣　俎豆罍彝犧象之屬皆不可以爲名也

七年　穀伯鄧侯來朝名賤之也　穀鄧密邇于楚不親仁善鄰以自固卒爲楚所滅無同好之救桓又有弑賢兄之惡故賤而名之

九年　曹太子其有憂乎非歎所也　古之爲享食所以觀威儀省禍福無喪而戚憂必讎焉今大子臨樂而歎是父將死而兆先見也

十一年　春齊衛鄭宋盟于惡曹　經不書宋宋後盟（並正義）

雍氏有寵於宋　爲宋正卿故曰有寵（並鄭世家注）

君多內寵　言庶子有寵者多

十三年　公會紀侯鄭伯及齊侯宋公衛侯燕人戰　時衛先君未葬而稱爵者譏其不稱子也（曲禮 疏）

夫固謂君訓衆而好鎮撫之　夫謂鬬伯比也

不書所戰後也　下日者公至而後定戰日

十四年　乙亥嘗　魯以壬申被災至乙亥而嘗不以災

害爲恐竝正義

十五年　鄭伯因櫟人殺檀伯而遂居櫟　檀伯鄭守櫟大夫櫟鄭大都水經注

十六年　構急子　構會其過惡

使盜待諸莘　莘衛東地竝邶風疏

十七年　天子有日官諸侯有日御　日官日御典厤數者也

日官居卿以厎日禮也　是居卿者使卿居其官以主之重厤數也竝春官疏

十八年　公遂及文姜如齊齊侯通焉　傍淫曰通又云凡淫曰通○邶風疏

夏四月丙子享公　爲公設享讌之禮魯世家注

祭仲逆鄭子于陳而立之　鄭子昭公弟子儀也鄭風疏

莊公元年　夫人孫于齊　桓公之喪至是年三月期而小祥公憂思少殺念及於母以其罪重不可以反之故書孫于齊耳其實先在於齊本未歸也齊風疏

不稱姜氏絶不爲親　夫人有與殺桓之罪絶不爲親得尊父之義善莊公思大義絶有罪故曰禮也

二年　夫人姜氏會齊侯于禚　蓋魯桓公之喪從齊來以文姜爲二年始來齊風疏

四年　楚武王荆尸授師孑焉以伐隨　孑句孑也凡戟而無刃秦晉之間謂之孑或謂之鏔吳揚之間謂之伐東齊秦晉之間其大者謂之曼胡其曲者謂之句孑曼胡冬官疏

六年　楚文王伐申過鄧　鄧曼姓也楚世家注

八年　師次于郎以俟陳人蔡人　言欲共伐郕正義

瓜時而往曰及瓜而代　瓜時七月及瓜謂後年瓜時

連稱有從妹在公宮　爲妾在宮也

見大豕從者曰公子彭生也　公見彘從者乃見彭生鬼改形爲豕也竝齊世家注

豕人立而啼　啼呼也文選注

九年　夏公伐齊納子糾齊小白入于齊　齊大夫來迎子糾公不亟遣而盟以安之齊人歸迎小白

十年　蒙皋比而先犯之　樂記云倒載干戈包之以虎

皮名之曰建櫜鄭玄以爲甲兵之衣曰櫜櫜韜也
其字或作建皐
十一年覆而敗之曰取某師　覆隱也設伏而敗之謂
攻其無備出其不意敵人不知敗之易故曰取
宋公靳之　恥而惡之曰靳並正義
十二年羣公子奔蕭公子御說奔亳　蕭亳宋邑也
陳人使婦人飲之酒　宋萬多力勇不可執故先使
婦人誘而飲之酒醉而縛之
宋人皆醢之　醢肉醬並宋世家注

十三年春齊侯宋人陳人蔡人邾人會于北杏　北杏
之會時已得王命
十四年内蛇死六年而厲公入　蛇北方水物水成數
六故六年而厲公入
十六年不可使共叔無後于鄭　定叔之祖共叔段有
伐君之罪宜世不長而云不可使共叔無後於鄭
言其刑之偏頗鄭厲公以孽纂適同惡相恤故黨
於共叔欲令其後不絕傳所以惡厲公也並正義
十八年夏公追戎于濟西　桓公爲好莊公獨不能修

而見侵濟西曹地夏官疏
秋有蜮　蜮短狐南方盛暑所生其狀如鼈古無今
有含沙射入人皮肉中其瘡如疥徧身中濩濩蜮
蜮春秋疏作或或故爲災禮曰蜮君則有秋官疏
二十年執燕仲父　南燕伯爵並正義
二十一年鄭伯享王于闕西辟　闕象魏也天官疏　西辟西
偏也
王以后之鞶鑑予之虢公請器王予之爵鄭伯由是
始惡於王　鞶鑑王后婦人之物非所以賜有功爵

飲酒器玉爵也一升曰爵爵人之所貴者言鄭伯
以其父得賜不如虢公爲是始惡於王積而成怨
僖二十四年遂執王使並正義
二十二年翹翹車乘招我以弓　翹翹遠貌召南疏
臣卜其晝未卜其夜　臣將享君必卜之示敬慎也
小雅疏
五世其昌並於正卿　言完後五世與卿並列陳杞世家
注
風行而著於土　巽在坤上故爲著土也一曰巽爲

風復爲木風吹木實落去更生他土而長育是爲在異國正義

二十三年 諸侯有王王有巡狩 有王朝於王王有巡守非是君不舉矣秋官疏

二十四年 鄭有厲宣之親 鄭宣王母弟鄭風疏

二十六年 夫不惡女乎 夫謂大子也正義

二十八年 大無麥禾 陰陽不和土氣不養故禾麥不成

臧孫辰告糴于齊 不言如重穀急辭以其情急於糴故不言如齊告糴乞師則情緩於穀故云如楚乞師

三十年 鬬射師諫則執而梏之 射師若敖子鬬班也竝正義

冬遇于魯濟謀山戎也 山戎北狄名今鮮卑也齊世家注

三十二年 故有得神以興 虞舜祖考來格鳳皇來儀百獸率舞正義

割臂盟公 割其臂以與公盟

圉人犖 圉人掌養馬者犖其名也

能投蓋于稷門 能投千鈞之重過門之上

使鍼季酖之 酖鳥名

成季奔陳 季友內知慶父之情力不能誅故避其難出奔竝魯世家注

立閔公 閔公於是年九歲

閔公元年 因重固 重不可動因其不可動而堅固之

以滅耿滅霍滅魏 三國皆姬姓魏在晉之蒲坂河東也

分之都城而位以卿先爲之極 邑有先君之主曰都極言其祿位極盡於此也

萬盈數也魏大名也以是始賞天啓之矣 數從一至萬爲滿魏喻巍巍高大也以魏賞畢萬是爲天開其福

筮仕于晉 畢萬在周筮仕于晉竝正義

二年 虢公敗犬戎于渭汭服本作渭隊 隊謂汭也水經注

夫人姜氏孫于邾 文姜殺夫罪重故去姜氏哀姜殺子罪輕故不去姜氏

初公傅奪卜齮田公不禁公即位時年九歲正義曰閔公之

年歲傳文不明服虔於莊三十二年注云閔公於是年九歲於僖二年注云閔公死時年九歲

季氏亡則魯不昌　謂季友出奔魯弒二君

鶴有乘軒者　車有藩曰軒竝正義

惠公之即位也少齊人使昭伯烝于宣姜　昭伯衛宣公之長子伋之庶兄上淫曰烝宣姜宣公夫人惠公之母

許穆夫人賦載馳　載馳五章屬鄘風許夫人閔衛滅戴公失國欲馳驅而唁之故作以自痛國小力不能救在禮婦人父母旣沒不得寧兄弟於是許人不嘉故賦二章以喻思不遠也許人尤之遂賦三章以卒章非許人不聽遂賦四章言我遂徃無我有尤也竝鄘風疏

歸夫人魚軒　魚獸名小雅疏

重錦三十兩　重牢也正義

晉侯使太子申生伐東山臯落氏　臯落氏赤翟之都也水經注

以朝夕視君膳者也　厨膳飲食

有守則從從曰撫軍　有代大子守則從之助君撫循軍士竝晉世家注

君其舍之　置申生勿使將兵也

不對而退　里克不對

公衣之偏衣佩之金玦　偏衣偏裻之衣偏異色駮不純裻在中左右各異故曰偏衣金玦以金爲玦也晉世家注

是服也狂夫阻之　阻止也方相之士蒙玄衣朱裳主索室中敺疫號之爲狂夫止此服言君與大子以狂夫所止之服衣之正義

與其危身以速罪也　速召也疾也言大子不去自必危疾召罪狐突知其亂本旣成而大子拘於一節不達至孝之義與臯落雖戰勝而歸猶不能免於難而使父有恃惑殺子之罪故傳備衆賢之言以速大子所以死也御覽

衛文公大布之衣大帛之冠　戴公卒在此年鄘風疏

左氏傳解誼卷二

漢　滎陽服虔注　　金谿鄭　曙校

僖公元年　公敗邾師于偃虛丘之戍　虛丘魯邑魯有亂邾使兵戍虛丘魯與邾無怨因兵將還要而敗之所以惡僖公也邾之與魯本無怨惡僖公弃邾則爲之外主國亂則戍其內邑無故而敗其師亡信背義莫斯之甚非僖公作頌之主所當行也

二年　冀爲不道入自顛軨伐鄍三門　謂冀伐晉也郡國志注引服虔云鄍晉別都也

冀之既病則亦唯君故　謂虞助晉也將欲假道稱前恩以誘之正義

滅下陽　下陽虢邑也在大陽東三十里城南水經注

四年　楚屈完來盟于師　言來者外楚也嫌楚無罪言來楚以外之正義

蔡潰　民逃其上曰潰齊世家注

唯是風馬牛不相及也　風放也牝牡相誘謂之風尚書稱馬牛其風此言風馬牛謂馬牛風逸牝牡相誘蓋是末界之微事言此事不相及故以取喻不相干也正義

昔召康公　召公奭也齊世家注

五侯九伯女實征之　五侯公侯伯子男九伯九州之長大公爲王官之伯掌司馬職以九伐之法征討邦國故得征之邶風疏

東至于海西至于河南至于穆陵北至于無棣　是大公始受齊土地疆境所至也

昭王南征而不復寡人是問　周昭王南巡狩涉漢未濟船解而溺昭王王室諱之不以赴諸侯不知

其故故桓公以爲辭責問楚也齊世家注

楚國方城以爲城漢水以爲池　方城山也漢水名皆楚之隘塞耳商頌疏○齊世家注引服虔云方城山在漢南

且其繇曰　繇抽也抽出吉凶也周易釋文

太子祭于曲沃　齊姜廟所在晉世家注

五年　遂登觀臺以望　人君入大廟視朔告朔天子曰靈臺諸侯曰觀臺在明堂之中玉藻疏

凡分至啓閉必書雲物爲備故也　分謂春秋分至謂冬夏至啓立春夏也陽氣用事爲啓閉立秋冬

也陰氣用事爲閉雲五雲也物風氣日月星辰也分至啓閉天地之大節陰陽之分也故遂登觀臺望氣以審妖祥變亂之氣先見于八節備其雲物之形言其所致務爲之備也春官疏

狐裘龍茸一國三公吾誰適從　尨茸以言亂貌三公言君與二公子將敵故不知所從

披斬其袪　袪袖也並晉世家注

會于首止　首止近鄭之地鄭世家注

輔車相依　輔上領車也與牙相依衛風疏

其愛之也服本其作甚　愛之甚正義

人不易物惟德繄物　繄發聲也言黍稷牲玉不易無德薦之則不見享有德則見享言物爲有德用也大雅疏

均服振振　均同也春官疏○文選注引作袀服云袀服黑服也古戎服尚黑

而修虞祀　虞所祭祀命祀也晉世家注

七年子華由是得罪於鄭　鄭伯罪之也

八年狄伐晉報采桑之役也　采桑翟地晉世家注

不薨于寢不殯于廟　不薨於寢寢謂小寢不殯於廟廟謂殯宮鬼神所在謂之廟檀弓疏

則弗致也　言諸侯夫人有罪不以禮終不當致春官疏

九年王使宰孔賜齊侯胙　胙膰肉周禮以脤膰之禮親兄弟之國不以賜異姓尊齊侯客之若先代之後秋官疏

以伯舅耋老　七十曰耋射義疏

及高梁而還　高梁晉地齊世家注

十年子弒二君與一大夫　奚齊卓子荀息也

狐突適下國　晉所滅國以爲下邑一曰曲沃有宗廟故謂之國在絳下故曰下國

余得請於帝矣　帝天請罰有罪並晉世家注

七輿大夫　上軍之輿帥七人屬申生者襄二十三年下軍輿帥七人往前申生將上軍今七輿大夫爲申生報怨欒盈將下軍故七輿大夫與欒氏正義

十二年齊侯使管夷吾平戎于王　戎伐周晉伐戎救周故和也

陪臣敢辭　陪重也諸侯之臣於天子故曰陪臣並周

本紀注

謂百里與諸乎　百里秦大夫晉世家注

十四年八月辛卯沙鹿崩　沙山名鹿山足林屬於山曰鹿正義

虢射　惠公舅

十五年公曰不孫　孫順也

步陽御戎家僕徒爲右　二子晉大夫也

輅秦伯　輅迎也並晉世家注

晉於是乎作爰田　爰易也賞衆以田易其疆畔

士刲羊亦無衁也女承筐亦無貺也　離爲戈兵兌爲羊震變爲離是用兵刺羊之象也三至五有坎象坎爲血血在羊上故刺無血也震爲竹竹爲筐震變爲離離爲火火動而上其施不下故筐無實也

西鄰責言不可償也　三至五爲坎坎爲月月生西方故爲西鄰坎爲水兌爲澤澤聚水故坎責之澤澤償水則竭故責言不可償

歸妹之睽猶無相也　兌爲金離爲火金火相遇而相害故無助也

爲雷爲火爲嬴敗姬　離爲日爲火秦嬴姓水位二至五有坎象水勝火故爲嬴敗姬

車說其輹火焚其旗不利行師敗于宗丘　五至三有坎爲水象震爲車車得水而脫其輹也震爲龍龍爲諸侯旗離之震故火焚其旗也震東方木兌西方金木遇金必敗韓有先君之宗廟故曰宗丘

寇張之弧　坎爲寇爲弓故曰寇張之弧

此一役也　一役者謂韓戰之役並正義

箕子　紂之庶兄宋世家索隱

十六年君失問　鷁退風咎君行所致非吉凶所從生襄公不問已行何失而致此變但問吉凶焉在以爲石隕鷁退吉凶所從而生故云君失問正義

十七年故名男曰圉女曰妾　圉人掌養馬臣之賤者不聘曰妾晉世家注

齊侯好內　內婦官也

因內寵以殺羣吏　內寵如夫人者六人羣吏諸大夫也並齊世家注

二十年 凡啓塞從時 闔扇所以開鍵閉所以塞月令仲春修闔扇孟冬修鍵閉從時從此時也

二十一年 修城郭 國家凶荒則無道之國乘而加兵故修城郭爲守備也竝正義

二十二年 寡君之使婢子侍執巾櫛 曲禮云世婦以下自稱婢子婢子婦人之卑稱也晉世家注

二十三年 齊侯伐宋圍緡以討其不與盟于齊也 魯僖公十九年諸侯盟于齊以無忘桓公之德宋襄公欲行霸道不與盟故伐之齊世家注

策名委質 古者始仕必先書其名於策委死之質於君然後爲臣示必死節於其君也仲尼弟子列傳索隱

司空季子 胥臣曰季也晉世家注

齊桓公妻之有馬二十乘 八十匹也宋世家注

公子懼降服而囚 自意於楚子伸於知已降服於懷嬴屈於不知已

二十四年 臣負羈紲從君巡於天下 一曰大繮曰紲古者行則有犬竝正義

軍于郇 郇國在解縣東郇瑕氏之虛也水經注

上下相蒙 蒙欺也晉世家注

以懲襄王之與衛滑也 滑小國近鄭世世服從而更違叛鄭師伐之聽命後自懟於王王以與衛

富辰諫曰 富辰周大夫竝周本紀注

召穆公 召康公十六世孫大雅疏 爲王卿士小雅疏

王遂出及坎欿 坎欿鞏東邑名也水經注

二十五年 遇黃帝戰于阪泉之兆 阪泉地名五帝本紀注

三月甲辰次于陽樊 陽樊周地陽邑名也樊仲山甫之所居故曰陽樊晉世家注

衛子莒慶盟于洮 時先君已葬成公猶稱子者明不失子道曲禮疏

二十六年 公使展喜犒師 以師枯槁故饋之飲食勞苦謂之勞也

室如縣罄 言室屋皆發撤榱椽在如縣罄竝正義

夔子不祀祝融與鬻熊 夔楚熊渠之孫熊摯之後夔在巫山之陽秭歸鄉楚世家注

二十八年 還自南河濟 南河濟南之東南流河也衛世家注

衛侯出居于襄牛 襄牛衛地也晉世家注

願以閉執讒慝之口　子玉非敢求有大功但爲執
蔿賈讒慝之口謂子玉過三百乘不能入也同上
楚子伏己而盬其腦　如俗語相罵云啑女腦矣正義
作王宮于踐土　既敗楚師襄王自往臨踐土賜命
晉侯晉侯聞而爲之作宮
駟介百乘徒兵千　駟介駟馬被甲也徒兵步卒也
並晉世家注
出入三覲　出入猶去來也從來至去凡三見王上
公廟中將幣三享王禮再祼而酢饗禮九獻食禮

九舉三勞三問出入三覲爲行此禮秋官疏
王子虎盟諸侯于王庭　王庭踐土也晉世家注
楚子玉自爲瓊弁玉纓　謂馬飾王制疏
天王狩于河陽　河陽溫也水經注
晉侯作三行以禦敵　辟天子六軍故謂之三行也
晉世家注
二十九年　介葛盧聞牛鳴曰是生三犧皆用之矣　言八
律之音聽禽獸之鳴則知其嗜欲
三十年　請無與圍鄭許之　晉善蘭不忘本國故也

饗有昌歜白黑形鹽　昌歜昌本之菹
鹽虎形　虓形並天官疏
東門襄仲將聘于周遂初聘于晉　先聘晉後聘周
三十一年　猶三望　三望分野之星國中山川
三十三年　秦師輕而無禮　無禮謂過天子門橐甲束兵
而但免冑並正義
唯是脯資餼牽竭矣　腥曰餼聘禮疏○又聘義疏引服虔注作死曰餼
遂墨以葬文公　非禮也晉世家注
夫人請之　夫人秦繆公女秦本紀注

文夫人斂而葬之鄶城之下　鄶城故鄶國之墟鄭風
疏
特祀於主烝嘗禘於廟　特祀於主謂在寢烝嘗禘
於廟者三年喪畢遭烝嘗則行祭皆于廟焉士虞禮疏
文公元年　蠭目而豺聲忍人也　言忍爲不義
能事諸乎　若立職子能事之
能行大事乎　謂弑君也並楚世家注
二年　不登於明堂　明堂祖廟也玉藻疏
故禹不先鯀湯不先契文武不先不窋　周家祖后

稷以配天明不可先也故言不先不窋禹湯異代之王故言不先鯀契也正義

三年取王官及郊　此晉地不能有秦本紀注

四年晉侯伐秦圍邧新城以報王官之役　秦新邑所作城也晉世家注

玈弓矢千　玈弓以射甲革椹質矢千則弓十小雅疏

五年王使榮叔來含且賵　含賵當異人今一人兼兩使故書且以譏之正義

不祀忽諸　諸語辭邶風疏

六年晉蒐于夷舍二軍　使射姑代先且居趙盾代趙衰也箕鄭將上軍林父佐也先蔑將下軍先都佐也故蒐于董趙盾將中軍射姑奔狄先克代佐中軍正義

以子車氏三子奄息仲行鍼虎爲殉　子車秦大夫氏也殺人以葬璇環其左右曰殉秦風疏

爲之律度　皃氏爲鐘各自計律倍而半之黃鍾之管長九寸正義

晉人以難故欲立長君　晉國數有患難也晉世家注

難必抒矣服本作紓　紓緩也正義

辰嬴嬖於二君　辰嬴懷嬴也二君懷公文公也

班在九人　班次也竝晉世家注

文公之入也無衛　衛從兵也

七年將焉寘此　寘置也此大子也晉世家注

此子也才吾受子之賜不才吾惟子之怨　如子爲善教誨此子使之有賢才知人君之道也則吾受子之賜賜猶惠也才而受賜美其教也不才怨子惡其教不至也

今君雖終言猶在耳　君沒未久而言聲語氣尚在耳

宣子與諸大夫皆患穆嬴且畏偪　患穆嬴以君顧命之言責己也畏他公子相逼迫也竝御覽

正德利用厚生　正德人德利用地德厚生天德春官疏

十一年且言司城蕩意諸而復之　反不書者施而不德

鄋瞞侵齊　伐我不書諱之竝正義

冬十月甲午敗翟于鹹　鹹魯地也

富父終甥摏其喉以戈殺之　富父終甥魯大夫摏猶衝也

以命宣伯　宣伯叔孫得臣子喬如也得臣獲喬如以名其子使後世旌識其功

初宋武公之世鄋瞞伐宋　武公周平王時在春秋前二十五年鄋瞞長翟國名並魯世家注

獲長狄緣斯皇父之二子死焉　不言所埋埋其身首同處於戰地可知殺緣斯者未必三子之手士卒獲之耳正義

衛人獲其季弟簡如　獲與喬如同時魯世家注

十二年

郕人立君　立君改立君不問天子也

太子以夫鐘與郕邽來奔　郕邽郕邦之家寶圭太子以其國寶與地夫鐘來奔也

秦伯伐晉取羈馬　晉邑也

以從秦師於河曲　河曲晉地並秦本紀注

若使輕者肆焉　肆突言使輕鋭之兵往驅突晉軍夏官疏

十三年

能賤而有恥　謂能處賤且又知恥言不可汙辱正義

魏壽餘　晉之魏邑大夫秦本紀注

乃行繞朝贈之以策　繞朝以策書贈士會正義

大室之屋壞　太廟之室明堂位疏

十四年

齊人執子叔姬　子叔姬者子殺身執閔之故言子爲在室辭

十五年

宋司馬華孫貴之也　華耦爲卿後而不廢以君命修好結盟舉其官屬從之空官廢職魯人不知其非反尊貴之其意以爲貴之者魯人貴之非君子貴之並正義

史佚有言　史佚周成王太史玉藻疏

一人門於句鼆一人門於戾丘　魯國中小寇非異國侵伐故不書也正義

十六年

分爲二隊　隊部也文選注

公子鮑美而豔襄公夫人欲通之而不可　襄公夫人周襄王之姊王姬也不可鮑不肯也宋世家注

十七年

齊侯伐我北鄙　再來伐魯西鄙書北鄙不書

諱仍見伐
寡君又朝以蕆陳事　蕆敕也
鹿死不擇音　鹿得美草呦呦相呼至於困廹將死
不暇復擇善音急之至也並正義
周甘歜敗戎于邥垂　邥垂在高都南水經注
十八年襄仲欲立之叔仲不可　襄仲公子遂叔仲惠
伯魯世家注
在九刑不忘　正刑一議刑八
蒼舒隤敳檮戭大臨尨降庭堅仲容叔達　八人禹

垂之屬也
服讒蒐慝以誣盛德服本蒐慝作隱慝盛德作成德　隱慝謂陰隱
爲惡也成德謂成就其德故爲賢人也並正義
少皞氏　金天氏帝號
謂之窮奇　謂共工氏也其行窮而好奇並五帝本紀注
縉雲氏有不才子　夏官爲縉雲氏正義
以禦螭魅　螭山神獸形或曰如虎而啖虎魅人面
獸身四足好惑人山林異氣所生爲人害也春官疏
宣公元年遂以夫人婦姜至自齊　古者一禮不備貞女

不從故詩云雖速我訟亦不女從宣公既以喪娶
夫人從亦非禮故不稱氏見畧賤之也
楚子侵陳遂侵宋晉趙盾帥師救陳宋　趙盾既救
陳而楚師侵宋趙盾欲救宋而楚師解去並正義
楚蔿賈救鄭遇於北林　北林鄭南地也水經注
囚晉解揚　解揚晉大夫晉世家注
二年見叔牂曰子之馬然也對曰非馬也其人也　賈
逵云叔牂宋守門大夫華元既見叔牂牂謂華元
曰子見獲於鄭者是由子之馬使然也華元對曰

非馬自奔也其人爲之也鄭衆云叔牂卽羊斟也
在先得歸華元見叔牂牂卽誣之曰奔入鄭軍者
子之馬然也非我也華元對曰非馬也其人也又
一說叔牂宋人見宋以馬贖華元謂元以贖得歸
謂元曰子之得來當以馬贖故然華元曰非馬也
其人也正義曰服虔載三說皆以子之馬然爲叔牂之語對曰以下爲華元之辭杜不從
于思于思　白頭貌小雅疏○左傳疏作賈注
宰夫胹熊蹯不熟　蹯熊掌其肉難熟晉世家注
遂扶以下公嗾夫犬焉釋文扶服本作跣注云徒跣也嗾作嗾　趙盾

徒跣而下走嗾獒也夫語辭獒犬名公乃嗾夫獒使之噬盾也正義

宦三年矣　宦學也學職事爲宦也曲禮疏

問其名居不告而退　不望報也

爲法受惡　聞義則服並晉世家注

詛無畜羣公子　驪姬與獻公及諸大夫詛無畜羣公子欲令其二子專國正義

乃宦卿之適子而爲之田以爲公族　公族大夫也晉世家注

趙盾爲旄車之族　旄車戎車之倅魏風疏

三年　楚子伐陸渾之戎遂至於雒觀兵於周疆　陸渾戎在雒西南也觀兵陳兵於周也

定王使王孫滿勞楚子　以郊勞禮迎之也

貢金九牧　使九州之牧貢金並楚世家注

螭魅罔兩服本作魑魅　螭山神獸形魅怪物魍魎木石之怪春官疏

文公報鄭子之妃　鄭子文公叔父子儀也報復也淫親屬之妻曰報漢律淫季父之妻曰報邶風疏

四年　子公之食指動　食指第二指鄭世家注俗所謂啑鹽指也正義

以貫笠轂　笠轂轂之蓋如笠所以蔽轂上以禦矢也一曰車轂上鐵也或曰兵車旁幔輪謂之笠轂

十一年　令尹蔿艾獵城沂　艾獵爲賈之子孫叔敖也並正義

使封人慮事　封人司徒之屬夏官疏

謂之夏州　言取討夏徵舒之州地官疏

十二年　先縠佐之　先縠食采於彘正義

觀釁而動　釁閒也釋文

周易有之在師䷆之臨䷒　坎爲水坤爲衆又互體震爲雷雷鼓類又爲長子長子帥衆鳴鼓巡水而行行師之象也臨兌爲澤坤爲地居地而俯視於澤臨下之義故名爲臨

彘子尸之　此禍也易師卦六五長子帥師弟子輿尸凶長子帥師以中行也弟子輿尸使不當也佐之於元帥弟子也而專以師濟使不當也軍必破敗而輿尸

篳路藍縷　言其縷破藍藍然竝正義
其君之戎分爲二廣廣有一卒卒偏之兩　左右廣各十五乘百人爲卒言廣有一卒爲承也五十人曰偏二十五人曰兩廣旣有一卒爲承承有偏偏有兩故曰卒偏之兩夏官疏
左射以菆　凡兵車之法射者在左御者在中戈盾在右
兩馬掉鞅而還　兩飾也掉正也
射麋麗龜　龜背之隆高當心

晉魏錡求公族未得　錡魏犫子
使軘車逆之　軘車屯守之車
楚人惎之脫扃　扃橫木有橫木投於輪閒一曰扃車前橫木
鄭石制實入楚師　入楚師使楚師來入鄭也竝正義
十四年　公孫歸父　襄仲之子魯世家注
十五年　高下在心　高下猶曲申也御覽
登諸樓車　樓車所以窺望敵軍兵法所謂雲梯也鄭世家注

子反懼與之盟　與華元私盟許爲退師若孟任割臂與魯莊公盟正義
棄仲章而奪黎氏地　黎侯之國邶風疏
故文反正爲乏　言人反正者皆乏絕之道也人反德則妖災生妖災生則國亡滅是乏絕之道也
十六年　成周宣榭火　宣揚威武之處竝正義
十八年　欲去三桓以張公室　三桓魯桓公之族仲孫叔孫季孫
使我殺適立庶以失大援者仲也夫　援助也仲殺

適立庶國政無常鄰國非之是失大援助也竝魯世家注

左氏傳解誼卷三

漢　滎陽服虔注　　宜黃余寅止校

成公元年　作丘甲　司馬法云九夫爲井四井爲邑四邑爲丘有戎馬一匹牛三頭四丘爲甸甸六十四井出長轂一乘馬四匹牛十二頭甲士三人步卒七十二人戈楯具備謂之乘馬 小雅疏

二年　請曲縣繁纓以朝　諸侯軒縣闕南方形如車輿是曲也 春官疏

癸酉師陳於鞌　鞌齊地名 齊世家注

奉觴加璧以進　司馬法云其有殞命以行禮如會所用儀也若殞命則左結旗司馬授飲右持苞壺左承飲以進 正義

且懼奔辟　辟扶亦反 釋文

盡東其畝而已　欲令齊隴畝東行

今吾子求合諸侯　數從諸侯征伐盟會 並齊世家注

吾苟有以藉口而復於寡君　今河南俗語治生求利少有所得皆言可用藉手矣

六年　季文子以鞌之功立武宮　鞌之戰禱武公以求勝故立其宮 並正義

沃饒而近盬　土平有溉曰沃盬鹽也土人鄉俗引水裂沃麻分灌州野畦水耗竭土自成鹽即所謂鹽鹺也而味苦號曰鹽田 水經注

子之佐十一人　欒書將中軍荀首佐之荀庚將上軍士燮佐之郤錡將下軍趙同佐之韓厥將新中軍趙括佐之鞏朔將新上軍韓穿佐之荀騅將新下軍趙旃佐之 正義

七年　使爲行人於吳　行人掌國賓客之禮籍以待四

方之使賓大客受小客之幣辭 吳世家注

八年　宋公使公孫壽來納幣　不稱主人母命不通故稱使婦人無外事

武從姬氏畜於公宮　莊姬晉成公之女 正義

九年　季文子如晉致女　謂成昏也 曾子問疏

十年　晉侯夢大厲被髮及地　公明之鬼

膏之下　膏雖凝者爲脂釋者爲膏其實凝者亦曰膏故內則云小切狼臅膏則此膏謂連心脂膏也

十一年　郤犨來聘且涖盟　郤犨郤克從祖昆弟

十三年 寡人不佞 佞才也不才者自謙之辭也並正義

曹宣公卒於師 宣公曹伯盧也以魯成公十三年會晉侯伐秦卒於師

負芻殺其太子而自立 公子負芻在國聞宣公卒殺太子而自立故曰不義

子臧將亡 子臧負芻庶兄並曹世家注

十五年 左師二司寇二宰遂出奔楚 魚石卿故書以為四人非卿故不書

十六年 今楚內棄其民而外絕其好瀆齊盟而食話言奸時以動而疲民以逞 外絕其好為刑不正邪也食話言為義不建利也疲民以逞為信不守物也並正義

晉楚遇於鄢陵 鄢陵鄭之東南地也晉世家注

皆曰國士在且厚不可當也 正義曰服虔以此皆曰之文在州犁賁皇之下賁皇州犁皆言曰晉楚之士皆在君側且陳厚不可當以為州犁言晉彊賁皇言楚彊故云皆曰也

其卦遇復䷗ict 復反也陰盛於上陽動於下以喻小人作亂於上聖人興道於下萬物復萌制度復理故曰復也

射其元王中厥目 陽氣觸地射出為射之象並正義

有韎韋之跗注君子也 跗謂足跗注屬也袴而屬於跗也春官疏

子反命軍吏察夷傷 金創為夷正義

宣伯 叔孫喬如也魯世家注

子叔申伯使叔孫豹請逆於晉師 叔孫豹先在齊此時從國佐在師聲伯令人就齊師使豹豹不忘宗國聞白國佐為魯請逆

宋齊衛皆失軍 失其軍糧並正義

十七年 懼不敢占也 聲伯惡瓊瑰贈死之物故畏而不言也秦風疏

十八年 辛巳朝於武宮 服本作辛未○正義

襄公元年 敗其徒兵於洧上 洧水名鄭世家注

三年 組甲三百 組甲以組綴甲車士服之

建一官而三物成 所舉三賢各能成其職事

事君必辟難有罪不逃刑 謂敢斬揚干之僕是不辟獲死之難

使佐新軍　於是魏頡卒矣使趙武將新軍代魏頡升魏絳佐新軍代趙武也

四年　武不可重　重猶大也言武事不可大任也

戎狄荐居　荐草也言狄人逐水草而居徙無常處也

六年　子罕善之如初　言子罕不阿同族亦逐樂轡以正國法忠之至也及樂轡射其門畏從華弱之罰復善樂轡如初是爲茹柔吐剛喪其志矣傳故舉之明春秋之義善惡俱見

九年　使皇鄭命校正出馬工正出車備甲兵庀武守　皇鄭皇父充石之後十世宗卿爲人之子大司馬椒也車馬甲兵司馬之職使皇鄭掌此事皇鄭必是司馬也校正主馬於周禮爲校人是司馬之屬官也周禮司馬之屬無主車之官巾車車僕職皆掌車乃爲宗伯之屬昭四年傳云夫子爲司馬與工正書服是諸侯之官司馬之屬有工正主車也國有火災恐致姦寇故使司馬命此二官出車馬備甲兵以防非常也傳言庀武守者甲兵器械藏於府庫若今武庫使具其守守此武庫也此事輕於車馬故後言之　並正義

以出內火　火出於夏爲三月於商爲四月於周爲五月故云以春出也季秋昏時伏於戌火星入故云以秋入也　天官疏

閼伯居商丘　商丘地名

相土因之　相土契之孫因之者代閼伯之後居商丘故湯以爲天下號　並商頌疏

遇艮之八　䷳　爻在初六九三六四六五上九惟六二不變連山歸藏之占以不變者爲占

棄位而姣　服云姣如字○釋文

肆眚圍鄭　肆眚放鄭囚也　正義

次於陰口而還　參南曰陰口者水口也　水經注

國君十五而生子冠而生子　人君禮十二而冠

以先君之祧處之　曾祖之廟曰祧者以魯襄公於時冠於衛成公之廟成公是衛今君之曾祖曰祧也　祭法疏

且要盟無質神弗臨也　質誠也無忠誠之信故神

弗臨也

十年 會吳子壽夢也 壽夢發聲吳蠻夷言多發聲數語共成一言壽夢一言也經言乘傳言壽欲使學者知之也 並正義

其將不免乎 免脫也言將不脫罪禍不以壽終也傳舉此者爲十九年齊殺其大夫高厚二十五年崔杼弒其君光起本也

郰人紇抉之以出門者 抉撅也謂以木撅抉縣門使舉令下各人出也門者下屬爲句

親受矢石 古者以石爲箭鏑國語云有隼集於陳侯之庭楛矢貫之石砮是也

楚子囊鄭子耳伐我西鄙 不書諱從晉不能服鄭旋復爲楚鄭所伐恥而諱之也

子孔當國爲載書以位序聽政辟 鄭舊世卿父死子代今子孔欲擅改之使以次先爲士大夫乃至卿也 並正義

十一年 同盟於亳城北 服本作京城北○公羊疏

司慎司盟 二司天神司盟司慎不敬者盟司察盟者 覲禮疏

七姓十二國之祖 晉主盟不自數

鄭人賂晉侯以師悝師觸師蠲 三師鐘師鎛磬師悝能鐘觸能鎛蠲能磬也

廣車軘車 軘車屯守之車也

八年之中九合諸侯 八年從四年以來至十一年也九合諸侯五年會於戚一也其年又會於城棣救陳二也七年會於鄬三也八年會於邢丘四也九年會於戲五也十年會於柤六也又戍鄭虎牢

七也十一年同盟於亳城北八也又會於蕭魚九也 並正義○晉世家注引此文無上十餘字

便蕃左右 服本作平平左右 平平辯治不絕之貌 小雅疏

十三年 不猶愈乎 愈猶病愈也

十四年 不獲成焉 不得成戰陳之事 並正義

衛獻公戒孫文子甯惠子食皆服而朝日旰不召 孫文子林父也甯惠子甯殖也勑戒二子欲共宴食皆服朝衣待命旰晏也

二子從之 從公於圃

孫文子如戚　戚孫文子邑也（並衛世家注）

鄄人執之　執追公徒者公如鄄故鄄人為公執之也（正義）

射兩軥而還　軥車軛也兩軥兩邊叉馬頸者（秦風疏）

王室之不壞繄伯舅是賴（釋文壞服本作懷）　懷柔也繄蒙也賴恃也王室之不懷柔諸侯恃蒙齊桓之匡正也（正義）

行歸於周萬民所望　逸詩也（正義云都人士首章有之禮記注亦言毛詩有之今韓詩實無此首章時三家列於學官毛詩不得立故服以為逸○小雅疏）

十五年　屈蕩為連尹　連尹射官言射相連屬也（正義）

富而後使復其所　富賣玉得富（天官疏）

十六年　戊寅大夫盟　穀梁云不曰諸侯之大夫大夫不臣也言惡大夫專而君失權也（正義）

十七年　齊人獲臧堅齊侯使夙沙衛唁之　弔生曰唁以生見獲故唁之（衛風疏）

拜君之辱抑君賜不終　言君義已故來唁之是惠賜也謂已無死不以義望已是不終也

不如蓋之　蓋覆蓋之也言左師無鷹鸇之志而蓋不義之人故尤之

左師為已短策　策馬捶也自為短策過華臣之門助御者擊馬而馳惡之甚也必為短策者私助御者不欲使人知也（並正義）

十八年　吾驟歌北風又歌南風南風不競多死聲　北風夾鍾無射以北南風姑洗南呂以南（左傳正義云服虔以為卯酉以北律呂為北風以南為南風）南律氣不至故死聲多吹律而言歌與風者出聲曰歌以律是候氣之管氣則風也故言歌風（春官疏）

十九年　顏懿姬無子其姪鬷聲姬生光以為太子　兄子曰姪顏鬷皆二姬母姓因以為號懿聲皆謚傳家從後言之故舉謚也

諸子仲子戎子　諸子諸妾姓子者仲子戎子皆宋女

屬諸戎子　戎子子牙養母

廢常不祥　立嫡為常立而廢之為不祥也

間諸侯難　間犯為光已列於諸侯難戚

是專黜諸侯　專獨也光比於諸侯列於會盟不可

黜也
而以難犯不祥也　以難成之事犯不善
崔杼微逆光　微隱匿也
疾病而立之　立爲太子 並御覽
婦人無刑　婦人從人者也故不爲制刑及犯惡從
男子之刑也 正義
問守備焉以無備告揖之乃登　齊欲誅衛呼而下
與之言因可取之無爲揖之復令登城彭仲博以
爲齊侯號衛衛懟而下問守備焉問衛之守高堂

者衛無恩信故令守者以無備告齊侯善其言故
揖之乃命士卒登城此説近之
二十一年 子盍詰盜　盍何不也
二十二年 臧武仲如晉　武仲非卿故不書
若不恤其患而以爲口實　口實謂譏讓也 並正義
楚觀起有寵於令尹子南　子南公子追舒 秋官疏
二十三年 禮爲鄰國闕　鄰國尚爲之闕樂況舅甥之親
乎 聘禮疏
君子謂慶氏不義不可肆也　傳發此言爲不書慶
氏以陳叛爲楚所圍稱國以殺不成惡人肆其志
也
唯魏氏及七輿大夫與之　下軍輿帥七人
欒魴傷欒盈奔曲沃　魴盈之子
啓牢成御襄罷師狼遽疏爲右　司馬法曰大前驅
啓乘車大晨倅車屬焉
張武軍於熒庭　張設旗鼓也
趙勝帥東陽之師以追之　東陽晉邑 並正義
美疢不如惡石　惡石砭石也

夫石猶生我　夫謂孟孫也 正義
毋或如東門遂不聽公命殺適立庶　東門遂襄仲
也居東門故稱東門遂 魯世家注
猶有先人之敝廬在下 服虔以下從上讀　言敝廬在下
作不順而施不恕也　不順謂阿季氏廢長立少也
不恕謂惡孟氏立庶也
二十四年 太上有立德其次有立功　其次有立言　立德
伏犧神農也立功禹稷也立言史佚周任臧文仲
也

象有齒以焚其身　焚讀曰僨僨僵也爲生齒牙僵仆其身

部婁無松柏　喻小國無賢才智勇之人而與大國等也

二十五年遇困䷮之大過䷛史皆曰吉　皆二卦妄也並正義

乃爲崔子間公　伺公間隙

公拊楹而歌　公以爲姜氏不知巳在外故歌以命之也一日公自知見欺恐不得出故歌以自悔

不能聽命　言不能親聽公命

近於東宮　崔杼之宮近公宮淫者或詐稱公並齊世家注

陪臣干掫釋文服本干如字掫作諏　一曰干扞也諏謀也言受崔子命扞禦謀淫之人正義

故君爲社稷死則死之爲社稷亡則亡之　謂以公義爲社稷死亡也如是者臣亦隨之死亡

若爲巳死而爲巳亡非其私暱誰敢任之　言君自以巳之私欲取死亡之禍則私近之臣所當任也

舍之得民　置之所以得人心並齊世家注

執簡以往　古文篆書一簡八字聘禮疏

下車七乘　下車遣車也正義上公褒饋九牢遣車九乘檀弓疏

祝袚社司徒致民司馬致節司空致地乃還　祝與司徒等皆是陳人各致其所主於子產

武也知楚令尹　令尹屈建也並正義

當陳隧者井堙木刊　堙塞也刊削也魯頌疏

二十六年辛卯殺子叔及太子角　殺太子角不書舉重者

專祿以周旋戮也　專祿謂以戚叛也既叛衛亦不臣於晉自謂若小國是爲專祿並正義

賜子產次路再命之服先六邑　四井爲邑鄭世家注

取衛西鄙懿氏六十以與孫氏　六十邑

晉侯賦嘉樂　晉侯自嘉樂愚之甚也並正義

赤而毛　其身色赤而生毛也

平公入夕　視夕也

而視之尤　尤過也意悅之視之過久

姬納諸御　納之平公之御

發生佐惡而婉太子痤美而很　婉順也佐貌惡心順太子貌美而心很很戾不從教

寺人惠牆伊戾　寺人宋閹士惠牆皆發聲實為伊戾左傳疏引作惠伊戾皆發聲實為牆戾以公寺人為太子內師掌內官

楚客聘於晉過宋　楚客道過宋

夫不惡女乎　夫謂太子伊戾無寵於太子故曰夫不惡女

縱有共其外莫共其內　言我內師也當共內使

加書徵之　以書為之徵驗也書盟書

對曰欲速　速疾也欲疾代公得位故與楚客謀弒其父也

則皆曰固聞之　固久也久聞太子欲為亂

唯佐也能免我　佐內惡而外婉太子不知而謂其能免我實不然也

左師聞之　聞太子與佐期日中

乃縊而死　經書宋公殺其世子痤平公用伊戾之譖信夫人左師之言世子無罪而死故稱宋公殺罪之也並御覽

以登其城克而取之　取鄫高魚及反之皆不書蓋諱之

二十七年公喪之如稅服終身釋文稅服音吐外反　衰麻已除日月已過乃聞喪而服是為稅服之輕者

仲尼使舉是禮也以為多文辭　以其多文辭故特舉而用之後世謂之孔氏聘辭以孔氏有其辭故傳不復載也

伯夙謂趙孟　伯夙晉大夫

故不書其族言違命也　叔孫欲尊晉國不為人私

雖以違命見貶其於尊國之義得之

趙孟為客　楚君恒以大夫為賓者大夫卑雖尊之猶遠君也楚先歃為盟主故尊趙孟為客

宜其光輔五君以為盟主也　文公為戎右襄靈為大夫成公為卿景公為大傅也

請免死之邑　向戌自以止兵民不戰鬬自矜其功故求免死之賞也並正義

以誣道蔽諸侯釋文蔽服本作弊婢世反　弊踣也一曰罷也

二十八年以有時菑陰不堪陽　歲爲陽玄枵爲陰歲乘陰進至玄枵陰不勝陽故溫無氷

楚不幾十年未能恤諸侯也　此行也楚康王卒至昭四年楚靈王合諸侯於申距今八年故曰不幾十年

舍不爲壇服本作墠　除地爲墠並正義

慶舍涖事　舍慶封之子也生傳其職政與子齊世家注

吳句餘予之朱方　句餘餘祭也

二十九年祇見疏也　祇適也並正義

榮成伯賦式微　言君用中國之道疏邶風疏

不尙取之　不尙尙也尙當取女叔侯殺之

毋寧夫人而焉用老臣　毋寧寧也寧自取夫人將焉用老臣乎

吳公子札來聘　夷末新即位使來通聘並正義

請觀於周樂　周樂魯所受四代之樂也吳世家注

始基之矣猶未也　未有雅頌之成功周南疏

爲之歌邶鄘衛　鄘在紂都之西邶風疏○又引地理志云武王崩三監叛周公誅之盡以其地封弟康叔號曰孟侯遷邶鄘之民於洛邑故邶鄘衛三國之詩相與同風如志之言則康叔初即兼彼二國非子孫矣服虔依以爲說

爲之歌王　王室當在雅衰微而列在風故國人猶尊之故稱王猶春秋之王人也

其周之東乎　平王東遷雒邑並吳世家注

爲之歌鄭　鄭東鄭古檜國之地鄭風疏

其細已甚民弗堪也　其風細弱已甚攝於大國之間無遠慮持久之風故曰民弗堪將先亡也

美哉泱泱乎大風也哉　泱泱舒緩深遠有太和之意其詩風刺辭約而義微體疏而不切故曰大風

國未可量也　國之興衰世數長短未可量也並吳世家注

此之謂夏聲　秦仲始有車馬禮樂之好侍御之臣戎車駟牡田狩之事其孫襄公列爲秦伯故有蒹葭蒼蒼之歌終南之詩追錄先人車鄰駟驖小戎之歌與諸夏同風故曰夏聲秦風疏

自鄶以下無譏焉　鄶以下及曹風也其國小無所刺譏吳世家注　檜是陸終第四子求言後檜風疏

爲之歌小雅　自鹿鳴至菁菁者莪道文武修小政

定大亂致太平樂且有儀是爲正小雅 小雅疏

其周德之衰乎　此歎變小雅也其意言思上世之明聖而不貳於當時之王怨當時之政而不有背叛之志也其周德之衰微乎疑其幽厲之政也 正義

爲之歌大雅　陳文王之德武王之功自文王以下至皇矣是爲正大雅 大雅疏

遷而不淫　遷徙也文王徙豐武王又徙鄗 吳世家注

見舞象箾南籥者　象文王之樂舞象也箾舞曲名言天下樂削去無道 周頌疏

美哉猶有憾　憾恨也恨不及已以伐紂而致太平也

而猶有慙德　慙於始伐而無聖佐故曰聖人之難也

美哉勤而不德　禹勤其身以治水土也

見舞韶箾者曰德至矣哉大矣　韶箾有虞氏之樂大韶也至帝王之道極於韶也盡美盡善也

若有他樂吾不敢請已　周用六代之樂堯曰咸池黃帝曰雲門會受四代下周二等故不舞其二季札知之故曰有他樂吾不敢請

子速納邑與政　入邑與政職於公不與國家之事

愼之以禮　禮所以經國家利社稷也

聞鐘聲焉　孫文子鼓鐘作樂也

辯而不德必加於戮　辯若鬭辯也夫以辯爭不以德居之必加於刑戮也

終身不聽琴瑟　聞義而改也琴瑟不聽況於鐘鼓乎

晉國其萃於三族乎　言晉國之祚將集於三家

吾子好直　直不能曲撓以從衆 並吳世家注

三十年

穆叔問王子之爲政何如 釋文服本作問王子圍之爲政　王子楚令尹王子圍也

吏走問諸朝　吏不知亥數故走問於鄉大夫

而廢其輿尉　輿尉軍尉主發衆使民

鳥鳴於亳社　殷宋之祖也故鳴其社伯姬會女欲使曾往悟伯姬也

甲午宋大災宋伯姬卒　經不書大非災火及人饷

姬坐而待之耳

大夫敖（釋文服本作放）　言大夫淫放義（並正）
三十一年 立敬歸之娣齊歸之子公子裯　胡歸姓之國
也齊謚也
有母弟則立之無則立長　無母弟則立庶子之長
猶有童心　言無成人之志而有童子之心（並魯世家注）
以羸諸侯（服讀爲盈）　盈受也
延州來季子其果立乎　延延陵也州來邑名季子
讓王位升延陵爲大夫食邑州來傳家通言之
令尹似君矣　言令尹動作以君儀故云似君矣（並正
義）

左氏傳解誼卷四

漢 榮陽服虔注　奉新余用賓校

昭公元年 圍布几筵告於莊共之廟而來　莊謂莊王圍
之祖共謂共王圍之父（聘禮疏）
公子圍設服離衛　二人執戈在前在國居君離宮
陳衛在門
蒲宮有前不亦可乎　蒲宮楚君離宮言令尹在國
已居君之宮出有前戈不亦可乎
吾代二子愍矣　愍憂也代伯州犂憂公子圍代子
羽憂子晳

周有徐奄　一曰魯公所伐徐戎也
吾與子弁冕端委以治民臨諸侯禹之力也　禮衣
端正無殺故曰端文德之衣尚褒長故曰委
爲五陳以相離兩於前伍於後專爲右角參爲左角
偏爲前拒　司馬法云五十乘爲兩百二十乘爲伍
八十一乘爲專二十九乘爲參二十五乘爲偏彼
皆準車數多少以爲別名此傳去車用卒而有此
名則此名不以車數爲別也（並正義）

遷閼伯於商丘主辰商人是因　辰大火主祀商人契之先湯之始祖相土封閼伯之故地因其故國而代之

遷實沈於大夏主參　大夏在汾澮之間主祀參星並鄭世家注

唐人是因　唐人謂劉累也

其季世曰唐叔虞　叔虞邑姜所生也並正義

當武王邑姜方震大叔　邑姜武王后齊太公之女也晉世家注

夢帝謂已　已武王也正義

昔金天氏有裔子曰昧爲玄冥師生允格臺駘　金天少皞也玄冥水官也師長也昧爲水官之長允格臺駘兄弟也臺駘能修昧之業

障大澤以處太原帝用嘉之　陂障其水也大原汾水名帝顓頊也

山川之神則水旱厲疫之災於是乎禜之　禜爲營攢用幣也若有水旱則禜祭山川之神以祈福也並鄭世家注

勿使有所壅閉湫底以露其體　湫著也底止也釋文

陰陽風雨晦明也　風東方雨西方陰中央晦北方明南方唯天陽不變小雅疏

甲辰朔烝於溫　甲辰朔夏十一月朔也正義　癸人君用孟月人臣用仲月王制疏

二年季氏有嘉樹焉宣子譽之　譽游也宣子游其樹下夏諺曰一游一譽爲諸侯度

少姜有寵於晉侯晉侯謂之少齊　所以寵異不與齊衆女子等齊國如此好女甚少並正義

晉侯使郊勞　近郊三十里魯頌疏

三年火中寒暑乃退　火大火星也季冬十二月平旦正中在南方大寒退季夏六月黄昏火星中大暑退邶風疏

焜燿寡人之望　焜明也燿照也言得備妃嬪之列照明已之意望也正義

公聚朽蠹而三老凍餒　三老工老商老農老也釋文

民人痛疾而或燠休之　燠休痛其痛而念之若今時小兒痛父母以口就之曰燠休代其痛也

其相胡公大姬已在齊矣　相隨也
讒鼎之銘　讒鼎疾讒之鼎明堂位所云崇鼎是也
一云讒地名禹鑄九鼎於甘讒之地故曰讒鼎
子豐有勞於晉國　鄭僖公之爲大子子豐與之俱
適晉
四年　滕子　齊景亡滕並正義
三塗　太行轘轅崤澠也水經注
古者日在北陸而藏氷西陸朝覿而出之　火出於
夏爲三月於商爲四月於周爲五月自命夫命婦
至於老疾無不受氷陸道也北陸言在謂十二月
日在危一度西陸朝覿不言在則不在昴謂二月
日在婁四度謂春分時奎婁晨見東方而出氷天官
疏●左傳疏引服虔云二月日在婁四度春分之中奎始朝見東方以是時出氷月令仲春天子乃獻羔啓氷是也
朝之祿位　謂大夫以上
黑牡秬黍以享司寒　司陰之神玄冥也將藏氷致
寒氣故禮其神並豳風疏
桃弧棘矢以除其災　桃所以逃凶也棘矢者棘有

箴取其名也蓋出氷之時置此弓矢於淩室之戶
所以禳除凶邪將御至尊故慎其事爲此禮也此
傳言其出之也雖覆上文出之之文其實此出之
謂二月初出之時公將用之故設弓矢也正義
秋無苦雨　害物之雨民所苦也小雅疏
康有酆宮之朝　酆宮成王廟所在也楚世家注
王曰吾用齊桓　召陵之役齊桓退舍以禮楚靈王
今感其意是以用之
寡君將墮幣焉　墮輸也言將輸受宋之幣於宗廟
並正義
商紂爲黎之蒐　黎東夷國名也子姓楚世家注
鄭子產作丘賦　子產作丘賦者賦此一丘之田使
之出一馬三牛復古法耳丘賦之法不行久矣今
子產復修古法民以爲貪故謗之正義
釁大夫以落之　釁以豭豚爲落小雅疏
五年　卿喪自朝魯禮也　言卿葬三辭於朝從朝出正
門卿佐國之楨榦君之股肱必過於朝重之也正義
使亂大從　使亂大和順之道也釋文

明而未融其當旦乎　融高也謂日高也齊風疏
亨頫有璋釋文服氏以享爲獻
小有述職大有巡功　諸侯適天子曰述職謂六年
一會王官之伯命事考績述職之事也曹風疏
殯有陪鼎　陪牛羊豕鼎故曰陪鼎
羊舌四族　伯華叔向叔魚季夙也并正義
何不可之有正義云啓疆發首言可此云何不可之有言其可也服虔云何不可之有如是大不識文勢
薳啓疆待命於雩婁　雩婁楚之東邑吳世家注

六年三辟之興皆叔世也　政衰爲叔世叔世踰於季
世季世不能作辟也
儀式刑文王之德日靖四方　儀善也式用也刑法
也靖謀也言善用法文王之德日日謀安四方
儀刑文王萬邦作孚　善用法者文王也言文王善
用其法故能爲萬國所信也
藏爭辟焉　鑄鼎藏爭辟故令出火與五行之火爭
明故爲災在器故稱藏也
不抽屋不强匄　抽裂也言不毁裂所舍之屋也匄

乞也不就人强乞也
七年士臣皁皁臣輿輿臣隸隸臣僚僚臣僕僕臣臺
皁造也造成事也輿衆也佐皁舉衆事也隸隸屬
於吏也僚勞也共勞事也僕僕豎主藏者也臺給
臺下微名也并正義
作僕區之法　僕隱也區匿也爲隱匿亡人之法也
釋文
好以大屈　大屈寶金可以爲劔左傳疏引作賈逵注一曰大
屈弓名魯連書曰楚子享魯侯於章華與之大曲

之弓旣而悔之大屈殆所謂大曲之弓魯世家注
賜子產莒之二方鼎　鼎三足則圓四足則方正義
聖人之後也　聖人謂商湯孔子世家注
其祖弗父何以有宋而授厲公　弗父何宋湣公世
子厲公之兄也以有宋言湣公之適嗣當有宋國
而讓與弟厲公也商頌疏
及正考父　弗父何之曾孫
一命而僂再命而傴三命而俯　僂傴俯皆恭敬之
貌也并孔子世家注

歲時日月星辰是謂也　歲星之神也左行於地十二歲而一周時四時也日十日也月十二月也星二十八宿也辰十二辰也是爲六物小雅疏

孔成子　衛卿孔烝鉏也衛世家注

八年　石言於晉魏榆　魏邑也榆州里名釋文

將往又數人告於道遂如陳氏將往者欲　到陳氏問助子良攻我意

輿嬖袁克殺馬毀玉以葬　一曰馬陳侯所乘馬玉陳侯所佩玉故殺馬毀玉不欲使楚得之並正義

陳顓頊之族也　陳祖虞舜舜出顓頊故爲顓頊之族陳杞世家注

九年　春叔弓宋華亥鄭游吉衛趙黶會楚子於陳　此會宋鄭衛之大夫不書叔弓後也

蒲姑商奄　蒲姑商奄濱東海者也蒲姑齊也商奄魯也

宣王說王有姻喪　婚之父曰姻王之后喪父於王亦有服義故往弔

夏四月陳災　愍陳不與楚故存陳而書之言陳尙爲國也

火水妃也　火離也水坎也易卦離爲中女坎爲中男故火爲水妃也並正義

使荀躒佐下軍以說焉　荀躒知文子趙世家注

孟僖子如齊殷聘禮也　殷中也自襄二十年叔老聘於齊至今積二十一年聘齊故中復盛聘秋官疏

十年　請斷三尺焉而用之　斷三尺使至於較大夫旗至較冬官疏

視民不佻　示民不偷薄也小雅疏

十二年　晉伐鮮虞　穀梁曰其曰晉狄之也不正其與夷狄交伐中國故狄稱之也正義云賈服取以爲說杜顯而異之

已乎已乎非吾黨之士乎　已乎決絕之辭則謂歌者自言已意可已乎已乎此南蒯今已非是吾黨之士並正義

求能以爲分　有功德受分器

篳路籃縷　篳路柴車素大輅也籃縷言衣敝壞其蔞籃籃然也

跋涉山林　草行曰跋水行曰涉

桃弧棘矢　桃弧棘矢所以禦其災言楚地山林無所出也

齊王舅也　齊呂伋成王之舅

昔我皇祖伯父昆吾舊許是宅　陸終氏六子長曰昆吾少曰季連季連楚之祖故謂昆吾爲伯父也昆吾曾居許地故曰舊許是宅也

十三年　以聽國人　聽國人欲爲誰

王沿夏將欲入鄢　鄢楚別都也

吾父再奸王命　謂斲王旌執人於章華之宮

獲其五帥　五帥蕩侯潘子司馬督囂尹午陵尹喜

乃使爲卜尹　卜尹卜師大夫官

康王跨之　兩足各跨璧一邊

同惡相求如市賈焉　謂國人共惡靈王者如市賈人求利也

無與同好誰與同惡　言無黨於內當與誰共同好惡

可謂無謀　言靈王尙在而妄動取國故謂無謀

私欲不違　不以私欲違民心

齊桓晉文不亦是乎　皆庶子而出奔

有國高以爲內主　國子高子皆齊之正卿

從善而流　言其疾也

惠懷棄民　皆棄民不恤　並楚世家注

使諸侯歲聘以志業閒朝以講禮再朝而會以示威再會而盟以顯昭明　正義云賈逵服虔皆以爲朝天子之法　王制疏

鄭伯男也　鄭伯爵在男服也

貢之無藝　藝極也一曰常也

十四年　盟費人司徒老祁慮癸　司徒姓也老祁字也

慮癸亦姓字也二子季氏家臣也

宥孤寡　宥寬赦其罪也

乃施邢侯　施罪於邢侯施猶劾也邢侯亡故劾之

不爲末減　正義云服虔讀減爲威下屬爲句　不爲末者不爲末殺隱蔽之也咸曰義也言人皆曰叔向是義

十五年　吾見赤黑之祲　水黑火赤水火相遇故爲祲

禮王之大經也　經常也常所當行也

十六年　幾爲之笑而不陵我　幾近也孔張失位近爲所笑

刑之頗類正義云服虔讀頗爲類　頗偏也類不平也
立於朝而祀於家　祀其所自出之君於家以爲大
祖
其祭在廟　謂孔張先祖配廟食
非不能事大字小之難正義云服虔斷字小之難以下爲義　字養也
言事大國易事小國難
不亦鋭乎　鋭拆也
十七年　昔者黃帝氏以雲紀故爲雲師而雲名　黃帝
受命得景雲之瑞故以雲紀事以雲名官春官爲

漢魏遺書鈔　卷四　左氏傳解誼　三

青雲氏夏官爲縉雲氏秋官爲白雲氏冬官爲黑
雲氏中官爲黃雲氏炎帝以火名官春官爲大火
夏官爲鶉火秋官爲西火冬官爲北火中官爲中
火共工以水名官春官爲東水夏官爲南水秋官
爲西水冬官爲北水中官爲中水大皞以龍名官
春官爲青龍氏夏官爲赤龍氏秋官爲白龍氏冬
官爲黑龍氏中官爲黃龍氏
五雉爲五工正利器用正度量夷民者也　雉者夷
也夷平也使度量器用平也

九扈爲九農正　九扈春扈鳻鶞夏扈竊玄秋扈竊
藍冬扈竊黃棘扈竊丹行扈唶唶宵扈嘖嘖桑扈
竊脂老扈鷃鷃並正義
自顓頊以來不能紀遠乃紀於近爲民師而命以民
事則不能故也　自少皞以上天子之號以其德百
官之紀以其徵自顓頊以來天子之號以其地百
官之紀以其事月令疏
晉荀吳帥師涉自棘津　棘津猶孟津也水經注
今茲火出而章必火入而伏服本作火出而章必火入而伏重火字別句

漢魏遺書鈔　卷四　左氏傳解誼　三

○正義
若火作其四國當之　服本下有六物之占四字○按蜀石經本及御覽所引並同蓋據服本如此
十八年　宋衛陳鄭皆火　四國次有火氣也正義
梓愼登大庭氏之庫以望之　大庭氏古亡國之君
在黃帝前其處高顯地官疏
弗良及也　弗良及者不能及也良能也
鄅人藉稻　藉耕種於藉田也
今執事撊然　撊然猛貌也並正義

十九年　費無極　楚大夫楚世家注

許悼公瘧　悼公靈公之子許男買瘧寒疾也

書曰弒其君　禮醫不三世不使君有疾飲藥臣先嘗之親有疾飲藥子先嘗之公疾未瘳而止進藥雖嘗而不由醫而卒故國史書弒以告於諸侯

太子建居於城父　城父楚北境楚世家注

其一二父兄懼隊宗主　祏主藏於宗廟故曰宗主少牢饋食大夫禮也大夫無主何所隊乎

寡君與其二三老　二三老駟偃家臣

二十年　春王二月己丑日南至　梓慎知失閏二月冬至故獨以二月望氣

奮揚使城父人執己以至　城父人城父大夫也

相從爲愈　相從愈於共死並正義

彼將有他志　謂欲取國也吳世家注

賓將掫杜子春作趣讀爲造次之造賈服讀爲掫　謂行夜也夏官疏

琴張聞張魯死　琴張鄭衆賈逵皆以爲子張即顓孫師案七十子傳云子張少孔子四十餘歲孔子是時四十知未有子張鄭賈之說不知所出

盍誅於祝固史嚚以辭賓　祝固齊大祝史嚚大史也謂祝史之固陋嚚闇不能盡禮薦美至於鬼神怒也其意以爲請誅祝史之嚚闇固陋者嚚固非人名也

上下無怨　上下謂人神無怨並正義

山林之木衡鹿守之澤之萑蒲舟鮫守之藪之薪蒸虞候守之海之鹽蜃祈望守之　衡鹿舟鮫虞候祈望皆官名也守之令民不得取之不共利時景公設此守以致疾故晏子所非非其不與民同地官疏

一氣　歌氣也釋文

七音　七律爲七器音黃鍾爲宮林鍾爲徵太簇爲商南呂爲羽姑洗爲角應鍾爲變宮蕤賓爲變徵春官疏

二十一年　亟言之　亟疾也疾言之欲使信正義

先人有奪人之心　戰氣未定故也

後人有待其衰　待敵之衰乃攻並夏官疏

而不能送亡君釋文絕句正義曰服虔以君上屬

不狎鄙　狎更也子城謂華豹曰不更射爲鄙一曰

城言我不狎習故鄙並正義

二十二年 自憚其犧也 犧者以喻人之有純德且宜為君地官疏

王弗應 賈逵以為太子壽卒景王不立適子正義云服虔以賈為然

司徒醜以王師敗績於前城 前讀為泉周地也水經注

二十三年 使各居一館 賈逵云使邾魯大夫各居一館

鄭衆云使叔孫子服回各居一館賈說近之正義

先君之力可濟也 獻公亦欲立子猛不欲令子朝

得國令南宮極震死為天所弃先君之功事可成

也

乃縊於遂溢 或謂之邑或謂之地水經注

明其伍候正義曰賈服王董皆作五候

二十四年 春王二月丙戌仲孫貜卒 賈逵云是歲孟僖

子卒屬其子使事仲尼仲尼時年三十五正義

紂有億兆夷人 夷人夷狄之人也周書泰誓上疏

遂滅巢及鍾離而還 鍾離州來別邑吳世家注

二十五年 桐門右師見之 右師宋師樂大心也其室居

桐門故曰桐門右師夏官疏

五牲三犧 五牲麋鹿熊狼野豕也三犧鴈鶩雉也

正義

有鸜鵒來巢書所無也 周禮曰鸜鵒不踰濟今踰

宜穴而又巢故曰書所無也冬官疏

季氏介其雞郈氏為之金距平子怒益宮於郈氏

擣芥子播其雞羽可以坌郈氏雞目左傳疏引郈此作賈注

氏以金錯距平子怒其不下己也侵郈氏之宮地

以自益

季臧氏老 老臧氏家之大臣

請囚於費弗許請以五乘亡弗許 費季氏邑言五

乘自省約以出並魯世家注

公徒釋甲執冰而踞 冰櫝丸蓋也鄭風疏左傳疏引作賈注

二十六年 春王正月庚申齊侯取鄆 往年齊侯取鄆實

圍鄆耳經於圍書取傳實其事故於是言取正義

然據有異焉 異猶怪也魯世家注

劉子以王出 出成周也正義

是亂國而惡君王也　廢而不立是謂亂國追惡君
王也
國有外援不可瀆也　外援謂太子任秦之外孫瀆
易也秦爲任外援不可易
昔武王克殷（朋本作文武克殷）　文王受命武王伐紂故云
文武克殷（正義）
諸侯釋位以間王政　言諸侯釋其私政而佐王室
也（魏志武帝紀注）
規求無度（規服本作玩）　玩貪也（正義）

其誰有此乎　景公自恐德薄不能久享齊國故曰
誰有此也（齊世家注）
二十七年　使延州來季子聘於上國　上國中國也蓋以
吳辟在東南地勢卑下中國在其上流故謂中國
爲上國也（正義）
遂聘於晉以觀諸侯　察其彊弱（吳世家注）
楚莠尹然王尹麇帥師救潛　王尹王宮內之政（正義）
此時也　此時言可殺王時也
上國有言　上國謂上古之國賢士所言也（正義）

不索何獲　不索當何時得也（吳世家注）
我王嗣也　夷昧生光而廢之僚者夷昧之庶兄夷
昧卒僚代立故光曰我王嗣也（正義）
毋老子弱　毋老子弱專諸託其母子於光也
是無若我何　猶言我無若是何
我爾身也　我言身猶爾身也
鱄設諸寘劍於魚中以進　全魚炙也
以待天命　待其天命之終也
復命哭墓　復命於僚哭其墓也（並吳世家注）

取五甲五兵　兵戟也
遂弗爇也令尹炮之　民弗肯爇也鄢將師稱令尹
使女燔炮之燔炮爇皆是燒也
使宰獻而請安　請安謂主人使司正請安於賓（並正
義）
二十八年　昔有仍氏生女黰黑（毛詩引作鬒黑）　而甚美光可以鑑
名曰玄妻　髮美爲鬒詩云鬒髮如雲言其美長而
黑以髮美故曰玄妻（鄘風疏）
忿纇無期（釋文服本作類）　忿怒其類以饜其私無期度也

正義

心能制義曰度　心能制事使得其宜言善揆度事也

德正應和曰莫　在己爲德施行爲正發號施令天下皆應和之言皆莫然無讙譁也

昭臨四方曰明　豫見安危也

教誨不倦曰長　教誨人以善不懈倦言善長人以道德也

慈和徧服曰順　上愛下曰慈和中和也爲上而愛

下行之以中和天下徧服從而順之

擇善而從之曰比　比方損益古今之宜而從之

經緯天地曰文　德能經緯順從天地之道故曰文　並大雅疏

不夕食　昨顧酒醉故不夕食

二十九年齊侯使高張來唁公稱主君　大夫稱主比公於大夫故稱主君　魯世家注

故國有豢龍氏有御龍氏　豢養也穀食曰豢御亦養也養馬曰圉　禮養犬豕曰豢知其以穀養豢龍亦食穀也御與圉同言養龍猶養馬故稱御

河漢各二　釋文服本作河漢各二乘　四頭爲乘四乘十六頭也　並正義

其後有劉累　劉累之爲諸侯者夏后賜之姓　夏本紀注

官宿其業　宿思也今日當預思明日之事如家人宿火矣

其同人☰　天在上火炎上同於天天不可同故曰同人義　並正義

遂濟窮桑　濟渡也言四叔子孫世不失職遂渡少皞之世　周官疏○左傳疏引作賈注

遂賦晉國一鼓鐵以鑄刑鼎　鼓量名也曲禮曰獻米者操量鼓取晉國一鼓鐵以鑄之　正義

蔡史墨　晉史蔡墨也　魯世家注

三十年　不先書鄆與乾侯非公且徵過也　非公且徵過昭公無道久在外季氏非公不肯釋言公在某地春秋之義亦以不書徵季氏之過此言書者公不得入晉外內有困辱季氏閔而釋之所謂事君

如在國正義

三十一年十二月辛亥朔日有食之是夜也趙簡子夢童子羸而轉以歌旦占諸史墨曰吾夢如是今而日食何也對曰六年及此月也吳其入郢乎終亦弗克入郢必以庚辰日月在辰尾庚午之日日始有謫火勝金故弗克　是歲歲在析木後六年在大梁大梁水宗十一月日在星紀爲吳國分楚之先顓頊之子老童老童楚象行歌象楚走哭姬姓日日在星紀星紀之分姬姓吳也楚衰則吳得志吳世世與楚

怨楚走去其國故曰吳其入郢吳屬水水數六十月水位故曰六年及此月也有適而食故知吳終亦不克後六年定四年十一月閏餘十七閏在四月後其十一月晦庚辰吳入郢在立冬後復此月也十二月辛亥日會月於龍尾而食庚午日初有適故曰庚辰一曰日月在辰尾尾爲亡臣是歲吳始用子胥之謀以伐楚故天垂象午火庚金也火當勝金而反有適故爲不克晉諸侯之覇與楚同盟趙簡子爲執政之卿遠夷將伐同盟日應之食

故夢發簡子

三十二年史墨曰不及四十年越其有吳乎越得歲而吳伐之必受其凶　歲在星紀吳越之分野蔡復之歲歲在大會距此十九年昭十五年有事於武宮之歲龍度天門龍歲星也天門在戌是歲越過故使今年越得歲龍東方宿天德之貴神其所在之國兵必昌向之以兵則凶吳越同次吳先舉兵故凶也或歲星在越分中故云得歲史墨知不及四十年越有吳者以其歲星十二年一周天存亡之數不過三紀三者天地人之數故歲星三周星紀至

哀楞哀二十二年越滅吳至此三十八年並春官疏

定公四年君行師從　謂會同小雅疏

殷民六族　殷民祿父之餘民三十族六姓也條氏徐氏蕭氏索氏長勺氏尾勺氏秋官疏

備物典策　備物國之職物之備也當謂國君威儀之物若今繖扇之屬備賜魯也正義

分康叔以大路少帛績茷旃旌大呂　復如分周公欲使康叔以化之

職官五正　五正五官之長並秋官疏

若之何其使蔡先衛也　載書使蔡在衛上管蔡世家注

楚子取其妹季芈畀我以出涉睢　季芈許嫁而字

畀我季芈弟也禮婦人許嫁笄而稱字季芈稱字

是許嫁也葢遭亂夫死而改適鍾建耳義

王奔鄖　鄖楚縣吳世家注

平王殺吾父　父曼成然楚世家注

以王奔隨　隨楚與國也吳世家注

申包胥如秦乞師　楚大夫王孫包胥楚世家注

八年　我無勇吾志其目也　志中其目是非其誠詐以

自矜大射儀疏

順祀先公而祈焉　自躋僖公以來昭穆皆逆禮器疏

陽虎入於讙陽關以叛　陽關魯邑魯世家注

九年　晳幘而衣貍製　貍製貍裘也幽風疏

齊侯謂夷儀人曰得敝無存者以五家免　是時齊

克夷儀而有之既爲齊有故齊得優其爲役也然

夷儀故邢都也邢滅入衛後乃屬晋自齊而伐夷

儀其入晋竟深矣不必永爲齊有當時暫得之耳

正義

十年　公會齊侯於祝其實夾谷　東海祝其縣是也齊世家注○水經注引服虔云地二名

犧象不出門嘉樂不野合　犧象饗禮犧尊象尊也

嘉樂鐘鼓之樂也小雅疏

齊人來歸鄆讙龜陰之田　三田汶陽田也龜山名

陰之田得其田不得其山也

十二年　將墮三都　三都三家之邑也

公與三子入於季氏之宮　三子孟孫叔孫季孫也

入及公側　人有及公之臺側

仲尼命申句須樂頎下伐之　申句須樂頎魯大夫

公斂處父　成宰也並孔子世家注

十三年　歸我衛貢五百家　往年趙鞅圍衛衛人恐懼

故貢五百家鞅置之邯鄲又欲更徙於晋陽

歸告其父兄　午之諸父兄及邯鄲中長老

趙稷涉賓以邯鄲叛　稷午子

逐范吉射而以范皋夷代之　皋夷范氏之側室子

韓魏以趙氏爲請　以其罪輕於荀范也並趙世家注

哀公元年　使疆於江汝之間而還　蔡使楚進疆於故江國與汝水之間其意言蔡割地以賂楚也正義

使大夫種因吳大宰嚭以行成　行成求成也

滅夏后相　相啓之孫

生少康焉　后緡遺腹子

撫其官職　因此基業稍收取夏遺民餘衆撫修夏之故官憲典也

祀夏配天不失舊物　以鯀配天也物職也並吳世家注

越十年生聚而十年教訓　令少者無娶老婦老者無娶少婦女十七不嫁男二十不娶父母有罪也將生子以告與之醫饋之餼也死者釋其征必哭泣葬埋如其子也孺子遊者必餔歠之也非手所種夫人所織不用十年不收於國

在軍熟食者分而後敢食　以其半分軍士而後自食其餘若笪醪注流也

二年　叔孫州仇仲孫何忌及邾子盟於句繹　季孫尊卿敵服先歸使二子與之盟穀梁傳曰三人戰而二人盟何各盟其得也其意言季孫不得田故不與盟也正義

郢不足以辱社稷　郢自謂已無德不足立以污辱社稷衛世家注

三揖在下　三揖卿大夫士士揖庶姓時揖異姓天揖同姓正義

八人衰絰　衰絰爲若從衛來迎太子也衛世家注

志父無罪君實圖之　趙鞅入於晉陽以叛諸侯之策書曰晉趙鞅以叛既復更名志父或當然也楚公子圍弑君取國改名曰虔經即書虔公子棄疾弑君取國改名曰居經即書居今趙鞅改名志父經書猶云趙鞅者彼楚子既爲國君臣下以所改之名告於鄰國故得書所改之名趙鞅人臣國家不爲之諱仍以趙鞅名告故書鞅也鞅言君實圖之言已事齊君當謀其賞也簡子言此君當謀其賞者言君當賞其在下副上所誓之言欲使在下信之非欲自求賞也

鄭無恤御簡子　無恤王良也孟子說王良善御之事古者車駕四馬御之爲難故爲六藝之一王良

之善御最有名於書傳多稱之並正義

三年命藏象魏曰舊章不可忘也　象魏闕也法令縣之朝謂其書爲象魏

其桓僖乎　季氏出桓公又爲僖公所立故不毀其廟俱在迭毀故不言及並正義桓僖當毀而爲事非禮之廟故孔子聞有火災知其加桓僖也孔子世家注

召正常正常不反　召而問見死意正義

四年襲梁及霍　梁霍周南鄙也水經注

五年齊燕姬　燕姬齊景公之嫡夫人昭七年燕人所歸

諸子鬻姒之子荼嬖　諸子諸公子鬻姒景公妾淳于人所納

諸大夫恐其爲子也言於公曰君之齒長矣未有大子若之何　爲予爲大子也荼少故恐立之言君長未有大子一旦不諱當若之何欲齊侯早立長也

公曰二三子間於憂虞則有疾疢亦姑謀樂何憂於無君　言二三子當國家閒暇無憂虞恐疾疹在其間今無疹疾何爲不自謀樂何憂無君乎

寘羣公子於萊　寘置也萊齊東鄙邑欲使遠齊

萊人歌之曰景公死乎不與埋三軍之事乎不與謀師乎師乎何黨之乎　萊人見五公子遠遷鄙邑不得與景公葬埋之事及國三軍之謀故愍而歌師衆也黨所也言公子徒衆何所適也並齊世家注

六年潛師閉塗迎越女之子章立之而後還　閉塗不通外史也越女昭王之妾楚世家注

楚子使問諸周太史　諸侯皆有大史主周所賜典籍故曰周大史一曰是時往問周大史正義

三代命祀祭不越望　謂所受王命祀其國中山川爲望楚世家注

惟彼陶唐率彼天常有此冀方　堯居冀州虞夏因之不遷居不易民其陶唐虞夏之都大率相近不出河東之界故書責大康亡失魏風疏

七年知必危何故不言　孟孫謂諸大夫誠知伐邾必危何故不早言也

初曹人或夢衆君子立於社宮　衆君子諸國君妾耳並正義

十年吳子三日哭於軍門之外　諸侯相臨之禮吳世家注
使及賴而還　賴齊邑齊世家注
十一年屬其子於鮑氏爲王孫氏　鮑氏齊大夫
使賜之屬鏤以死　屬鏤劍名賜使自刎並吳世家注
孔文子　衛卿也孔子世家注
胡簋之事　夏曰瑚正義
鳥則擇木木豈能擇鳥　鳥喻已木以喻所之之國
孔子世家注
十二年公會吳於橐臯　橐臯地名也吳世家注
若何尋也亦可寒也　尋之言重也溫也寒歇也亦
可寒而歇之有司徹疏
侯伯致禮地主歸餼　致實禮於地主傳言吳不行
禮於衛衛非地主正義
十三年自剄七人於幕下　以絕口吳世家注
十四年西狩於大野叔孫氏之車子鉏商獲麟　言西
者有意於西明夫子有立言立言之位在西方故
著於西也車車士微者也子姓鉏商名夫子以哀
十一年自衛反魯而作春秋約之以禮故有麟應

而至正義麟中央土獸土爲信信禮之子修其母致
其子視明禮修而麟至思睿信立而白虎擾言從
乂成而神龜在沼聽聰知正則名川出龍貌恭性
仁周南疏作體仁則鳳皇來儀禮運疏
以爲不祥以賜虞人仲尼觀之曰麟也然後取之
麟非時所常見故怪之以爲不祥也仲尼名之曰
麟然後魯人乃取之明麟爲仲尼至也孔子世家注
小邾射以句繹來奔　春秋終於獲麟故小邾射不
在三叛人中也弟子欲明夫子作春秋以顯其師
故書小邾射以下至孔子卒正義○春秋序疏云案杜於此下及哀十
四年注皆取服義爲說
子我夕　夕省事子我將往夕省事於君而逢逆之
殺人也
陳氏方睦　陳常方欲謀有齊國故和其宗族
使疾而遺之湯沐備酒肉　使陳逆詐病而遺也
子我盟諸陳於陳宗　子我見陳逆得生出而恐爲
陳氏所怨故與盟而請和也陳宗宗長之家
我遠於陳氏矣且其違者不過數人　言我與陳氏

宗疎遠矣違者不從子我者

彼得君弗先必禍子子行舍於公宮　彼謂闞止也

子謂陳常也止於公宮為陳氏作內閒也

成子兄弟四乘如公　成子兄弟八人二人共一乘

故曰四乘

出迎之遂入閉門　成子兄弟見子我出遂突入反

閉門子我不得復入

侍人禦之子行殺侍人　闞豎以兵禦陳氏子行舍

於公宮故得殺之

公與婦人飲酒於檀臺成子遷諸寢　當陳氏入時

公與婦人飲酒於此臺成子欲徙公令居寢也

大史子餘　齊大夫

將出　出奔也 並齊世家注

所不殺子者有如陳宗　陳宗先祖鬼神也 正義

子我歸屬徒攻闈與大門　徒會徒衆宮中之門曰

闈大門公門也

殺諸郭關　齊關名

成子將殺大陸子方　子方子我黨大夫東郭賈也

何以見魯衛之士　子方將欲奔魯衛也 並齊世家注

十五年將以尸入　在牀曰尸在棺曰柩 正義

舍於孔氏之外圃昏二人蒙衣而乘　圃園也二人

謂良夫大子蒙衣為婦人之服以巾蒙其頭而共

乘也

孔氏之老欒寗問之　家臣稱老問其姓名

遂入適伯姬氏　入孔氏家適伯姬所居

孔伯姬杖戈而先　先至孔悝所

遂劫以登臺　於衛臺上召衛羣臣

使告季子召獲駕乘車　季路為孔悝邑宰故告之

召獲衛大夫駕乘車不駕兵車也言無距父之意

行爵食炙奉衛侯輒來奔　欒寗使召季路乃行爵

食炙召獲奉衛侯

食焉不辟其難　言食悝之祿欲救悝之難此明其

不死國也

公孫敢門焉曰無入為也　公孫敢衛大夫言輒已

出無為復入也

下石乞盂黶敵子路　二子蒯聵之臣敵當也

君子死冠不免　不使冠在地並衛世家注
十六年　稱一人非名也　天子自謂一人非諸侯所當稱也孔子世家注
使處吳竟爲白公　白邑名楚邑大夫皆稱公楚世家注
請以戰備獻　欲陳士卒甲兵如與吳戰時所入獻正義
國公陽穴宮負王以如昭夫人之宮　昭夫人惠王毋越女也楚世家注
十七年　立公子起　起靈公子衛世家注

武伯曰然則彘也　彘武伯名也魯於齊爲小國故曰彘也天官疏
二十年　吳公子慶忌驟諫吳子　驟數也鄭風疏
二十四年　是覺言也　覺僞不信言也釋文
二十五年　衛侯出奔宋　此下但有適城鉏以鉤越無奔宋之事正義
二十七年　設乘車兩馬　一曰兩飾
公游於陵阪　陵阪地名魯世家注

春秋左氏傳述義

隋　河間劉炫撰　　寧都楊錫齡校

尚書周公封康叔戒之酒誥其經曰大史友內史友如彼言之似諸侯有大史內史矣但偏舉記傳諸侯無內史之文何則周禮內史職曰凡命諸侯及孤卿大夫則策命之僖二十八年傳說襄王使內史叔輿父策命晉侯爲侯伯是天子命臣內史掌之襄三十年傳稱鄭使大史命伯石爲卿是諸侯命臣大史掌之諸侯大史當天子內史之職以諸侯兼官無內史故也鄭公孫黑強與薰隧之盟使大史書其名齊大

史書崔杼弒其君晉大史書趙盾弒其君是知諸侯大史主記事也南史聞大史盡死執簡以往明南史是佐大史者當是小史也杜序諸侯不各有國史疏
徵顯闡幽皆說作傳之意經文顯者作傳本其纖微經文幽者作傳闡使明著顯者若天王狩于河陽觀經文足知王是天子狩是出獵但不知天子何故出畿外狩耳故傳發晉侯召王是其微顯也幽者若鄭伯克段于鄢觀經不知段是何人何故稱克故傳發

原書缺第一

武姜愛段是闇其幽也丘明作傳其有微經之顯闇經之幽以裁制成其義理比類者皆據舊典凡例而起發經義指其人行事是非以正經之褒貶例稱得傳曰克傳言如二君故曰克是其據舊例發義也晉侯召王使狩鄭伯不教其弟仲尼沒其召王顯稱鄭伯丘明正述其事先解經文是指其行事以正褒貶也此二事尤明者耳其餘皆是新意也此序主論作傳而賀沈諸儒皆以爲經解之是不識文勢而謬失杜旨

不言名而云氏者漢承焚書之後諸儒各載學名不敢布于天下但欲傳之私族自題其氏爲謙之辭

策書之例先會後盟者上言會下言盟唯盟不會者直言及此爲不行會禮故言及也或可史異辭非先會而盟則稱會知者文七年公會諸侯晉大夫盟于扈傳云公後至則是不及其會而經稱會故知盟稱會者未必先行會禮也　隱元年經三月公及邾儀父盟于蔑疏

卿而無爵或亦書字大夫有爵或亦書爵傳稱王叔陳生與伯輿爭政俱是卿士並不言爵又滕侯之先爲周卜正書稱齊侯呂伋爲虎賁氏則大夫或有爵也然則大夫有爵不可舍爵而書氏卿而無爵不可越字而書名蓋有卿士亦書字大夫亦書爵也王臣之見經者衆祭伯凡伯毛伯單伯召伯尹子單子劉子其間未必無大夫榮叔南季家父叔服其間未必無卿但無明證故依例解之襄十五年註云天子卿書字是言天子卿有書字之理　冬十有二月祭伯來疏

以克爲文非其實狀故傳解之謂之鄭志言仲尼之意書克者謂是鄭伯本志也註又申解傳意言鄭伯

志在于殺心欲其克難言其奔故仲尼書克不書奔如鄭伯之志爲文所以惡鄭伯也　傳書曰鄭伯克段于鄢疏

此亦例不言凡者諸所發凡皆爲經張例此舉葬之大期以譏宰咺之緩非是爲葬發例故不言凡也　大夫三月同位至疏

盟會例卿則書名氏非卿則書人人當名氏之處由是將卑師少則書人亦與盟會同　二年經夏五月莒人入向疏

此四者所以自邪已身言爲之不已將至于邪邪謂惡逆之事　三年傳驕奢淫泆所自邪也疏

田獵止教戎而言祀者獵獸主以祭祀故并祀言之
下註云俎祭宗廟器見此意也五年傳凡物不足以講大事疏
此言田獵之時小鳥小獸則公不射雖講事而田尚
不射小物況魚非講事不宜輙舉不謂登俎之物皆
公所親射祭祀水土云云同鳥獸之肉不登于俎疏
公羊傳曰萬者云云籥者云云羽者爲文萬者爲武
武則左執朱干右秉玉戚文則左執籥右秉翟此傳
將萬問羽卽似萬羽同者以當此時萬羽俱作但將
萬而問羽數非謂羽卽萬也經直書羽者與傳互見

之九月考仲子之宮將萬焉疏
言祀泰山之邑者謂泰山之旁有此邑邑內有鄭宗
廟之祀蓋祀桓武之神八年經鄭伯使宛來歸祊疏
欲以弒君之罪加寫氏則君非寫氏所弒而復不能
以正法誅之正法謂滅其族汙其宮也傳言此者進
退無據進誅寫氏則實非寫氏弒君退舍寫氏則無
弒君之人是其進退無據也十一年傳羽父使賊殺公于寫氏疏
號爲武武非謚也桓二年傳始懼楚也疏
夏正郊天后稷配也冬至祭天圜丘以帝嚳配也五年

傳凡祀啓蟄而郊疏
杜以博碩肥腯據牲體而言季梁推出此理嫌其不
寔故云其寔皆當兼此四謂又民力普存非畜之形
貌而季梁以之解情又申之民力適完則得生養六
畜故六畜旣大而滋息也博碩言其形狀大蕃滋言
其生乳多碩大蕃滋皆複語也瘯蠡畜之小病故以
爲疥癬之疾也不疾者猶言不病此病也六年傳博碩肥腯疏
在戎受饋而使魯爲班明魯人在矣襄五年戍陳書
經此戍齊亦宜書今不書經疑史闕文以史策本闕

仲尼不得書之十年說此云北戎病齊諸侯救之或
可魯亦往救但傳無魯事之驗魯必不救不須解之
使魯爲其班後鄭疏
廢主謂廢其所主山川不復更得其祀故須改其山
川之名魯改二山是其事也以山川則廢主疏
欲以證商周之不敵故先少而後多非便文十一年傳商周之不敵疏
杜欲成不稱行人之義故以行人言之故謗祭仲而執之疏
公會紀鄭告廟而行始行卽書會也其戰之日則戰

罷乃告廟史官雖連并其文而存其本旨已是戰日故下日以附戰十三年傳不書所戰後也疏

釋宮云宮謂之室其內謂之家則家之爲室義無以異欲見男女之别故以室屬之其實室家同也十八年傳女有家男有室疏

蓋慶父自稱仲欲同于正適言已少次莊公爲三家之長故以莊公爲伯而自稱仲春秋之例皆傳言實而經順其意經稱當時之事書其自稱之辭其人自稱仲孫不得不書爲仲傳序已適之事舉其時人之

語時人呼爲孟氏不得不以孟錄論語云孟孫問孝于我是時人呼云孟氏也楚公子棄疾弑君取國改名爲居經書楚子居卒是從其自稱也莊二年經公子慶父帥師伐於餘丘疏

度其本謂思所立之人有母氏之寵有先君之愛有彊臣之援爲國人所信服也度其末謂思所立之人有度量有知謀有治術爲下民所愛樂也六年傳本枝百世疏

下體坤坤爲地爲衆上體巽巽爲風爲木互體爲艮艮爲門闕地上有木而爲門闕宮室之象宮室而可風化使天下之衆觀焉故謂之觀也下體坤坤爲地上體乾乾爲天天不下降地不上騰天地不通其氣上下否塞故謂之否也二十二年傳遇觀之否疏

計春秋之時卜筮多矣丘明所載唯二十許事舉其縣驗于行事者其不驗者不載之君子之人當記其志之善者知之遠者他皆放此成子得政疏

知非五月朔者昭二十四年五月日有食之傳云日過分而未至此日是五月亦應云過分而未至也今言慝未作則是已作之辭故知非五月二十五年傳夏六月辛未朔日有食之疏

阻疑以意訓耳今言猶云阻疑且阻得爲疑也言雖狂夫猶知於此服有疑也閔二年傳是服也狂夫阻之疏

先王之制諸侯無故不造城造城則攻其所造司馬法曰產城攻其所產是也僖六年傳圍新密鄭所以不時城也疏

杜云禮者謂文十五年傳爲禮此仍爲禮也十五年經春王正月公如齊疏

此一句是史家序事充卜人之語言秦伯之事三經敗壞乃至于韓而晉始懼傳三敗及韓疏

政者若周大夫入陳竟見官職不修君臣南冠如夏氏知簡夷將亂子貢見公執玉卑知其替死也刑者若夷吾忌克多怨君子知其不終也吉凶有二陰陽調序四海玉燭時吉也陰陽錯逆寒暑失度民多癘疫五穀不生時凶也父慈子孝君義臣忠人吉也父不父子不子君不君臣不臣人凶也十六年傳君將得諸侯而不終疏

言是陰陽之事也則知事由陰陽若陰陽順序則物皆得性必無妖異故云陰陽錯逆所爲非人吉凶所

生也傳稱天反時爲災地反物爲妖人反德爲亂亂則妖災生洪範咎徵曰狂恒雨若之類皆言人有愆失乃致陰陽錯逆而云陰陽錯逆非人所生者石隕鷁飛事由陰陽錯逆陰陽錯逆乃是人行所致襄公不問已行何失致有此異乃謂既有此異將來始有吉凶故答云是乃陰陽之事非將來吉凶所生言將來若有吉凶協此石鷁之異耳非始從石鷁而出也襄公不知陰陽錯逆爲既往之咎乃謂將來吉凶出石鷁之間是不知陰陽而妄問人事故云君失問也

叔興若以實對當云由君愆失致有此異今乃別以政刑他占橫說齊亂魯喪自以對非其實恐爲有識所譏故退而告人以此言也是陰陽之事非吉凶所生也疏

大旱而不書饑者傳云是歲也饑而不害故不書饑二十一年經夏大旱疏

杜云常棣詩屬小雅明是周公所作也二十四年傳常棣之華疏

生既厚民皆懷戀居處二十七年傳民懷生矣疏

公羊傳曰畀者何與也其言以畀宋人何與使聽之何休云宋稱人者明聽訟必師斷與其師衆共之穀

梁傳曰畀與也其曰人何也不以晉侯畀宋公也註云畀上與下之辭故不以侯畀公案傳執曹伯分曹衛之田以畀宋人則田亦稱人非爲斷獄故稱人也若不使晉侯與宋公自可改其畀名何以名之爲畀而使義不得與也若與宋人豈宋國卑賤之人得獨受曹伯而治之乎二傳之言皆不得合左氏當以人爲衆辭舉國而稱之耳二十八年經晉侯入曹執曹伯畀宋人疏

此志三云者情有淺深允當則歸謂彼雖可勝得當則還言前人弱於已也知難而退謂勝不可必早自

遐斂言前人與已敵也有德不可敵謂必知彼彊不須與競言前人彊於已也三者從弱至彊總言晉之謂矣指言晉彊於已也傳此三志者晉之謂矣疏

二十四年王出適鄭處于氾註云鄭南氾也釋例土地名僖三十四年氾下云此南氾也周王出居于氾楚伐鄭師于氾襄城縣南氾城是也此年氾下云此東氾也秦軍氾南晉伐鄭師于氾滎陽中牟縣南氾澤是也杜考核既精當不徒爾尋討傳云未見杜意三十年傳秦軍氾南疏

春秋時戎狄錯居中國此狄無國都處所直云及狄盟盟于狄之處也此狄俗逐水草無城郭宮室故云就廬帳盟三十二年經衛人及狄盟疏

既言作主非禮因言作主祭祀吉凶之節凡諸侯之薨葬日而虞從是以後間日一虞七虞之後明日而爲卒哭之祭卒哭之明日而作祔祭以新死之神祔於祖父於此祔祭而作木主以依神其主在寢特用喪禮祭祀於在寢之主其四時常祭祫禘烝嘗及三年喪畢爲大祀禘祭並行之於廟正禮當如是耳今以葬僖公後積十月始作僖公木主是作主大緩故爲非禮也三十三年傳烝嘗禘于廟疏

不言祫者以正經無祫文也唯禮記毛詩有祫字耳釋天云禘大祭也則祭無大於禘者若祫大於禘禘焉得稱大乎同上

春秋之時天子微弱霸主秉德刑以長諸侯諸侯從時命以事霸主大事小小事大所以相保持也晉之與衞小大不同而恥于受屈望以彊獲免明王在上理在可然度時之宜則非善可君子以爲合古之道失當今之宜亦不言其謀全非理也文元年傳古者越國而謀疏

魯公新立鄰國及時來朝則曰公卽位而來朝晚則云始朝公也諸侯自新立來及時者則云卽位而來見晚則云始見霸主卽位魯公往朝則曰朝嗣君魯君新立往朝大國則曰卽位而往見也十二年傳始朝公也疏

已去邾國又非邾君故不稱邾捷菑也得國爲君皆舉國言之齊小白入于齊是也十四年經晉人納捷菑于邾弗克納疏

爾將免我爲君之事乎傳將免我乎爾爲之疏

甲已俱是名故云猶言某甲曰夫已氏疏

或以爲華耦之既深故特書族案傳華耦魯人以爲敏則君子不許是魯之不深蓋史有文質故辭有詳畧十五年經宋司馬華孫來盟疏

各有大功皆賜氏族故稱族十八年傳此十六族也疏

襄七年鄭伯髡頑卒于鄵昭二十五年宋公佐卒于曲棘竟內亦書地非竟外九月無辛酉者下有十月癸酉杜以長厤推之癸酉是十月十六日辛酉在前十二日耳故云九月無辛酉上有八月下有十月非月誤也宜九年經晉侯黒臀卒于扈疏

玉帛之使謂國家有交好之國皆告非指弃者之一身也十年傳玉帛之使者則告疏

楚子入陳乃殺徵舒經先書殺徵舒後言入陳者以楚子本意止欲討賊無心滅陳及殺徵舒滅陳爲縣後得申叔時諫乃復封陳於例不有其地故云入陳言楚人既殺徵舒楚子乃復入陳納二子於陳入陳之文爲下納張本傳言書曰入陳納公孫寧儀行父于陳書有禮也入納連文是入爲納也昭八年楚師滅陳執公子招放于越殺陳孔奐彼心欲滅陳此則主爲討賊無心滅陳而復封之君子善其自悔故還入陳于下隱其縣陳之過若其不然當云楚子入陳殺夏徵舒如此則楚子本爲入陳因入方討陳賊則是惡楚子故書入在殺徵舒之後十一年經楚子入陳疏

兩廣之別各有一卒百人一卒外復有偏一兩二十五人兵法十五乘爲偏偏有一兩從之兩是偏家之物故謂此爲偏之兩其實一廣十五乘有一百二十五人從之十二年傳卒偏之兩疏

聘而獻物謂獻其國內之物於是所獻之物庭中實

之有百品謂聘享之禮龜金竹箭之屬有百品也朝而獻功言治國有功故土饒物產於是玄纁璣組羽毛齒革乃得爲容貌之物采文章嘉淑謂美善之物加貨謂賄賂之多多獻賄賂以謀其不免於罪也十四年傳聘而獻物疏

狄稱種者周禮內宰上春生穜稑之種賤之同之草木故稱種林父尊卿當稱帥師今從將卑師衆之例直稱師者從告也十五年經晉師滅赤狄潞氏疏

再言凡者前凡據適妻子爲文後凡嫌妾子爲君拼

弟不得稱弟故更言凡也十七年傳凡稱弟皆母弟也疏

會朝聘皆言如不果彼國必成其禮或在道而還如者書其始發言往而已言公朝王所者發國不爲朝王至彼遇王朝之朝訖乃書故稱朝也此過京師亦直稱朝言如者發雖主爲伐秦卽有朝王之意書其初發故言如也成十三年經三月公如京師疏

命者冥也言其生育之性得之於冥兆也傳所謂命也疏

仲遂受賜爲仲氏故其子孫稱仲氏耳十五年經仲嬰齊卒疏

若君將被殺獲者爲重旣書師敗又書殺獲卽韓之

戰獲晉侯大棘之戰獲華元雞父之戰獲胡沈之君是也十六年經楚子鄭師敗績疏

杜言三郤不以無罪書正謂不書盜書盜卽無罪也胥童之死木非國家所殺故特言胥童受國討文其實傳意并論郤氏受國討故云皆書曰晉殺其大夫也杜又云郤氏失民胥童道亂乃總釋傳並言二者皆爲國討之意也十七年傳晉殺其大夫疏

記云若旣卽位于序端卿大夫卽位于堂廉楹西北面東上主人房外南面主婦尸西東面遷尸卒斂宰告主人降北面于堂下君撫之主人拜稽顙君降升主人馮之命主婦馮之士之喪將大斂君不在其餘禮猶大夫也襄五年傳季文子卒大夫入斂疏

從所稱者諸侯盟會會則必自言其爵盟則自言其名故盟得以名告神會得以爵書策吳是東夷之君未閑諸夏之禮於此自稱爲吳不知以爵告衆故從所稱書吳也故釋例云吳晚通上國故其君臣朝會不同於例亦猶楚之初始是言吳未知稱爵也十年經會吳于柤疏

杜言癸丑二十六日者見與下四月一日會相近知非二會也傳三月癸丑齊高厚相太子光疏

禘是大禮賓得與同者享客用樂禮傳無文但賓禮旣輕必異于禘魯以享賓當時之失用之已久遂以爲常荀偃士匄引過謬之事以諂晉侯使聽宋耳魯以禘樂享賓猶以十一年爲士鞅吳以引徵百牢亦非正也魯有禘樂賓祭用之疏

霍晉邑人掌邑大夫猶鄫邑大夫稱鄫人紇甚使爲晉附庸也納諸霍人疏

七年傳云正直爲正正曲爲直晉斷王朝之獄乃以下正上宣子若在下而無直心何以謂之爲正也勸宣子使心正矣下而無直則何謂正矣疏

傳言歌鐘二肆及其鎛磬則鎛磬亦二肆肆之爲名實由鐘磬相對但傳于磬下不復更言其數於鐘則言二肆明鎛磬數與之同乃成肆若磬無二肆則半賜魏絳無磬矣安得有金石也知色別名三十六枚也歌必先云云同十一年傳歌鐘二肆疏

王制言巡守之事云命市納賈以觀民之所好惡志淫好辟鄭玄云市典市者賈謂物貴賤厚薄也質則

用物貴淫則侈物貴此亦彼類彼上觀民此民觀上商陳此物自爲求利非欲諫君但觀所陳則貴尚可見在上審而察之其過足以自改故亦爲諫類則齊屨踊之比是也十四年傳商旅于市疏

例云天子公卿書爵此言卿書字者以其有爵則書爵無則書字傳稱官師即此劉夏釋例以夏爲士則夏此時似未有爵若夏是卿當書字傳言卿不行非禮則此禮本當使卿故以卿決之卿當書字夏非卿故書名例稱天子大夫書字但此禮不使大夫故不以大夫決之十五年經劉夏逆王后于齊疏

歌詩不類知有二心者不服晉故違其令違其令是有二心也十六年傳齊高厚之詩不類疏

執法也行依法度而言有信也二十一年傳執度其信疏

禮器云君子大牢而祭謂之禮四士大牢而祭謂之攘鄭玄云君子謂大夫以上是大夫然有用大牢時也雜記云大夫之虞也皆少牢卒哭與祔皆大牢喪祭有大牢明吉祭亦有也此言特羊必是時祭殷以

少牢明是三年一爲大祭猶天子諸侯禘也禮大夫時祭少牢大祭大牢今黒肱全滅之盛也二十二年傳殷以少牢疏

漢末以來八百餘載攷其註記莫不皆爾都無頻月日食之事計天道轉運古今一也後世既無其事前世禮亦當然而今有頻食於術不得有交之所在日月必食日食在朔月食在望日月共盡一體日食少則月食多日食多則月食少日食盡則前後望月不食月食盡則前後朔日不食以其交道既不復其相

揜故也此與二十一年頻月日食理必不然但其字則變古爲篆改篆爲隸書則縑以代簡紙以代縑多歷世代年數遥遠喪亂或轉寫誤失其本眞先儒因循莫能改易執文求義理必不通後之學者宜知此意也二十四年經秋日有食之旣疏

詩人謂武王云上天之意臨視女武王故在下臣民無懷貳于女之心也傳上帝臨女無貳爾心疏

定四年公會劉子于召陵五月公及諸侯盟于臯鼬杜云復稱公者會盟異處故此亦異處而不言公者

煊謂史異辭於彼有規傳云七月經言八月杜以長歷校之七月十二日有巳巳知是經誤也二十五年經秋八月巳巳諸侯同盟于重丘疏

困卦六三上承九四四非三應而三欲附之附之不入自取其困不應爲此困而爲之名必辱也六三失位而下乘九二以柔乘剛非安身之道不應據而據之身必安也傳入于其宮不見其妻疏

冠是首服之大名周禮司服卿玄冕此崔子之冠蓋玄冕也以崔子之冠賜人疏

陳國旣亂民節與地非復陳有子展子產心不滅陳各使已之官屬各依其職事致之于陳使民依職領受其衆官備其所職以安定之乃還也司空致地乃還疏

廣平曰原土地寬平當與隰相配非是不得爲井田也釋地于陸阜陵阿之下云可食者曰原孫炎曰可食謂有井田也陵阿山田可種穀者亦曰原也謂彼陵阿之間可食之地非廣平也町原防疏

兵者戰器車上甲士與步卒所執兵各異也司兵掌五兵鄭衆云五兵者戈殳戟酋矛夷矛又曰軍士建

車之五兵鄭玄云車之五兵鄭司農所云者是也步卒之五兵無夷矛而有弓矢事或當然賦車兵徒卒疏

不心競而力爭不務德而爭善皆道子朱之心非叔向之罪杜言二子不心競似亦并責叔向者以鬭雖一曲一直乃是兩人爭理故以二子言之據其鬭而言力爭則叔向亦爭爭善則叔向無之叔向以子員無私欲令應客縱子員應客亦非叔向爭善叔向無可爭杜云爭謂所行爲善惟言子朱之心也二十六年傳私欲已侈能無卑乎疏

蓼蕭首章云既見君子燕笑語兮是以有譽處兮言
晉侯有聲譽常處位是得宗廟安也叔向命晉侯拜二君疏
國語非丘明所作此傳言鄢陵之敗苗賁皇之爲楚
語亦論鄢陵之役而云雍子之爲若此類往往與左
傳不同欒范易行以誘之疏
知時事四時貢職者小行人云春入貢秋獻功王親
受之鄭玄云貢謂六服所貢功謂考績之功是諸侯
大夫貢時事之義也晉士起將歸時事于宰旅疏
晉宋古本皆不重言諸侯則唯謂齊魯宋三國睦耳

不重是也二十七年傳諸侯是以睦于晉疏
兼享晉楚之大夫不以屈建爲賓者賓唯一人出自
當時意耳趙孟爲客疏
而公顯然將比來之怨以爲對賓之榮樂也而公怨之以爲賓榮疏
遠取文十一年三月甲子者以三十年絳縣老人云
臣生之歲正月甲子朔以全日故又云言通計者若
據前閏以來短計不得有再失之理今遠從文十一
年以來計之是爲通計也再失閏矣疏

朝禮兩君相見先授玉然後致享乃布陳幣帛于庭
也祓殯者君臨臣喪之禮先使祓殯行臨喪之禮然
後致禭則全是布幣之禮言與朝而布幣無異也君
臨臣喪者由先見臣故以祓殯比行朝禮自然致禭
以布幣楚以親禭屈魯魯以祓殯自尊二十九年傳祓殯而禭則布幣也疏
昔有當塗貴邪國公蘇威嘗問曰知人是善然後好
之何以言其不能擇人貴曰好善仁擇人鑒雖有仁
心鑒不周物故好而不能擇也炫謂此言亦有所切

於彼好善而不能擇人疏
不直言周召者以其實非二公身化也言南者詩序
云言化自北而南也謂從岐周南被江漢也使工爲之歌周南召南疏
干戈既戢夷狄來賓嘉瑞悉臻遠近咸服羣生遂其
性萬物得其所卽功成之驗也萬物本于天人本于
祖天之所命者牧人祖之所本者成業人安業就告
神明使知雖社稷山川四嶽河海皆以民爲主欲民
安樂故作詩歌其成功徧告神明所以報神明恩也

王者政有興廢未嘗不祭羣神祖廟政未太平則神無恩力故太平德洽始報神功也頌詩止述祭祀之狀不言德神之力者美其祭祀是報德可知言其降福是荷恩可知幽王小雅云先祖非人胡寧忍予則於時之意豈復美其祭乎故美其祭則報情顯以成功告神明之意如此正謂周頌也其商頌則異雖是祭祀之歌祭先祖王廟述其生時之功乃是死後頌德非以成功告神意同大雅與周頌異魯則止頌僖公纔知變風之美者文體類小雅又與商頌異也此當是歌周頌杜解盛德所同兼般魯三頌皆歌也爲之歌頌疏

知是文王樂者詩云維清及熙文王之典此象樂之所舞故知是文王樂也鄭玄註象又云此樂名象而已以其象事有舞音故詩序謂之象舞舞非此樂名故此直言舞也其箾箾是可執之物司馬相如上林賦曰拂鷖鳥捎鳳凰則捎亦拂之類今人謂拂爲拂捎此必傳於古其箾捎字同也南如周南之意見舞象箾南籥者疏

據世本高止敬仲玄孫之子不立止近親遠取敬仲曾孫者齊人賢敬仲故繫之言敬仲曾孫則此人祖父皆非正適令別立之遠繼敬仲後高止祖父皆絕其祀也艮敬仲也疏

所以少三日者文十三年非首章年其間閏有前却故長歷此月辛酉朔二十三日得癸未來月庚寅朔計至朔長三日長歷去年閏八月由閏近故也三十年傳二萬六千六百有六旬也疏

叛違也欲令子產不於我有違得使尹何爲邑也三十

一年傳不吾叛也疏

尹何比未解治邑以爲已病今若遣往學治邑之病差自然以後知治邑矣使夫往而學焉疏

奔者頒窘而去逃死四鄰不以禮出也今鍼適晉乃與母討議緩步而出實非奔也仲尼旣書爲奔傳釋云罪秦伯秦伯不豫教誡其弟不能早爲之所致奢富過度懼而去國罪其失兄之教鍼不自知度亦是其罪歸罪秦伯言兄罪耳昭元年傳秦伯之弟鍼出奔晉疏

彼稱景事孔甲下云還于魯縣此云唐人是因以服

事夏商則此居于大夏子孫終商不滅非累子孫是其同族等類耳服虔以爲唐人卽是劉累故杜顯而異之云累遷魯縣此則大夏唐人是因以服事夏商疏

違禮而娶則人神不祐故所生不長也晉文姬出而霸諸侯同姓未必皆不殖此以禮法爲言勸勵人耳其生不殖疏

人之本心自然有愛愛之所及先及近親同姓是親之近者其愛之美必深是同姓之相與先自美矣若使又爲夫妻則相愛之美尤極極則美先盡矣美盡必有惡生故美盡則生疾此以禮爲防推致此意耳美先盡矣疏

子產言若于同姓不殊病猶可差若于四姬有此省相見稀接御則此病猶尚可如無稀省耽之過度則必生疾四姬有省猶可疏

言五降而息罷退者五聲一周聲下而息前聲罷退以待後聲非作樂息也樂曲成乃息非五聲一周得息也不容彈矣疏

此說降後不彈之意也五聲皆降則聲一成曲既未成當從上始不以後聲來接前聲而咨手妄彈擊是爲煩手此手所擊非復正聲是爲淫聲淫聲之漫塞人心耳乃使人忘失平和之性故君子不聽也君子弗聽也疏

昏禮諸侯以下法當親迎有故得使卿明是使上卿也凡例云凡公女嫁于敵國姊妹則上卿送之公子則下卿送之是送卑于逆者一等故云送者從逆者之班次言當卑于逆者也二年傳送從逆班疏

不敢擇取使人于卑賤之位而禮數同於守內官之適夫人也三年傳不敢擇位而數于守適疏

慆慢也好音樂而慢易憂禍也杜以慆爲藏當讀如弓韜之韜言以音樂樂身埋藏憂愁于樂中猶古詩云埋憂地下也以樂慆憂疏

叔弓以四月發魯滕以五月葬君叔弓書始行之月滕書實葬之月故書經異文也傳述遇釁之事并就葬月言耳五月叔弓如滕葬滕成公疏

此言出之覆上西陸朝覿知是火出時事二月已啓此方用弓矢者二月啓冰始薦宗廟此公將用之故

設弓矢也四年傳其出之也桃弧棘矢以除其災疏

申豐寄言于此此諫失政其雹不是盡由冰也雹之爲菑疏

施者舍也臧者善也戍諸臧氏取其令名也其二家謂叔孟非謂施臧二氏也五年傳毀中軍于施氏成諸臧氏疏

人之受生形必有氣氣形相合義無先後而此云始化曰魄陽曰魂是則先形而後氣先魄而後魂魂魄之生有先後者以形有質而氣無質尋形以知氣故先魄而後魂其實並生無先後也七年傳陽曰魄疏

天漢即天河也天河在箕斗二星之間箕在東方木位斗在北方水位分析水木以箕星爲隔隔河須津梁以渡故謂此次爲析木之津也不言析水而言析木者此次自南而盡北故依此次而名析木也襄三十年傳稱歲星在娵訾之口其明年乃及降婁歲星歲行一次降婁距此九年故此年歲在析木之津也八年傳今在析木之津疏

克訓勝也已謂身也有嗜慾當以禮義齊之嗜慾與禮義交戰使禮義勝其嗜慾身得歸復于禮如是乃爲仁也復反也言情爲嗜慾所逼已離禮而更歸復之十二年傳克已復禮仁也疏

比以四月歸既歸而王死故以四月弒君赴也十三年經夏四月楚公子比自晉歸于楚疏

乃是不復以君爲君矣十七年傳不君君矣疏

丙子壬午雖俱是水火合日但二字之內先言彊若火入而伏則連秋至春歷大陰水用事雖同其欲水當先火故疑火入而伏則必以壬午也必以壬午疏

紡謂紡麻作纑爲布作纑之法有小繩紀其升縷纑既爲布繩無所用婦人不肯棄之積而留之以此小繩度城而去之十九年傳及老託於紀鄣紡焉以度而去之疏

春秋未嘗書曹人來聘非徒會不見經炫謂玉帛之使謂國家所有交好皆告之非奔者之身嘗聘也今實又云所以華亥向寧射姑等不見有玉帛來聘者以其時求爲卿也二十年經曹公孫會自鄸出奔宋疏

此皆假其事以爲等差其實災之大小不如此也且詩云十月之交朔日辛卯日有食之亦孔之醜先儒以爲周之十月夏之八月秋分之月也而甚可醜惡

七年四月甲辰朔日食春分之月也而云魯衛惡之衛大魯小安在乎二分之食不爲災足明此是先賢寓言非實事也二十一年傳日有食之不爲災疏

以王當國亦如莒展以名繫國也二十二年經以王猛居于皇疏

禮有宜曲宜直不可信情而行故人之能自曲直以赴於禮者謂之爲成人不能赴禮則不成爲人謂之爲大不亦宜乎赴謂奔走言謕諸已性奔走以赴禮也二十五年傳謂之成人疏

此左師展將以公乘馬而歸欲共公單騎而歸此騎

馬之漸也左師展將以公乘馬而歸疏

如國語史記之文幽王止立伯服爲大子耳旣虜褒姒必廢其子未立爲王而得呼爲攜王者或幽王死後褒姒之黨立之爲王也汲冢書紀年云平王奔西申而立伯盤以爲大子與幽王俱死于戲先是申侯魯侯及許文公立平王于申以本太子故稱天王幽王旣死而虢公翰又立王子余臣于攜周二王並立二十一年攜王爲晉文公所殺以本非適故稱攜王束晳云案左傳攜王奸命舊說攜王爲伯服伯服古文作伯盤非攜王伯服立爲王積年諸侯始廢之而立平王其事或當然二十六年傳攜王奸命疏

此作唯此文王不可以文王之德還自比文王故知比于文王可以比于上代文德之王也二十八年傳比于文王疏

天子以下俱荷地德皆當祭地但名位有高下祭之有等級天子祭地祭大地之神也諸侯不得祭地使之祭社也家亦不得祭社使祭中霤也霤亦地神所祭小故變其名賈逵以句芒祀於戶祝融祀於竈蓐收祀於門玄冥祀於井后土祀於中霤言雖天子之

祭五神亦如此耳柱以別祭五行神以五官配之非祀此五神於門戶井竈中霤也門戶井竈直祭門戶等神不祭句芒等也唯有祭后土者亦是土神故特辨之云在家則祀中霤在野則爲社言彼與中霤亦是土神但祭有大小郊特牲云社所以神地之道也地載萬物取財於地教民美報焉家主中霤而國主社示本也是在家則祀中霤也大司徒以下同此禮也二十九年傳土正曰后土疏

葢柱地名其官曰農猶呼周棄爲稷柱爲稷疏

范氏取蒐之法以爲國制雖則爲非書已廢矣總應有禍亡覺已歇今荀寅更述其事又加增范氏之惡焉范氏已欲免禍今復改易之而使亡也易之亡疏

序云諸言不書皆仲尼新意然則前三年魯史皆書公在仲尼去之仲尼所以不於此先書公在鄆與乾侯者所以非公之妄妄伐季氏且明過謬猶可掩此年書者自是鄆人潰叛齊晉卑公子家忠謀終不能用內外棄之此年云非公且徵過二十一年云言不能外內三十二年云言不能外內又不能用其人每

歲發傳言公之罪也三十年傳非公且徵過也疏

定公以六月即位此年便即往朝於事未爲緩也晉人何以辭之若以緩見譴當遲謝罪何由此後更無謝處空言罪已經無遜謝自罪之狀復安在乎晉若以緩致辭必當更有譴責何由明年會次復得依常班序乃復之意不可縣知定三年經公如晉至河乃復疏

伯禽猶下命以康誥是伯禽爲命書似書序穆王命君牙爲大司徒作君牙即以君牙爲篇與此同也四年傳命以伯禽疏

職官五正職主也正長也主官事者有五長分五宗爲五官使主之此九宗蓋宗有一人數少者當宗不足立官并之爲五使五官領此九宗或以爲於懷姓之內立五正使分主九宗未知誰是故備言之或以爲五官之長謂如昭二十九年蔡墨所云五行之官長也是天子之大臣非唐之遺民然姓而有五也并賜唐叔豈天子得以五行官長賜諸侯哉職官五正疏

陽虎召季孫欲殺之則召季孫爲召死季孫得脫必大喜魯人聞我出去喜於召死言人人皆喜於季孫

八年傳喜於徵死疏

公孟生得賜族故彄即以族告十二年經衞公孟彄帥師伐曹

序錄

唐志劉炫規過三卷隋志無

孔穎達春秋正義序曰晉世杜元凱爲左氏集解專取丘明之傳以釋孔氏之經晉宋傳授以至于今其爲義疏者則有沈文何蘇寬劉炫然沈氏於義例粗可於經傳極踈蘇氏則全不體本文唯旁攻賈服使後之學者鑽仰無成劉炫于數君之內實爲翹楚然聰惠辯博固亦罕儔而探賾鉤深未能致遠其經註易者必具飾以文辭其理致難者乃不入其根節又意在矜伐性好非毀規杜氏之失凡一百五十餘條習杜義而攻杜氏猶蠹生於木而還食其木非其理也雖規杜過義又淺近所謂捕鳴蟬於前不知黃雀在其後案僖公三十三年經云晉人敗狄于箕杜註云郤缺稱人者未爲卿劉炫規云晉侯稱人與殽戰同案殽戰在葬晉文公前可得云背喪用兵以賤者告箕戰在葬晉文公之後非是背喪用兵何得云與殽戰同此則一年之經數行而已曾不勘省上下妄規得失又

襄公二十一年傳云邾庶其以漆閭丘來奔以公姑姊妻之杜註云蓋寡者二人劉炫規云是襄公之姑成公之姊只一人而已案成公二年成公之子公衡爲質及宋逃歸案家語本命云男子十六而化生公衡已能逃歸則十六七矣公衡之年如此則於時成公三十三四矣計至襄二十一年成公七十餘矣何得有姊而妻庶其此等皆其事歷然猶尚妄說況其餘錯亂良可悲矣然比諸義疏猶有可觀今故據以爲本

謨案唐志春秋類載有劉炫攻昧十二卷又規過三卷述議三十七卷攻昧文無可攷未詳所指如孔序言則規過乃規杜註之失凡一百五十餘條今各散見正義但其中有旁攻賈服及何休語疑即屬攻昧文非規過也凡共鈔出一百七十二條

規過

隋　河間劉炫撰　　東鄉吳旂桂校

隱公元年（經）元年春王正月（註）凡人君即位欲其體元以居正

規曰元正惟取始長之義不爲體元居正難何休曰唯王者然後改元立號春秋託新王受命于魯故因以錄即位若然新王受命正朔必改是魯得稱元亦應改其正朔仍用周正何也既託王于魯則是不事文王仍奉王正何也諸侯改元

自是常法而云託王改元是妄說也說公羊者云元者氣之始春者四時之始王者受命之始正月者政敎之始公即位者一國之始春秋緯云黃帝坐于扈閣鳳凰銜書至帝前其中得五始之文謂此五事何休亦云公即位者一國之始政莫大于正始故春秋以元之氣正天之端以天之端正王之政以王之政正諸侯之即位以諸侯之即位正境內之治諸侯不上奉王之政則不得即位故先言正月而後言即位政不由王出則不得爲政故先言王而後言正月王者不奉天以制號令則無法故先言春而後言王天不深正其元則不能成其化故先言元而後言春五者同日並見相須成體非比辭也何休自云諸侯不得改元則王者王之元年非公之元年公即位不在王之元年安得同日並見共成體也即以託王于魯史之改元元既爲魯所改則政不由王出安得以王之政正諸侯元尊而王卑年大而月小年之有元改而無忌王之立政必云須奉舍其大而事其細敬所卑而慢所尊以此立敎必不可行聖人有作豈當爾也

黃帝之作五始者爲天子法乎爲諸侯法乎諸侯不得改元必非諸侯法若非諸侯法安得有公即位乎無公即位則闕一始何得爲五始也若是天子法不得言王正月王即位何休云以王之政正諸侯之即位然王者豈復以己之政正己之即位不遍若此何以行之言左氏者或取爲說是逐狂東走也隱莊閔僖四公元年傳皆說不書即位之由故指以爲例隱不行即位又謙不告至而歲首

告朔朝正所以尊敬祖考也若不行即位又不朝正則與臣子無別不成爲君故告朔朝廟也

三年〔傳〕四者之來寵祿過也〔服註〕言此四者過從邪起

難服曰邪是何事能起四禍若從邪起何須云四者之來寵祿過也寵祿豈是邪事四者得從而來乎服言弗納于邪懼其緣驕以至于邪非先邪而後驕也

四年〔經〕莒人伐杞取牟婁〔註〕書取言易也

規曰上言伐不言取者非易

七年〔經〕戎伐凡伯于楚丘以歸〔註〕但言以歸非執也

規曰定四年以沈子嘉歸經云殺之哀七年以邾子益來傳云囚諸負瑕皆執也

八年〔傳〕以泰山之祊易許田〔註〕許田近許之田

規曰別有許邑邑自名許非有近許國始名爲許

爲謚因以爲族〔註〕或即使先人之謚稱以爲族

規曰有功德者生賜族以謚爲族全無一人

十年〔經〕鄭伯伐取之〔註〕書取克之易也

規曰取之非易

十一年〔傳〕及大逵〔註〕逵道方九軌也

規曰逵爲九道交出國國皆有逵道

桓公二年〔傳〕以郜大鼎賂公〔註〕濟陰城武縣東南有北郜城

規曰南郜北郜並宋邑別有郜國

大路越席〔註〕大路王路祀天車也

規曰大路木路

藻率鞞鞛〔註〕鞞佩刀削上飾鞛下飾

規曰毛詩傳下曰鞞上曰琫

三年〔經〕春正月〔註〕經之首時必書王明此歷天王之所班也其或廢法違常失不班歷故不書王

規曰天王失不班歷經不書王乃是國之大事何得傳無異文又昭二十三年以後王室有子朝之亂經皆書王豈是王室猶能班歷又襄二十七年再失閏杜云魯之司歷頓置兩閏又哀十三年十二月螽杜云季孫雖聞仲尼之言而不正歷如杜所註歷既天王所班魯人何得擅改又子朝奔楚其年王室方亂王位猶且未定諸侯不知所奉復

有何人尚能班歷昭二十三年秋乃書天王居于狄泉則其春未有王矣時未有王歷無所出何故其年亦書王也若春秋之歷必是天王所班則周之錯失不關于魯魯人雖或知之無由輒得改正襄二十七年傳稱司歷過再失閏者是周司歷也魯司歷也而杜釋例云魯之再歷始覺其謬頓置兩閏以應天正若歷爲王班當一論王命寧敢專置閏月改易歲年哀十三年十二月螽仲尼曰火猶西流司歷過也杜于釋例又云季孫雖聞此言

猶不即改明年復螽于是始悟十四年春乃置閏欲以補正時歷既言歷爲王班又稱魯人輒改改之不憚于王亦復何須王歷杜之此言自相矛楯以此立說難得而通又案春秋經之闕文甚多其事非一亦如夫人有氏無姜有姜無氏及大雨霖廧咎如潰之類也此無王者正是闕文耳

五年〔經〕冬州公如曹〔服註〕春秋前以黜陟之法進爵爲公

難服曰周法二王之後乃得稱公雖復周公大公之勳齊桓晉文之霸位止通侯未升上等州有何功得遷公爵若其爵得稱公土亦應廣安得爵爲上公地仍小國若地被兼黜爵亦宜減安得地既削小爵尚尊崇此則理之不通也

六年〔傳〕嘉栗旨酒〔註〕嘉善也栗謹敬也

規曰栗穗貌

十一年〔經〕宋人執鄭祭仲〔註〕祭氏仲名不稱行人聽廹脅以逐君罪之也

規曰祭仲是字鄭人嘉之本非行人

十六年〔經〕冬城向〔註〕推校此年閏在六月則月却而節前水星可在十一月而正也詩云定之方中作于楚宮此未正中也

規曰案周語云辰角見而雨畢天根見而水涸駟見而隕霜火見而清風戒寒故先王之教曰雨畢而除道水涸而成梁隕霜而冬裘具清風至而修城郭故夏令曰九月除道十月成梁營室之中土功其始先儒以爲建戌之月霜始降房星見霜降之後寒風至而心星見鄭玄云辰角見謂九月本

天根見謂九月末天根謂氐星是也自然火見是
建亥之月又春秋城楚丘是正月而杜引詩云定
之方中未正中也定星豈正月未正中乎據此諸
文則火見土功必在建亥之月則建戌之月必無
土功之理而杜以爲建戌之月得城向者非也

莊公十年【經】以蔡侯獻舞歸【註】獻舞蔡季
規曰在陳死則稱滅以還者則言以歸

二十二年【傳】遇觀之否【註】觀六四爻變而爲否
規曰觀之否者爲觀卦之否爻也之比者屯卦之
比爻皆不取後卦之義

三十二年【傳】犖有力焉能投蓋于稷門【註】稷門魯南城門
走而自投接其屋之桷反覆門上
規曰公言犖有力焉如杜此說勁捷耳非有力也
當謂投車蓋過于稷門

閔公元年【傳】辛廖占之曰吉【註】辛廖晉大夫
規曰若在晉國而筮何得云筮仕于晉又辛甲辛
有並是周人何故辛廖獨爲晉大夫

二年【傳】內寵並后外寵二政嬖子配適大都耦國【註】驪
姬爲內寵二五爲外寵奚齊爲嬖子曲沃爲大都
規曰二五嬖賤不得爲二政大子不以曲沃作亂
不得爲大都

僖公五年【傳】必書雲物【註】不言公者曰官掌其職
規曰書雲物亦是公親爲之但上文有公旣視朔
故下文去公字耳

九年【經】宋公御說卒【註】四同盟
規曰御說以莊十三年卽位十六年盟于幽十九
年盟于鄄二十七年盟于幽僖五年盟于首止七
年盟于甯母八年盟于洮爲六同盟

十五年【傳】秦伯伐晉卜徒父筮之吉【註】卜人而用筮不
能通三易之占故據其所見雜占而言之
規曰案成十六年筮卦遇復云南國蹙射其元王
中厥目亦是雜占則筮卦亦用雜占不必皆取易
辭

涉河侯車敗【註】秦伯之軍涉河則晉侯車敗也
規曰侯者五等總名國君大號涉河侯車敗爲秦
伯車敗又韓戰之前秦晉未有交兵何得言晉侯

車有三敗以爲秦伯車三敗也

十六年經三月壬申公子季友卒註稱字者貴之

規曰季友仲遂皆生賜族非字也

十七年經夏滅項註公在會別遣師滅項不言師諱之

規曰案傳齊人以爲討討其滅國非討用師既不諱滅何以諱師炫謂將卑師少稱人不可自言魯人故不稱師

十九年經邾人執鄫子用之註不書社赴不及也

規曰執蔡世子友用之不言岡山此何須云于社

傳欲以屬東夷註東夷皆社祀之葢殺人而用祭

規曰案昭十年季平子伐莒獻俘始用人于亳社彼亳社舊不用人杜何以知此社殺人而用祭乎

二十三年傳公賦六月註古者禮會因古詩以見意欲言賦詩斷章也其全稱詩篇者多取首章之義

規曰案春秋賦詩有雖舉篇名不取首章之義者故襄二十七年公孫段賦桑扈趙孟曰匪交匪敖乃是卒章又昭元年云令尹賦大明之首章既特言首章明知舉篇名者不是首章

二十五年傳晉趙衰以壺餐從徑註徑猶行也正義劉炫改徑爲經

規曰經謂經歷饑餓下屬爲句

二十六年傳室如縣罄註如而也言居室而資糧縣盡

規曰如罄在縣下無粟帛

夔子不祀祝融與鬻熊註鬻熊祝融之十二世孫

規曰計其間出有一千二百年畧而言之則百年爲一世計父子爲十二世何以得延千二百年乎

二十七年傳先軫曰報施救患註先軫晉下軍之佐

規曰下蒐于被廬先軫始佐下軍此時未爲下軍之佐

二十八年經晉侯齊師宋師秦師及楚人戰于城濮註子玉及陳蔡之師不書楚人恥敗告文畧也

規過以爲晉人告畧

傳城濮之戰晉中軍風于澤註牛馬因風而走皆失之

規曰放牛馬于澤遺失大旆左旆不失牛馬

二十九年傳卿不會公侯會伯子男可也註大國之卿當小國之君故可以會伯子男諸卿之見貶亦兼有此

闕
規曰直責其敵公侯不責其盟王使
三十三年〔經〕晉人敗狄于箕〔註〕郤缺稱人者未爲卿
規曰案傳晉侯親兵先軫死敵則將帥非郤缺也
而稱人者晉諱而以微人告與殽戰同
文公二年〔傳〕吾見新鬼大故鬼小〔註〕新鬼僖公既爲兄死
時年又長故鬼閔公死時年少
規曰直據兄弟大小爲義不須云死之長幼
五年〔傳〕甯嬴從之〔註〕甯嬴逆旅大夫

規曰甯嬴直是逆旅之主非大夫
六年〔傳〕使求遭喪之禮以行〔註〕聞晉侯疾故
規曰聘使之法有須造遭喪之禮而行防其未然
也非是聞晉侯有疾
八年〔傳〕且復致公壻池之封〔註〕取衛地以封之今并還
衛也
規曰服虔以爲致之于鄭服言爲是
十年〔傳〕陳侯鄭伯會楚子于息冬遂及蔡侯次子厥貉
〔註〕陳鄭及宋麇子不書者宋鄭執卑苟免爲楚僕任

受役于司馬麇子恥之遂逃歸
規曰告文略故不書陳鄭宋
十三年〔經〕邾子蘧蒢卒〔註〕未同盟而赴以名
規曰蘧蒢以僖元年與魯盟于犖何得云未同盟
十五年〔傳〕宋華耦來盟其官皆從之書曰宋司馬華孫
貴之也〔服註〕華耦爲卿修而不度以君命修好結盟
舉其官屬從之空官廢職魯人不知其非反尊貴之
其意以爲責之者魯人貴之非君子貴之
難曰此爲不知其非儀父豈亦魯不知其非而貴

之乎孔子修春秋裁其得失定其褒貶善惡彰於
其篇臧否示於來世若魯人所善亦善之所惡亦
惡之已無心於抑揚遂逐魯人之善惡筆削之勞
何所施用約之以理豈其然哉其官皆從謂共聘
之官無闕當有留治政者豈舉朝盡行而責其空
官也若以官從卽責空官聘禮官屬不少豈周公
妄制禮乎
惠叔猶毀以爲請〔註〕敖卒則惠叔請之至今期年而
猶未已毀過喪禮

規曰赦去年九月卒至今年夏據月未匝不得稱期年

十六年傳先君蚡冒所以服陘隰也註蚡冒楚武王父

規曰案楚世家蚡冒卒弟熊達殺蚡冒子而代立是爲楚武王則蚡冒是兄不得爲父

十七年傳鹿死不擇音註音所茠蔭之處

規曰謂不擇音聲而出之

宣公元年傳宋文公受盟于晉又會諸侯于扈將爲魯討齊皆取賂而還註文十五年十七年二扈之盟皆受賂

規曰案傳數晉罪近發宋弒昭公前扈之盟文所不及何當虛指其事言皆取賂焜謂宋及晉平取宋賂爲魯討齊取齊賂也案此言會諸侯于扈文承宋人之弒昭公下知非十七年會于扈既取宋賂又取齊賂而稱皆必爲十七年十五年二扈之盟者案十七年會于扈尋撿經傳全無魯討齊之事豈得違背經傳妄指十七年乎

三年經冬十月丙戌鄭伯蘭卒註再與文同盟

規曰伯蘭以文二年盟于垂隴七年盟于扈十四年盟于新城魯鄭俱存當言三同盟

六年傳以盈其貫註貫猶習也

規曰案尚書泰誓武王數紂之惡云商罪貫盈言紂之爲惡如物在繩索之貫不得爲習也

九年經冬十月癸酉衛侯鄭卒註三與文三盟

規曰鄭以文七年盟于扈十四年盟于新城唯二與文同盟

十二年傳先穀佐之註彘季代林父

規曰傳文皆稱彘子何以知是彘季

老有加惠註賜老則不計勞

規曰老者當有恩惠之賜非勞役之限

其三曰鋪時繹思我徂維求定其六曰綏萬邦屢豐年註其三三篇其六六篇

規曰其三其六者是楚子第三引鋪時繹思第六引綏萬邦

故使子孫無忘其章註著之篇章使子孫不忘

規曰能有七德故子孫不忘章明功業

十四年【傳】衛人以其成勞復室其子【註】以有平國之功故以女妻之

規曰傳文無衛侯之女爲孔達之妻復室其子謂復以室家還其子謂達既被誅家當沒入官復以孔達財物家室還其子

朝而獻功【註】獻其治國若征伐之功於伯牧

規曰傳稱朝以正班爵之儀率長幼之序則不名獻功成二年王禮鞏伯如侯伯克敵使大夫告慶之禮則侯伯克敵衹合使大夫告王征伐之功何故親朝獻牧伯禮小朝大小國不合專征復有何功可獻

於是有容貌采章嘉淑而有加貨【註】言往共則來報亦備

規曰案此勸君行聘唯當論聘之義深不宜言主之禮備豈慮楚不禮而言此也君之威儀無時可舍豈待朝聘賓至乃始審威儀正顏色無賓客則驕容儀容儀非報賓之物何言報禮備

十五年【傳】山藪藏疾【註】山之有林藪毒害者居之

規過以爲澤旁之藪

成公二年【傳】三入三出【註】重其代已故三入晉軍求之

規曰齊侯三入齊軍又三出齊軍以求丑父每出之時齊之將帥敗而怖懼以師而退不待齊侯致使齊侯入于狄卒

況其不幸敢不唯命是聽【註】言完全之時尚不敢違晉今若不幸則從命

規曰齊人請戰言敝邑脫或有幸戰勝亦云從也

賜三帥先路三命之服【註】郤克士燮欒書已嘗受王先路之賜

規曰既言先路則是晉君之賜杜云受王先路之賜非其義也

用蜃炭【註】燒蛤爲炭

規曰用蜃炭者用蜃復用炭

六年【經】立武宮【註】築武軍又作先君武公宮

規曰唯立武公之宮不築武軍

十年【傳】居肓之上膏之下【註】肓鬲也心下爲膏

規曰釋首者爲膏連心之脂不得稱膏膏當爲鬲

十三年【傳】將致命于秦【註】致死命而討秦時無諸侯盍
諸侯遥致此意
規過以爲誣秦
我寡君是以有令狐之會【註】宜言寡人稱君誤
規曰臣之出使自稱己君皆曰寡君今呂相雖奉
君兼有己語稱寡君正是其理杜何知宜爲寡人
稱君爲誤
十六年【傳】欒范以其族夾公行【註】二族彊故在公左右
規曰族者屬也屬謂中軍以中軍夾公耳非謂宗

族之兵
十七年【經】邾子貜且卒【註】五同盟
規曰貜且以宣十七年盟于斷道成二年盟于蜀
五年盟于蟲牢七年盟于馬陵九年盟于蒲十五
年盟于戚此年盟于柯陵凡七同盟
【傳】士燮卒【註】厲公無道故賢臣憂懼因禱自裁
規曰士燮及昭子之卒適與死會非自殺
襄公四年【傳】金奏肆夏之三不拜工歌文王之三又不拜
歌鹿鳴之三三拜【註】周禮以鐘鼓奏九夏其二曰肆

夏一名樊三曰韶夏一名遏四曰納夏一名渠大雅
之首文王大明緜小雅之首鹿鳴四牡皇皇者華
規曰杜以此解煩允三夏之名而分字配篇不甚
愜當何則文王之三即文王是其一大明緜是其
二鹿鳴之三則鹿鳴是其一四牡皇皇者華是
其二然則肆夏之三亦當肆夏是其一樊遏渠是
其二安得復以樊爲肆夏之別名也若樊即是肆
夏何須重舉二名雖恥督前蹤亦未踰先哲
戎狄荐居【註】荐聚也

規曰案莊子云麋鹿食荐即荐是草也
十一年【經】公會晉侯宋公衛侯曹伯齊世子光莒子邾
子滕子薛伯杞伯小邾子伐鄭【註】世子光至復在莒
子之先故晉悼亦進之
規曰序莒上者直是先世非爲先莒
【傳】七姓十二國之祖【服註】晉主盟不自數
難曰案宣子恐失諸侯謹慎辭令告神要人身不
自數已不在盟彼叛必速豈有如此理哉
十二年【經】秋九月吳子乘卒【註】五年會于戚公不與盟

而赴以名
規曰杜於五年註以爲公及吳盟還而不以盟告
廟也今註云會于戚公不與盟而赴以名何爲兩
註自相矛楯
十四年【傳】遒人以木鐸徇于路【註】遒人行令之官
規曰遒人宣令之官徇路求諫杜以爲行人之官
不見古文
十七年【經】邾子牼卒【註】四同盟
規曰牼以成十八年盟于虛朾襄三年盟于雞澤

漢魏遺書鈔 規過 三二

五年盟于戚九年盟于戲十一年盟于亳城北十
六年盟于溴梁凡六同盟杜氏誤
十八年【經】曹伯負芻卒于師【註】三同盟
規曰負芻以成十五年盟于戚十七年盟于柯陵
襄五年盟于戚九年盟于戲十一年盟于亳城北
十六年盟于溴梁凡六同盟杜氏誤
【傳】齊侯禦諸平陰塹防門而守之廣里【註】平陰城南
有防防有門於門外作塹橫行廣一里故經書圍
規曰案下傳范鞅門于雍門又門于揚門州綽門

于東閭既門其三門即是圍事杜何知不以門于
三門爲圍必以禦諸平陰爲圍乎
十九年【經】齊侯環卒【註】世子光三與魯同盟
規曰案襄三年世子光盟于雞澤五年盟于戚九
年盟于戲十一年盟于亳城北不數成公之世世
子光猶四同盟
【傳】婦人無刑【服註】婦人從人者也故不爲制刑及犯
惡從男子之刑也
難曰犯淫則男子割勢婦人閉宮豈得從男子乎

漢魏遺書鈔 規過 三三

二十一年【傳】季武子以公姑姊妻之【註】計公年不得有未
嫁姑姊蓋寡者二人
規曰案十二年傳云無女而有姊妹及姑姊妹則
古人謂姑爲姑姊妹也而知此姑姊是襄公父之
姊止一人耳不得云寡者二人
二十三年【經】邾畀我來奔【註】畀我是庶其之黨同有竊邑
叛君之罪來奔故書
規曰杜此註云庶其之黨庶其奔魯三年若是其
黨邾人即應討之何因至今始奔庶其以邑奔魯

魯人懟以賜之界我不得彼邑竊邑之狀復何在爲釋例又曰小國之卿或命而禮儀不備或未加命數故不書之邾界我之等其奔亡亦多所書唯數人而已知其合制者少也如彼所說又以畀我是卿何爲兩說自相矛楯乎炫以爲釋例是集解非

傳知悼子少註年十七

規曰計悼子年十六不得爲十七

唯魏氏及七輿大夫與之註七輿官名

規曰若是主公車則當情親於公不應曲附欒氏服虔云下軍輿帥七人炫謂服言是

二十四年傳在周爲唐杜氏註殷末豕韋國於唐周成王滅唐遷之於杜

規曰案杜於昭元年註云唐人若劉累之等累遷魯縣此在大夏卽如彼言則居唐之人非累之裔此註何云豕韋國于唐也又據何文知初封于唐後封于杜乎唐非豕韋之嗣杜亦未必是後安知滅唐遷于杜也賈逵註國語云武王封堯後爲唐杜二國以爲並時爲國非滅唐封杜

二十五年傳齊人以莊公說註以弒莊公說晉也

規曰杜意晉謀伐齊齊人乃弒莊公以說晉也炫謂莊公死後晉始謀伐齊齊人以莊公伐晉晉欲報伐莊公既以此說晉言晉讐既死今新君服從晉也

男女以班賂晉侯以宗器樂器註宗器祭祀之器樂器鐘磬之屬

規曰哀元年蔡人男女以辨與此同杜意男女分

別將以賂晉也炫謂男女分別示晉以恐懼服罪非以爲賂也

及處守者皆有賂註皆以男女爲賂

規曰有賂者皆以貨財賂之非以男女爲賂

晉侯許之註晉侯受賂還不譏者齊有喪師自宜還

規曰齊弒君之後晉始來伐

同盟于重丘齊成故也註伐齊而稱同盟以明齊亦同盟

規曰應直遣慶封如師齊侯不與盟

二十六年傳先八邑註八邑三十二井

規曰案論語有十室之邑又杜註免餘邑爲一乘之邑又宋鄭之間六邑凿戈錫等杜何以知此邑非彼等之邑必以爲四井之邑

取衛西鄙懿氏六十以與孫氏註取田六十井

規曰案服虔云六十邑服言爲是

三十八年傳且觀優至於魚里註優在魚里往觀之

規曰國人從旁爲優引行以至魚里

二十九年經庚午衛侯衎卒註四同盟

規曰案衎以成十五年即位其年盟于戚十七年盟于柯陵十八年盟于虛朾襄三年盟于雞澤五年盟于戚七年及孫林父盟九年盟于戲十一年盟于亳城北二十七年盟于宋凡與魯九同盟杜云四同盟者誤

傳不尚取之註不尚叔侯之取貨

規曰夫人愠而出辭則其言當悖直言不尚此事所譏大輕淺非是愠之意晧八年穿封戌云若知君之及此追恨不殺靈王其意乃悖于此蓋古者不諱之言服虔云不尚尚也尚當取女叔侯殺之其說未必非也

美哉思而不貳註思文王之德無貳叛之心

規曰服虔以爲此歎變小雅也其意言思上世之明聖而不貳于當時之王怨當時之政而不有背叛之志也其周德之衰微乎疑其幽厲之政也服言爲是杜解錯謬

盛德之所同也註頌有殷魯故曰盛德之所同

規曰魯頌止美僖公之德本非德洽之歌何知不直據周頌而云頌有商魯乎

三十年傳師曠曰魯叔仲惠伯會郤成子于承匡之歲也註在文十一年

傳之敘事自可以魯爲主若載人語則當如其本言此師曠晉人自道晉事當云郤成子會魯叔仲惠伯所以云叔仲惠伯會郤成子于承匡之歲者止明意在以魯爲主遂使此言反耳止明尚不免於此況後解說者乎 案此文當屬攻昧

降婁中而旦註降婁中而天明

規曰五月降婁未中

昭公元年〔經〕三月取鄆〔註〕不稱將帥將卑師少書取言易也

規曰案傳武子伐莒知非將卑師少也稱伐則是非易也杜何得以爲易將卑師少乎

〔傳〕吾代二子愍矣〔註〕二子謂王子圍及伯州犂

規曰案服虔云愍憂也代伯州犂憂公子圍代子羽憂子晳服言爲是

十一月己酉公子圍至入問王疾〔註〕經傳皆言十一月月誤也

規曰杜言十一月誤當爲十二月

甲辰朔烝于溫〔註〕晉既烝趙孟乃烝其家廟則晉烝當在甲辰之前傳言十二月月誤

規曰晉烝及趙孟適南陽並在十一月之前文繫十二月者欲見烝後卽行先公後私十二月之文爲下甲辰朔起本擧[illegible]遥屬下明晉烝猶在朔前十二月非誤也

三年〔經〕滕子原卒〔註〕襄二十五年朝重丘

規曰案襄五年盟于戚九年盟于戲十一年盟于亳城北十九年盟于祝柯二十年盟于澶淵二十五年盟于重丘凡六同盟皆是滕成公

四年〔傳〕西陸朝覿而出之〔註〕謂夏三月日在昴畢蟄蟲出而用冰春分之月奎星朝見東方

規曰春分奎星已見杜以夏三月仍云奎始朝見非其義也

五年〔傳〕叔禽叔椒子羽〔註〕皆韓起庶子

規曰叔禽等亦是韓起之族

羊舌四族皆彊家也〔註〕四族銅鞮伯華叔向叔魚叔虎兄弟四人

規曰叔虎於時已死別有季夙

因其十家九縣〔註〕韓氏七羊舌氏四而言十家擧大數也

規曰韓須是起之門子不必更稱家未韓須之外韓氏唯有六家并羊舌四族故爲十家也

七年〔傳〕余又將殺段也〔註〕公孫段豐氏黨

規曰段卽豐氏當言駟氏黨字之誤

八年〔經〕陳侯溺卒〔註〕襄二十七年大夫盟于宋

規曰往年衛侯惡卒杜云元年大夫盟于虢此不數虢何爲上下自相反

九年〔傳〕豈如弁髦而因以敝之〔註〕童子垂髦始冠必三加冠成禮而棄其始冠故言弁髦因以敝之

規曰弁髦二物以童子垂髦爲髲被兩髦因以敝之者謂親沒不髦案禮加冠以後親沒以前身既成人猶自垂髦何得云童子垂髦髦既親沒乃棄杜註何以不言親沒也若三加之後棄弁不棄髦

杜註何得云棄其始冠故言弁髦因以敝之既連髦而言明非親沒之髦也髦之形像鄭註士喪禮云未聞

逐楚而建陳也〔註〕水得妃而與陳興則楚衰故曰逐楚而建陳（正義劉炫改逐爲遁）

規曰言火逃遁去楚而建立陳國

十年〔經〕宋公成卒〔註〕十一同盟也

規曰案成以成十七年盟于柯陵十八年盟于虛朾襄三年盟于雞澤五年盟于戚九年盟于戲十一年盟于亳城北十五年及向戌盟于劉十六年盟于溴梁十九年盟于祝柯二十年盟于澶淵二十五年盟于重丘二十七年盟于宋昭元年盟于虢凡十三同盟

十一年〔傳〕朝有著定〔註〕著定朝內列位常處謂之表著

規曰下文有著有表二文不同著定爲朝有著不得謂之表著

鄭莊公城櫟而寘子元焉〔註〕莊公寘子元于櫟桓十五年厲公因之以殺櫟大夫檀伯遂居櫟卒

規曰莊公城櫟以寘子元當謂賜元以櫟則以元爲櫟邑之長若其別有大夫子元寄居于櫟便是城櫟以寘檀伯何言寘子元也若厲公因子元以殺檀伯則子元是櫟邑之一夫耳豈是莊公城櫟之咎乎且桓十五年傳云鄭伯因櫟人殺檀伯不言因子元也子元鄭之公子不得爲櫟人也鄭衆云子元即檀伯也厲公殺檀伯居櫟因櫟之衆偪弱昭公使至殺死案桓五年傳云子元請爲左拒即云曼伯爲右拒則曼伯子元近是爲一

十二年〔經〕齊高偃帥師納北燕伯于陽〔註〕高偃高傒玄孫

規曰杜譜以偃與鄭爲一亦云高傒玄孫案襄二十九年傳云敬仲曾孫鄭非玄孫也

〔傳〕公子慭遂如晉〔註〕如晉不書還不復命而奔故史不書于策

規曰杜以慭還不復命于介而奔止可不書其還何故如晉亦不書也此蓋爲君使臣聘必當告廟告廟乃得書于策公歸告復不告使慭故不書如

晉

有酒如淮有肉如坻〔註〕淮水名坻山名

規曰淮坻非韻淮當作濰坻爲水中之地

遂入昔陽〔註〕昔陽肥國都樂平沾縣東有昔陽城

規曰齊在晉東僞會齊師當自晉而東行也假道鮮虞遂入昔陽則昔陽當在鮮虞之東也今案樂平沾縣在中山新市西南五百餘里何當假道于東北之鮮虞而反入西南之昔陽也旣入昔陽而別言滅肥則肥與昔陽不得爲一安得以昔陽爲

肥國之都也昔陽卽是肥都何以復言鉅鹿下曲陽有肥累之城疑是肥名取于彼也肥爲小國竟必不遠豈肥名取鉅鹿之城建都于樂平之縣也十五年荀吳伐鮮虞圍鼓杜云鼓白狄之別種鉅鹿下曲陽縣有鼓聚炫謂肥鼓並在鉅鹿昔陽卽是鼓都在鮮虞以東南也二十二年傳云晉荀吳使師僞糴者負甲以息于昔陽之門外遂襲鼓滅之則昔陽之爲鼓都斷可知矣

僕析父從〔註〕楚大夫

規曰僕析父從右尹子革夕見于王爲下與華語張本

是四國者專足畏也〔註〕四國陳蔡二不羹

規曰楚語云靈王城陳蔡不羹使僕夫子晳問于范無宇曰今吾城三國賦皆千乘亦當晉矣諸侯其來乎對曰是三城者豈不使諸侯之惕焉彼再言三城無四國也縱使不羹有二或當前後遷爲非是並有二也炫謂古四字積畫四當爲三

十三年〔傳〕夏五月癸亥王縊于芋尹申亥氏〔註〕經書四

月誤

規曰杜此註經書四月誤案上經註云靈王實以五月死楚人生失靈王本其始禍以赴兩註不同杜解非也

不明棄共百事不終〔註〕信義不明則棄威不威棄禮無禮無經無經無業故百事不成

規曰此傳四文皆緣上事而致下事其上則事業禮威所致則經序共明傳既言不明棄共自然當云不共棄序不序棄經不經棄事今杜云不明則棄威不威棄禮無禮無經無經無業違背傳文

十四年〔傳〕猶義也夫〔註〕以直傷義故重疑之

規曰直則是義

十六年〔傳〕受脤歸脤〔註〕受脤謂君祭以肉賜大夫歸脤謂大夫祭肉歸于公

規曰脤亦祭廟之肉

十八年〔傳〕梓慎登大廷氏之庫以望之何云宋衛陳鄭去魯皆數千里爲登高以見其火豈實事哉

難曰案左傳不言望火何以言見其火

許不專於楚〔註〕自以舊國不專心事楚

規曰當時許之于楚更無異望非敢恃舊國不事楚當以畏鄭之故外設備禦不得專心事楚耳

遷許於析實白羽〔註〕於傳時白羽改爲析

規曰僖公襄公之世已有析名昭九年傳遷許于夷實城父疏

十九年〔傳〕及師至則投諸外〔註〕投繩城外隨之而出

規曰唯投繩城外婦人不出

二十年〔傳〕丁巳晦

規過以爲日誤

七音〔註〕武王伐紂自午及子凡七日王因此以數合之以聲昭之故以七同其數以律和其聲謂之七音

規曰杜既取國語之文以七同其數以律和其聲何爲又云自午及子凡七日乎是杜意以武王爲七日之故而作樂用七音也違國語之文是杜說謬

二十一年〔傳〕使有司以齊鮑國歸費之禮爲士鞅〔註〕魯人失禮故爲鮑國七牢

規曰案聘禮使卿主國待之饔餼五牢則臣之牢

禮不依命數飽國禮當五牢加二牢耳
二十三年〔經〕吳敗頓胡沈蔡陳許之師于雞父〔註〕不書楚
楚不戰也
規曰服虔義云不書楚楚諱敗不告
〔傳〕胡子髡沈子逞滅獲陳夏齧君臣之辭也〔註〕國君
社稷之主與宗廟共其存亡故稱滅大夫輕故曰獲
規曰胡沈之君戰死故言滅也春秋君戰生見獲
者皆言以歸不書滅何得言雖存若亡皆爲滅公
羊傳曰其言滅獲何別君臣也君死于位曰滅生

得曰獲大夫生死皆曰獲以爲君死曰滅生曰以
歸韓戰貶晉侯從大夫例故書獲
二十四年〔傳〕同德度義〔註〕言唯同心同德則能謀義子朝
不能於我無害
規曰案孔安國云德鈞則秉義者彊萇弘此言取
彼爲說必其與彼德同乃度義之勝負但使德勝
不畏彼彊故卽引泰誓而勸其務德杜唯不見古
文故致有此謬
紂有億兆夷人〔註〕言紂衆億兆兼有四夷

規曰案孔安國云夷人謂平人杜說謬
二十五年〔傳〕宋公使昭子賦新宮
規曰新宮非婚姻之事
昭子賦車轄〔註〕昭子將爲季孫迎宋公女故賦之
規曰昭子賦車轄不爲逆女
齊侯圍鄆〔註〕欲取以居公不書圍鄆人自服不成圍
規曰此時圍鄆而未得明年方始取之經卽因圍
書取傳言實圍之日非自服也
二十六年〔經〕天王入于成周〔註〕傳言王入在子朝奔後經

在前者子朝來告晚
規曰杜以朝既奔楚王始得入入必在朝奔後經
書王入在前傳有告于諸侯之語故以爲王告入
在前朝告奔在後故先書王入煊謂子朝出亦王
告下註與此自違
尹氏召伯毛伯以王子朝奔楚〔註〕王入乃告諸侯
規曰杜上註云子朝來告晚何爲此註又云王入
乃告諸侯
〔傳〕齊侯取鄆〔註〕前年已取鄆至是乃發傳者爲公處

郫起
規曰服虔以爲往年齊侯取郫實圍郫耳經於圍
書取傳實其事故於是言取服言爲是
萬民弗忍（註）不忍害王也
規曰案周本紀民相與叛襲厲王厲王出奔于彘
周語又曰彘之亂宣王在召公之宮國人圍之召
公知之乃以其子代宣王宣王則國人謂是宣
王國語雖不言殺必殺之矣國人相與襲王王既
奔免得王子而殺之若得厲王亦應不舍而杜云

不忍害王未必然也
矯誣先王（註）先王謂景王
規曰先王爲先世之王
二十七年（傳）使宰獻而請安（註）請安齊侯請自安不在坐
也
規曰案燕禮司正洗角觶南面坐奠於中庭升東
楹之東受命西階上北面命卿大夫君曰以我安
卿大夫皆對曰諾敢不安彼是請賓使自安當如
彼使宰請魯侯自安耳主人請安謂主人使司正

請安于賓服虔亦然杜今云齊侯請自安非也
二十九年（傳）木正曰句芒（註）取木生句曲而有芒角也
規曰賈逵云總言萬物句芒非專木生如何杜說
耳
在乾䷀之姤䷫（註）乾下乾上乾巽下乾上姤乾初九
變
規曰杜以之爲適煩謂易之爻變則成一卦遂以
彼卦名爻乾之初九姤卦爻九二同人爻九五大
有爻上九夬卦爻用九全變則成坤卦故謂用九

爲坤蔡墨此意取易文耳非揲蓍求卦安有之適
之義若以之爲之適則其非之適之意何以言其
同人其大有此本當言初九九二但以爻變成卦
即以彼卦名爻其意不取于之適所言其同人其
大有猶引詩言其二章其三章先引初九故言乾
卦之姤爻初九言乾以下不復須云乾故言其同
人其大有就乾卦而其之其此同人爻其此大有
爻以下文勢悉皆若是也
有烈山氏之子曰柱爲稷（註）烈山氏神農世諸侯

規曰烈山氏卽神農非諸侯
定公元年【傳】而田於大陸焚焉【註】爾雅廣平曰陸
規曰案爾雅高平曰陸
四年【經】春王二月癸巳陳侯吳卒【註】癸巳正月七日書
二月從赴
規曰諸侯五月而葬下云六月葬陳惠公則陳侯
卒在二月書癸巳日誤
五月公及諸侯盟于皐鼬【註】復稱公者會盟異處故
規曰會盟異處故復稱公案襄二十五年盟重丘

亦是會盟異處何以不言公
【傳】社稷不動【註】社稷動謂國遷
規曰社稷動謂軍行
七年【經】九月大雩【註】過也
規曰案賈逵云旱也
八年【傳】主人出師奔【賈註】主人出魯師奔走而御退言
魯無戰備也
杜亦不勝舊今杜必異於賈以爲後師奔走往助
之者若以賈言魯師奔走則是被敗而還下傳陽

虎何得云猛在此必敗明其於時不敗故猛得逐
廩丘之人是賈言非也案此文疑亦闕攻昧
魯於是始尚羔【註】卿不書禮不敵公史畧之
規曰案宣元年會晉師于棐林伐鄭杜云趙盾遯
師取於師會故稱師何知此非亦以師會故稱師
而云禮不敵公畧稱師乎
九年【經】齊侯衛侯次于五氏【註】不書伐者諱伐盟主以
次告
規曰不告伐故不書

【傳】得用焉曰獲【註】謂用器物以有獲若麟爲田獲俘
爲戰獲
規曰得用焉曰獲謂得此可用爲器之物謂之爲
獲若麟之皮角之屬杜解爲非
齊師克城而驕其帥又賤【註】帥謂東郭書
規曰案上伐夷儀乃齊侯親兵所陳東郭書之事
非是將帥杜何知帥謂東郭書若東郭書爲帥則
人無不識何故云晳幘而衣貍製齊侯使視之乃
知夫子也且書若爲帥被晉之敗何故君以爲功

而更受賞乎

十三年傳齊侯衛侯次于垂葭實郥氏註垂葭改名郥氏

規曰地無新舊之異止是一地二名

哀公元年傳夫屯晝夜九日註夫猶兵也壘未成故令人在壘裏屯守蔡

規曰杜言夫猶兵也以壘未成故令人在壘裏屯守蔡然則未築壘前兵豈遠城乎壘成之後兵復出壘乎以圍人夜守常事何言晝夜九日以後兵豈徹乎煊以夫屯謂夫役屯聚晝夜不止九日而築壘成耳夫者別有城夫非戰士

齊侯衛侯會于乾侯救范氏也師及齊師衛孔圉鮮虞人伐晉取棘蒲註魯師不書非公命也孔圉孔烝鉏曾孫鮮虞狄帥賤故不書

規曰齊衛會乾侯救范氏者師相會因而行伐二君親行告伐不告會也行伐之後魯與鮮虞會之齊衛更遣師與同伐也但齊將卑師衆故稱師衛將尊師少故云孔圉後伐四國並皆不書非獨魯與鮮虞不書也當謂魯師不書非公命餘者不書皆不告義出百塗並得通也

二年經叔孫州仇仲孫何忌及邾子盟于句繹註句繹邾地

規曰句繹爲小邾地

六年傳卜退不吉註前已敗于柏人今若退還亦是敗

規曰卜不吉謂戰當敗再敗當謂今伐更敗也杜言退還亦是敗非也謂是好退而還

八年傳拘者道之以伐武城克之王犯嘗爲之宰澹臺子羽之父好焉國人懼註鄫人教吳必可克澹臺子羽武城人國人懼其爲內應

規曰克之者實克武城國人懼者懼其害魯

景伯負載造於萊門註以言不見從故負載書將欲出盟

規曰載書盟主所制自當吳人爲之何由復出魯國又載書數簡之文耳何須負之且諸言載書未有單稱載者以爲負載器物欲往貿於吳耳

十二年傳孔子與弔適季氏註孔子始老故爲弔也

規曰案十六年仲尼卒哀公誄之子贛譏云生不
能用則是哀公不用仲尼爲臣也又世家及諸書
無云仲尼仕於哀公杜焉得云孔子始老乎
九月宋向巢伐鄭取錫殺元公之孫遂圍嵒十二月
鄭罕達救嵒丙申圍宋師〔註〕此事經在十二月叠上
今倒在下更具列其月以爲别者止明本不以爲義
例故不皆齊同
規曰傳說當時事耳更倒本隙地之事載其日月
使與明年相接

十三年〔傳〕二臣之罪也〔註〕二臣鞅與寅
規曰二臣與晉之臣
十四年〔傳〕逢澤有介麇焉〔註〕介大也
規曰介麇謂一麇案古言畜無耦曰介
十六年〔經〕夏四月己丑孔丘卒〔註〕仲尼既告老去位猶
書卒者魯之君臣宗其聖德殊而異之
規曰春秋之例卿乃書卒縱令仲尼不告老例不
今書而杜云告老去位猶書卒非也
十七年〔傳〕衡流而方羊裔焉〔註〕横流方羊不能自安裔

水邊言衛侯將若此魚
規曰卜繇之辭文句相韻裔焉二字宜向下讀之
方羊爲縱恣之狀裔焉大國謂土地遠焉之大國
近不辭矣
武伯曰然則彘也〔註〕據時執者無常故武伯自以爲
可執
規曰小國恒執牛耳何得云執者無常
十九年〔傳〕叔青如京師敬王崩故也〔註〕言敬王能終其
世終葬卯言東王必大克

規曰案史記十二諸侯年表敬王四十一年孔子
卒四十三年敬王崩則敬王崩在他年也周本紀
云敬王崩子元王立八年崩子定王立六國年表
定王元年左傳盡此則傳以定王元年終矣杜世
族譜云敬王三十九年魯哀公十四年獲麟之歲
也四十二年而敬王崩敬王子元王十年春秋之
傳終矣杜說與史記不同
案春秋序云劉炫規杜氏之失凡一百五十餘條
今並抄錄如左又標出有事無文者十三條附後

隱六年　經宋人取長葛
桓二年　經宋督弑其君
莊十一年　傳王師敗績于某
十七年　經齊人執鄭侯
僖三十二年　經鄭伯捷卒
文二年　經作僖公主
七年　傳盍使睦者歌吾子乎
宣八年　傳故伐舒蓼滅之
九年　經晉侯黑臀卒于扈
成二年　傳何臣之爲
三年　傳討赤狄之餘焉
襄二十一年　傳明徵定保
昭二十五年　傳因地之性

序錄

魏書賈思同傳曰思同之侍講也國子博士遼西
衛冀隆爲服氏之學上書難杜氏春秋六十三事
思同復駮冀隆錯乖者十一條互相是非積成十
卷詔下國學集諸儒考之事未竟而思同卒卒後
魏郡姚之安樂陵秦道靜復述思同意冀隆亦尋
物故浮陽劉休和又持冀隆說至今未能裁正
謹案朱氏經義考有賈氏思同春秋傳駮十卷葢
即據魏書本傳爲說隋唐二志並無此目而孔氏
左傳正義獨引衛冀隆難杜一卷所難杜氏春秋
六十三事中語也惜書目卷數並無考今僅從正
義鈔出八條

難杜

魏　遼西衛冀隆撰　　金谿涂文淵校

隱公八年經辛亥宿男卒（註）晉荀偃禱河稱齊晉君名然後自稱名知雖大夫出盟亦當先稱已君之名以啟神明故懿皆從身盟之例當告以名也傳例曰赴以名則亦書之不然則否辟不敏也今宿赴不以名故亦不書名

難曰周人以諱事神臣子何得以君之名告神又荀偃禱河一時之事耳非正禮也何得知大夫盟先稱君名乎

桓公七年傳春穀伯鄧侯來朝名賤之也（註）辟陋小國賤之禮不足故書名

難曰傳曰要結外援好事鄰國以衛社稷又云服於有禮社稷之衛穀鄧在南地屬衛苗以越棄彊楚遠朝惡人卒至滅亡故書名以賤之杜駁論先儒自謂一準丘明之傳今辟陋之語傳本無文杜何所準馮知其辟陋傳又稱莒之辟陋而經無貶文穀鄧辟陋何以書名此杜義不通

秦道靜釋曰杞桓公來朝用夷禮故曰子杞文公來盟傳云賤之明賤其行夷禮也然則穀鄧二君地接荆蠻來朝書名明是賤其辟陋也此則傳有理例故杜據而言之若必魯桓惡人不合朝聘何以伯糾來聘譏其父在仍叔之子譏其幼弱又魯班齊餼春秋所善美魯桓之有禮責三國之來伐而言遠朝惡人非其辭也

八年經春正月己卯烝（註）此夏之仲月非爲過而書者爲下五月復烝見瀆也

難曰上五年閟蟄而烝謂十月此正月烝則是過時而烝春秋有一貶而起二事者若武氏子來求賻一責天王求賻二責魯之不共此正月烝一責過時二責見瀆何爲不可而云非爲過時者

秦道靜釋曰案周禮四時之祭皆用四仲之月此正月則夏之仲冬何爲不得烝而云過時也又傳無過時之文明知直爲再烝而瀆也

十有四年經八月壬申御廩災乙亥嘗（註）廩雖災苟不害嘉穀則祭不應廢

一難曰若救之則息不害嘉穀則傳當有救火之文若如宋災傳舉救火今直言不害明知不以災爲害

泰道靜釋曰傳所以不載救火者傳以指釋經文畧舉其要所以不載救火至於宋鄭之災彼由簡牘備載詳畧不等不可相難也

文公十一年傳襄仲聘於宋且言司城蕩意諸而復之註八年意諸來奔歸不書史失之

難曰襄二十九年樂氏施而不德春秋所善不書意諸之歸則是施而不德且經所不書傳即發文史失之即不書日史失之之類是也此既無傳何知史失

宣公八年經辛巳有事于大廟仲遂卒於垂註有事祭也仲遂卒與祭同日畧書有事爲繹張本不言公子因上行還間無異事省文從可知也稱字時君所嘉無義例也垂齊地非魯竟故書地

難曰其間有辛巳有事于大廟何得爲間無異事

泰道靜釋曰有事于大廟是爲仲遂卒起文只是

一事故云間無異事也既不稱公子而稱仲遂者時君所嘉寵故稱其字非義例也定五年傳季平子行東野卒于房房是魯地卒於竟內故不書其地垂是齊地非魯竟故書地也

成公十一年傳夏季文子如晉報聘且涖盟也註郤犨文子交盟魯晉之君其意一也故但書來盟舉重畧輕

難曰他卿來敵魯君春秋所諱魯卿出敵他國顯書名氏則應郤犨來盟爲輕行父盟晉爲重今書郤犨之盟則是舉輕畧重何得云舉重畧輕

蘊氏釋曰所言輕重者自謂魯之君臣臣盟爲輕君盟爲重二國各稟君命奉使而行非關敵公之義其意不同不得相難

襄公九年傳諸侯伐鄭閏月戊寅濟於陰阪侵鄭註以長歷參校上下此年不得有閏月戊寅戊寅是十二月二十日疑閏月當爲門五日三字上與門合爲閏

難曰按昭二十年朔旦冬至其年云閏月戊辰殺宣姜又二十三年云閏月取前城並不應有閏而

傳稱閏是史之錯失不必皆在應閏之限杜豈得云此年不得有閏而改爲門五日也若然閏月殺宣姜閏月取前城皆爲門五日乎

桼道靜釋曰以傳云三分四軍又云十二月癸亥門其三門旣言三分則三番攻門計癸亥至戊寅十六日番別攻門五日三五十五日明日戊寅濟於陰阪上下符合故杜爲此解

蕤氏釋曰按長歷襄十年十一月丁未是二十四日十一年四月已亥是十九日據丁未至巳亥一

百七十三日計十年十一月之後十一年四月之前除兩箇殘月唯置四箇整月用日不盡倘餘二十九日故杜爲長歷於十年十二月後置閏旣十年有閏明九年無閏也

序錄

隋志何休撰春秋左氏膏肓十卷穀梁廢疾三卷公羊墨守十四卷（唐志膏肓十卷鄭玄箴廢疾三卷鄭玄釋墨守一卷鄭玄發）

後漢書何休傳曰休字邵公任城樊人也爲人質樸訥口而雅有心思精研六經世儒無及者大傅陳蕃辟之與參政事蕃敗休坐廢錮廼作春秋公羊解詁又春秋駁漢事六百餘條妙得公羊本意休善厤筭與其師博士羊弼追述李育意以難二傳作公羊墨守左氏膏肓穀梁廢疾黨禁解又辟

司徒再遷諫議大夫光和五年卒又鄭康成傳曰任城何休好公羊學遂著公羊墨守（言公羊墨守理深遠不可駁難如墨翟之守城也）左氏膏肓（喻左氏之疾不可爲也）穀梁廢疾玄廼發墨守鍼膏肓起廢疾休見而歎曰康成入吾室操吾矛以伐我乎

文獻通考陳氏曰何休著公羊墨守等三書鄭康成作鍼膏肓起廢疾發墨守以排之今其書多不存惟范甯穀梁集解載休之說而鄭君釋之當是所謂起廢疾者今此書豈存二家之言意亦後人

所録館閣書目闕第七卷今本亦正闕宜公而於第六卷分文十六年以後爲第七卷當并合其十卷止於昭公亦闕定哀固非全書也而錯誤殆未可讀未有他本正

謹案此三書在宋已殘缺今四庫簡明書目亦云原本久佚此本凡箴膏肓二十餘條起廢疾四十餘條墨守四條蓋後人抄撮而爲之較宋本又殘缺矣茲復廣爲蒐輯凡得箴膏肓三十　條起廢疾四十　條發墨守七條仍各爲一卷

左氏膏肓

漢　任城何休撰　　泰和郭紱光校

隱公元年傳春王周正月不書卽位攝也

古制諸侯幼弱天子命賢大夫輔相爲政無攝代之義昔周公居攝死不記崩今隱公生稱侯死稱薨何因得爲攝者周公攝政仍以成王爲主直攝其政事而已所有大事稟王命以行之致政之後乃死故卒稱薨不稱崩隱公所攝則位亦攝之以桓爲太子所有大事皆專命以行攝位被殺在君位而死故生稱公死稱薨是與周公異也且公羊以爲諸侯無攝

箴曰宋穆公云吾立乎此攝也以此言之何得非左氏禮記正義引箴曰周公歸政就臣位乃死何得記崩隱公見死於君位不稱薨云何

士踰月外姻至

禮士三月葬今云踰月左氏爲短

箴曰人君殯數來日葬數往月大夫殯葬皆數來日來月士殯葬皆數往日往月士之三月大夫之踰月也禮記正義引箴曰禮人君之喪殯葬皆數來月來日士殯葬皆數往月往日尊卑相

下之差數故大夫士俱三月其實不同士之三月及大夫之踰月也

桓公

四年傳夏周宰渠伯糾來聘父在故名

左氏渠伯糾父在故名仍叔之子何以不名又仍叔之子以爲父在稱子伯糾父在何以不稱子

箴曰仍叔之子者譏其幼弱故畧言子不名之至於伯糾能堪聘事私覿又不失子道故名且字也

九年傳冬曹太子來朝賓之以上卿禮也

左氏以人子安處父位尤非衰世救失之宜於義左氏爲短

箴曰必如所言父有老耄罷病孰當理其政預王事也

莊公

元年傳秋築王姬之館於外爲外禮也

膏肓 本文無考

箴曰宮廟朝廷各有定處無所館天子之女故宜築於宮外

六年傳請殺楚子鄧侯弗許

楚鄧彊弱相縣若從三甥之言楚子雖死鄧滅會不旋踵若剗腹去疾炊炭止沸於義左氏爲短

箴曰楚之彊盛從滅鄧以後於將楚未爲彊何得云彊弱相縣

十九年鬻拳強諫楚子臨之以兵

人臣諫君非有死亡之急而以兵臨君開簒弑之路左氏以爲愛君於義左氏爲短

二十五年傳凡天災有幣無牲

感精符云立推度以正陽日食則鼓用牲於社朱絲營社鳴鼓脅之左氏云用牲非常朔左氏說非夫子春秋於義左氏爲短

箴曰用牲者不宜用春秋之通例此讖說正陽朱絲鳴鼓豈說用牲之義也讖用牲於社者取經宛句耳

僖公

二十二年傳宋公及楚人戰于泓宋師敗績

膏肓 本文無攷

箴曰刺襄公不度德不量力引考異郵至襄公大辱師敗於泓徒信不知權譎之謀不足以文鄰國定遠疆也此是譏師敗也公羊不識違考異郵矣是德均力同當權以取勝也其在軍之士則聽將

之命不得縱舍前敵曲爲小仁

二十三年傳十一月杞成公卒書曰子杞夷也

杞子卒豈當用夷禮死乎

三十一年傳禮不卜常祀

膏肓本文無攷

箴曰當卜祀日月爾不當卜可祀與否

文公元年傳凡君卽位卿出並聘

三年之喪使卿出聘於義左氏爲短

箴曰周禮諸侯邦交歲相問殷相聘世相朝左氏

合古禮何以難之

二年傳冬襄仲如齊納幣禮也

膏肓以左氏爲短

箴曰僖公母成風主婚得權時之禮若公羊猶譏

其喪娶

五年傳春王使榮叔來含且賵召昭公來會葬禮也

禮尊不含卑又不兼二禮左氏以爲禮於義爲短

箴曰禮天子於二王後之喪含爲先襚次之賵次

之賻次之於諸侯含之賵之小君亦如之於諸侯

之臣襚之賵之其諸侯相施如天子於二王之後

於卿大夫如天子於諸侯於士如天子於諸侯之

臣穀梁疏引此條作釋廢疾亦有京師去魯千里王室無事三月乃含故不言來以譏之數句

九年傳秦人來歸僖公成風之襚禮也

禮主於敬一使兼二喪又於禮旣緩而左氏以之

爲禮非也

箴曰若以爲緩案禮衛將軍文子之喪旣除喪而

越人來弔子游何得善之

十八年傳堯崩而天下如一同心戴舜以爲天子以

其舉十六相去四凶也

孔子云蕩蕩乎堯之爲君唯天爲大唯堯則之今

如左氏堯在位數十年久抑元愷而不能舉養育

凶人以爲民害而不能去則孔子稱堯虛言也桀

紂爲惡一世則誅四凶歷數十歲而無誅放易云

積不善之家必有餘殃虛言也左氏爲短

宣公二年傳狂狡輅鄭人鄭人入於井倒戟而出之獲

狂狡

狂狡近於古道

箴曰狂狡臨敵拘於小仁忘在軍之禮識之義合
於識
五年傳冬來反馬也
禮無反馬之法
箴曰冠義云無大夫而有其昏禮則昏禮者天子
諸侯大夫皆異也士昏禮云主人爵弁纁裳緇衣
乘墨車從車二乘婦車亦如之此婦車出於夫家
詩疏引此下有有供二字則士妻始嫁乘夫家之車也詩鵲巢
云之子于歸百兩御之又曰之子于歸百兩將之

將送也國君之禮夫人始嫁自乘其家之車也儀禮
疏此下又引何彼襛矣篇曰曷不肅雍王姬之車
言齊侯嫁女以其母王姬始嫁之車遠送之下乃
云則天子諸侯嫁女留其乘車可知也高固大夫
也來反馬則大夫亦留其車也禮雖散亡以詩之
義論之大夫以上詩疏引作天子以至大夫其嫁皆有留車反
馬之禮留車妻之道也反馬壻之義也高固以秋
九月來逆叔姬冬來反馬則婦入三月祭行乃反
馬禮也
九年傳二子請殺之公弗禁遂殺洩冶

膏肓以為泄治無罪
十年傳書曰崔氏非其罪也且告以族不以名
公羊譏世卿而難左氏
蘇釋云崔杼祖父名不見經則知非世卿且春秋
之時諸侯擅相征伐猶尚不譏世卿雖曰非禮夫
子何由獨責
成公八年傳衛人來媵共姬禮也凡諸侯嫁女同姓媵
之異姓則否
媵不必同姓所以博異氣今左傳異姓則否十年

齊人來媵何以無貶刺之文左氏為短
箴曰禮稱納女於天子云備百姓於國君云備酒
漿不得云百姓是不博異氣也齊是大國今來媵
我得之為榮不得貶也
十四年傳秋宣伯如齊逆女稱族尊君命也
叔孫僑如舍族為尊夫人案襄二十七年豹及諸
侯之大夫盟復何所尊而亦舍族春秋之例一事
再見者亦以省文耳左氏為短
箴曰左氏以豹遺命故貶之而去族今僑如無罪

而亦去族故以為尊夫人也春秋有事異文同則此類也

十七年傳晉士燮祈死

人生有三命有壽命以保度有隨命以督行有遭命以擿暴未聞死可祈也昔周公之隆天不出妖地不出孽陰陽和調災害不生武王有疾周公植璧秉珪願以身代武王疾愈周公不夭出此言之死不可請偶自天祿欲盡矣非果死今左氏以為果死因著其事以為信然於義左氏為短

襄公七年傳夫郊祀后稷以祈農事也

膏肓本文無考○按正義云何休膏肓執彼難此追而想之亦可以歎息也

是故啟蟄而郊郊而後耕今既郊而卜耕宜其不從也

膏肓本文無攷

箴曰以魯之郊天惟用周正建子之月牲數有災不吉改卜後月故或用周之二月三月故有啟蟄而郊四月則不可周禮正義引箴曰天子郊以夏正上旬之日魯之卜三正下旬之日是雖有常時常日猶卜日也

十一年傳春季武子將作三軍

左氏說云尊公室休以為與舍中軍義同於義左氏為短

箴曰左氏傳云作三軍三分公室各有其一謂三家始專兵甲卑公室云左氏說者尊公室失左氏意遠矣

十九年傳六月晉侯請於王王追賜之大路使以行禮也

天子車稱大路諸侯車稱路車大夫稱車今鄭子蟜諸侯之大夫耳當與天子士同賜其車而名之曰大路非正也孔子曰唯器與名不可以假人名不正則言不順於義左氏為短

箴曰卿以上所乘車皆曰大路詩云彼路斯何君子之車此大夫之車稱路也王制卿為大夫

二十二年傳臧武仲如晉雨過御叔御叔在邑將飲酒曰焉用聖人

說左氏傳者曰春秋之志非聖人孰能修之言夫子聖人乃能修之御叔謂臧武仲為聖人是非獨

孔子
箴曰武仲者迹聖人之道魯人稱之曰聖今使如晋過御叔御叔不説學見武仲而雨行倣之云焉用聖人爲左氏傳載之者非御叔不説學不謂武仲聖與孔子同此條係賈周禮大司徒疏采錄
二十四年傳且夫既登而求降階者知人也不在程鄭其有亡釁乎不然其有惑疾將死而憂也
善言者君子所尚有小人道之輙爲死徵是善言不可出口案鄭箴無攷正義云此未得傳之意也然明者鄭之知人知程鄭以佞媚嬖幸

得升卿位非有謙退止足之心今忽問降階是改其常度以其改常知其將死故疑其知將有亡釁感疾而憂故能出此語耳善言非其常所以知其死非謂口出善言即當死也趙文子賢人也將死其語偷程鄭小人也將死其言善俱是失常無所怪惑也
昭公
四年傳雹之爲菑誰能禦之七月之卒章藏冰之道也
春秋書雹以爲政之所致非由冰也若今朝廷藏冰亦不於深山窮谷何故或無雹天下郡縣皆不藏冰何故或不雹若言有之於古者必有驗於今此其不合於義失天人相與之意

箴曰雨雹政失之所致是固然也國之失政君子知其大者其次知其小者藏冰之禮凌人掌之月令載之豳詩歌之此獨非政與故其小者耳夫深山窮谷固陰沍寒極陰之處冰凍所聚不取其冰則氣蓄不泄結滯而爲伏陰凡雨水陽也雪雹陰也雨水而伏陰薄之則凝而爲雹雨雪而慾陽薄之則合而爲霰由豐見時失藏冰之禮而有雹推之陰陽如此伏陰所致亦聖人之寓言也詳載其言者以見藏冰之禮不可廢耳

七年傳從政有所反之以取媚也
孔子不語怪力亂神以鬼神爲政必惑衆故不言也今左氏以此令後世信其然廢仁義而祈福於鬼神此大亂之道也子産雖立良止以託繼絕此以鬼賞罰要不免於惑衆豈當述之以示季末
箴曰伯有惡人也其死爲厲鬼厲者陰陽之氣相乘不和之名尚書五行傳六厲是也人死體魄則降知氣在上有尚德者附和氣而興利孟夏之月令雩祀百辟卿士有益於民者爲此也爲厲者因

害氣而施災故謂之厲鬼月令民多厲疾五行傳有御六厲之禮禮天子立七祀有大厲諸侯立五祀有國厲欲以安鬼神弭其害也子產立良止使祀伯有以弭害乃禮與洪範之事也子所不語怪力亂神謂虛陳靈象於今無驗也伯有爲厲鬼著明若此而何不語乎子產固爲衆愚將惑故并立公孫洩云從政有所反之以取媚也孔子曰民可使由之不可使知之子產達於此也

十八年傳宋衛陳鄭皆火梓慎登大庭氏之庫以望之

宋衛陳鄭去魯皆數千里爲登高以見其火豈實事哉

箴曰孔子登泰山見吳門之白馬離婁覩千里之毫末梓慎既非常人何知不見數百里之烟火孔子在陳知桓僖災者豈復望見之乎若見火知災則人皆知之矣何所貴乎梓慎左氏傳而編記之哉且四國去魯纔數百里而何休云數千里雖意欲其遠亦虛妄之極梓慎所望自當有以知之不知見何氣知其災也

二十六年傳王后無適則擇立長年鈞以德德鈞以卜王不立愛公卿無私古之制也

春秋之義三代異建適媵别貴賤有姪娣以廣親疏立適以長不以賢立子以貴不以長王后無適明尊之敬之義無所卜筮不以賢者人狀難別嫌有所私故絕其怨望防其覬覦今如左氏言云年鈞以德德鈞以卜君之所賢人必從之豈復有卜禮記正義引此下有若其以卜句隱桓之禍皆由是與乃曰古制

不亦謬哉大夫不世功如并爲公卿通計嗣立之禮左氏爲短

箴曰立適固以長矣無適而立子固以貴矣今言無適則擇立長謂貴均如立長王不得立愛之法年均則會羣臣羣吏萬民而詢之有司以序進而問大衆之中非君所能掩是王不得立愛之法也禮有詢立君示義在此距之言謬失春秋與禮之義矣公卿之世立者有功德先王之命有所不犯如是宅中卜立君亦是年均德均也先條係從周禮大卜疏采

錄○按本傳正義於王后無適則擇立長年鈞以德下引膏肓曰人君所賢下必從之焉能使王不立愛鄭箴曰周禮小司寇掌外朝之政以致萬民而詢焉其三曰詢立君其位王南鄉三公及州長百姓北面羣臣西面羣吏東面小司寇以敘進而問焉如此則大衆之口非君所能掩是王不得立愛之法又於王不立愛公卿無私古之制也下引膏肓曰大夫不世功而并爲公卿適繼嗣左氏爲短鄭箴曰公卿之世有大功德先王命所不絕者今爲二條文義亦有不同故當以周禮疏文爲正

穀梁廢疾

漢　任城何休撰　萬載周溆德校

隱公元年傳仲子者何惠公之母孝公之妻也禮賵人之母則可賵人之妻則不可

廢疾本文無攷

釋曰若仲子是桓之母桓未爲君則是惠公之妻天王何以賵之則惠公之母亦爲仲子也

大夫曰卒正也不日卒惡也

公羊以爲日與不日爲遠近異辭若穀梁云益師惡而不日則公子牙及季孫意如何以書日乎

釋曰公子牙莊公弟不書弟則惡明也故不假去日季孫意如則定公所不惡故亦書日

五年傳苞人民毆牛馬曰侵斬樹木壞宮室曰伐

廢焚孔子曰傷人乎不問馬今穀梁以苞人民爲輕斬樹木壞宮室爲重是理道之不通也

釋曰苞人民毆牛馬兵去則可以歸還其爲壞宮室斬樹木則樹木斷不復生宮室壞不自成爲毒害更重也

桓公四年傳春曰田夏曰苗秋曰蒐冬曰狩

運斗樞曰夏不田穀梁有夏田於義爲短

釋曰四時皆田夏殷之禮詩云之子于苗選徒囂囂夏田明矣孔子雖有聖德不敢顯然改先王之法以教授於世若其所欲改其陰書於緯藏之以傳後王穀梁四時田者近孔子故也公羊正當六國之亡讖緯見讀而傳爲三時田作傳有先後雖異不足以斷穀梁也 按玉海引釋曰歲三田謂以三事爲田卽一曰乾豆之等大綏小綏是夏殷之法秋冬皆用綏異於周也夏不田者夏時也夏生長之時禹以仁得天下故不田

五年秋大雩

廢疾本文無攷

釋曰春秋凡書二十四旱考異郵說云分爲四部各有義焉是其事也 按本疏引穀梁說云得雨曰雩不得雨曰旱公羊說言雩則旱見言旱則雩不見此二家之說不同鄭釋廢疾從穀梁之義

十三年春二月公會紀侯鄭伯及齊侯宋公衛侯燕人戰

在紀無爲不地

釋曰紀當爲己在龍門城下故不地

莊公四年傳大去其國者不使小人加乎君子

春秋楚世子商臣弒其君其後滅江六不言大去又大去者於齊滅之不明但知不使小人加乎君子而不言滅縱失襄公之惡反爲大去也

釋曰商臣弒其父大惡也不得但爲小人江六之君又無紀侯得民之賢不言變滅言大去也元年冬齊師遷紀三年紀季以酅入于齊今紀侯大去其國是足起齊滅之矣卽以變滅言大去爲縱失襄公之惡是乃經也非傳也且春秋因事見義舍此以滅人爲罪者自多矣

六年傳王人卑者也稱名貴之也

稱子則非名也

釋曰王人賤者錄則名可今以其銜命救衛故貴之貴之則子奚爲字可知明矣此名當爲字誤爾

九年傳當可納而不納齊變而後伐故乾時之戰不諱敗惡內也

三年溺會齊師伐衛故貶而名之四年公及齊人

狩于郜故卑之曰人今親納讐子反惡其晚恩義相違莫此之甚

釋曰於讐不復則怨不釋而魯釋怨屢會仇讐一貶其臣一卑其君亦足以責魯臣子其餘則同不復譏也至於伐齊納糾譏當可納而不納爾此自正義不相反也

十三年春齊人宋人陳人蔡人邾人會于北杏

廢疾本文無攷

釋曰數九會則以柯之明年爲始以前去貫與陽

穀固已九合矣

十八年傳不言日不言朔夜食也

春秋不言月食日者以其無形故闕疑其夜食何緣書乎

釋曰一日一夜合爲一日今朔日日始出其食有虧傷之處未復故知此自以夜食夜食則亦屬前月之晦故穀梁子不以爲疑按疏引張靖策廢疾云立八尺之木不見其影

二十三年傳其不言使何也天子之內臣也不正其外交故不與使也

南季宰渠伯糾家父宰周公來聘皆稱使獨於此奪之何也

釋曰諸稱使者是奉王命其人無自來之意今祭叔不一心於王而欲外交不得王命來故去使以見之

三十二年秋七月癸巳公子牙卒

傳例大夫不日卒惡也牙與慶父共淫哀姜謀殺子般而日卒何也

釋曰牙莊公母弟不言弟其惡已見不待去日矣

僖公九年傳桓盟不日此何以日美之也爲見天子之禁故備之也

卽日爲美其不日皆爲惡也桓公之盟不日皆爲惡邪莊十三年柯之盟不日爲信至此日以爲美義相反也

釋曰柯之盟不日固始信之自其後盟以不日爲平文陽穀以來至此葵丘之盟皆令諸侯以天子之禁桓德極而將衰故備日以美之自此不復盟

矣

十一年傳雩得雨曰雩不得雨曰旱

公羊書雩者善人君應變求索不雩則言旱旱而不害物言不雨也就如穀梁說本不雩何以言之如以不雨明之設旱而不害物何以別乎

釋曰雩者夏祈穀實之禮也旱亦用焉得雨書雩明雩有益不得雨書旱明旱災成後得雨無及也國君而遭旱雖有不憂民事者何乃廢禮本不雩禱哉顧不能致精誠也旱而不害物故以久不雨

別之文二年十三年自十有二月自正月不雨至於秋七月是也穀梁傳曰歷時而言不雨文不閔雨也以文不憂雨故不如僖時書不雨文所以不閔雨者素無心於民性退弱而不明又見時久不雨而無災耳

十四年傳其曰諸侯散辭也

案先是盟亦言諸侯非散也又穀梁美九年諸侯盟于葵丘即散何以美之邪

釋曰九年公會宰周公齊侯宋子衛侯鄭伯許男曹伯于葵丘九月戊辰盟于葵時諸侯初在會未有歸者故可以不序今此十三年夏公會齊侯宋公陳侯衛侯鄭伯許男曹伯于鹹而冬公子友如齊此聘也書聘則會固前已歸矣今云諸侯城緣陵而不序其人明其散桓德衰矣葵丘之事安得以難此

十八年傳言及惡宋也

戰言及者所以別客主直不直也故文十三年晉人秦人戰于河曲兩不直故不云及今宋言及明

直在宋非所以惡宋也即言及為惡是河曲之戰為兩善乎又穀梁以河曲不言及畧之也則自相反矣

釋曰及者別異客主耳不施於直與不直也直不直自在事而已義兵則客直宜十二年夏晉荀林父帥師及楚子戰于邲晉師敗績是也兵不義則主人直莊二十八年春衛人及齊人戰衛人敗績是也今齊桓卒未葬宋襄欲興霸事而伐喪於禮尤反故反其文以宋及齊即賓以宋及齊明直在

宋𨚕之戰負在楚不以楚及晉何邪秦晉戰於河曲不言及疾其亟戰爭舉兵故略其先後

伐衞所以救齊也

卽伐衞救齊當兩舉如伐楚救江矣又傳以爲江遠楚近故伐楚救江今狄亦近衞而遠齊其事一也義異何也

釋曰文三年冬晉陽處父帥師伐楚救江兩舉之者以晉未有救江文故明言之今此春宋公曹伯衞人邾人伐齊夏狄救齊冬邢人狄人伐衞爲救

齊可知故省文耳事同義又何異

二十一年傳不言楚不與楚專釋也

春秋以執之爲罪不以釋之爲罪責楚子專釋非其理也公羊以爲公會諸侯釋之故不復出楚耳

釋曰不與楚專釋者非以責之也傳云外釋不志此其志何也以公之與之盟目之也言公與諸侯盟而釋宋公公有功焉與公羊義無違錯

二十二年傳須其成列而後擊之則衆敗而身傷焉七月而死

卽宋公身傷當言公不當言師成十六年楚子敗績是也又成十六年傳曰不言師君重於師也卽成十六年是二十二年虛言也卽二十二年是十六年非也

釋曰傳說楚子敗績曰四體偏斷此則目也此言君之目與手足有破斷者乃爲敗矣今宋襄公身傷耳當持鼓軍事無所害而師猶敗故不言宋公敗績也傳所以言敗衆敗身傷焉者疾其信而不道以取大辱

二十三年傳以其不教民戰則是棄其師也

所謂教民戰者習之也春秋貴偏戰而惡詐戰宋襄公所以敗於泓者守禮偏戰也非不教其民也孔子曰君子去仁惡乎成名造次必於是顛沛必於是未有守正以敗而惡之也公羊以爲不書葬爲襄公諱背殯出會所以美其有承齊桓尊周室之美志

釋曰教民習戰而不用是亦不教也詐戰謂不期也旣期矣當觀敵爲策倍則攻敵則戰少則守今

宋襄公於泓之戰違之又不用其臣之謀而敗故徒善不用賢良不足以興霸主之功徒言不知權譎之謀不足以交鄰國會遠疆故易譏鼎折足詩刺不用良此說善也

二十五年傳其不稱名姓以其在祖之位尊之也

曹殺其大夫亦不稱名姓豈可復以爲祖乎

釋曰宋之大夫盡名姓禮公族有罪刑於甸師氏不與國人慮兄弟也所以尊異之孔子之祖孔父累於宋殤公而死今骨肉在其位而見殺故尊之

隱而不忍稱名氏若罪大者名之而已使若異姓然此乃祖之疏也曹殺其大夫自以無大夫不稱名氏耳春秋辭同事異者甚多隱去卽位以見讓莊去卽位爲繼弑是復可以此例非之乎

葢納頓子者陳也

卽陳納之當舉陳何以不言陳

釋曰納頓子固宜爲楚也穀梁子見經云楚人圍陳納頓子於頓有似晉陽處父伐楚救江之文故云葢陳也

二十七年傳人楚子所以人諸侯也

哀元年楚子陳侯隨侯許男圍蔡不稱人明不以此故也

釋曰時晉文爲賢伯故譏諸侯不從而信夷狄也哀元年時無賢伯又何據而當貶之耶

三十年傳以尊遂乎卑此言不敢叛京師

大夫無遂事案襄十二年季孫宿救台遂入鄆惡季孫不受命而入也如公子遂受命如晉不當言遂

釋曰遂固受命如京師如晉不專受命如周經近立言天王使宰周公來聘故公子遂報焉因聘於晉尊周不敢使竝命使若公子遂自往然卽云公子遂如京師如晉是同周於諸侯叛而不尊天子也公羊傳有美惡不嫌同辭何獨不廣之於此乎

文公五年傳含一事也賵一事也兼歸之非正也

廢疾本文無攷

釋曰禮天子於二王後之喪含爲先襚次之賵次之賻次之於諸侯含之賵之小君亦如之於諸侯

之臣遂之歸之其諸侯相施如天子於二王之後於卿大夫如天子於諸侯於士如天子於諸侯之臣京師去曾千里王室無事三月乃含故不言來以譏之

其不言來不周事之用也

四年夫人風氏薨九年秦人來歸僖公成風之禭最晚矣何以言來

釋曰秦自敗於殽之後與晉為仇兵無休時乃加兇繆公之喪而來君子原情不責晚用或作辭

八年傳其以官稱無君之辭也

近上七年宋公王臣卒宋人殺其大夫不言官今此在三年申言官義相違

釋曰七年殺其大夫此實無君也今殺其司馬無人君之德耳司馬司城君之爪牙守國之臣乃殺其司馬奔其司城無道之甚故稱官以見輕慢也傳例稱人以殺殺有罪也此上下俱失之

宣公二年傳獲者不與之辭也

華元繫宋者明恥辱及國

華元雖獲不病矣

書獲皆生獲也如傳不病華元當有變文

釋曰將帥見獲師敗可知不當復書師敗績此兩書之者明宋師懼華元見獲皆竭力以救之無奈不勝敵耳華元有賢行得衆如是雖師敗身獲適明其美不傷賢行今而書敗獲非變文如何

八年夏六月辛巳有事於大廟

廢疾本文無攷

釋曰宣八年六月有事於大廟禘而云有事者雖

卿佐卒張本而書有事其實當時有用七月而禘因宣公六月而禘得禮故變文言有事春秋因事變文見其得正也

葬既有日不為雨止禮也

廢疾本文無攷

釋曰雖庶人葬為雨止公羊說卿大夫臣賤不能以雨止

十年傳氏者舉族而出之之辭也

氏者譏世卿也卽稱氏為舉族而出尹氏卒寧可

復以爲舉族死乎
釋曰云舉族死是何妖問甚乎舉族而出之之辭者固譏世卿也崔杼以世卿專權齊人惡其族令出奔旣不欲其身反又不欲國立其宗後故孔子順而書之曰崔氏出奔衛若其舉族盡去之爾

襄公 十九年傳還者事未畢之辭也
君子不求備於一人士匄不伐喪純善矣何以復責其專大功也
釋曰士匄不伐喪則善矣然於善則稱君禮仍未

備故言乃還不言乃復作未畢之辭還者致辭復者反命

二十七年傳專之去合乎春秋
甯喜本弑君之家獻公過而殺之小負也專以君之小負自絶非大義也何以合乎春秋
釋曰甯喜雖弑君之家本專與約納獻公爾公由喜得入已與喜以君臣從事矣春秋撥亂重盟約今獻公背之而殺忠於已者是獻公惡而難親也獻公旣惡而難親專又與喜爲短懼禍將及君子見幾而作不俟終日微子去紂孔子以爲三仁專之去衛其心若此合於春秋不亦宜乎

三十年傳其不日子奪父政是謂夷之
蔡世子班弑其君固不日謂之夷楚世子商臣弑其君何以反書日耶
釋曰商臣弑父日之嫌夷狄無禮罪輕也今蔡中國而又弑父故不日之若夷狄不足責然公羊有若不疾乃疾之推以況此則無怪然

昭公 十一年傳其曰世子何也不與楚殺也

卽不與楚殺當貶楚爾何故反貶蔡稱世子耶
釋曰滅蔡者楚子也而稱師固已貶矣楚子思啓封疆而貪蔡誘殺蔡侯般冬而滅蔡殺友惡其淫放其志殺蔡國二君以取其國故變子言世子使若不得其君終

十二年傳不正其與夷狄交伐中國故狄稱之也
春秋多與夷狄竝伐何以不狄也
釋曰晉不見因會以殺諸夏而伐同姓貶之可也狄之大垂晉爲厥慭之會實謀救蔡以八國之師

而不救楚終滅蔡今又伐徐晋不糾合諸侯以遂前志舍而伐鮮虞是楚而不如也故狄稱之焉

哀公六年傳陽生其以國氏何也取國於荼也

即不使陽生以荼爲君不當去公子見當國也又穀梁以爲國氏者取國於荼齊小白又不取國於子糾無乃近自相反乎

釋曰陽生篡國故不言公子不使君荼謂青陳乞弑君爾荼與小白其事相似荼弑乃後立小白立乃後弑雖然俱篡國而受國焉爾傳曰齊小白入

於齊惡之也陽生其以國氏何取國於荼也義適互相足又何自反乎子糾宜立而小白篡之非受國於子糾則將誰乎

公羊墨守

漢　任城何休撰　　豐城呂統律校

隱公元年傳公何以不言即位成公意也

墨守本文無攷

發曰隱爲攝位周公爲攝政雖俱相幼君攝政與攝位異也

桓公十一年傳古者鄭國處於留

墨守本文無攷

發曰鄭始封君曰桓公者周宣王之母弟國在宗周畿內今京兆鄭縣是也桓公生武公武公生莊

公遷居東周畿內國在虢鄶之間今河南新鄭是也武公生莊公因其國焉留乃在陳宋之東鄭受封至此適三世安得古者鄭國處於留祭仲將往省留之事乎周禮大司徒疏

又曰桓公國在宗周畿內武公遷居東周畿內者以鄭於西周本在畿內西都之地盡以賜秦明武公初遷亦在東周畿內故歷言之也及并十邑欲成大國盟會列於諸侯灼然在畿外故緇衣傳曰

諸侯入爲天子卿士是畿外之君稱入也鄭雖非畿內不過侯服昭十三年左傳曰鄭伯男也賈逵以爲鄭伯爵在男畿 詩緇衣疏○按此文義選當與上周禮疏共爲一條

僖公二十四年傳王者無外此其言出何不能乎母也

墨守 本文無攷

發曰聖人制法必因其事非虛之孟子曰夫人必自侮而後人侮之家必自毀而後人毀之國必自伐而後人伐之今襄王實不能孝道稱惠后之心令其寵專於子失教而亂作出居於鄭自絕於周

故孔子因其自絕而書公羊以毋得廢之則左氏巳死矣是也襄王正是惠后所生非繼毋

二十五年傳衞侯燬何以名絕曷爲絕之滅同姓也齊人滅萊楚滅隗晉滅下陽之屬皆非同姓是以不名耳

哀公十二年傳譏始用田賦也

公侯方百里案諸典籍無有千乘之義若不十井爲一乘則不合

發曰公侯方百里井十則賦出革車一乘者義亦通於此云

發墨守曰六年制禮作樂封殷之後稱公於宋 樂記疏

墨守曰君者臣之天也 文選注

序錄

隋志晉博士劉兆撰春秋公羊穀梁傳十二卷 唐志劉兆三家集解十一卷

晉書本傳曰劉兆字延世濟南東平人博學洽聞溫篤善誘從受業者數千人武帝時五辟公府三徵博士皆不就潛心著述不出門庭數十年以春秋一經而三家殊塗諸儒是非之議紛然自爲讐敵乃思三家之異合而通之周禮有調人之官作春秋調人七萬餘言皆論其首尾使大義無乖時有不[redacted]者舉其長短以通之又爲春秋左氏解名曰全綜公羊穀梁解詁皆納經傳中朱書以別之

謨案經義考並載劉兆春秋公羊穀梁傳解詁春秋三家集解春秋左氏全綜春秋調人四書均佚亦別無者證今僅從經典釋文鈔出集解五條又文選注二條

春秋公羊穀梁傳集解

晉 濟南劉兆著

背子摽斂而去之 何休注摽辟也摽斂置地 辟捐也 条文選注引劉兆云摽辟也

卒怗判 怗一本作貼 貼服也 並公羊釋文

御擊者不得入 擊絓也

齊謂之綦 綦連併也

楚謂之䟐 䟐聚合不解也

衛謂之輒 本亦作縶 如見縶絆也 並穀梁釋文

方言曰譜

攀譜也 並文選注引劉兆注

序錄

隋志魏糜信注春秋穀梁傳十二卷唐志同

經典序錄曰糜信字南山東海人魏樂平太守

禮記正義曰糜信云昔於長安中與書生數十共往城北水中取蝦蟇屠割視之其舌反嚮後如此鄭君得不通乎蟜夙門曰誠如緯與[illegible]言爲蝦蟇五月中始得水適當聒人耳何反無[illegible]此者著時候今猶昔也是以知蝦蟇及反舌反[illegible]鳥春始鳴至五月稍止其聲數轉故名反舌時[illegible]候言之今人識之故不從緯與俗儒也或蝦蟇舌性自然不必爲反舌也

謨案隋志又載有糜信春秋說要十卷理何氏春秋漢議二卷於禮記並無注解而月令正義於反舌無聲句下引糜信說大平御覽又引作糜信難曰文亦互異不知其何所據也今並無攷唯從穀梁傳疏鈔出糜氏本注二十二條釋文七條史記注一條

穀梁傳注

魏　東海糜信注　　金谿　謝　莘校

隱公元年〔傳〕聘弓鍭矢不出竟場

聘問也古者以弓矢相聘問故左傳云楚子問郤至以弓

不日卒惡也

益師不能防微杜漸使桓弒隱若益師能以正道輔隱則君無推國之意桓無篡弒之情

二年〔傳〕其不言使何也

不稱使者似若專行也

三年〔傳〕吐者外壤食者內壤疏云壤字爲穀梁音者皆爲傷徐邈亦作傷

齊魯之間謂鑿地出土鼠作穴出土皆曰壤或當字從壤

七年〔傳〕戎者衛也

不言夷狄獨言戎者因衛有戎邑故也

九年〔傳〕俠者所俠也

所非氏所謂斥也

桓公元年〔經〕鄭伯以璧假許田

鄭以祊不足當許田故復加璧 史記魯世家注

二年傳子既死父不忍稱其名以是知君之累之也

累者從也謂孔父先死殇公從後被弑

以是爲討之鳩也

討或作糾 釋文

四年傳秋曰蒐 糜氏本作搜 ○釋文

五年傳舉從者之辭也

舉從者之辭謂解經稱人也

鄭同姓之國也在乎冀州

鄭在冀州者韓哀侯滅鄭遂都之韓故晉也傳以當時言之遂云冀州 小釋文引糜氏云韓都冀州故以冀州目鄭

九年經冬曹伯使其世子射姑來朝 射糜氏本作亦 ○釋文

十一年經公會宋公于夫鍾 糜氏本鍾作童 音鍾 ○釋文

十二年經十有二月及鄭師伐宋丁未戰于宋傳非與所與伐戰也

此傳解經書下日之意也非責魯言責魯又與其所與伐者戰也謂還與鄭戰

十四年傳甸粟而內之三宮 糜氏本宮作官 ○釋文

莊公十四年經秋七月荊入蔡傳荊者楚也其曰荊何也州舉之也

楚子貪淫爲息媯滅蔡故州舉之

二十三年傳大夫倉士甤

甤張斗反 釋文

二十五年傳天子救日置五麾陳五兵五鼓

五麾各以方色之旌置之五處也五兵者矛在東戟在南鉞在西楯在北弓矢在中央五鼓東方青鼓南方赤鼓西方白鼓北方黑鼓中央黃鼓

二十八年傳一年不艾而百姓饑

艾穫也

三十一年傳齊侯來獻捷者內齊侯也

言內齊侯者解經稱來之意也

僖公二年傳不雨者勤雨也 勤糜氏音覲 三年傳同 ○釋文

三年傳不言及者以國與之也不言其人亦以國與之也 疏云糜信徐邈並據當文解之理亦通也

十五年經蔡侯肸卒傳諸侯時卒惡之也

蔡侯肸父哀侯爲楚所執肸不附中國而常事父

儺故悲之而不書日也

二十二年（傳）司馬子反

子反當爲子夷

文公二年（傳）立主喪主於虞吉主於練

衛次仲云宗廟主皆用栗右主八寸左主八寸廣厚三寸若祭訖則内於西壁陷中去地一尺六寸右主謂父也左主謂母也

宣公十一年（經）納公孫寧儀行父于陳

二子不繫陳者以其淫亂明絶之也

成公元年（經）二月無冰

十二月最是寒盛之時故特於此月書之

襄公二十七年（傳）織絇邯鄲

絇者著履舄之頭即周禮絇繶及純是也

昭公十二年（傳）不正其與夷狄交伐中國

夷狄交伐謂楚伐徐晉伐鮮虞是也

序錄

隋志范甯撰穀梁傳例一卷

范甯穀梁傳序曰升平之末歲次大梁先君北蕃迴軫頓駕于吳乃帥門生故吏我兄弟子姪研講六籍次及三傳左氏則有服杜之註公羊則有何嚴之訓釋穀梁傳者雖近十家皆膚淺末學不經師匠辭理典據既無可觀於是乃商畧名例敷陳疑滯博示諸儒同異之說并撰諸子之言各記其姓名名曰春秋穀梁傳集解 疏云商畧名例者即范氏別爲畧例百餘

條是也

謨按范氏傳例凡已見集解者無容贅錄今惟鈔出楊氏疏中所引畧例別例共二十四條

穀梁傳例

晉　順陽范甯撰　　宜黃程[redacted]校

日食例

凡有四隱三年二月己巳日有食之傳云言日不言朔食晦日也桓十七年冬十月朔日有食之傳云言朔不言日食既朔也彼是二日食矣又莊十八年三月日有食之傳云不言日不言朔夜食也又桓三年七月壬辰朔日有食之既傳云言日言朔食正朔也是有四種之別

不書王例

春秋上下無王者凡一百有八桓無王者見不奉王法餘公無王者爲不書正月不得書王

遂事例

凡有十九

逆王后例

凡有二皆由過魯若魯主婚而過我則言歸若不主婚而過我則直言逆

遷例

凡遷有十亡遷有三者齊人遷陽宋人遷宿齊師遷紀是也好遷有七者邢遷夷儀衛遷帝丘蔡遷州來許遷于葉許遷于夷許遷白羽許遷容城是也餘遷皆月許四遷不月者以其小畧之如邑也遷紀不月者文承月下蒙之可知也

災例

凡有十二内則書日外則書時國曰災邑曰火内則書曰新宮御廪之類是也其外則時者則宋大水齊大災之等是也昭十八年不書時以四國同日故也

其外災志者皆緣傳故十一年宋大水傳曰王者之後也襄九年宋災嫌火與水異傳曰故宋也宣十六年成周宣榭災傳曰以樂器所藏目之也此書齊大災傳曰其志以甚也昭十八年宋衛陳鄭災傳曰其志以同日也其九年陳火傳曰閔陳而存之也是也

祭祀例

凡有九皆書月以示譏九者謂桓有二烝一嘗總三也閔吉禘四也僖禘大廟五也文著祫嘗六也宣公有事七也昭公禘武宮八也定公從祀九也

內女卒葬例

有大葬三卒亦有三卒者僖九年伯姬一也僖十六年鄫季姬二也成八年杞叔姬三也葬者莊四年葬紀伯姬三十年葬紀叔姬襄三十年宋葬共姬是也文十二年子叔姬不數之者與此伯姬同是未適人故總爲一也

獲例

凡書獲有七謂莒挐一也晉侯二也華元三也蔡公子溼四也陳夏齧五也齊國書六也麟七也於晉侯

著失民之咎於蔡公子溼彰公子之病華元表得衆之辭莒挐顯公子之給自餘雖不發從省文可知也

不告朔例

文六年閏月不告月猶朝于廟文一也公四不視朔二也襄二十九年公在楚三也公旣在楚則是不告朔故亦以爲一

三望例

凡有五等僖三十一年猶三望獨發傳者据始也宣三年不發傳者從例也成七年亦不發傳者亦爲從例可知也此年發傳者朝與三望異也宣八年發傳者嫌仲遂有罪得不廢禮又繹祭與朝廟禮異故也

夫人行例

凡有十二致而書月者蓋以非禮而致故書月以刺之餘不書月者當條皆有義耳行十二者文姜七如齊再如莒是九也夫人姜氏會齊侯于陽穀十也夫人姜氏會齊侯于卞十一也夫人姜氏至自齊是十二也

放大夫例

凡有三晉放胥甲父一昭八年楚放公子招二哀二

欽定四庫全書　穀梁傳例

年蔡人放公孫獵三也

緩辭例

凡三十有五

作例

凡有六直云作者三云新作亦三也云作三者謂作丘甲一也作三軍二也作僖公主三也云新作三者謂新作南門一也新延廄二也新作雉門及兩觀三也言作者不必有新則兼作也二者皆所以爲譏

出女例

凡三齊人來歸子叔姬一也郯伯姬來歸二也此杞叔姬來歸三也又別引文十八年夫人姜氏歸於齊爲例者出旣是同但內外爲異故并引之也

潰例

凡有四發傳有三僖四年蔡潰傳曰潰之爲言上下不相得也此莒潰傳曰大夫潰莒而之楚二者雖同是不相得與君臣不和自潰微少異故亦發傳昭二十九年鄆潰彼鄆是邑與國殊故重發傳一解鄆不

伐而自潰與常例異故重發之文三年沈潰不發者從例可知也

乞例

凡有六乞師五乞盟一乞師五者公子遂晉郤錡欒黶荀罃士魴是也乞盟一者鄭伯是也

蒐狩例

書時共有九書狩有四言蒐有五稱狩有四者桓四年狩于郎一也莊四年狩于郜二也僖二十八年狩于河陽三也哀十四年西狩獲麟四也蒐有五者此蒐于紅一也十一年大蒐于比蒲二也二十二年大蒐于昌間三也定十三年大蒐于比蒲四也定十四年又大蒐于比蒲五也

唁例

唁有三弔失國曰唁唁雖有三弔失國三三釋一而已

宮廟例

宮廟有三三者見功有輕重丹楹功少故書時刻桷功重故錄月

克例

有六鄭伯克段一不克納二兩不克葬日中而克葬各二是謂四通前二爲六也

郊例

書郊有九僖二十一年夏四月四卜郊不從乃免牲猶三望一也宣三年郊牛之日傷改卜牛牛死乃不郊猶三望二也成七年鼷鼠食郊牛角三也襄七年夏四月三卜郊不從乃免牲四也襄十一年夏四月四卜郊不從乃不郊者五也定公哀公並有牲變不

言所食處不敬莫大二罪不異并爲一物六也定十五年五月郊七也成十七年九月用郊八也及此年四月辛巳九也

夫人薨例

夫人薨者十而書葬者十夫人之道從母儀卽桓公夫人文姜一莊公夫人哀姜二僖公之母成風三文公之母聲姜四宣公之母頃熊五成公之母穆姜六成公之嫡夫人齊姜七襄公之母定姒八昭公之母歸氏九哀公之母定弋十十者竝書葬其隱公夫人從夫之讓昭公夫人諱同姓二者皆不書葬也

答薄氏駁穀梁義

晉　順陽范甯撰　　金谿徐元炳校

桓公十有六年秋七月公至自伐鄭【傳】桓無會其致何也危之也【註】桓公再助篡伐正危殆之甚喜得全歸故致之

答曰明桓伐突非本心故言再助是也

莊公二十有四年冬戎侵曹曹羈出奔陳赤歸於曹郭公

駁曰赤若是諸侯不能治國舍而歸曹應謂之奔何以詭例言歸乎

二十有六年曹殺其大夫【傳】言大夫而不稱名姓無命大夫也無命大夫而曰大夫賢也爲曹羈崇也【註】引秦術畧名云云

駁曰曹羈出奔經無歸處曹自殺大夫何以知是羈也又云術之名爲晉貶秦然楚亦敵晉何以不畧而貶之又此註雖多未足通崇之義徒引證據何益於此哉

答曰羈曹之賢大夫也曹伯不用其言乃使出奔

一他國終於受戮故君子愍之書殺其大夫卽是崇賢抑不肖之義也宋大夫出奔或書出不書入秦后子是也或書入不書出蔡季是也史有闕漏非是一般何得以無歸之文則怪其非羈也秦以交疏之故而畧其臣楚與諸夏會同所以不畧也

成公十年春衛侯之弟黑背帥師侵鄭

荅曰諸侯之尊弟兄不得以屬通有賢行則書弟今黑背書弟者明亦有賢行故也陳侯之弟黃衛侯之弟專秦伯之弟鍼傳無賢行所以皆云弟者

隱七年齊侯使其弟年來聘傳曰其弟云者以其來接於我舉其貴者也是接我者例稱弟襄二十年陳侯之弟光奔楚昭元年秦伯之弟鍼出奔晉傳皆曰親而奔之惡也襄二十七年衛侯之弟專出奔晉傳云其曰弟何也專有是信者三者無罪故稱弟以惡兄襄三十年天王殺其弟佞夫傳曰甚之也稱弟以惡王也昭八年陳侯之弟招殺陳世子偃師傳曰其弟云者親之也親而殺之惡也是惡而稱弟也宣十七年公弟叔肸卒傳曰其曰

一公弟叔肸賢之也莊三十二年公子牙卒無賢行而不稱弟明稱弟皆賢也

襄公二十有六年八月壬午許男甯卒於楚注宣九年九月辛酉晉侯黑臀卒於扈傳曰其日未踰竟也此乃在楚何以日邪隱三年八月庚辰宋公和卒傳曰日卒正也許男卒於楚則在外已顯日卒明其正

駮曰此自發例於大國不明於小國其小國或詳或畧許男書日必正也

荅曰春秋稱世子國有非正周之襄王晉之恭子曹伯射姑亦是其例獲且之卒謂於日食之下何以知其不日

昭公三十年冬十有二月吳滅徐注滅夷狄時月者爲下奔起

荅曰國不滅而出以月爲國國滅例而出出重發於滅滅夷狄雖時猶加於月然則温子不滅而出奔何以不月有義而然弦子之奔文承八月之下温子以逃在正月之後何知不月傳於弦子緘言不日微國微國則例月例月則不關於君出君出

一之重不大於滅國

定公元年三月晉人執宋仲幾于京師注晉執人於尊者之側而不以歸京師故但言其執不書所歸

駮曰仲幾之罪自委之王吏非晉人所執故傳云不正其執人於尊者之所也譏執不譏無所歸晉執曹衛他處竝可言歸若晉人執仲幾於京師復何得言歸於京師若如此論何以通乎

答曰晉城成周宋不卽役晉為監功之主因而執之此自晉人之事安得委之王吏傳當以執人於尊者之所而不以歸於王之有司非言其不可以執晉文公執曹衛之君各於其國而竝不書國者以其歸於京師故也今執仲幾不書所歸唯舉其地者此晉自治之效若使歸於京師與執諸侯同君臣無別也今直執在京師不可言歸此義猶自未通有義而然上言城成周序仲幾於會於歸言于京師其言足誤天王居于狄泉在畿內而別處若上言城成周下稱晉人執宋仲幾歸于京師以見執之異處而歸天子今晉人於尊者之側而執人以歸自治於國故春秋不與其專執地于京師下文言此大夫其曰人何微之也何以知大夫有義而然周之稱名大夫相執無稱名之例因此見義明大夫相執不書書則微之見伯討失所故云云非謂大夫相執得見於經經書晉人執衛侯歸之于京師與伯執稱人不異異則言侯故曰以晉侯而斥執曹伯惡晉侯也是君臣之別也

十有五年九月滕子來會葬注邾滕魯之屬國近則來奔喪遠則來會葬於長帥之喪同之王者書非禮

答曰屬國非私屬五國為屬屬有長曹滕二邾世屬服事我故謂之屬

序錄

隋志樂資春秋後傳三十一卷唐志三十卷

史通曰逮孔子沒經傳不作于時文籍唯有戰國策及太史公書而已至晉著作郎魯國樂資乃追采二史撰爲春秋後傳其始以周貞王續前傳魯哀公後至王赧入秦又以秦文王之繼周終於二世之滅合成三十卷

謨案隋唐志並載有何承天春秋前傳十卷春秋前雜傳九傳唐志作前傳雜語十卷唐宋人類書俱未見稱引無憑鈔錄即所引後傳亦甚寥寥今衹從水經注鈔出一條又初學記二條書鈔二條御覽六條若玉海引春秋後傳五條與記事文體不類疑當即本傳序例故列卷首而以史記索隱所引樂資說數條附焉

春秋後傳

晉　魯國樂資撰　　萬載鄧汝瑛校

惟王者改元諸侯改元自汾王以前未有也晉竹書曲沃莊伯十一年十一月則用夏正爲歲首而秦譜至宣公初志閏月不惟改元又改厤矣

夫子修春秋每孟月書時以見魯史每正月書王以存周正

月令之書雖起秦世然先王之制存焉漢興頗用其暑如春行寬大之令夏布封賞之恩以至秋冬理獄十月而後不復論囚皆本之月令自高帝有分舉四時之制魏相爲宣帝言之李尋告哀帝謂朝廷忽於時月之令諸侍中尚書近臣宜令通知月令之意陳寵魯恭亦皆言之

三代雖不改時與月而春秋紀春無氷爲異則固以周正紀事也左傳記祭足取麥穀鄧來朝三事經傳所記有例差兩月者是經用周正傳取國史有自用夏正者失於更改也詩多用夏正書金縢秋大熟亦是夏時此不改時月之驗但孟子謂七八月乃五六

月謂十一十二月乃九十月此當闕之

天人之道雖殊象類之理則一聖人將有爲有行也仰觀日月星辰霜露之變俯察蟲魚草木鳥獸之化不先時而起不後時而縮以之授民事而無不順以之因物性而無不適此堯典若昊天以授時周官正歲年而序事 並玉海

秦穆公將兒三人因於內宮 一本引作後語

趙襄子遊於囿中至於梁馬卻不肯進青筓爲驂乘襄子曰進視梁下前類有人青筓進視梁下豫讓卻

寢佯爲死人青筓云長有大事 並初學記

吳越合魏武侯厲衆五年秦人興師而臨西河魏士聞之甲冑不待令而奮擊殺秦人者萬數

梁以張儀爲齊相楚怒約而攻梁雍睢曰請令解攻雍睢謂齊楚之王曰王亦聞張儀之約秦王乎曰王老相儀於梁齊楚惡儀必攻魏魏戰而勝是齊楚之兵折而儀固得梁矣若不勝梁必事秦以持其國必割地以賂王王若欲復攻其弊不足以應秦此儀之所以與秦王陰相約也齊楚之王曰善乃遽解兵 並御覽

周赧王四年濟東有二石高三尺有餘相從而行入海數百步 書鈔○一本四年作二十年濟東作齊東三尺作三丈

赧王二十八年秦始作浮橋於河 初學記

魯仲連曰齊閔王將之魯夷維子爲執馬而從之

魏加問春申君曰欲將臨武君有之乎曰有矣加曰臣少之時好射臣願以射譬可乎春申君曰可加曰吏羸與魏王處廩下吏羸謂魏王曰臣能爲王虛發而下鳥有間鴈來吏羸虛發而鳥下魏王曰然則射

可至此乎吏羸曰此孽也王曰何以知之對曰其飛徐而鳴悲飛徐者故創痛也鳴悲者久失羣也今臨武君嘗爲秦孽不可爲距秦之將也

聶政拔劍至韓韓相方坐府上持兵戟而衛侍者甚衆聶政且入上階刺殺俠累

唐雎對秦王曰專諸之刺王僚彗星襲月色 並御覽

使者鄭容入柏谷關至平舒置見華山有素車白馬者問鄭容安之答曰之咸陽曰吾華山君使願託書致鄗池君 御覽引此文云秦始皇使鄭容將入函關見華山上有素車白馬疑是鬼神熟視稍

近問鄭容曰安之荅曰之咸陽素車者曰子之咸陽止吾華山使願託一牘書致鎬池君之所道過鄗池見大梓下有文石取以款扣梓當有應者即以書與之勿妄發致之得所欲鄭容行至鄗池見一梓下果有文石取以款梓應曰諾鄭容如睡覺而見宮闕若王者之居焉謁者出受書入又有頃聞語聲言祖龍死書鈔引此下云有一婦行哭出謝鄭容煩苦乃上白璧容讓之婦人曰此鬼神事願毋讓鄭容受璧至始皇二十八年渡江神道莅沉所受璧乃賜鄭容金三百斤詔無泄語眛理難辨測故無以精其幽致矣水經注

阿房宮未成成之更欲擇令名名之作宮阿旁故天下謂之阿房宮御覽

田午弒田侯及其孺子喜而兼齊是爲桓侯田齊世家索隱

嗣君衞世家○索隱樂資據紀年以嗣君即孝襄侯

惠王燕世家○索隱案趙世家惠文王二十八年燕相成安君公孫操弒其王樂資以爲即惠王

王鼫與越世家○索隱樂資云越語謂鹿郢爲鼫與也

王之侯同上○索隱樂資云號曰無顓蓋無顓後乃次無彊也

序錄

唐志孔衍春秋時國語十卷又春秋後國語十卷

經典叙錄曰孔衍字舒元曾人東晉廣陵相

史通曰孔衍以戰國策所書未爲盡善乃引太史公所記參其異同刪彼二家聚爲一錄號爲春秋後語除二周及宋衞中山其所留者七國而已始自秦孝公終於楚漢之際比於春秋亦盡二百三十餘年行事始衍撰春秋時國語繼又撰春秋後語勒成二書各爲十卷今行於世者唯後語存焉案其書序云雖左傳莫能加世人皆尤其不量力不度德鄙衍之此義自比於丘明者當謂國語非春秋傳也

姚宏題戰國策曰正文遺逸如春秋後語引武靈王遊大陵夢處女鼓瑟之類略可見者如此今本所無也秦古書見於世者無幾予居窮鄉無書可檢閱訪春秋後語數年方得之不爲無補

謨案姚氏校注戰國策時在宋紹興四年已難得見春秋後語至元至順四年吳師道辨正鮑注則

云孔衍所著後語今尤不可得尚賴此得見其一二焉是書之亡久矣御覽本宋初猶見全本故引據獨多且有注而注者爲唐盧藏用則見唐志及吳氏辨正所說也今故據御覽參以文選注初學記書鈔白帖事類賦諸書共鈔出秦語十五條齊語十八條楚語七條趙語十九條魏語八條韓語二條燕語六條

春秋後語

晉　魯國孔衍撰　金谿鄭　蹠校

蘓秦歸周夜發書篋數十得周書陰符伏而讀之欲睡引錐刺其股血流至踝朞年揣摩出曰此可以說當世之君矣（案此文本見秦策故仍編入秦後語并以下條附焉）

蘓秦事鬼谷子學終辭歸道行乏困以燕人螽卜傳食自給各解臧獲之裘

秦孝公使公孫鞅定法令法令既具恐人不信乃立三丈之木於國都市南門募民有能徙置北門者與千金

陳軫爲楚使來見秦惠王惠王謂陳軫曰今韓魏相攻朞年不解或謂寡人救之便或曰勿救便寡人不能自爲決願子爲寡人計之軫曰亦嘗有以卞莊子之刺（一作剌）虎聞於王者乎王曰不聞軫曰昔卞莊子方刺虎而管豎子止之曰兩虎方食牛牛甘必爭爭必鬭鬭則大者傷小者死從傷而刺之一舉必有雙虎之名卞莊子以爲然立而顧之有頃兩虎果鬭大者傷小者死一舉果有雙虎之功今韓魏相攻朞年

不解是必大國傷小國亡從而伐之一舉必有二實此猶卞莊子刺虎之類也惠王曰善卒不救待其敗而攻之果大尅

甘茂曰臣聞魏文侯命樂羊將攻中山三年而拔之樂羊反而論功文侯示之謗書一篋

甘茂弃齊路逢蘇代將爲齊使於秦甘茂曰臣得罪於秦逃遁至此無所容跡吾聞貧人女與富人會績貧人女曰我無錢以買燭而子燭幸有光子可以分我餘光無損子明而得一斯便焉

頃襄王二十年秦白起拔楚西陵或拔鄢郢夷陵燒先王之墓王徙東北保於陳城楚遂削弱爲秦所輕於是白起又將兵來伐（案御覽本文祇云白起將兵伐楚而姚本國策注云此段首有缺文史記新序後語皆有之文亦小異今以後語補則此文本出後語當從之）楚人有黃歇者游學博聞襄王以爲辯故使於秦說昭王曰天下彊國莫過於秦楚今聞大王欲伐楚此猶兩虎相與鬭而駑犬必受其弊不如善楚也秦王乃止不伐楚約爲與國黃歇受之約而歸

范雎對秦王曰伍子胥橐載（注云韋橐）而出昭關夜行晝伏至於杜陵無以餬其口坐行匍匐稽首肉袒而鼓腹吹簫乞食於吳市

秦欲攻安邑請齊救之則以宋委於齊曰宋王無道爲木人以象寡人射其面寡人地絕兵遠不能攻也王苟能破宋有之寡人如自得之

甘羅請張唐相燕呂不韋叱曰我自請不行汝安能行之甘羅曰夫項橐七歲爲孔子師今臣十二歲矣君其試臣何遽叱乎

始皇初立尊呂不韋爲相國時諸侯多辯士如荀卿

之徒著書布天下不韋亦使其客著所聞集論二十餘萬言以爲備天地萬物古今之事號曰呂氏春秋布咸陽市懸千金其上延諸侯遊士賓客有能增損改定一字者與千金莫能有定者

呂不韋謂太后曰詐腐刑嫪毐則得給事中乃令人以腐罪告之拔其須眉以爲宦者

尉繚來說秦王曰以秦之强諸侯譬如郡縣之君臣但恐君或合從醼而出不意此智伯夫差湣王之所以亡也願大王無愛財物賂其豪臣以亂其謀秦不

過亡三十萬金則諸侯可盡王大喜之並御覽

秦三十二年燕人盧生奏籙圖曰亡秦者胡也始皇乃使將軍蒙恬將兵三十萬北擊胡取河南地遂築長城以爲塞三十六年始皇南巡還至平原津病始皇惡言死無復言死事病甚乃璽書賜扶蘇使以喪會咸陽而葬以書付行符璽令趙高未授使者丙寅始皇崩於沙丘唯少子胡亥從丞相李斯恐天下有變不敢發喪棺載還咸陽趙高素與胡亥善留所賜扶蘇書密謂胡亥曰上崩無詔封王諸子而獨賜扶蘇書扶蘇即位爲皇帝太子無尺寸之地胡亥曰爲將奈何高曰非與丞相謀事不能成乃謂李斯曰今扶蘇即位必召蒙恬爲相於君不亦疏乎於是李斯然趙高言乃詐受始皇詔立胡亥爲太子更作書賜扶蘇曰朕巡行天下禱祀名山以延年壽而數上書非我所爲日夜怨望不得爲人子不孝其賜自裁將軍恬與蘇居不匡正宜知其謀爲人臣不忠亦賜死扶蘇爲人仁得書泣即死胡亥即位爲二世葬始皇於酈山文選思玄賦注

二世夢白虎齧其左驂殺之心惡怪之卜云涇水爲祟御覽

右秦語案秦策黃歇說秦昭王篇鬼神狐祥吳氏補正引作潰洋後語注潰戶廣反洋音養又中期堆琴引後語作伏琴又范雎云人主賞所愛引後語作庸主今並闕

齊桓侯六年越醫扁鵲過齊桓侯客待之入朝見曰君有疾在腠理不治將深桓侯曰寡人無疾扁鵲出桓侯謂左右曰醫之好利欲以不病爲力後五日復見曰君疾在血脈後五日復見曰君疾在腸胃後五日見桓侯而退走桓侯使人問其故曰疾在骨髓臣是以無請也桓侯遂卒御覽

秦師臨周以求九鼎顯王患之以告顏率率曰請救於齊遂說齊王國策注引後語作齊宣王曰秦無道欲興師求周之鼎君臣計不若歸齊即願王圖之齊王悦發師救周秦師罷齊求鼎顏率曰周即獻鼎然不可懷挾提揭不識何塗之從王曰塗於梁率曰梁欲求鼎謀於暉臺之下小海之上梁必不出也王曰從楚率曰謀於章華臺之上國策本作葉庭之中注引後語作章華之庭楚必不出矣齊王乃止白帖

淳于髡見鄒忌曰狐裘雖敝不可補以黃犬之皮忌曰謹受教請擇君子無雜小人其間

鄒忌與田忌不相善公孫閱謂鄒忌曰何不詐令人操千金卜於市曰我田忌之人也吾三戰而三勝聲威天下欲爲大事亦吉乎卜者出因令人捕之卜者驗其辭於王之所鄒忌從之田忌懼無以自白遂率其徒襲攻臨淄欲殺鄒忌不勝而奔

初孫臏與龐涓俱學兵法涓既事魏惠王將自以爲不及孫臏乃使之召孫臏孫臏至以法刑之斷其兩足後齊使以爲奇竊載與之歸田忌善客得之田忌數與齊諸公子馳逐重射（注云馳馬爭先射重科爲勝也）孫臏見其馬足不甚相遠有上中下輩於是臏謂田忌曰君第重射我能令君勝田忌信然之與王及諸公子逐射千金臨質孫臏曰取君之下駟與彼上駟取君之上駟與彼中駟取君之中駟與彼下駟既三輩畢而田忌不一勝而再勝忌得千金於是田忌進孫臏於威王王問兵法而師之

淳于髡曰夫烏同翼者聚飛而獸同足者俱行各有儔也

昔齊有良兔曰東郭狻一日走百里有良狗曰韓子獹亦一日而走百里使人逢見而指屬則雖韓獹不及良兔躡跡而蹤之則雖東郭不能離也

淳于髡說齊威王曰韓子獹者天下之壯犬也東郭狻者海內之狡兔也韓子獹逐東郭狻還山者三騰山者五兔極於前而犬疲於後犬兔俱疲各死其處田父見而獲之無勞倦之苦而擅其功今齊魏相持頓兵敝衆臣恐強秦大楚乘其後而有田父之功威王懼而罷兵（並御覽）

薛靖郭君曰嬰嬖妾五月五日生子文俗云此日生子及戶損其父妾匿養之文長曰受命於天受命於戶何不高其戶（白帖）

田文謂其父靖郭君曰君後宮蹈綺縠之衣而士不得短褐（一見事類賦注）

孟嘗君每待客坐語屏風後嘗有侍史工記所與客語知其親戚居處客去後使使謝餽無所遺失

馮諼謂孟嘗君曰聞狡兔有三穴僅得免其死耳

蘇秦如齊見王拜而慶仰而弔齊王曰是何慶弔相隨而速也蘇秦曰臣聞飢人之所以不食烏喙者以爲雖偷充腹而與死人同患也今燕雖弱小秦王之女壻大王利其十城而長與强秦爲仇今使弱燕爲鴈行而强秦繼推其後是食烏喙之類

蘇秦在齊齊大夫多與爭寵而使人刺之不姝而走齊王求賊不得蘇秦將死乃謂王曰臣死之後王車裂臣徇於市曰蘇秦爲燕作亂於齊如此則刺臣之賊必得矣齊王如其言殺蘇秦賊果自出齊王因而

誅之

秦攻趙長平齊楚救之趙人無食請粟於齊齊欲勿與周子曰不如與之以退秦兵不與則秦兵不却是秦之計中而齊楚之計過也且趙之於齊楚扞蔽也猶齒之於脣脣亡則齒亡今日亡趙明日患及齊楚是救趙之務宜若奉漏甕汲焦釜也夫救趙高義也却秦兵顯名也義救亡國威却强秦之兵不務爲此而務愛粟爲國計者過矣齊王不聽秦破趙於長平遂圍邯鄲焉

貂勃常惡田單曰安平君小人也安平君聞之故爲酒而召貂勃曰單何以得罪於先生常見惡乎貂勃曰然跖之狗吠堯非貴跖而賤堯狗自吠非其主也且使公孫子賢而徐子不肖然而公孫子與徐子鬬徐子之狗將攫公孫子之腓而噬之若乃得去不肖而爲賢者狗豈特攫而噬之哉安平君曰敬聞命矣明日乃任之於王

秦始皇聞齊王后賢嘗使遺之連環曰齊人多智能解此乎后與羣臣莫能解乃引椎破之謝秦使曰謹

以解矣以報始皇壯其志益不敢謀齊並御覽

右齊語案齊策於威王濮上篇段于綸注引後語作萌章子篇馬棧之下作馬屎之中顏斶作王蠋燕秦說齊合從篇渤海作北海張儀爲秦連横篇博關下引後語注今兖州博城縣有古關是博關又張儀事奏惠王篇梁王大恐作魏襄王孟嘗君出行國篇小國作五國貂勃常惡田單篇闕陽城而王闔作合今並闕

楚宣王以昭奚恤爲相按急就篇注引春秋後語楚有昭雁事無考諸侯畏之王問羣臣曰吾聞北方畏昭奚恤亦誠何如江乙對曰虎求百獸而食之得狐狐曰子無噉我天帝令我長百獸子若食我是逆天帝之命子以我爲不

信我爲子先行子隨我後觀百獸見我能無走乎虎以爲然隨狐而行百獸見之皆走虎不知獸之畏己反以爲畏狐也今王地方五千里帶甲百萬而任之於昭奚恤然則北方非畏昭奚恤其實畏王之甲兵故人臣見畏者君威也君不用則威亡矣

蘇秦在楚三年乃得見王談卒辭行威王曰寡人聞先生若聞古人今先生不遠千里而臨寡人曾不肯留願聞其說對曰楚國之食貴於玉薪貴於桂謁者難得見於鬼王難得見於帝今臣食玉炊桂因鬼見

帝何事不去威王曰先王就舍寡人聞命矣

蘇秦南說楚威王曰楚天下之强國也王天下之賢王也西有黔中巫郡東有夏州注云屈原離騷過夏口而西浮蓋是州也海陽注云在廣陵東今揚州海陵縣南有洞庭蒼梧北有汾陘郇陽地方五千里帶甲百萬車千乘騎萬疋粟支十年此覇王之資也

張儀謂楚王曰夫爲從者無異驅羣羊而攻生虎虎之與羊不格亦明矣今王不與虎而與羊臣竊以爲大王之計過也一見事類賦注

莊辛對楚王曰臣聞鄙諺曰見兔而顧犬未爲晚也亡羊而補牢未爲遲也

楚威王問宋玉曰先生其有遺行與何士民衆庶不譽之甚也宋玉對曰夫鳥有鳳而魚有鯨鳳凰上擊九千里翱翔乎窈冥之上夫藩籬之鷃豈能與料天地之高哉鯨魚朝發於崑崙暮宿於孟津尺澤之魚豈能與量江海之大哉故非獨鳥有鳳而魚有鯨士亦有之

楚頃襄王時人有好以弱弓微繳加歸鴈之上者王

聞之召而問焉對曰外臣之好射鶀鴈羅鸗小矢之發也何足爲大王道哉且楚國之大因王之賢所弋非直此也昔者三王以弋道德五霸以弋戰國夫秦魏燕趙王之鶀鴈也齊魯韓衛者青首也鄒費郯邳者羅鸗也其餘不足射也見鳥六雙唯王何取王若以聖人爲弓勇士爲繳時張而射之此六雙者可得而囊載也其樂非特朝夕之樂也並御覽

右楚語案楚策於張儀爲秦破從篇韓之上地不通注引後語作上黨地莊辛謂楚襄王篇以其類爲招作以其頸爲的飲茹溪流作飲茹溪之疏注云茹溪巫山之溪者烈王

無子篇注東之封作注東十二縣之封朱英作觀人朱英注觀地在河北平原今並闕

晉太史屠黍見晉之亂以其國法歸周

趙襄子欲保晉陽曰奈何無爵張孟談曰臣聞董安于之在晉陽公宮之垣皆荻蒿一見初學記

張孟談陰見韓魏之君曰臣聞脣亡者齒寒今智伯率二君而伐趙趙將亡矣趙亡則二君爲之次二君曰我知其然

智伯率韓魏之兵以伐趙圍襄子於晉陽決晉水以灌晉陽之城不沒者三板智伯行水魏桓子御韓康子參乘智伯曰吾不知水之可以亡人國也乃今知之然汾水可以灌安邑絳水可以灌平陽魏桓子肘韓康子康子履桓子之足接於車上而智伯地分身死國亡爲天下笑

襄子大敗智伯軍殺智伯漆其頭以爲飲器一見書鈔

襄子既滅智伯智伯之臣豫讓變姓名入宮塗廁以刺襄子襄子覺而赦之後讓伏於橋下襄子至橋馬驚使視之復得讓襄子歎曰嗟乎豫讓之爲智伯名既成矣寡人之赦子亦足矣子自爲計寡人不釋子矣讓曰臣固伏誅願得君之衣而擊之於是襄子義之脫附身之衣以與之讓拔劍三躍呼而擊之曰吾可以下報智伯矣遂伏劍而死

趙烈侯謂其相公仲建曰寡人所愛可以貴之乎曰富可也貴之則不烈侯乃命以田萬畝賜善歌者二人公仲建許諾而不與居一月烈侯之代還問曰與之乎曰未有可者

邯鄲之北有蘇人侯蘇秦往說之蘇人侯送以黃金百鎰其家丞見曰君侯之與客無故舊而送之百鎰其說可得聞耶蘇人侯曰客天下辯士立談之間每奪我地而復歸之吾地雖小豈直百鎰

武靈王十九年春正月大朝信武宮乃召肥義與議天下事五日而畢遂北略中山登黃華之上注云黃華山名也戰國策武靈王遊於大陵夢見處女鼓瑟而歌登黃華之上○此條見戰國策注

張儀說趙王曰今日楚與秦爲兄弟之國而韓魏稱爲藩臣齊獻魚鹽之地此斷趙之右臂也

惠文王二十九年秦韓相攻軍於閼與王召廉頗問曰可救不對曰道路險狹難救也又問樂乘對如廉

公言又問趙奢對曰道遠險狹譬如兩鼠鬬於穴中將勇者勝王乃令奢救之

初廉頗之免於將而歸也失勢故人賓客盡去及復用客乃復至頗謝遣之客曰君何見之晚也天下市道交君不知之耶君有勢我即進君無勢我即去此固其理君何怨焉

秦急攻趙求救於齊齊王曰必以長安君爲質兵乃出長安君者太后（史記索隱引後語作惠文后）之少子也太后愛之不肯遣大臣強諫太后怒謂左右曰敢復言長安

君爲質者老婦必唾其面左師觸龍請見太后曰老臣病足曾不能疾走不得見久矣自恐太后體有所苦也太后曰老婦恃輦而行耳因是太后怒色稍解乃徐說之太后從之（案趙策觸龍稱太后爲媼注云太后稱媼非也春秋後語並作太后）

趙相虞卿躡屩擔簦來說孝成王王悅賜白璧一雙黄金百鎰再見拜爲上卿故號虞卿

平原君家樓臨民家民家有躄者（注云躄攣跛之名）盤散行汲平原君美人居樓上臨見大笑之明日躄者至平原君門請曰臣不幸有跛躄之疾而君之後宮臨而笑臣臣願得笑者頭平原君曰諾及躄者去平原君笑曰豎子欲以一笑之故殺吾美人不亦甚乎終不殺居歲餘門下客稍稍引去過半平原君怪之一人前對曰以君之不殺笑躄者於是平原君斬所笑美人頭造躄者門而謝焉

趙王使平原君入楚求其從約其客有文武者二十人偕得十九人未有可以備二十者毛遂請行平原君曰賢士處世譬如錐之處囊中其鋒立見今先生

處勝門下三年無所聞之是先生無所能也遂曰臣乃今日請處囊中耳若早處囊中乃脫穎而出非特末見也平原君乃許與偕

平原君對趙王曰澠池之會臣察武安君之爲人也小頭而銳瞳子白黑分明視瞻不轉小頭而銳斷敢行也瞳子白黑分明見事明也視瞻不轉執志強也可以持久難與爭鋒廉頗足以當之

秦急圍邯鄲邯鄲且欲降傳舍吏子李談說平原君曰今邯鄲之民析骨而炊易子而食可謂急矣而君

之後宮以百數婢妾被綺縠餘粱肉而民褐衣不完糟糠不厭君器物鐘鼓自若使秦破趙安得而有此哉並御覽

秦圍趙邯鄲魏使將軍新垣衍入邯鄲令趙尊秦為帝魯仲連說罷之邯鄲既存平原君欲封魯仲連仲連三辭不受平原君乃置酒酒酣起前以千金為仲連壽仲連笑曰所貴於天下之士者為人排患釋難解紛而無取也則有取者乃商賈之人仲連不忍為也遂辭平原君而去終身不復見事類賦注

右趙語案姚氏戰國策後序引春秋後語二事一為武靈王遊大陵一為平原君覽者並見本篇

魏文侯謀事而當羣臣莫之逮者朝而有喜色吳起進曰昔楚莊王朝而有憂色申公巫臣問曰君有憂色何也莊王曰吾聞諸侯擇師王者擇友霸者自足而羣臣莫之若者亡今以不穀之不肖而議於朝羣臣莫能逮吾國其幾於亡乎吾是以有憂色

魏太子擊逢文侯之師田子方於朝猷引車避下謁之田子方不為禮太子擊因問曰富貴者驕人乎貧賤者驕人乎子方曰貧賤者驕人耳夫諸侯而驕則失國大夫而驕則失家富貴者安敢驕人貧賤驕人耳行不合言不從則去之楚越若脫屣然太子不懌而去

惠施見襄王曰昔王季歷葬於楚山之尾蠻水注引荆楚記云宜都鳥水是也齧其墓見棺之前和文王曰噫先君必欲一見羣臣百姓也夫故使蠻水見之於是出而為之張張以朝

蘇秦去韓之魏說襄王曰大王之地南有鴻溝陳留

汝南郾邵陵舞陽新郪東有淮潁煑棗無踈西有長城之地北有河外卷衍燕酸棗地方千里而田舍廬廡之數無所芻牧人民之衆牛馬之多日夜行不絕輷輷殷殷夫魏天下之強國也王天下之賢王也

魏哀王與田需為相甚貴信之惠子謂田需曰子必善事左右今夫樹楊橫之則生折而樹之又生然使十人樹楊一人拔之則無生楊矣夫以十人之衆樹易生之物不勝一人拔者何也樹之難去之易今子雖自樹於王而欲去子者衆則子危矣

秦破魏軍於華陽走我將軍孟卯國策史記並作芒卯王使段干子從與秦南陽干以千金和蘇代國策作孫臣蘇代謂王曰欲璽者段干子也欲地者秦也今王使欲地者制璽欲璽者制地魏地不盡則不和且夫以地事秦譬猶以薪救火薪不盡火不滅也王曰是則然矣雖然事始已行不可更矣蘇代曰王獨不見夫博之所以貴梟乎便則食不便則止今王曰事始已行不可更是何言與王之用智不若梟乎王乃止其行

魏有更羸脉與王處廩下仰見飛鳥引弓虛發而鳥

隕下魏王怪問曰何以得至此羸脉曰此孽生也王曰先生何以知之對曰其飛徐其鳴悲其飛徐者故創痛也其鳴悲者久失羣也故創未息而驚心未去聞弦音烈而高飛故隕也

信陵君嘗與王共博於是北境舉烽火傳言趙冠至王釋博欲召大臣議之信陵君曰趙王獵耳非為冠也復博如故王恐心不在博居有頃復從北方傳言趙王獵耳非為冠也王大驚曰公子何以知之信陵君對曰臣之客有能探趙王陰謀者趙王所為客輙以報臣臣以此知之並御覽

右魏語案魏策樂羊為魏將篇有覩斯贊注引後語作堵師令闕

張儀說韓惠王戰國策作襄王曰韓地多險惡山居五穀所生非菽而麥民之食大抵飯菽藿羹一歲不收民不厭糟糠

韓襄王十二年楚圍雍氏韓令使者求救於秦冠蓋相望秦師不出使靳尙如秦謂秦王曰韓之於秦居為隱蔽出為鴈行今韓病矣秦師不出脣亡齒寒願大王計之也並御覽

右韓語案韓策於張儀為秦連橫說韓王云豆飯藿羹注引後語作飯菽餘無攷

蘇代為燕說齊欲見齊王齊王怨蘇秦不肯見代代乃說淳于髡曰人有賣駿馬者比三旦立於市人莫之知往見伯樂曰臣有駿馬欲賣之比三旦立於市人莫與言願子還而視之去而顧之臣請獻一朝之價伯樂乃如其言一旦而馬價十倍今臣欲以駿馬見於王莫為臣先後注云先後導引也足下有意為臣伯樂乎請獻白璧一雙黃金千鎰以為馬食注云不斥言人欲云為馬之芻草淳于髡曰謹聞命矣乃入言之於王而見之王

果善藴代

厝毛壽（戰國策厝作鹿）謂燕王曰不如以國讓子之人謂堯賢者以其讓天下於許由出不受有讓天下之名其實不失天下

張儀謂燕王曰昔趙襄子之姊爲代王夫人襄子欲并代因擊殺代王平其地其姊聞之泣而呼天摩笄自殺代人憐之名其地爲摩笄山

齊趙將伐燕藴代爲燕説趙王曰今者臣來過易水見小蜯方出曝而鷸啄其肉蜯合而拑其喙鷸曰今日不雨明日不雨必見蜯脯蜯謂鷸曰今日不出明日不出必見死鷸兩未相舍漁父得而并擒之今趙且伐燕燕趙久相支以敝其衆臣恐强秦之爲漁父也故願大王孰計之趙王於是乃止

燕王使騎刼代將樂毅奔趙士卒離心田單乃令城中食者先祭先祖於庭中飛鳥悉飛舞其上喙食共燕人皆怪之

荊軻謂樊於期曰願得將軍之首以獻秦王秦王必喜而見臣臣左手把其袖右手揕其胸則將軍之仇報而燕國之耻除矣將軍豈有意乎樊於期遂自刎乃盛樊於期之首函封之於是太子預求天下之利匕首得趙人徐夫人匕首取之百金使工以藥淬之（注云以藥水鍳匕首爲淬）以試人血濡縷無不立死者乃爲裝遣荊軻荊軻將行太子及賓客知其事者二十餘人皆白衣冠以送之至易水之上既祖取道高漸離擊筑荊軻和歌爲濮上聲士皆流涕又前而爲歌曰風蕭蕭兮易水寒壯士一去兮不復還復爲羽聲慷慨士皆瞋目髮盡衝冠於是荊軻遂就車而去（並御覽）

齊威王與魏惠王會田於郊魏王問威王曰王有寶乎威王曰無有魏王曰若寡人國雖小猶有徑寸之珠照前後車各十二乘者十枚奈何爲萬乘之國而無寶乎威王曰寡人之所以爲寶與王異吾臣有檀子者使守南城則楚人不敢爲寇東取泗上十二諸侯皆來朝吾臣有盼子者使守高唐則魏人不敢東漁於河吾臣有黔夫者使守徐則燕人祭北門趙人祭西門徙而從之者七十餘家吾臣有種首者使備盜賊則道不拾遺以此爲寶將以照千里豈直十二

乖哉魏惠王不悻而去群輔錄云見史記及春秋後語案此條應補入秦語

右燕語案燕策此篇下有中庶子蒙嘉吳氏補正云後語作蒙頡注云蒙恬弟也今闕

序錄

隋志賈逵春秋外傳國語二十卷唐志無

韋昭國語解敘曰左丘明采錄前世穆王以來下訖魯悼智伯之誅邦國成敗嘉言善語陰陽律呂天時人事逆順之數以爲國語其文不主於經故號曰外傳漢章帝時鄭大司農爲之訓註侍中賈君敷而衍之建安黃武之間故侍御史會稽虞君尚書僕射丹陽唐君又因賈爲主而損益之然猶有異同昭切不自料因賈君之精實採唐虞之信善復爲之解解內稱賈唐二君或稱三君則兼虞翻也

譔案宋庠國語補註序錄云今惟韋氏所解傳於世諸家章句遂無存者然當唐世賈書實自別行故李善註文選每並引賈逵韋昭國語註而韋解多即賈註猶斑斑可考且如類聚書鈔於耕籍門所引國語數條具載賈註則賈書固不以韋廢也今故仍從韋解內鈔出八十一條又文選註九十條史記集解十二條後漢書註三條經典釋文三條類聚一條書鈔七條初學記二條內附唐註三十餘條

國語註

漢　扶風賈　逵撰　　金谿李學容校

先王耀德不觀兵　耀明也

載戢干戈　戢藏也 並文選註

載櫜弓矢　唐云櫜韜也

昔我先世后稷　唐云父子相繼曰世 並史記集解

庶民弗忍欣戴武王　戴奉也

要服者貢　貢獻也 並文選註

今自大畢伯士之終也　大畢伯士犬戎氏之二君

也 史記集解

守終純固　純專也 文選註

得四白狼四白鹿以歸　白狼白鹿犬戎之職貢也 史記集解

女三爲粲　粲亦美貌

是鄗之也　鄗防也 並文選註

猶其有原隰衍沃也　唐云下平曰衍有溉曰沃 集解

流王於彘　流放也 文選註

陳錫載周　唐云言文王布錫施利以載成周道

虢文公諫　文公文王母弟虢仲之後爲王卿士 並史記集解

農祥晨正　唐云農祥房星晨正晨見南方謂立春之日也 類聚

王其祗祓監農不易　祗敬也祓除也不易土物之宜循其土俗不易也

王乃淳濯饗醴　饗飲也王沐浴飲醴酒 並書鈔

后稷監之　監察也 文選註

膳夫農正陳藉禮　農正田大夫主敷陳藉禮而祭

其神爲農祈也 書鈔

王耕一墢班三之　一墢一耦之發也耜廣五寸二耜爲偶一發廣尺也班次也三之謂公卿大夫也

王之下各三其上公三發卿六發大夫九發成天子三推謂諸侯九推也 類聚

司徒省民大師監之　大師三公官也

瞽帥音官以省風土　音官樂官也以音律省風土

風氣和則土氣養

廩於藉東南鍾而藏之　廩御廩一名神倉東南生

長之處鍾聚也謂爲廩以藏王所藉田以奉齍盛

百官御事　御治也並書鈔

紀農協功　紀猶錄也

王事唯農是務　唯獨也並文選註

是教逆也　唐云言不教之順而教之逆史記集解

宣王欲得國子之能導訓諸侯者　國子諸侯之嗣子或云國子諸侯之子欲使訓導諸侯子也唐云國子謂諸侯能治國子養百姓者○韋昭國語解

宣王既喪南國之師　唐云南國南陽也

伯陽父曰周將亡矣　唐云伯陽周柱下史老子也並史記集解

水土演而民用也　演引也

所以阜財用衣食者也　阜厚也

觀其苛慝　苛煩也

鸑鷟鳴於岐山　鸑鷟鳳之別名也

車服旗章以旌之　旌表也並文選註

鄭武莊有大勳力於平桓　唐云王奪鄭伯政鄭伯不朝王伐鄭鄭祝聃射王中肩豈得爲功桓當爲惠

鄢之亡也由仲任　唐云鄢爲鄭武公所滅非取任氏而亡也

鄶由叔妘　唐云亦鄭武公滅之不由女亡也

鄭伯南也　南者在南服之侯伯或云南南面君也並國語解

翟人來誅殺譚伯　唐云譚伯周大夫原伯毛伯集解

王勞之以地文公辭請隧焉　隧王之葬禮闕地通路曰隧國語解

余一人僅亦守府　僅猶言纔能也文選詩

野有庾積　唐云十六斗曰庾國語解

火見而清風戒寒　戒人爲寒備也

棄其伉儷妃嬪　儷偶也並文選註

不亦瀆姓矣乎　姓命也一曰夏氏姬姓鄭女亦姬姓故謂之瀆姓國語解

不亦簡彝乎　簡畧也

乘人不義　乘陵也

謂我曰夫何次之有　謂告也

言爽日反其信　爽貳也並文選註
於今再矣　於今單襄公時也晉厲公卽黑臀之孫也黑臀之後二世爲君與黑臀滿三世矣唐云時晉景公在位成公生景公故言再○國語解
襲于休祥　襲受也
穀洛鬬將毀王宮　鬬者兩會似於鬬並文選註
聚不阤崩　小崩曰阤後漢書註
昔共工棄此道也　共工諸侯炎帝之後姜姓也顓頊氏衰共工氏侵陵諸侯與高辛氏爭而王也或云共工堯時諸侯爲高辛所滅國語解

度之於軌儀　軌法也
謂其能爲禹股肱心膂　膂脊也
至於今未弭　弭忘也並文選註
或在畎畝　一耦之發廣尺深尺爲畎百步爲畝
二后受之讓於德也　言二后所以受天命者以能讓有德也謂詢於八虞訪於辛尹之類並國語解
膺保明德　膺受也文選註
景王將鑄大錢　虞夏商周金幣三等或赤或白或黃黃爲上幣銅錢爲下幣大錢者大於舊其賈重也唐云大錢重十二銖文曰大泉五十○國語解
關石龢均　關通也
田疇荒蕪　二井爲疇蕪穢也並文選註
王將鑄無射而爲之大林　無射鍾名律中無射也大林無射之覆也作無射而爲大林以覆之其律中林鍾也
不過步武尺寸之閒　半步爲武並國語解
觀美而眩　眩惑也文選註

行之以節八風　八風八卦之風也初學記
衆口鑠金　鑠消也文選註
律以平聲　律黃鍾爲宮林鍾爲徵大蔟爲商南呂爲羽姑洗爲角所以平五聲也
所以金奏贊陽出滯也　大蔟正聲爲商故爲金奏所以佐陽發出伏滯也國語解
憚其犧也　憚畏也周易釋文
蕩以爲魁陵糞土　小阜曰魁文選註以上周語
先王制諸侯使五年四王一相朝也　王謂王事天

子也歲聘以志業閒朝以講禮五年之閒四聘於王而一相朝者將朝天子先相朝也唐云先王謂堯也五載一巡守諸侯四朝

丹桓宮之楹而刻其桷　唐云桷榱頭也

大懼殄周公大公之命祀　周公爲太宰太公爲太師皆掌命諸侯之國所當祀也並國語解

其次用鑽筰　鑽臏也

五刑三次是無隱也　隱私也

海鳥曰爰居　爰居雜縣也

帝嚳能序三辰以固民　三辰日月星也並文選註

有虞氏禘黃帝而祖顓頊郊堯而宗舜　有虞氏舜後在夏殷爲二王後故有禘郊宗祖之禮也

夏父弗忌爲宗烝將躋僖公　烝進也謂夏父弗忌進言於公將升僖公於閔公上也唐云烝祭也

其夭札也　未名曰夭並國語解

助生阜也　阜長也

山不槎蘖　槎邪斫也

若鮑氏有釁　釁兆也

陷而不振　振救也

臣以爲肄業及之　肄習也

犄止晏萊焉　從後牽曰犄並文選註

土之怪曰羵羊　唐云羵羊雌雄未成者史記集解

內朝子將庀季氏之政焉　庀由理也文選註

師尹惟旅牧相宣序民事　師尹大夫官也掌以美詔王惟陳也旅衆士也牧州牧也相國也皆百官政事之所及也

宗不具不繹　宗宗臣主祭祀之禮不具謂宗臣不具在則敬姜不與繹也唐云繹祭之明日也

男女之饗不及宗臣　男女之饗謂晏相饗食之禮

宗室之謀不過宗人　唐云不過宗人則不與他姓議親親也並國語解

分同姓以珍玉　珍寶也文選註

今吾子之教官寮　唐云同官曰寮

季康子欲以田賦　田一井也周制十六井賦戎馬一匹牛二頭一井之田而欲出十井之賦也以上魯語

是以濱於死　濱近也

九妃六嬪　唐云九妃三國之女以姪娣從也並國語解
合羣叜比校民之有道者　校考也
比綴以度　綴連也
羣萃而州處　萃亦處也
權節其用　節制也並文選註
制國以爲二十一鄉　唐云四民之所居也
士鄉十五　唐云士與農共十五鄉
鄉有良人焉　良人鄉士也並國語解
訾相其質　訾量也

鄉不越長朝不越爵　越踰也
索訟者　索求也並文選註
繯山於有牢　繯還也後漢書註
使海於有蔽渠弭於有渚　海海濱也有蔽言可依蔽也渠弭稗海也水中可居者曰渚
有革車八百乘　謂一國之賦八百乘也乘七十五人凡甲士六萬人並國語解
桓公與諸侯飾牲爲載以約誓於上下庶神　飾牲陳其牲爲載書加於牲上而已不歃血也書鈔

勠力同心　勠力并力也文選註
反胙於絳　反復也胙位也絳晉國都也晉獻公卒奚齊卓子死國絶無嗣晉侯失其胙位桓公以諸侯討晉王高梁使隰朋帥師立公子夷吾復之於絳是爲惠公國語解
天威不違顏咫尺　八寸曰咫文選註
大路龍旂九旒渠門赤旂　大路諸侯朝服之車謂金路史記集解鉤樊纓九就龍旂九旒也渠門亦旂名赤旂大旂也國語解○以上齊語

所以示權於中國也　權秉也秉卽柄字
必甘受逞而不知　逞快也
今晉寡德而安俘女　伐國取人曰俘
肆侈不違　肆恣也並文選註
非禮不終年　十年而數終唐云不能終其年與下不盡齒同○國語解
民之疾心固皆至矣　疾惡也文選註
伯氏不出　伯氏申生也
懼不孝不懼不得　不得不得君心也並國語解
多爲之故以變其志　故謀也

丕鄭曰惜也　惜痛也（並文選註）

殺君以爲廉　廉猶利也以太子故殺君以自利（唐云爲太子殺奚齊不有其國以爲廉也）

命之以汾陽之田百萬　汾水名汾陽晉地百萬百萬畝也（並國語解）

黄金四十鎰　一鎰二十四兩（文選註）

貞之無報也孰是人斯而有是臭也　貞正也謂惠公欲以正禮改葬世子而不獲吉報也孰誰也斯斯世子也誰使是人有是臭者言惠公使之也（國語）

解

其魄兆於民矣　兆形也

作轅田　轅易也（文選註爰易也轅爰字通）爲易田之法賞衆以田易疆界也（唐云讓肥取墝也）

底箸滯淫　淫久也

旣而揮之　揮灑也（並文選註）

同姓爲兄弟　兄弟婚姻之稱也

凡黄帝之子二十五宗　唐云繼別爲小宗

昔少典取於有蟜氏生黄帝炎帝　少典黄帝炎帝之先有蟜諸侯也炎帝神農也（唐云少典黄帝炎帝之父○並國語解）

畀贖敬也　贖媟也

薦在宗廟君之力也　在宗廟爲祭主也（並文選註）

尚有晉國　尚且也

內有震雷故利貞　震以動之利也侯以正國貞也

利義之和也貞事之幹也

十月惠公卒十二月秦伯納公子（韋昭云四傳魯僖公二十三年九月晉惠公卒而此云十月賈侍中以爲閏餘十八閏在十二月後魯失閏以閏月爲正月晉以九月爲

十月而置閏也秦伯以十二月始納公子公子以二十四年正月入晉桑泉）

元年春公及夫人嬴氏至自王城　是月失閏以三月爲四月故曰春而不言其月明四月爲春分之月也嬴氏秦穆公女文嬴也（並國語解）

令疏軍而去之　疏除也（文選註）

文公誅觀狀以伐鄭　鄭復效曹觀公駢脅之狀故伐之（唐云誅曹觀狀之皐還而伐鄭）

夫三德者偃之出也　三德欒枝先軫胥臣也皆狐偃所舉（並國語解）

其章大矣不可廢也　章著也（文選註）

子犯卒蒲城伯請佐　蒲城伯先且居也（國語解）

戚施不可使仰　戚施僂也（爾雅釋文）

惠慈二蔡　二蔡文王子管叔初亦爲蔡

詢於八虞　八虞周八士皆在虞官伯達伯适仲突仲忽叔夜叔夏季隨季騧

大蒐於被廬作三軍　唐云立新軍之上下也

戰以錞于丁寧儆其民也　唐云錞于鐲也（並國語解）

川涸山崩　涸竭也

風聽臚言於市　風采也采聽商旅之言也（並文選註）

以韎韋之跗注　一染曰韎（國語解）

夫膏粱之性難正也　膏肉之肥者粱食之精者言食肥美者率多驕放其性難正也（文選註）

使張老延君譽於四方　延陳也

韓獻子老使公族穆子受事於朝　唐云獻子致仕而用其子爲公族大夫

納女工妾三十人　妾女樂也

問於張老　張老中軍司馬也

爲成師居大傅　唐云爲成公軍師兼大傅官（並國語解）

山川以達之　樂所以通山川之風類以遠其類（初學記）

晉其庶乎　庶冀也

少儒於諸侯　儒下也

事君不援而進　援引也

襄子將食尋飯有恐色　尋用也（並文選註　以上晉語）

讒慝暗昧　暗不明也（文選註）

合十數以訓百體　十數自王以下位可十等王臣公公臣大夫大夫臣士士臣皁皁臣輿輿臣隸隸臣僚僚臣僕僕臣臺百體百官各有體屬也合此十數之名以訓導百官之體也

計億事　萬萬爲億（並國語解）

王使婦人不幃而譟之　唐云羣呼曰譟（史記集解）

武王之子應韓不在　不在時已亡也

十邑皆有寄地　寄地獨寄土也

秦景襄於是乎取周土　秦景公宣王季年伐西戎破之遂有其地（並國語解　以上鄭語）

爲之聳善而抑惡焉　抑止也文選註

蔡聲子將如晉　唐云楚滅蔡蔡聲子爲楚大夫

在中軍王族而已　唐云族親族同姓也並國語解

與王心違　違異也

緬然引領南望　緬思貌也

大能掉小　掉搖也

以交儆子　交共也並文選註

作懿戒以自儆也　懿戒書也

武丁於是作書　書說命也並國語解

民之精爽不攜貳者　精明也文選註

命火正黎司地　唐云火當爲北北陰位也國語解

日月會於龍豝　豝龍尾也月令孟冬日在尾

獨居思念前世之崇替　崇終也替廢也

惠王以梁予魯陽文子辭　惠王楚昭王子梁楚北境魯陽文子楚平王之孫司馬子期之子魯陽公並文選註以上楚語

未嘗有所挫也　摧其鋒曰挫後漢書註

必素見成事焉而後履之　素豫也

大王豈厚裁之　裁制也

以犯獵吳國之師徒　獵取也並文選註

行頭皆官帥　官帥大夫也

擁鐸拱稽　唐云稽棨戟也

王稱左畸　稱呼也左畸軍左部

乃皆進自到於客前以酬客　到到也酬報也將報客使死士自到以示其威行軍士用命也

王總其百執事　王往也百執事百官也

簦笠相望於艾陵　唐云簦夫須也並國語解

吾欲與之邀天之衷　邀求也文選註

國人欲告者來告　告不任軍事也

王背檐而立　唐云檐屋名也並國語解以上吳語

苟得聞子大夫之言　親而近故曰子大夫也

係妻孥　係繫也

乃必有偶　偶對也

無曠其衆以爲亂梯　梯猶階也並文選註

德虐之行因以爲常　唐云言無德行虐習以爲常

忠臣解骨　解骨子胥伏屬鏤也並國語解

蹶而趨之　蹶走也
蚤晏無失　晏晚也並文選注
吳王帥其賢良與其重祿　重祿大臣也唐云重祿寶鱉口國語解
又安知是譏譏者乎　譏譏巧言也公羊釋文
陰遁而不能蒸　蒸升也
百姓攜貳　攜離也並文選注
施三服義　三謂忠信仁也國語解
聃由鄭姬　文王子聃季之國也史記索隱

駟見而隕霜　駟房星也初學記
高位實疾顛厚位實腊毒　顛隕也腊久也言味厚者其毒久也
天地之所祚　祚祿也今本作胙無之字並文選註
有崇伯鯀　崇國名伯爵也書舜典疏
子朝景王之長子也文選註按此註當在景王既殺下門子篇
元王勤商十有四葉而興　湯之祖契謂之元王類聚
並補周語
大刑用甲兵　謂諸侯不式王命則以六師移之國語解書舜典疏引賈逵註用甲兵者諸侯逆命征討之政也
今齊社而往觀旅　旅客也文選注
嘗禘烝享之所致君者有數矣　臣致祭肉于君謂之致胙國語解並補魯語
論比協材　論擇也初學記補齊語
驪姬置菫於肉　菫烏頭也初學記
諏于蔡原訪于辛尹　辛甲尹佚蔡公原公也
先君唐叔射兕于徒林殪以爲大甲　以兕革爲大甲初學記並補晉語

先君莊王爲匏居之臺　匏居高臺名初學記補楚語
赤羽之矰今本作朱羽　矢羽爲矰初學記補吳語

序錄

隋志世本王侯大夫譜二卷劉向撰世本二卷宋衷撰世本四卷唐志宋衷世本四卷世本別錄一卷宋均注帝譜世本七卷王氏注世本譜二卷

裴駰史記集解敘曰班固有言司馬遷據左氏國語采世本戰國策述楚漢春秋接其後事訖于天漢

司馬貞索隱曰按劉向云世本古史官明於古事者之所記也錄黃帝以來帝王諸侯及卿大夫系謚名號凡十五篇也

孔穎達尚書正義曰案今世本帝繫及大戴禮五帝德并家語宰我問太史公五帝本紀皆以黃帝爲五帝此乃史籍明文而孔君不從之者原由世本經於暴秦爲儒者所亂家語則王肅多私定大戴禮本紀出於世本以此而同

顏氏家訓曰世本左丘明所書原注此說出皇甫謐帝王世紀而有燕王喜漢高祖

史通曰楚漢之際有好事者錄自古帝王公侯卿大夫之世終乎秦末號曰世本又曰世本辨姓著自周室

謨案班彪言定哀之間魯君子左丘明論集史文作左氏傳三十篇又撰異同號曰國語二十篇又有記錄黃帝以來至春秋時帝王諸侯卿大夫號曰世本一十五篇故皇甫謐以世本爲左丘明作後經劉向校定宋忠注解隋志遂以爲二人所撰非也謂出古史官及楚漢閒好事者近之太史公雖采此書作本紀世家亦不盡依其說而至謂舜與堯同祖黃帝后稷至文王十五世此則又與世本習迷同辭也但學者而欲稍知先古世系源流舍世本更別無考據唐世其書猶存故孔穎達五經正義司馬貞史記索隱率時時引証如正義言世本無陽國索隱言世本無燕代系固非周覽全書不能斷也宋世此書宜已散軼而羅泌路史國名紀鄭樵通志氏族畧王應麟姓氏急就篇注猶多引世本其果得見原書與否無可質究但如廣韻所引楚大夫涉其帑爲涉其氏事見左傳定公

五年楚王奔隨將涉於成臼藍尹亹涉其帑不與王舟是謂楚大夫藍尹亹以舟涉其妻子而不與王也何得以涉其帑爲楚大夫姓名紕繆若此則諸所引世本姓氏其可信乎要知此書本極斷爛易致混淆轉寫多誤尤難釐正今所鈔輯率據史記與正義索隱參互考訂而於宋人著書所引世本是非亦不復置辨以先秦古書絕少傳本務廣蒐羅不嫌龐雜也故仍畧仿原書體例編爲二卷而以帝王諸侯卿大夫世系爲上卷氏姓篇居篇作篇爲下卷其條數則不具列云

世本

漢 南陽宋忠注　　宜黃黃錫禩校

三皇世系

太昊伏羲氏

孫氏曰伏羲神農黃帝是爲三皇 按史記正義太史公依世本大戴禮以黃帝顓頊帝嚳唐堯虞舜爲五帝譙周應劭宋均皆同而孔安國尚書序皇甫謐帝王世紀孫氏注世本並以伏羲神農黃帝爲三皇少昊顓頊高辛唐虞爲五帝則世本又當有孫氏注而隋唐志俱不載惟裴駰史記集解于曹世家注引孫檢說索隱云注引孫檢未詳時代疑卽注世本之孫氏名檢也

炎帝神農氏

宋仲子曰炎帝卽神農氏炎帝身號神農代號也 左傳昭十七年疏 按經典敘錄宋衷字仲子南陽章陵人後漢荊州五等從事又蜀志尹默傳默遠遊荊州從司馬德操宋仲子等受古學裴松之注宋仲子後在魏其子與魏諷謀反伏誅魏太子答王朗書曰嗟乎宋忠無石子先識之明老惺此禍則宋忠宋衷宋仲子祇一人也諸引世本注或稱宋忠或稱宋衷或稱宋仲子名字不一各從所見書之

黃帝有熊氏娶于西陵氏之子謂之纍祖產青陽及昌意 山海經注 路史引世本春秋有西陵羔

宋衷曰元囂青陽卽少昊也 本紀索隱

五帝世系

帝少皞金天氏昭元年疏

孫氏曰少昊顓頊高辛唐虞爲五帝

宋仲子曰青陽即是少皞黃帝之子代黃帝而有天下號曰金天氏少皞氏身號金天氏代號也昭十七年疏　路史後紀注董氏錢譜引世本云少昊黃帝之子名契字青陽黃帝殁契立王以金德號曰金天氏同度量調律呂封泰山作九泉之樂以鳥紀官　按少昊名摯此引世本名契路史故兩存之

帝顓頊高陽氏

宋衷曰顓頊名高陽有天下號也史記本紀索隱

昌意生高陽是爲帝顓頊玉篇母濁山氏之子名昌僕山海經注高陽生偁偁生卷章卷章生黎昭二十九年疏○山海經注引世本云顓頊娶于滕𤪌氏謂之女祿產老童老童娶于根木氏謂之驕福產重及黎○楚世家注引世本云老童生重黎及吳回譙周曰老童卽卷章○按此則孔氏左傳疏郭璞山海經注徐廣史記注所據世本俱有不同今按楚世家云高陽生偁偁生卷章卷章生重黎重黎爲高辛居火正命曰祝融共工作亂帝嚳使重黎誅之而不盡乃誅重黎而以吳回爲重黎後復居火正爲祝融吳回生陸終下乃云云史記蓋依世本則徐注爲得其正

吳回氏生陸終陸終娶于鬼方氏之妹謂之女嬇生子六人孕而不育三年啓其左脅三

人出焉啓其右脅三人出焉御覽

宋忠曰鬼方於漢則先零戎是也文選注

其一曰樊是爲昆吾昆吾者衛是也

宋忠曰昆吾國名已姓所出

二曰惠連是爲參胡參胡者韓是也

宋忠曰參胡國名斯姓無後

三曰籛鏗是爲彭祖彭祖者彭城是也

宋忠曰彭祖姓籛名鏗在商爲守藏史在周爲柱下史年八百歲　按史記此條無宋忠注此從論語邢疏采錄而邢疏實本莊子釋文所引世本

四曰求言是爲會人會人者鄭是也

宋忠曰求言名也妘姓所出鄶國也詩正義引世本云會人郎檜之祖也

五曰安是爲曹姓曹姓者邾是也

宋忠曰安名也曹姓者諸曹所出也

六曰季連是爲芈姓季連者楚是也

宋忠曰季連名也芈姓諸楚所出楚之先

季連生附沮

孫檢曰湣作涸以上並出史記本紀集解

帝嚳高辛氏

宋衷曰高辛地名因以爲號嚳名也五帝本紀索隱

黃帝生玄囂玄囂生僑極僑極生帝嚳書舜典疏

帝嚳卜其四妃之子皆有天下元妃有邰氏之女曰姜原生后稷次妃有娀氏之女曰簡狄生契次妃陳鄷氏之女曰慶都生帝堯次妃訾陬氏之女曰常儀生帝摯類聚

帝堯陶唐氏

帝嚳生堯書舜典疏又按疏云世本堯是黃帝玄孫舜是黃帝八代之孫

堯娶散宜氏之子謂之女皇

宋忠曰女皇是生丹朱御覽

帝舜有虞氏

顓頊生窮係窮係生敬康敬康生句望句望生蟜牛蟜牛生瞽瞍瞽瞍生重華是爲帝舜三代世表按舜以上世系于世本文無考惟史記索隱于五帝本紀帝顓頊生子窮蟬下引系本作窮係宋忠云一云窮係諡也又于三代世表舜屬內亦引系本此文今故據世表爲說以索隱云此表依系本故也系本即世本以避唐諱改稱系本又稱代本此亦各從所見稱之

宋衷曰一云窮係諡也五帝本紀索隱

舜取帝堯之二女曰娥皇女瑩本紀索隱曰列女傳云二女長曰娥皇次曰女英系本作女瑩

夏世系

黃帝生昌意昌意生顓頊顓頊生鯀山海經注鯀取有辛氏女謂之女志是生高密夏本紀索隱玉篇引世本鯀生高密是爲禹

宋衷曰高密禹所封國索隱

禹取塗山氏女名女媧生啓本紀索隱路史注引世本云禹納塗山氏女是爲攸女

少康崩子帝予立系本作帝杼

帝予崩子帝槐立系本作帝芬

帝泄崩子帝不降立系本作帝降

帝皐生發及履癸履癸一名桀

宋衷曰帝皐墓在崤南陵並本紀世表索隱按太史公雖采世本作史記然於本紀世家序文諸王侯世系與諸家注解所引世本往往不合故如夏本紀世表所載從禹至桀十七世惟啓杼芬降皐發履癸見世本有明文得錄餘皆不錄後放此

商世系

契生昭明昭明生相土相土生昌若昌若生遭圉本紀作曹圉索隱引世本作糧圉

遭圉生根國本紀曹圉卒子冥立無根國

根國生

冥禮記祭法疏　冥卒子振立索隱曰世本作核
宋衷曰相土就契封于商春秋左氏傳曰閼伯居
商丘相土因之冥爲司空勤其官事死于水中殷
人郊之殷本紀注
湯名天乙書釋文引王侯世本　孔疏云湯名天乙者依殷法以乙日生名天乙至將爲王又
改名爲履故二名也安國不信世本無天乙名
外丙三年崩仲壬四年崩本紀正義曰太史公採世本有外丙仲壬當是信則
傳信疑則傳疑
太甲崩子沃丁立咸有一德疏

小甲世表太庚弟　索隱曰殷本紀及系本皆云小甲大庚子
仲丁大戊之子河亶甲仲丁弟也祖乙河亶甲子咸有
一德疏
祖辛崩弟沃甲立索隱曰系本作開甲
盤庚崩弟小辛立崩弟小乙立崩子武丁立說命上疏

周世系

后稷生不窋爲昭不窋生鞠陶爲穆鞠陶生公劉爲
昭公劉生慶節爲穆慶節生皇僕爲昭皇僕生差弗
爲穆差弗生毀揄爲昭毀揄生公非爲穆公非生高
圉爲昭高圉生亞圉爲穆亞圉生祖紺爲昭祖紺生
大王亶父爲穆亶父生季歷爲昭季歷生文王爲穆
書酒誥疏　按史記周本紀于毀隃引世本隃作榆
公非下引世本公非辟方高圉下引世本高圉侯侔
亞圉下引世本亞圉雲都公叔祖類下引世本太公
祖紺諸盩並未分析是一人二人班固人表乃云辟
方公非子高圉辟方子侯牟亞圉皆高圉子雲都乃
亞圉之弟路史因此遂謂世本不窋而下至于季歷
十有七世與史記本紀世表及書
疏所引世本又各不同未能詳也
宋忠曰高圉能率稷者也周人報之周本紀注
成王生康王康王生昭王昭王生穆王穆王生恭王
本紀共王名繄扈索隱曰世本作伊扈　恭王生懿王及孝王孝王生夷

王夷王生厲王詩民勞疏　禮記郊特牲疏引世本云懿王崩弟孝王立孝王崩懿王太
子燮立是爲夷王案此則夷王是懿王之子與詩疏引世本文不同未詳孰是
宋衷曰昭王南伐楚辛由靡爲右涉漢中流而隕
由靡逐王遂卒不復周乃侯其後于西翟齊世家索隱
平王生桓王林林生莊王佗佗生僖王胡齊胡齊生
惠王涼本紀惠王名閬索隱曰系本作毋涼　涼生襄王鄭鄭生頃王巨
巨生匡王班及定王瑜瑜生簡王夷夷生靈王泄心
泄心生景王貴貴生悼王猛及敬王匄昭二十六年疏
敬王崩子元王仁立徐廣曰世本云貞王介也　元王崩子定王介

立徐廣曰世本云元王赤也　索隱曰世本云元王赤皇甫謐云貞定王考據二文則是元有兩名一名仁一名赤如史記則元王爲定王父定王卽貞王子也依世本則元王是貞王子必有一乖誤然此定當爲貞字誤耳豈周家有兩定王數代又非遠乎皇甫謐見疑而不決遂彌縫史記世本之錯謬因謂爲貞定王未爲得也

宋仲子曰太史公書云元王仁生貞王介哀二十年疏

按此條史記世本最相牴牾難于審定故備錄諸說俾學者得有所考焉

威烈王

宋衷曰威烈王葬洛陽城中東北隅也周本紀注

周君王赧卒

宋忠曰謚曰西周武公索隱曰非也徐以西周武公是惠公之長子此周君卽西周武公也葢此時武公與王赧皆卒故連言也

春秋列國公侯世系

魯公伯禽卒子考公酋立索隱曰系本作就考公卒弟煬公熙立煬公卒子幽公宰立索隱曰世本名圉十四年弟濆殺幽公而自立是爲魏公徐廣曰世本作微公　索隱曰系本濆作弗音沸　按左傳釋文世本魏公作徽公魏公卒子厲公擢立索隱曰系本作翟厲公卒弟獻公具立獻公卒子眞公濞立索隱曰眞音愼本亦作愼公濞系本作摯　按年表眞公濞索隱引系本亦作愼公摯又左傳釋文世本愼公一作順公眞公卒弟武公敖立按世家自伯禽以下至武公一繼一及凡九君實祗五世其有名謚見世本者五君而禮記明堂位疏引世本但云伯禽生煬公熙熙生微公弗弗生獻公具具生武公敖不數考公幽公厲公眞公者孔疏葢以謚明鄭注武公爲伯禽元孫故于此四公畧而不敘非脫誤也

孝公卒子弗湟立系本作弗皇是爲惠公卒長庶子息系本名息姑攝是爲隱公

桓公允系本名軌

閔公開系本名啟

昭公裯系本作稠

哀公蔣生悼公寧寧生元公嘉嘉生穆公不衍檀弓上疏世家穆公名顯索隱曰系本顯作不衍

平公叔系本叔作旅

文公賈系本作滑公

齊太公望生丁公伋伋生乙公得得生癙公慈母世家作癸公索隱曰系本作祭公慈母慈母生哀公不臣檀弓上疏

宋衷曰哀公荒淫田遊史作還詩以刺之也

獻公山弒胡公

宋衷曰其黨馬周繻人將胡公於貝水殺之而山自立也並世家索隱

武公壽

宋衷曰武公十年宣王大臣共行政故號曰共和

十四年宣王卽位年表索隱

成公脫索隱曰系本作說　卒莊公購立索隱曰系本作贖

靈公名環莊公名光景公名杵臼管晏列傳索隱

田常立簡公弟驁是爲平公索隱曰系本作敬公誤

唐叔五代孫厲侯厲侯子靖侯

宋衷曰唐叔已下五代無年紀十二諸侯年表索隱

武侯寧族世本作曼期

厲侯福世本作輻

獻侯籍世本作蘇

鄂侯郄索隱云他本亦作都

武公曲沃莊伯子韓萬莊伯弟桓三年疏

昭公生桓公子雍徐廣曰世本作桓子雍注云戴子　生忌忌生懿公

驕

幽公柳生烈成公止

宋忠曰時晉衰反朝韓趙魏之君並世家索隱

孝公頎索隱曰系本云孝公傾欣

靜公俱酒索隱曰系本云靜公俱

衞康叔生康伯髡髡生考伯考伯生嗣伯嗣伯生摯伯摯伯生靖伯靖伯生箕伯箕伯生頃伯頃伯生僖侯僖侯生武公左傳公年疏又襄二十九年疏康叔周公弟武公康叔九世孫

宋衷曰康伯卽王孫牟也事周康王爲大夫

戴公名申閔二年疏

悼公卒索隱曰系本名虔　子敬公弗立世本云敬公費也　敬公卒子

昭公糾立索隱曰系本云敬公生橈公舟非也

聲公訓索隱曰系本作聖公馳

成侯速系本作不逝按上穆公已名遬不可成侯更名則系本是也

蔡平侯者靈侯般之孫太子友之子管蔡世家注

曹戴伯卒子惠伯兕立

孫檢曰兕音徐子反曹惠伯或名雉或名弟或復名弟兕也

穆公卒子桓公終生立

孫檢曰一作終湦湦音生並曹世家集解

悼伯卒弟露立謚靖公曹世家索隱

周文王子錯叔繡封於滕水經注一見前漢書地理志

考公麋元公弘邢昺孟子疏曰按趙岐注云滕侯周文王之後也古紀世本錄諸侯之世
滕國有考公麋與文公之父定公相直其子元公弘與文公相直似後世避諱改考公爲定公以元公行文德故謂之文公也

齊景公亡滕隱七年疏云按齊景之卒在滕隱之前世本言隱公之後仍有六世爲君而云齊景亡滕爲謬何甚

燕惠侯卒釐侯立釐侯卒頃侯立頃侯卒哀侯立哀侯卒鄭侯立鄭侯卒繆侯立繆侯卒宣侯立索隱曰譙周云
世本謂燕自宣侯已上皆父子相傳故無所疑桓侯已下並不言屬以其難明故也按今世本無燕世系宋忠依太史書以補其闕尋徐廣作音尚引世本蓋近代始散逸耳

襄公卒桓公立索隱曰譙周云世家襄伯生宣伯無桓今檢史記並有桓公立十六年宋忠據此史補世本亦有桓公是允南所見本異

武公卒文公立又云桓公卒文公立索隱曰世本以上文公爲閔公

燕王喜按顏氏家訓世本有燕王喜

吳夷昧生光昭二十七年疏一見徐廣吳世家注索隱云今檢世本並無此語

陳胡公滿
宋忠曰虞思之後箕伯直柄中衰殷湯封遂於陳以爲舜後是也陳世家索隱

陳厲公桓十二年疏云陳世家言蔡人爲佗殺五父及桓公太子免而立佗是爲厲公太子免之亡弟躍林杵臼共弒厲公而躍立是爲利公旣以佗爲厲公又妄稱躍爲利公世本本無利公皆是馬遷妄說束皙言馬遷分一人以爲兩人以無爲有謂此事也

杞共公生惠公惠公立十八年生成公及桓公成公立十八年桓公立十七年按史記杞世家惠公作德公又脫成公一代此據徐廣杞世家注引世本

秦祖柏翳索隱云系本謂之伯益

仲滑生飛廉正義引宋忠注世本

穆公名任好景公名后伯車秦本紀索隱

懷公生昭子昭子生靈公

簡公名悼子刺龔公之子懷公弟也

惠公生出公索隱曰世本謂之少主

元獻公立二十二年

武烈王十九而立立二年並始皇本紀索隱

昭王名側樗甘列傳索隱

始皇名政
宋忠曰以正月旦生故名正系本作政

楚熊渠封其中子之名某者爲鄂王水經注楚世家云熊渠生子三人立其長子康爲句亶王中子紅爲鄂王少子執疵爲越章王索隱曰世本康作庸亶作祖執疵無執

字越作就

楚武王墓在豫州新息（正義）

頃襄王卒太子熊元立（系本作完）是爲考烈王（索隱）

秦將王翦滅楚

孫檢曰秦虜楚王負芻滅去楚名以楚地爲三郡

（索隱曰裴注頻引孫檢不知其人本末蓋齊人也）

趙肅侯名語（蘇秦傳注引作言）

敬侯名章成侯名種（見魏世家索隱）

孝成王丹生悼襄王偃偃生今王遷（趙世家注）

魏惠王生襄王嗣襄王生昭王遬（世家襄王卒子哀王立索隱云系本襄王生昭王而無哀王蓋脫一代）昭王生安僖王圉安僖王生景愍王午（魏世家索隱）

韓景侯卒子列侯取立（系本作武侯）列侯卒子文侯立（索隱曰紀年無文侯系本無列侯韓世家索隱）

韓宣王昭侯之子也

齊宣王名辟疆威王之子也（並蘇秦列傳索隱）

宣王卒子湣王地立（系本名遂）

蜀無姓相承云黃帝後世子孫也（三代世表索隱）

巴郡南蠻本有五姓巴氏樊氏瞫氏相氏鄭氏皆出於武落鍾離山（注代本曰廩君之先故出巫誕也）其山有赤黑二穴巴氏之子生於赤穴四姓之子皆生黑穴未有君長俱事鬼神乃共擲劒於石穴約能中者奉以爲君巴氏子務相乃獨中之衆皆歎又令各乘土船約能浮者當以爲君餘姓悉沈唯務相獨浮因共立之是爲廩君（書鈔引世本云以土爲船雕文畫之而浮于水廩君內約船浮者當以爲君他姓船不能浮獨廩君船浮因立以爲君長）乃乘土船從夷水至鹽陽鹽水有神女謂廩君曰此地廣大魚鹽所出願留共居廩君不許鹽

神暮輒來取宿旦卽化爲蟲與諸蟲羣飛掩蔽日光天地晦冥積十餘日廩君思其便因射殺之天乃開明（注代本曰廩君使人操青縷以遺鹽神曰嬰此卽相宜云與女俱生弗宜將去鹽神受縷而嬰之廩君卽立陽石上應青縷而射之中鹽神鹽神死天乃大開也）廩君於是君乎夷城（後漢書南蠻傳云此已上並見代本）

春秋列國卿大夫世系

魯孝公生僖伯彄彄生哀伯達達生伯氏缾缾生文仲辰（莊二十八年疏）辰生宣叔叔生賈賈生會（禮記正義）臧會臧項伯也宣叔許之孫與昭伯賜爲從父昆弟（魯世家索隱）

孝公生惠伯革其後爲厚氏檀弓注云后木孝公子惠伯鞏之後孔疏按世本云革此云鞏世本云厚此云后其字異耳索隱引世本昭伯名惡孝公之後稱郈氏

桓公生慶父慶父生穆伯敖敖生文伯穀穀生獻子蔑檀弓下疏蔑生孝伯孝伯生惠伯惠伯生昭伯昭伯生景伯檀弓上疏

仲叔獲生南宮縚同上

桓公生僖叔牙牙生戴伯茲茲生莊叔得臣得臣生穆叔豹豹生昭子婼婼生成子不敢敢生武叔州仇檀弓上疏

牙生武仲休休生惠伯彭彭生皮爲叔仲氏檀弓下疏

公子友生齊仲齊仲生無逸無逸生行父行父生武子夙檀弓上疏悼子紇生穆伯靖及平子意如意如生桓子斯斯生康子肥檀弓下疏

東門遂產子家歸父及昭子子嬰魯世家索隱檀弓疏引世本云仲遂魯莊公之子東門襄仲

叔肸生聲伯嬰齊嬰齊生叔老老生叔弓檀弓下疏叔弓生定伯閱閱生西巷敬叔叔生成子還定十一年疏上並魯卿

衛頃公生子夏勝勝生子石青昭二十年疏

孫氏出於衛武公至林父八世成十四年疏

獻公生成子當當生文子拔拔生朱爲公叔氏檀弓上疏

公孟彄靈公之子字公孟名彄年疏

靈公生昭子郢郢生文子木及惠叔蘭蘭生虎爲司寇氏文子生簡子瑕瑕生衛將軍文氏檀弓上疏

莊叔達生得閭叔穀穀生成叔烝鉏鉏生項叔羅羅生昭叔起起生文叔圉圉生悝祭統疏

懿子兼生昭子舉舉生趙陽定十四年疏上並衛卿

桓叔生子萬桓三年疏引世本云韓萬莊伯弟萬生賕伯賕伯生定

伯簡簡生輿輿生獻子厥宣十二年疏引此文脫定伯簡一代

平子名頃宣子子也按吳世家正義引世本宣子名秦簡子名不信

莊子名庚景子名虔並韓世家索隱

韓武子名啓章康子之子見魏世家索隱

公明生共孟及趙夙夙生成季衰宣二年疏云世本夙爲衰祖穿爲夙之曾孫世本轉寫多誤其本未必然也此世本又云夙生衰未詳孰是衰生宣孟盾

襄子生桓子嘉及代成子起並趙世家索隱

畢萬生芒芒生季閔元年疏及索隱引世本並云季畢萬生芒季以兩人誤合爲一生武仲州按左傳疏州即犨也又宣十二年傳晉魏錡求公族未得正義云世本以爲犨孫

州生莊子降（世家作絳　按世家武子生悼子悼子生絳是爲昭子此引世本脫悼子一代又以昭子爲莊子亦有誤詳見後居篇）降生獻子荼荼生簡子取取生襄子多多生桓子駒駒生文侯斯（樂記疏　按韓趙魏三家自威烈王命爲諸侯以後俱入公族世系）

范氏晉大夫隰叔之子士蔿之後蔿生成伯缺（一本作鈌）鈌生武子會會生文叔燮燮生宣叔匄匄生獻子鞅鞅生吉射

中行氏晉大夫逝遨生桓伯林父林父生宣伯庚庚生獻伯偃偃生穆伯吳吳生寅本姓荀自荀偃將中

軍晉改中軍曰中行因氏焉元與智氏同祖逝遨故智氏亦稱荀

智氏本逝遨生莊子首首生武子罃罃生莊子朔朔生悼子盈盈生文子櫟櫟生宣子申申生智伯瑤（並趙世家索隱）

程鄭荀氏別族（成十八年疏云世本有文）

靖侯庶孫欒叔賓父（晉世家索隱）

郤豹生冀芮芮生缺缺生克豹又生義義生步揚揚生州（成十一年疏云州郤犫也）揚又生蒲城鵲居居生至（成二年疏）

羊舌氏叔向兄弟有季夙（昭五年疏）

籍黶生司空頡頡生南里叔子叔子生叔正官伯官伯生司徒公公生曲沃正少襄襄生司功大伯大伯生侯季子季子生籍游游生談談生秦（昭十五年疏　索隱引世本云籍秦者大夫籍游之孫籍談之子　上並晉卿）

高氏本敬仲生莊子莊子生傾子傾子生宣子宣子生厚厚生止（又曰傾子之孫武子偃　襄二十九年疏）

國氏本懿伯生貞孟貞孟生成伯高父（檀弓上疏）

管氏本莊仲山產敬仲夷吾夷吾產武子鳴鳴產桓

子啓方啓方產成子孺孺產莊子盧盧產悼子其夷其夷產襄子武武產景子耐步耐步產微（管晏列傳索隱）

田敬仲生穉孟夷（世本作夷孟思）穉孟夷生湣孟莊（世本作閔孟克）（田完世家索隱）

桓子無宇產子亹亹產子獻獻產子鞅

僖子乞產成子常簡子齒宣子其夷穆子安廩丘子尚鑒茲子芒盈惠子得凡七人（索隱曰杜預又取昭子莊以充入人之數　按世本昭子是桓子之子成子之叔父又不名莊彊以謚會言四乘有八人耳並齊世家索隱）

成子常生襄子班班生莊子伯（檀弓上疏　上並齊卿）

宋湣公生弗父何弗父何生宋父宋父生正考父正考父生孔父嘉爲宋司馬華督殺之而絕其世其子木金父降爲士木金父生祁父祁父生防叔爲華氏所逼奔魯爲防大夫故曰防叔防叔生伯夏伯夏生叔梁紇叔梁紇生仲尼商頌那疏孔子後數世皆一子檀弓上疏　按路史後紀言孔子四十有九表堤眉谷竅參臂駢脅腰大十圍長九尺有六寸時謂之長人注云事詳世本注又引世本孔子反首張面竝識于此

皇父戴公子文十一年疏

華父督戴公之孫好父說之子桓元年疏督生世子家家

生華孫御事事生華元右師文十六年疏家生秀老老生司徒鄭鄭生司徒喜成十五年疏

樂氏本戴公生樂甫術術生石甫願繹繹生夷甫傾傾生東鄉克克生西鄉士曹曹生子罕喜檀弓下疏文十八年疏引世本術生碩甫澤澤生夷父須須二大司寇呂按春秋禮記竝孔氏疏而檀弓所引又多二代其字義亦異當是傳寫之誤碩甫澤即石甫願繹也又成十六年傳宋將鉏樂懼敗諸汋陂注云樂懼戴公六世孫疏云世本　澤又生季甫甫生子僕伊與樂豫有文今亦無考文七年疏

莊公生右師戊戊生司城師成十五年疏

莊公孫名固爲大司馬宋世家注

桓公生向父盻盻生司城訾守守生小司寇鱣及合左師左師即向戌也成十五年疏向戌生東鄰叔子超超生左師眇眇即向巢也檀弓上疏

桓公生公子鱗鱗生東鄉矔矔生司徒文文生大司寇子奏奏生小司寇朱

蕩氏本公孫壽生大司馬虺虺生司馬澤竝成十五年疏上俱宋卿

子游子瑜竝公孫夏之子昭十九年疏鄭卿

陳宣公生子夏夏生御叔叔生徵舒舒生惠子晉晉生御寇寇生悼子齧昭二十二年疏

鍼宜咎陳鍼子八世孫襄二十四年疏上竝陳卿

蔿艾獵襄十五年傳蔿子馮爲大司馬正義云按世本蔿艾獵是孫叔敖之兄馮是艾獵之子杜集及釋例皆以蔿艾獵叔敖爲一人馮是叔敖之子世本轉寫多誤杜當考得其眞

屈蕩屈建之祖父襄二十五年疏

穆王生王子揚揚生尹尹生令尹句昭十七年疏上竝楚卿

葉公楚縣公葉公子高緇衣注疏論語疏引世本楚大夫沈諸梁食菜于葉僭稱公上竝楚卿

終

世本

漢 南陽宋衷注　宜黃鄒 潢校

氏姓篇 按史記索隱引系本篇云言姓則在上言氏則在下所云系本篇即世本姓氏篇也

炎帝姜姓

許州向申姜姓也炎帝後 並水經注

有扈姒姓

彤姒姓之國

芮伯姬姓

畢毛姬姓文王庶子 並尚書疏

夷妘姓

莒紀姓 隱二年疏云世本自紀公以下爲己姓不知誰賜之姓十一世茲丕公方見春秋共公以下微弱不復見四世楚滅之

燕國姞姓

任姓謝章薛舒呂祝終泉畢過

息國姬姓

魏姬姓

州國姜姓

鄧曼姓

荀賈姬姓

鄅妘姓

羅熊姓

偃姓舒庸舒蓼舒鳩舒龍舒鮑舒龔

斟灌斟鄩夏同姓國 路史國名紀云戈斟姓是爲斟戈世本以爲即斟灌氏

偪陽妘姓祝融之孫陸終第四子求言之後

昆吾己姓國出自少昊

徐奄嬴姓 並左傳疏

姒姓有南氏鄩氏弗氏

漢魏遺書鈔 世本下

子姓有髦氏時氏蕭氏黎氏

嬴姓有鍾離氏

莘姺姒姓夏禹之後

豕韋防姓 路史國名紀引世本云陶唐氏後

霍國眞姓

胡歸姓國在汝南平輿 路史國名紀引世本云胡子國歸姓夔出

沈姬姓國亦在汝南

蓼六偃姓 路史引世本二國皆姬姓

江黃嬴姓

越芈姓也與楚同祖 王海王會注引世本云東越閩君皆其後

隨國姬姓 路史國名紀引世本云楚滅之

唐姬姓之國 並史記集解

寒妘姓

淮夷嬴姓

空同子姓商後國

黎比髦杓敀瓦鐵七國皆子姓

密須商時姞姓之國文王滅之 並路史國名紀

新鄭 妘國名紀引世本有又君新鄭商世侯國不知其姓又君字疑有誤

衞康叔孫封恒後有常氏恒氏 通志氏族畧引世本云恒氏楚大夫恒思公之後

仇氏衞後

叔向氏叔夙氏姬姓晉後

封父氏鄭大夫封父彌眞之後

子穆氏陳僖子子子穆安後

子芒氏陳僖子子芒之後

子沮氏陳烈子之後

楚大夫公朱高出宋公子朱後 並路史後紀注

融氏古天子祝融之後

公氏有大公叔穎又有公紀氏衞有大夫左公子洩右公子職

魯有大夫公之文

孫氏齊大夫長孫修食邑於唐其後事晉後號唐孫氏衞有王孫賈出自周頃王之後王孫賈之子自以去王室久改爲賈孫氏

司功氏晉大夫司功景子士丏弟佗因官氏焉及司徒司寇司空並以官爲氏

北氏晉有高人隱於北堂因以爲氏

門氏晉大夫下門聰齊臨淄大夫車門遽陳有闕門氏

㚇氏晉有大夫㚇成僖子

勃氏宋右師之後

師氏鄭有子師僕殷時掌樂有太師摯少師陽宋有樂人師延世掌樂職後有宋大夫師延宜

成氏宋有大夫老成方

涉其氏楚大夫涉其帑 並廣韻

鄶妘姓子爵夏少康封其少子曲烈於鄶襄公六年莒滅之鄶太子巫仕魯去邑爲曾氏

巴子國子孫以國爲氏

有熊氏之後爲詹葛氏

嚻氏玄嚻之後

參氏陸終子第二子參胡之後

季隨氏周八士季隨之後

仲行氏秦三良仲行之後

乘雎古賢人

方叔氏鼓方叔之後

少施氏魯惠公子施父之後

季桓子生穆叔其後爲子楊氏

述氏魯大夫仲述之後

彊梁氏衛將軍文子生慎子會生彊梁因氏焉

將軍氏衛靈公子昭生子郢生文子才芀爲將軍氏

史鼂氏衛史鼂之後姓氏急就篇引世本云衛有史朝朱駒

季夙氏晉靖侯孫季夙之後

季嬰氏晉樓季嬰之後

狐丘氏晉大夫狐丘林之後

郄州氏晉郄豹孫步楊生郄州因氏焉

晉大夫大狐伯生哭哭生饒爲大狐氏路史注世本有大狐氏小狐氏漆爲大狐氏射姑爲小狐氏

大戊氏晉公子大戊之後大戊敎昭爲原大夫

伯宗氏晉孫伯起生伯宗因氏焉

韓厥生無忌無忌生褰襄生子魚爲韓言氏

韓餘氏韓宣子餘子之後因氏焉

去疾氏鄭穆公子去疾之後去疾字子良又有良氏

馮氏歸姓鄭大夫馮簡子之後

子獻氏陳桓子孫子獻之後

子占氏陳桓子生書字子占之後路史後紀引世本云子石氏桓子生子石之後

子尚氏陳僖子生廩丘子尚意茲因氏焉

右師氏宋莊公生公子申世爲右師氏

季老氏宋華氏有華季老子孫氏焉

東鄉氏宋大夫東鄉爲人之後

西鄉氏宋大夫西鄉錯之後

泥氏宋大夫卑泥之後
幹獻氏宋司徒華定爲幹獻氏路史注亦云幹獻氏見世本
子革氏宋司城子革之後又云季平子支孫亦爲子革氏
子泉氏齊頃公之子公子湫字子泉之後
子工氏齊頃公之子公子子工之後
子乾氏齊公子都字子乾之後
尹文氏齊有尹文子著書五篇
廩丘齊大夫廩丘子之後路史國名紀引世本又云有梁丘虞丘皆齊宋邑
楚季氏楚若敖生楚季因氏焉

鬬彊氏若敖生鬬彊因氏焉
鬬班氏鬬彊生班因氏焉
季融氏鬬廉生季融子孫氏焉
伍參氏楚伍參之後支孫以爲氏
慶父楚大夫慶父之後並通志氏族畧
墨夷氏宋襄公子墨夷須爲大司馬後有墨夷皐路史後紀引世本有月夷氏不夷氏
淵氏齊大夫淵湫之後
楚成王孫有田公它成並急就篇注

承氏衞大夫承叔成之後後漢書注
居篇按史記吳世家魏世家並引世本居篇
黃帝都涿鹿
宋忠曰涿鹿在彭城南後漢書注
舜居嬀汭一作僥汭
宋忠曰在漢中西城縣或言嬀墟在西北舜所居也或作嬀墟故舜所居也後或姓姚或姓嬀水經注
夏禹都陽城避商均也又都平陽是在安邑或在晉陽史記正義

宋忠曰陽城本在大梁之南今陳留浚儀是也御覽
相徙帝丘於周爲衞地理通釋
契居蕃水經注
昭明居砥石禮記正義引世本昭明復遷商路史後紀
宋衷曰相土就契封於商春秋左氏傳曰閼伯居商丘相土因之史記殷本紀注
祖乙遷於耿同上
武王在酆鄗文選注
懿王居犬丘

宋忠曰懿王自鎬徙都犬丘一曰廢丘今槐里是也周本紀注

平王徙居洛

宋忠曰洛誥所謂新邑也

敬王東居成周遂徙都

赧王徙居西周並地理通釋

西周桓公揭居河南

東周惠公班居洛陽並周本紀注

周公居少皥之墟詩地攷

煬公徙魯

宋忠曰今魯國魯世家注

叔度居上蔡

胡徙居新蔡

宋忠曰名其地爲新蔡王莽所謂新遷者也水經注

平侯徙下蔡並蔡世家注

康叔居康

宋忠曰康叔從畿內之康徙封衛衛即殷墟定昌之地畿內之康不知所在也

成公徙濮陽

宋忠曰濮陽帝丘地名並衛世家注

叔振鐸封於曹

宋忠曰濟陽定陶縣曹世家注

錯叔繡封於滕

宋忠曰今沛國公丘是滕國也陳杞世家注

名公居北燕

宋忠曰有南燕故云北燕

桓侯徙臨易

宋忠曰今河間易縣是也並燕世家注

唐叔虞居鄂

宋衷曰鄂地今在大夏晉世家注

宣王庶弟友封於鄭水經注

桓公居棫林徙拾

宋忠曰棫林與拾皆舊地名是封桓公乃名爲鄭

厲公出居櫟

宋衷曰今潁川陽翟縣

文公徙鄭

宋衷曰郇新鄭也 並鄭世家注

東樓公封於杞

宋忠曰杞今陳留雍丘縣故地理志云雍丘縣故杞國周武王封禹後爲東樓公是也 陳杞世家注

微子國於宋

宋忠曰睢陽 宋世家注

吳孰哉居蕃籬

宋忠曰孰哉仲雍字解者云雍是孰食故曰雍字孰哉也蕃籬今吳之餘曁也

孰姑徙句吳 文選注引此文下有句音溝三字

宋衷曰孰姑壽夢也代謂祝夢乘諸也壽孰音相近姑之言諸也毛詩傳讀姑爲諸孰姑壽夢是一人又名乘也句吳太伯始所居地名 索隱云顏師古注漢書以吳言句者夷之發聲猶言於越耳而注引宋衷以爲地名蓋見史記太伯有自號句吳之文遂彌縫解彼云是太伯始居地名裴氏引之恐非其義蕃籬既有其地句吳何總不知其實吳人不聞別有城邑謂爲句吳則系本之文或難依信

諸樊徙吳 並吳世家注

楚鬻熊居丹陽武王徙郢 路史國名紀引世本云熊渠中子紅封鄂東

宋仲子曰丹陽在南郡枝江縣今南郡江陵縣 世

有郢城 桓二年疏

邾顏居邾肥徙郳

宋仲子曰邾顏別封小子肥於郳爲小邾子 莊五年疏

趙成季徙原

宋忠曰今鴈門平原縣也 趙世家注正義云宋忠說非也左傳襄王以原賜晉文公原不服文公伐原以示信原降以趙衰爲原大夫郎此原本周畿內邑在懷州濟原縣西北

中山武公居顧桓公徙靈壽爲趙武靈王所滅 同上索隱云系本不言誰之子孫徐廣云西周桓公之子亦無所據蓋未得其實

魏武子居魏

悼子徙霍

宋忠曰霍地名今河東彘縣也 按索隱云系本無悼子而系本居篇云魏悼子徙霍則是有悼子系本卿大夫代自脫耳

昭子徙安邑 按魏世家魏絳卒謚爲昭子徐廣注世本作莊子索隱云世本錯也居篇又曰昭子徙安邑與世家同是當作昭子

韓景子徙平陽

宋忠曰平陽在山西今河東平陽縣 韓世家注

作篇按禮記明堂周禮梓人注並引世本作曰正義云世本作曰者世本書名有作篇其篇記諸作事

伏羲制儷皮嫁娶之禮禮記月令疏

伏羲作琴山海經注博雅伏羲氏琴長七尺二寸上有五弦神農氏琴長三尺六寸六分上有五弦曰宮商角徵羽文王增二弦曰少宮少商注云見世本又通鑑綱目五帝紀注引世本云伏羲氏削桐爲琴面圓法天底平象地龍池八寸通八風鳳池四寸象四時五弦象五行長七尺二寸以修身理性反天眞也達靈象物昭功也按此文與世本不類未詳所出附錄于此

神農作瑟山海經注風俗通引世本云宓羲作瑟八尺一寸四十五絃黃帝書泰帝使素女鼓瑟而悲帝禁不止故破其瑟爲二十五絃又書鈔一引世本云庖犧氏作瑟瑟潔也使人精潔于心淳一于行也按廣韻亦引世本庖犧作瑟

女媧作笙簧明堂位疏風俗通書鈔並引世本女媧作簧

宋均曰女媧黃帝臣也書鈔一見文選注按明堂位注女媧三皇承宓羲者正義引帝王世紀云女媧氏風姓承庖犧制度始作笙簧此以女媧爲黃帝臣實未之前聞

黃帝作冕

宋仲子曰冕冠之有旒者禮文殘缺形制難詳桓二年疏

黃帝作旃爾雅釋文禮記疏引世本云黃帝造火食旃冕

蒼頡作書尚書序疏廣韻引世本沮誦蒼頡作書

宋忠曰黃帝之世始立史官蒼頡沮誦居其職矣至於夏商乃分置左右言則左史書之動則右史書之故曰左史記言右史記事言經尚書事經春秋者也初學記

史皇作圖類聚引世本史皇作畫

宋忠曰史皇黃帝臣圖謂畫物象文選注

容成造厤大撓作甲子

宋仲子曰皆黃帝史官也春秋序疏

隸首作數

宋衷曰隸首黃帝史也文選注

羲和占日常儀占月臾區占星氣伶倫造律呂史記厤書索隱曰世本及律厤志黃帝使羲和占日常儀占月臾區占星氣伶倫造律呂大撓作甲子隸首作算數容成綜此六術而著調厤也按容成大撓隸首三人已據他書采入作篇則此四人皆作也故當以例編次至玉海引世本羲和作占月史有誤

芒作網路史注引作羅

宋衷曰芒庖犧之臣御覽

蚩尤作兵路史注引世本蚩尤作五兵戈矛戟酋矛夷矛黃帝誅之涿鹿之野

宋衷曰蚩尤神農臣也御覽

夙沙氏煮海爲鹽

宋衷曰夙沙氏炎帝之諸侯今安邑東南十里有鹽宗廟路史注　又御覽引世本宿沙作煮鹽宋忠曰宿沙衞齊靈公臣齊濱海故以爲魚鹽之利按此說不可從故以路史爲正

隨作笙長四寸十二簧象鳳之身正月之音也風俗通

隨作竽文選注

宋忠曰女媧氏之臣路史注

胡曹作衣廣韻　御覽引世本胡曹作冕

宋忠曰黃帝臣也御覽

於則作屝履初學記　御覽無屝字

揮始作弓初學記

牟夷作矢類聚

宋忠曰揮牟夷黃帝臣初學記　山海經般是始爲弓矢注引世本牟夷作矢揮作弓弓矢一器作者兩人于義有疑此言般作之是

共鼓貨狄作舟山海經番禺是始爲舟注引世本共鼓貨狄作舟

宋忠曰黃帝二臣類聚

雍父作舂玉篇引世本雍父作臼廣韻引世本羅父作杵臼

宋衷曰雍父黃帝臣也御覽

烏曹作博文選注　廣韻引作簙

胲作服牛初學記　路史注引世本云爲黃帝馬醫皆醫龍胲

宋衷曰胲黃帝臣也又云少昊時人始駕牛御覽

祝融作市玉篇

宋均曰顓頊臣爲高辛氏火正初學記按唐志有宋均世本注七卷故諸書亦有引宋均注者非誤宋衷作宋均也

堯修黃帝樂名咸池樂記疏

舜造簫其形參差象鳳翼長二尺文獻通考　書鈔引世本云舜時西王母獻白環及玦玦文選注作佩

夔作樂初學記

伯夷作刑書鈔　路史注引世本陶制五刑

后益作占歲之法書鈔　玉海引世本后益作歲本

化益作井

宋衷曰化益伯益也堯臣周易釋文　初學記引世本伯益作井又云黃帝見百物始穿井

垂作規矩準繩玉篇

垂作耒耜路史　御覽引世本穌作耒耜

垂作銚耨左傳疏引此無銚字

宋仲子曰銚刈也毛詩疏

垂作鐘禮記明堂位垂之和鐘鄭注垂堯之共工也下引世本垂作鐘又山海經鼓延是始爲鐘注引世本垂作鐘又風俗通引世本垂作鐘云秋分之音也又博雅倕氏鐘十六枚曹憲注世本垂造鐘垂舜臣凡此諸書並以垂爲堯舜時人以所作鐘爲樂器而爾雅釋文引世本獨以垂所作鐘爲飲器之鐘通考玉海所引世本又以爲黃帝工人垂造鐘未知何據

毋句作磬禮記明堂位叔之離磬鄭注叔未聞也下引世本無句作磬皇侃疏云無句叔之別名故路史注引世本樂錄云磬叔所造乃無句也又風俗通山海經注並引毋句作磬無毋字通博雅毋句氏磬十六枚曹憲注亦引世本毋句作磬云毋句堯臣也文選又引世本云叔舜時人

宋衷曰毋句堯臣也初學記

夷作鼓類聚

巫彭作醫山海經注玉海引作巫咸

宋衷曰巫咸堯臣也以鴻術爲帝堯之醫御覽

巫咸作筮周禮春官疏

鯀作城郭禮記祭法疏水經注引世本無郭字

禹作宮室爾雅釋文御覽引世本堯使禹作宮

奚仲作車後漢書注山海經奚仲生吉光吉光是始以木爲車注引世本奚仲作車此言吉光明是父子共創作意是以共稱之

儀狄造酒初學記引世本儀狄始作酒醪變五味

宋衷曰儀狄夏禹之臣

杜康造酒並酒誥疏

逢蒙作射類聚

少康作秫酒初學記

少康作箕帚廣韻

杼作甲史記索隱系本季佇作甲

宋衷曰少康子名杼也書費誓疏

杼作矛

宋忠曰杼少康子輿也御覽初學記引世本輿作甲宋衷曰輿少康子按一少康子也諸引世本名杼又名佇又名輿或以爲作甲或以爲作矛紛紜不一總由本書亡佚傳寫失眞故所據本有不同也

昆吾作陶史記注

相土作乘馬周禮夏官疏一見荀子注

宋衷曰相土契孫也四馬駕車起於相土故曰作以其作乘馬之法按相土契孫以下當屬宋衷注楊倞注荀子並引作世本文

韓哀作御前漢書注

宋忠曰韓哀韓文侯也時已有御此復言作者加其精巧也文選注

紂爲玉牀御覽

武王作翣書鈔御覽引作箑

宋均曰翣武飾也莊子釋文

暴辛公作塤毛詩疏按毛詩本作壎世本作塤又書鈔辛作新

宋均曰暴辛平王時諸侯作塤有三孔文選注御覽引世本云塤暴辛公所造亦不知何人周畿內有暴國豈其時人也本作壎圍五寸半長三寸半凡六孔風俗通爾雅釋文引世本並同

蘇成公作篪毛詩疏書鈔引世本蘇成公造篪吹孔有觜如酸棗風俗通爾雅釋文並云篪蘇成公所作長一尺二寸惟後漢書注引世本云暴辛公作篪以竹爲之長尺四寸有入孔與諸本異

宋均曰蘇成公平王時諸侯書鈔毛詩疏譙周古史考云古有塤篪尚矣周幽王時暴辛公善塤蘇成公善篪記者因以爲作謬矣世本之謬信如周言其云蘇公暴公所善亦未知所出

秦穆公作沐御覽

魯昭公作弁

宋均曰制素弁也御覽

公輸般作石磑後漢書注

衛公叔文子作輗軸書鈔

漢魏遺書鈔

經翼第四冊目次

序錄

隋志鄭康成論語註十卷唐志同

何晏論語集解序曰漢中壘校尉劉向言魯論語二十篇皆孔子弟子記諸善言也太子太傅夏侯勝前將軍蕭望之丞相韋賢及子玄成等傳之齊論語二十二篇其二十篇中章句頗多於魯論琅邪王卿及膠東庸生昌邑中尉王吉皆以教授故有魯論有齊論魯共王時嘗欲以孔子宅爲宮壞得古文論語齊論有問王知道多於魯論二篇古

論亦無此二篇分堯曰下章子張問以爲一篇有兩子張凡二十一篇篇次亦不與齊魯論同安昌侯張禹本受魯論兼講齊說善者從之號曰張侯論爲世所貴包氏周氏章句出焉古論唯博士孔安國爲之訓解而世不傳至順帝時南郡太守馬融亦爲之訓說漢末大司農鄭玄就魯論篇章考之齊古爲之註

經典序錄曰鄭校周之本以齊古讀正凡五十事

又鄭康成云論語仲弓子夏等所撰定

謨案鄭註論語自周齊至隋盛行於人間唐書猶著錄至趙宋始不入志意五代之際其書已亡故未見有傳本頃得元和惠定宇先生輯本二卷據盧抱經序言原本亦王深寧所輯誠不易得爲亟登入漢魏遺書但以愚所鈔輯羣書校之猶多遺漏因就惠本更加補訂凡共鈔出集解百八條釋文百六條邢疏五條尚書疏七條毛詩疏二十一條周禮疏十二條儀禮疏八條禮記疏十條左傳疏十二條穀梁疏一條公羊疏一條孝經疏一條史記注三條漢書注三條後漢書注十八條北魏書一條羣輔錄一條世說注二條文選注十條書鈔九條玉篇一條寰宇記一條

論語注

漢 北海鄭康成撰 金谿江 帆校

學而 有朋自遠方來 同門曰朋 文選注○集解作包注

人不知而不慍 慍怨也

而好犯上者鮮矣 鮮寡也 並釋文

孝弟也者其爲仁之本與 孝爲百行之本 孝經疏

吾日三省吾身 省思察己之所行也 釋文

與朋友交 同門曰朋同志曰友 周禮疏

傳不習乎 釋文鄭注云魯讀傳爲專今從古案鄭校周之本以齊古讀正凡五十事鄭本或無此注

道千乘之國 司馬法云井十爲通通十爲成成方十里出革車一乘 毛詩疏○集解馬注同

則以學文 文道藝也 釋文

主忠信 主親也

過則勿憚改 憚難也

子禽問於子貢曰夫子至於是邦也必聞其政求之與抑與之與 子禽弟子陳亢也子貢弟子姓端木名賜亢怪孔子所至之邦必與聞其國政求而得

之邪抑人君自願與之爲治
子貢曰夫子溫良恭儉讓以得之夫子之求之也其
諸異乎人之求之與　言夫子行此五德而得之與
人求之異明人君自與之
君子食無求飽居無求安　學者之志有所不暇
未若貧而樂　樂謂志於道不以貧爲憂苦並集解
如切如磋如琢如磨　切磋琢磨以成寶器毛詩疏
爲政　譬如北辰　北極謂之北辰文選注
居其所而眾星拱之釋文共鄭作拱居勇反　拱　拱手也

一言以蔽之　蔽塞也
道之以德　道六德謂知仁聖義中和
有恥且格　格來也並釋文
六十而耳順　耳順耳聞其言而知其微旨
樊遲御子告之曰孟孫問孝於我我對曰無違　恐
孟孫不曉無違之意將問於樊遲故告之樊遲弟
子樊須並集解
色難　和顏悅色是爲難也毛詩疏
生餕釋文饌鄭作餕音俊　食餘曰餕

君子周而不比小人比而不周　忠信爲周阿黨爲
比左傳疏○集解孔注同
子張學干祿　子張弟子姓顓孫名師字子張干求
也祿祿位也集解
言寡尤行寡悔祿在其中矣　言行如此雖不得祿
亦同得祿之道同上一見史記注
舉直措諸枉釋文錯鄭本作措　措投也
或謂孔子曰　或云言有人不顯其名而畧稱爲或
左傳疏

大車無輗小車無軏　大車爲柏車小車爲羊車周禮
疏
子張問十世可知釋文鄭本無也字
所損益可知也正義云鄭康成之義自古以來皆改正朔
其或繼周者　或之言有也尚書疏
非其鬼而祭之諂也　人神曰鬼非其祖考而祭之
者是諂求福
八佾　林放問禮之本　林放魯人並集解
與其易也寧戚　易簡也釋文

君子無所爭必也射乎 釋文鄭讀以必也絕句
下而飲 下降也 玉篇
素以爲絢兮 文成章曰絢 釋文○儀禮疏引作文章成謂之絢
繪事後素 繪文選注引作繢 畫文也凡繪畫先布衆色然
後以素分布其間以成其文 儀禮疏引鄭注云素用繪喻美女
雖有倩盼美質亦須禮以成之 一見史記注
文獻不足故也 獻猶賢也我不以禮成之者以此
二國之君文章賢才不足故也 並集解
禘自既灌而往者 禘祭之禮自血腥始 周禮疏

吾不與祭如不祭 孔子或出或病不自親祭使攝
者爲之不致肅敬於心與不祭之同 儀禮疏○集解包注同
與其媚於奧 奧西南隅 釋文
子貢欲去告朔之餼羊 牲生曰餼禮人君每月告
朔於廟有祭謂之朝享魯自文公始不視朔子貢
見其禮廢故欲去其羊 集解○毛詩疏引鄭注云諸侯告朔以羊則天子特羊與
哀而不傷 哀世夫婦不得此人不爲減傷其愛 毛詩小序疏

哀公問主於宰我 釋文社鄭本作主 主田主謂社
邦君樹塞門管氏亦樹塞門邦君爲兩君之好有反
坫管氏亦有反坫 反坫反爵之坫在兩楹之間人
君別內外於門樹屏以蔽之若與鄰國爲好會其
獻酢之禮更酌酌畢則各反爵於坫上今管仲皆
僭爲之如是是不知禮 集解
始作 謂金奏 周禮疏
翕如也 翕變動貌
從之 從入音皆作

皦如也 皦清別之貌
繹如也 繹志意條達之貌 並釋文○後漢書注引繹調達之貌
儀封人 儀蓋衛邑封人官名 集解
未盡善也 謂未致太平 毛詩疏
里仁
里仁爲美 里者仁 文選注引作人 之所居居於仁者之
里是爲美
擇不處仁焉得知 求居而不處仁者之里不得爲
有知 並集解
造次必於是 造次倉卒也 釋文

無敵也 釋文適鄭本作敵

無莫也 釋文莫鄭音慕　無莫無所貪慕也

遊必有方　方猶常也 集解○文選注凡再引方常也無猶字

三年無改於父之道可謂孝矣　孝子在喪哀戚思慕無所改於父之道非心所忍爲 釋文云此章與學而篇同當是重出學而是孔注今此是鄭注本或二處皆有集解或有無者

父母之年不可不知也一則以喜一則以懼　見其壽考則喜見其衰老則懼 並集解○釋文云此章注或云孔注或云包氏又作鄭玄語辭未知孰是

君子欲訥於言　欲訥言欲難

事君數斯辱矣　數世主反謂數已之功勞也 並釋文

公冶長

瑚璉也　黍稷器夏曰瑚商曰璉 世說注○正義衆明堂位云有虞氏之兩敦夏后氏之四璉殷之六瑚周之八簋如記文則夏器名璉殷器名瑚而包咸鄭玄等說此論語皆云夏曰瑚或別有所據或相從而誤也

子說　善其志道深 集解

乘桴浮於海　桴編竹木大曰栰小曰桴 毛詩疏○集解作馬注

由也好勇過我無所取材　子路信夫子欲行故言好勇過我無所取材者無所取於桴材以子路不解微言故戲之耳一曰子路聞孔子欲浮海便喜不復顧望故孔子歎其勇曰過我無所取哉言唯取於己古字材哉同 集解

可使治其賦也　賦軍賦 釋文

女與回也孰愈　愈猶勝也 左傳疏○集解孔注同

宰予晝寢　寢臥息也 文選注

吾未見剛者　剛謂強志不屈撓 尚書疏

申棖　葢孔子弟子申續 釋文

夫子之言性與天道　性謂人受血氣以生有賢愚吉凶天道七政變動之占也 後漢書注

臧文仲居蔡山節藻梲　蔡謂國君之守龜出蔡地因以爲名節椯也刻之爲山梲梁上楹也畫以藻文山節藻梲天子之廟飾皆非文仲所當有之 左傳疏

未知 釋文知鄭音智下同

崔子 釋文鄭云魯讀崔爲高今從古

季文子三思而後行子聞之曰再斯可矣　季文子

魯大夫季孫行父文謚也文子忠而有賢行其舉事寡過不必乃三思 集解

吾黨之小子狂簡 釋文鄭讀至小子絕句

盍各言爾志 盍何不也 文選注

雍也

雍也可使南面 言任諸侯治也則在路寢南面聽政若其燕饗則在阼階西面燕禮大射是也 禮記疏

仲弓問子桑伯子 子桑秦大夫 釋文○正義云鄭以左傳秦有公孫枝字子桑則以此爲秦大夫恐非

君子周急不繼富 非冉有與之太多 一見史記注

子曰毋 仕辭位不辭祿 檀弓疏引鄭注云毋止其辭讓也

以與爾鄰里鄉黨乎 五家爲鄰五鄰爲里萬二千五百家爲鄉五百家爲黨 並集解

必在汶上矣 釋文鄭本無則吾二字

一簞食 簞笥也 周禮疏○集解孔注同

子游爲武城宰 武城魯之下邑 文選注○集解包注同

行不由徑 步道曰徑 史記索隱

文質彬彬 彬彬雜半貌 後漢書注

人之生也直 始生之性皆正直 毛詩疏

知者樂 知者自役得其志故樂

亦可以弗畔矣夫 弗畔不違道 並集解

夫子矢之 矢誓也 集解孔注同

予所否者 否方有反不也 並釋文

可謂仁之方也已 方猶道也 後漢書注○集解孔注同

述而

竊比於我老彭 老老聃彭彭祖 釋文○禮記疏引鄭云老聃周之太史 文選注引鄭云彭彭咸也

何有於我哉 人無是行於我我獨有之 集解

子之宴居 釋文燕鄭本作宴

自行束脩以上 謂年十五以上 後漢書注

吾未嘗無誨焉 釋文魯讀誨爲悔今從古

不憤不啓不悱不發舉一隅不以三隅反則不復也 孔子與人言必待其人心憤憤口悱悱乃復啓發爲說之如此則識思之深也說則舉一隅以語之其人不思其類則不復重教之 一見史記注

富而可求也雖執鞭之事吾亦爲之 富貴不可求而得之當脩德以得之若於道可求者雖執鞭之

賤職我亦爲之 一見史記注

冉有曰夫子爲衛君乎　爲猶助也衛君者謂輙也衛靈公逐太子蒯聵公薨而立孫輙後晉趙鞅納蒯聵於戚城衛石曼姑帥師圍之故問其意助輙不乎

夫子不爲也　父子爭國惡行孔子以伯夷叔齊爲賢且仁故知不助衛君明矣

不義而富且貴於我如浮雲　富貴而不以義者於我如浮雲非已之有 並集解

五十以學易 釋文魯讀易爲亦今從古

子所雅言詩書執禮皆雅言也　讀先王典法必正言其音然後義全故不可有所諱禮不誦故言執

我非生而知之者好古敏以求之者也　言此者勸人學 並集解

子釣而不綱 釋文綱音剛鄭本同

多見而志之　志古文識 周禮疏

互鄉難與言童子見門人惑　互鄉鄉名也其鄉人言語自專不達時宜而有童子來見孔子門人怪孔子見之

人潔已以進與其潔也不保其往也　往猶去也人虛已自潔而來當與之進亦何能保其去後之行 並集解

陳司敗　司敗人名齊大夫 釋文

正唯弟子不能學也 釋文魯讀正爲誠今從古

子疾 釋文鄭本無病字

丘之禱久矣　明素恭肅於鬼神且順子路之言也 後漢書注

君子坦蕩蕩小人長戚戚 釋文魯讀坦蕩爲坦湯　坦蕩蕩寬廣貌長戚戚多憂懼 集解

泰伯

泰伯其可謂至德也已矣三以天下讓民無得而稱焉　泰伯周太王之長子次子仲雍次子季歷 正義引此下有太王見季歷五字 賢又生文王有聖人表故欲立之而未有命太王疾泰伯因適吳越採藥太王沒而不返季歷爲喪主一讓也季歷赴之不來奔喪二讓也免喪之後遂斷髮文身三讓也三讓之美皆蔽隱不著故人無得而稱焉 後漢書注

傾而無禮則葸　葸慤質貌
直而無禮則絞　絞急也並釋文
啓予足啓予手　啓開也曾子以爲受身體於父母
不敢毀傷故使弟子開衾而視之也後漢書注引鄭注云父母
全而生之亦當全而歸之
君子所貴乎道者三動容貌斯遠暴慢矣正顏色斯
近信矣出辭氣斯遠鄙倍矣　此道謂禮也動容貌
能濟濟蹌蹌則人不敢暴慢之正顏色能矜莊嚴
栗則人不敢欺詐之出辭氣能順而說之則無惡

戾之言入於耳並集解
可以託六尺之孤　謂年十五已下周禮疏
民可使由之不可使知之　由從也言王者設教務
使從之若皆知其本末則愚者或輕而不行儀禮疏引
鄭注云民者冥也其見人道遠
人而不仁疾之已甚亂也　不仁之人當以風化之
若疾之已甚是益使爲亂也並後漢書注
不至於穀　穀祿也釋文
不易得也釋文易鄭音以豉反

師摯之始關雎之亂洋洋乎盈耳哉　師摯魯大師
之名始猶首也周道衰微鄭衛之音作正樂廢而
失節魯大師摯識關雎之聲而首理其亂者洋洋
盈耳聽而美之集解一見史記注
侗而不愿　愿善也釋文
予有亂臣十人　十人謂文母周公大公召公畢公
榮公太顛閎夭散宜生南宮适左傳疏○集解馬注同
三分天下有其二以服事殷　於時三分天下有其
二以服事殷故雍梁荆豫徐揚之人咸被其德而

從之正義
周之德其可謂至德也已矣　周自太王王季文王
武王賢聖相承四世毛詩疏
惡衣服而致美乎黻冕　黻祭服之衣冕其冠也左傳疏

子罕

達巷黨人曰大哉孔子博學而無所成名　達巷
者黨名也五百家爲黨此黨之人美孔子博學道
藝不成一名而已
吾何執執御乎執射乎吾執御矣　聞人美之承之

以謙吾執御者欲名史記注引作明六藝之卑也並集解

麻冕　績麻三十升以爲冕毛詩疏

今也純　純側基反黑繒也釋文○小雅疏引鄭注云純當爲緇

子畏於匡　微服而去禮記疏

大宰問於子貢　大宰是吳大宰嚭釋文○正義左傳云公會吳于

橐皐吳子使大宰嚭請尋盟公不欲使子貢對又子貢嘗適吳故鄭以爲是吳大宰嚭也

牢曰子云吾不試故藝　牢弟子子牢也試用也言

孔子自云我不見用故多伎藝也集解一見史記注

悾悾如也釋文空空鄭作悾悾

我叩其兩端而竭焉　兩端末也釋文

河不出圖　河圖洛書龜龍銜負而出如中候所說

龍馬銜甲赤文綠色甲似龜背袤廣九尺上有列

宿斗牛之度帝王紀錄興亡之數是也左傳序疏

弁衣裳者釋文冕鄭本作弁云魯讀弁爲絻今從古

如有所立卓爾　卓爾絶望之辭釋文

子疾病　病謂疾益困也左傳疏

子路使門人爲臣　孔子嘗爲大夫故子路欲使弟

子行爲臣之禮集解

韞匵而藏諸　韞裹也匵匱也釋文

吾自衛反魯然後樂正雅頌各得其所　反魯哀公

十一年冬是時道衰樂廢孔子來還乃正之故雅

頌各得其所集解一見史記注

未成一簣　簣盛土器尚書疏

繹之爲貴　繹陳也釋文

三軍可奪帥也匹夫不可奪志也　匹夫之守志重

於三軍之死將者也後漢書注

衣敝縕袍　縕枲也釋文○類聚引作絮也

鄉黨恂恂如也　恂恂恭順貌後漢書注

便便言唯謹爾　便便辯也雖辯而敬謹集解

踧踖如也　踧踖敬恭貌後漢書注○集解馬注同

君召使擯　君召使擯者有賓客使迎之集解

色勃如也足躩如也　勃矜莊貌躩逡巡貌書鈔

揖所與立左右手衣前後襜如也　揖左人左其手

揖右人右其手一俛一仰衣前後襜如也

賓退必復命曰賓不顧矣　復命白君賓已去矣並集

解

立不中門　立行不當棖闑之中央儀禮疏
過位　謂入門在北面君揖之位禮記疏
攝齊升堂鞠躬如也屏氣似不息者　鞠躬者歛歛
之貌屏氣者靜以待君言也
執圭鞠躬如也如不勝上如揖下如授勃如戰色足
蹜蹜如有循釋文魯讀下爲趨今從古　執圭謂以君命聘於鄰
國也如不勝敬之至也上如揖集解下有授玉宜敬句下如
授不敢忘禮也勃如戰色恐辱君命也集解作敬也如
有循舉前曳踵行之慎也並書鈔

享禮有容色　享獻也聘禮既聘享用圭璧有庭實
皮馬相間也集解
私覿愉愉如也　覿見也既享乃以私禮見用束帛
乘馬也書鈔　愉愉顏色和集解
紅紫不以爲褻服　褻衣袍襗也
緇衣羔裘　羔裘諸侯視朝之服卿大夫朝服亦然
唯豹袪與君異耳周禮疏引鄭云羔裘君之視朝之服亦卿大夫士祭於君之服
禮記疏又引鄭云其服緇布衣而素裳緇帶素韠
素衣麑裘　麑裘諸侯視朔之服其臣則青豻褎絞

衣爲裼若兵事既用韎韋衣則用黃衣狐裘及貍
裘象衣色故也
黃衣狐裘　狐裘取温裕而已並毛詩疏
必有寢衣長一身有半　今小臥被周禮疏
狐貉之厚以居　在家以接賓客集解
非帷裳　帷裳謂朝祭之服其制正幅如帷非帷裳
者謂深衣削其幅縫齊倍要左傳疏
羔裘玄冠不以弔　玄冠委貌諸侯視朝之服穀梁傳疏
吉月必朝服而朝　朝服皮弁朝禮記疏□集解孔注同

不時不食　不時非朝夕日中時一日之中三時食
儀禮疏
祭肉不出三日出三日不食之矣　自其家祭肉過
三日不食是褻鬼神之餘集解
食不語寢不言　爲其不敬也書鈔
瓜祭釋文魯讀瓜爲必今從古
鄉人儺釋文魯讀儺爲獻今從古　十二月命方相氏索室中驅
疫鬼禮記疏
廄焚子退朝曰傷人乎不問馬　重人賤畜退朝自

君之朝來歸 集解

君賜生 釋文魯讀生爲牲今從古

侍食於君君祭先飯 云於君祭則先飯矣若爲君嘗

食然

君命召不俟駕行矣　急趨君命也行出而車駕隨

之 並集解一見史記注

入大廟　爲君助祭也 高麗本集解

寢不尸　爲似死人也

居不容　爲室家之敬難久也 並書鈔口集解孔注同

見弁者 釋文冕鄭本作弁

式負版者　版謂邦國籍也負之者賤隸人也 世說注

迅雷風烈必變　敬天之怒風疾雷爲烈 集解

車中不內顧 釋文魯讀車中內顧今從古　恐驚衆也 書鈔

山梁雌雉　孔子山行見一雌雉食其梁粟 文選注

先進

先進於禮樂　先進謂學也 釋文

野人也　野人粗畧也 儀禮疏

從我於陳蔡者皆不及門也　言弟子從我而厄於陳蔡者皆不及仕進之門而失其所 集解

德行 釋文鄭以合前章

康子問弟子孰爲好學 釋文鄭本作季康子

子哭之慟　慟變動容貌 釋文

子路行行如也　行行剛強之貌

子樂　樂各得其性

魯人爲長府　長府藏名也藏財貨曰府

仍舊貫如之何何必改作 釋文魯讀仍爲仁今從古　仍因也貫事也因舊事則可也何乃復更改作

小子鳴鼓而攻之可也　小子門人也鳴鼓聲其罪

以責之

由也喭　子路之行失於畔喭 案釋文作叛喭史記注引作畈喭正義云舊注作畈喭字書畈喭失容也言子路性行剛彊常畈喭失於禮容也今本畈作畔

求也退故進之由也兼人故退之　言冉有性謙退子路務在勝尚人各因其人之失而正之 並集解

毋吾已也 釋文以鄭本作已

因之以飢饉 釋文饑鄭本作飢

且知方也　方禮法也 釋文

非曰能之願學焉宗廟之事如會同端章甫願爲小

相焉　我非自言能願學爲之宗廟之事謂祭祀也
諸侯時見曰會衆頫曰同端玄端也衣玄端冠章
甫諸侯日視朝之服小相謂相君之禮集解
異乎三子者之僎　僎讀曰詮詮之言善也釋文
浴乎沂風乎舞雩　沂水在魯城南雩壇在其上禮記
疏□水經注引鄭注云沂水出沂山雩者吁也吁嗟而請雨也正義
詠而饋釋文魯讀饋爲歸今從古　饋酒食也
顏淵請問其目　欲知其要周禮疏
非禮勿視非禮勿聽非禮勿言非禮勿動　此四者

克己復禮之目集解
仁者其言也訒　訒不忍言也釋文
司馬牛憂曰人皆有兄弟我獨亡　牛兄桓魋行惡
死亡無日我爲無兄弟
浸潤之譖　譖人之言如水之浸潤漸以成之
棘子成　舊說棘子成衛大夫
駟不及舌　過言一出駟馬追之不及並集解
虎豹之鞟　鞟革也釋文
年饑釋文饑鄭本作飢

盍徹乎　盍何不也周法什一而稅謂之徹徹通也
爲天下之通法
誠不以富亦祇以異　此詩小雅也毛詩疏引作此詩小雅我行其
野之句也祇適也言此行誠不可以致富適足以爲異
耳取此詩之異義以非之並集解
片言可以折獄者釋文魯讀折爲制今從古　片半也
亦可以弗畔矣夫　弗畔不違道
子帥以正孰敢不正　康子魯上卿諸臣之帥也
在邦必聞在家必聞　言士之所在皆能有名譽並集

解一見史記注
舉皋陶　皋陶爲士師號曰庭堅左傳疏
子路先之勞之釋文勞鄭音力報反
子之于也釋文迂鄭本作于　于狂也陸德明云案狂字疑當作枉
如有王者必世而後仁　周道至美武王伐紂至成
王乃致大平由承殷紂敝化之後故也
冉子退朝　朝於季氏之私朝並毛詩疏
子夏爲莒父宰　舊說云莒父魯下邑集解
吾黨有直弓者釋文躬鄭本作弓　直人名弓

言必信行必果硜硜然小人哉抑亦可以爲次矣
行必果所欲行必果敢爲之硜硜者小人之貌也
抑亦其次言可以爲次
噫斗筲之人何足算也　噫心不平之聲筲竹器容
斗二升算數也 並集解
狂者進取　狂者進取仰法古例不顧時俗 毛詩疏
人而無恒不可以作巫醫　言巫醫不能治無恒之
人
不占而已矣　易所以占吉凶無恒之人易所不占

不占而已矣　易所以占吉凶無恒之人易所不占
並集解
朋友切切偲偲兄弟怡怡　切切勸競貌怡怡謙順
貌 毛詩疏
憲問
可以爲難矣仁則吾不知也　四者行之難未足
以爲仁 史記注○集解包注同
危言危行　危猶高也 後漢書注 謂高言高行者皆見危
左傳序疏
世叔討論之　討論謂整理 尚書序疏
奪伯氏駢邑三百　三百家齊下大夫之制 禮記疏

卞莊子之勇　卞莊子秦大夫 釋文
晉文公譎而不正　譎者詐也謂召天子而使諸侯
朝之仲尼曰以臣召君不可以訓故書曰天王狩
于河陽是譎而不正也 集解
桓公九合諸侯 釋文云穀梁傳衣裳之會十一范注
莊十三年會北杏又會柯十四年會
鄄十五年又會鄄十六年會幽二十七年又會幽
僖元年會檉二年會貫三年會陽穀五年會首戴
七年會甯毋凡十一會鄭
不取北杏及陽穀爲九也
霸諸侯　天子衰諸侯興故曰霸霸把也言把持王
者之政教 左傳疏

子言衛靈公之無道 釋文本作子曰茲從鄭本
子貢謗人 釋文方本作謗鄭 謗謂言人之過惡
丘何是栖栖者與 釋文鄭本無爲字
稱其德也　德者調良之謂 集解
何以報德　德謂恩惠也 蔡氏集說
不尤人　尤非也 釋文
下學而上達　下學人事上知天命 後漢書注○集解孔注同
吾力猶能肆諸市朝　吾勢力猶能辨子路之無罪
於季孫使之 史記注作使人 誅察而肆之有罪既刑陳其

尸曰肆集解大夫於朝士於市公伯寮是士止應云肆諸市逵言朝耳周禮疏

賢者辟世其次辟地其次辟色其次辟言子曰作者七人矣　伯夷叔齊虞仲辟世者荷蓧長沮桀溺辟地者柳下惠少連辟色者荷蕢楚狂接輿辟言者七當爲十字之誤也正義○案此則鄭本以上下合爲一章而釋文無說

子路宿於石門晨門曰奚自　石門魯城外門也晨門主晨夜開閉者後漢書注

深則厲　由膝以上爲厲毛詩疏

高宗諒闇　諒闇謂凶廬也後漢書注○案釋文本作諒陰云鄭讀禮爲梁闇杜預解左傳爲諒闇貌也

原壤夷俟　原壤孔子幼少之舊故北魏書

闕黨童子將命　無事則立主人之南北面儀禮疏

衛靈公

軍旅之事未之學也　萬二千五百人爲軍史記注引作萬二千人爲軍五百人爲旅軍旅末事本未立不可以教末事集解

在陳絕糧釋文糧鄭本作粻音張　粻下糧也

小人窮斯濫矣　濫竊也釋文

雖州里行乎哉　萬二千五百家爲州五家爲鄰五鄰爲里行乎哉言不可行集解一見史記注○正義云周禮大司徒云五家爲比五比爲閭四閭爲族五族爲黨五黨爲州是二千五百家爲州也今云萬二千五百家爲州誤也

知柳下惠之賢　柳下惠魯大夫也展禽食采柳下謚曰惠文選注

好行小慧難矣哉釋文魯讀慧爲惠今從古　小慧謂小小之才知難矣哉言終無成

君子義以爲質　謂操行

孫以出之　謂言語並集解

君子疾沒世而名不稱焉　古者曰名今世曰字儀禮疏

耕也餒在其中矣學也祿在其中矣　餒餓也言人雖念耕而不學故飢餓學則得祿雖不耕而不餒此勸人學集解

父在觀其志父沒觀其行釋文集解無此章鄭本有云古皆無此章

固相師之道也　相扶也釋文

季氏

而謀動干戈於封內釋文邦內鄭本作封內

不在顓臾而在蕭牆之內也 蕭之言肅也牆謂屏也君臣相見之禮至屏而加肅敬焉是以謂之蕭牆後季氏家臣陽虎果囚季桓子 集解

自諸侯出 亦謂幽王之後也 周禮序疏 平王東遷政始微弱諸侯始專征伐 毛詩疏

祿之去公室五世矣 言此之時魯定公之初魯自東門襄仲殺文公之子赤而立宣公於是政在大夫爵祿不從君出至定公爲五世矣 集解

政逮於大夫四世矣 文子武子悼子平子 史記注○集解

孔注同

友便辟 馬鄭皆讀爲譬公羊傳疏云便辟謂巧辟喻衆今世間有一論語音便辟爲便僻者非鄭氏意通人所不取矣

友便佞 便辯也謂佞而辯

言未及之而言謂之躁 釋文魯讀躁爲傲今從古 躁不安靜 並集解

長大人 謂天子諸侯爲政教者 儀禮疏

狎大人 狎慣忽之言慣見而忽也 尚書疏

餓於首陽之下 首陽山在河東蒲坂城南今陽區山俗號爲首陽山 大平寰宇記

夫人自稱曰小童 小童若云未成人也 書鈔

陽貨

饋孔子豚 釋文歸鄭本作饋云魯讀爲歸今從古

吾其爲東周乎 據時東周則謂成周 毛詩疏

吾豈匏瓜也哉焉能繫而不食 我非匏瓜焉能繫而不食者冀往仕而得祿 文選注

可以觀 觀風俗之盛衰 集解

女爲周南召南矣乎 周南召南國風之首篇 儀禮疏

禮云禮云玉帛云乎哉 玉圭璋之屬帛束帛之屬

言禮非但崇此玉帛而已所貴者乃貴其安上治民 集解

苟患失之無所不至矣 無所不至謂諂佞邪媚無所不爲也 後漢書注

古之矜也廉 釋文魯讀廉爲貶今從古

天何言哉 釋文魯讀天爲夫今從古

將命者出戶 將命傳辭者 文選注

惡果敢而窒者 釋文魯讀窒爲室今從古

惡絞以爲知者 釋文徼鄭本作絞古卯反

年四十而見惡焉其終也已　年在不惑而爲人所惡終無善行集解

子微　微子去之箕子爲之奴比干諫而死　箕子比干不忍去皆是同姓之臣有親屬之恩君雖無道不忍去之也然君臣義合道終不行雖同姓有去之理故微子去之與箕子比干同稱三仁明同姓之臣有得去之道也毛詩疏○正義引鄭云微與箕俱在圻內箕子紂之諸父

齊人饋女樂釋文歸鄭本作饋其貴反

已而已而今之從政者殆而釋文魯讀期斯已矣今之從政者殆今從古

漢魏遺書鈔　論語鄭注　三一

孔子下　下堂出門也釋文

長沮桀溺耦而耕　長沮桀溺隱者也耜廣五寸二耜爲耦集解

使子路問津焉　津濟渡水之處文選注

悠悠者釋文滔滔鄭本作悠悠

耰而不輟　耰覆種也輟止也覆種不止不以津告集解

五穀不分　分扶問反猶理也釋文

子路曰不仕無義　留言以語丈人之二子集解

侏張釋文朱鄭作侏音陟留反

不降其志不辱其身　言其直已之心不入庸君之朝集解

發中權釋文廢鄭作發　發動貌

我則異於是　不爲夷齊之淸不爲惠連之屈故曰異於是後漢書注

大師摯適齊　師摯以下周平王時人前漢書注

亞飯干適楚三飯繚適蔡四飯缺適秦　亞飯三飯四飯皆侑食之樂周禮疏

故舊無大故則不棄也　大故惡逆之事禮記疏○集解孔注同

漢魏遺書鈔　論語鄭注　三二

周有八士　八士成王時人孳輔錄○毛詩疏引鄭云周公相成王時所生

叔夜夜鄭讀爲夜

子張

雖小道必有可觀者焉致遠恐泥　小道如今諸書也泥謂滯陷不通後漢書注

聽其言也厲　厲嚴正集解○文選注引作嚴整

未信則以爲厲己也　厲讀爲賴恃賴也釋文

堂堂乎張也難與並爲仁矣　言子張容儀盛而於

仁道薄也集解

孟氏使陽膚爲士師　慶父輔稱死時人爲之諱故云孟氏禮記疏

堯曰

天之厤數在爾躬　謂有圖籙之名正義

敢用玄牡　用玄牡者爲舜命禹事於時總告五方之帝莫適用用皇天大帝之牲尚書疏

敢昭告于皇皇后帝　帝謂大微五帝禮記疏

簡在帝心　簡閱在天心言天簡閱其善惡也尚書疏

孔子曰不知命無以爲君子也不知禮無以立也不知言無以知人也釋文魯論無此章今從古

序錄

隋志鄭玄撰論語孔子弟子目錄一卷

太史公曰學者多稱七十子之徒譽者或過其實毀者或損其真鈞之未覩厥容貌則論言弟子籍出孔氏古文近是余以弟子名姓文字悉取論語弟子問并次爲篇疑者闕焉

蘇子古史曰孔子弟子高第七十七人余以太史公書及孔子家語考之皆同秦冉顏何不載於家語而琴牢陳亢不錄於史記二書皆不可偏廢而琴張陳亢又見於論語并錄之凡七十九人云

闕里志曰按弟子名數史記載孔子言曰受業身通六藝者七十有七人皆異能之士也唐司馬貞索隱曰孔子家語亦有七十七人宋馬端臨曰孔子弟子史記家語所載皆七十七人魏王肅本自顏回至顏祖止列弟子七十六人缺一人不合前數及觀史記弟子傳有顏何字冉索隱證之曰家語字稱則知顏何已載於家語而肅本缺之耳又北齊顏之推稱仲尼門徒升堂者七十有二顏氏

居八𫝊顔真卿自敘家譜稱孔門達者七十有二顔氏居八八人之中顔何與焉索隱去古未遠之推真卿俱顔氏裔孫必各有據今當以顔何足七十七人之數云又曰史記所載數同家語内無琴牢陳亢縣亶三人而别有公伯寮秦冉鄡單三人當其數文翁石室圖七十二人比家語少公西輿縣亶原亢公肩公夏首句井疆邽巽顔何八人而别有蘧瑗秦冉林放三人予由古史又錄七十九人蘇子云孔子弟子爲弟七十七人予以太史公

書及孔子家語攷之皆同秦冉顔何不載於家語而琴牢陳亢不錄於史記二書既不可偏廢而琴牢陳亢又見於論語故并錄之凡七十九人又因索隱云文翁圖有蘧伯玉林放申棖申堂四人今石室圖七十二人亦無所謂棖與堂也

謨按朱竹垞孔子弟子考云自孔子徒人法既亡見漢書藝文志而文翁石室象在顯晦之間世儒據以考定弟子之籍惟史記之傳家語之解而已而不言及鄭氏目錄益是書之亡亦已久矣故其名次無得而考獨賴裴駰史記集解於列傳下時引目錄證諸弟子籍里如曾人衛人可考見者三十有八人竊意裴氏當日必獨見目錄原書與史記大畧相同故采其異者注本傳下其同者不復注也今故仍依史記弟子列傳名次采錄而以家語别出三人附載於後凡七十九人

孔子弟子目錄

漢　北海鄭康成撰　金谿鄭　漣校

顏回史記字子淵魯人少孔子三十歲家語同

閔損魯人史記字子騫少孔子十五歲家語少五十歲

冉耕魯人史記字伯牛家語同

冉雍魯人史記字仲弓家語云伯牛宗族少孔子二十九歲

冉求魯人史記字子有少孔子二十九歲家語云伯牛宗族

仲由史記卞人少孔子九歲家語弁人一字季路

宰予魯人史記字子我不詳何許人家語亦云魯人

端木賜史記衛人字子貢少孔子三十一歲家語同

言偃史記字子游吳人少孔子四十五歲家語云魯人

卜商溫人史記字子夏少孔子四十四歲不詳何許人注引鄭云溫國卜商索隱溫國今河內溫縣元屬衛故家語云衛人

顓孫師陽城人史記陳人字子張少孔子四十八歲家語同索隱陽城縣名亦屬陳郡

曾參史記南武城人字子輿少孔子四十六歲家語同

澹臺滅明史記武城人字子羽少孔子三十九歲家語云四十九歲

宓不齊孔安國論語注魯人史記字子賤少孔子四十九歲不詳何許人家語亦云魯人

原憲魯人史記字子思不詳何許人家語云宋人少孔子三十六歲

公冶長史記齊人字子長家語云魯人

公晳哀史記字季次不詳何許人家語云齊人又索隱云家語作公晳克檢今本亦作哀

曾蒧史記字晳注引孔安國曰曾參父家語曾點曾參父字子晳

顏無繇史記字路顏回父家語云少孔子六歲

商瞿史記魯人字子木少孔子二十九歲家語同

高柴衛人史記字子羔少孔子三十歲不詳何許人家語云齊人

漆彫開魯人史記字子開不詳何許人家語云蔡人字子若少孔子十一歲

公伯僚史記字子周馬融論語注魯人正義曰家語有申繚子周無公伯僚

司馬耕史記字子牛不詳何許人注引孔安國曰宋人家語同

樊須齊人史記字子遲少孔子三十六歲不詳何許人家語云魯人少四十六歲

有若魯人史記少孔子十三歲不詳何許人注引家語云魯人字有少三十三歲今家語云字子有少三十六歲

公西赤魯人史記字子華少孔子四十二歲不詳何許人家語亦云魯人餘同史記

巫馬施魯人史記字子旗少孔子三十歲不詳何許人家語云陳人字子期

梁鱣史記字叔魚少孔子二十九歲不詳何許人家語云齊人

顏辛魯人史記字子柳少孔子四十六歲不詳何許人家語亦云魯人餘同史記

冉孺史記字子魯少孔子五十歲不詳何許人家語云魯人

曹卹史記字子循少孔子五十歲家語何俱不詳何許人

伯虔 史記字子析少孔子五十歲家語同俱不詳何許人

公孫龍 楚人 史記字子石少孔子五十三歲不詳何許人家語云衛人餘同史記○索隱曰家語此例唯有三十七人其公良孺秦商顏刻叔仲會四人家語有事迹史記闕然自公伯遼秦冉鄡單三人家語不載而別有琴牢陳亢縣亶當此三人之數皆互有也如文翁圖所記又有林放蘧伯玉申棖申堂俱是後人以所見增益今殆不可考

冉季 魯人 史記字子產家語同○按史記自此以下俱不詳何許人

公祖句茲 史記字子之家語無句字

秦祖 秦人 史記字子南家語同

漆雕哆 魯人 史記字子歛家語作侈字同

顏高 史記字子驕家語作顏刻字同云少孔子五十歲

漆雕徒父 家記作漆雕從字子文

壤駟赤 秦人 史語字子徒家語作子從

商澤 家語云字子秀

石作蜀 史記字子明家語同

任不齊 楚人 史記字選家語作子選

公良孺 陳人 賢而有勇 史記字子正家語亦云陳人賢而有勇孔子同行嘗以家車五乘從

后處 齊人 史記字子里家語作石處字里之

秦冉 史記字開家語無此人

公夏首 魯人 史記字乘家語作守字子乘

奚容蒧 史記字子皙正義云衛人家語作奚蒧多黍反字子偕按此與魯蒧名字同當從家語

公堅定 魯人 或曰晉人 史記字子中家語作公肩字子仲

顏祖 史記字襄正義云魯人家語作顏相字子襄

鄡單 史記字子家家語無此人

句井疆 衛人 史記無字家語字子疆

罕父黑 史記字子索注引家語罕父黑字索今家語作宰父黑

秦商 楚人 史記字子丕注引家語魯人字丕茲今家語字不慈少孔子四十歲

申黨 史記字周正義云魯人論語釋文鄭康成云申棖蓋孔子弟子申續困學紀聞史記云申棠字周家語云申續字周今史記以棠爲黨家語以續爲續傳寫之訛也後漢王政碑云有羔羊之絜無申棠之欲亦以棖爲棠則申黨申棠一人爾唐開元封申棖召陵伯又封申黨魯伯本朝祥符封依文登侯又封黨淄川侯俱列從祀黨即棠也一人而爲二人失於詳攷論語釋文也史記索隱謂文翁圖有申棖申堂今所傳禮殿圖有申黨無申棖

顏之僕 魯人 史記字叔家語字子叔

榮旂 史記字子祺家語同

縣成 魯人 史記字子祺家語字子橫

左人郢 魯人 史記字行家語作左郢字子行

燕伋史記字思家語字子思

鄭國史記字子徒正義引家語云薛邦字徒史記作國者辟高祖諱薛字與鄭字誤耳

秦非魯人史記字子之家語同

施之常史記字子恒家語字子常

顏噲魯人史記字子聲家語同

步叔乘齊人史記字子車家語同

原亢籍史記注引家語名亢字籍今家語作原桃字子籍

樂欬史記字子聲正義云魯人家語欬作欣

廉絜衞人史記字庸家語字子曹

叔仲會晉人史記字子期索隱引家語云魯人少孔子五十四歲今家語作五十歲

顏何魯人史記字冉索隱云家語字稱今家語無此人

狄黑史記字晳家語字晳之

邽巽魯人史記字子歛索隱曰家語作選文翁圖作國選

孔忠史記注引家語忠字子蔑孔子兄之子今家語作孔弗注云孔子兄孟皮之子

公西輿如史記字子上家語作公西輿字同

琴牢家語字子開一字子張衞人史記無論語鄭注牢弟子子牢也

陳亢家語字子亢陳人少孔子四十歲史記無論語鄭注子禽弟子陳亢也○按鄭注論語既以琴牢陳亢爲孔子弟子則此二人必見目錄故從家語補入而懸亶則以例附焉

縣亶家語字子象史記無

公西葴魯人史記字子上家語作子尚

序錄

隋志梁國子助教皇侃撰論語義疏十卷

文獻通考晁氏曰古今論語之註多矣何晏集七家復采古論語註爲集解行於世侃今又引衛瓘繆播欒肇郭象蔡謨袁宏江惇蔡奚李充孫綽周懷范甯王珉凡十三家之說成此書其序稱江熙所集世謂其引事雖時詭異而援證精博爲後學所宗云

謨按朱氏經義考於此書亦云未見而近時乃有

刻本乾隆辛亥予署南昌學事有同學喻君出示此書前未有序亦不載刻書人姓名不知其所自得也予考陸氏論語釋文引皇本章句間有不同因取此書校勘其章句增減與齊古論本固多不同而字體亦近今如說之爲悅知之爲智道之爲導孫之爲遜此則皇本流俗之失亭林所謂久變於魏晉以下之傳錄也因爲鈔出其句字不同者凡一百八十三條

論語義疏

梁　吳郡皇侃撰　　金谿涂象淵校

論語通曰論語者是孔子沒後七十弟子之門徒共所撰錄也夫聖人應世事跡多端隨感而起故爲教不一或負扆御衆服龍袞於廟堂之上或南面聚徒衣縫掖於黌校之中但聖師孔子符應頹周生魯長宋遊歷諸國以魯哀公十一年冬從衛反魯刪詩定禮於洙泗之間門徒三千人達者七十有二但聖人雖異人者神明而同人者五情五情既同則朽沒之

期亦等故歎發吾衰悲因逝水託夢兩楹寄歌頹壞至哀公十六年哲人其委徂背之後過隙叵駐門人痛太山長毀哀梁木永摧隱几非昔離索行淚微言一絕景行莫書於是弟子僉陳往訓各記舊聞撰爲此書成而實錄上以尊仰聖師下則垂軌萬代既方爲世典不可無名然名書之法必據體以立稱猶如以孝爲體者則謂之孝經以莊敬爲體者則謂之爲禮記然此書之體適會多途皆夫子平生應機作教事無常準或與時君抗厲或其弟子抑揚或自顯示

物或混迹齊凡問同答異言近意深詩書互錯綜典誥相紛紜義既不定於一方名故難求乎諸類因題論語兩字以爲此書之名也但先儒後學解釋不同凡通此論字大判有三途第一捨字制音呼之爲倫一捨音依字而號曰論一云倫論二稱義無異也第一捨字從音爲倫說者乃衆的可見者不出四家一云倫者次也言此書事義相生首末相次也二云倫者理也言此書之中蘊含萬理也三云倫者綸也言此書經綸今古也四云倫者輪也言此書義旨周備

圓轉無窮如車之輪也第二捨音依字爲論者言此書出自門徒必先詳論人人僉允然後乃記記必已論故曰論也第三云倫論無異者葢是楚夏音殊南北語異耳南人呼倫事爲論事北士呼論事爲倫事音字雖不同而義趣猶一也侃案三途之說皆有道理但南北語異如何似未詳師說不取今亦捨之而從音依字二途并録以會成一義何者今字作論者明此書之出不專一人妙通深遠非論不暢而音作倫者明此書義含妙理經綸今古自首臻末輪環不

窮依字則證事立文取音則據理爲義義文兩立理事雙該圓通之教如或應示故蔡公爲此書爲圓通之喻云物有大而不普小而兼通者譬如巨鏡百尋所照必偏明珠一寸鑒包六合以蔡公斯喻故言論語小而圓通有如明珠諸典大而偏用譬若巨鏡誠哉是言也語者論難答述之謂也毛詩傳云直言曰言論難曰語鄭注周禮云發端曰言答述爲語今按此書既是論難答述之事宜以論爲其名故名爲論語也然此語是孔子在時所說而論是孔子沒後方

論論在語後應曰語論而今不曰語論而云論語者其義有二一則恐後有穿鑿之嫌故以語在論下急標論在上示非率爾故也二則欲現此語非徒然之說萬代之繩準所以先論已以備有圓周之理理在於事前故以論居語先也又此書遭焚燼至漢時合壁所得及口以傳授遂有三本一曰古論二曰齊論三曰魯論既有三本而篇章亦異古論分堯曰下章子張問更爲一篇合二十一篇篇次以鄉黨爲第二篇雍也爲第三篇內倒錯不可具說齊論題目與魯

論大體不殊而長有問王知道二篇合二十二篇篇內亦微有異魯論有二十篇即今日所講者是也尋當昔撰錄之時豈有三本之别將是編簡缺落口傳不同耳故劉向别錄云魯人所學謂之魯論齊人所學謂之齊論合壁所得謂之古論而古論爲孔安國所注無其傳學者齊論爲瑯琊王卿等所學魯論爲太子太傅夏侯勝及前將軍蕭望之少傅夏侯建等所學以此教授於侯王也晚有安昌侯張禹就建學魯論兼講齊說擇善而從之號曰張侯論爲世所貴至

漢順帝時有南郡太守扶風馬融字季長建安中大司農北海鄭玄字康成又就魯論篇章考齊驗古爲之注解漢鴻臚卿吳郡苞咸字子良又有周氏不悉其名至魏司空頴川陳羣字長文太常東海王肅字子雍博士燉煌周生烈皆爲義說魏末吏部尚書南陽何晏字平叔因魯論集季長等七家又採古論孔注又自下己意即世所重者今日所講即是魯論爲張侯所學何晏所集者也

晉太保河東衛瓘字伯玉

晉中書令蘭陵繆播字宣則

晉廣陵太守高平欒肇字永初

晉黃門郎頴川郭象字子元

晉司徒濟陽蔡謨字道明

晉江夏太守陳國袁宏字叔度

晉著作郎濟陽江淳字思俊

晉撫軍長史蔡系字子叔

晉中書郎江夏李充字宏度

晉廷尉太原孫綽字興公

晉散騎常侍陳留周瓌字道夷

晉中書令潁陽范甯字武子

晉中書令瑯琊王珉字季琰

右十三家爲江熙字太和所集侃今之講先通何集若江集中諸人有可採者亦附而申之其又别有通儒解釋於何集無好者亦引取爲說以示廣聞也然論語之書包於五代二帝三王自堯至周凡一百四十人而孔子弟子不在其數孔子弟子有二十七人見於論語也而古史攷則云三十人謂林放澹臺滅

明陽虎亦是弟子數也

不亦悅乎釋文說音悅下放此

其爲人也孝悌釋文弟音悌本亦作悌下放此孝悌也者

鮮矣有仁

言而不信乎

導千乘之國釋文道音導下放此

出則悌

其諸異乎人之求之與也

亦可宗敬也

可謂好學也已矣

未若貧而樂道○其斯之謂與也○而知來者也

不患人之不己知也患己不知人也釋文云本或作患己不知人也俗本妄加字俗本即謂皇本

導之以政○導之以德

囘也不愚也

斯害也已矣

不知之爲不知

臨民之以莊則民敬○則民勸

書云孝于漢石經釋文並作孝于是亦爲政也

亦可知也

天子穆穆矣

汝不能救與

汝愛其羊唐石經作女

使民戰栗也

焉得儉乎曰然則管仲知禮乎○孰不知禮也

樂其可知也已○以成矣

君子之至於斯者

焉得智釋文知音智下放此

智者利仁

有能一日用其力於仁者矣乎我未見力不足者也

蓋有之乎

民之過也

義之與比也

不患莫己知也

吾道一以貫之哉

子不違遊

古之者言之不妄出也
不知其仁也焉用佞也
子悅
其出也與
不可得而聞也已矣
久而人敬之
何如其智也
必以告新令尹何如也○違之之至他邦
再思斯可矣

邦有道則智○其智可及也
不知所以裁之也
弊之而無憾
哀公問曰弟子孰爲好學
子曰賜也達○子曰求也藝
汝得人焉耳乎哉
誰能出不由戶者
樊遲問智○可謂智矣問仁子曰
智者樂水○智者動○智者樂

井有仁者焉其從之與
如能博施於民而能濟衆者何如
德之不修也學之不講也聞義不能徙也不善不能
改也
吾不復夢見周公也
舉一隅而示之（蜀石經本亦有而示之三字）○則吾不復也
子於是日也哭則不歌
暴虎馮河（釋文馮亦作憑皮冰反）
如不可求者

子在齊聞韶樂
子曰古之賢人也○又何怨乎
飯蔬食（釋文云疏或作蔬所居反下放此）
不知老之將至也云爾
好古敏而以求之者也
我三人行必得我師焉（釋文唐石經並同）
二三子以我爲隱子乎○吾無所行而不與二三子
者
孔子對曰知禮孔子退揖巫馬期而進也曰○君娶

於與 釋文亦作發七仵反

則吾未之有得也

子疾病 釋文本作子疾云鄭本無病字皇本有病字案集解於子罕篇始釋病則有病字非

丘之禱之久矣

君子溫而厲 釋文云一本作子曰皇本作君子

設使驕且吝其餘不足觀也已矣

不易得也已

不謀其政也

參分天下有其二 釋文亦作參七南反一音三

大宰知我者乎

有鄙夫來問於我

見之雖少者必作

吾自衞反於魯

後生可畏也○斯亦不足畏也已矣

能無悅乎○悅而不繹

衣弊縕袍 釋文亦作弊於既反云今作敝

然後知松栢之後凋也 釋文本作彫云當作凋

智者不惑

夫何遠之有哉

左右其手

當暑縝絺綌

臭惡不食○雖蔬食菜羹苽祭

子見齊衰者

子路拱之 釋文本作共云又作供九用反

皆不及門者也

德行顏淵 釋文云皇本別爲一章

今也則亡未聞好學者

顏路請子之車以爲之椁○有棺而無椁吾不可徒行以爲之椁○吾以不可徒行

子曰有慟乎○而誰爲慟

曰敢問死

曰若由也

子貢問曰師與商也孰賢乎○過猶不及也

爲之聚斂而附益也

師也辟

憶則屢中

如之何其聞斯行之也

可使足民也

吾子何哂由也子曰爲國以禮○宗廟之事如會同 釋文本作宗廟會同云本或作宗廟之事如會同非

非諸侯如之何 釋文云一本作非諸侯如之何亦謂皇本 赤也爲之小相

孰能爲之大相

尅己復禮爲仁一日尅己復禮

斯可謂之仁已矣乎

斯可謂君子已乎

皆爲兄弟也

令民信之矣○曰必不得已而去於斯二者何先○

民不信不立

棘子城曰○虎豹之鞹猶犬羊之鞹也

主忠信徙義崇德○愛之欲其生也惡之欲其死也

既欲其生也

吾豈得而食諸 釋文本吾焉得而食諸

子帥而正

苟子不欲

君子之德風也小人之德草也

問智○嚮也吾見於夫子而問智○富哉是言乎

忠告而以善導之否則止

子曰吾不如老圃

魯衛之政兄弟

朞月而已可也

近者悅

鄉黨稱悌焉

子路問曰何如斯可謂士矣○兄弟怡怡如也

危行言遜 釋文本作孫音遜

飯疏食

不可以爲滕薛大夫也

若臧武仲之智

人不厭其言也○人不厭其笑也○人不厭其取也

子曰衛靈公之無道久也 釋文本亦作子曰云一本作子言

陳成子殺簡公 釋文云本亦作殺同音試 陳恒殺其君請討之公

曰告夫二三子 釋文或作二三子告非也唐石經亦作二三子 君曰告夫二

三子者之二三子告不可孔子曰以吾從大夫之後

有一言而可以終身行者乎○勿施於人也
吾之人誰毀誰譽如有可譽者
今則亡矣夫
非道弘人也
智及之
何以爲伐也○虎兕出柙龜玉毀櫝中○欲之而必
更爲之辭
曰不學詩無以言也○聞斯二者矣
亦曰君夫人也

惟上智與下愚不移
聞絃歌之聲
子路不悅曰○如有復用我者
胇肹召○胇肹以中牟畔○曰不曰堅乎
由汝聞六言六蔽矣乎○曰居吾語汝○好智
汝爲周南邵南矣乎人而不爲周南邵南
惡利口之覆邦家也
孔子辭之以疾
食夫稻也衣夫錦也○曰汝安則爲之

不敢不告
勿欺之而犯之
君子恥其言之過其行也
智者不惑
賜也賢乎我夫哉我則不暇
患己無能也
夫子固有惑志於公伯寮也
子路宿於石門石門晨門曰奚自
幼而不遜悌長而無述焉老而不死是爲賊也

闕黨童子將命矣
在陳絕粻釋文粻音糧鄭本作粻音張下糧也不言皇本
立則見其參然於前也○夫然後行也
可與言而不與言唐石經亦無之字智者不失人
友其士之仁者也
人而無遠慮
已矣吾未見好德如好色者也
好行小惠釋文云魯讀慧爲惠
遜以出之

賜也亦有[illegible]也惡徼以爲智者惡不遜以爲勇者

近之則不遜

何德之衰也唐石經句下亦有也字往者不可諫也來者猶可追也○趨而避之不得與之言也

夫執輿者爲誰乎○對曰是也○鳥獸不可與同羣也

君臣之義如之何其可廢也○道之不行也已知之矣

不辱其身者

播鞀武釋文作鼗

小人之過也必則文

望之嚴然釋文本或作儼音同儼

紂之不善也

如日月之蝕也

譬諸宮牆漢石經亦作諸闚見室家之好釋文亦作窺棄規反不得其門而入者不見宗廟之美百官之富○夫子云不亦宜乎

仲尼如日月也

君子一言以爲智一言以爲不智○導之斯行

萬方有罪在朕躬

寬則得衆敏則有功公則民悅漢石經亦無信則民任焉句

出內之吝釋文亦作內音納

孔子曰不知命無以爲君子也釋文亦作孔子曰

序錄

梁七錄郭象論語隱一卷

朱氏經義考曰案論語隱義隋志不載但有其注載七錄未審卽是郭象論語隱否

謨案此則論語隱論語隱義論語隱義注三者各自爲書俱不見隋志是否有關經義本無可考如御覽白帖所引不過若衛波傳魯定公記之類亦可以備聖門軼事少資談柄故仍鈔出白帖一條御覽二條

論語隱義

撰人闕

孔子至蔡解于客舍入夜有取孔子一隻屐去盜者置屐于受盜者之家孔子屐長一尺四寸與凡人屐異 御覽引論語隱義注

衛蒯聵亂子路與師往有孤黯者當師曰子欲入耶曰然黯從城上下麻繩鈞子路半城問曰爲師耶爲君耶曰在君爲君在師爲師黯因投之折其左股不死黯開城欲殺之子路目如明星之光耀黯不能前謂曰畏子之目請覆之子路以衣袂覆目黯遂殺之 御覽引隱義

齊桓公北伐中山還倚柱歎曰天下珍物益易得未得人肉食易牙歸斷其兒兩手以啖君 白帖引隱義

序錄

漢志齊論語二十二篇多問王知道

朱氏經義考曰案漢志論語十二家齊二十二篇多問王知道如淳曰問王知道皆篇名說者謂是內聖外王之業此傳會也論語二十篇皆就首章字義名篇非有包括全篇之義今逸論語見於說文初學記文選注太平御覽等書其詮玉之屬特詳竊疑齊論所逸二篇其一乃問玉非問王也考之篆法三畫正均者爲王中畫近上者爲王初無大異因譌玉爲王耳王伯厚亦云問王疑即問玉豈其然乎

謹案隋唐志俱不載逸論語而許氏說文有之則在漢世固存此篇目也至文選注初學記御覽引逸論語又適皆言玉名色經義考因取王伯厚說問王疑即問玉而遂欲以齊論語中問玉篇當之愚亦竊以爲或然且以禮記聘義末引子貢問孔子貴玉賤珉爲即問玉本文而家語有問玉篇列第三十六似更足以爲證然前人既未嘗論及愚固不敢質言之也姑存其說於此仍祗從經義考鈔出說文初學記御覽文選注共五條

逸論語

撰人闕

璠璵魯之寶玉也孔子曰美哉璠璵遠而望之奐若也近而視之瑟若也一則理勝一則孚勝 初學記

玉十謂之區治玉謂之琢亦謂之雕 御覽

瑳玉色鮮白也瑩玉色也瑛玉光也瓊赤玉也璿瓘瑜美玉也璑三采玉也玲瑲琤瑱璪玉聲也琡玉佩也瑱充耳也璪玉飾以水藻也 初學記

玉粲之瑟兮其瑮猛也 說文

如玉之瑩 文選注

序錄

漢志儒家魏文侯六篇

史記魏世家曰文侯受子夏經藝 仲尼弟子列傳曰孔子旣沒子夏居西河教授爲魏文侯師

謹案漢志孝經十一家無魏文侯傳而儒家有魏文侯六篇又無其目意孝經傳亦其一篇也書巳久亡絕無可考要以聖門遺書戰國賢君所撰寄圭碎璧俱當寶貴流傳不朽故仍鈔出齊民要術一條蔡邕明堂論一條白帖一條

孝經傳

魏文侯著

大學者中學明堂之位也蔡邕明堂月令論

大學者中學也庠言養也所以養儁德也白帖○案劉昭續漢書志注崔靈恩三禮義宗引蔡邕明堂論丙魏文侯孝經傳並止上文二句不審白帖何從得此下二句經義考乃未見引亦爲失之

民春以力耕夏以鋤耘秋以收斂朱氏經義考曰案賈氏齊民要術耕田篇引文侯此言當是孝經用天之道分地之利注

序錄

唐志鄭康成孝經注一卷

鄭康成自序曰孝經者三才之經緯五行之綱紀孝爲百行之首經者至易之稱僕避兵於城南之山棲遲於巖石之下念昔先人餘暇述夫子之志而注孝經焉

後漢書曰鄭玄漢末遭黃巾之難客於徐州今孝經序鄭氏所作南城山西上可二里所有石室焉周迴五丈俗云是康成注孝經處見太平御覽經義攷云攷范史無其文則未知爲袁山崧華嶠之書與抑薛瑩之書與

唐會要云開元七年三月一日勅孝經尚書有古文本孔鄭注旨趣頗多踳駁令諸儒質定六日詔曰孝經所先頃來獨宗鄭氏孔氏遺旨今則無聞其令儒官詳定所長令明經者習讀四月左庶子劉知幾議曰謹按今俗所傳孝經題曰鄭注爰在近古皆云鄭注即康成而魏晉之朝無有此說至晉穆帝永和十二年及孝武帝太元元年再聚羣臣共論經義有荀茂祖者撰集孝經諸說始以鄭

氏爲宗自齊梁以來多有異論陸澄以爲非玄所注請不藏於秘省王儉不依其請遂得見傳於時魏齊則立於學官著於律令然孝經非玄所注其驗十有二條按鄭君自序云遭黨錮事起逃難注禮注古文尚書毛詩論語爲袁譚所逼來至元城乃注周易都無注孝經之文其驗一也鄭君卒後其弟子追論師著及應對時人謂之鄭志其言鄭所注者惟有毛詩三禮尚書周易都不言鄭注孝經其驗二也又鄭志目錄記鄭之所注五經之外

有中候書傳七政論乾象歷六藝論毛詩譜答臨碩難禮駁許慎異義發墨守鍼膏肓及答甄子然等書寸紙片言莫不悉載若有孝經之注無容匿而不言其驗三也鄭之弟子分授門徒各述師言更相問答編錄其語謂之鄭記惟載詩書禮易論語其言不及孝經其驗四也趙商作鄭先生碑文具稱諸所注箋駁論亦不言注孝經晉中經簿周易尚書中候尚書大傳毛詩周禮儀禮禮記論語凡九書皆云鄭氏注名玄至於孝經則稱鄭

氏解無名玄二字其驗五也春秋緯演孔圖云康成注禮書易尚書論語其春秋孝經則有評論宋均於詩譜序云我先師北海鄭司農則均是玄之傳業弟子也師所注述無容不知而云春秋孝經惟有評論非玄之所注於此特明其驗六也又宋均孝經緯注引鄭六藝論敘孝經云玄又爲之注司農論如是而均無聞焉有義無辭令予昏惑舉鄭之語而云無聞其驗七也宋均春秋緯注云爲春秋孝經畧說則非注之謂所言玄又爲之注者

泄辭耳非事實其序春秋亦云玄又爲之注也寧可復責以實注春秋乎其驗八也後漢史書存於代者有謝承薛瑩司馬彪袁山松等其爲鄭玄傳者載其所注皆無孝經其驗九也王肅孝經傳首有司馬宣王之奏云奉詔令諸儒注述孝經以肅說爲長若先有鄭注亦應言及而都不言鄭其驗十也王肅注書發揚鄭短凡有小失皆在訂證若孝經此注亦出鄭氏被肅攻擊最應繁多而肅無言其驗十一也魏晉朝賢論辨時事諸注無不撮

引未有一言引孝經之注其驗十二也凡此證驗易爲討覈而代之學者不覺其非乘彼謬說競相推舉諸解不立學官此注獨行於代觀夫言語鄙陋義理乖疎固不可以示彼後來傳諸不朽至古文孝經孔傳本出孔氏壁中語甚詳正無俟商搉而曠代亡逸不復流行至隋開皇十四年祕書學士王孝逸於京市陳人處買得一本送與著作郎王劭劭以示河間劉炫仍令校定而此書無兼本難可依憑炫輒以所見率意刊改因著古文孝經

稽疑一篇邵以爲此書經文盡正傳義甚美而歷代未嘗置於學官良可惜也然則孔鄭二家雲泥勢隔今發綸音問校其所長愚謂行孔廢鄭於義爲允國子祭酒司馬貞議曰今文孝經是漢河間王所得顏芝本至劉向以此本參校古文省除繁惑定爲此一十八章其注相承云是鄭玄所注而鄭志及目錄等不載其故往賢共疑焉惟荀昶范曄以爲鄭注故昶集解孝經具載此注而其序以鄭爲主是先達博選以此注爲優且其注縱非鄭

氏所作而義旨敷暢將爲得所其數處小有非穩實亦未爽經傳其古文二十二章元出孔壁先安國作傳緣遭巫蠱代未之行荀昶集注之時尚有孔傳中朝遂亡其本近儒欲崇古學妄作此傳假稱孔氏輒穿鑿改更又僞作閨門一章劉炫詭隨妄稱其善且閨門之義近俗之語非宣尼之正說按其文云閨門之內具禮矣乎嚴兄妻子臣妾繇百姓徒役也是比妻子於徒役文句凡鄙不合經典又分庶人章從故自天子已下別爲一章仍加

子曰二字然故者連上之詞既爲章首不合言故是古文既亡後人妄開此等數章以應二十二章之數非但經文不眞抑亦傳習淺僞至注用天之時因地之利其略曰脫衣就功暴其肌體朝暮從事露髮塗足少而習之其心安焉此語雖傍出諸子而引之爲注何言之鄙俚乎與鄭氏之所云分別五土視其高下高田宜黍稷下田宜稻麥優劣懸殊曾何等級今議者欲取近儒詭說殘經缺傳而廢鄭注理實未可望請準式孝經鄭注與孔傳

依舊倶行五月五日詔鄭仍舊行用孔注傳習者稀亦存繼絶之典頗加獎飾按邢疏云是時蘇宋文吏拘於流俗不能發明古義奏議排子玄令諸儒對定司馬貞與學生郗常等十人盡非子玄卒從諸儒之說至十年上自注孝經頒于天下卒以十八章爲定

經典序錄曰鄭注相承以爲鄭玄按鄭志及中經簿無惟中朝穆帝講習孝經云以鄭玄爲主檢孝經注與康成注五經不同未詳是非

文獻通考陳氏曰世傳秦火之後河間人顏芝得孝經藏之以獻河間王今十八章是也相承云康成作注而鄭志目錄不載故先儒並疑之古文有孔安國傳不行於世劉炫爲作稽疑一篇所謂劉炫明安國之本陸澄譏康成之注者也及唐開元中詔議孔鄭二家劉知幾以爲宜行孔廢鄭諸儒非之卒行鄭學按三朝志五代以來孔鄭注皆亡周顯德中新羅獻別序孝經卽鄭注者而崇文總目以爲咸平中日本僧奝然所獻未詳孰是世少有其本乾道中熊克子復袁樞機仲得之刻於京口學宮而孔傳不可復見矣

謹案孔傳今有刊本載入鮑氏知不足齋叢書而鄭註訖不復見故備錄孔鄭二家興替大畧卷端而於鄭註散軼者仍加掇拾凡鈔出釋文五十八條正義三十二條毛詩疏一條禮記疏一條公羊疏一條史記註一條後漢書註一條文選註一條初學記一條書鈔五條通典一條

孝經註
漢　北海鄭康成解　宜黃黃士誥核
開宗明義章　仲尼尻　尻尻講堂也
曾子侍　卑在尊者之側曰侍
先王有至德要道　禹三王最先者案五帝官天下
三王禹始傳於殷於殷配天故爲孝教之始王謂
文王也至德孝悌也要道禮樂也　也並釋文
夫孝德之本也　人之行莫大於孝故爲德本　正義云此依鄭注引其聖治章文也

身體髮膚受之父母不敢毀傷　父母全而生之已
當全而歸之　正義云此依鄭注引祭義樂正子春之言也
以顯父母　父母得其顯譽也卌彊而仕行步不逮
縣車致仕　釋文
夫孝始於事親中於事君終於立身　父母生之是
事親爲始四十彊而仕是事君爲中七十致仕是
立身爲終　正義
大雅云無念爾祖　雅者正也　正義　無念無忘也　釋文
天子章　蓋天子之孝也　蓋者謙辭

甫刑云一人有慶兆民賴之　書錄王事故證天子
之章引類得象
諸侯章　制節謹度滿而不溢　費用約儉謂之制節愼
行禮法謂之謹度無禮爲驕奢泰爲溢　並正義
富貴不離其身　薄賦斂省傜役列土封疆　釋文
詩云戰戰兢兢如臨深淵如履薄冰　戰戰恐懼兢
兢戒愼臨深恐墜　釋文作隊　履薄恐陷義取爲君恒須
戒懼　正義
卿大夫章　非先王之法服不敢服　法服謂日月星辰山

龍華蟲藻火粉米黼黻絺繡天子服日月星辰諸
侯服山龍華蟲卿大夫服藻火士服粉米　書鈔　皆謂
文繡也田獵卜筮冠素積
身無擇行　禮以檢奢
然後能守其宗廟　爲作宮室　並釋文
蓋卿大夫之孝也　張官設府謂之卿大夫　禮記疏
詩云夙夜匪解　夜莫也解惰也
士章　資於事父以事母而愛同　資者人之行也　並釋文
故以孝事君則忠　移事父孝以事於君則爲忠矣

以敬事長則順　移事兄敬以事於長則爲順矣並正
義
然後能保其祿位而守其祭祀　食稟爲祿爲曰祭
一本作始別是非此有脫文○案釋文所引鄭注日爲祭文義多有脫誤姑竝錄之以俟
參攷
庶人章　用天之道　春生夏長秋斂冬藏釋文
分地之利　分別五土視其高下正義若高田宜黍稷
下田宜稻麥丘陵阪險宜種棗栗初學記○一作宜種桑栗棗棘
釋文作宜棗棘
謹身節用以養父母　行不爲非度財爲費什一而
出無所復謙釋文
而患不及者　諸家皆以爲患及身今詳以爲自患
不及釋文作故患難不及其身也　書曰天道福善禍淫又曰惠
迪吉從逆凶惟影響
未之有也　善未有也並正義
三才章　曾子曰甚哉　語喟然
民之行也　孝弟恭敬民皆樂之
其政不嚴而治　政不煩苛也並釋文

先王見教之可以化民也　見因天地教化人之易
也正義
先之以敬讓而民不爭　上好義而民不爭若文王
敬讓於朝虞芮推畔於田則下効之
詩云赫赫師尹民具爾瞻　師尹若冢宰之屬也女
當視民並釋文
孝治章　昔者明王之以孝治天下也　昔古也公羊序疏
不敢遺小國之臣而況於公侯伯子男乎　聘問天
子無恙五年一朝郊迎芻禾百車以客釋文云本或作以客
禮待之　夜設庭燎　又云在地曰燎執之曰燭樹之門外曰大燭於內曰庭燎皆是照衆
爲明　當爲王者侯者候伺伯者長男者任也德不倍
別優
故得萬國之歡心　五年一巡守勞來並釋文
不敢侮於鰥寡　丈夫六十無妻曰鰥婦人五十無
夫曰寡毛詩疏
治家者　理家謂卿大夫正義
不敢失於臣妾　男子賤稱
故得人之歡心以事其親　小大盡節養

故生則親安之　生則致其樂並釋文
聖治章　天地之性人爲貴　貴其異於萬物也正義
周公郊祀后稷以配天　配靈威仰也通典
宗祀文王於明堂以配上帝　明堂居國之南南是
明陽之地故曰明堂正義　上帝者天之别名也神無
二主故異其處避后稷也史記封禪書注
各以其職來祭　於朝越嘗重譯釋文
以養父母日嚴　致其樂親近於母
其政不嚴而治　不令而行並釋文

其所因者本也　本謂孝也正義
續焉大焉上焉字釋文云本今作莫
厚莫重焉　復何加焉釋文
故不愛其親而愛他人者謂之悖德　若桀紂是也
正義
言思可道　言中詩書
進退可度　難進而盡中易退而補過
則而象之　傚漸也不令而伐謂之暴並釋文
詩云淑人君子其儀不忒　淑善也忒差也義取君
子威儀不差爲人法則正義
紀孝行章　盡禮也釋文云一本作盡其敬也一本作盡其敬禮也今本作居則致其敬
病則致其憂　色不滿容行不正履
喪則致其哀　擗踊哭泣盡其哀情並正義
祭則致其嚴　齋戒沐浴明發不寐書鈔○釋文作齊必變食敬忌
踧
在醜不爭　不忿爭也
爲下而亂則刑　好亂則刑罰及其身也
猶爲不孝也　不敢惡於人親並釋文

五刑章　五刑之屬三千　科條三千謂劓墨宫割本今無割
字　大辟穿窬盜竊者劓劫賊傷人者墨男女不與
禮交者宫割　人垣牆開人關闔者　手殺人
者大辟釋文
非侮聖人者無法釋文云本今無侮字
非人行者無親釋文云一本作非孝行
廣要道章　莫善於弟　人行之次也
莫善於樂　樂感人情者也惡鄭聲之亂樂也
莫善於禮　上好禮則民易使也並釋文

禮者敬而已矣　敬者禮之本也正義

故敬其父則子說　盡禮以事釋文

廣至德章　非家至而日見之也　言教不必家到戶至日見而語之文選注引作非門到戶至而日見也但行孝於內其化自流於外正義

教以孝所以敬天下之爲人父者也　天子事三老

教以弟所以敬天下之爲人兄者也　天子兄弟五更並釋文

廣揚名章　君子之事親孝故忠可移於君　以孝事君則忠

事兄弟釋文云本作悌故順可移於長　以敬事長則順

居家理故治可移於官　君子所居則化故可移於官也

是以行成於內而名立於後世矣　修上三德於內名自傳於後代並正義

諫諍章　是何言歟釋文云本今作與　孔子欲見諫諍之端

天子有爭臣七人雖無道不失天下釋文本或作不失其天下

七人謂三公及前疑後丞左輔右弼後漢書注○釋文作左輔

右弼前疑後丞使不危殆正義云案孔鄭二注並引禮記文王世子以解七人之義記曰虞夏商周有師保有疑丞設四輔及三公不必備惟其人

父有爭子則身不陷於不義　父失則諫故免陷於不義正義

感應章　昔者明王事父孝故事天明　盡孝於父則其分理也

宗廟致敬鬼神著矣　事生者易故重其文也正義云舊注以爲事生者易事死者難聖人慎之故重其文與此文同疑即指鄭氏注

無所不通　孝悌之至則重譯來貢並釋文

無思不服　義取德教流行莫不服義從化釋文作莫不被

事君章　進思盡忠　死君之難爲盡忠文選注也正義

喪親章　孝子之喪親也　生事已畢死事未見故發此事

哭不偯　氣竭而息聲不委曲並正義

禮無容　觸地無容書鈔

言不文　不爲趨翔書鈔引作不爲文飾唯而不對也

服美不安　去文繡衣衰服也並釋文

聞樂不樂　悲哀在心故不樂也正義

食旨不甘　禮三年之喪不嘗鹹酸而食粥朝一溢米暮一溢米釋文

毀不滅性　毀瘠羸瘦孝子有之注文選

喪不過三年　三年之喪天下達禮正義不肖者企而及之賢者俯而就之再期釋文

爲之棺椁衣衾而舉之　周尸爲棺周棺爲椁正義衾謂單可以亢尸而起也釋文

陳其簠簋而哀慼之　簠簋祭器受一斗二升方曰簠圓曰簋盛黍稷稻粱器陳奠素器而不見親故哀慼也書鈔

擗踊哭泣哀以送之　啼號竭情也釋文

卜其宅兆而安厝之　宅墓穴也兆塋域也葬事大故卜之書鈔

春秋祭祀以時思之　寒暑變移益用增感以時祭祀展其孝思也書鈔○御覽引此云四時變易物有成熟將欲食之故薦先祖念之若生不忘親也

生事愛敬死事哀慼　無遺纖也

生民之本盡矣死生之義備矣孝子之事親終矣　尋繹天經地義究竟人情也行畢孝成並釋文

孝經內事

漢　南陽宋均註　　南城鄭作梅校

天子行孝德則景星見

王者動得天度止得地意從容中道陰陽合度則太微五帝座星明以光也

王者得禮之制不傷財不害民君臣和草木昆蟲各象正性則三台爲齊明不潤不狹如其度

宋均云君臣制度宮室車旗多少各有斜品則應也

王者敬諸父有差則火角光明以揚

宋均云諸父伯仲叔季也斗爲帝車所乘也角堅剛而居帝前帝敬諸父感天應之也

王者遠嫌別微殊貴賤抑驕臣息亂子則屛星爲之明以潤章大也

天子得雲臺之禮則五車均明河行不離其常

宋均云天子考察天氣若梓愼見星之侵者也所以獲福禳灾五車主五穀民禳災得福民無飢寒之困五穀星之明以應之河若離常則有決溢之憂則九穀失所植矣

昆弟有親親之恩則鈎鈐入房

宋均云房心爲天子明堂布政之宮長幼厚則政著明房心應之而時也

彗在北斗禍大起在三台臣害君在大微君害臣在天獄諸侯作禍彗行所指其國大惡四彗在月中者若有德天下欣心大豐盛（御覽本作孝經內記始皇本紀正義引此亦作內記）

序録

隋志劉炫撰古文孝經述義五卷唐志同

隋書本傳曰炫字光伯河間景城人也少以聰敏見稱與信都劉焯並稱二劉煬帝時爲太學博士著孝經述義行於世

正義曰古文孝經孔傳本出孔氏壁中語甚詳正無俟商搉而曠代亡逸不被流行隋開皇十四年[redacted]書學生王逸於京市陳人處買得一本送與著作王劭以示河間劉炫仍令挍定而此書更無兼

本難可依憑炫輙以所見率意刊改因著古文孝經稽疑一篇下有劉子元司馬貞議今古文孝經長短與廢文多不録

謨按隋志炫於尚書毛詩春秋論語皆有述義雖畧散見諸經正義而無成說可采惟邢昺孝經疏中引炫義獨有本末今並鈔出凡十一條

孝經述義

隋　河間劉炫撰　　金谿何士杰校

孔子自作孝經本非曾參請業而對也士有百行以孝爲本本立而後道行道行而後業就故曰明王之以孝治天下也然則治世之要孰能非乎徒以教化之道因時立稱經典之目隨事表名至使威儀禮節之餘盛傳當代孝悌德行之本隱而不彰夫子運偶陵遲禮樂崩壞名教將絶特感聖心因弟子有請問之道師儒有教誨之義故假曾子之言以爲對揚之

體乃非曾子實有問也若疑而始問答以申辭則曾子應每章一問仲尼應每問一答按經夫子先自言之非參請也諸章以次演之非待也且辭義血脈文連旨環而開宗題其端緒餘章廣而成之非一問一答之勢也理有所極方始發問又非請業請答之事首章言先王有至德要道則下章云此之謂要道也非至德其孰能順民皆遥結道本答曾子也舉此爲例凡有數科必其主爲曾子言首章答曾子已了何由不待曾子問更自述而修之且三起曾參侍坐與

之别二者是問也一者歎之也故假言參問曾子坐也與之論孝開宗明義上陳天子下陳庶人語盡無更端於曾子未有請故假參歎孝之大又說以孝爲理之功說之以終欲言其聖道莫大於孝又假參問乃說聖人之德不加於孝在前論敬順之道未有規諫之事慇懃在悦色不可頓說犯顔故須更借曾子言陳諫爭之義此皆孔子須參問非參須問孔子也莊周之斥鴳笑鵬罔兩問影屈原之漁父鼓枻太卜拂龜馬卿之烏有無是揚雄之翰林子墨寧非師祖

製作以爲楷模者乎若依鄭註實居講堂則廣延生徒侍坐非一夫子豈凌人侮衆獨與參言邪且云汝知之乎何必直汝曾子而參先避席乎必其徧告諸生又有對者當參不讓儕輩而獨答乎假使獨與參言言畢參自集録豈宜稱師字者乎由斯言之經教發極夫子所撰也而漢書藝文志云孝經者孔子爲曾子陳孝道也謂其爲曾子特說此經然則聖人之有述作豈爲一人而已斯皆誤本其文致茲乖謬也所以先儒注解多所未行唯鄭玄之六藝論曰孔子以六藝題目不同指意殊别恐道離散後世莫知根源故作孝經以總會之其言雖則不然其意頗近之矣然入室之徒不獨假曾子爲言以參偏得孝名也老子曰六親不和有孝慈然則孝慈之名因不和而有若萬行俱備稱爲人聖則凡聖無不盡也而家有三惡舜稱大孝龍逄比干忠名獨彰君不明也孝已伯奇之名偏著母不慈也曾子性雖至孝葢有由而發矣藜蒸不熟而出其妻家法嚴也耘瓜傷苗幾殞其命明父少恩也曾子孝名之大其或由茲[illegible]參

性遲朴躬行匹夫之孝也

夫子敘經申述先王之道詩書之語事有當其義則引而證之示言不虚發也七章不引者或事義相違或文勢自足則不引也五經唯傳引詩而禮則雜引詩書及易並意及則引若汎指則云詩曰詩云若指四始之名即云國風大雅小雅魯頌商頌若指篇名即言句曰武曰皆隨所便而引之無定例也

愛惡俱在於心敬慢並見於貌愛者隱惜而結於内敬者嚴肅而形於外

孔傳蓋者辜較之辭劉炫云辜較猶梗槩也孝道既廣此纔舉其大畧也而鄭註云蓋者謙辭若以制作須謙則庶人亦當謙矣苟以名位須謙夫子曾為大夫於士何謙而亦云蓋也斯則卿士以上之言蓋者並非謙辭可知也

甫刑卽尚書呂刑也後為甫侯故稱甫刑炫以為遭秦焚書各信其學後人不能改正而兩存之也

母親至而尊不至豈則尊之不極也君尊至而親不至豈則親之不極也惟父既親且尊故曰兼也

遺謂意不存錄侮謂忽慢其人失謂不得其意小國之臣位卑或簡其禮故云不敢遺也鰥寡人中賤弱或被人輕侮欺陵故曰不敢侮也臣妾營事產業宜須得其心力故云不敢失也明王況公侯伯子男諸侯況士民卿大夫況妻子者以王者尊貴故況列國之貴者諸侯差卑故況國中之卑者以五等皆貴故況其卑也大夫或事父母故事父母故況家人之貴者也

德者得於理也義者宜於事也得理在於身宜事見於外謂理得事宜行道守正故能為人所尊也

詩美民之父母證君之行教未證至德之大故於詩下別起歎辭所以異於餘章

禮記內則云子事父母慈以旨甘喪服四制云高宗慈良於喪莊子曰事親則孝慈此並施於事上夫愛出於內慈為愛體敬生於心恭為敬貌此經悉陳事親之迹寧有接下之文夫子據心而為言所以唯稱愛敬曾參體貌而兼取所以并舉慈恭

案下文云子不可以不爭於父臣不可以不爭於君

則為子為臣皆當諫爭豈獨大臣當爭小臣不爭乎豈獨長子當爭其父衆子不爭者乎若父有十子皆得諫爭王有百辟惟許七人是天子之佐乃亞於匹夫也又案洛誥云成王謂周公曰誕保文武受民亂為四輔冏命穆王命伯冏惟予一人無良實賴左右前後有位之士匡其不及據此而言則左右前後四輔之謂也疑丞輔弼當指於諸臣非是別立官也謹案周禮不列疑丞周官歷叙羣司顧命總名卿士左傳云龍師鳥紀曲禮云五官六大無言疑丞輔弼專

掌諫爭者若使爵視於卿祿比次國周禮何以不載經傳何以爲文且伏生大傳以四輔解爲四鄰孔注尙書以四鄰爲前後左右之臣而不爲疑丞輔弼安得又采其說也左傳稱周辛甲之爲太史也命百官箴王闕師曠說匡諫之事史爲書瞽爲詩士誦箴諫大夫規誨士傳言官師相規工執藝事以諫此則凡在人臣皆合諫也夫子言天子有天下之廣七人則足以見諫爭功之大故舉少以言之也然父有爭子士有爭友雖無定數要一人爲率自下而上稍增二人則從上而下當如禮之降殺故舉七五三人也

序錄

隋志犍爲文學爾雅注三卷

經典敘錄曰犍爲郡文學卒史臣舍人漢武帝時待詔闕中卷

經義考曰按舍人待詔在漢武時此釋經之最古者其書雖不傳閒采於邢氏之疏疏所未載字義可考者猶若干條見之陸氏釋文

謹案陸氏經典敘錄此書原闕中卷故自釋訓以下釋草以上竝無一語見釋文及諸疏惟賈思勰齊民要術引釋獸一條酈道元水經注引釋水二條賈酈二人著書俱在陸前必猶及見全本也又釋文及諸經疏俱引作舍人曰惟陸璣詩疏所引二條稱犍爲文學此陸璣三國時吳人故其稱謂如此而文選羽獵賦注一引爾雅犍爲舍人注一引釋詁郭舍人注舍人姓郭亦惟見此別無考証今竝鈔出邢疏八十四條釋文四十三條毛詩釋文二條尙書疏五條毛詩疏十六條禮記疏一條左傳疏七條公羊疏一條齊民要術二條水經注

三條陸璣詩疏二條文選注二條

爾雅註

漢　犍爲文學撰　　新城潘洪恩校

冡大也　冡封之大也

漠謀也　漠者心之謀也

黃髮齯齒鮐背耉老壽也　黃髮者老人髮白復黃也鮐背者老人氣衰皮膚消瘠背若鮐魚耉觀也血氣精華觀竭言色赤黑如狗矣邢疏

謔浪笑敖戲謔也　謔戲也浪意萌也笑心樂也敖意舒也戲笑邪戲也謔笑之貌也毛詩疏

崇充也　威大充盛左傳疏

肩勝也　肩强之勝也

余身也　余謙卑之身也

殲盡也　殲衆之盡也

瘨癙瘇痒　皆心憂憊之病也邢疏

話言也　話政之善言也尚書疏

匿蔽竄微也　匿者藏之微也蔽者覆障使微也竄者行之微也是皆微昧不顯揚也

毗劉暴樂也　毗劉暴樂之意也木枝葉稀疏不均

爲槃築
楨翰榦也　楨正也築牆所立兩木也翰所以當[illegible]
兩邊障土者也
圉垂也　圉拒邊垂也
棲遟息也　棲遟行歩之息也竝邢疏
供峙舍人本作偫共具也　共具物也偫具事也文選注
算數也　釋數之曰算
亂治也　亂義之治也竝尙書疏
溢愼也　溢行之愼也邢疏

享孝也珍享獻也　獻珍物曰珍獻食物曰享文選注
燠煖也　燠溫煖也尙書疏
驛傳也爾雅本作馹遽傳也　驛尊者之傳也左傳疏
原再也舍人本作蠃音同
蓋割裂也舍人本作害竝釋文
庇庥廕也　庇蔽也庥依止也
祺祥也　祺祥之祥謂徵祥也
琛寶也　美寶曰琛
茅明也　茅昧之明也

氂罽也　氂所謂毛罽也胡人績羊毛而作衣
烘燎也煁烓也　烘以火燎也煁烓竈也竝邢疏
懠怒聲也同上　䊵舍人本作紨介也　紨羅也介別也
宨舍人本作跳　跳者躍之間竝釋文
濬幽深也哲智也　濬下之深也哲大智也邢疏
僨僵也　背踣意也
偟暇也　閑暇無事也竝左傳疏
宵夜也　宵陽氣消也邢疏
廩廯也　廩必鮮也釋文

愷悌發也愷舍人本作闓　闓明發行
靦姡也　靦檀也一曰面貌也謂自專擅之貌竝毛詩疏
明明斤斤察也　明明甚明也斤斤物精詳之察
條條舍人本作攸攸
矯矯　得勝之勇也
洸洸舍人本作潢潢音同
薨薨舍人本作雄雄
委委佗佗舍人本作禕禕它它　禕禕者心之美也
忯忯舍人本云渠支反

赫赫舍人本作奭奭失石反

墫墫　舞貌

夢夢訰訰亂也　夢夢訰訰煩懣亂也並釋文

邈邈悶也　藐藐憂悶也邢疏

仇仇敖敖傲也敖敖舍人本作謷謷傲作毀　仇仇無倫理之貌

謷謷衆口毀人之貌釋文

佌佌瑣瑣小也　佌佌形容小貌瑣瑣計謀褊淺之

貌

畟畟耜也　畟畟耜入地之貌

繹繹生也　穀皆生之貌並邢疏

峩峩祭也　峩峩奉璋之貌毛詩疏

子子孫孫引無極也　子孫長行美道引無極也

皋皋琄琄刺素食也　皋皋不治之貌

謔謔謞謞崇讒慝也　謔謔謞謞皆盛烈貌

抑抑密也　威儀密靜也

朔北方也　朔盡也北方萬物盡故言朔也並邢疏

饎舍人本作喜酒食也　喜古曰饎釋文

是刈是濩　是刈刈取之是濩煑治之邢疏

履帝武敏敏舍人本作畝　古者姜嫄履天帝之迹於畎畝

之中而生后稷釋文

暴虎徒搏也　無兵空手搏之邢疏

籧篨戚施　籧篨巧言也戚施令色誘人也

夸毗體柔也　卑身屈己也並釋文

斪斸謂之定　斪斸鉏也一名定齊民要術

歸異出同流肥　水異出流行合同曰肥

水草交爲湄　水草木交合也並水經注

卉草　凡百草一名卉尚書疏

菉王芻　菉一名王芻

蔚牡菣　蔚一名牡菣並邢疏

瓠舍人本作觚棲瓣　觚瓠也釋文

戎菽謂之荏菽　今以爲胡豆毛詩疏

莪蘿　莪一名蘿

白華野菅　白華一名野菅

瓞瓝其紹瓞　瓞名瓝小瓜也紹繼謂瓞子漢中小

瓜曰瓞

臺夫須　臺一名夫須

荍蚍衃　荍一名蚍衃

紅蘢古其大者蘬　紅一名蘢其大者名蘬

萍蓱　萍一名蓱大者名蘋竝邢疏

瓝九葉　瓝九葉九枚共一莖

倚商活脫倚舍人本作猗音同

芑輿蕢輿舍人本作蕢竝釋文

蒤委葉　蒤一名委葉邢疏

中馗菌舍人本作中嫣　菟奚名顆東顆東名中嫣釋文

苕陵苕黃華蔈白華茇　苕陵苕也黃華名蔈白華

名茇別花色之名也

蔨藿　蔨一名藿

稂童粱　稂一名童粱

購蔏蔞　購一名蔏蔞

長楚銚芅　長楚一名銚芅竝邢疏

菥蓂大薺　薺有小故言大薺齊民要術

葭華　葭一名華毛詩疏

栲山樗　栲名山樗邢疏

杻檍　杻名檍毛詩疏

栭　江淮之間呼小栗為栭栗毛詩釋文

蔜莖著舍人本作柢都○釋文

杜甘棠　杜赤色名赤棠白者亦名棠邢疏

秋藏樟貢棊樟舍人本作皋

櫟其實梂　櫟其實名梂也

櫬梧

樸枹者

謂櫬采薪采薪即薪舍人引上句櫬梧來合在此句以謂字作藁云　櫬者

其理也樸者相追附也藁者莖也如竹箭一讀曰

枹也櫬名采薪又名即薪竝釋文

桑辨有葚梔　桑樹一半有葚半無葚為梔

唐棣栘　唐棣一名栘

常棣棣　常棣一名棣竝邢疏

椅梓　梓一名椅毛詩疏

魄木符婁舍人本符婁屬下句

蜚蠦蜰　蜚蠦一名蜰

螗蜩蚻　皆蟬也方語不同三輔以西為蜩梁宋以

東謂蜩為蝘蚻小蟬也竝邢疏

奚相舍人本作奚桑 釋文

蜉蝣渠略 蜉蝣一名渠略南陽以東曰蜉蝣梁宋之間曰渠略似蛣蜣身狹而長有角黃色叢生糞土中朝生暮死豬好啖之邢疏

蛗螽蚣蝑 今所謂舂黍也毛詩疏

不蜩蟷蠰 不蜩名蟷蠰今之螳蜋也禮記疏

螟蛉桑蟲 螟蛉者桑上小青蟲也似步屈其色青而細小或在草葉上

食苗心螟食葉蟘食節賊食根蟊 此四種蟲皆蝗也並陸璣詩疏

伊威委黍 伊威名委黍

蠨蛸長踦 蠨蛸名長踦

熒火即炤 夜飛有火蟲也並毛詩疏

鯉鱣 鯉一名鱣邢疏

鮎舍人本無此字 釋文

鱧鯇 鱧一名鯇邢疏

鯊鮀 鯊石鮀也毛詩釋文

貝 水中蟲也邢疏

活東舍人本作蝌東 釋文

蝮蜪 蝮一名蜪江淮以南曰蝮江淮以北曰蜪邢疏

隹其鳺鴀 鵻一名鳺鴀今楚鳩也左傳疏

鷑鳩鵧鷑 鷑鳩一名鵧鷑今之斑鳩邢疏

舒鳧鶩 鳧野名也鶩家名也左傳疏

鳽鵁鶄 鳽一名鵁鶄詩疏引舍人本作洿澤

桃蟲鷦其雌鴱 桃蟲名鷦其雌名鴱並邢疏

鷽斯鵯鶋雗為舍人以為壁屋 水經注

鴽鴾母舍人本作無 釋文

巂周燕燕鳦 巂周燕燕鳦鳥一物三名

鴟鴞鸋鴂 鴟鴞一名鸋鴂並邢疏

鵻其夫不 鵻名其夫不毛詩疏

西方曰鶅東方曰鶅南方曰翟西方曰鷷 釋四方之雉名也左傳疏

春鳸鳻鶞 相五土之宜趣民耕種者也

夏鳸竊玄 趣民耘苗者也

秋鳸竊藍 趣民收斂者也

冬鳸竊黃 趣民蓋藏者也

棘鳸竊丹　爲果驅鳥者也
行鳸唶唶　晝爲民驅鳥者也
宵鳸嘖嘖　夜爲農驅獸者也
桑鳸竊脂　爲蠶驅雀者也
老鳸鷃鷃　趣民收斂令不得晏起者也按邢疏引左傳九鳸爲九農正以此八鳸并上鳸鶡爲九賈逵註云云舍人樊光注爾雅其言亦與賈同故竝錄之
皇黃鳥　皇名黃鳥
晨風鸇　晨風一名鸇摯鳥也
鷹隼醜其飛也翬　謂隼鶻之屬也竝邢疏

亢鳥嚨　亢鳥高飛也嚨嚨財可見也釋文
狠牡貛牝狠其子貗絕有力迅　狠牡名貛牝名狠其子名貗絕有力者名迅
貒貗　貒一名貗
所寢檜　豕所寢草名爲檜竝邢疏
貔白狐其子豰　貔名白狐其子名豰尚書疏
羆如熊黃白文　羆如熊色黃白也邢疏
驨如馬一角不角者騏　驨如馬而有一角不有角者名騏公羊疏

猶如麂猶舍人本作鸞
寓屬舍人本作廣屬
鼫鼠　其鳴如犬也竝釋文
鼫鼠　詩碩鼠五枝鼠也毛詩疏
騉蹄趼善陞甗　騉蹄者淵蹄也趼平也謂蹄平正善陞甗者登山隒也一云甗者阪也言騉善登高歷險上下於阪秦時有騉蹄苑是也邢疏
騉駼枝蹄趼善陞甗　騉駼者外國之名枝蹄者枝足也

前足皆白騱舍人本作雞
後足皆白狗舍人本作狗
白馬黑鬣鬣舍人本作髦竝釋文
陰白雜毛駰　今之泥驄也
彤白雜毛騢　赤白雜毛今赭馬名騢
一目白瞯二目白魚　一目白曰瞯二目白爲魚
青驪駽　青驪馬今名駽馬也
騂　赤色名曰騂竝毛詩疏
馬的顙白顛　的白也顙額也額有白毛今之戴星

馬也易震爲駒顙

田獵齊足　田獵取牲於苑圃之中追飛逐走取其疾而已並邢疏

仇合也　仇相求之匹毛詩疏。以下補遺

肖繼也　肖繼世也春秋疏

㥞思也　㥞志而不得之思也

饟饋也　饟自家之野也並毛詩疏

臞瘠也　臞瘦也史記索隱

啜茹也　啜茹食也左傳疏

庶侈也　庶衆也侈多也

隍壑也　隍城池也壑溝也

郝郝舍人本作釋釋耕也　釋釋猶霍霍解散之意

鍠鍠舍人本作喤喤樂也　喤喤鐘鼓之樂也

穰穰福也　穰穰衆多之貌也

藹藹萋萋　藹藹賢士之貌萋萋梧桐之貌並毛詩疏

美士爲彥　國有美士爲人所言道邢疏

東西牆謂之序　殿東西堂序尊卑處

西北隅謂之屋漏　古者徹屋西北扉以炊浴汲者

訖而復之古謂之屋漏也

東北隅謂之宧　東北陽氣始起萬物所養故謂之宧

東南隅謂之窔　東南萬物生蟄蟲必出無不由戶窔

閍謂之椺　侏儒柱下小方木

屛謂之樹　以垣當門蔽爲樹

罧謂之汕　以薄汕魚曰罧

麋罟謂之罞　麋有難制張罞也

彘罟謂之羉　彘剛惡齕人故張網以羅之也

大笙謂之巢小者謂之和　大笙音聲衆而高也小者音相和也

大篪謂之沂　大篪其聲悲沂鏘然也詩云仲氏吹篪也

大管謂之簥其中謂之篞小者謂之篎　大管聲高大故曰簥簥[redacted]高也中者聲相密故曰篞篞密也小者聲音清妙也

大籥謂之產其中謂之仲小者謂之箹　仲其聲適

仲呂也小者形聲細小故曰紾

九夷八狄七戎六蠻謂之四海　晦冥無識不可教晦故曰四海

岠齊州以南戴日爲丹穴　自中州以南日光所照故曰丹穴

人所爲爲潏　人力以水爲居止並御覽

粢稷　粢一名稷稷粟也春秋疏

眾秫　秫黏粟也齊民要術

虋赤苗芑白苗　別米赤白苗也御覽是伯夷叔齊所

食首陽草也齊民要術

莞苻蘺　白蒲一名苻蘺楚謂之莞

唐蒙女蘿女蘿菟絲　唐蒙一名女蘿女蘿又名菟絲並毛詩疏

茥蒛葐　青州曰茥

莩麻母　莩苴麻一名麻母並御覽

杏花如茶可耕白沙說文繫傳

杞枸檵　苞杞也左傳疏

椋赤楝　椋名赤楝也

蚍蜉大螘小者螘　蚍蜉即大螘也小者即名螘也並毛詩疏

食苗心螟　食苗心者名螟言冥冥然難知也春秋疏

春鳸鳻鶞夏鳸竊玄秋鳸竊藍冬鳸竊黃桑鳸竊脂棘鳸竊丹行鳸唶唶宵鳸嘖嘖　鳻鶞相五土宜穀種樹也竊玄黑色趣民耘苗竊藍青色趣民收斂竊黃趣民蓋藏竊丹赤色爲民驅鳥行扈晝行鳴宵扈夜行鳴皆隨四時同候諸鳸爲節候也御覽

南方曰翯東方曰鶅北方曰鵗西方曰鷷　釋四方

之雉名也春秋疏

黃白騜舍人本作皇　黃白色雜名皇

青驪驎驒　色有淺深似魚鱗也並毛詩疏

青驪繁鬣騥　繁鬣馬騣也釋文○左傳疏引此云鬣鬉也

序錄

隋志爾雅圖十卷郭璞撰梁有爾雅圖讚二卷亡

晉書本傳曰璞注釋爾雅别爲音義圖譜

文心雕龍曰景純注雅動植必讚

邢昺疏曰序云别爲音圖用袪未寤者謂注解之外别爲音一卷圖讚二卷字形難識者則審音以知之物狀難辯者則披圖以别之用此音圖以袪除未曉寤者故云用袪未寤也

通志藝文畧曰爾雅圖蓋本郭注而爲圖今雖亡有郭璞注則其圖可圖也

爾雅圖贊

晉　河東郭璞撰　　金谿鄭時敏校

釋天地圖

贊曰祭地肆瘞郊天致禋氣升太一精淪九泉至敬不文明德惟鮮

星圖

贊曰茫茫地理粲爛天文四靈垂象萬類羣分眇觀六沴咎徵惟君（並類聚）

釋水

贊曰川瀆綺錯渙瀾流帶潛潤旁通經榮華外來出同歸混之東（會初學記）

比目（釋地東方有比目魚焉不比不行其名謂之鰈）

贊曰比目之鱗别號王餘雖有二片其實一魚協不能密離不爲疏

比翼（南方有比翼鳥焉不比不飛其名謂之鶼鶼）

贊曰鳥有鶼鶼似鳧青赤雖云一質氣同體隔延頸離鳴翻能合翮

比肩（西方有比肩獸焉與邛邛岠虛比其名謂之蟨）

贊曰歷與鉅虛乍兔作晁長短相濟彼我俱舉有
若自然同元共脊
軹首 中有軹首蛇焉。上並釋地
贊曰夔稱一足蛇則二首少不知無多不覺有雖
資天然無異駢拇
崑崙 釋丘三成為崑崙丘
贊曰崑崙月精水之靈府惟帝下都西羌之宇嶸
然中峙號曰天柱 並類聚
河源 釋水河出崑崙虛色白

贊曰崑崙三層號曰天柱實惟河源水之靈府 釋文
鼎 釋器鼎絕大謂之鼐
贊曰九牧貢金鼎出夏后和味養賢以無化有赫
赫三事鑒於覆餗
金銀 黃金謂之璗白金謂之銀
贊曰惟金三品揚越作貢五材所珍是謂國用務
經軍農爰及彫弄
筆 不律謂之筆
贊曰上古結繩易以書契經緯天地錯綜群藝日
用不知功蓋萬世
珪 以玉者謂之珪珪大尺二寸謂之玠。上並釋器
贊曰玉作五瑞辯章有國君子鳴佩亦以表德永
觀厥祭時惟文則
蘼蕪 釋草蘄茝蘼蕪
贊曰蘼蕪善草亂之蛇床不隕其實自別以芳佞
人似智巧言如簧
芙蕖 荷芙蕖注云別名芙蓉
贊曰芙蓉麗草一曰澤芝泛葉盈布映波擢熙伯

陽是食饗比靈期
麻 黂枲實枲麻
贊曰草皮之良莫貴於麻用無不給服無不加至
物在邇求之好遐
萍 萍蓱其大者蘋
贊曰萍之在水猶卉植地靡見其布漠爾鱗被物
無常託孰知所寄
菊 蘜治蘠注云今之秋華菊
贊曰菊名日精布華玄月仙客薄采何憂華髮 御覽

引作仙客是尋採薄持
款冬菟奚顆涷注云款冬也紫赤華生水中
贊曰吹萬不同陽煦陰蒸款冬之生擢穎堅氷物
體所安焉知渙凝
桃枝桃枝四寸有節
贊曰叢薄幽藹從風蔚猗簟以寧寢杖以扶危
芣苢芣苢馬舄馬舄車前
贊曰車前之草別名芣苢王會之云其實如李名
之相亂在乎疑似並類聚

卷施卷施草拔心不死注云宿莽也案類聚引作卷施。上並釋草
贊曰卷施之草拔心不死屈平嘉之諷詠以比取
類雖邇興有遠旨
桂釋木梫木桂注云今南人呼桂厚皮者爲木桂
贊曰桂生南裔拔萃岑嶺廣莫熙葩凌霜津穎氣
王百藥森然雲挺
椒檓大椒
贊曰椒之灌植實繁有榛薰林烈薄馞其芬辛服
之不已洞見通神

棗壺棗邊要棗
贊曰建國辨方外朝九棘因材制義赤心鯁直議
蒍卿士亮此袞職
五果
贊曰果蓏之品割嗞因宜雜曰微質貴賤有差御覽
梧桐櫬梧注云今梧桐上並釋木
贊曰桐實嘉木鳳凰所棲爰伐琴瑟八音克諧歌
以永言噰噰喈喈
蜩釋蟲蜩蜋蜩螗蜩。方言云楚謂之蜩宋衛之間謂之螗蜩陳鄭之間謂之蜋蜩秦晉之間謂之蟬

贊曰蟲之精潔可貴惟蟬潛蛻棄穢飲露恒鮮萬
物皆化人胡不然
蟷蜋不過蟷蠰其子蜱蛸。案方言云譚魯以南謂之蟷蠰三河之域謂之螳蜋
贊曰螳蜋飛蟲揮斧奮臂當轍不迴句踐是避勇
士致斃厲之以義並類聚
蚯蚓。螼蚓豎蠶注云即蛩蟺也案廣雅云蛩蟺蚯蚓也
贊曰蚯蚓土精無心之蟲交不以分婬於阜螽觸
而感物無乃常雄
蚍蜉蚍蜉大螘小者螘

贊曰蚍蜉瓊劣蟲之不才感陽而出應雨講壑物
之無懷自然知來並御覽

尺蠖 蠖蚇蠖
贊曰貴有可賤賤有可珍嗟茲尺蠖體此屈伸諭
配龍蛇見歎聖人

熒火 熒火即炤注云夜飛腹下有火。並釋蟲
贊曰熠燿宵行蟲之微么出自腐草煙若散漂物
之相煦孰知其陶

蚌 釋魚蚌含漿
贊曰萬物變蛻其理無方雀雉之化含珠懷璫與

月虧盈協氣晦望

龜 龜俯者靈仰者謝
贊曰天生神物十朋之龜或游於火或游於蓍雖
云類殊象二一歸亹亹致用極數盡幾

貝 貝居陸贆在水者蜬
贊曰先民有作龜貝為貨貴以文采賈以小大簡
則易資犯而不過

螣蛇 螣螣蛇
贊曰螣蛇配龍因霧而躍雖欲升亓雲罷陸署材
非所任難以久託

蟒蛇 蟒王蛇。上並釋魚
贊曰蠢蠢萬生或以類長惟蛇之君是謂巨蟒小
則數尋大或言丈

燕 釋鳥燕燕鳦
贊曰燕燕于飛瑞娥以卵玄玉爰發聖敬日遠商
人是頌詠之弦管

翡翠 翠鷸

贊曰翠雀麋鳥越在南海羽不供用肉不足宰懷
璧其罪賈害以釆

鼯鼠 鼯鼠夷由。上並釋鳥
贊曰鼯之為鼠食煙棲林載飛載乳乍獸乍禽皮
藉孕婦人為大任

貔 釋獸貔白狐其子縠
贊曰書稱猛士如虎如貔貔蓋豹屬亦曰執夷白
狐之云似是而非

麟 麐麕身牛尾一角

贊曰麟惟靈獸與麐同體智在隱蹤仁表不抵孰爲來哉宣尼揮涕

兕 兕似牛

贊曰兕惟壯獸似牛青黑力無不傾自焚以革皮充武備角助文德

犀 犀似豕

贊曰犀之爲狀形兼牛豕力無不傾吻無不靡以賄嬰災因乎角犄 並類聚

狒狒 狒狒如人被髮迅走食人

贊曰狒狒怪獸被髮握竹獲人則笑脣蔽其目終乃號咷反爲我戮 爾雅

猩猩 猩猩小而好啼

贊曰能言之獸是謂猩猩厥狀似猴號音若嬰自然知往頗識物情

鼳鼠 有螫毒者

贊曰小鼠曰鼳實有螫毒乃食郊牛不恭是告厥譴惟明徵乎其覺

鼫鼠 形大如鼠頭似兎好在田中食粟豆

贊曰五能之鼠技無所執應氣而化翻飛駕集詩人歌之無食我粒

鼨鼠 豹文鼮鼠。上並釋獸

贊曰有鼠豹采厥號爲鼮漢朝莫知郎中能名賞以束帛雅業是盛

騊駼 釋畜騊駼馬

贊曰騊駼野駿產自北域交頸相摩分背翹陸雖有孫陽終不在服

駮 駮如馬倨牙食虎豹

贊曰駮惟馬類實獸之英驤首騰尾噓天雷鳴氣無不凌吞虎辟兵

馬 既差我馬差擇也宗廟齊毫戎事齊力田獵齊足

贊曰馬出明精祖自天駟十閑六種各有名類三才五御駑駿異轡

羊 羊牡羒牝牂。上並釋畜

贊曰月氏之羊其類在野厥高六尺尾亦如馬何以審之事見爾雅 並類聚

鶌鳩 如鵲短尾射之銜矢射人。補釋鳥

贊曰鸛鷒之鳥一名瞻𣬈應弦銜鏑矢不着地逢蒙縮手養由不睨 爾雅疏

孟子注

漢 北海劉熙注 南城李 圻校

叟

長老之稱 史記越世家注

王若隱其無罪

隱度也 文選崔子玉座右銘注

爲長者折枝

折枝若今之按摩也 後漢書玉賜傳注

樂正子

樂正姓也子通稱也名克 王仲寶褚淵碑文注

夫子當路於齊

當仕路也 歐陽堅石臨終詩注引綦毋邃注

則具體而微

體者四肢股脚也具體者皆微者也皆具聖人之體微小耳體以喻德也 李蕭遠運命論注

伯夷隘柳下惠不恭

隘謂疾惡大甚無所容不恭謂禽獸畜人是不敬 陶徵士誄注引綦毋邃注

原書缺第一

孟子去齊宿於晝 劉熙注作晝音獲
晝齊西南近邑 史記田單列傳注
周人百畝而徹
家耕百畝徹取十畝以爲賦也 孝經疏
秋陽以暴之
周之秋於夏爲盛陽也 沈休文齊安陸昭王碑文注引綦毋邃注
蓋歸反虆梩而掩之
虆盛土籠 毛詩釋文
爲之詭遇

横而射之曰詭遇 張平子東京賦注
景春
景春孟子時人爲縱横之術者 枚叔七發注
脅肩諂笑
脅肩竦體也 揚雄解嘲注
病於夏畦
今俗以五十畝爲大畦二十五畝爲小畦 潘安仁在懷縣詩注
驅蛇龍而放之菹

澤生草言菹 左大沖蜀都賦注引綦毋邃注
沛澤多而禽獸至
沛水草相半 後漢書崔駰傳注
知我者 罪我者
知者行堯舜之道者也罪者在王公之位見貶絶者 孔子世家注
陳仲子 螬食實者過半矣
陳仲子齊一介士也螬蟲也李實有蟲食之過半言仲子目無見也

彼身織屨妻辟纑
仲子自織屨妻紡纑以易食也緝績其麻曰辟練練曰纑也 並張景陽雜詩注
其良人出
婦人稱夫曰良人 顏延年秋胡詩注
出從而拚之
舜以權謀自免亦大聖人有神人之助也
舜避堯之子於南河之南
南河九河之最在南者

夫然後之中國踐天子位焉

天子之位不可曠年於是遂反格于文祖而當帝位帝王所都爲中故曰中國 並五帝本紀注

舜薦禹於天十有七年

若此則舜格于文祖三年之後攝禹使得祭祀與

禹避舜之子於陽城

今潁川陽城是也

益避禹之子於箕山之陰

嵩高之北 並夏本紀注

白羽 白雪 白玉

孟子以爲白羽之白性輕白雪之性消白玉之性堅雖俱白其性不同問告子告子以爲三白之性同 謝惠連雪賦注

牛山之木

南小山曰牛山 後漢書郡國志注

踰東家牆而摟其處子

摟牽也力頭切 嵇叔夜琴賦注本作劉向

其所以異於深山之野人者幾希

當此之時舜與野人相去豈遠哉 任彥升齊竟陵文宣王行狀注

摩頂放踵 劉熙本作摩頂至于踵

致至也 江文通詣建平王上書注

不以三公易其介

介操也 馬融長笛賦注

猶棄敝屣也

屣草屦可履 孔德璋北山移文注

愛而不敬獸畜之也

若人畜禽獸但愛而不能敬也言鳥亦能報恩但

不知禮敬耳今人雖有供養而無禮敬與禽獸何異乎 束晳補亡詩注

有故而去 按此條脱簡附錄于此

謂有他故不得不行或避怨仇者也 通典引綦毋邃注

獻

獻猶軒也軒在物上之稱也 何晏景福殿賦注

槽

槽者齊俗名之如酒槽也 劉伶酒德頌注○按此二條李善並引作劉熙孟子注今本文無考附錄于此

卷終

叙録

隋志趙岐孟子注十四卷

後漢書本傳曰趙岐字邠卿京兆長陵人初名嘉生於御史臺因字臺卿後避難故自改名字示不忘本土也少明經有才藝永興二年辟司空掾舉理劇爲皮氏長中常侍唐衡兄玹爲京兆虎牙都尉岐素爲貶議玹深毒恨延熹元年玹爲京兆尹岐懼禍逃避之玹果收岐家屬以重法盡殺之岐遂逃難四方江淮海岱靡所不歷自匿姓名賣餅

北海市中後諸唐死滅因赦乃出拜并州刺史遭黨錮十餘歲中平元年徵拜議郎舉燉煌太守後遷大僕終大常年九十餘卒岐多所述作著孟子章句三輔決録傳於時

題辭曰孟子題辭者所以題號孟子之書本末指義文辭之表也此書孟子之所作故總謂之孟子其篇目則各自有名孟子鄒人也魯公族孟孫之後故孟子仕於齊喪母而歸葬於魯三桓子孫既以衰微分適他國孟子生有淑質夙喪其父幼被慈母三遷之教長師孔子之孫子思治儒術之道通五經尤長於詩書周衰之末戰國縱横用兵爭强以相侵奪先生大道陵遲墮廢異端並起悼堯舜湯文周孔之業將遂湮微於是則慕仲尼周流憂世遂以儒道游於諸侯思濟斯民進不得佐興唐虞雍熙之和退不能信三代之餘風於是退而論集所與高第弟子公孫丑萬章之徒難疑答問又自撰其法度之言著書七篇二百六十一章三

萬四千六百八十五字包羅天地揆叙萬類仁義道德性命禍福粲然靡所不載又有外書四篇性善辯文說孝經爲正其文不能弘深不與內篇相似似非孟子本真後世依倣而託之者也孟子既没大道遂絀逮至亡秦焚滅經術坑戮儒生孟子徒黨盡矣其書號爲諸子故篇籍得不泯絶漢興除秦虐禁孝文皇帝欲廣遊學之路論語孝經孟子爾雅皆置博士迄今諸經通義得引孟子以明事謂之傳文五百餘載傳之者亦已衆多余生西京世尋丕祚少蒙義方訓涉典文知命之際嬰戚

於天遘屯離蹇詭姓遁身經營八紘之內十有餘年嘗息肩施擔於濟岱之間聊欲係志於翰墨以孟子閎遠微妙緼奥難見宜在條理之科於是乃述已所聞證以經傳爲之章句具載本文章别其旨分爲上下凡十四卷

謨案隋唐志俱祇載趙岐孟子注别無章旨書目以章旨卽具注中如題辭所云章别其旨謂於每章之末總論其大旨也自漢以後人書未見稱引惟李善注文選凡引五六條疑當時或尚有别本

也乾隆甲子友人南城王君賓齋從山東學使幕中以此書鈔本見寄且題其卷端云緣邵武士人僞作孟子疏本盡爲删去自疏本既行之後諸儒皆莫之見焉高麗國有所謂古本足利本者尚是趙氏原書享保辛亥西條掌書記山井鼎東都講官物觀纂輯七經孟子攷文悉取以載入今中土士夫往往有其書聘珍遊學山東得見曲阜孔葒谷繼涵所藏鈔本特爲輯出尚有譌字脫字之處俟還山再取諸書訂正云云謨時正搜纂漢魏遺書因卽據此鈔本刊入經翼叢爲上下二卷

孟子章指卷上

漢 扶風趙岐撰　金谿吳 端校

孟子見梁惠王至何必曰利

言治國之道明當以仁義爲名然後上下和親君臣集穆天經地義不易之道故以建篇立始也謹按足利本集作輯同穆睦通用

孟子見梁惠王至豈能獨樂哉

言聖王之德與民共樂恩及鳥獸則忻戴其上大平化興無道之君衆怨神怒則國滅祀絕不得保守其

所樂也

梁惠王曰至天下之民至焉

言王化之本在於使民養生喪死之用備足然後導之以禮義責己矜窮則斯民集矣

梁惠王曰至民飢而死也

言王者爲政之道生民爲首以政殺人人君之咎猶以白刃疾之甚也

梁惠王曰至王請勿疑

言以百里行仁天下歸之以政傷民民樂其亡以挺服強仁與不仁也謹按足利本也上有者字

孟子見梁襄王至誰能禦之

言定天下者一道而已不貪殺人人則歸之是故文王視民如傷此之謂也謹按足利本一道作仁政

齊宣王問曰至未之有也

言典籍攸載帝王道純桓文之事譎正相紛撥亂反正聖意弗稱故曰後世無傳未聞仁不施人猶不成德釁鐘易牲民不被澤王請嘗試欲踐其路答以反本惟是爲要此蓋孟子不屈道之言也謹按弗稱足利本作弗珍

古本稱作秤字相似誤性恐性誤路足利本作跡似是

莊暴見孟子至同樂則王矣

言人君田獵以時鐘鼓有節發政行仁民樂其事則王道之階在於此矣故曰天時不如地利地利不如人和也謹按足利本也作矣

齊宣王問曰至不亦宜乎

言譏王廣囿專利嚴刑陷民也

齊宣王問曰至王之不好勇也

言聖人樂天賢者知時仁必有勇勇以討亂而不爲

暴則百姓安之

齊宣王見至畜君者好君也

言與天下同憂者不爲慢遊之樂不循四溢之行是以文王不敢盤于遊田也

齊宣王問曰至於王何有

夫子恂恂然善誘人以進於善也齊王好貨好色孟子推以公劉太王所謂責難於君謂之恭者也

孟子謂齊宣王至王顧左右而言他

言君臣上下各勤其任無墮其職乃安其身也

言人君進賢退惡翔而後集有世賢臣稱曰舊國則四方聯仰之以爲則矣

孟子見齊宣王至可以爲民父母

齊宣王問曰至未聞弑君也

言孟子云紂以崇惡失其尊名不得以君臣論之欲以深寤齊王垂戒於後也

孟子謂齊宣王曰至彫琢玉哉

言任賢使能不違其學則功成而不墮屈人之是從己之非則人不成道玉不成器善惡之致可不察哉

齊人伐燕勝之至亦運而已矣

言征伐之道當順民心民心悅則天意得然後乃可以取人之國也謹按足利本天意得下復有天意得三字

齊人伐燕取之至可及止也

伐惡養善无貪其富以小至大夫將何懼也

鄒與魯鬨至死其長矣

言上恤其下下赴其難惡出於己害及其身如影響自然也

滕文公問曰至則是可爲也

言事無禮之國不若得民心與之守死善道也

滕文公問曰至强爲善而已矣

言君子之道正已在天强暴之來非已所招謂窮則獨善其身者也謹按足利本在天作任天

滕文公問曰至擇於斯二者

言大王去邠權也效死而守業義也義權不並故曰擇而處之也

魯平公將出至使予不遇哉

言讒邪構賢賢者[illegible]天不尤人也

公孫丑問曰至惟此時爲然

言德流之速過於置郵君子得時大行其道是以呂望覩文王而陳王閫管晏雖勤猶爲曾西所羞也謹按足利本晏作嬰似非

公孫丑問曰至未有盛於孔子也

言義以行勇則不動心養氣順道無效宋人聖人量時賢者道偏是以孟子究言情理而歸之學孔子也謹按足利本編作偏

孟子曰以力至此之謂也

言王者任德霸者兼力力服心服優劣不同故曰遠人不服脩文德以懷之謹按足利本懷作來

孟子曰仁則榮至此之謂也

言國必脩政君必行仁禍福由己不專在天言當防患於未亂也

孟子曰尊賢使能至未之有也

言修古之道鄰國之民以爲父母行今之政自己之民不得而子是故衆天擾擾非所常有命曰天吏明天所使也

孟子曰人皆至不足以事父母

言人之行當内求諸己以演大四端充廣其道上以匡君下以榮身也

孟子曰矢人至反求諸己而已矣

言各治其術術有善惡禍福之來隨行而作耻爲人役不若居仁治術之忌勿爲矢人也謹按足利本忌作忘勿爲矢人也作勿力矢也俱爲不可解耳

孟子曰子路至與人爲善

言大聖之君由采善於人故曰討及下者無遺策及

衆者無■功也

孟子曰伯夷至君子不由也

言伯夷柳下惠古之大賢猶有所闕介者必■中和爲貴純聖能然君子所由堯舜是尊

孟子曰天時至戰必勝矣

言民和爲貴貴於天地故曰德乎丘民爲天子也謹按足利本天子作天下恐非

孟子將朝王至不爲管仲者乎

言人君以尊德樂義爲賢君子以守道不回爲志

陳臻問曰至可以貨取乎

言取與之道必得其禮於其可也雖少不辭義之無處兼金不顧

孟子之平陸至寡人之罪也

言仁臣以道事君否則奉身以退詩云彼君子兮不素餐兮言不尸其祿也

孟子謂蚳鼃曰至有餘裕哉

言執職者劣藉道者優是以臧武仲雨行而不息段干木偃寢而式閭 謹按足利本問作閭爲是

孟子爲卿於齊至予何言哉

言道不合者不相與言王驩之操與孟子殊君子處世危行言遜故不尤之但不與言至於公行之喪以禮爲解也

孟子自齊至不以天下儉其親

言孝必盡心匪禮之踰論語曰生事之以禮死葬之以禮可謂孝矣

沈同以其私至何爲勸之哉

言誅不義者必須聖賢禮樂征伐自天子出天道之正也 謹按足利本天道作王道

燕人畔至又從爲之辭

言聖人親親不文其過小人順非以諂其上也

孟子致爲臣而歸至自此賤丈夫始矣

言君子正身行道道之不行命也不爲利回創業可繼是以君子以龍斷之人爲惡戒也

孟子去齊至長者絶子乎

言惟賢能安賢智能知微以愚喻智道之所以乖也

孟子去齊至士誠小人也

言大德洋洋介士察察賢者志其大者不賢者志其小者此之謂也

孟子去齊至吾何爲不豫哉

言聖賢興作與天消息天非人不因人非天不成是故知命者不憂不懼也 謹按足利本無者字

孟子去齊至非我心也

言祿以食功志以率事無其事而食其祿君子不由也

滕文公爲世子至厥疾不瘳

言人當上則聖人秉仁行義高山景行無幾不倦論語曰力行近仁蓋不虛云

滕定公薨至弔者大悅

言事莫當於奉禮孝莫大於哀慟從善如流文公之謂也

滕文公問爲國至則在君與子矣

言尊賢師知采人之善善之至也脩學校勸禮義勅民事正經界鈞井田賦什一則爲國之大本也謹按足利本之善作之養似非

有爲神農之言者至惡能治國家

言神農務本教於凡民許行蔽道同之君臣陳相倍師降於幽谷不埋万情謂之敦樸是以孟子博陳堯舜上下之叙以匡之也謹按足利本不埋万情作不理物情

墨者夷之至命之矣

言聖人緣情制禮奉終墨子玄同質而違中以直正枉憮然改容蓋其理也

陳代曰至未有能直人者也

言脩禮守正非招不往枉道富貴君子不許是以諸侯雖有善其辭命伯夷亦不屑就也

景春曰至此之謂大丈夫

言以道匡君非禮不運稱大丈夫阿意相諛善戰務勝事雖有剛心歸柔順故云妾婦以況儀衍

周霄問曰至鑽穴隙之類也

言君子務仕思播其道達義行仁待禮而動苟容求祿踰墻之女人之所賤故弗爲也

彭更問曰至食功也

言百工食力以祿養賢脩仁尚義國之所尊移風易俗其功可珍雖食諸侯不爲素餐

萬章問曰至雖大何畏焉

言脩德無小暴慢無強是故夏商之末民思湯武雖欲不王末由也已

孟子謂戴不勝曰至獨如宋王何

言自非聖人在所變化故諺曰白沙在涅不染自黑蓬生麻中不扶自直言輔之者衆也

公孫丑問曰至可知已矣

言道異不謀迫斯強之段泄已甚矙亡得宜正己直

行不納於邪赧然不接傷若夏畦也謹按足利本無赧然以下九字恐非

戴盈之曰至何待來年

言從善改非坐而待且知而爲之罪重於故譬猶攘雞多少同盜變惡自新速然後可也

公都子曰至聖人之徒也

言夫憂世撥亂勤以濟之義以匡之是故禹稷駢躓周公仰志仲尼皇皇墨突不及汗聖賢若是豈得不辯也

匡章曰至而後充其操者也

言聖人之道親親尙和志士之操耿介特立可以激濁不可常法是以孟子喻以丘蚓比諸巨擘也

孟子曰離婁至吾君不能謂之賊

言雖有巧智猶須法度國由先王禮義爲要不仁在位播越其惡誣君不諫故謂之賊明上下相須而道化行也

孟子曰規矩至此之謂也

言法則堯舜以爲規矩鑒戒桀紂避遠危殆名謚一

定千載而不可改也

孟子曰三代至惡醉而強酒

言人所安莫若爲仁惡而弗去患必及身自上達下其道一焉

孟子曰愛人至自求多福

言行有不得於人一求諸身責己之道也改行飭躬福則至矣

孟子曰人有恒言至家之本在身

言天下國家各依其本本正則立本傾則踣雖曰常

言必須敬慎也

孟子曰爲政至溢乎四海

言天下傾心思慕嚮善巨室不罪咸以爲表德之流行可以充四海也

孟子曰天下至逝不以濯

言遭衰逢亂屈服強大據國行仁天下莫敵雖有億衆无德不親執熱須濯明不可違仁也謹按足利本無也字

孟子曰不仁者至此之謂也

言人之安危皆由於已先自毀伐人乃攻討甚於天

尊敬慎而已如臨深淵戰戰恐栗也

孟子曰桀紂至此之謂也

言水性趨下民樂歸仁桀紂之敺使就其君三年之艾當而可得一時欲仁猶將沈溺所以明鑒戒也

孟子曰自暴者至而不由哀哉

言曠仁舍義自暴棄之道也

孟子曰道在爾而求諸遠

言親親敬長近取諸己則爾而易也謹按足利本爾作邇

孟子曰居下位至未有能動者也

言事上得君乃可臨民信友悅親本在於身是以曾子三省大雅矜矜以誠為貫也

孟子曰伯夷至必為政於天下矣

言養老尊賢國之上務文王務之二老遠至父來子從天之順道七年為政以勉諸侯欲使庶幾於行善也

孟子曰求也至任土地者次之

言聚斂富君弃於孔子冉求行之同聞鳴鼓以戰殺民土食人肉罪不容死以為大戮重人命之至也謹按

足利本同作閒

孟子曰存乎人者至人焉廋哉

言目為神候精之所在存而察之善惡不隱知人之道斯為審矣

孟子曰恭者至笑貌為哉

言人君恭儉率下移風人臣恭儉明其廉忠侮奪之惡何由干之而錯其心

淳于髡曰至援天下乎

言權時之義嫂溺援手君子大行拯世以道道之指也

公孫丑曰至不祥莫大焉

言父子主親相責離恩易子而教相成以仁教之義也

孟子曰事孰至若曾子者可也

言上孝養志下孝養體曾參事親可謂至矣孟子言之欲令後人則曾子也

孟子曰人不足至而國定矣

言小人為政不足閒非賢臣正君使握道機君正國

定上不邪後將何鬭也

孟子曰有不虞之譽

言不虞獲譽不可爲戒求全受毀未足懲咎君子正行不由斯二者也

孟子曰人之易其言也

言言出於身駟不及舌不惟其責則易之矣

孟子曰人之患在好爲人師

言君子好謀而成臨事而懼時然後言畏失言也故曰師哉師哉桐子之命不愼則有患矣謹按古本旁註桐讀爲僮

樂正子至日克有罪

言尊師重道敬賢事長人之大綱樂正子好善故孟子譏之責賢者備也

孟子謂樂正子曰

言學優則仕仕以行道否則隱逸免罝窮處餔啜沈浮君子不與是以孟子咨嗟樂正子也

孟子曰不孝至以爲猶告也

言量其輕重無後不可是以大舜受堯二女夫三不孝者所闕至於大聖卓然匪疑所以垂法也

孟子曰仁之實至手之舞之

言仁義之本在於孝弟孝弟之至通於神明況於歌舞而能自知蓋有諸中形於外也

孟子曰天下至此之謂大孝

言以天下之富貴爲不若得意於親故能懷協頑嚚厎豫而欣天下化之父子加親故稱盛德者必百世祀無與此崇也

孟子曰舜生至其揆一也

言聖人殊世而合其道地雖不比由通一軌故可以爲百王法也

子產聽鄭國之政至亦不足矣

言重民之道平政爲首人君由天天不家撫是故子產渡人孟子不取也

孟子告齊宣王曰至何服之有

言君臣之道以義爲表以恩爲裏表裏相應猶若影響舊君之服蓋有所與風諭宣王勸以仁也謹按足利本以仁作而仁恐非

孟子曰無罪而殺士

言君子見幾而作故趙殺鳴犢孔子臨河而不濟也

孟子曰君仁莫不仁

言君以仁義率衆孰不順焉上爲下效也

孟子曰非禮之禮

言禮義人之所以折中履其正者乃可爲中是以大人不行疑禮

孟子曰中也至不能以寸

言父兄已賢子弟既頑教而不改乃歸自然

孟子曰人有不爲也

言貴廉賤恥乃有不爲不爲非義義乃可申

孟子曰言人之不善

言好言人惡殆非君子故曰不忮不求何用不臧

孟子曰仲尼不爲已甚者

言論曰疾之已甚亂也故孟子譏踰牆距門者也 謹按足利本論作語

孟子曰大人者言不必信

言大人之行行其重者不信不果所求合義也

孟子曰大人者不失其赤子之心者也

言人之所愛莫過赤子視民則然民懷之矣大人之行不過是也

孟子曰養生者不足以當大事

言養生竭力人情所勉哀死送終行之高者事不違禮可謂難矣故謂之大事

孟子曰君子至欲其自得之也

言學必根原如性自得物來能名事來不惑君子好之朝益暮習道所以臻也

孟子曰博而詳說之

言廣尋道意詳說其事要約至義還反於樸說之美者也

孟子曰以善服人者

言五伯服人三王服心其服一也功則不同何論堯舜其是違乎

孟子曰言無實不祥

言進賢受上賞蔽賢蒙顯戮故謂之不祥也

徐子曰至君子恥之

言有本不竭無本則涸虛聲過實君子恥諸是以仲

尼在川上曰逝者斯如斯謹按足利本無上斯字

孟子曰人之至非行仁義也

言人與禽獸俱含天氣就利避害其閒不希衆人皆然君子則否聖人超絕識仁義之生於己也

孟子曰禹惡至坐以待旦

言周公能思三王之道以輔成王太平之隆禮樂之備蓋由此也

孟子曰王者至竊取之矣

言詩可以言頌詠太平時無所詠春秋乃興假史記

之文孔子正之以匡邪也

孟子曰君子之澤五世而斬

言五世一體上下通流君子小人斬各有時企以高山趺以陷汙是以孟子恨不及乎仲尼也

孟子曰可以取

言廉惠勇人之高行也喪此三名列士病諸故設四科以進能者也

逢蒙學射至羿乘矢而後反

言求交取友必得其人得善以金養凶獲患是故子濯濟難夷羿以殘可以鑒也謹按足利本金作全無養字

孟子曰西子至以祀上帝

言貌好行惡西子冒臭醜人潔服供事上帝明當修飾性義爲常也

孟子曰天下至可坐而致也

言能修性守故天道可知妄智改常必與道乖性命之旨也

公行子至不亦異乎

言循禮而動不合時人阿意事貴脅肩所尊俗之情

也是以萬物皆流而金石獨止

孟子曰君子至則君子不患矣

言君子責己小人不改比之禽獸不足難矣蹈仁行禮不患其患惟不若舜可以憂也

禹稷當平世至雖閉戶可也

言上賢之士得聖一槩顏子之心有同禹稷時行則行時止則止失其節則惑矣

公都子曰至是則章子已矣

言匡章子得罪出妻屏子上不得養下以責己衆曰不

孝其實則否是以孟子禮貌之也

曾子居武城至易地則皆然

言臣當營君師有餘裕二人處義非殊者也是故孟子紀之謂得其同謹按足利本同作宜

儲子曰至與人同耳

言人以道殊賢愚體別頭員足方善惡如一儲子之言齊王之不達也謹按足利本儲子之言無之字

齊人有一妻至幾希矣

言小人苟得謂不見知君子觀之與正道乖妻妾猶

羞況於國人著以爲戒恥之甚焉

萬章問曰至予於大舜見之矣

言夫孝百行之本無物以先之雖富有天下而不能取悅於其父母莫有可也孝道明著則六合歸仁矣

萬章問曰至喜之奚僞焉

言仁聖所存者大舍小從大達權之義也不告而娶守正道也

萬章問曰至此之謂也

言懇誠於內者則外發於事仁人之心也象爲無道

極矣友于之性忘其悖逆況其仁賢乎

咸丘蒙問曰至不得而子也

言孝莫大於嚴父而尊之矣行莫過於蒸蒸執子之政也此聖人之軌道無有加焉

萬章曰堯以至此之謂也

言德合於天則天爵歸之行歸於仁則天下與之天命不常此之謂也

萬章問曰人有言至其義一也

言義於仁則四海宅心守正不足則聖位莫繼丹朱

商均是也是以聖人孜孜於仁德也

萬章問曰人有言至朕載自亳

言賢達之理世務也推正以濟時物守已直行不枉道而取容期於益治而已矣

萬章問曰或謂至何以爲孔子

言君子大居正以禮進退屈伸違節不違貞信故孟子辨之正其大義也謹按足利本違節作達節按左傳鄭子臧云聖達節足利本爲是孟子作孔子似非

萬章問曰或曰至賢者爲之乎

言君子時行則行時舍則舍故能顯君明道不爲苟
合而違正也
孟子曰伯夷至非爾力也
言聖人由力力有常也賢者由巧巧可增也仲尼天
高故不可階他人丘陵丘陵由可踰所謂小同而大
異者也
北宮錡問曰至以是爲差
言聖人制祿上下差敘貴有常尊賤有等威諸侯僭
越滅籍從私孟子畧記言其大綱以答北宮子之問

萬章問曰至其義一也
言匹夫友賢下之以德王公友賢授之以爵大聖之
行千載爲法者也
萬章曰敢問至公義之仕也
言聖人憂民樂行其道苟善辭命不忍逆距不合則
去亦不淹久蓋仲尼行止之節也
孟子曰仕至而道不行恥也
言國有道則能者處卿相國無道則聖人居　因量
時安卑不受言貴獨善其身之道也

萬章曰士之至尊賢者也
言知賢之道舉之爲上養之爲次不舉不養賢惡肯
歸是以孟子上陳堯舜之大法下刺繆公之不宏
萬章曰敢問至其官召之也
言君子之志志於行道不得其禮亦不苟往於禮之
可伊尹三聘而後就湯道之未洽沮溺耦耕接輿佯
狂豈可見也
孟子謂萬章曰至是尚友也
言好高慕遠君子之道雖各有倫樂其崇茂是以仲

尼曰無友不如己者高山仰止景行行止
齊宣王問卿至不聽則去
言國須賢臣必擇忠良親近貴戚或遭殃禍伊　發有
莘爲殷興道故云成湯立賢無方也

孟子章指卷下

漢 扶風趙岐撰　　東鄉王臨策校

告子曰至必子之言矣

言養性長義順天自然戕木爲器變而後成告子道偏見有不純仁內義外違人之端孟子拂之不假以言也

告子曰至其性亦猶是也

言人之欲善猶水好下迫勢激躍失其素眞是以守正性者爲君子隨曲拂者爲小人也

告子曰至猶人之性歟

言物雖有性性各殊異惟人之性與善俱生赤子入井以發其誠告子一之知其麤矣孟子精之是在其中 謹按足利本是作人

告子曰至耆炙亦有外歟

言事雖在外行其事者皆發於中明仁義由內所以曉告子之惑也

孟季子問至飲食亦在外也

言凡人隨形不本其原賢者達情知所以然季子信之猶若告子公都受命然後乃理

公都子曰至好是懿德

言天之生人皆有善性引而趨之善惡異衢高下相懸賢愚舛殊尋其本者乃能一諸

孟子曰富歲至悅我口

言人稟性俱有好憎耳目口心所悅者同或爲君子或爲小人猶麰麥不齊雨露使然也孟子言是所以勗而進之

孟子曰牛山至惟心之謂與

言秉心持正使邪不干猶止斧斤不伐牛山山則木茂人則稱仁也

孟子曰無或至曰非然也

言弈爲小數不精不能一人善之一人惡之雖竭其道何由智哉詩云濟濟多士文王以寧此之謂也

孟子曰魚我至失其本心

言舍生取義義之大者也簞食萬鍾用有輕重縱彼納此蓋違其本凡人皆然君子則否所以殊也

孟子曰至求其放心而已矣

言由路求心爲得其本追逐雞狗務其末也學以求之詳矣

孟子曰今有至不知類也

言舍大務小不知其要憂指忘心不鄉於道是以君子惡之也

孟子曰拱把之桐梓

言莫知養身而養樹木失事違務不得所緣所以誠未達者也謹按足利本違作達

孟子曰人之至尺寸之膚哉

言養其行治其正俱用智力善惡相厲是以君子居處思義飲食思禮也謹按古本訓厲作厲

公都子問曰至大人而已矣

言天與人性先立其本心官思之邪不乖越故謂之大人也

孟子曰有天爵者至必亡而已矣

言古修天爵自樂之也今要人爵以誘時也得人弃天道之忌也或以招亡小人事也

孟子曰欲貴者至人之文繡也

言所貴在身人不知求膏粱文繡已之所優，趙孟所貴何能比之是以君子貧而樂也

孟子曰仁之勝不仁也

言爲仁不至不反諸己謂水勝火熄而後已不仁之甚終必亡矣爲道不卒無益於賢也謹按卒足利本作卒

孟子曰五穀者種之美者也

言功毀幾成人在慎終五穀不熟荑稗是勝是以爲仁必其成也

孟子曰羿之至亦必以規矩

言事各有本道有所隆彀張規矩以喻爲仁學不爲仁猶是二教失其昧而行之也

任人有問至則將摟之乎

言臨事量宜權其輕重以禮爲先食色爲後若有偏殊從其大者屋廬子未達故譬摟紾也謹按足利本偏作徧

曹交問曰至有餘師

言天下之大道人並由之病於不爲不患不能是以曹交請學孟子辭焉蓋詩三百一言以蔽之謹按足利本天下下無之字蔽之作蔽也

公孫丑問曰至五十而慕

言生之膝下一體而分喘息呼吸氣通於親當親而疏怨慕號天是以小弁之怨未足爲愆也

宋牼將之楚至何必曰利

言上之所欲下以爲俗俗化於善久而致乎俗化於惡久而致傾是以君子創業慎其所以爲名也謹按乎足利本作平

孟子居鄒至得之平陸

言君子交接動不違禮享見之儀亢答不差是以孟子或見或不答以其宜也謹按足利本允作亢不答作否各

淳于髡曰至衆人固不識也

言見幾而作不俟終日孔子將行冕不及稅庸人不識課以功實淳于雖辯終亦屈服正者勝也

孟子曰五霸至諸侯之罪人也

言王道寖衰轉爲罪人孟子傷之是以博思古法匡時君也

魯欲使慎子至志於仁而已

言招攜懷遠貴以德禮賤其用兵廟勝爲上戰勝爲下則賤戰也

孟子曰今之至不能一朝居也

言善爲國者以藏於民賊民以往其餘何觀變俗移風非樂不化以亂濟民不知其善也

白圭曰至大貉小貉也

言先王典禮萬世可遵什一供貢下富上尊裔土簡情二十而稅夷狄有君不足爲貴圭欲法之孟子斥之以王制也

白圭曰至吾子過矣

言君子除害普爲人也白圭壑鄰亦以狹矣是故賢者志其大者遠者也

孟子曰君子不亮惡乎執

言論語曰自古皆有死民無信不立重信之至也

魯欲使樂正子至可得乎

言好善從人聖人一槩禹聞讜言答之而拜訑訑吐之善人亦逝善去惡來道若合符詩曰雨雪瀌瀌見晛聿消此之謂也

陳子曰至免死而已矣

言士雖正道亦有量宜聽言爲上禮貌次之困而免死斯爲下失漏此三科亦無疑也謹按足利本失作矣

孟子曰舜發至而死於安樂也

言聖賢困窮天堅其志次賢感激乃奮其慮凡人佚樂以喪知能賢愚之敘也

孟子曰教亦多術矣

言學而見賤恥之大者激而厲之能者以改教誨之方或折或引同歸殊塗成之而已

孟子曰盡其至所以立命也

言盡心竭性足以承天天壽禍福秉心不違立命之道惟是爲珍

孟子曰莫非至非正命也

言人必趨命貴受其正巖牆之疑君子遠之

孟子曰求則至求在外者也

言爲人由己富貴在天故孔子曰如不可求從吾所好

孟子曰萬物至求仁莫近焉

言每必以誠恕己而行樂在其中仁之至也

孟子曰行之而不著焉

言人有仁端達之爲道凡夫用之不知其爲實也謹按足利本實作寶

孟子曰人不至無恥矣

言恥身無分獨無所恥斯必遠辱不爲憂矣

孟子曰恥之至何若人有

言不慕大人何能有恥是以隰朋愧不及黃帝佐齊桓以有動顏淵慕虞舜仲尼歎而庶幾之云

孟子曰古之至得而臣之乎

言王公尊賢以貴下賤之義也樂道忘勢不以富貴動心之分也各崇所尚則義不虧矣

孟子謂宋句踐至兼善天下

言內定常滿囂囂無憂可出可處故云以遊修身立世賤不失道達善天下乃用其寶句踐好遊未得其要孟子言之然後乃喻

孟子曰待文王而後興者

言小人待化乃不辟邪君子特立不爲俗移故稱豪傑自興也

孟子曰所之以韓魏之家

言人情富盛莫不驕矜若能欿然誰不如人非但免過卓絶乎凡也

孟子曰以佚道至不怨殺者

言勞人欲以佚之殺人欲以生之則民無怨讟也

孟子曰霸者至豈曰小補之哉

言王政浩浩與天地同道霸者德小民人速覩是以賢者志其大者也

孟子曰仁言至善教得民心

言明法審令民趨君命崇寬務化民愛君德故曰移風易俗莫善於樂

孟子曰人之至達之天下也

言本性良能仁義是也達之天下恕乎己也

孟子曰舜之至莫之能禦也

言賢人潛隱辟如神龍亦能飛天亦能小同舜之謂也

孟子曰無爲其所不爲

言已所不欲勿施於人仲尼之道也

孟子曰人之至深故達

言孤孽自危故能顯達膏粱難正多用沈溺是故在上不驕以戒諸侯也

孟子曰有事至而物正者也

言容悦凡臣社稷股肱天民行道大人正身凡此四科優劣之差

孟子曰君子至不與存焉

言保親之養兄弟無他誠不愧天育養英才賢人能之樂過萬乘孟子重焉一章再云也

孟子曰廣土至不言而喻

言臨莅天下君國子民君子之樂尙不與存仁義內充身體履方四支不言蟠辟用張心邪意溺進退無容於是之際知其不同也

孟子曰伯夷至此之謂也

言王政普大教其常業各養其老使不餒之二老聞之歸身自託衆鳥不羅翔鳳來集亦斯類也謹按餒之足利本作凍餒自記作自託

孟子曰易其至有不仁者乎

言教民之道當而節用蓄積有餘焉有不仁故曰倉廩實知禮節也

孟子曰孔子至不成章不達

言宏大明者無不照包聖道者成其仁是故賢者志大宜為君子

孟子曰雞鳴而起

言好善從舜好利從蹠明明求之常若不足君子小人各一趣也

孟子曰楊子至而廢百也

言楊墨放蕩子無執一聖人量時不取此術孔子行止惟義所在

孟子曰饑者至不為憂矣

言饑不妄食忍情遂欲賤不失道不為苟求能無心害夫將何憂

孟子曰柳下惠

言柳下惠不恭用志大也無可無否以賤為貴也

孟子曰有為者

言為仁由己必在宪之九軔而輟無益成功論之一簣義與此同 謹按足利本宪作究論之作論語

孟子曰堯舜至其非有也

言仁在性體其次假借用而不實何以易在其勉之也 謹按足利本作用而不已實何以易

公孫丑曰至則篡也

言憂國忘家意在出身志在寧君放惡攝政伊周有焉凡人志異則生篡心也

公孫丑曰至孰大於是

言君子正己以立於世世美其道君臣是貴所適者

化何素餐之謂也 謹按足利本無也字

王子墊問曰至大人之事備矣

言人當尚志志於善也善之所由仁與義也欲使王子無過差也

孟子曰仲子至奚可哉

言事有輕重行有大小以大包小可也以小信大未之聞也

桃應問曰至樂而忘天下

言奉法承天政不可枉大孝榮父遺弃天下虞舜之

道趨將如此孟子之言揆聖意也
孟子自范之齊
言人性皆同居使之異君子居仁小人處利辟猶王子殊於衆品也
孟子曰王子至居相似也
言輿服器用人用不殊尊貴居之志氣以舒是以居仁由義盎然內優胷中正者眸子不瞀也
孟子曰食而弗愛豕交之也
言取人之道必以恭敬恭敬貴實虛則不應實則謂

敬愛也
孟子曰形色天性也
言體德正容大人所履有表有裏謂之柚梓是以聖人乃堪踐形也
齊宣王至而弗爲者也
言禮斷三年孝者欲益富貴息厭思減其日君子正
言不可阿情丑欲朞之故臂以紾兄徐徐也
孟子曰君子至所以教也
言教之之術莫善五者養育英才君子所珍聖所不

倦其惟誨人乎 謹按足利本上之字作人
公孫丑曰至能者從之
言曲高和寡道大難追然而履正者不枉執德者不回故曰人能弘道丑欲下之非也
孟子曰天下有道
言窮達卷舒屈伸異變變流從顧守者所愼故曰金石獨止不殉人也
公都子曰至滕更有二焉
言學尙虛已師誨貴乎是以滕更恃二孟子弗應

孟子曰於不可已而已者
言賞僭及淫刑濫傷善不僭不濫詩人所紀是以季文三思何後之有
孟子曰君子至仁民而愛物
言君子布德各有所施事得其宜故謂之義也
孟子曰知者至謂不知務
言振裘持領正羅維綱君子百行先務其崇是以堯舜親賢大化以隆道爲要也
孟子曰不仁至及其所愛也

言發政施仁一國被恩好戰輕民災及所親著此魏王以戒人君也

孟子曰春秋無義戰也

言春秋撥亂時多戰爭事實違禮以文反正征伐誅討不自王命故曰無義戰也

孟子曰盡信書則不如無書

言文之有美過實聖人不改錄其意也非獨書云詩亦有言嵩高極天則百斯男亦已過矣是故取於武城二三而已

孟子曰有人至焉用戰

言民思明君若旱望雨以仁伐暴誰不欣喜是以殷民厥角周師歌舞焉用善戰故云罪也

孟子曰梓匠輪輿

言規矩之法喻若典禮人不志仁雖誦憲籍不能以善善人修道公輸守繩政成器美惟度是應得其理也 謹按足利本惟作準

孟子曰舜之飯糗茹草也

言阨窮不憫貴而思降凡人所難虞舜所隆聖德所以殊也

孟子曰吾今而後知殺人親之重也

言恕以行仁違禍之端暴以殘民招咎之患是以君子好生惡殺反諸身也

孟子曰古之爲關也將以禦暴

言修理關梁譏而不征如以稅斂非其式程懼將爲暴故譏之也

孟子曰身不行道不行於妻子

言率人之道躬行爲首故論語曰其身不正雖令不從

孟子曰周于利者凶年不能殺

言務利蹈姦務德蹈仁舍生取義其道不均也

孟子曰好名之人能讓千乘之國

言廉貪相殊名亦卓異故聞伯夷之風懦夫有立志也

孟子曰不信仁賢則國空虛

言親賢正禮明其五教爲政之源聖人以三者爲急也

孟子曰不仁而得國者有之矣

言王者當天然後處之桀紂幽厲雖得猶失不以善終不能世祀不爲得也

孟子曰民爲至則變置社稷

言得民爲君得君爲臣民爲貴也先詳諸侯後毀社稷君爲輕也重民敬祀治之所先故列其次而言之

孟子曰聖人至況於親炙之者乎

言伯夷柳下變貪厲薄千載聞之猶有感激謂之聖人美其德也（謹按足利本柳下下有惠字〇文選注引千載聞之二句）

孟子曰仁也者人也

言仁恩須人人能弘道也

孟子曰孔子之去魯曰遲遲吾行也

言孔子周流不遇則之他國遠逝惟魯斯戀篤於父母國之義也

孟子曰君子之戹於陳蔡之間

言君子固窮窮不變道上下無交無賢援也

貉稽曰至文王也

言正已信心不患衆口衆口諠譁大聖所有況於凡品之所能禦故答貉稽曰無傷也

孟子曰賢者以其昭昭使人昭昭

言以明昭闇闇者以闇以闇責明闇者愈迷賢者可遵譏今之非也

孟子謂高子曰山徑之蹊

言聖人之道學而時習仁義在身常常被服舍而不修猶茅是塞明爲善之不可倦也（謹按足利本上常作當）

高子曰至兩馬之力與

言前聖後聖所尚者同三王一體何得相踰欲以追蠡未達一隅孟子言之將啟其蒙

齊饑陳臻曰至其爲士者笑之

言可爲則從不可則凶言善見用得其時也非時逆指猶若馮婦暴虎無已必有害也

孟子曰口之至不謂命也

言尊德樂道不追佚性治性勤禮不專委命君子所能小人所病究言其事以勸戒也

浩生不害問曰至四之下也

言神聖以下優劣異差樂正好善應下二科是以孟

子爲之害也

孟子曰逃墨至又從而招之

言驅邪反正正斯可矣來者不綏追其前罪君子甚之以爲過也

孟子曰有布至而父子離

言原心量力政之善者繇役並興以致有殍養民輕斂君子道也

孟子曰諸侯之寶三

言寶此三者以爲國珍寶於爭玩以殃其身諸侯加

茲永無患也

盆成括至殺其軀而已矣

言小智自私藏怨之府大雅先人福之所聚勞謙終吉君子道也

孟子之滕至斯受之而已矣

言教誨之道受之如海百川移流不得有距雖獨竊屨非已所絕順答小人小人自咎所謂造次必於是也

孟子曰人皆至穿踰之類也

言善恕行義充大其美無受爾汝何施不可取人不知失其臧否比之穿踰善亦遠矣

孟子曰言近至自任者輕

言言道之善以心爲原當求諸己而責於人君子尤之況以妄芸言失務也

孟子曰堯舜至以俟命而已矣

言君子之行動合禮中不惑禍福修身俟終堯舜之盛湯武之隆不是過也

孟子曰說大人至吾何畏彼哉

言富貴而驕自遺咎也茅茨采椽聖堯表也以賤說貴懼有蕩心心謂彼陋以寧我神故以所不爲爲之寶玩也

孟子曰養心至雖有存焉者寡矣

言清靜寡欲德之高者畜聚積實穢行之下廉者招福濁者速禍雖有不然蓋非常道是以正路不可不由也

曾皙嗜羊棗至名所獨也

言情禮相扶以禮制情人所同然禮則不禁曾參至

孝思親巽心羊棗之感終身不嘗孟子嘉焉故上章稱曰豈有非義而曾子言之者也謹按足利本情禮作情理

萬章問曰至斯無邪慝矣

言士行有科人有等級中道爲上狂獧不合似是而非色厲內荏鄉原之惡聖人所甚反經身行民化於巳子率而正孰敢不正也謹按足利本而正作以正

孟子曰由堯至則亦無有乎爾

言天地剖判開元建始三皇以來人倫攸敘弘析道德班垂文采莫貴乎聖人聖人不出名世承間雖有此限蓋有遇不遇焉是以仲尼至獲麟而止筆孟子以無有乎爾終其篇章斯亦一契之趣也謹按古本足利本孟子七篇分爲十四卷今從之漢書藝文志作孟子十一篇胡元瑞經籍會通云蓋七字譌分爲二也

序錄

唐志劉向五經通義九卷

王應麟序曰劉向辨章舊聞則有五經通義通義者漢五經課試之學也維漢以文立治以經選士鴻生傳業支蕃葉滋闡繹道眞探索聖蘊決科射策則有通義之目以孟子明事則有博文之名趙岐題辭稱述大槩謹稽合史傳而爲之說曰聖人作經載道學者因經明道學博而不詳說無以發羣獻之秘言說詳而不反約無以折衆言之殽亂

故必沂正學之源而後能通乎聖人之海粵自本繹聲寢經與道榛責孟子闢邪距詖羽翼孔道七篇垂訓法嚴義精知性知天易之奧也以意逆志詩之綱也言稱堯舜書之要也井田爵祿之制可以知禮王霸義利之辨可以知春秋儒者稱之曰通五經噫若孟氏斯謂之通矣懋哉漢之尊經乎儒五十三家莫非賢傳也而孟子首置博士九流百八十九家莫非諸子也而通義得述孟子斯文之統紀以一多士之趨向以純非徒綴訓故誦佔

畢而已若稽前載建元五年春五經始立博士元朔五禩通一藝者試之孝元好儒通一經者復之博士十四肪於建武選受四經俶於建初科有甲乙試有家法或試經於太常或試誦說於博士永元十四年司空徐防建言開五十難解釋多者爲上第演文明者爲高說所謂博文明事雖軼不傳然建武中太子諸王欲爲通義而聘鄭衆建初四年會諸儒白虎觀命史臣著通義曹褒傳慶氏禮亦箸通義十二篇觀其名可考其畧矣還觀有漢

之盛鉅儒碩師開門授徒著錄至萬六千人經數家家數說章句多者百餘萬言歷禩綿邈湮沒居多嘗即詩禮訓注考之小弁述親親之言王制述貢助徹之法爵德齒釋於大宰經界釋於小司徒圭田市廛關譏釋於載師廛人司關助有公田國中什一及函矢之說又詳列於考工記珠貫絲組上下洽通蓋傳得其宗無越鄒孟求觀聖道必自茲始否則績以華藻涓以緯候芟茲詭辨稽古曼辭燕說郢書吾道蕪矣焉得而通諸雖然經學至於通而止漢儒之說何其紛紛也五經通義劉向輯之五經通論沛獻著之程曾通難津丹易通專已黨同轍殊歸異君子已不能無憾況課試之學以明經爲利祿之途則通義乃諸儒之筌蹄也其不傳於今有以夫吁師異道人異論漢儒之說猶得以考同異折是非也曁唐貞觀十二年會萃章句爲正義百七十卷由是舉天下宗一說而無深造自得之功若明經又變爲帖誦而口義墨義興焉君子又惜通義之不傳於今也

謹案隋志五經通義八卷不言何人所撰諸書俱引作劉向唐志因之經義考云唐志尚存觀王伯厚擬序宋季已無傳矣爲就羣書所引者次於後餘見正義者不具錄實則正義中並未嘗引通義也今共鈔出後漢書注三條北史一條隋志一條文選注二條類聚十條初學記六條書鈔八條通典七條白帖二條御覽十三條事類賦注一條玉海二條說郛一條

五經通義

漢 沛郡劉 向撰 樂安何儀鳳校

寒暑和合以成歲也故易曰日月運行一寒一暑乾道成男坤道成女 書鈔

冬至陽動於下推陰而上之故大寒於上夏至陰動於下推陽而上之故大熱於上

日在牽牛則寒在東井則暑牽牛水宿宿外遠人故寒東井火宿宿内近人故暑

日中有三足烏 並類聚

月中有兔與蟾蜍何月陰也蟾蜍陽也 世說注引而作亦陰也 與兔並明陰係於陽也 御覽

春洩氣爲雨寒凝爲雪 文選注

和氣津液凝爲露露從地出 一本作生

寒氣凝以爲霜霜從地升也 並御覽

陰陽散爲風風氣無根也 文選注

天所以有雷霆風雨霜雪霧露何欲以成歲潤萬物因以見災異也 御覽

震與霆皆霹靂也電謂之雷光也 初學記

陰亂則爲霧從地汁也 書鈔

立春條風至赦小罪出稽留

立夏清明風至出幣帛禮諸侯

立秋涼風至報土功禮西郊

秋分閶闔風至解懸垂琴瑟不張

夏至陰始動而未達故寢兵鼓不設政事所以助養陰氣也 書鈔引作所以助微氣之養也 易曰先王以至日閉關后不省方以此助之 並類聚

冬至所以寢兵鼓商旅不行君不聽政事何冬至陽氣萌陰陽交精始成萬物氣微在下不可動泄王者承天理政率天下靜而不擾也

不周風至則修宮室完邊城廣漠風至則誅有罪斷大刑 並初學記

八風者八卦之氣八風以時至則陰陽變化之道成萬物得以時育生也 後漢書注

鐘者秋分之氣 初學記作音 萬物至秋而成至冬冬而藏堅成不滅絕莫如金故金爲鐘相繼不絕也 書鈔

神之大者曰昊天上帝天皇大帝亦曰大一其佐曰

五帝御覽
蒼帝靈威仰赤帝赤熛怒黃帝含樞紐白帝白招矩
黑帝叶光紀牲幣及玉各依方色後漢書注
泰山五嶽之東嶽也爲兗州鎮一曰岱宗言王者受
命易姓報功告成必於岱宗也東方萬物始交代之
處宗長也言爲羣嶽之長也一名天孫言爲天帝孫
也御覽○書鈔引此文云泰山五嶽之長羣神之主故獨封泰山告平於天報神功也
王者所以祭天地何王者父事天母事地故以子道
事之祭日以丁與辛何丁者反覆自丁寧辛者當自

剋辛也類聚
王者一歲七祭天地仲春后妃郊高禖亦祭天地也
書鈔
王者所以因郊祭日月星辰風伯雨師山川何以爲
皆有功於民故祭之也皆天地之明神從官也緣天
地之意亦欲及之故歲一祭之禮日出於南門外禮
月四瀆於北門外禮山川丘陵於西門外禮風伯雨
師於東門外禮各即其位也以示明之其祭之奈何
曰祭日者懸祭月者毀祭風者明祭雨者布祭山川

者沉各象其貌也御覽
大社在中門之外稷在西并壇王社在藉田之中在
國者明天下拜功在藉田者明千畝拜功玉海
王社藉田中爲千畝報功也文家右社稷左宗廟何
文家據地而王地道長久得事宗廟以有社稷故右
之也質家左社稷右宗廟社皆有壇者飾也御覽
天子太社王社諸侯國社侯社制度奈何曰社皆有
垣無屋樹其中以木有木者土主生萬物萬物莫善
於木故樹木也北史

王者受命而起所以立靈臺靈臺何以爲在於中也
國之南附近辟雍依仁宮也靈臺制度奈何師說云
積土崇增其高九仞上平無屋高九仞者極陽之數
上平無屋望氣顯著御覽
靈臺以望氣明堂以布政辟廱以養老教學三者不
同玉海
天子立辟雍者何所以行禮樂宣教化教導天下之
人使爲士君子養三老事五更與諸侯行禮之處也
類聚引此一段義取四方來觀者平均爾諸侯不得觀四方

故闕東以南半天子之學故曰頖宮頖之言半也類

宮水雍其半蓋東西門以南通水北無水也

三王教化之宮皆名爲學曰學校者校之言教也夏曰校殷曰序周曰庠兼用之御覽引此文云夏爲校校之言教也殷爲庠周爲序周家又兼用之鄉爲庠里爲序家爲塾竝通典

王者諸侯所以三年以祫五年以禘何三年一閏天道小備故三年一祫祫者取未遷廟主合食大祖廟中五歲再閏天道大備故五歲一禘禘者取已遷廟主合食太祖廟中書鈔

諸侯會天子則以方明爲主覲禮云明木也其形四方六面上玄下黃東青南赤西白北黑方明者上下四方神明之象也類聚

號者所以表功德號令天下也謚者死後之稱累生時之行而謚之善行有善謚惡行有惡謚類聚引作生有善行死有善謚所以爲勸善戒惡也謚之言列陳列其行身雖死名常存故謂謚也問曰天子有天子大號諸侯寧有國大號乎答曰天子居無上之位下無所屈故立大號以勸勉子孫諸侯有爵祿之賞削絀之義鈇鉞之誅故無所有國之號也顓頊者顓猶專頊猶愉幼少而王以致太平皆自愉倹嗛約自小之意故兩字爲謚帝堯帝舜先號後謚也帝者德盛與天同號謚雖美終不過天也故如其次道之婦人以隨從爲義夫貴於朝婦貴於室故得蒙夫之謚婦人無爵故無謚

崩薨從何王始乎曰從周何以言之曰尚書曰放勳乃殂落舜曰陟方乃死武王以前未稱崩薨也至成王太平乃制崩薨之義尚書曰翌日乙丑成王崩是也凡奔喪近者先聞先還遠者後聞後還諸侯未葬

嗣子聞天子崩不奔喪王者制禮緣人心而爲之斷閔孝子之思不忍去棺柩故不使奔也竝通典

諸侯冢樹栢士冢樹槐御覽○廣韻引上句

功成作樂治定制禮所以禁奢侈滌邪志通中和也初學記

樂者所以象德表功因事之宜受命而王者六樂焉以大一樂天以咸池樂地以肆夏樂人以大夏樂四時以大濩樂五行神明以大武樂六律各象其性而

為之御以樂其先祖御覽

五帝三王樂所以不同何樂以象德有優劣故不同也

樂貴和而上質並書鈔

王者之樂有先後者各尚其德也以文得之先文樂持羽旄而舞書鈔引作衣繡持羽毛而舞以武得之先武樂持朱干玉戚而舞所以增威武也戚斧干楯也玉取其德干取其仁明當尚德行仁以斷斬也

舞四夷之樂明德澤廣被四表也東夷之樂曰侏離南夷之樂曰任西夷之樂曰禁北夷之樂曰昧東夷之樂持矛舞助時生也南夷之樂持羽舞助時養也西夷之樂持鉞舞助時殺也北夷之樂持干舞助時藏也

八音者金石絲竹匏土革木也初學記引此二句金為鐘石為磬絲為絃竹為管匏為笙土為塤革為鼓木為柷敔並通典

黃帝樂所以為咸池者何咸皆也池施也黃帝時道皆施於民白帖

湯作護聞其宮聲使人溫良而寬大聞其商聲使人方廉而好義聞其角聲使人隱惻而愛人聞其徵聲使人樂養而好施聞其羽聲使人恭儉而好禮。說郛○初學記引此文云聞宮聲無不溫雅而和之聞徵聲無不善養而好施者也

歌舞同處而異歌者象德舞者象功君子上德下功故歌在堂舞在庭歌以養形歌者有聲舞者有形何言歌在堂也以燕禮曰升歌鹿鳴以是知之何以言舞在庭也援神契曰合忻之樂舞於堂四夷之樂陳於戶以是明之御覽○經義考云按劉向曹褒俱撰五經通義群書所引大都皆向之說惟太平御覽引此一條竊有可疑度劉向時援神契未行於世至褒撰禮多雜以五經讖記之文然則此蓋褒十二篇中語也

歌之言謹也以厚志意故發聲而歌長言

簫編竹為之長尺有五寸並初學記

鄭國有溱洧之水會聚謳歌相感今鄭詩二十一篇說婦人者十九故鄭聲淫也又云鄭重之音使人淫故也白帖

冕制奈何禮器曰冕冠長六寸廣八寸員前冕通典引此文云王冕夏曰收以入宗廟長尺六寸廣八寸前起冕長六寸廣八寸員冠前下並同緇布在

上五采組十二旒夏殷之冕如周制矣其旒色異夏冕黑白赤組旒殷冕黑黃青組旒書鈔

弁制高五寸前後玉飾隋志○御覽引此文云皮弁冠前後玉飾

玉有五德溫潤而澤有似於智銳而不害有似於仁抑而不撓有似於義有瑕於內必見於外有似於信垂之而墜有似於禮御覽

二王之後不考功有誅無絕後漢書注

鄭玄曰王者存二代而封及五郊天用天子禮以祭其始祖行其正朔此謂通三統也三恪者敬其先聖封其後而已無殊異者也仝上○按此條本屬駁異義文後漢書注引之以證通義耳

鄒衍大言天事謂之談天事類賦注

序錄

晉書本傳曰束皙字廣微陽平元城人察孝廉轉佐著作郎遷尚書郎才學博通所著三魏人士傳七代通記晉書紀志遇亂亡失其五經通論發蒙記補亡詩文集數十篇行於世云

謨案隋唐二志俱不載此書目玉海經義考祗載書目別無考證今從杜氏通典鈔出二條初學記一條

五經通論

晉　陽平束晳撰　　金谿王　符校

春秋二百四十年魯女出嫁夫人來歸大夫逆女天王娶后自正月至十二月悉不以得時失時爲襃貶何限於仲春季秋以相非哉夫春秋舉秋毫之善貶纖介之惡故春狩於郎書時禮也夏城中丘書不時也此人間小事猶書得時失時況婚姻人倫端始禮之大者不譏得時失時不善者耶若婚姻季秋期盡仲春則隱二年冬十月夏之八月未及季秋伯姬歸

於紀周之季春夏之正月也桓九年春季姜歸於京師莊二十五年六月夏之四月也已過仲春伯姬歸於紀或出盛時之前或在期盡之後而經無貶文三傳不譏何哉凡詩人之興取義繁廣或舉譬類或稱所見不必皆可以定時候也又按桃夭篇序美婚姻以時蓋　盛壯之時而非日月之時故灼灼其華喻以盛壯非謂嫁娶當用桃夭之月其次章云其葉蓁蓁有蕡其實之子于歸此豈在仲春之月乎又摽梅三章注日夏之向晚迨冰未泮正月以前草蟲喓喓未秋之時或言嫁娶或美男女及時然詠各異矣周禮以仲春會男女之無夫家者蓋一切相配合之時而非常人之節曲禮曰男女非有行媒不相知名故日月以告君齋戒以告鬼神若萬人必在仲春則其日月有常不得前郤何復日月以告君乎夫冠婚笄嫁男女之節冠以二十爲限而無春秋之期笄以嫁而設不以日月爲斷何獨嫁娶當繫於時月乎王肅云婚姻始於季秋止於仲春不言春不可以嫁也而馬昭多引春秋之證以爲反詩於難錯矣兩家俱失

義皆不通通年聽婚蓋古正禮也

月令所記非一王之制凡稱古者無遠近之限未知夏封諸侯何代之典秋祭田邑夏乎殷乎而王據月令以非祭統鄭宗祭統而疑月令無乃俱未通哉莫若通以三代說兩氏而不俱一也並通典

男十六可娶女十四可嫁初學記○案文應補入前條

序錄

隋志後漢太尉祭酒許慎撰五經異義十卷唐志鄭康成駁

後漢書本傳曰許慎字叔重汝南邵陵人性淳篤少博學經籍馬融常推敬之時人爲之語曰五經無雙許叔重爲郡功曹舉孝廉再遷除洨長卒于家初慎以五經傳說臧否不同於是撰爲五經異義又作說文解字十四篇皆傳於世

謹案朱氏經義考云許氏異義唐以後無傳僅散見於初學記通典御覽諸書所引至於鄭康成駁議三禮正義而外僅存數條故以入佚書今並鈔出書疏三條詩疏二十七條周禮疏十六條儀禮疏一條禮記疏六十七條左傳疏七條公羊疏五條穀梁疏一條史記注二條隋志一條書鈔四條初學記一條通典八條御覽十條分爲二卷

五經異義卷上

漢　汝南許慎撰　　南昌喻蓀素校

天號

今尚書歐陽說曰春曰昊天夏曰蒼天秋曰旻天冬曰上天總爲皇天爾雅亦然故尚書說云天有五號各用所宜稱之尊而君之則曰皇天元氣廣大則稱昊天仁覆愍下則稱旻天自上監下則稱上天據遠視之蒼蒼然則稱蒼天謹案尚書堯命羲和欽若昊天總勑四時知昊天不獨春春秋左氏曰夏四月己丑孔子卒稱旻天不弔時非秋天周禮春官疏

駁曰玄之聞也爾雅者孔子門人所作以釋六藝之文言蓋不誤也春氣博施故以廣大言之夏氣高明故以遠大言之秋氣或生或殺故以閔下言之冬氣閉藏而清察故以監下言之昊天者至尊之號也六藝之中諸稱天者以己情所求言之耳非必於其時稱之浩浩昊天求天之博施蒼天蒼天求天之高明旻天不弔求天之生殺當得其宜上天同雲求天之所爲當順其時也此之求天猶

人之說事各從其主耳若察於是則堯命羲和欽若昊天孔丘卒稱旻天不弔無可怪耳詩王風疏周禮疏引此文若察於是作若察於時所論下云從四時天各云所別故尚書所云者論其義也二者相須乃足此名非必紫微宮之正直是人逐四時互稱之

三光異義本文無考

駮曰考靈曜書云日道出於列宿之外萬有餘里玉海引此文下有通卦驗云春夏晷長七尺二寸四分謂五星則差在其內何謂與日同乘黃道及問曰日何得在婁角牽牛東井乎答曰黃道數寬廣雖差在內猶不離黃道或可與上下爲外內春官疏

日食

月高則其食虧於上月下則其食虧於下也日月之體大小正同相掩密者二體相近正映其形故光得溢出而中食也相掩疏者二體相遠月近而日遠自人望之則月之所映者廣故日光不復能見而日食既也日食者實是月映之也但日之所在則月體不見聖人不言月來食日而云有物食之以自食爲文闕於所不見也左傳桓三年疏

鄭駮無考

六宗

今歐陽夏侯說六宗者上不及天下不及地旁不及四方祭法疏引此又作上不及天下及地旁及四方居中央恍惚無有神助陰陽變化有益於人故郊祭之古尚書說六宗天地神之尊者謂天宗三地宗三天宗日月星辰地宗岱山河海日月爲陰陽宗北辰爲星宗岱爲山宗河爲水宗海爲澤宗祀天則天文從祀祀地則地理從祀謹案夏侯歐陽說云宗實一而有六名實不相應春秋魯郊祭三望言郊天日月星河海山凡六宗魯下天子不祭日月星但祭其分野星其中山川故言三望六宗與古尚書說同春官疏

駮曰玄之聞也書曰肆類于上帝禋于六宗望于山川徧于羣神此四物之類也禋也望也徧也所祭之神各異六宗言禋山川言望則六宗無山川明矣周禮大宗伯曰以禋祀祀昊上帝以實柴祀日月星辰以槱燎祀司中司命風師雨師凡此所祭皆天神也禮記郊特牲曰郊之祭也迎長日之

至也大報天而主日也兆于南郊就陽位也掃地
而祭於其質也祭義曰郊之祭大報天而主日配
以月則郊天并祭日月可知其餘星也辰也司中
司命風師雨師此之謂六宗亦自明矣同上○月令疏引異
義六宗賈逵等以爲天宗三謂日月星地宗三謂
泰山河海鄭氏六宗以爲星也辰也司中也司命
也風也雨師也不同賈逵之義○案
此疏并以鄭駁羼入異義似有外誤

類祭

今尚書夏侯歐陽說以類祭天者以事類祭之古尚
書說非時祭天謂之類謹案周禮郊天無言類者知

類非常祭從古尚書說禮王制疏○史記注引異義
類告也時舜告攝非常祭也○御覽又引異義云類
祭天名也以事類祭之奈何天位在南方就南郊祭
之是也

鄭無駁正義云與許同

郊卜

古周禮說六宗伯曰凡禮天神享人鬼祭地祇率執
事而卜
古春秋左氏說禮郊及日皆不卜常以正月上丁也
今春秋公羊說祀宗廟筮而不卜傳曰禘祫不卜魯

於天子並事變禮今成王命魯使卜郊從乃郊不從
即以下天子也魯以上辛郊不敢與天子同也並御覽
駁曰禮明堂云孟春正月乘大路祀帝于郊又云
魯用孟春建子之月則與天子不同明矣禮曲禮疏

郊禖

古春秋左氏說古者先王日祭於祖考月薦於高曾
將享及二祧歲禱於壇禘及郊宗石室王者一歲七
祭天地仲春后妃郊禖亦祭天也御覽

鄭駁無考

祭天有尸

公羊說祭天無尸左氏說晉祀夏郊以董伯爲尸虞
夏傳云舜入唐郊以丹朱爲尸是祭天有尸也愼引
魯郊祀日祝延帝尸從左氏之說曲禮疏

鄭駁無考

方澤

夏至天子親祀方澤侍中騎都尉賈逵說曰魯無圜
丘方澤之祭者周兼用六代禮樂魯用四代其祭天
之禮亦宜損於周故二至之日不祭天地也御覽

鄭駁無考

三望異義本文無考

駁曰昔者楚昭王曰不穀雖不德河非所獲罪言境內所不及則不祭也會則徐州地禹貢海岱及淮惟徐州以昭王之言曾之境界亦不及河則所望者海也岱也淮也是之謂三望詩閟宮疏○按此條當與六宗

參考

社

今孝經說曰社者土地之主土地廣博不可偏敬封五土以爲社古左氏說共工爲后土后土爲社謹案春秋稱公社今人謂社神爲社公故知社是土公非地祇郊特牲疏

駁曰郊特牲云社祭土而主陰氣又云社者神地之道謂社神但言土公失之矣今人亦謂雷曰雷公天曰天公豈上公也同上

又駁曰周禮大司樂云五變而致介物及土示土示五土之總神即謂社也六樂於五地無原隰而用土示則土示與原隰同用樂也同上○周禮大司樂疏引駁異

義云五變而致土示土示者五土之總神謂社是以變原隰言土示郊特牲云社祭土而主陰氣是社稱土示

又駁曰社者五土之神能生萬物者以古之有大功者配之祭法曰共工氏之霸九州也其子曰后土能平九州故祀以爲社昭二十九年傳曰共工氏有子曰句龍爲后土又曰后土爲社周禮大司徒辨五地之物生此五土地者主生萬物養鳥獸草木之類皆爲民利有貢稅之法王者秋祭之以報其功是祭社亦在秋也詩甫田疏○按上三條同一駁義而文不相屬故各從本疏敍錄又禮記祭法疏引鄭駁異義者三一曰長職云以歲時祭祀州社是二千五百家爲社也一曰有國及治民之大夫乃有社稷一曰大司徒職云樹之田主各以其野之所宜木遂以名其社與其野皆與社義相附並列於此

社主

今春秋公羊說祭有主孝子之主繫心夏后氏以松殷人以栢周人以栗又周禮說虞主以桑練主以栗無夏后氏以松爲主之事謹案從周禮說論語所云謂社主也祭法疏○書鈔引異義云論語哀公問社於宰我宰我答夏后氏以松夏人都河東宜松也殷人以栢殷人都亳宜栢也周人以栗周人都豐鎬宜栗也

鄭無駁正義云從許義

稷

今孝經說曰稷者五穀之長穀種多不可偏敬故立稷而祭之古左氏說列山氏之子曰柱死祀以爲稷稷是田正周棄亦爲稷自商以來祀之謹案禮緣生及死故社稷人事之既祭稷穀不得但以稷米祭稷反自食同左氏義郊特牲疏

駁曰宗伯以血祭祭社稷五祀五嶽社稷之神若是句龍柱棄不得先五嶽而食詩信南山畇畇原

隰下云黍稷或或原隰生五穀稷爲之長然則稷者原隰之神若達此義不得以稷米祭稷爲難同上

靈臺

公羊說天子三諸侯二天子有靈臺以觀天文有時臺以觀四時施化有囿臺以觀鳥獸魚鼈諸侯卑不得觀天文無靈臺皆在國之東南二十五里東南少陽用事萬物著見用二十五里者吉行五十里朝行暮反也韓詩說辟雍者天子之學圓如璧壅之以水示圓言辟取辟有德不言辟水言辟廱者取其廱和也所以教天下春射秋饗尊事三老五更在南方七里之內立明堂於中五經之文所藏處蓋以茅草取其潔清也左氏說天子靈臺在太廟之中壅之靈沼謂之辟廱諸侯有觀臺亦在廟中皆以望嘉祥也毛詩靈臺不足以監視靈者精也神之精明稱靈故稱臺曰靈臺稱囿曰靈囿稱沼曰靈沼謹案公羊傳左氏說皆無明文說各無以正之詩靈臺疏○周官肆師疏引此文畧

駁曰玄之聞也禮記王制天子命之教然後爲學小學在公宮之左大學在郊天子曰辟廱諸侯曰

泮宮天子將出征受命於祖受成於學出征執有罪反釋奠於學以訊馘告然則大學即辟廱也詩頌泮水云既作泮宮淮夷攸服矯矯虎臣在泮獻馘淑問如皋陶在泮獻囚此復與辟廱同義之證也大雅靈臺一篇之詩有靈臺有靈囿有靈沼有辟廱其如是也則辟廱及三靈皆同處在郊矣囿也沼也同言靈於臺下爲囿爲沼可知小學在公宮之左大學在西郊王者相變之宜衆家之說各不昭晳雖然於郊差近之耳在廟則遠矣王制與

詩其言察察亦足以明之矣又云同言靈者於臺下爲圓沼則似因臺爲名其實亦因相近靈道變行故皆稱靈同上

明堂

今戴禮說盛德記曰明堂者自古有之凡九室室有四戶八牖共三十六戶七十二牖以茅蓋屋上圓下方所以朝諸侯其外有水名曰辟廱明堂月令說明堂高三丈東西九仞南北七筵上圓下方四堂十二室室四戶八牖其宮方三百步在近郊三十里講學

大夫淳于登說明堂在國之陽丙巳之地三里之外七里之內而祀之就陽位上圓下方八窻四闥布政之宮故稱明堂明堂盛貌南齊書禮儀志引上三句周公祀文王於明堂以配上帝五精之神大微之庭中有五帝座位古周禮孝經說明堂文王之廟夏后氏曰世室殷人曰重屋周人曰明堂東西九筵筵九尺南北七筵堂崇一筵五室凡室二筵蓋之以茅周公所以祀文王於明堂以昭事上帝謹案今禮古禮各有其義說無明文以知之玉藻疏

駁曰玄之聞也戴禮所云雖出盛德記九室三十六戶七十二牖似秦相呂不韋作春秋時說者所益非古制也四堂十二室字誤本書云九堂十二室淳于登之言取義於孝經援神契說宗祀文王於明堂以配上帝曰明堂者上圓下方八窻四闥布政之宮在國之陽帝者諦也象上可承五精之神五精之神實在大微於辰爲巳是以登云然今漢立明堂於丙巳由此爲之明堂位疏引止此水木用事交於東北木火用事交於東南水土用事交於中

央金土用事交於西南金水用事交於西北周人明堂五室帝一室合於數同上

四時之祭

今文尚書歐陽說肝木也心火也脾土也肺金也腎水也古尚書說脾木也肺火也心土也肝金也腎水也謹案月令春祭脾夏祭肺季夏祭心秋祭肝冬祭腎與古尚書同月令疏

駁曰月令祭四時之位及其五藏之上下次之耳冬位在後而腎在下夏位在前而肺在上春位小

前故祭先脾秋位小郄故祭先肝腎也脾也俱在
鬲下肺也心也肝也俱在鬲上祭者必三故有先
後焉不得同五行之氣今醫病之法以肝爲木心
爲火脾爲土肺爲金腎爲水則有瘳也若反其術
不死爲劇同上○按正義云如鄭此言五行所主則從今文尙書之說

竈神

今戴禮說引此燔柴盆瓶之事古周禮說顓頊氏有
子曰黎爲祝融荆楚歲時記引此下有火正二字祀以爲竈神謹案
月令孟夏之月其祀竈五祀之神王者所祭非老婦
也禮器疏

駮曰祝融乃古火官之長猶后稷爲堯司馬其尊
如是王者祭之但就竈陘一何陋也祝融乃是五
祀之神祀於四郊而祭火神於竈陘於禮乖也同上
又駮曰王爲羣姓立祀一曰司命主督察三命也
二曰中霤主宮室居處也三曰門四曰戸主出入
五曰國行主道路六曰大厲主殺也七曰竈主飲
食也竈神祝融是老婦通典

禘祫

謹案叔孫通云宗廟有月祭之禮自古而然也三歲
一祫此周禮也五歲一禘疑先王之禮也書鈔
駮曰三年一祫五年一禘百王通義以禮讖所云
故作禘祫志考春秋禘祫之數定以爲三年祫五
年禘詩閟宮疏○長發疏引此文以爲禮讖云殷之五年殷祭亦名禘也

毀廟

詩魯說丞相匡衡以爲殷中宗周成宣王皆以時毀
古文尙書說經稱中宗明其廟宗而不毀謹案春秋
公羊御史大夫貢禹說王者宗有德廟不毀宗而復

毀非尊德之義詩烈祖疏
鄭無駮正義云從而不駮

祧壇

禮祭法云天子有祧遠廟曰祧將祧而去之故曰祧
去祧曰壇去壇曰墠皆藏於祖廟有事則禱無事則
止御覽
鄭駮無考

祭百辟

公侯祭百辟自卿以下不過其族夫鬼神之所及非

其族類弗紹其國位百辟國君先有功德於人者今在其位故報祭之

鄭駁無考

閏月告朔

今公羊說每月告朔朝廟至於閏月不以朝者閏月殘聚餘分之月無正故不以朝經書閏月猶朝廟譏之古春秋左氏說閏以正時時以作事事以厚生生民之道於是乎在不告閏朔棄時政也棄時政則不知其所行此句從御覽采補謹案從左氏說不顯朝廟告朔

之異謂朝廟而因告朔玉藻疏引止此閏月不以朝者諸侯歲遣大夫之京師受十二月之政還藏於大廟月旦朝廟存神有司因告曰今月當行某政至於閏月蒃殘餘分之月無正故不以朝經書閏月猶朝譏之者是也此段從御覽采補

駁曰堯典云以閏月定四時成歲閏月當告朔說者不本於經所譏者異其是與非皆謂朝廟而因告朔似俱失之朝廟之經在文六年冬閏月不告朔猶朝于廟辭與宣三年春郊牛之口傷改卜牛牛死乃不郊猶三望同言猶者告朔然後當朝廟郊然後當三望今廢其大存其細是以加猶譏之論語曰子貢欲去告朔之餼羊周禮有朝享之禮祭然則告朔與朝廟祭異亦明矣同上

井地

左氏說山林之地九夫爲度九度而當一井藪澤之地九夫爲鳩八鳩當一井京陵之地九夫爲辨七辨而當一井淳鹵之地九夫爲表六表而當一井疆潦之地九夫爲數五數而當一井偃豬之地九夫爲規

四規而當一井原防之地九夫爲町三町而當一井隰皐之地九夫爲牧二牧而當一井衍沃之地九夫爲井賦法積四十五除山川坑岸三十六井定出賦者九井則千里之畿地方百萬井除山川坑岸三十六萬井定出賦者六十四萬井長轂萬乘王制疏○按正義云異義九等者據大畧國中有山林至衍沃之等言之周禮九等者據授民地肥瘠有九等與異義不同

鄭駁無考

萬國唐虞制

今公羊說殷三千諸侯周千八百諸侯古春秋左氏

傳說禹會諸侯於塗山執玉帛者萬國唐虞之地萬里容百里地萬國其侯伯七十里子男五十里餘爲天子閒田謹案易曰萬國咸寧尚書曰協和萬邦從左氏說王制疏

駮曰諸侯多少異世不同萬國者謂唐虞之制也武王伐紂三分有二千八百諸侯則殷末諸侯千八百也至周公制禮之後準王制千七百七十三國而言周千八百者舉其全數同上

中國方五千里

今尚書歐陽夏侯說中國方五千里古尚書說五服旁五千里相距萬里謹案以今漢地考之自黑水至東海衡山之陽至於朔方經畧萬里同上

鄭無駮與許同正義云

雉數

周禮說雉高一丈長三丈韓詩說八尺爲板五板爲堵五堵爲雉何休注云公羊本韓詩傳云堵四十尺雉二百尺以板長八尺接五板而爲堵接五堵而爲雉二說不同詩鴻鴈疏

駮曰左氏傳說鄭莊公弟段居京城祭仲曰都城過百雉國之害也先王之制大都不過三國之一中五之一小九之一今京不度非制也古之雉制書傳各不得其詳今以左氏說鄭伯之城方五里積千五百步也大都三國之一則五百步也五百步爲百雉則知雉五步五步於度長三丈則雉長三丈也雉之度量於是定可知矣同上

戴禮及韓詩說八尺爲板五板爲堵五堵爲雉板廣二尺積高五板爲一丈五堵爲雉雉長四丈古周禮

及左氏說一丈爲板板廣二尺五板爲堵一堵之牆長丈高丈三堵爲雉一雉之牆長三丈高一丈以度其長者用其長度其高者用其高也諸說不同左傳隱元年疏○禮坊記疏引異義古春秋左氏說云百雉爲長三百丈方五百步者六尺爲步五六三十故三百丈爲五百步

駮曰鄭伯城方五里以匠人典命正是正丈因其不同故兩申其說同上

古周禮說云天子城高七雉隅高九雉公之城高五雉隅高七雉侯伯之城高三雉隅高五雉都城之高

皆如子男之城冬官匠人疏

駁曰周亦九里城禮坊記疏引作天子之城九里則公七里侯伯五里子男三里同上○御覽引異義云天子之城高九仞公侯七仞伯五仞子男三仞○按此條亦係論天子諸侯城雉之制故附於此

萬乘千乘

天子萬乘諸侯千乘大夫百乘此大判言之尊卑相十之義其間委曲鄉遂公邑細別不同也故魯頌云公車千乘謂大總計地出軍也公徒三萬謂鄉遂兵數也是國界計地與鄉遂數不同諸侯城方十里出

賦之時雖革車一乘甲士三人步卒七十二人其臨敵對戰之時則同鄉法五人爲伍五伍爲兩之屬也故左傳云鄭之戰楚廣有一卒卒偏之兩又云兩之一卒適與是臨軍對陣同鄉法也禮坊記疏○按玉海引此疏自魯頌下至末俱作異義從之

鄭駁無考

田稅

今春秋公羊說十一而稅過於十一大桀小桀減於十一大貉小貉十一稅天子之正十一行而頌聲作故周禮國中園廛之賦二十而稅一近郊十二稅一遠郊二十而稅三有軍旅之歲一井九夫百晦之賦出禾二百四十斛芻稾二百四十六釜米十六斗案公羊十一稅遠近無差漢制收租田有上中下與周禮同義周官載師疏

駁曰京之閒也周禮制稅法輕近而重遠者近者勞遠者逸故也其授民田家所養者多與之美田所養者少則與之薄田貝調均之而足故可以爲常法漢無授田之法與周禮同義未之思也又周

禮六篇無云軍旅之歲一夫九井百晦之稅出禾芻稾釜米之事何以得此言乎若然周禮稅法據王畿公羊稅法據諸侯邦國諸侯邦國無遠近之差者以其國地狹少賦役事暇富者貴美且多貧者賤薄且少美薄之收不通相倍從而上中下也同上

征役

禮戴說王制云五十不從力政六十不與服戎易孟氏韓詩說年二十行役三十受兵六十還兵古周禮

說國中自七尺以及六十野自六尺以及六十有五皆征之謹案五經說皆不同是無明文所據漢承百王之制二十二而役五十六而免六十五已老而周復征之非用民意（王制疏）

駁曰周禮是周公之制王制是孔子之後大賢所記先王之事周禮所謂皆征之者使爲胥徒給公家之事如今之正衞耳六十而不與服戎胥徒事暇坐息之間多其五歲又何太違之云徒給公家之事云非用民意取王制所云力政挽引築作之事所謂服戎謂從軍爲士卒也二者皆勞於胥徒故早舍之（同上）

祠兵

公羊說甲午祠兵左氏說甲午治兵于廟禮也穀梁說亦云出曰治兵習戰也（夏官疏）

駁曰云祠兵者公羊字之誤因而作說周禮司馬職曰仲夏教茇舍仲秋教治兵其下皆云如戰之陳仲冬教大閱修戰法虞人萊所田之野乃爲之如是治兵之屬皆習戰非授兵於廟又無祠五兵之禮（同上）

湯沐之邑

公羊說諸侯朝天子天子之郊皆有朝宿之邑從泰山之下皆有湯沐之邑左氏說諸侯有功德於王室京師有朝宿之邑泰山有湯沐之邑魯周公之後鄭宣王母弟皆有湯沐邑其餘則否謹案京師之地皆有朝宿邑周千八百諸侯盡京師地不能容之不合事理之宜（王制疏○春秋隱八年引異義左氏說諸侯有大功德乃有朝宿湯沐之邑公羊說以爲諸侯皆有朝宿湯沐之邑愼以公羊爲非）

鄭無駁（正義云從許義）

五經異義卷下

漢　汝南許愼撰　　南城鄧存譽校

天子有爵不

易京孟說易有周人五號帝天稱一也王美稱二也天子爵號三也大君者興盛行異四也大人者聖人德備五也是天子有爵古周禮說天子無爵同號於天何爵之有謹案春秋左氏云施於夷狄稱天子施於諸夏稱天王施於京師稱王知天子非爵稱曲禮疏

駁曰案士冠禮云古者生無爵死無謚自周及漢

天子有謚此有爵甚明云無爵失之矣同上

聖人感天而生

詩齊魯韓春秋公羊說聖人皆無父感天而生左氏說聖人皆有父謹案堯典以親九族即堯母慶都感赤龍而生堯堯安得九族而親之禮讖云唐五廟知不感天而生生民疏

駁曰玄之聞也諸言感生得無父有父則不感生此皆偏見之謂也商頌曰天命玄鳥降而生商謂娀簡吞鳦子生契是聖人感見於經之明文劉媪是漢太上皇之妻感赤龍而生高祖是非有父感神而生者也且夫蒲盧之氣嫗煦桑蟲成爲己子況乎天氣因人之精就而神之反不使子賢聖乎是則然矣又何多怪同上

姓氏異義本文無考

駁曰炎帝姓姜太皡之所賜也黃帝姓姬炎帝之所賜也故堯賜伯夷姓曰姜賜禹姓曰姒賜契姓曰子賜稷姓曰姬著在書傳大傳疏

又駁曰春秋左傳無駭卒羽父請謚與族公問族

於衆仲衆仲對曰天子建德因生以賜姓胙之土而命之氏諸侯以字爲氏因以爲族官有世功則有官族邑亦如之公命以字爲展氏以此言之天子賜姓命氏諸侯命族族者氏之別名也姓者所以統繫百世使不別也氏者所以別子孫之所出故世本之篇言姓則在上言氏則在下也史記五帝紀注

九族

今禮戴尚書歐陽說九族乃異姓有屬者父族四五屬之内爲一族父女昆弟適人者與其子爲一族己

女昆弟適人者與其子爲一族巳之女子子適人者與其子爲一族母族三母之父姓爲一族母之母姓爲一族母女昆弟適人者與其子爲一族妻族二妻之父姓爲一族妻之母姓爲一族古尚書說九族者從高祖至玄孫凡九皆同姓謹案禮緦麻三月以上恩之所及禮爲妻父母有服明在九族中九族不得但施於同姓

駁曰玄之聞也婦人歸宗女子雖適人字猶繫姓明不得與父兄爲異族其子則然昏禮請期辭曰

唯是三族之不虞欲及今三族未有不億度之事而迎婦也如此所云三族不當有異姓異姓其服皆緦禮雜記下緦麻之服不禁嫁女娶婦是爲異姓不在族中明矣周禮小宗伯掌三族之列名喪服小記說服之義曰親親以三爲五以五爲九以此言之知高祖至玄孫昭然察矣。左傳桓六年疏尚書堯典疏引鄭駁云異姓之服不過緦麻言不廢昏又昏禮請期云惟是三族之不虞恐其廢昏明非外族也

冠

古尚書說云武王崩時成王年十三後一年管蔡作亂周公東辟之王與大夫盡弁以開金縢之書時成王年十四言弁則已冠矣隱元年公羊疏。通典引異義云武王崩後管蔡作亂周公出居東是歲大風王與大夫冠弁開金縢之書成王年十四是喪冠也者恐失矣按禮傳天子之年近則十二遠則十五必冠矣

鄭駁無考

人君年幾而娶

大戴說男三十女二十有昏娶合爲五十應大衍之數自天子逹於庶人同一也古春秋左氏說國君十五而生子禮也二十而嫁三十而娶庶人禮也禮夫

爲婦之長殤長殤十九至十六知夫年十四十五見士昏禮也謹案舜三十不娶謂之鰥文王十五而生武王尚有兄伯邑考知人君早昏娶不可以年三十非重昏嗣也昏義疏。詩摽梅疏引此文畧

鄭駁無考正義云鄭意依正禮士及大夫皆三十而後娶禮云夫爲婦長殤者關異代也或有早娶者非正法矣天子諸侯昏禮則早矣

親迎

春秋公羊說自天子至庶人皆親迎左氏說天子至尊無敵故無親迎之禮諸侯有故若疾病則使上卿

迎上公臨之謹案高祖時皇太子納妃叔孫通制禮以爲天子無親迎從左氏說也哀公問疏○曲禮疏引異義云禮戴說天子親迎左氏說天子不親迎使上卿迎之諸侯亦不親迎使上大夫迎之

駁曰太姒之家在洽之陽在渭之涘文王親迎于渭卽天子親迎明矣天子雖至尊其於后則夫婦也夫婦判合禮同一體所謂無敵豈施於此哉禮記哀公問曰寡人願有言然冕而親迎不已重乎孔子愀然作色而對曰合二姓之好以繼先聖之後以爲天地宗廟社稷之主君何謂已重乎此言親迎繼先聖之後爲天地宗廟主非天子則誰乎詩大明疏此天子諸侯有親迎也若不親迎則宜致女云備百姓也此據曲禮疏補

三公

今尚書夏侯歐陽說天子三公一曰司徒二曰司馬三曰司空九卿二十七大夫八十一元士凡百二十在天爲山川古周禮說天子立三公曰太師太傅太保無官屬與王同職故曰坐而論道謂之三公又立三少以爲之副曰少師少傅少保是爲三孤冢宰司徒宗伯司馬司寇司空是爲六卿之屬大夫士庶人在官者凡萬二千石周公太公無爲司徒司空文知師保傅三公官名也五帝三王不同物此周之制也書鈔

鄭駁無考

二伯

王者已有州伯所以復設二伯何欲使紬職也三歲一閏天道小備故二伯紬職也何以爲二伯乎曰以三公在外稱伯東西分爲二所以稱伯何欲抑之也三公臣之最尊者也又以王命行天下爲其威故伯之明有所屈抑也同上

鄭駁無考

九賜九命

周禮說九儀一命受職再命受服三命受位四命受器五命賜則六命賜官七命賜國八命作牧九命作伯含文嘉九賜一曰車馬二曰衣服三曰樂則四曰朱戸五曰納陛六曰虎賁七曰斧鉞八曰弓矢九曰秬鬯公羊說九賜之次與含文嘉不同一曰衣服二

曰朱戶三曰納陛四曰輿馬五曰樂則六曰虎賁七曰斧鉞八曰弓矢九曰秬鬯曲禮疏

駁曰九命與九賜不同九賜謂八命作牧九命作伯之後始加九賜同上。按正義云異義許慎說九賜九命鄭康成以爲不同具如前說

卿得世

今公羊穀梁說卿大夫世則權并一姓妨塞賢路事政犯君故經譏尹氏齊之崔氏也古春秋左氏說卿大夫得世祿不得世位父爲大夫死子得食其故采

地如有賢才則復升父故位故傳曰官有世功則有官族謹案易爻位三爲三公二爲卿大夫曰食舊德食舊德謂食父故祿也尙書古我先王暨乃祖乃父胥及逸勤予不敢動用非罰世選爾勞予不絕爾善論語曰興滅國繼絕世國謂諸侯世謂卿大夫詩云凡周之士不顯亦世孟子曰文王之治岐也仕者世祿知周制世祿也文王疏。禮王制疏引此文畧

鄭無駁正義云與許同

朝名

公羊說諸侯四時見天子及相聘皆曰朝以朝時行禮卒而相逢於路曰遇古周禮說春曰朝夏曰宗秋曰覲冬曰遇愼案禮有覲經詩曰韓侯入覲書曰江漢朝宗於海知其朝覲宗遇之禮從周禮說

駁曰此皆有似不爲古昔案覲禮曰諸侯前朝皆受舍於朝朝通名

諸侯聘

公羊說諸侯比年一小聘三年一大聘五年一朝天子左氏說十二年之間八聘四朝再會一盟謹案公

羊說虞夏制左氏說周制傳曰三代不同物明古今異說

駁曰公羊說比年一小聘三年一大聘五年一朝文襄之霸制錄王制者記文襄之制耳非虞夏及殷法也玉海引鄭駁曰文十五年左傳云諸侯再相朝以修王命古之制也此爲夏殷之禮周禮大行人諸侯各以服數來朝其諸侯歲聘間朝之屬說無所出晉文公彊盛諸侯耳非所謂三代異物也

天子聘諸侯

公羊說天子無下聘義周禮說間問以諭諸侯之志
謹案禮臣疾君親問之天子有下聘之義從周禮說
竝王制疏

鄭無駁正義云與許同

盟詛

今春秋公羊說古者不盟結言而退故穀梁傳云誥
誓不及五帝盟詛不及三王交質子不及二伯且盟
非禮故春秋左氏云周禮有司盟之官殺牲歃血所
以盟事神明又云凡國有疑盟詛其不信者是知於
禮得盟謹案從左氏說以太平之時有盟詛之禮曲禮
疏

鄭無駁正義云從許義

盟牲

盟牲所用愼據韓詩云天子諸侯以牛豕大夫以犬
庶人以雞又毛詩云君以豕臣以犬民以雞又左傳
云鄭伯使卒出豭行出犬雞以詛射穎考者又云衞
伯姬盟孔悝以豭曲禮疏

駁曰詩說及鄭伯使卒及行所出皆謂詛耳小於
盟也周禮戎石職云若盟則以玉敦辟盟遂役之
贊牛耳桃茢哀十七年左傳曰孟武伯問於高柴
曰諸侯盟誰執牛耳然盟者人君用牛伯姬盟孔
悝以豭下人君牲是盟用牛也何人斯疏

諸侯祖天子

禮戴說諸侯不敢祖天子大夫不敢祖諸侯又匡衡
說支庶不敢薦其禮下士諸侯不得專祖於王古春
秋左氏說天子之子以上德爲諸侯者得祀所自出
魯以周公之故立文王廟左傳宋祖帝乙鄭祖厲王
由上祖也又曰凡邑有宗廟先君之主曰都以其有

先君之主公子爲大夫所食采邑亦自立所自宗廟
其立先公廟準禮公子得祖先君公孫不得祖諸侯
謹案周公以上德封於魯得郊天兼用四代之禮樂
知亦得祖天子諸侯有德祖天子者知大夫亦得祖
諸侯郊特牲疏

鄭無駁正義云與許同

立弟

公羊說云質家立世子弟文家立世子子而春秋從

賢故得立其弟公羊成十八年疏

鄭駁無考

存二王後

公羊說存二王之後所以通乎三統之義郊特牲曰天子存二代之後猶尊賢也古春秋左氏說周家封夏殷二王之後以爲上公封黃帝堯舜之後謂之三恪謹案治魯詩丞相韋玄成治易施犨等說引外傳曰三王之樂玉海引作五王可得觀乎知王者所封五代而已而與左氏說同郊特牲疏

駁曰所存二王之後者命使郊天以天子之禮祭其始祖之王自行其正朔服色恪者敬也敬其先聖而封其後與諸侯無殊異何得比夏殷之後同上

○案詩陳風疏引駁異義云三恪尊於諸侯卑於二王之後

妾子立爲君得尊其母立以爲夫人

今春秋公羊說妾子立爲君母得稱夫人故上堂稱妾屈於適也下堂稱夫人尊於國也通典引此下云則士庶起爲人君母亦不得稱夫人父母者子之天也子不得爵命父妾子爲君得爵命其母者以妾在奉授於尊者通典作以妾本接事尊者有所因

緣故也穀梁傳曰魯僖公立妾母成風爲夫人通典引此有入宗廟三字是子爵於母以妾爲妻非禮也故春秋左氏說成風妾得立爲夫人母以子貴禮也通典無此二字謹案通典有尚書二字舜爲天子瞽瞍爲士起於士庶者子不得爵父母也至於魯僖公通典此下有本妾子三字得尊母成風爲小君經無譏文從公羊左氏之說服問疏

駁曰禮喪服父爲長子三年以將傳重故也衆子則爲之周明無二嫡也女君卒貴妾繼室攝其事耳不得復立夫人魯僖公妾母爲夫人者乃緣莊

夫人哀姜有殺子般閔公之罪應貶故也近漢呂氏殺戚夫人及庶子趙王不仁廢不得配食文帝更尊其母薄后非其比耶妾子立者得尊其母禮未之有也通典

諸侯奔喪

公羊說天王喪赴者至諸侯哭雖有父母之喪越紼而行事葬畢乃還左氏說王喪赴者至諸侯既哭問故遂服斬衰使上卿弔上卿會葬經書叔孫得臣如京師葬襄王以爲得禮謹案易下邳傳其容說諸侯

在千里內皆奔喪千里外不奔喪若同姓千里外猶奔喪親親也容說爲近禮王制疏。案通典引異義云諸侯藩衛之臣不得棄其封守諸侯千里之內奔千里之外不奔四方不可空空故遣大夫也與此文不同

駁曰天子於諸侯無服諸侯爲天子斬衰三年尊卑有差案魯夫人成風薨王使榮叔歸含且賵召伯來會葬通典引作毛伯傳曰禮也襄王崩叔孫得臣如周葬襄王天子於魯既含且賵又會葬爲得禮則是魯於天子一大夫會爲不得禮可知又左傳鄭游吉云靈王之喪我先君簡公在楚我先大夫印

段實往敝邑之少卿也王吏不往恤所無也豈非左氏諸侯奔天子之喪及會葬之明文說左氏者云諸侯不得棄其所守奔喪自違其傳同姓雖千里外猶奔喪又與禮乖同上

諸侯踰年即位乃奔喪

大鴻臚眭生說春秋之義未踰年君死不成以人君禮言王者未加其禮故諸侯亦不得供其禮於王者相報也許氏又案禮不得以私廢公卑廢尊如禮得奔喪今以私廢奔天子之喪非也又人臣之義不得

挍計天子未加禮於我亦執之不加禮也眭生之說非也通典

駁曰案孝經資於事父以事君言能爲人子乃能爲人臣也服問嗣子不爲天子服此則嫌欲速不一於父也喪服四制曰門內之治恩掩義門外之治義斷恩此言在父則爲父在君則爲君也春秋莊三十二年子般卒時父未葬也子者繫於父之稱也言卒不言崩未成君也未成君猶繫於父則當從門內之治恩掩義禮者在於所處此何以私廢公何以卑廢尊同上

諸侯自相奔喪

公羊說遣大夫弔君會其葬左氏說諸侯之喪士弔大夫會葬文襄之霸令大夫弔卿共葬事謹案周禮無諸侯會葬義知不相會葬從左氏說

鄭無駁正義云與許同

諸侯大夫喪

公羊說卿弔君自會葬左氏說諸侯夫人喪士弔士會葬文襄霸士弔大夫會葬叔弓如宋葬宋共姬士

卿行過厚非禮譏案公羊說同盟諸侯薨君會葬其夫人薨君又會葬是其不違國政而常在路公羊左氏說俱不別同姓異姓公羊言當會許以爲同姓也左氏云不當會據異姓也

駮曰案禮君與夫人尊同故聘禮卿聘君因聘夫人凶時會弔主於相哀愍畧於相尊敬故使可降一等士弔大夫會葬禮之正也周禮諸侯之邦交歲相問也殷相聘也世相朝也無異姓同姓親疏之數云夫人喪士會葬說者致之非傳辭也並王制疏

赴

今春秋公羊傳諸侯曰薨赴於鄰國亦當稱薨經書諸侯言卒者春秋之文王魯故稱卒以下魯古春秋左氏說諸侯薨赴於鄰國稱名則書名稱卒卒者終也取其終身又以尊不出其國譏案士虞禮云尸服卒者之上服不分別尊卑皆同年卒者卒終也是終沒之辭也雜記疏

駮曰案雜記上云君薨赴於他國之君曰寡君不祿曲禮下曰壽考曰卒短折曰不祿今君薨而云不祿者言臣子於君父雖有考終脩壽猶若其短折然若君薨而赴者曰卒卒是壽終矣斯無哀惜之心非臣子之辭鄰國來赴書以卒者言無所老幼皆終成人之志所以相尊敬也同上

未踰年之君立廟不

春秋公羊說云未踰年君有子則書葬立廟無子則不書葬恩無所錄也左氏說云臣之奉君悉心盡恩不得錄君父有子則爲立廟無子則廢也或議曰許君案禮云臣不殤君子不殤父君無子而不爲立廟

是背義棄禮罪之大者也

駮曰未踰年君者魯子般子惡是也皆不稱公書卒弗謚不成於君也廟者當序於昭穆不成於君則何廟之立凡無廟者爲壇祭之近漢諸幼少之帝尚皆不廟祭而於陵云

諸侯未踰年出朝會與不出會何稱

春秋公羊說云諸侯未踰年不出境在國中稱子以王事出亦稱子非王事而出會同安父位不稱子鄭伯伐許未踰以本爵譏不子也左氏說諸侯未踰年

在國內稱子以王事出則稱爵詘於王事不敢伸其私恩鄭伯伐許是也春秋不得以家事辭王事諸侯蕃衛之臣雖未踰年以王事稱爵是也

駁曰昔武王卒父業旣除喪出至孟津之上猶稱太子者是爲孝也今未除喪而出稱爵是與武王義反矣春秋僖九年春三月丁丑宋公禦說卒夏公會宰周公齊侯宋子衛侯鄭伯許男曹伯于葵丘宋子卽未踰年君也出與天子大夫會是非王事而非子耶

未踰年之君繫父不

公羊說云未踰年之君皆繫於父晉里克弒其君之子奚齊於次時父未葬雖未踰年稱子成爲君不繫於父齊公子商人殺其君舍父已葬案禮制君喪未葬已葬儀各有差嗣君號稱亦宜有差左氏說是也

鄭駁無考

諸侯言妾母喪得出朝會不

春秋公羊說妾子爲諸侯不敢以妾母之喪廢事天子大國出朝會禮也魯宣公如齊有妾母之喪經書善之左氏說云妾子爲君當尊其母有三年之喪而出朝會非禮也故譏魯宣公案禮妾母無服貴妾子不立而他妾子立者也不敢以卑廢尊事者禮也卽妾子爲君義如左氏

駁曰喪服緦麻庶子爲後爲其母此義自天子下至庶人同不得三年魯襄公所以得尊其妾母敬嬴爲夫人者以夫人姜氏大歸齊不反故也因是言妾子立母卒得爲之三年於禮爲過乎其服之間出朝會無王事與鄭伯伐許何異以上四條並出通典

祔

左氏說凡君薨祔而作主特祀主於寢畢三時之祭朞年然後烝嘗禘於廟愼案左氏說與禮同春官疏

鄭無駁

虞

公羊說虞而作主此從檀弓疏補古春秋左氏說旣葬反虞天子九虞九虞者以柔日九虞十六日也諸侯七虞十二日也大夫五虞八日也士三虞四日也自人然後祔死者於先死者祔而作主謂桑主也期年然後

作栗主謹案左氏說與禮同曲禮疏。檀弓疏引此文畧

鄭無駮正義云與許同

虞主

戴禮及公羊說虞主埋於壁兩楹之間一說埋之於廟北牖下御覽引此下云北方無事虞主亦無事也左氏說虞主所藏無明文檀弓疏

駮曰案士喪禮重與柩相隨之禮柩將出則重倚於道左柩將入於廟則重止於門西虞主與神相隨亦然練時旣特作栗主則入廟之時祝奉虞主於道左練祭訖乃出就虞主而埋之如旣虞埋重於道左同上

主制

主狀正方穿中央達四方天子長尺三寸諸侯長一尺曲禮疏謹案大夫以石爲主禮無明文大夫士無昭穆不得有主禮雜記疏引此句今山陽民俗祀有石主周禮小宗伯疏引此句春秋左氏曰徙主石於周廟言宗廟有郊宗石室所以藏木主處也主所藏無明文也書鈔

駮曰大夫無主孔悝之反祏所出公之主耳左傳哀十六年疏。御覽引異義云山陽民祭皆以石爲主然則石之爲主由來尚矣而祭祀龜筴祭器弊則埋之而改至新石今破則宜埋而更造不宜遂廢取其破石埋之故處於禮無依於事不爾思所未安也。按此文疑當爲鄭駮而文有脫誤姑仍附錄

逆祀

公羊董仲舒說躋僖公逆祀小惡也左氏說爲大惡也許君謹案同左氏說禮器疏

駮曰兄弟無相後之道登僖公主於閔公主上不順爲小惡也同上

雨止葬

公羊說雨不克葬謂天子諸侯也卿大夫臣賤不能以雨止穀梁說葬旣有日不爲雨止左氏說士葬先遠日辟不懷言不汲汲葬其親不可行事廢禮不行庶人不爲雨止謹案論語云死葬之以禮以雨而葬是不行禮穀梁說非也從公羊左氏之說王制疏

鄭無駮正義云與許同

君死社稷

公羊說國滅君死正也故禮運云君死社稷無去國之義左傳說昔太王居豳狄人攻之乃踰梁山邑於

岐山故知有去國之義也謹案易曰係遯有疾厲畜臣妾吉知諸侯無去國之義也曲禮疏

鄭無駁正義云從許君用公羊義

戕異義本文無考

駁曰左氏宣十八年秋七月邾人戕鄫子于鄫傳曰凡自內虐其君曰弑自外曰戕卽邾人戕鄫子是也自內弑其君曰弑者晉人弑其君州蒲是也雖他國君不加虐亦曰殺若加虐殺之乃謂之戕之取殘賊之意也若自上殺下及兩下自相殺之等皆曰殺夏官疏

刑不上大夫

禮戴說刑不上大夫古周禮說士尸肆諸市大夫尸肆諸朝是大夫有刑謹案易曰鼎折足覆公餗其刑渥凶無刑不上大夫之事從周禮之說曲禮疏

駁曰凡有爵者與王同族大夫以下適甸師令人不見是以云刑不上大夫同上

贖刑異義本文無考

駁曰贖死罪千鍰鍰六兩大半兩爲四百一十六斤十兩大半兩銅與金贖死罪金三斤爲價相依附是古贖罪皆用銅也實謂銅而謂之金鐵知傳之所言謂銅爲金鐵耳書舜典疏

復讎

公羊說復百世之讎古周禮說復讎之義不過五世周禮調人疏引此文云復讎可盡五世之內五世之外施之於己則無義施之於彼則無罪所復者惟謂殺者之身乃在彼殺者子孫可盡五世得復之謹案魯桓公爲齊襄公所殺其子莊公與齊桓公會春秋不譏又定公是魯桓公九世孫孔子相定公與齊會于夾谷是不復百世之讎也從周禮說

鄭無駁正義云與許同

凡君非禮殺臣公羊說子可復讎故子胥伐楚春秋賢之左氏說君命天也是不可復讎

駁曰子思云今之君子退人若將隊諸淵無爲戎首不亦善乎子胥父兄之誅隊淵不足喻伐楚並曲禮疏

拒父

衞輒拒父公羊以爲孝子不以父命辭王父之命許

拒其父左氏以爲子而拒父背德逆倫大惡也

駁曰以父子私恩言之則傷仁恩正義云鄭意以公羊所云公義也左氏所云是私恩也

毆母

妻甲夫乙毆母甲見乙毆母而殺乙公羊說甲爲姑討猶武王爲天誅紂

駁曰乙雖不孝但毆之耳殺之太甚凡在官者未得殺之殺之者士官也正義云如鄭此言毆母妻不得殺之若其殺母妻得殺之○並檀弓疏

譏二名

公羊說譏二名謂二字作名若魏曼多也左氏說二名者楚公子棄疾弒其君卽位之後改爲熊居是爲二名愼謹案文武賢臣有散宜生有蘇忿生則公羊之說非也從左氏義也

鄭駁無考

既沒稱字

公羊說臣子先死君父猶名之孔子云鯉也死是已死而稱名左氏說既沒稱字而不名桓二年宋督弒其君與夷及其大夫孔父先君死故稱其字穀梁從左氏說愼謹案從左氏穀梁說以爲論語稱鯉也死時實未死假言死耳

駁曰設言死凡人於恩猶不然況聖賢乎正義云鄭氏亦同左氏穀梁之說○並曲禮疏

駕數

易孟京春秋公羊說天子駕六毛詩說天子至大夫同駕四士駕二詩云駟騵彭彭武王所乘龍旂承祀六轡耳耳魯僖所乘四牡騑騑周道倭遲大夫所乘

謹案禮王度記曰天子駕六諸侯與卿同駕四大夫駕三士駕二庶人駕一說與易春秋同干旄疏○書五子歌疏引此文畧

駁曰亡之閑也周禮挍人掌王馬之政凡頒良馬而養乘之乘馬一師四圉四馬爲乘此一圉者養一馬而一師監之也尚書顧命諸侯入應門皆布乘黃朱書疏引此下云以爲天子駕四漢世天子駕六非常法也與此不同言獻四黃馬朱鬣也既實周天子駕六挍人則何不以馬與圉以六爲數顧命諸侯何以不獻六馬王度記

日大夫駕三經傳無所言是自古無駕三之制也同上○儀禮旣夕疏引鄭駮異義云天子駕駟尚書康王之誥康王始卽位云諸侯皆布乘黃朱詩云駟驂彭彭武王所乘魯頌云六轡耳耳僖公所乘小雅云駟牡騑騑大夫所乘是大夫以上駕駟之文也又以異義奉入鄭駮疑有誤

罍制異義本書載第六罍制

韓詩說金罍大夫器也天子以玉諸侯大夫皆以金士以梓古毛詩說金罍酒器也諸臣之所酢人君以黃金飾尊大一碩金飾龜目蓋刻爲雲雷之象謹案韓詩說天子以玉經無明文謂之罍者取象雲雷博

施如人君下及諸臣卷耳疏○周禮春官疏引此下云經文惟有詩云我姑酌彼金罍古毛詩說云人君以黃金則其餘諸臣直有金無黃金飾也

鄭駮無考

爵制

韓詩說一升曰爵爵盡也足也二升曰觚觚寡也飲當寡少三升曰觶觶適也飲當自適也四升曰角角觸也不能自適觸罪過也五升曰散散訕也飲不能自節爲人所謗訕也總名曰爵其實曰觴觴者餉也觥亦五升所以罰不敬觥廓也所以著明之貌君子有過廓然著明非所以餉不得名觴古周禮說爵一升觚二升獻以爵而酬以觚一獻而三酬則一豆矣食一豆肉飲一豆酒中人之食毛詩說觥大七升謹案周禮云一獻三酬當一豆若觚二升不滿一豆又觥罰不過一一飲而七升爲過多自古周禮說至此從禮器疏參補由此言之則觥是觚觶角散之外別有此器故禮器曰宗廟之祭貴者獻以爵賤者獻以散尊者舉觶卑者舉角特牲二爵二觚四觶一角一散不言觥之所用是正禮無觥不在五爵之例同上

駮曰觶字角旁友汝潁之間師讀所作今禮角旁單古書或作角旁氏角旁氏則與觚字相近學者多聞觚寡聞氏寫此書亂之而作觚耳南郡太守馬季長說一獻而三酬則一豆豆當爲斗一爵三觶相近冬官疏○禮器疏引駮異義曰周禮獻以爵而酬以觚觚寡也觶字角旁從氏

鑾鑣

禮戴毛氏二說謹案云經無明文且殷周或異駟鐵疏○按禮疏引韓詩內傳曰鑾在衡和在軾又大戴禮保傅篇文與韓詩說同蓼蕭傳曰在軾曰和在鑣曰鑾異義戴禮毛詩二說云經無明文且殷周或異故鄭亦不駮

韎韐異義本韎韐文無考

駁曰有韎韐無韠有韠無韎韐是韎韐必代韠也其禮合韠爲之叉韎草名齊魯之間言韎韐聲如茅蒐字當作韎陳留人謂之蒨瞻洛疏○御覽引異義云韎者大帶之飾非韠也

贄

案周禮說五玉贄自孤卿以下執禽尊卑有差也禮不下庶人工商無朝儀五經皆無說庶人工商有贄御覽

鄭駁無考

翟舞

公羊說樂萬舞以鴻羽取其勁輕一舉千里毛詩說萬以翟羽韓詩說以夷狄大鳥羽謹案詩云右手秉翟爾雅說翟鳥名雉屬也知翟羽舞也簡兮疏

鄭駁無考

鄭聲

命論說按本文命字疑當作魯鄭國之爲俗有溱洧之水男女聚會謳歌相感故云鄭聲淫左傳說煩手淫聲謂之鄭聲者言煩手躑躅之聲使淫過矣謹案鄭詩二十一篇說婦人十九矣故鄭聲淫也樂記疏○按正義云今鄭詩說婦人者唯九篇異義云十九誤也無十字

鄭駁無考

麟

公羊說麟木精左氏說麟中央軒轅大角之獸陳欽說麟是西方毛蟲謹案禮運云麟鳳龜龍謂之四靈龍東方也虎西方也鳳南方也龜北方也麟中央也

駁曰古者聖賢言事亦有效三者取象天地人四

者取象四時五者取象五行今云麟鳳龜龍謂之四靈是則當四時明矣虎不在靈中空言西方虎麟中央者則得無近誣乎

公羊說哀十四年獲麟此受命之瑞周亡失天下之異左氏說麟是中央軒轅大角獸左傳疏引此文上有麟生於火而遊於土句孔子備春秋者禮修以致其子左傳疏引此云孔子作春秋春秋者禮也修火德以致其子故麟來爲孔子瑞陳欽說麟西方毛蟲左傳疏此下有金精也三字孔子作春秋有立言西方兌爲口故麟來謹案公羊議郎尹更始待詔劉更生等議石

桀以爲吉凶不並瑞災不兼今麟爲周亡天下之異則不得爲瑞以應孔子至

駮曰京之聞也洪範五事二曰言言曰從從作乂乂治也言於五行屬金孔子時周道衰亡已有聖德無所施用作春秋以見志其言可從以爲天下法故應以金獸性仁之瑞賤者獲之則知將有庶人受命而行之受命之徵已見則於周將亡事勢然也興者爲瑞亡者爲災其道則然何吉凶不並瑞災不兼之有乎如此修母致子不若立言之說密也並禮運疏。○按詩疏左傳疏引此文俱畧

騶虞

今詩韓魯說騶虞天子掌鳥獸官古毛詩說騶虞義獸白虎黑文食自死之肉不食生物人君有至信之德則應之周南終麟趾召南終騶虞俱稱嗟歎之皆獸名謹案古山海經鄒書云騶虞獸說與毛詩同是其聖獸也春官疏

鄭駮無考

鸜鵒

公羊以爲鸜鵒夷狄之鳥穴居今來至魯之中國巢居此權臣欲自下居上之象穀梁亦以爲夷狄之鳥來中國義與公羊同左氏以爲鸜鵒來巢書所無也愼謹案從二傳冬官疏

駮曰案春秋言來者甚多非皆從夷狄來也從魯疆外而至則言來鸜鵒來濟西穴處今乃踰濟而東又巢爲昭公將去魯國同上。○公羊疏引駮曰春秋之鳥不言來者多爲夷狄來也若鸜鵒乃飛從夷狄而來則昭將去遠域之外

公羊說云鼷鼠初食牛角咎在有司又有咎在人君

取已有災而不云改更者義通於此公羊傳成七年疏

穀梁說云隕石于宋五象宋公德劣國小陰類也而欲行霸道是陰而欲陽行也其隕將拘執之象也是宋公欲以諸侯行天子道也穀梁傳僖十六年疏

古毛詩說以此龍旂承祀爲郊祀者自是舊說之謬閟宮疏。○正義云非鄭所從

京易今說臣動養君其義理也必望利下弗養道厥妖國有被髮于野祭者御覽

公羊說云襄公三十年叔弓如宋葬共姬譏公不自

行（公羊傳昭三年疏）

公羊說卿大夫東帛依神土結茅爲叢（書鈔）

先王之樂有五節遲速高下本末中聲以降五降之後不容彈矣樂所以節百事也故有五節降止也樂備五聲而止（初學記）

有母之尸饔謂陳饔以祭志養不及親（祈父疏）

天子笏曰珽珽直無所屈也（隋志）

地有九州足以承天（御覽）

非常曰異害物曰災（正月疏○上皆異義）

君有酒食欲與羣臣嘉賓燕樂之如鹿得苹草以爲美食呦呦然鳴相呼以欵誠之意盡於此耳（鹿鳴疏）

此詩之意以原隰主生百穀原隰之功於人尤大故獨言也（信南山疏）

王制云三公一命衮若有功則加賜衮衣之謂與一曰衮服是也（旱麓疏）

玉雜則色雜（冬官疏）

獄者埆也囚證於角核之處周禮謂之圜土（行露疏上皆駮異義）

魯數失禮牲數有災不吉則改卜後月（御覽○下皆補遺案此條當補在郊卜下）

簡狄吞鳦卵而生子後王以爲媒官嘉祥從而祠之（路史餘論○案此文當補在郊禖下）

禘祫卜不○春秋公羊說祀宗廟莅而不卜傳曰禘祫不卜古周禮說大宗伯先祀大神饗大鬼祭大祇率執事而卜日大鬼謂先王也駮曰當卜祀日月爾不當卜可祀與否（御覽○案此條當補在禘祫下）

公羊說師出曰祠兵入曰振旅祠者祠五兵矛戟劍

楯弓鼓及祠蚩尤之造兵者左氏說甲午治兵爲授兵於廟謹案三朝記曰蚩尤庶人之强者何兵之能造（曲禮疏○案此條當補在祠兵下）

諸侯不純臣○公羊說諸侯不純臣左氏說諸侯者天子蕃衛純臣謹案禮王者所不純臣者謂彼人爲臣皆非己德所及易曰利建侯侯者王所親建純臣也駮曰京之閒也賓者敵主人之稱而禮諸侯見天子稱之曰賓不純臣諸侯之明文矣（毛詩周頌疏）

脤膰○左氏說脤社祭之肉盛之以蜃宗廟之肉名

曰膰公羊穀梁說生居俎上曰脤熟居俎上曰膰周禮大宗伯疏

春秋左氏傳說歲星爲年紀十二而一周於天天道備故人君子十二可以冠自是殷天子皆十二而冠通典○案此條當補在冠下

謹案姪娣年十五以上能共事君子可以往二十而御易曰歸妹愆期遲歸有時詩曰韓侯取妻諸娣從之祁祁如雲娣必少于嫡知未二十而往也穀梁傳集解

昏禮之暮枕席相連毛詩魏風疏

諸侯娶同姓○春秋公羊穀梁說魯昭公娶于吳爲同姓也謂之吳孟子孟子卒不稱夫人諱娶同姓左氏說孟子卒不稱夫人不言葬小君者不成其喪也不當譏謹案易曰同人于宗吝言同姓相娶吝道也而犯誅絕之罪言五屬之內禽獸行乃當絕

錫命○春秋公羊穀梁說王使榮叔錫命魯桓公命追錫死者非禮也死者功可追而錫如有罪又可追而刑耶春秋左氏譏其錫篡弒之君無譏錫死者之文也並通典

駮曰從公羊義以鄭伯伐許爲非禮及公羊未踰年爲王事皆稱子即宋襄稱子陳共公稱子是也檀弓下疏○案此條當補在諸侯未踰年出朝會下

失君父終身不得其臣子得昏不○駮曰若終身不除是絕嗣也除而成昏違禮適權也又曰不孝莫大於無後終身不除此爲絕先人之統○通典

謹案春秋左氏傳曰徙石主於周廟言宗廟有郊宗石室所以藏粟主也虞主所藏無明文御覽○案此條當補在埋虞主下

卿大夫士有主不○公羊說卿大夫士非有土子民之君不得祫享昭穆故無主大夫束帛依神士結茅爲菆謹案春秋左氏傳曰衛孔悝反祏於西圃祏石主也言大夫以石爲主今山陽民俗祀石主駮曰少牢饋食大夫祭禮也束帛依神特牲饋食士祭禮也結茅爲菆大夫士以石爲主禮無明文孔悝之反祏有主者祭其所出之君爲之主耳通典

宗廟之主所用之木○主者神象也孝子既葬心無所依所以虞而立主以事之唯天子諸侯有主卿大

夫無主尊卑之差也卿大夫無主者依神以几筵故少牢之祭但有尸無主三王之代小祥以前主用桑者尚死尚質故不相變既練易之遂藏於廟以爲祭主凡虞主用桑練主夏后氏以松殷人以柏周人以栗春秋左氏傳曰凡君薨卒哭而祔祔而作主特祀於主烝嘗禘於廟主之制正方穿中央達四方天子長尺二寸諸侯一尺皆刻謚於背同上。祭法疏引異義云今春秋公羊說祭有主者孝子之主繫心夏后氏以松殷人以柏周人以栗又周禮說虞主用桑練主以栗無夏后氏以松爲主之事許君案從周禮並論語所云謂社主也鄭無駁從許義。案此二條當補在主制下

今尚書夏侯歐陽說墨辟宜赦其罰百率古以六兩爲率古尚書說百鍰鍰者率也一率十一銖二十五分銖之十三也百鍰爲三斤駮曰古之率多作鍰死罪千鍰鍰六兩大半兩爲四百一十六斤十兩大半兩銅與金贖死罪金三斤爲價相依附周禮疏。案此條當補在贖刑下

皐陶改臏爲剕呂刑有剕周改剕爲刖公羊傳疏

大路左氏義以爲行於道路故以路名之穀梁傳集解

山者陽位君之象也象君權壞穀梁傳疏

公羊說麟者木精一角赤目爲火候註麟者木精正以設武備而不害物有仁之性屬東方爲火候火乃木之子故謂之木精公羊傳疏。案此條當補在麟下

駮曰六鷁俱飛得諸侯之象也其退示其德行不進以致敗也得諸侯是陽行也被執敗是陰行也穀梁傳疏

序録

隋志雷氏撰五經要義五卷 梁十七卷

蓮社高賢傳曰雷次宗字仲倫豫章南昌人博學明詩禮入廬山預蓮社與宗炳等並執奏承旨慧遠法師後著義疏首稱雷氏宗炳寄書責之曰昔與足下面受於釋和尚今便稱雷氏耶

謨案唐志但載有劉向雜義七卷通義九卷要義五卷別無雷氏要義諸書引要義皆不著撰人姓名卷數亦大不符未知二志孰是如蓮社高賢傳云次宗著書自稱雷氏則此要義之雷氏爲次宗無疑隋志在前必更可據今故定爲雷次宗撰並鈔出後漢書注一條北史一條隋志一條世說新語注一條文選注二條類聚六條初學記七條書鈔二條通典一條御覽三條

五經要義

宋 豫章雷次宗撰 南城鍾學漢校

王者受命創始建國立都必居中土所以總天地之和據陰陽之正均統四方旁制萬國者也 初學記

昏閽也且明也日入後漏三刻爲昏日出前漏三刻爲明 文選注

三代名臘夏曰嘉平殷曰清祀周曰大蜡總謂之臘 世說新語注

社必樹之以木周禮司徒職曰班社而樹之各以土地所生尚書逸篇曰太社惟松東社惟栢南社惟梓西社惟栗北社惟槐 北史

天子籍田以供上帝之粢盛所以先百姓而致孝敬也籍蹈也言親自蹈履於田而耕之 後漢書注。初學記引此文云天子籍田千畝以供上帝之粢盛當孟春啓蟄既郊之後身率公卿大夫而親耕焉所以先百姓而致孝敬也立壇於田所祠之其制度如社之壇

契母簡狄以玄鳥至之日祀於高禖而生契故詩曰天命玄鳥感而生商高禖者蓋先王所以祈子孫之祀也玄鳥感陽而至集人棟宇有孳乳之祥故重其

至日因以用事類聚

古者后夫人必有女史彤管之法后妃羣妾以禮御於君所女史書其日授之環以示進退之法有娠類聚引作生子月辰則以金環退之當御者以銀環進之著於左手既御著於右手左手陽也以陽當就男故著左手右手陰也既御而復故此女史之職也御覽

冠嘉禮也冠首服也首服既加而後人道備故君子重之以爲禮之始矣類聚

古者著裘於内而以縉衣覆之乃加以朝服會之時

袒其朝服見裘裏裼衣謂之裼裼之言露可見之辭所以示美成好而爲飾加以朝服謂之襲袒謂之裼

大裘不裼反本取其質也

諸侯黼裘以誓田雜羔狐爲黼文也

天子之笏謂之珽珽挺然而無屈也並初學記

笏所以記事防忽忘隋志

韠者舜所制也書鈔引此下有裳前之蔽也句太古之時未有布綿御覽引作布帛人食禽獸肉而衣其皮知蔽前未知蔽後至舜冕服既備故復制之示不忘古韠名有三朝廷則謂韍韠宗廟謂之韠韐韍者大帶之飾非韠也天子朱韠諸侯赤韠韠御覽作韍赤盛色也初學記

凡樂有八鼓謂之革鐘謂之金磬謂之石琴瑟謂之絲簫管謂之竹塤謂之土柷敔謂之木笙謂之匏是謂八音

周禮鐘磬皆編懸之二八十六而在一簴謂之堵磬一堵謂之肆春秋傳曰歌鐘二肆此之謂也

磬立秋之樂也並類聚

鼓所以檢樂爲羣音之長也書鈔

主者神象也凡虞主用桑桑猶喪也喪禮取其名練主用栗栗者敬也祭禮取其恭御覽

木主之狀四方穿中央以達四方天子長尺二寸諸侯長尺皆刻謚於其背初學記

國君及元戎率軍將在中央當鼓御者在左勇力之士執戈在後御覽

將行者有祖道一日祀行言祭道路之神以祈也初學記

太一一名終南山在扶風武功縣文選注。初學記引此文云終南山

長安南山也一名太乙又事類賦注引此文
云太一山在扶風武功縣與終南山相連
王者田獵以戒不虞書鈔
虞主埋之廟北牖下北方無事虞主亦無事也通典
明堂中央爲太室類聚

序録

隋志晉散騎常侍譙周撰五經然否論五卷
蜀志本傳曰譙周字允南巴西西充國人所著述
撰定法訓五經論古史考書之屬百餘篇
又秦宓傳曰宓見帝系之文五帝皆同一族爲辨
其不然之本又論皇帝王霸養龍之說甚有通理
譙允南少時數往諮訪紀録其言於春秋然否論
文多故不載
謹案本傳周仕蜀歷官太子家令中散大夫以勸
後主降魏故隋志特書晉官亦史家予奪之微意
也書已久亡羣書稱引絶少御覽亦不載其目經
義考鈔出後漢書注通典三條今從穀梁傳注鈔
出一條又詩正義一條禮記正義二條

五經然否論

蜀　巴西譙周撰　　金谿蔡映台校

國不可久無儲貳故天子諸侯十五而冠十五而娶娶必先冠以夫婦之道王教之本不可以童子之道治之禮十五爲成童以次成人欲人君之早有繼體故因以爲節書稱成王十五而冠著在金縢周禮媒氏曰令男三十而娶女二十而嫁内則云女子十五而笄說曰許嫁也是故男自二十以及三十女自十五以及二十皆得以嫁娶先是則速後是則晚凡人

嫁娶或以賢淑或以方類豈但年數而已若必差十年乃爲夫婦是廢賢淑方類苟比年數而已禮何爲然哉則三十而娶二十而嫁說嫁娶之限葢不得復過此爾故舜年三十無室書稱曰鰥周禮云女子年二十未有嫁者仲春之月奔者不禁奔者不待禮聘因媒請嫁而已矣（穀梁傳注）

古文尚書說武王崩成王年十三推武王以庚辰歲崩周公以壬午歲出居東癸未歲反禮公冠記周公冠成王命史作祝辭告是除喪冠也周公未反成王冠弁開金縢之書時十六矣是成王十五周公冠之而後出也

小紀云庶子不爲長子斬不繼祖與禰也此但別庶子而下言不繼祖者謂庶子身不繼禰故其長子爲不繼祖合而言之也

虞喜難之曰禮文三發二言繼祖一言連禰如但繼禰則應三年何緣須祖煩而失要合子於父舍經就迂非事實也然則繼祖者必繼禰繼禰者不必繼祖今連禰於祖以已繼之是繼祖者得三年

繼禰者不得也至於連禰於已以別高祖之祖故因禰以繼祖別嫌也（通典）

漢初或云三老答天子拜遭王莽之亂法度殘缺漢中興定禮儀羣臣欲令三老答拜城門校尉董鈞駁曰養三老所以教事父之道也若答拜是使天下答子拜也詔從鈞議譙周論之曰禮尸服上服猶以非親之故答子拜士見異國君亦答拜是皆不得視猶子也

虞喜曰且據漢儀於門屏交禮交禮卽答拜中典

諺從鈎識後章之深得其意後漢書禮儀志注

男自二十以及三十女自十五以至二十皆得以嫁娶先是則速後是則晚矣凡人嫁娶或以賢淑或以方類豈但年數而已詩正義引譙周說

父卒母嫁非父所絕嫡子雖主祭猶宜服期而喪服爲出母期嫁母與出母俱是絕族故知與出母同也禮記正義引譙周說

在巳國則得爲君服斬夫人齊衰若在他國則不得也同上○案此上三條俱當屬五經然否論附錄於此

序錄

隋志晉高涼太守楊方五經拘沈十卷唐志作鈎沈卷同

晉書本傳曰方字公回會稽人少好學有異才司徒王導辟爲掾遷參軍事方自以地寒求補遠郡欲閑居著術導從之上補高梁太守在郡積年著五經鈎沈更撰吳越春秋并雜文筆皆行於世

文獻通考曰晉楊芳撰五經鈎沈答難申暢自謂鈎取五經之沉義篇第亡缺今缺五篇

玉海曰楊方撰五經鈎沈自序云晉太寧元年撰鈎經傳之沈義著論難以起滯

按初學記引作楊雄五經鈎沈誤也今從晉書隋唐志定作楊方又據文獻通考云缺五篇是此書宋世猶存而經義考則云已亡今僅鈔出初學記四條御覽一條

五經鉤沈

晉　會稽楊方撰

聖之生必資於陰陽陰陽之理即聖人所盡但盡陰陽之理則亦照之本自見此謂不求於自知而理盡自然知者

生而知之者上也問曰孰生而知之乎荅曰聖人二儀旣判懸象列暉（暉通典引作暄）八風有序四氣錯御覽日月而違陰陽之數消搖八節俯仰亦黃彌綸天地之體窮覽有生之機瞻天爲師用醒己心故曰生知不亦審乎

東夷之人以牛骨占事呈示吉凶無往不中牛非含智之物骨有若此之效（效通典引作驗）

夫霜樹落葉而鴻鴈南飛桃林披華而亦鳥先入（並初學記）

夫鳥遊曠澤之地而比翮者萬羣虎居繁林之藪而接豪者千數（御覽）

序錄

隋志鄭綽撰五經析疑二十八卷（唐志三十卷）

按唐志以此書入法家今其書已亡前人亦未有論說故無可考但如所云甲女子欲入門爲乙門所笞死以爲當坐殺人棄市意此書亦當如春秋決事設爲甲乙以科罪耳故宜入法家今僅鈔出初學記四條書鈔一條御覽一條

五經析疑

宋　邯鄲綽撰

漢制先冬至三日晝冬至後三日晝漏四十五刻夜五十五刻先夏至三日晝夏至後三日晝漏六十五刻夜三十五刻

先王之制禮樂也制禮以節事修樂以導志故觀其禮樂理亂自知也

聞角聲無不惻隱而慈者聞商聲無不斷割而亡事者

夫笙者法萬物始生導達陰陽之氣故有長短黃鐘之始象法鳳凰 初學記

矢絕於弦不可追止執戟在手制之在人 御覽

甲女子道逢暴風飛沙發屋惶怖走欲趨乙門凶凶懼欲開門甲女求欲入門為乙門所笮死乙何罪婁議以為當坐殺人當棄市也 書鈔

序錄

魏書本傳曰房景先字光胄幼孤貧無資從師其母自授毛詩曲禮晝則樵蘇夜誦經史自是精勤遂大通贍解太學博士遷步兵校尉領尚書郎作五經疑問百餘篇其言該典今行於時文多略舉其切於世教者符璽郎王神貴答之 元龜引作蓋之 名為辯疑合成十卷亦有可觀

謨按隋唐二志並不載此書目朱氏經義考据冊府元龜以房景先五經疑問王神貴五經辨疑二書各十卷並列而不詳其本末由未檢勘魏書也今從本傳鈔出原文十有四條

五經疑問

魏　清河房景先撰　　金谿鄭朝棟校

問王者受命木火相生曰五精代感稟靈者與金德方隆祥發華渚水運告昌榮光啓祚人道承天天理應實受謝既彰玄命若契相生之義有允不違至如湯武革命殺伐是用水火爲次遵而不改既事乖代終而數同納麓逆順且殊貞運宜異而兆徵不差有疑符應

問禹以鯀配天舜不尊父曰明明上天下土是冒道

高者負扆四方神積者郊原斯生是以則天不能私其子紹堯不敢尊其父鯀既罪彰於山川受殛於羽裔化質與鱗甲爲羣銘精不能上乘箕尾而厚尊配於國陽當升禋之大禮苟存及躬以亂祀典降上帝爲罪鬼之賓奏夾鍾爲介蟲之樂奉天之道不乃有淪乎

問湯尊稷廢柱曰神積道存異世同尊列山見享綿紀前代成湯革命承天當衍陰陽之運不思理數之有時黜元功於百世且畢箕感應風雨異徵尊播殖之

靈而激滂澍之潤升廢之道無乃謬與若柱不合黜虞夏應失之於前如以歲久宜遷百神可計日爾代求之二三未究往旨

問湯克桀欲遷夏社爲不可武王滅紂以亳社爲亾國之誡曰神無定方唯人爲主道協無爲天地是依棄德佛祟百靈更祀周武承天禮存咸秩升后稷當四圭之尊貶土祇隔牲幣之享就如言之稷稟靈感誠允聿追之宜社非商祖孝乎乃考之咎殷鑒致誡何獨在斯

問易著革命之爻而無揖讓之象曰玄黃剖判人道爲尊含靈衍化故羲始元首是以飛龍啓徵大人載就及理遷相推帝圖異序虞賓以爲善終順守有慙未盡不顯揖讓之象而著巳日之美豈可兆巨釁爲貽厥之謀訓萬世而開安忍之路求之反衷未識理怨

問周禮秋官司烜氏邦若屋誅爲明竁焉曰王道貴産法理尚恩舊德見食八象載其美五宥三刺禮經寳其仁是以縣父巨釁殷禮不輟三監亂德蔡嗣猶

存罪莫極於無上逆莫甚於違天行大辟禍不及族理正刑愆止於身何惡當參夷之禍何戾受淪殄之辜

問儀禮繼母出嫁從爲之服傳云貴終其恩曰繼母配父本非天屬與尊合德名義以興兼鞠育有加禮服是重既體違義盡棄節毀慈作嬪異門爲鬼他族神道不全何終恩之有方齊服是追哭於野次苟存降重無乃過猶不及乎

問禮記生不及祖父母父母稅喪已則否曰服以恩

制禮由義立慈母三年孫無緦葛者以戚非天屬報養止身祖雖異域恩不及已但正體於下可無服乎且縞冠玄武子姓之服縓練之後縗絰已除猶懷慘素未忍從吉況斬焉之初創巨方始復弔之賓尚啟緇襲奉哀苦次而無追變孝子孝孫豈天理是與

問左氏傳齊人殺哀姜君子以爲不可曰受醮從夫人倫所重保育異宗承奉郊奠而乃肆極昏淫禍傾合巹之尊怙亂無終殄滅誕鞠之愛齊桓匡翼四方正存則矩劃不忍之恩行至公之法方生貶遠以殺爲甚而神道幽默禍降未期雖窮勃履朝臣不宜糾眺事反入靈告將有所施之取裏孰爲優允

問公羊傳王者之後郊天曰神不謬享帝無妥尊介正偏祀猶不歆季氏之旅昊天至重豈可納廢饗之虞唐虞已往事無斯典三后已降始見其文揖讓之胄禮不上逼昏虐後燼四圭是主此便至道相承乾無二統純風既詖玄牡肆尊禮不虛葦庶昭異聞

問穀梁傳魯僖三十一年夏四月卜郊不從乃免牲傳曰乃者亡乎人之辭也曰樂以觀風禮爲教本其

細已甚民不堪命齊不加兵屈於周典僖公曾之盛君告誠虔祀穆卜迎吉而休徵不至若推咎於天則神不棄鑒歸愆於人則頌聲宜替既命龜失辰靈威弗眷郊享不從配天斯缺即傳所言殆非虛美何承而制

問尙書嗣征羲和詰其罪乃季秋月朔辰弗合於房曰衡紀不移日月有度炎涼啓辰次舍無代履端屢臻歸餘成閏是以爰命羲和升準徂節使晷數應時火流協運致望舒後律耀靈爽次即官闕永容可爲

愆亢象一差未成巨戾且杪秋豈回星之辰授衣非合璧之月叙食弗當積失加誅律度暫差便遴殄絶仁者之兵義不妄興王赫斯舉將有異說

問毛詩十月之交朔日辛卯日有食之亦孔之醜日日月次舍行舍有常分至之候不爲愆咎今同之辰而爲深戾者專以金木相殘指日成釁推步不一容可如之若讁見正陽日維戊午生育相因猶以歸咎但以陰陽得無深忌乎若爲忌也朔亦應爲災如不忌也辛卯豈獨成醜且舉凡之始以屬月時繫之在

日有褒明例義不妄構理用何依

問論語河不出圖泣麟自傷曰聖人稟靈天地資識未形齊生死於一同等榮辱於彼我孔子自生不辰從心告齒樂正既修素王斯著方典吾已之歎結反袂之悲進涉無上之心退深負杖之懼聖達之理無乃缺如

序錄

隋志樊文深撰七經義綱二十九卷七經論三卷質疑五卷唐志樊文深七經義綱畧論三十卷

案隋志又有五經大義十卷後周縣伯中大夫樊文深撰其七經論北史本傳作七經同異論樊文深御覽引作樊文淵當避唐諱諸書俱少流傳經義考云樊氏義綱見於類書所引者僅三條今檢珠母條見初學記五兵條見御覽若孔子稱天子之德見藝文類聚本引帝王世紀非義綱也故祇從經義考采錄

七經義綱

後周　樊文深撰

孔子曰天子之德感天地洞八方以化合神者稱皇德合天者稱帝德合仁義者稱王經義考

珠母者大珠在中小珠環之初學記

車上五兵戈殳戟酋矛步卒五兵戈殳戟酋矛御覽

七經詩

晉　北地傅咸撰　金谿蔡映官校

孝經詩曰立身行道始於事親上下無怨不敢惡人孝無終始不離其身三者備矣以臨其民其一以孝事君不離令名進思盡忠不議則爭匡救其惡災害不生孝悌之至通於神明其二

論語詩曰守死善道磨而不磷直哉史魚可謂大臣見危授命能致其身其一克己復禮學優則仕富貴在天爲仁由己以道事君死而後已其二

毛詩詩曰無將大車惟塵冥冥濟濟多士文王以寧顯允君子大猷是經其一聿修厥德令終有淑勉爾遯思我言惟服盜言孔甘其何能淑讒人罔極有靦面目其二

周易詩曰卑以自牧謙尊而光進德修業既有典常輝光日新照于四方小人勿用君子道長其一

周官詩曰惟王建國設官分職進賢興功取諸易直除其不蠲無敢反側以德詔爵允臻其極其一辨其可任以告于正掌其戒禁治其政令各修乃職以聽王

命其二。並類聚

左傳詩曰事君之禮敢不盡情敬奉德義樹之風聲昭德塞違不殞其名死而利國以爲巳榮其茲心不爽忠而能力不爲利諂古之遺直咸黜不端勿使能植

其二。初學記

序錄

隋志樊文深撰七經義綱二十九卷七經論三卷質疑五卷 唐志樊文深七經義綱畧論三十卷

案隋志又有五經大義十卷後周縣伯中大夫樊文深撰其七經論北史本傳作七經同異論樊文深御覽引作樊文淵當避唐諱諸書俱少流傳經義考云樊氏義綱見於類書所引者僅三條今檢珠母條見初學記五兵條見御覽若孔子稱天子之德見藝文類聚本引帝王世紀非義綱也故祗從經義考采錄

六藝論

漢北海鄭康成撰　瀘溪胥飛濤校

六藝者圖所生也公羊疏

易者陰陽之象天地之所變化政教之所生自人皇初起人皇即遂皇也禮記疏

遂皇之後歷六紀九十一代至伏羲始作十二言之教仝上

方叔機註云六紀者九頭紀五龍紀攝提紀合洛紀連通紀序命紀凡六紀也九十一代者九頭一

五龍五攝提七十二合洛三連通六序命四凡九十一代也仝上。按曲禮疏又引六藝論云遂人至伏羲一百一十七代

若堯知命在舜舜知命在禹猶求于羣臣舉于側陋上下交讓務在服人孔子曰民可使由之不可使知之此之謂也尚書疏

詩者弦歌諷諭之聲也書鈔引此句

禮者序尊卑之制崇讓合敬春秋者古史所記之制動作之事也御覽

王周分為六詩者據周禮六詩之文而言之耳非謂篇卷也毛詩疏

春秋緯演孔圖云詩含五際六情者鄭以汎歷樞云午亥之際為革命卯酉之際為改正辰在天門出入候聽卯天保也酉祈父也午采芑也亥大明也然則亥為革命一際也亥又為天門出入候聽二際也卯為陰陽交際三際也午為陽謝陰興四際也酉為陰盛陽微五際也其六情者則春秋云喜怒哀樂好惡是也仝上

未有若今傳訓章句明為傳訓以來始辨章句玉海引此

上或毛氏即題或在後人未能審也仝上

註詩宗毛為主毛義若隱略則更表明如有不同即下已意使可識別也釋文

案漢書藝文志儒林傳云傳禮者十三家惟高堂生及五傳弟子戴德戴聖名在也今禮行於世者戴德戴聖之學也戴德傳記八十五篇則大戴禮是也戴聖傳禮四十九篇則此禮記是也

後得孔子壁中古文禮凡五十六篇其十七篇與高堂生所傳同而字多異其十七篇外則逸禮是也周禮為本則聖人體之儀禮為末賢人履之

周官壁中所得六篇漢書說河間獻王開獻書之路得周官有五篇失其冬官一篇乃購千金不得取考工記以補其闕（並禮記疏）

春秋者國史所記人君動作之事左史所記爲春秋右史所記爲尚書是以玉藻云動則左史書之言則右史書之（公羊疏）

孔子既西狩獲麟自號素王爲後世受命之君制明王之法（左傳疏）

左氏善於禮公羊善於讖穀梁善於經（穀梁疏）

治公羊者胡毋生董仲舒仲舒弟子嬴公嬴公弟子眭孟眭孟弟子莊彭祖及顏安樂安樂弟子陰豐劉向王彥（公羊疏）

河圖洛書皆天神言語所以教告王者也（毛詩疏）

太平嘉瑞圖書之出必龜龍銜負焉黃帝堯舜周公是其證也若禹觀河見長人皐陶於洛見黑公湯登堯臺見黑鳥至武王渡河白魚躍文王赤雀止於戶秦穆公白雀集於車是其變也（仝上）

孔子以六藝題目不同指意殊别恐道離散後世莫知根源故作孝經總會之（孝經疏○案宋均孝經緯注引鄭六藝論云敘孝經疑即指此）

文王創基至曾僖間商頌不在數矣孔子刪詩時錄此五章豈無意哉商邑翼翼四方之極我有嘉賓亦不夷懌豈能忘哉景山商墳墓之所在也商邑之大豈無賢才哉松柏丸丸在於斲而遷之方斲而敬承之以用之爾松柏小材有挺而整布衆楹大材有閑而靜别既各得旆則寢成而孔安矣拱戒羣材而任以成國則人君高拱仰成矣是綢繆牖戶之義也（路史後紀注）

原書缺第一

聖證論

魏　東海王肅撰　　吉水李[redacted]校

仲春仲秋冬至夏至

馬融云古制刻漏晝夜百刻晝長六十刻夜短四十刻晝短四十刻夜長六十刻晝中五十刻夜亦五十刻

鄭注日長者日見之漏五十五刻日短者日見之漏四十五刻

王肅難曰知日見之漏減晝漏五刻不意馬融爲傳已減之矣因馬融所減而又減之故日長爲五十五刻因以冬至反之取其夏至夜刻以爲冬至夜短此其所以誤耳堯典疏

六宗

鄭氏謂星辰司中司命風師雨師

魏明帝時詔令王肅議六宗肅取家語宰我問六宗孔子曰所宗者六埋少牢於太昭祭時相近於坎壇祭寒暑王宮祭日夜明祭月幽祭星雩祭祭水旱云安國注尚書與此同

張融評從鄭君於義爲允大宗伯疏。按禮記祭法疏亦引聖證論云王肅六宗之說用家語文而北堂書鈔引聖證論魏明帝聞王肅六宗竟發對曰坎爲水離爲火震爲雷巽爲風艮爲山兌爲澤乾坤六甲子也又與家語不同考後漢書祭祀志注說六宗凡十數家並不引王肅說而以乾坤六子爲六宗則出於王莽劉歆祭法疏則并數劉歆孔鼂皆不言王肅未知二說孰是要當以註疏爲正書鈔附焉

四罪

鄭氏以爲禹治水事畢乃流四凶

王肅難曰若待禹治水功成而後以鯀爲無功殛之是爲舜用人子之功而流放其父則禹之勤勞適足爲舜失五典克從之義禹陷三千莫大之罪進退無據亦甚迂哉舜典疏

五服

鄭氏以爲五服服別五百里是堯之舊制及禹弼之每服之間更增五百里而別至於五十里相距爲方萬里

王肅難曰禹之功在平治山川不在拓境廣土土地之廣三倍於堯而書傳無稱也則鄭玄創造難可據信漢之孝武疲弊中國甘心夸狄天下戶口

至滅大半然後僅開緜邈之郡而已禹方憂洪水三過其門不入未暇以征伐爲事且其所以爲服之名輕重顛倒遠近失所難得而通矣先王規方千里以爲甸服其餘均分之公侯伯子男使各有寰宇而使甸服之外諸侯入禾稾非其義也史遷之旨蓋得之矣禹貢疏○按正義云鄭玄不言禹變堯法乃云地倍於堯王肅所以難之以此知其爲聖證論也

凡王之獻金玉兵器文織良貨賄之物受而藏之

鄭注謂百工爲王所作可以獻遺諸侯古者致物於人尊之則曰獻

王肅難鄭引家語曰吾聞之君取於臣曰取與於臣曰賜臣取於君曰取與於君謂之獻

馬昭難肅引禮記曰尸飲五君洗玉爵獻卿況諸侯之中有二王之後何得不云獻也玉府疏

媒氏掌萬民之判令男三十而娶女二十而嫁凡娶判妻入子者皆書之

王肅曰周官云令男三十而娶女二十嫁謂男女之限嫁娶不得過此也三十之男二十之女不待

禮而行之所奔者不禁娶何三十之限前賢有言丈夫二十不敢不有室女子十五不敢不有其家家語魯哀公問於孔子男子十六精通女子十四而化是則可以生民矣聞禮男三十而有室女二十而有夫豈不晚哉孔子曰夫禮言其極亦不是過男子二十而冠有爲人父之端女子十五許嫁有適人之道於此以往則自昏矣然則三十之男二十之女中春之月者所謂言其極法耳

馬昭曰禮記本命曰中男三十而娶女二十而嫁合於中節大古男五十而有室女三十而嫁尚書大傳曰孔子曰男三十而娶女二十而嫁通於織紝紡績之事黼黻文章之美不若是則上無以孝於舅姑而下無以事夫養子穀梁傳曰男子二十而冠冠而列丈夫三十而娶尹更始云男三十而娶女十五許嫁笄二十而嫁曲禮三十曰壯有室盧氏云三十盛壯可以娶女內則三十而有室始理男事女子十五笄二十而嫁有故二十三而嫁經有夫婦之長殤舊說三十而娶而有夫婦長殤

者何關盛衰一說關異厥溺而殤之盧氏以爲衰世之禮也

張融從鄭及諸家說

中春之月令會男女

鄭注中春陰陽交以成昏禮順天時也

王肅論云吾幼爲鄭學之時爲謬言尋其義乃知古人可以於冬自馬氏以來乃因周官而有二月詩東門之楊其葉牂牂毛傳曰男女失時不逮秋冬、三星參也十月而見東方時可以嫁娶又云時

尙暇務須合昏因萬物閉藏於冬而用生育之時娶妻入室長養之母亦不失也孫卿曰霜降逆女冰泮殺止詩曰將子無怒秋以爲期韓詩傳亦曰古者降霜逆女冰泮殺止士如歸妻迨冰未泮爲此驗也而云歸使之來歸於己謂請期時來歸之言非請期之名也或曰親迎用昏而曰旭日始且何用哉詩以鳴鴈之時納采以感時而親迎而周官中春令會男女之無夫家者於是時奔者不禁則昏姻之期非此日也孔子家語曰霜降而婦

功成嫁娶者行焉冰泮而農業起昏禮殺於此又曰冬合男女秋班時位也詩曰有女懷春吉士誘之春日遲遲女心傷悲綢繆束芻三星在隅我行其野蔽芾其樗倉庚于飛熠燿其羽詩殷頌曰天命玄鳥降而生商月令仲春玄鳥至之日以太牢祠于高禖天子親往玄鳥生乳之月以爲嫁娶之候天子重之而祀焉凡此皆與仲春嫁娶爲候者也夏小正曰二月冠子嫁女娶妻之時秋以爲期此注奔之詩夏小正曰二月綏多士女交昏於仲

春易泰卦六五帝乙歸妹以祉元吉鄭說之五爻辰在卯春爲陽中萬物以生生育者嫁娶之貴仲春之月嫁娶男女之禮福祿大吉易之咸卦柔上剛下二氣感應以相與皆說男下女召南草蟲之詩夫人待禮隨後在塗見采蕨者以詩自興又云士如歸妻我尙及冰未定納其篇義云嫁娶以春陽氣始生萬物嫁娶亦爲生類故管子篇時令云春以令男女

融謹按春秋魯送夫人嫁女四時通用無譏文然

則孔子制素王之法以遺後世男女以及時盛年爲得不限以日月家語限以冬不附於春秋之正經如是則非孔子之言嫁娶也以仲春著在詩易夏小正之文且仲春爲有譏之言秋冬春三時嫁娶何自違也家語冬合男女窮天數之語詩易禮傳所載咸泰歸妹之卦國風行露綢繆有女懷春倉庚于飛熠燿其羽春日遲遲樂與公子同歸之歌小雅我行其野蔽芾其樗之嘆此春娶之證也禮諸侯越國娶女仲春及冰未散請期乃足容往

反也秋如期往淫奔之女不能待年故設秋迎之期標有梅之詩殷紂暴亂娶失其盛時之年習亂思治故戒文王能使男女得及其時陳晋棄周禮爲國亂悲傷故刺昏姻不及仲春玄說云嫁娶以仲春既有羣證故孔晁曰有女懷春毛云春不暇待秋春日遲遲女心傷悲謂蠶事始起感事而出蔽芾其樗喻愚惡夫熠燿其羽喻嫁娶之盛飾三星在隅孟冬之月參見東方舉正昏以刺時此雖用毛義未若鄭云用仲春爲正禮爲密也並周禮地官疏

孟獻子禫縣而不樂比御而不入

鄭云二十五月大祥二十七月而禫二十八月而作樂

王肅難曰若以二十七月禫其歲未遂喪則出入四年喪服小記何以云再期之喪三年

公叔木有同母異父之昆弟死問於子游子游曰其大功乎

鄭注疑所服也親者屬大功是正義云鄭意以爲同母兄弟母之親屬服大功是也所以是者以同父同母則服期今但同母而以母是我親生其兄弟是親者血屬故

降一等而服大功

王肅難鄭云禮稱親者血屬謂出母之身不謂出母之子服也若出母之子服大功則出母之父母服應更重何以爲出母之父母無服又云同母異父兄弟服大功者謂繼父服齊衰其子降一等故服大功

馬昭難王肅云異父昆弟恩繼於母不繼於父肅以爲從繼父而服非也

張融以爲繼父同居有子正服齊衰三月乃爲其

于大功非服之差互說是也竝檀弓疏

天子七廟三昭三穆與太祖之廟而七

鄭注此周制七者太祖及文王武王之祧與親廟四太祖后稷

王肅難鄭云周之文武受命之王不遷之廟權禮所施非常廟之數殷之三宗宗其德而存其廟亦不以爲數凡七廟者皆不稱周室禮器云有以多爲貴者天子七廟孫卿云有天下者事七世又云自上以下降殺以兩今使天子諸侯立廟並親廟

四而止則君臣同制尊卑不別禮名位不同禮亦異數況其君臣乎又祭法云王下祭殤五及五世來孫則下及無親之孫而祭上不及無親之祖不亦詭哉穀梁傳云天子七廟諸侯五家語云子羔問尊卑立廟制孔子云禮天子立七廟諸侯立五廟大夫立三廟又云遠廟爲祧有二祧焉又儒者難鄭云祭法遠廟爲祧鄭注周禮云遷主所藏曰祧違經正文鄭又云先公之遷主藏於后稷之廟先王之遷主藏於文武之廟便有三祧何得祭法云有二祧正義云難鄭之義凡有數條大略如此不能具載

馬昭難王云按喪服小記王者立四廟又引禮緯夏無大祖宗禹而已則五廟殷人祖契而宗湯則六廟周尊后稷宗文王武王則七廟自夏及周少不減五多不過七禮器云周旅酬六尸一人發爵則周七尸七廟明矣今使文武不在七數既不同祭又不享嘗豈禮也哉故漢侍中盧植說文云二祧謂文武曾子問當七廟無虛主禮器天子七廟堂七尺王制七廟盧植云皆據周言也穀梁傳天

子七廟尹更始說天子七廟據周也漢書韋玄成四十八人議皆云周以后稷始封文武受命石渠論白虎通云周以后稷文武特七廟

張融謹按周禮守祧職奄八人女祧每廟二人自大祖以下與文武及親廟四用七人姜嫄用一人適盡若除文武則奄少二人曾子問孔子說周事而云七廟無虛主若王肅數高祖之父高祖之祖廟與文武而九主當有九孔子何云七廟無虛主乎故云以周禮孔子之言爲本穀梁說及小記爲

枝葉韋玄成石渠論白虎通爲證驗七廟斥言玄說爲長且天子七廟者有其人則七無其人則五若諸侯廟制雖有其人不得過五則此天子諸侯七五之異也王肅云君臣同制尊卑不別其義非也又王下祭殤五者非是別立殤廟七廟外親盡之祖禘祫猶當祀之而王肅云下祭無親之孫上不及無親之祖又非通論且家語云先儒以爲肅之所作未足可依按周禮惟存后稷之廟不毀昭七年傳云予敢忘高圉亞圉註云周人不毀其廟

報祭之似高圉亞圉廟亦不毀者此是不合鄭說故馬融說云周人所報而不立廟

禘祫

王肅論引賈逵說吉禘于莊公禘者遞也審遞昭穆遷主遞位孫居王父之處又引禘於大廟逸禮其昭尸穆尸其祝辭總稱孝子孝孫則是父子並列逸禮又云皆升合於其祖所以劉歆賈逵鄭衆馬融等皆以爲然竝王制疏

或素或青夏造殷因鄭注變白爲言素青者秦二世時趙高欲作亂或以青爲黑黑爲黃民言從之至今語猶存也

王肅以爲夏同堯皆尚其紫色舜土德王尚白闕[illegible]土以生爲功東方生物之始故尚青土旣尚青水[illegible]而用白也故殷是水德而尚白禮器疏○正義云王肅此說與檀弓緯候文乖不可用也

郊丘

鄭氏以爲天有六天丘郊各異

王肅論以天體無二郊卽圜丘圜丘卽郊又難鄭

氏謂天有六天天爲至極之尊其體秖應是一又以五帝非天唯用家語之文謂大皡炎帝黃帝五人之帝屬郊特牲疏○按正義具載鄭義曲排王說今不錄

社稷

鄭氏以社爲五土總神稷爲原隰之神句龍以有平水土之功配社祀之稷有播種之功配稷祀之正義云鄭必以爲此說者按郊特牲云社祭土而主陰氣又云社所以神地之道又禮運云命降于社之謂殺地又王制云祭天地社稷爲越紼而行事據此諸文故知社卽地神稷是社之細別名曰稷稷乃原隰所生故以爲原隰之神若賈逵馬融王肅之徒以社祭句龍稷祭后稷皆人鬼也

非地神

王肅難鄭云禮運云祀帝於郊所以定天位祀社於國所以列地利社若是地應云定地位而言列地利故知社非地也

馬昭通鄭云天體無形故須云定位地有形不須云定位故唯云列地利

肅又難鄭云祭天牛角繭栗而用特牲祭社用牛角尺而用大牢又祭天地大裘袞冕祭社稷絺冕又唯天子令庶民祭社社若是地神豈庶民得祭

地乎

昭又通鄭云以天神至尊而簡質事之故牛角繭栗而用特牲服著大裘天地至尊天子至貴天子社稷皆地之別體有功於人報其載養之功故用大牢貶降於天故角尺也祭用絺冕取其陰類庶人蒙其社功故亦祭之非是方澤神州之地也

肅又難鄭云召誥用牲于郊牛二明后稷配天故知二牲也又云社于新邑牛一羊一豕一明知唯祭句龍更無配祭之人

昭又通鄭云是后稷與天尊卑既別不敢同天牲句龍是上公之神社是地祇之別尊卑不甚縣絕故云配同牲也

肅又難鄭云后稷配天孝經有配天明文后稷不稱天也祭法及昭二十九年傳云句龍能平水土故祀以爲社不云祀以配社明知社即句龍也

昭又通鄭云后稷非能與天同功唯尊祖配之故云不得稱天句龍與社同功故得云祀以爲社而得稱社也

肅又難鄭云春秋說伐鼓於社責上公不云責地祇明社是上功也又月令命民社鄭注云社后土也孝經緯云后稷土也句龍爲后土鄭記云社后土則句龍也是鄭自相違反

昭又通鄭云伐鼓責上公者以日食臣侵君之象故以責上公言之句龍爲后土之官其地神亦名后土故左傳云君戴皇天而履后土地稱后土與句龍稱后土名同而無異也 按後漢書祭祀志注引王肅曰土五行之主也能吐生百穀者也馬昭曰列爲五官直一行之名耳自不專主陰氣陰氣地可以爲之主曰五

行之主也若社則爲五行之主何復言社稷五祀
乎土自列爲五祀社亦自復有祀不得同也亦當
屬聖證論與此同爲一條又御覽引聖證論
能吐生百穀謂之土作孔鼂云并附於此
郊之用辛也周之始郊日以至
王肅難鄭云郊特牲曰郊之祭迎長日之至下云
周之始郊日以至玄以爲迎長日謂夏正也郊天
日以至玄以爲冬至之日說其長日至於上而妄
爲之說又徙其始郊日以至於下非其義也玄又
云周衰禮廢儒者見周禮盡在魯因推魯禮以言
周事若儒者愚人也則不能記斯禮也苟其不愚

不得亂於周魯也鄭玄以祭法禘黃帝及嚳爲配
圜丘之祀祭法說禘無圜丘之名周官圜丘不名
爲禘是禘非圜丘之祭也玄既以祭法禘嚳爲圜
丘又大傳王者禘其祖之所自出而玄又施之於
郊祭后稷是亂禮之名實也案爾雅云禘大祭也
繹又祭也皆祭宗廟之名則禘是五年大祭先祖
非圜丘及郊也周立后稷廟而嚳無廟故知周人
尊嚳不若后稷之廟重而玄說圜丘祭天祀大者
仲尼當稱昔者周公禘祀嚳圜丘以配天今無此

言知禘配圜丘非也又詩思文后稷配天之頌無
帝嚳配圜丘之文知郊則圜丘圜丘則郊所在言
之則謂之郊所祭言之則謂之圜丘於郊築泰壇
象圜丘之形以丘言之本諸天地之性故祭法云
燔柴於泰壇則圜丘也郊特牲云周之始郊日以
至周禮云冬至祭天於圜丘知圜丘與郊是一也
言始郊者冬至陽氣初動天之始也對啓蟄及將
郊祀故言始孔子家語云定公問孔子郊祀之事
孔子對之與此郊特牲文同皆以爲天子郊祀之

事正義云如聖證論之言王肅所據經傳分明
馬昭申鄭云易緯云三王之郊一用夏正則周天
子不用日至郊也夏正月陽氣始升日者陽氣之
主日長而陽氣盛故祭其始升而迎其盛月令天
子正月迎春是也若冬至祭天陰氣始盛祭陰迎
陽豈爲理乎周禮云冬日至祭天於地上之圜丘
不言郊則非祭郊也言凡地上之丘皆可祭焉無
常處故不言郊周官之制祭天圜丘其禮王服大
裘而冕乘王路建大常明堂位云魯君以孟春祀

帝於郊服衮服乘素車龍旂衣服車旂皆自不同何得以諸侯之郊說天子圜丘言始郊者魯以轉卜三正以建子之月為始故稱始也又禮記云魯君臣未嘗相弑禮俗未嘗相變而弑三君季氏舞八佾旅於泰山婦人髽而相弔儒者此記豈非亂乎正義云按聖證論王肅與馬昭之徒或云祭天用冬至之日或云用冬至之月據周禮似用冬至之日據禮記郊日用辛則冬至不恒在辛似用冬至之月

張融謹按郊與圜丘是一又引韓詩說三王各正其郊與王肅同正義云又魯以轉卜三正王與鄭亘同周禮圜丘服大裘此及家語

服衮冕家語又云臨燔柴脫衮冕著大裘象天臨燔柴輟祭脫衮著大裘象天恭敬之義既自不通是張融以家語及此經郊祭並爲魯禮與鄭亘同融又爲圜丘是祭皇天孟春祈穀於上帝又龍見而雩此五帝之等並是皇天之佐其實天也融又云祀大神率執事而卜日圜丘既卜日則不得正用冬至之日此是張融之說○並同上

昔者舜作五弦之琴以歌南風

鄭注南風長養之風也以言父母之長養己其辭未聞也

王肅引尸子及家語難鄭云昔者舜彈五弦之琴其辭曰南風之薰兮可以解吾民之慍兮南風之時兮可以阜吾民之財兮鄭云其辭未聞失其義也

馬昭云家語王肅所增加非鄭所見又尸子雜說不可取證正經故言未聞也

六成復綴以崇

鄭注崇充也凡六奏以充武樂也正義云王肅讀天子上屬謂作樂六成尊崇天子之德

王肅難鄭云六成而復綴以成其爲天子此家語之文也

馬昭申鄭云凡樂之作皆所以昭天子之德豈特六成之末而崇之乎

孔晁又難馬昭云天子夾振用舞之法在於經典並樂記疏

大夫爲其父母兄弟之未爲大夫者之喪服如士服

士爲其父母兄弟之爲大夫者之喪服如士服

王肅云喪禮自天子以下無等故曾子云哭泣之哀齊斬之情饘粥之食自天子達且大國之卿與天子上士俱三命故曰一也晉士起大國上卿當

天子之士也平仲之言唯卿爲大夫謂諸侯之卿當天子之大夫非謙辭也春秋之時尊者尚輕簡喪服禮制遂壞羣卿專政晏子惡之故服麤衰枕草於當時爲重是以平仲云唯卿爲大夫遜辭以辟害也又孟子云諸侯之禮三年之喪齊疏之服飦粥之食自天子達於庶人三代共之又此記云端衰喪車皆無等又家語云孔子曰平仲可爲能遠於害矣不以已之是駁人之非遜辭以辟咎也馬昭答王肅云大夫爲其父母兄弟之未爲大夫

者之喪服如士服是大夫與士喪服不同者而肅云無等則是背經說也

張融評云士與大夫異者皆是亂世尚輕涼非王者之達禮小功輕重不達於禮鄭言謙者不異於遠害正義云融意以王肅與鄭其義畧同

有三年之練冠則以大功之麻易之唯杖屨不易

王肅論云范宣子之意以母喪既練遭降服大功則易衰以母之既練衰八升降服大功衰七升故得易之其餘則否竝雜記疏

有虞氏禘黃帝而郊嚳祖顓頊而宗堯

王肅論以此禘黃帝是宗廟五年祭之名故小記云王者禘其祖之所自出以其祖配之謂虞氏之祖出自黃帝以祖顓頊配黃帝而祭故云以其祖配之依五帝本紀黃帝爲虞氏九世祖黃帝生昌意昌意生顓頊虞氏七世祖以顓頊配黃帝而祭是禘其祖之所自出以其祖配之也肅又以祖宗爲祖有功宗有德其廟不毀肅又以郊與圜丘是一郊卽圜丘故肅難鄭云案易帝出乎震震東方

生萬物之初故王者制之初以木德王天下非謂木精之所生五帝皆黃帝之子孫各改號代變而以五行爲次焉何太微之精所生乎又郊祭鄭玄注祭感生之帝唯祭一帝耳郊特牲何得云郊之祭大報天而主日又天唯一而已何得有六又家語云季康子問五帝孔子曰天有五行木火金水及土四分時化育以成萬物其神謂之五帝是五帝之佐也猶三公輔王三公可得稱王輔不得稱天王五帝可得稱天佐不得稱上天而鄭云以五

帝爲靈威仰之屬非也玄以圜丘祭昊天最爲首禮周人立后稷廟不立嚳廟是周人尊嚳不若后稷及文武以嚳配至重之天何輕重顛倒之失所郊則圜丘圜丘則郊猶王城之內與京師異名而同處又云虞夏出黃帝殷周出帝嚳祭法四代禘此二帝上下相證之明文也詩云天命玄鳥履帝武敏歆自是正義非讖緯之妖說

馬昭申鄭云王者禘其祖之所自出以其祖配之案文自了不待師說則始祖之所自出非五帝而

誰河圖云姜原履大人之跡生后稷大姒夢大人死而生文王又中候云姬昌蒼帝子經緯所說明文又孝經云郊祀后稷以配天則周公配蒼帝靈威仰漢氏及魏據此義而各配其行易云帝出乎震自論八卦養萬物於四時不據感生所出也

張融評云若依大戴禮及史記稷契及堯俱帝嚳之子堯有賢弟七十不用須舜舉之此不然明矣漢氏堯之子孫謂劉媼感赤龍而生高祖薄姬亦感而生文帝漢爲堯夙而用火德大魏紹虞同符土行又孔子刪書求史記得黃帝玄孫帝魁之書若五帝當身相傳何得有玄孫帝魁融據經典三代之正以爲五帝非黃帝子孫相續次也一則稽之以湯武革命不改稷契之行二則驗之以大魏與漢襲唐虞火土之濟三則符之堯舜湯武無同宗祖之言四則驗以帝魁繼黃帝之世是武帝非黃帝之子孫也祭法疏○正義云此是馬昭張融等申義也但張融以禘爲五年大祭又以圜丘即郊引董仲舒劉向馬融之論皆以爲周禮圜丘則孝經云南郊與王肅同非鄭義也

大伯端委以治周禮

王肅云委貌之冠玄端之衣也此傳言大伯端委仲雍斷髮史記云二人皆文身斷髮然則文身斷髮自辟害耳史記以爲示不可用二人云去適荆蠻則周人亦不知其處何以須示不可用也皆馬遷謬耳左傳疏

王肅難鄭玄曰孔子畏匡德能自全也使聖人卒離不幸可得不痛悼而罪之乎非徒賢者說有罪愚人亦不得不哀傷之也

王肅論孟夏之月天子行賞封諸侯慶賜無不欣

悅故左傳賞以春夏是也　張融評曰按洛誥成王命周公後封伯禽以周之正易屯卦云宜建侯據二經周人封侯不以春秋也　束皙總論曰月令所紀非一王之制凡稱古者無遠近之限未知夏封諸侯何代之典秋祭田邑夏乎殷乎而王據月令以非祭統鄭宗祭統而疑月令無乃俱未通哉莫若通以三代說兩氏而不俱一也

王肅論孔子但說宜服與否未說服之輕重故子游處以大功也所執如前注又引孔子家語曰邾

人有同母異父之昆弟死將爲之服因顏亥而問禮於孔子曰繼父同居者則異母昆弟從爲之服不同居者否繼父且猶不服況其子乎　張融曰與已同母故服大功而肅云從繼父而降豈人情哉肅孔子異匡此並從通典鈔出全文未詳

王肅論學者不知孟軻字按子思書及孔叢子有孟子居卽軻也軻少居坎軻故名軻字子居也御覽前漢書注引聖證論云孟軻字子車

鄭衆說五祀五色之帝於王者宮中書鈔

八尺曰仞尚書洪範疏○案周禮匠人疏引王肅依爾雅四尺曰仞深二仞八尺與廣二尋不類

昔國家有優曰史利漢氏舊優也云梁冀有火浣布切玉刀一朝以爲誕而不信也正始初得火浣布乃信類聚

序錄

隋志一字石經周易一卷尚書六卷唐志五卷魯詩六卷儀禮九卷唐志四卷春秋一卷公羊傳九卷論語一卷

洪氏隸釋隸續目石經尚書殘碑盤庚篇百七十二字高宗肜日篇十五字牧誓篇二十四字洪範篇百八字多士篇四十四字無逸篇百三字君奭篇十一字多方篇五字立政篇五十六字顧命篇十七字合五百四十七字熹平四年議郎蔡邕所書者漢儒傳伏生尚書有歐陽大小夏侯之學孔

安國尚書漢人雖有爲之訓傳者然不立於學官永嘉之亂三家之書並亡故孔氏傳獨行以其書校之石本多十字少二十一字不同者五十五字借用者八字鴻艾劾逸猶之類是也通用者十一字於戲毋女之類是也孔氏敘商三宗以年多少爲先後此碑獨闕祖甲計其字蓋在中宗之上以傳序爲次也但云高宗饗國百年異爾范史云蔡邕以俗儒穿鑿經籍疑誤後學與堂谿典馬日磾等奏求正定六經文字時博士試甲乙科爭第高

下至有行賂改蘭臺漆書經字者靈帝乃從諸儒之請刊石立之太學天下咸取則焉碑高一丈廣四尺陸機洛陽記云碑凡四十六書易公羊二十八碑其十二毀論語三碑其二毀禮記十五碑皆毀北齊徙之鄴都至河陽岸頽半沒於水隋復載入長安有易一卷書六卷魯詩六卷儀禮九卷春秋一卷公羊九卷論語一卷未及補治而亂作營繕者至用爲柱礎唐初魏鄭公收聚之十不存一則石經之散亡久矣本朝一統時遺經斷石藏於

好事家猶崑山片玉不多見予旣集隸釋因以所有鏤之會稽蓬萊閣　又魯詩殘碑百七十三字魏唐國風數篇之文也與毛詩異者如猗作兮貫作宦樞作蓲數字又有一段二十餘字零落不成文惟有叔于田一章及女曰雞八字可讀其閒有齊韓字蓋叙二家異同之說猶公羊碑所云顏氏論語碑所云盍毛包周之比也漢代詩分爲四在東京時毛氏詩不立學官隋志有石經魯詩六卷此碑旣論齊韓於後則知隋志爲然也　又儀禮

殘碑四十五字皆大射儀之文也石磨滅字畫比他經不明白靈帝紀云詔諸儒正五經文字刻石立於太學蔡邕傳則云奏求正定六經紀傳既已不同陸機洛陽記所載但有書易公羊禮記論語惟脩志云後漢刻七經於石碑皆蔡邕所書其目有一字石經儀禮九卷乃漢史陸記之疎畧也

又公羊殘碑三百七十五字自隱公四年至威公元年及哀公十四年之文也所書者皆是公羊氏傳辭而無春秋正經又有顏氏說石文斷續不可

考繹益嚴顏異同之辨也以今板本校之惟易四字有四字爾漢注引陸機洛陽記云禮記碑上有馬日磾蔡邕名今此本有堂谿典馬日磾趙䵣下人闕劉弘張文蘇陵傅楨八人姓名論語碑亦有左立孫表二人姓名陸氏所記未之詳也　又論語殘碑九百七十有一字前四篇後四篇之文也每篇必計其章終篇又總其字又載盍毛包周有無不同之說以今所行板本校之亦不甚異其文有增損者其字亦有假借及用古者有字異而訓不遠若置其杖賈之哉者漢人作文不避國諱威宗諱志順宗諱保石經皆臨文不易樊毅碑命守斯邦劉熊碑來臻我邦之類未嘗爲高帝諱也此碑邦君爲兩君之好何必去父母之邦尚書安定厥邦皆作國疑漢儒所傳如此非獨遠避此諱也

謨按朱氏經義考於隸釋隸續所載石經刪去其殘字而引其跋尾翁覃溪侍郎云殘字既不載則跋尾亦無從考證矣悉爲補入今並從補正經義考鈔錄

石經

漢　陳留蔡邕本　　南昌喻存蕘校

命(孔本作身)何相及闕散(孔作愉下闕)言曰人維舊(孔舊上有求下闕二)
孛殺(孔作求)舊(下闕)有志女毋翕侮成人毋流(孔作汝無侮老成人)
無弱(下闕)各共爾事齊乃位度爾(孔作乃)口(下闕)民之承保后
胥高(孔作戚)鮮以不浮(下闕)試以爾(孔作汝)遷安定厥國(孔作)
邦今(孔無)女不(下闕)其或迪(孔作稽)自怨(孔作怒下闕)永(孔作誕)勸
(東觀餘論承勸上有女字)憂今其有今罔後女何(下闕)之勞爾先予
不(下闕)于茲高后丕乃知(孔作崇)降罔疾曰(下闕)能迪古我
先后(下闕)民女有近(孔作戕)則在乃心我先后綏(下闕)與降
不永於戲(孔作崇降弗祥嗚呼)今予(下闕)絕遠女比猶(孔作分猷)念以
相從各翕(孔作設)中(下闕)建乃家般(孔作盤闕一字)既(下闕)衆曰
女罔台民(孔作戲怠)無勖(孔作懋)建大命今我(孔作予下闕)凶德
綏(孔作綏)績(下闕)今(孔作無)爾惠(孔作謂)朕(闕東觀餘論爾惠朕下有曷字)祗(孔作祈)
震動萬民以遷肆上(下闕)乘(孔作隱)哉予其勖(孔作懋)簡相
爾念敬我衆朕不　已上盤庚三篇　民中絕命民有不
若德不聽罔天既付(孔作孚有命字東觀餘論天既付下已上高宗肜日篇)厥
遺任(孔作王)父母弟不迪乃維曰方(下闕)不裕于四伐五

伐六伐七伐乃(已上牧誓篇)伊(孔無)鴻(孔作洪)水曰(孔作汩)
陳其五行帝(下闕)曰建用皇極次六曰艾(孔作乂)用三德
(下闕)潤下作鹹炎上作苦曲直作(下闕)食二曰貨三曰祀
四曰司空(下闕)極凡厥庶民無有淫朋人無有(下闕)明人
之有猷有為使羞其行而(下闕)路毋偏毋黨王道蕩蕩
毋黨(下闕)為天下王三德(孔三上有六)一曰正直二(下闕)家而
(孔無)凶于而國人用闕頗辟(孔作僻下闕)乃心謀及卿闕謀
及厥民(孔作人已上洪範篇)維天命元(孔元作無違)朕不敢有(下闕)
罔時維天命王曰告爾(孔無二字)多(下闕)茲雒(孔作洛)予維四

方罔攸賓亦維爾(下闕)有年于茲雒爾小子乃興從爾
遷王　已上多士篇　嗇(孔作穡)之艱難乃劮(孔作逸)乃憲(孔作諺)
既延(孔作誕)不(孔作否)則侮厥(下闕)中宗嚴恭寅畏天命
自亮以度(孔作度治)祗懼(下闕)或怨肆高宗之饗國百年(孔作享國五十有九年)
自時厥後(下闕)功田功徽柔懿共懷保小人(孔作民)
惠于矜(孔作鮮鰥下闕)酒(孔作淫)毋劮(孔作逸)于遊田維闕共
(孔作無淫于觀于逸于遊于田以萬民惟正之供)毋兄(孔作無皇)曰今日(下闕)厥不
聖(孔作聽)人乃訓變(孔變上有之乃)亂正刑(孔正上有先王之)至于(下闕)
則兄曰(孔作皇自)敬德厥衍曰朕之衍允(下闕)公曰於戲嗣

王監于茲(孔監上有其已上無逸篇)道(孔作終)出于不詳於獻君闕
㠯時我已上君奭篇我則致天之已上多方篇常伯
常任辟(孔作準下闕)亂(孔無)謀面用(下闕)于厥邑其在(下闕)有會
(孔作俊)心以敬事(下闕)王維厥(孔厥上有克)度(孔作宅)心乃(下闕)受
茲(孔作此)丕丕其(孔作基)於戲(下闕)且以前(孔作已受)人之徽(孔作)
徽言(下闕)訓德(孔德上有于)是罔顯哉(孔作在)厥世(下闕)王之鮮
(孔作耿東觀餘論王之鮮上有文字)光以揚武王已上立政篇几乃闕
召大保(下闕)通(孔作達)殷就(孔作集)大命在(下闕)非幾茲即(孔作)
既(下闕)黼衣(孔作扆已上顧命篇)

右尚書殘字
惟(毛作維)是褊心是以爲刺 葛屨(下闕)汾一曲言采其
蕢彼其之子美(下闕)之誰知(闕一字毛誰上有其)之蓋亦勿思
園有棘其實之(下闕)父兮父(闕一字毛無)曰嗟予子行役夙
夜毋(毛作無)已尚(毛作上)慎(下闕)哉猶來毋死 陟岵三章
章六句 十(下闕)兮(毛作猗)不稼不嗇(毛作穡)胡取禾三百
廛兮不狩不(下闕)特兮彼君子兮不素食兮 欲飲(毛作
坎)伐輪兮(下闕)毋食我黍三歲宦(毛作貫)女莫我肯顧逝
將去女(下闕)宦女莫我肯勞(闕)將去女適彼樂郊樂郊

(下闕)蟋蟀在堂歲聿其逝今我不樂日月其(闕)何 山
有蘦(毛作樞)隰有榆子有衣裳弗曳(下闕)酒食胡(毛作何)不
日鼓瑟且以喜樂(下闕)既見君子云胡其憂 楊(下闕)
右魯詩殘字
東向三人(下闕)卒爵坐奠爵拜執(下闕)人盥洗升媵觚于
賓(下闕)上拜受爵于楚前(下闕)首公答拜媵爵者立(下闕)媵
爵者執觶待于(下闕)公坐取大又石經儀禮殘碑(上闕)郊
請反(闕七十一字)以君命聘于(闕六十八字)善乎授上介幣(闕六
十九)賜使者幣使者(闕六十八字)上介至亦如之(闕六十八字)

練冠以受聘(闕七十字)毀出祖(闕七十一字)食歸(下闕)(上闕)取七(闕
十四字)眚(闕七十二字)佐食(闕四字)于(闕六十七字)卒(闕四字)相(闕六十五
字)取(闕)坐(闕三字)興(闕二字)俎(闕六十五字)堂廋位至婦(闕)足
(闕)于(闕六十五字)爵(闕六字)儀(下闕)
右儀禮殘字(經義考補正云按此二段在洪氏隸續顧亭林石經攷失載)
羈者何公子羈(闕一字)何以不稱公(下闕)桓於是謂桓㠯
吾爲(闕三字)矣隱㠯(下闕)之之辭也然則孰立之石(闕二字)
之石踖(板本作碏)立(下闕)美大之之辭也棠者何濟(闕一字)之
邑也曷爲(下闕)仲子(板本有也字)桓未君則曷爲祭仲子(一闕)

字為桓立故下闕諸侯四諸公者何諸字闕一者何天子三公稱下闕相處乎內始字闕一諸公放板本作昉於此乎前此矣前下闕其成也白吾成敗矣吾與鄭人未有成板本有也字吾下闕後為平外取邑不書此何以書久也下闕弟毋兄稱兄凡字闕五之大夫也此下闕之邑也天子有闕四字諸侯皆從泰山下闕而葬不日卒赴而字闕一不告公曷為與微者下闕大夫之未命者也　十年此公子翬也何下闕外於外大惡書小惡不書於內大惡諱小下闕國也何以不書葬隱之也何隱爾試板本作弒也試下闕葬

漢魏遺書鈔　石經　九

板本有以為字不繫字闕一臣子字闕二薨何以不地不忍言已上隱公何易之也易之則其下闕諱取周田也諱取已上威公十有四年何以字闕一記異也何異下闕則至無王者則不至有以告者曰有麕而下闕乎隱祖之所逮板本作述聞字闕一所見異辭所聞異辭所下闕不亦樂乎堯舜字闕二君子也制春秋之義以已上哀公有　傳桓公二年顏氏有所見異辭所聞異下闕何以書記災也　卅年顏氏言君出則已入下闕顏氏無伐而不言圍者非取邑之辭也　十下闕　谿典諫議大夫臣馬日

磾臣趙䛘議郎臣字闕二臣劉宏郎中臣張彣臣蘓陵臣傅楨雒

右公羊殘字

鮮矣不好犯上而好作下闕本本立字闕一道生下闕曰道生孝下闕曰道千乘之國敬事下闕使民以時　子曰弟子下闕而有信雖曰未學吾必謂下闕君子不重則不威學則下闕與意板本作抑子之與子贛板本作貢曰夫子字闕五以得之夫子之求之也下闕道斯為美小大由之有所不行知字闕五禮節之亦不板本有可字行下闕焉可謂好學已

漢魏遺書鈔　石經　十

矣板本作也下闕已而無諂富而無驕下闕告諸往而知來下闕人之不下闕章已上學而篇免而無恥道之以德齊之下闕乎板本作于學世下闕孫問孝於我我對曰毋違樊遲闕一字何下闕曰生下闕葬之以禮祭下闕以別　子夏問孝子曰色難有下闕勞有下闕孝下闕廋哉人焉廋板本有哉字子曰溫故而知下闕子下闕器子贛問下闕乎異端斯害也已　子曰下闕子下闕曰何為則民服孔子對曰下闕之下闕子曰書云孝于板本作乎惟孝友于兄下闕也周因於殷禮所損益可知下闕已上為政篇　曰入而不仁如禮何人而

不仁如樂何　林闕十一字與茶曰不能子曰字闕五山不
如林放字闕九也射闕下曰起予板本有者字商也始可闕子
曰闕下毁禮吾闕下也知其說字闕三天下也其字闕一示諸
斯乎闕下如神在闕下於二代郁郁乎闕下太廟闕下子知禮
闕下禮闕下也闕下以柏周人以栗曰使民闕下往闕下門國板本
作邦君爲兩君之好有反字闕一管氏闕下知禮闕下吾未嘗
不得見也從者字闕二出曰闕下無道也久闕下觀之哉凡
廿六章　已上八佾篇　人　子曰苟志於仁矣無惡板本
有也字　子曰富與貴是人之所欲也闕下顛沛必於是

子字闕二未見好仁者板本有者字惡不仁者好仁者無以
尚之闕下過也各於其黨字闕二斯知仁矣　子曰朝聞
道夕死可也板本作矣下闕子懷刑小人懷惠子曰放於利
而行多怨　子曰能以禮闕下曰唯子出門人問曰何
謂也曾子曰夫子之道忠恕而已闕下曰父母在不遠
遊遊必有方　子曰三年無改於父之闕下已上里仁篇
有三年之喪於字闕一父母板本有乎字　子曰飽食終日
無所用心難矣哉闕下君子板本有亦字惡乎子曰有板本有惡
字惡稱人之惡者惡居下板本有流字而訕上者惡闕下之

則不孫遠之則怨　子曰年卌板本有而字見惡焉廣川書跋
云年四十而見惡焉其終也已凡廿六章已上陽貨無焉字與隸釋不同
篇枉道而事人何字闕一去父母之國板本作邦字闕一見
公待孔子曰若季氏闕下子曰鳳兮鳳兮何而板本無而字
德之衰也板本無也字闕三可諫也板本無也字來者猶可追
也板本無執車板本作與者爲誰子板本無子路曰爲孔丘曰
是魯孔丘與曰是板本有曰字也是知津矣闕下若從避板本
作辟世之士哉櫌板本作耰有而字不輟子路板本有行字以告板本
有夫字子憮然曰鳥獸不可與同闕下穀不分孰爲夫子

置板本作植其杖而耘板本作芸子路拱而字闕一止子路宿殺
雞闕下禮板本作義如之何其廢之也板本無欲絜其身而亂
大倫君子之仕也行其義闕下志辱身矣言中倫行中
慮其以乎板本作而已矣謂虞仲夷佚板本作逸隱居闕下以闕陽
擊磬襄入于海　周公謂魯公曰君子不施其親闕下
已上微子篇　交於子張子字闕一曰子夏字闕一何對
曰子夏曰可者字闕四者距板本作拒下闕子夏曰雖字闕五觀
者爲致遠恐泥是以闕下其事君子學闕下子夏曰小人
之過闕下曰闕下子夏曰大德字闕五出入可也　子游板本

作游闕六字子下闕君子之道爲可闕二字有字闕一有幸者其
唯聖人闕下仕而闕下曾子曰吾聞諸板本有夫字子人未有
自致也者板本作者也必也親喪乎闕一字子曰闕下如得其
情則哀矜而勿喜子贛曰紂之闕一字善闕一字是其板本
作之下闕贛曰仲尼爲學子贛曰文武之道未墜板本作墜於
地在人賢者志板本作識其下闕告子贛闕一字贛曰辟諸板本
作宮牆板本作牆之賜之牆闕二字窺見室家之好夫下闕尼不
可毁闕二字人之賢者丘陵也闕二字踰也仲尼日月也
下闕一言以爲不知言不可不愼也夫子之不可及也

猶天之下闕已上子張篇不藏蔄在帝心朕躬有罪毋板本
作無以萬方萬方有闕一字板本有兩罪字在朕躬闕下歸心爲所
重民食喪闕一字寬則得衆敏則有功闕一字則說闕下不
驕威而不猛于闕一字曰何謂惠而不費子曰闕一字民
之下闕食其瞻視儼闕三字而畏之斯不亦威而不猛乎
下闕已上堯曰篇凡廿篇萬五千七百一闕一字字賈板本作沽
諸賈之哉包周闕四字蓋肆乎其肆也闕一字周下闕曰言
闕一字而在於蕭牆之内盡毛包周無於下闕詔書與
博士臣左立郎中臣孫表　工陳興刻

石經論語殘字